अर्थशास्त्र शब्दकोश
Dictionary of Economics

अर्थशास्त्र शब्दकोश
Dictionary of Economics

जी.आर. वर्मा

विशेष आकर्षण

- दो हजार से अधिक शब्दों की परिभाषा, सूत्र, संदर्भ व रेखाचित्रों सहित व्याख्या
- 1969 से 2010 तक के अर्थशास्त्र में नोबेल पुरस्कार विजेताओं का विवरण
- अर्थशास्त्र में प्रयुक्त होने वाले महत्वपूर्ण शब्द संक्षेपों का उल्लेख
- अर्थशास्त्र के प्रमुख विचारक एवं उनकी चर्चित रचनाएँ
- आई.ए.एस., आर.ए.एस., आई.पी.एस., आर.पी.एस., बैंक, बीमा व अन्य अनेक परीक्षाओं के लिए उपयोगी है।

रावत पब्लिकेशन्स
जयपुर • नई दिल्ली • बैंगलोर • हैदराबाद • गुवाहाटी

ISBN 978-81-316-0455-7 (HB)
ISBN 978-81-316-0456-4 (PB)

Published by
Prem Rawat for **Rawat Publications**
Satyam Apts, Sector 3, Jawahar Nagar, Jaipur 302 004 (India)
Phone: 0141 265 1748/7006 Fax: 0141 265 1748
E-mail: info@rawatbooks.com
Website: www.rawatbooks.com

New Delhi Office
4858/24, Ansari Road, Daryaganj, New Delhi 110 002
Phone: 011 2326 3290

Also at *Bangalore, Hyderabad* and *Guwahati*

Typeset by Rawat Computers, Jaipur
Printed at Nice Printing Press, New Delhi

स्व. माताजी श्रीमती मीरा देवी
स्व. पिताजी श्री एस.आर. वर्मा
एवं
स्व. धर्मपत्नी श्रीमती जमुना वर्मा
को सादर समर्पित

प्राक्कथन

आज विश्व की सतत परिवर्तनशील, प्रावैगिक एवं जटिल परिस्थितियों में अर्थशास्त्र विषय का अध्ययन अधिक सार्थक, महत्वपूर्ण, वैज्ञानिक एवं व्यावहारिक बनता जा रहा है। किन्तु इसका अधिकाधिक लाभ अंग्रेजी माध्यम के विद्यार्थियों व पाठकों को ही मिल रहा है तथा हिन्दी माध्यम के विद्यार्थियों व पाठकों के लिए यह एक कठिन विषय का रूप लेता जा रहा है, क्योंकि इस विषय की मूल पुस्तकें, जो विदेशियों द्वारा अंग्रेजी में लिखी गईं, उनका हिन्दी रूपान्तरण यत्र-तत्र पढ़ने को मिलता है, किन्तु वह आवश्यकता के अनुरूप नहीं है। आजकल अर्थशास्त्र में सांख्यिकी व गणित का उपयोग बढ़ जाने से यह विषय हिन्दी माध्यम के विद्यार्थियों के लिए काफी जटिल साबित हो रहा है तथा विद्यार्थी व प्रतियोगी, परीक्षा में बैठने वाले प्रतिभागी इसे एक विषय के रूप में लेने से कतराते हैं। इसी कठिनाई व समस्या को ध्यान में रखते हुए अर्थशास्त्र से संबंधित मूलभूत तथ्यों, शब्दों, मुहावरों, धारणाओं, सिद्धान्तों व संस्थाओं के बारे में नवीनतम एवं अद्यतन सामग्री के साथ सरल, सहज और सारगर्भित हिन्दी भाषा में अर्थशास्त्र के शब्दकोश का प्रथम पुष्प पाठकों के समक्ष प्रस्तुत करने का साहसी प्रयास किया है। आशा है विद्यार्थी व पाठक वृन्द को यह शब्दकोश पसंद आएगा तथा वे अपने पाठ्यक्रमों व प्रतियोगी परीक्षाओं में इसका भरपूर उपयोग करके सफलता की बुलंदियों को छुएँगे। इस शब्दकोश की कुछ विशेषताएँ इस प्रकार हैं-

1. यह शब्दकोश हिन्दी भाषा में लिखित प्रथम प्रयास है।
2. यह शब्दकोश सरल, सारगर्भित हिन्दी भाषा में अर्थशास्त्र की नवीनतम व अद्यतन जानकारी प्रदान करता है।
3. यह शब्दकोश माध्यमिक उच्च माध्यमिक, स्नातक, स्नातकोत्तर व प्रतियोगी परीक्षाओं - आई.ए.एस., आर.ए.एस., आई.पी.एस., आर.पी.एस., बैंक, बीमा व अन्य अनेक परीक्षाओं के लिए बहुत उपयोगी है।
4. इस शब्दकोश में अर्थशास्त्र से संबंधित लगभग सभी प्रचलित शब्दों, मुहावरों, धारणाओं, सिद्धान्तों व संस्थाओं की जानकारी को आवश्यक परिभाषाओं, सूत्रों, रेखाचित्रों व संदर्भों के साथ स्पष्ट करने का प्रयास किया गया है।
5. इस शब्दकोश में विषय वस्तु का प्रस्तुतीकरण अंग्रेजी वर्णमाला के क्रम से किया गया है, ताकि पाठकगण इसका उपयोग आसानी से कर सकें।
6. इस शब्दकोश के साथ तीन परिशिष्ट जोड़े गए हैं। प्रथम परिशिष्ट, जो 1969 से 2010 तक अर्थशास्त्र के नोबेल पुरस्कार विजेताओं के नाम, वर्ष, स्थान तथा अध्ययन व कार्यक्षेत्र की सूची से संबंधित है, दूसरे परिशिष्ट में अर्थशास्त्र में प्रयुक्त महत्वपूर्ण शब्द संक्षेपों को दर्शाया गया है तथा तीसरा परिशिष्ट अर्थशास्त्र के प्रमुख विचारक एवं उनकी चर्चित रचनाओं से सम्बंधित है।
7. इस शब्दकोश में दो हजार से अधिक शब्दों की व्याख्या प्रस्तुत की गई है।

उपरोक्त विशेषताओं के बावजूद यह कहना दुष्कर होगा कि यह शब्दकोश अपने आप में पूर्ण, अंतिम व त्रुटिहीन है, क्योंकि अर्थशास्त्र विषय इतना व्यापक और परिवर्तनशील है कि इसके बारे में सम्पूर्ण जानकारी दे पाना सूर्य को दीपक दिखाने के समान होगा। इस शब्दकोश को यथा संभव सामर्थ्य, उपलब्ध साधन और स्रोतों के अनुसार पाठकों तक पहुंचाने की चेष्टा की है। यदि इस चेष्टा में कहीं भूलवश कोई त्रुटि या कमी रह गई हो तो इसके लिए मैं क्षमा प्रार्थी हूँ तथा पाठकों को विश्वास दिलाता हूँ कि यदि ऐसी कोई भूल या त्रुटि ध्यान में लाई जाती है तो उसे अगले संस्करण में दूर करने का प्रयास किया जाएगा। इस शब्दकोश को और अधिक आकर्षक तथा उपयोगी बनाने के लिए आपके अमूल्य सुझावों का सदा स्वागत और इन्तजार रहेगा।

अंत में इस शब्दकोश के प्रेरणा स्रोत आदरणीय प्रो. एच.के. रावत साहब से.नि. प्राचार्य (पी.जी. कॉलेज) ब्यावर तथा समाजशास्त्र के शब्दकोश के लिए लाइफ टाइम अचीवमेंट अवार्ड से पुरस्कृत समाजशास्त्र के स्तम्भ के प्रति हृदय से आभार व्यक्त करता हूँ तथा कोटि-कोटि धन्यवाद करता हूँ। साथ ही श्री एच.के. रावत साहब के अनुज भ्राता श्री कैलाश रावत साहब व रावत पब्लिकेशन जयपुर की प्रकाशक श्रीमती प्रेम रावत के प्रति भी अनेकानेक धन्यवाद व आभार प्रेषित करता हूँ, जिनके अथक प्रयास, प्रेरणा व सहयोग से मैं इस शब्दकोश को पाठकों तक समय पर पहुँचाने में सक्षम हो सका। मैं अपने सभी शुभचिंतकों, मित्रों, रिश्तेदारों व तीनों पुत्रों-महेन्द्र, डॉ. सुरेन्द्र व जितेन्द्र तथा परिवार के सभी सदस्यों व अर्थशास्त्र के विद्वान लेखकों का भी हृदय से आभार व्यक्त करता हूँ, जिनके प्रत्यक्ष व अप्रत्यक्ष सहयोग, सद्भावना व सद्प्रयासों से मैं इस अदम्य कार्य को पूरा कर सका।

आशा करता हूँ कि यह शब्दकोश समस्त विद्यार्थी वर्ग व पाठक वृन्द के लिए हर कदम पर उपयोगी साबित होगा। इसी आशा और विश्वास के साथ–

जी. आर. वर्मा

से.नि. प्राचार्य (पी.जी. कॉलेज)

1/330 साकेतनगर, ब्यावर, जिला–अजमेर (राज.)

A

Abatement Cost | क्लेश कारक पदार्थों की लागत में कमी

क्लेश कारक व उत्पातजन्य पदार्थों से उत्पन्न गंदगी व प्रदूषण की लागतों में कमी करना। जैसे-जैसे प्रदूषण की दर घटेगी वैसे-वैसे प्रदूषण लागत वक्र ऊपर की ओर चढ़ता हुआ होगा। ऐसा इसलिए होगा, क्योंकि प्रदूषण या गंदगी युक्त किसी छोटे से भाग को साफ करना तो सस्ता पड़ेगा किन्तु प्रदूषण या गंदगी को पूर्ण रूप से साफ करना या समाप्त करना काफी महँगा पड़ेगा। उदाहरण के लिए यदि वाहन अधिक शोर करते हैं या अधिक धुआं छोड़ते हैं तो इससे छुटकारा पाने के लिए या तो वाहनों के इंजनों को सुधारा जाए या नए इंजन लगाए जाएँ या टूटी-फूटी सड़कों को सुधारा जाए या नई सड़कें बनाई जाएँ जो काफी महँगा कार्य है। अतः कष्टकारक और प्रदूषण युक्त पदार्थों की लागतों में कमी करना आसान नहीं है।

Ability to Pay Theory | कर देय क्षमता सिद्धान्त

यह करारोपण से सम्बन्धित सिद्धान्त है, जिसका प्रतिपादन एडम-स्मिथ के द्वारा किया गया है। इस सिद्धान्त के अनुसार कर भार का वितरण व्यक्तियों की सापेक्ष क्षमता या सामर्थ्य के आधार पर किया जाता है। इस सिद्धान्त में करों के भुगतान को समाज का सामूहिक दायित्व माना गया है। इस सिद्धान्त को समान त्याग का सिद्धान्त (Principle of Equal Sacrifice) भी कहा जाता है। इस सिद्धान्त में यह माना गया है कि प्रत्येक नागरिक जिसके पास कर योग्य आय है या धन का स्रोत है, तो उसे सरकारी कार्यों की सहायता के लिए अपनी क्षमतानुसार अपना अंशदान कर के रूप में अवश्य देना चाहिए। यह अंशदान सरकारी कार्यों से प्राप्त लाभों के अनुसार न होकर करदाता की करदेय क्षमता के अनुसार होना चाहिए। ऐसा इसलिए, क्योंकि सरकारी व्यय के लाभ का एक बड़ा भाग गरीबों को प्राप्त होता है तो इन लोगों को अधिक कर देना पड़ेगा। इस प्रकार एक ओर लाभ सिद्धान्त के अनुसार प्रत्येक करदाता को सरकारी व्यय से प्राप्त या संतोष के बदले में कर चुकाना होगा, दूसरी ओर करदाता को अपनी क्षमता और सामर्थ्य के अनुसार कर चुकाना होगा। इस सिद्धान्त के अनुसार प्रजातांत्रिक व्यवस्था में समान आर्थिक स्थिति वाले सभी लोगों के साथ समान व्यवहार किया जाना चाहिए। इसे क्षैतिज समानता (Horizontal Equity) कहा जाता है तथा असमान आर्थिक स्थिति वाले सभी लोगों के साथ असमान व्यवहार किया जाना चाहिए। इसे लम्बवत समानता (Vertical Equity) कहते हैं। इस सिद्धान्त के अनुसार सभी लोगों के द्वारा कर के रूप में किया गया त्याग उनकी क्षमता या सामर्थ्य के अनुसार हो। इससे कर व्यवस्था अधिक प्रगतिशील बन सकती है, क्योंकि जो व्यक्ति जितना अधिक धनी होता है, उसके लिए आय की सीमान्त उपयोगिता उतनी ही कम होती है तथा करदेय क्षमता अधिक होती है। एक गरीब व्यक्ति द्वारा कर के भुगतान के रूप में किया गया त्याग धनी व्यक्ति की तुलना में अधिक होता है, क्योंकि आय की सीमान्त उपयोगिता गरीब के लिए अधिक होती है। अतः सरकार को लोगों पर पड़ने वाले

कर-भार को न्यूनतम रखने के लिए धनी लोगों पर कर ऊँची दर से तथा गरीबों पर कर कम दर से लगाना चाहिए। प्रगतिशील कर प्रणाली पर आधारित यह सिद्धान्त समान सीमान्त त्याग पर बल देता है। कर देय क्षमता के तीन सूचक हैं- सम्पत्ति, आय और उपभोग। इन तीनों में से कर देय क्षमता का प्रमुख सूचक आय को माना गया है। इस सिद्धान्त में सार्वजनिक व्यय की उपेक्षा की गई है। इसीलिए प्रसिद्ध अर्थशास्त्री 'मसग्रेव' ने इस सिद्धान्त के स्थान पर अनुकूलतम बजट (Optimum Budget) का सिद्धान्त प्रस्तुत किया है।

Abnormal Profit | अधिसामान्य या असामान्य लाभ

प्रत्येक फर्म को उद्योग में बने रहने के लिए न्यूनतम या सामान्य लाभ (Normal Profit) प्राप्त करना आवश्यक होता है। फर्म की दीर्घकालीन कीमत को सामान्य कीमत भी कहते हैं। सामान्य कीमत सीमान्त लागत और औसत लागत के बराबर होती है। दीर्घकाल में यदि कीमत न्यूनतम औसत लागत से ऊँची होगी। यानी (P > AC) तो सभी फर्मों को अधिसामान्य या असामान्य लाभ (Abnormal Profit) या (Super-Normal Profit) प्राप्त होगा। इस लाभ से आकर्षित होकर नई फर्में उद्योग में प्रवेश करेंगी। फलस्वरूप पूर्ति बढ़ेगी और कीमतें घटकर पुनः न्यूनतम औसत लागत के बराबर यानी (P = AC) ही होगी। अर्थात दीर्घकाल में फर्मों को केवल सामान्य लाभ (Normal Profit) ही प्राप्त होगा।

Absenteeism | अनुपस्थितता

जब श्रमिक या मजदूर अपने नियोजन समझौते को तोड़कर अपने कार्य पर अनुपस्थित रहते हैं तो इसे अनुपस्थितता (Absenteeism) कहते हैं। श्रमिकों में असंतोष के कारण ऐसा होता है। इसका उत्पादकता पर भी विपरीत प्रभाव पड़ता है।

Absolute Income Hypothesis | निरपेक्ष आय संकल्पना या अवधारणा

प्रो. केन्ज (Keynes) के उपभोग फलन (Consumption Function) को निरपेक्ष आय संकल्पना या अवधारणा (Absolute Income Hypothesis) कहा जाता है। उनके द्वारा प्रस्तुत अवधारणा यह बताती है कि 'जब आय बढ़ती है तो उपभोग भी बढ़ता है किन्तु आय से कम' और इसके विपरीत भी। इसका तात्पर्य यह है कि उपभोग तथा आय का सम्बन्ध गैर-आनुपातिक है, किन्तु काल श्रेणी (Time Series) आँकड़ों के अनुसार दीर्घकाल में यह सम्बन्ध आनुपातिक भी हो सकता है।

Absolute Monopoly or Pure or Perfect Monopoly | निरपेक्ष या विशुद्ध एकाधिकार या शुद्ध या पूर्ण एकाधिकार

निरपेक्ष, विशुद्ध, शुद्ध या पूर्ण एकाधिकार बाजार की उस स्थिति को कहते हैं जिसमें एक फर्म उद्योग (One Firm Industry) होता है, जिसकी वस्तु या सेवा का कोई निकट का या अच्छा स्थानापन्न (Close or Good Substitute) नहीं होता है। अर्थात वस्तु की आड़ी लोच (Cross Elasticity) शून्य होती है या मांग वक्र पूर्णतया बेलोचदार (Perfectly Elastic) होता है। नए उत्पादकों का प्रवेश पूर्णतः वर्जित होता है, प्रतिबन्धित होता है। इसे समझने के लिए निम्नांकित तथ्यों को ध्यान में रखना आवश्यक है- (i) विशुद्ध एकाधिकार में एकाधिकारी का अपनी वस्तु या सेवा पर पूर्ण नियंत्रण होता है। (ii) एकाधिकारी को अपनी वस्तु बेचने के लिए कोई विज्ञापन या प्रचार-प्रसार की आवश्यकता नहीं होती है। यदि कभी ऐसा किया भी जाता है तो वह केवल जनता में अच्छे सम्बन्ध बनाए रखने के लिए किया जाता है। (iii) एकाधिकारी को संभावित प्रतियोगिता

(Potential Competition) का डर बना रहता है। इस कारण उसके उत्पादन की कीमत व उत्पादन नीतियाँ प्रभावित हो सकती हैं। (iv) व्यवहार में विशुद्ध एकाधिकार नहीं पाया जाता है। किसी वस्तु या सेवा का एक उत्पादक हो सकता है, किन्तु प्रत्येक वस्तु का कोई न कोई स्थानापन्न (Substitute) अवश्य होता है और उस वस्तु को अप्रत्यक्ष प्रतियोगिता का सामना करना पड़ता है। जिस प्रकार शुद्ध या पूर्ण प्रतियोगिता एक छोर को बताती है तो दूसरे छोर पर विशुद्ध एकाधिकार होता है। वास्तविक जगत में विशुद्ध या पूर्ण एकाधिकार का अर्थ केवल एक उत्पादक से नहीं होता, बल्कि उस उत्पादक या कुछ उत्पादकों से होता है, जो वस्तु के एक बड़े भाग का उत्पादन करते हैं। इसीलिए वे वस्तु की पूर्ति एवं कीमत को प्रभावित कर सकते हैं। अतः व्यवहार में विशुद्ध एकाधिकार का सारांश बाजार पर नियंत्रण में निहित है।

Absolute Prices | निरपेक्ष कीमतें

सापेक्ष कीमतों के विपरीत कीमतों को निरपेक्ष कीमतें (Absolute Prices) कहते हैं। जब वस्तुओं और सेवाओं को क्रय करने के बदले दी गई कीमत प्रत्यक्षतः किसी मौद्रिक इकाई के रूप में व्यक्त की जाती है तो वे निरपेक्ष कीमतें कहलाती हैं। जबकि सापेक्ष कीमतों का निर्धारण मांग और पूर्ति की सापेक्ष शक्तियों के द्वारा होता है।

Absorption Approach | अवशोषण की धारणा

अवमूल्यन का अवशोषण सिद्धान्त सामान्य सन्तुलन जैसा है। यह केन्ज के राष्ट्रीय सम्बन्धों पर आधारित है। इसलिए इसे भुगतान शेष का केन्जीयन मार्ग भी कहते हैं। केन्ज का मॉडल अवमूल्यन से निर्यातों के बढ़ने तथा आयातों के घटने से जो आय में परिवर्तन होते हैं, उनका विश्लेषण करता है, जबकि अवशोषण सिद्धान्त घरेलू व्यय में परिवर्तन द्वारा विश्लेषण करता है। सिडनी एलेक्जेंडर के अनुसार यदि किसी देश के भुगतान शेष में घाटा हो तो इसका मतलब यह है कि लोग जितना उत्पादन करते हैं, उससे अधिक अवशोषण (Absorb) कर रहे हैं। अर्थात राष्ट्रीय आय से उपभोग और निवेश पर घरेलू व्यय अधिक है। यदि भुगतान शेष में अतिरेक है तो वे कम अवशोषण कर रहे हैं, यानी राष्ट्रीय आय से उपभोग और निवेश पर होने वाला घरेलू व्यय कम है। भुगतान शेष को घरेलू आय बढ़ाकर या अवशोषण (उपभोग तथा निवेश व्यय) को कम करके सुधारा जा सकता है। एलेक्जेंडर इसके लिए अवमूल्यन करने का सुझाव देते हैं, क्योंकि अवमूल्यन से निर्यात बढ़ेंगे व आयात घटेंगे। फलस्वरूप राष्ट्रीय आय में वृद्धि होगी और घरेलू उपभोग भी बढ़ेगा। इस प्रकार राष्ट्रीय आय में कुल वृद्धि तथा अवशोषण में प्रेरित वृद्धि का अन्तर भुगतान शेष पर शुद्ध प्रभाव के बराबर होगा।

Absorptive Capacity | अवशोषण क्षमता

अल्प विकसित देशों में प्रवाहित होने वाली विदेशी सहायता की मात्रा विदेशी पूँजी को अवशोषित या खपाने की क्षमता पर निर्भर करती है। अर्द्धविकसित देशों को उतनी ही विदेशी सहायता लेनी चाहिए, जितनी का वे लाभदायकता से निवेश कर सकें। अर्थात जितना वे इसका उत्पादकीय उपयोग कर सकें। विदेशी पूँजी को खपाने की क्षमता कई तत्वों पर निर्भर करती है, जैसे- विकास परियोजनाओं के आयोजन एवं कार्यान्वयन की क्षमता, अर्थव्यवस्था की संरचना को बदलना तथा संसाधनों का पुनर्आबंटन करना, प्रमुख साधनों की कमी, संस्थानिक संस्थाओं या अनुण्युक्त संगठनों आदि पर। अर्थव्यवस्था की संरचना उसकी वर्तमान क्षमता के उपभोग के साथ देश की विदेशी पूँजी खपाने की क्षमता पर महत्वपूर्ण प्रभाव डालती है। विदेशी पूँजी को खपाने की क्षमता अनन्त नहीं

होती है। परियोजनाओं को केवल नियंत्रित करना ही पर्याप्त नहीं है। खपाने के लिए उसका उत्पादक होना भी आवश्यक है। अर्द्धविकसित देशों द्वारा उपयोग की जा सकने वाली पूँजी की मात्रा पूरक साधनों की प्राप्यता पर निर्भर करती है। यदि पूरक साधन उपलब्ध नहीं होते हैं तो उसका उपयोग नहीं हो सकेगा। अर्द्धविकसित देशों में विद्युत, परिवहन आदि बुनियादी सुविधाओं की कमी के कारण उनमें विदेशी सहायता को खपाने की क्षमता कम होती है। सुविधाओं की कमी के कारण अन्य कारक जैसे कुशल उद्यमिता का अभाव, भौगोलिक तथा व्यावसायिक गतिशीलता का अभाव तथा घरेलू बाजार का अल्प आकार आदि के कारण भी विदेशी सहायता की खपत में बाधक सिद्ध होते हैं। ये बाधाएँ अर्द्धविकसित देशों में पूँजी की सीमान्त उत्पादकता को घटा देते हैं तथा विकास परियोजनाओं को चालू और पूरा करने के लिए विदेशी सहायता के उचित उपयोग को रोकती है। जो देश इन बाधाओं को पार कर लेते हैं, उनकी खपत क्षमता बढ़ जाती है। उनकी अर्थव्यवस्था परियोजनाओं को पूर्ण कर लेती है तथा अपनी विकास की गति को बढ़ा लेती है।

Abstinence | स्थगन या त्याग

भविष्य के उपभोग में वृद्धि करने के लिए वर्तमान उपभोग के त्याग या स्थगन को 'Abstinence' कहते हैं। यदि दीर्घकाल में उपभोगीय वस्तुओं के प्रवाह में वृद्धि करनी है तो वर्तमान उपभोग में कटौती करनी होगी, ताकि भविष्य में उपभोग क्षमता बढ़ सके। इस शब्द का उपयोग सर्वप्रथम नासो विलियम सीनियर ने ब्याज दर के सिद्धान्त में किया था। यदि पूँजीगत साधनों में वृद्धि करनी है तो वर्तमान आय से बचत करनी होगी। ब्याज इस प्रकार किए गए पूँजी के त्याग का पुरस्कार है। जे.एस. मिल इसे वर्तमान उपभोग के त्याग का पुरस्कार कहते हैं। कुछ विद्वान इसे पूँजी के बदले किए गए इन्तजार का पुरस्कार मानते हैं।

Abstinence Theory of Interest or Agio or Austrian Theory or Waiting Theory of Interest | ब्याज का स्थगन या त्याग सिद्धान्त या ब्याज का बट्टा या आस्ट्रियन सिद्धान्त या प्रतीक्षा सिद्धान्त

ब्याज के इस सिद्धान्त को ब्याज का त्याग सिद्धान्त (Abstinence Theory) या बट्टा सिद्धान्त (Agoi Theory) या आस्ट्रियन सिद्धान्त (Austrian Theory) या प्रतीक्षा सिद्धान्त (Waiting Theory) भी कहते हैं। इस सिद्धान्त का आशय यह है कि ब्याज वर्तमान उपभोग के त्याग का प्रतिफल है या भुगतान है। कई लोग वर्तमान उपभोग को भविष्य के उपभोग की अपेक्षा अधिक महत्व देते हैं तथा वे इसके लिए उधार के बदले में ब्याज चुकाना पसंद करते हैं। मिल के शब्दों में 'ब्याज केवल उपभोग-स्थगन का पुरस्कार है।' परम्परागत अर्थशास्त्रियों के अनुसार केवल वर्तमान उपभोग को स्थगित करके ही पूँजीगत साधनों में वृद्धि की जा सकती है, क्योंकि वर्तमान उपभोग का भविष्य के लिए स्थगन कष्टकारी होता है। इसीलिए ऋणदाता को ब्याज के रूप में पुरस्कार दिया जाता है। किन्तु अमीरों को बचत करने के लिए कोई त्याग या स्थगन नहीं करना पड़ता। इस भ्रांति को दूर करने के लिए मार्शल ने स्थगन (Abstinence) के स्थान पर प्रतीक्षा (Waiting) शब्द का उपयोग किया है। आगे चलकर जॉन रे तथा बॉम बवर्क के नेतृत्व में आस्ट्रिया वालों ने फिशर का अनुसरण किया तथा यह माना कि ब्याज बट्टा (Agio) या समय अधिमान (Time Preference) का पुरस्कार होता है। लोग भविष्य की अपेक्षा वर्तमान को अधिक पसंद करते हैं। इसलिए वर्तमान उपभोग को भविष्य के लिए स्थगित करने की प्रेरणा देने के लिए यह आवश्यक है कि ब्याज के रूप में इसकी क्षतिपूर्ति की जाए। इस प्रकार ब्याज उन्हीं वस्तुओं के वर्तमान उपभोग और भविष्य के उपभोग का अन्तर है।

Accelerator | त्वरक या त्वरण

टी.एन. कार्वर ने सर्वप्रथम 1903 में उपभोग व शुद्ध विनियोग के सम्बन्ध में इस शब्द का उपयोग किया। 1909 में इसे परिष्कृत रूप में प्रस्तुत करने का श्रेय फ्रेंच अर्थशास्त्री अलबर्ट अफतालियों को है। आगे चलकर जे.एम. क्लार्क, हैरोड, हिक्स, सेम्यूलसन तथा गुडविन आदि ने इसे विकसित किया। यह सिद्धान्त बताता है कि उपभोग में होने वाले परिवर्तनों के कारण विनियोग पर क्या प्रभाव पड़ता है। अर्थात त्वरक उपभोग व्यय में परिवर्तन और प्रेरित विनियोग में परिवर्तन के मध्य अनुपात की व्याख्या करता है। आगे चलकर अर्थशास्त्रियों ने इसे एक सिद्धान्त के रूप में अपनाया।

Accelerator Coefficient | त्वरक गुणांक

के. कुरीहारा के अनुसार- "त्वरक गुणांक प्रेरित निवेश और उपभोग व्यय में प्रारम्भिक परिवर्तन के बीच अनुपात है।" उदाहरण के लिए यदि 10 करोड़ रु. की उपभोग व्यय में वृद्धि से 30 करोड़ रु. की निवेश में वृद्धि होती है तो त्वरक गुणांक 3 होता है। सूत्रानुसार-

$$\beta = \frac{\Delta 1}{\Delta C} = \frac{30}{10} = 3$$

यहां β = त्वरक गुणांक

$\Delta 1$ = निवेश में शुद्ध परिवर्तन

ΔC = उपभोग व्यय में शुद्ध परिवर्तन

Accelerator Principle | त्वरक सिद्धान्त

त्वरक या त्वरण आर्थिक सिद्धान्त का एक महत्वपूर्ण औजार (Tool) है। यह गुणक (Multiplier) से भी प्राचीन है। इस सिद्धान्त का प्रतिपादन फ्रेंच अर्थशास्त्री अलबर्ट अफतालियों (A. Aftalion) ने 1909 में किया। आगे चलकर अमेरिकी अर्थशास्त्री क्लार्क ने इसे परिष्कृत स्वरूप दिया तथा प्रो. पीगू. हैरोड, व सेम्यूलसन आदि अर्थशास्त्रियों ने इसे विकसित किया। यह सिद्धान्त उपभोग में होने वाले परिवर्तनों के विनियोग पर पड़ने वाले प्रभाव को स्पष्ट करता है। उपभोग से वस्तुओं की मांग बढ़ती है तो इन्हें बनाने वाले पूँजीगत साधनों जैसे मशीनों व अन्य उपकरणों की मांग और निवेश भी बढ़ जाते हैं। इस प्रकार से हुई विनियोग वृद्धि को प्रेरित विनियोग (Induced Investment) कहते हैं। अत: उपभोग व्यय में परिवर्तन और प्रेरित विनियोग में परिवर्तन के मध्य अनुपात को त्वरक बताता है।

$$\text{संक्षेप में, त्वरक} = \frac{\text{प्रेरित विनियोग में परिवर्तन}}{\text{उपभोग व्यय में परिवर्तन}}$$

$$\text{अर्थात्} = \alpha = \frac{\Delta 1}{\Delta C}$$

जहाँ α = त्वरक गुणांक $\Delta 1$ विनियोग में परिवर्तन ΔC= उपभोग में परिवर्तन।

उदाहरणार्थ- यदि उपभोग व्यय में 10 करोड़ रु. की वृद्धि होती है और विनियोग व्यय में 40 करोड़ रु. की वृद्धि होती है।

तो त्वरक गुणांक $\frac{40}{10} = 4$ होगा।

अर्थात त्वरक यह बताता है कि उपभोग में हुई थोड़ी सी वृद्धि विनियोग में कई गुणा वृद्धि का कारण बनती है।

अत: त्वरक के बारे में यह कहा जा सकता है कि–

(i) उपभोग की दर में परिवर्तन होने से विनियोग में अधिक दर से परिवर्तन होता है।

(ii) पूँजीगत पदार्थों का जीवनकाल जितना अधिक होगा, उत्पादक उद्योग की क्षमता में उतना ही अधिक परिवर्तन होगा।

(iii) जब उपभोग की दर घटती है तो विनियोग की दर भी घटती है।

(iv) इस सिद्धान्त के लागू होने के लिए यह आवश्यक है कि अर्थव्यवस्था में विद्यमान क्षमता का पूर्ण उपयोग हो।

(v) त्वरक सिद्धान्त की कार्यप्रणाली असमरूपी है। यह सदैव कार्य नहीं करता, केवल उस समय कार्य करता है, जब अर्थव्यवस्था पूर्ण क्षमता पर कार्य कर रही हो।

(vi) यह सिद्धान्त भारत जैसे अर्द्धविकसित देशों के लिए उपयुक्त है, क्योंकि उपभोग बढ़ने पर बढ़ी हुई मांग को पूरा करने के लिए विनियोग भी बढ़ेगा। किन्तु व्यवहार में यह यहाँ लागू नहीं होता, क्योंकि इसके लागू होने की मान्यताएँ यहाँ नहीं होतीं।

(vii) जहाँ गुणक विनियोग में होने वाले परिवर्तन के कारण आय में होने वाले परिवर्तन के अनुपात को व्यक्त करता है, वहीं त्वरक उपभोग में होने वाले परिवर्तनों के विनियोग पर पड़ने वाले प्रभावों को व्यक्त करता है। प्रो. हेन्सन ने गुणक व त्वरक के संयुक्त प्रभाव को महागुणक (Super multiplier) कहा है।

Accessions Tax | अतिरिक्त कर

एक ऐसा अतिरिक्त कर, जो दान, उपहार, भेंट व पैतृक सम्पत्ति पर लगाया जाता है। ऐसी प्राप्तियाँ जो आय में सम्मिलित नहीं होतीं, किन्तु इनमें खर्च योग्य शक्ति होने के कारण ये कराधान के अन्तर्गत आ जाती हैं। यह कर इनके प्राप्तकर्ता पर लगाया जाता है, क्योंकि यह उसकी आर्थिक स्थिति से सम्बन्ध रखता है।

Accident Insurance | दुर्घटना बीमा

वर्तमान में सामान्य जीवन बीमा का आशातीत विस्तार हुआ है क्योंकि यह मानव जीवन से सम्बन्धित सभी प्रकार की जोखिमों, दुर्घटनाओं व संभावित खतरों के प्रति लोगों को या बीमाधारियों को सुविधाएँ उपलब्ध कराता है व सभी जोखिमों को कवर करता है। इसके अतिरिक्त सम्पत्ति, वाहन या तृतीय पक्ष दुर्घटना बीमा सम्बन्धी सभी प्रकार की जोखिमों व खतरों की भरपाई का व बदले में भुगतान देने का जिम्मा लेता है। ऐसे कार्य आजकल कई बीमा कम्पनियाँ करने लगी हैं।

Accommodating Monetary Policy | उपकारी या सुविधाजनक या समायोजक मौद्रिक नीति

कभी-कभी मुद्रास्फीति के प्रसार को अच्छा माना जाता है, क्योंकि ऐसे समय में सरकार उसी दर से मुद्रा प्रसार भी कर देती है, जिस दर से मुद्रा स्फीति बढ़ती है। ऐसी मौद्रिक नीति को सुविधाजनक (Accommodating) माना जाता है क्योंकि इससे आर्थिक विकास को बढ़ावा मिलता है और उत्पादन, आय, रोजगार और निवेश आदि में वृद्धि होगी जो उत्पादक, उपभोक्ता व निवेशकों के लिए उपकारी या फायदेमंद मुद्रा नीति साबित होगी । यह अल्पविकसित देशों में आर्थिक विकास को प्रोत्साहित करने की दृष्टि से बहुत लाभदायक है।

Accommodating Transactions | उपकारी या सुविधाजनक या समायोजक लेन-देन

लेखांकन की दृष्टि से भुगतान शेष हमेशा संतुलन में होता है। भुगतान शेष को दर्शाने के लिए दो प्रकार के लेन-देन सम्बन्धी खाते होते हैं। प्रथम स्वायत्त (Autonomus) तथा द्वितीय समायोजका लेखांकन प्रणाली में एक लेन-देन का अन्त: प्रवाह और बाह्य प्रवाह क्रमशः जमा (Credit) तथा नामे (Debit) पक्षों में लिखा जाता है। इसलिए जमा और नामे दोनों पक्ष सदैव संतुलन में होते हैं। यदि चालू खाते में घाटा हो तो इसे पूँजी लेखा में उतने ही अतिरेक द्वारा पूरा करके संतुलित किया जा सकता है। इसके लिए विदेशों से उधार लेकर या विदेशी विनिमय रिजर्व से व स्वर्ण निर्यात द्वारा पूँजी लेखा में अतिरेक उत्पन्न किया जा सकता है और भुगतान शेष को संतुलित किया जा सकता है। जो मदें एक विशिष्ट शेष में शामिल की जाती हैं, वे रेखा के ऊपर (Above the Line) रखी जाती हैं, और जो मदें निकाल दी जाती हैं वे रेखा के नीचे (Below the Line) रखी जाती हैं। जो मदें रेखा के नीचे रखी जाती हैं, वे निपटारा (Settlement) अथवा समायोजक (Accommodating) अथवा क्षतिपूरक (Compensatory) मदें कहलाती हैं। दूसरी ओर जो मदें रेखा के ऊपर रखी जाती हैं, वे स्वायत्त (Autonomus) मदें कहलाती हैं।

Account | लेखा या खाता

वित्तीय एवं गैर वित्तीय, सरकारी या गैर-सरकारी संस्थाएँ अपने हिसाब-किताब, लेन-देन व जमा-खर्च का हिसाब रखने के लिए जिस बही खाता प्रणाली का उपयोग करते हैं, उसे लेखा या खाता (Account) कहा जाता है। बैंकों में बचत व चालू खातों के अलावा कई प्रकार के खाते खोले जाते हैं।

Account Payee Only | केवल खाते में भुगतान हेतु

रेखांकित (Crossed) चेक का भुगतान केवल खाताधारक के खाते में ही जमा हो सकता है तथा ऐसा चेक किसी अन्य व्यक्ति या खाताधारी के नाम हस्तान्तरित नहीं किया जा सकता है। चेक को रेखांकित इसलिए किया जाता है, ताकि उसका दुरुपयोग न हो व कोई दूसरा व्यक्ति इसका उपयोग न कर सके और यह चेक सीधा खातेदार के खाते में ही जमा होकर उसका भुगतान हो।

Accounting Costs | लेखा या लेखांकन लागतें

किसी फर्म द्वारा एक वस्तु के उत्पादन में किए गए कुल मुद्रा व्यय को मुद्रा लागतें (Money Costs) कहते हैं। इसमें श्रम की मजदूरी और वेतन, कच्चे माल की लागत, मशीनों और उपकरणों का खर्च, मशीनों के मूल्य ह्रास और घिसने व न चलने का व्यय, भवन तथा अन्य पूँजी पदार्थ और भवन का किराया, उधार ली गई पूँजी का ब्याज, बिजली, ईंधन, यातायात, विज्ञापन तथा बीमे का खर्च और सब प्रकार के कर शामिल होते हैं। ये ही लेखांकन लागतें (Accounting Costs) कहलाती हैं, जो एक उद्यमी उत्पादन के विभिन्न साधनों को भुगतान करने के लिए ध्यान में रखता है। ये वास्तविक(Actual) या परिव्यय (Out-Lay) लागतें भी कहलाती हैं। ये कर प्रबन्ध लाभ व हानि के आकलन में उपयोगी हैं। इन्हें सुनिश्चित या स्पष्ट लागतें (Explicit Costs) भी कहते हैं।

Accrued Income | उपार्जित या बढ़ी हुई आय

यह वह आय होती है, जो उपार्जित (Earned Income) होती है, किन्तु जो उस लेखा वर्ष में प्राप्त नहीं हुई है।

Acid Test Ratio | तीखा या तीव्र परीक्षण अनुपात

एक फर्म द्वारा अल्पकाल में अपने समस्त दायित्वों को समयानुसार पूरा करने को तीखा या तीव्र परीक्षा या परीक्षण अनुपात (Acid Test Ratio) कहते हैं।

Action Lag | कार्य विलम्ब

व्यष्टि अर्थशास्त्र में नीतिगत निर्णयों (Policy Decisions) व इनके कार्यान्वयन (Implementation) के मध्य विलम्ब या देरी को कार्य विलम्ब (Action lag) कहते हैं। कार्य विलम्ब सामान्यत: विलम्बित निर्णयों से होता है।

Active Balance | कर्तरि या कार्यशील शेष

मौद्रिक सिद्धान्त में कुल मुद्रा आपूर्ति को कार्यशील व निष्क्रिय कोषों में विभाजित किया जाता है। कार्यशील मुद्राकोष (Active Balance) का निर्धारण लेन-देन में दिए गए समय में भुगतान और निष्क्रिय कोषों के अन्तराल के मध्य होता है। उद्देश्यों के अनुसार कार्यशील शेष को चलन मुद्रा (Currency in Circulation) तथा बैंक के चालू खातों में जमाओं (Current Account Deposits) के रूप में परिभाषित किया जाता है।

Actual Costs | वास्तविक लागतें

देखें (Accounting Costs)

Administered Prices | प्रशासित या नियंत्रित कीमतें

(a) दृढ़ (Rigid), प्रशासित व नियंत्रित कीमतें (Administered Prices) वे कीमतें होती हैं, जो कुछ व्यक्तियों या संस्थाओं के निर्णयों द्वारा निर्धारित होती हैं, न कि बाजार की शक्तियों द्वारा। प्रशासित कीमतें वहां पाई जाती हैं जहाँ वस्तुएँ और सेवाएँ एकाधिकारी या सार्वजनिक निकायों के द्वारा बेची जाती हैं। अल्पाधिकार के अन्तर्गत यदि फर्म स्वतंत्र रूप से कार्य करती है और किसी प्रकार के गुप्त या स्पष्ट गठबन्धन के अधीन नहीं होती है तो भी एक संतुलन कीमत मौजूद हो सकती है। अल्पाधिकार में दृढ़ (Rigid) कीमतें पाई जाती हैं। इसका अभिप्राय यह है कि एक सीमा के अन्दर लागत या मांग दशाओं में परिवर्तन होने के बावजूद कीमतें स्थिर व दृढ़ रहती हैं। एक फर्म की क्रिया के बदले में दूसरी फर्मों की प्रतिक्रियाएँ अनिश्चित होती हैं। फर्में कीमतों में परिवर्तन न करके गैर-कीमत प्रतियोगिता (Non-Price Competition) का सहारा लेती हैं। किसी कीमत युद्ध (Price war) से बचने के लिए फर्में वर्तमान कीमत स्तर पर उपभोक्ताओं व वस्तु में एक रिश्ता बनाए रखती हैं। कीमतों में इतनी दृढ़ता बनाए रखी जाती है कि नई फर्मों के प्रवेश का व प्रतियोगिता का भय न हो। इसकी व्याख्या करने के लिए पॉल एम. स्वीजी ने 'कोनेदार मांग रेखा सिद्धान्त' (Theory of Kinked Demand Curve) प्रस्तुत किया है।

(b) सरकार द्वारा कई बार नियंत्रित कीमतों का उपयोग किया जाता है। सरकार बाजार में कीमत नियंत्रण हेतु प्रशासित कीमतें लागू करती है। सरकार प्रतिवर्ष कृषि गत उत्पादों के न्यूनतम समर्थन वसूली मूल्य बढ़ाती है। इससे खुले बाजार में उन वस्तुओं के मूल्य बढ़ते हैं और उत्पादकों को अपनी वस्तु का अच्छा मूल्य मिल जाता है। मूल्यों में वृद्धि की घोषणा से सामान्य मुद्रास्फीति बढ़ती है तथा मूल्यों में कमी से मुद्रास्फीति घटती है।

Administrative Revenues | प्रशासनिक राजस्व

यह राजस्व आय सरकार के प्रशासनिक कार्यों से उत्पन्न होती है। इसके अन्तर्गत सामान्य किस्म की फीस, लाइसेंस फीस, विशेष निर्धारण राशियाँ (Special Assessments) जुर्माना, दण्ड, जप्ती (Forfeiture) तथा राज्य या सरकार के पास चले जाने की दशा (Escheat) आदि आते हैं। सामान्य किस्म की फीस में स्कूलों व कॉलेजों की फीस, बन्दूकों आदि को रखने की लाइसेन्स फीस आदि आते हैं। विशेष निर्धारण के अन्तर्गत विशेष लाभ पहुँचाने की एवज में लागत का कुछ अंश वसूलने का प्रयास किया जाता है। सरकार के किसी प्रयास से यदि अचल सम्पत्ति का मूल्य बढ़ जाता है तो सरकार उस अनार्जित मूल्य वृद्धि में से विशेष निर्धारण के जरिए कुछ राशि वसूलने का प्रयास करती है। विशेष निर्धारण सामान्य उद्देश्य व स्थानीय सुधार की भावना से किया जाता है। जैसे–नहरी क्षेत्रों में सुधार, लेवी लगाकर धनराशि जुटाना।

Ad Valorem Tax | मूल्यानुसार कर

यह कर वस्तु के मूल्य पर एक निश्चित प्रतिशत के रूप में लगाया जाता है। यह कर एकाधिकारी के लिए परिवर्तनशील लागत (Variable Cost) की भांति होता है। अतः एकाधिकारी अपनी वस्तु की लागत को कर की मात्रा के बराबर बढ़ा सकता है तथा उत्पादक या एकाधिकारी मूल्यानुसार कर का कुछ भाग ऊँची कीमत के रूप में उपभोक्ताओं पर डाल सकता है। इस स्थिति में उत्पादन की मात्रा घट जाती है। साथ ही पहले की तुलना में एकाधिकारी लाभ भी कम हो जाता है, क्योंकि कुल आय तो अपरिवर्तित रहती है, किन्तु लागतें बढ़ जाती हैं। यदि एकाधिकारी के कुल लाभ पर कर लगा दिया जाता है तो कीमतें बढ़ जाती हैं और उत्पादन घट जाता है। करापात का कुछ अंश उपभोक्ताओं पर खिसका दिया जाता है। अतः यह एक अप्रत्यक्ष कर है, जो वस्तुओं पर उनके मूल्यों के आधार पर लगाया जाता है। वैट (VAT) मूल्यानुसार कर का उदाहरण है।

Advanced Countries | विकसित देश

विकसित और अर्द्धविकसित देशों के बीच प्रति व्यक्ति आय (Per Capita Income) के आधार पर विभाजन रेखा खींची जाती है। जिन देशों की प्रति व्यक्ति आय अमेरिका जैसे विकसित देश की प्रति व्यक्ति आय का 1/5 से कम होती है, उन्हें अल्पविकसित देश कहा जाता है किन्तु यह परिभाषा अपने आप में स्पष्ट व पूर्ण नहीं है क्योंकि उदाहरणार्थ मध्य पूर्व के तेल उत्पादक देश इस मापदण्ड के अनुसार विकसित देशों की श्रेणी में आते हैं, किन्तु आय वितरण व विभिन्न सेवाओं की उपलब्धि पर विचार किया जाए तो ये देश बहुत अधिक विकसित नहीं कहे जा सकते। अतः औद्योगिक रूप से विकसित, ऊँची राष्ट्रीय एवं प्रति व्यक्ति आय, ऊँची पूँजी संचयन दर व विकसित ऊपरी ढाँचे वाले देशों को विकसित देश कहा जाता है।

Adverse Balance of Payments | प्रतिकूल भुगतान शेष

भुगतान शेष में उन सभी भुगतानों का समावेश होता है, जो देश अपने दृश्य एवं अदृश्य आयात वस्तुओं के लिए भुगतान करता है। यदि विदेशियों को किए गए भुगतान विदेशियों से हुई प्राप्तियों से बढ़ जाएँ तो भुगतान शेष प्रतिकूल (Adverse) हो जाता है। इसके विपरीत अनुकूल (Favourable) होता है। प्रतिकूल भुगतान के कारण हैं अर्थव्यवस्था में अस्थाई परिवर्तन या असंतुलन विनिमय दर में परिवर्तन, व्यापार चक्रों के उतार–चढ़ाव, राष्ट्रीय आय में परिवर्तन, मुद्रास्फीति, आर्थिक विकास का निम्न स्तर, पूँजी की कमी तथा राजनीतिक हस्तक्षेप आदि के कारण होता है। प्रतिकूल शेष को विनिमय मूल्य ह्रास, अवमूल्यन, व्यय नीति में प्रत्यक्ष नियंत्रण,

पूँजी निर्माण, आयात प्रतिस्थापन की नीति, विदेशी पर्यटकों को प्रोत्साहन, निर्यात को प्रोत्साहन तथा विनिमय नियंत्रण आदि उपायों से ठीक किया जा सकता है। अत: जब आयातों का भुगतान निर्यातों की प्राप्तियों से अधिक होता है तो इसे प्रतिकूल भुगतान संतुलन कहते हैं।

Advertisement | विज्ञापन

एक फर्म या उद्योग या व्यवसायी के लिए यह अपनी वस्तु के विक्रय की प्रोत्साहन तकनीक है, जिसमें ये अपनी वस्तु या सेवा को अन्य उत्पादकों द्वारा उत्पादित और विक्रय की जाने वाली वस्तु की तुलना में श्रेष्ठ सिद्ध करने का प्रयास करते हैं। ये सभी अपनी वस्तु या सेवा के बारे में इश्तिहारों, अखबारों, रेडियो, टी.वी. व अन्य प्रसारण व प्रचार माध्यमों से क्रेताओं के मन पर मनोवैज्ञानिक प्रभाव डालते हैं। इससे वे अपनी व दूसरों की वस्तुओं के बीच एक काल्पनिक अन्तर उत्पन्न कर अपनी वस्तु को अधिक मात्रा में बेचने का प्रयास करते हैं। इसके अतिरिक्त वस्तु विक्रय स्थल की सजावट, स्थिति व बेहतरीन काउंटर सेवा का अवसर प्रदान कर ग्राहकों को आकर्षित किया जाता है तथा वस्तु विभेदीकरण के द्वारा वस्तु की मांग को बेलोचदार बनाने व मांग को प्रभावित करने की इस विधि को विज्ञापन (Advertisement) कहते हैं।

Advance | अग्रिम

निम्नांकित को अग्रिम कहा जाता है–

(i) कई प्रकार के समझौतों के अधीन कार्य पूरा करने के लिए अग्रिम राशि देनी पड़ती है, जैसे–निर्माण कार्यों आदि में।

(ii) जब श्रमिकों को आय अर्जित करने से पूर्व उनके वेतन या यात्रा भत्ते के रूप में अग्रिम राशि दी जाती है।

(iii) यह भविष्य में होने वाले आर्थिक परिवर्तनों का संकेत है, जैसे उपभोक्ता के खर्च करने से पूर्व उसकी खर्च योग्य आय में वृद्धि हो जाना।

(iv) बैंकों या वित्तीय संस्थाओं द्वारा अपने ग्राहकों को उधार हेतु अग्रिम ऋण प्रदान करना।

(v) स्टॉक प्रतिभूतियों की कीमतों में वृद्धि हो जाना।

Administrative Costs | प्रशासनिक लागतें

एक कम्पनी के द्वारा वहन की गई वे लागतें, जो भली प्रकार से निर्देशित, नियंत्रित व कार्यान्वित की जाती हैं। इन लागतों में प्रबन्ध, लेखांकन तथा व्यक्तिगत कार्यों के लिए लगने वाली लागतें सम्मिलित होती हैं।

Adverse Balance of Trade | प्रतिकूल व्यापार शेष

व्यापार शेष में उन सभी भुगतानों का समावेश होता है, जो एक देश अपनी दृश्य आयात वस्तुओं के लिए भुगतान करता है तथा दृश्य निर्यात वस्तुओं से प्राप्त करता है। जब आयातों के लिए किया जाने वाला भुगतान दृश्य निर्यातों की प्राप्तियों से अधिक हो जाता है तो इसे प्रतिकूल व्यापार शेष कहा जाता है।

Advertising Sales Ratio | विज्ञापन-विक्रय अनुपात

फर्म की कुल विक्रय आय तथा विज्ञापन व्यय के मध्य अनुपात को विज्ञापन–विक्रय अनुपात (Advertising Sales Ratio) कहा जाता है। बहुत अधिक सघन (Concentrated) बाजार

गैर-कीमत प्रतियोगी बाजार (Non-Price Competition) का स्वरूप ग्रहण कर लेते हैं, तब विज्ञापन-विक्रय अनुपात में वृद्धि होने लगती है। जैसे- फर्म पूर्ण प्रतियोगी बाजार से अल्पाधिकारिक (Oligopolist) बाजार ढाँचे का स्वरूप ग्रहण करती है, तो विज्ञापन-विक्रय लागतें बढ़ने लगती हैं।

Affluent Society | समृद्ध या धनाढ्य समाज

इस शब्द का उपयोग सर्वप्रथम प्रो. जे. के. गेलब्रेथ ने अमेरिका व पश्चिमी यूरोपीय देशों में रहने वाले उच्च जीवन स्तर प्राप्त समृद्ध या धनाढ्य समाज के लिए किया था।

African Development Bank | अफ्रीकी विकास बैंक

इस बैंक की स्थापना अफ्रीका के स्वतंत्र राज्यों द्वारा 1963 में की गई, जिसका उद्देश्य आर्थिक और सामाजिक विकास को बढ़ावा देना है। अपने सदस्य देशों के लिए। यह बैंक इन देशों को वित्तीय एवं तकनीकी सहायता प्रदान करता है, ताकि वे अपनी विकास परियोजनाओं को पूरा कर सकें। 50 अफ्रीकी स्वतंत्र राज्य इसके सदस्य हैं तथा गैर क्षेत्रीय राज्य भी इसके सदस्य बन सकते हैं। बैंक व इसके सभूह द्वारा कृषि तथा ढाँचागत विकास के लिए आसान ऋण प्रदान किए गए हैं। यह विशेषकर गरीब सदस्य राज्यों को सहायता प्रदान करता है। यह अपने सदस्य देशों की विकास परियोजनाओं का समन्वय व मूल्यांकन का कार्य भी करता है।

Age-earning Profile | आयु-आय दृष्टिकोण

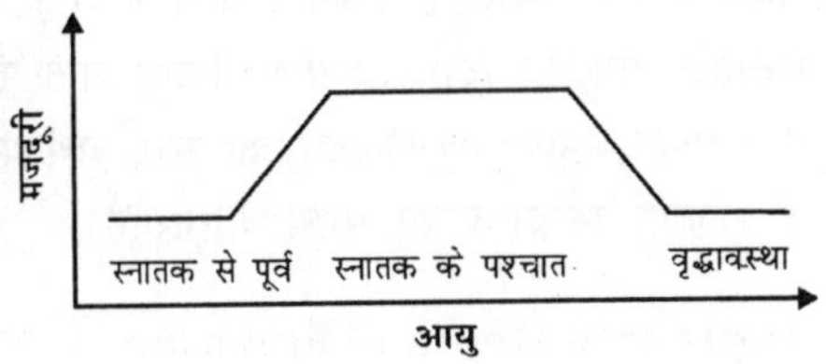

श्रम अर्थशास्त्र में एक शिक्षित श्रमिक की आयु व आय के मध्य स्थापित किए गए सम्बन्धों को Age-earning Profile द्वारा स्पष्ट किया गया है। इस दृष्टिकोण के अनुसार स्नातक शिक्षा से पूर्व उसकी आय लगभग स्थिर रहती है, स्नातक स्तर के पश्चात ज्यों-ज्यों उसकी उम्र बढ़ती है, आय का स्तर भी बढ़ता है व कुछ समय के बाद वह स्थिर हो जाती है और वृद्धावस्था आने के साथ ही घटनी शुरू हो जाती है और घटते-घटते पुनः स्थिर हो जाती है। इसे निम्न रेखाचित्र द्वारा समझा जा सकता है।

चित्रानुसार स्नातक स्तर से पूर्व आय स्थिर है। स्नातक के पश्चात् आय बढ़ती है तथा वृद्धावस्था में कम हो जाती है।

Agency for International Development (AID) | अन्तरराष्ट्रीय विकास एजेन्सी

अन्तरराष्ट्रीय विकास एजेन्सी (AID), अन्तरराष्ट्रीय विकास सहकारिता एजेन्सी का एक महत्वपूर्ण हिस्सा है, जो कि सभी प्रकार के सहायता कार्यक्रमों की क्रियान्विति के लिए एक उत्तरदायी संस्था है। यह (IDCA) एजेन्सी का एक महत्वपूर्ण उप संगठन है। (देखें IDCA).

Agent | अभिकर्ता

एक ऐसा व्यक्ति जो दूसरों के लिए अभिकर्ता (Agent) के रूप में कार्य करता है अर्थात जिसका वह अभिकर्ता है वह दूसरा पक्ष है। जब यह अभिकर्ता तीसरे व्यक्ति से दूसरे पक्ष के लिए व्यवहार या प्रतिनिधित्व करता है तो यह अभिकर्ता कार्य कहलाता है। जिस दूसरे पक्ष के लिए यह कार्य

करता है वह प्रमुख पार्टी (Prime Party) कहलाता है। इस प्रकार जो इस प्रमुख पार्टी (द्वितीय पक्ष) व तृतीय पार्टी (तृतीय पक्ष) के मध्य सम्बन्ध स्थापित करता है, वह अभिकर्ता कहलाता है।

Agio | बट्टा

जब एक मुद्रा के बदले में दूसरी मुद्रा प्राप्त करने के लिए प्रचलित विनिमय दर पर जो व्यय (Charge) या बट्टा (Agio) काटा जाता है, उसे बट्टा (Agio) कहा जाता है। अर्थात बट्टा वह व्यय है, जो दो मुद्राओं के पास्परिक विनियम हेतु दिया जाता है। जैसे उधार ली गई मुद्रा या ऋण के बदले में जो व्यय चुकाया जाता है या जो ब्याज चुकाया जाता है, उसे भी बट्टा कहते हैं।

Agio Theory of Interest | ब्याज का बट्टा सिद्धान्त

इस सिद्धान्त का प्रतिपादन आस्ट्रियन अर्थशास्त्री बाम बावर्क ने किया था। उनके अनुसार भविष्य की तुलना में वर्तमान महत्वपूर्ण है। अतः आय के वर्तमान में व्यय से एक प्रकार का प्रीमियम मिलता है। बचत करने से व्यक्ति इस प्रीमियम से वंचित रह जाते हैं। अतः ब्याज के रूप में वे इस प्रीमियम की क्षतिपूर्ति चाहते हैं। इसे ही ब्याज का बट्टा सिद्धान्त कहते हैं। यह एक मनोवैज्ञानिक एवं एकपक्षीय सिद्धान्त है।

Aggregate Demand | समग्र मांग

समग्र मांग के अन्तर्गत उपभोग वस्तुओं (C), विनियोग वस्तुओं (I) तथा वस्तुओं और सेवाओं की सरकारी मांग को (G) सम्मिलित किया जाता है। एक दी हुई निश्चित अवधि पर एक अर्थव्यवस्था में उत्पादन, आय एवं रोजगार का स्तर अर्थव्यवस्था की समग्र मांग पर निर्भर करता है। यह केन्ज के रोजगार सिद्धान्त का मुख्य आधार है।

Aggregate Demand Function | समग्र मांग फलन

एक वस्तु की समग्र मांग फलन का आशय यह है कि उपभोक्ता एक दी हुई समयावधि में दी हुई कीमत पर उस वस्तु की इकाइयों को खरीदने की इच्छा, साधन और क्षमता रखता है। समग्र मांग वस्तु कीमत या (P), आय (Y), सम्बन्धित वस्तुओं की कीमतें (Pr) व रुचियों (T) का मांग फलन है, जिसे इस प्रकार व्यक्त किया जाता है– $D = f(P, Y, Pr, T)$ जहां D मांग f फलन, P कीमत, Y आय, Pr सम्बन्धित वस्तुओं की कीमतें, T रुचियाँ हैं। जब ये सब दिए हुए हों तो मांग फलन (Demand Function) $D = f(P)$ होता है। जो दी हुई कीमतों पर एक वस्तु की खरीदी गई मात्राओं को बताता है। (देखें समग्र व्यय)

Aggregate Expenditure (GNE) | समग्र व्यय

समग्र व्यय को समग्र मांग (Aggregate Demand) भी कहते हैं। अर्थव्यवस्था में वस्तुओं और सेवाओं पर होने वाला कुल व्यय समग्र व्यय कहलाता है। जैसे-समग्र व्यय, उपभोग व्यय (C), विनियोग व्यय (I), सरकारी व्यय (G) तथा निर्यात-आयात व्यय (X-M) के योग के बराबर होता है। सामान्य आय-व्यय सिद्धान्त के अनुसार उत्पादन व रोजगार की मात्रा समग्र विनियोग की मात्रा द्वारा निर्धारित होती है। ये सभी व्यय सामान्य कीमत स्तर में होने वाले परिवर्तनों के साथ बदलते रहते हैं। (देखें समग्र मांग)

Aggregate Income (GNI) | समग्र आय

समग्र आय (GNI) को ज्ञात करने की चार विधियाँ हैं- (i) उत्पादन विधि (Product Method)- इस विधि के अनुसार देश में वर्षभर में उत्पादित सभी अन्तिम वस्तुओं और सेवाओं के मूल्य को बाजार कीमतों पर जोड़ा जाता है। (ii) आय विधि (Income-Method)- इस विधि के अनुसार एक वर्ष में देश के सभी नागरिकों द्वारा प्राप्त शुद्ध आय को जोड़ा जाता है। अर्थात उत्पादन के सभी साधनों द्वारा प्राप्त शुद्ध किराया, शुद्ध मजदूरी, शुद्ध ब्याज तथा शुद्ध लाभ को जोड़ा जाता है। (iii) व्यय विधि (Expenditure Method)- इस विधि के अनुसार वर्षभर में समाज द्वारा किए गए कुल खर्च या व्यय को जोड़ा जाता है। अर्थात इसमें वैयक्तिक उपयोग व्यय, शुद्ध घरेलू निवेश, वस्तुओं और सेवाओं पर सरकारी व्यय तथा शुद्ध विदेशी निवेश शामिल होते हैं। यह धारणा इस मान्यता पर आधारित है कि राष्ट्रीय आय सदैव राष्ट्रीय व्यय के बराबर होती है। (iv) मूल्य वर्द्धित विधि (Value Added Method)- यह विधि मूल्य वर्द्धित विधि पर आधारित है, जिसमें उत्पादन के प्रत्येक स्तर पर भौतिक उत्पादन व साधनों के मूल्यों का अन्तर मूल्य बढ़ाव (Value Added) होता है। यदि अर्थव्यवस्था में सभी उद्योगों के ऐसे अन्तर जोड़ दिए जाएँ तो सकल घरेलू उत्पाद (Gross Domestic Product) प्राप्त हो जाता है। इसमें विदेशों से प्राप्त शुद्ध आय जोड़ देने से समग्र राष्ट्रीय आय (GNI) प्राप्त हो जाती है। अर्थात GNI by value added = Gross Value added + Net Income from Abroad.

Aggregate Output or Aggregate National Product (GNP) | समग्र उत्पादन या समग्र राष्ट्रीय उत्पादन

समग्र उत्पादन या समग्र राष्ट्रीय उत्पादन (GNP) एक वर्ष में चालू उत्पादन में अन्तिम वस्तुओं और सेवाओं के प्रवाह का बाजार मूल्य पर कुल माप है, जिसमें विदेशों से प्राप्त शुद्ध आय शामिल होती है। समग्र उत्पादन में चार प्रकार की अन्तिम वस्तुएँ और सेवाएँ सम्मिलित होती हैं। (i) लोगों की तुरन्त आवश्यकताओं को संतुष्ट करने के लिए उपभोक्ता वस्तुएँ और सेवाएँ (ii) पूँजी पदार्थों में सकल निजी घरेलू निवेश (GDP), जिसमें स्थिर पूँजी निर्माण (FCF), आवास निर्माण (RC) और निर्मित एवं अर्द्ध विकसित वस्तुओं की माल सूचियाँ (Inventories) (iii) सरकार द्वारा उत्पादित वस्तुएँ और सेवाएँ तथा (iv) वस्तुओं और सेवाओं का शुद्ध निर्यात (Export – Import) या (X – M) जिसे विदेशों से प्राप्त शुद्ध आय (Net Income from Abroad)। इसके अनुसार GNP = GDP + Net Income from Abroad GNP को मापने की तीन विधियां हैं-

(i) समग्र उत्पाद-गणना की आय विधि (Income Method) इस विधि के अनुसार GNP = मजदूरी तथा वेतन + किराया + ब्याज + लाभांश + अवितरित निगम लाभ + मिश्रित आय + प्रत्यक्षकर + परोक्षकर + मूल्य ह्रास + विदेशों से अर्जित शुद्ध आय।
(ii) व्यय विधि Expenditure Method इस विधि के अनुसार GNP = निजी उपभोग व्यय (C), + सकल घरेलू निजी निवेश (I), + शुद्ध विदेशी निवेश (X–M), + वस्तुओं और सेवाओं पर सरकारी व्यय (G), संक्षेप में GNP = C + I + (X–M) + G यहां (X–M) निर्यात–आयात है।
(iii) मूल्य वर्द्धित विधि = Value Added Method इस विधि के अनुसार उत्पादन के प्रत्येक स्तर पर भौतिक उत्पादन (Output) और साधन (Input) के मूल्यों में अन्तर को मूल्य बढ़ाव (Value Added) कहते हैं। यदि अर्थव्यवस्था में सभी उद्योगों के ऐसे मूल्य बढ़ाव अन्तर को जोड़ दिया जाए तो मूल्य बढ़ाव द्वारा GNP प्राप्त होता है। इस प्रकार GNP = GNE = GNI होता है। बाजार कीमतों पर GNP = साधन लागत पर GNP + अप्रत्यक्ष कर अनुदान।

Aggregate Production Function | समग्र उत्पादन फलन

एक फर्म का उत्पादन फलन एक दिए हुए समय में (या प्रति इकाई समय में), साधनों के सभी सम्भव संयोगों तथा प्रत्येक संयोग से सम्बन्धित उत्पादन (अर्थात अधिकतम उत्पादन) के बीच सम्बन्ध को बताता है, जबकि तकनीकी ज्ञान की स्थिति दी हुई हो। संक्षेप में उत्पादन फलन संभावनाओं की एक सूची (Catalogue) है। इसे निम्न गणितीय समीकरण से समझा जा सकता है।
$X = f (L+L_1+K+M+E)$

यहां X = समग्र उत्पादन, (L) भूमि, (L_1) श्रम, (K) पूँजी, (M) प्रबन्ध और (E) साहस F = फलन को व्यक्त करता है। अर्थात समग्र उतपादन फलन इन पाँचों उत्पादन के साधनों का फलन है। एक दिए हुए समय में प्रौद्योगिकी की स्थिति तथा लागत व्यय (Cost Outlay) दिया हुआ होता है।

Aggregate Demand Curve | समग्र मांग वक्र

एक उपभोक्ता की मांग से तात्पर्य एक वस्तु की वे मात्राएँ होती हैं, जिनकी वह अन्य बातें समान रहते हुए अर्थात कीमत (P), आय (Y), सम्बन्धित वस्तुओं की कीमतें (Pr) तथा रुचियों (T) के स्थिर रहते हुए मांग करता है। एक व्यक्ति के लिए मांग अनुसूची के अनुसार मांग वक्र खींचा जा सकता है। इसी प्रकार सभी व्यक्तियों की मांग अनुसूची के अनुसार समग्र मांग वक्र खींचा जा सकता है। अर्थात सभी व्यक्तियों द्वारा की गई मांग मात्रा के जोड़ को यानी समग्र मांग को रेखा चित्र में समग्र मांग वक्र द्वारा दर्शाया जा सकता है। इसे दूसरे शब्दों में बाजार मांग वक्र (Market Demand Curve) भी कह सकते हैं। उदाहरण व रेखाचित्र इस प्रकार है–

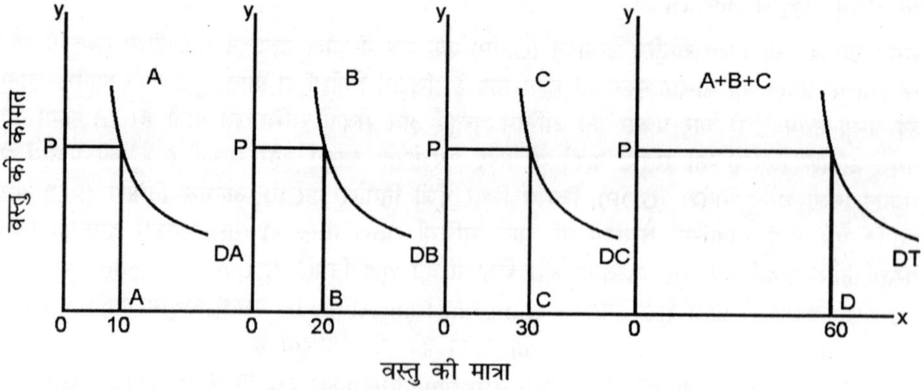

माना कि एक बाजार में A, B व C तीन उपभोक्ता हैं, जो 5 रु. प्रति इकाई कीमत पर या OP कीमत पर क्रमशः 10, 20 तथा 30 इकाइयाँ खरीदते हैं अर्थात तीनों की समग्र मांग 60 इकाई होगी। इस समग्र मांग को रेखाचित्र द्वारा समग्र मांग वक्र के रूप में देख सकते हैं–

रेखाचित्र में OP कीमत पर उपभोक्ता A का मांग वक्र DA है तथा उसकी मांग OA है। इसी प्रकार उपभोक्ता B का इसी कीमत OP पर DB मांग वक्र है तथा OB मांग है। इसी प्रकार उपभोक्ता C का इसी कीमत OP पर DC मांग वक्र व DC मांग है। इन तीनों उपभोक्ताओं (A+B+C) का समग्र कुल व बाजार मांग वक्र DT है जो OP कीमत पर कुल मांग 60 इकाई OT को बताता है।

इस प्रकार DA + DB + DC मांग वक्र के योग से समग्र या बाजार मांग वक्र DT प्राप्त किया जा सकता है।

Aggregate Supply | समग्र आपूर्ति

अर्थव्यवस्था में वस्तुओं और सेवाओं की कुल मात्रा जो कि समग्र मांग को पूरा करने के लिए उपलब्ध है समग्र आपूर्ति (Aggregate Supply) कहलाती है। अर्थात प्रत्येक व्यक्ति द्वारा मांगी गई वस्तु की मात्रा के अनुरूप उपलब्ध कराई गई वस्तुपूर्ति की मात्राओं के योग को समग्र आपूर्ति या बाजार आपूर्ति (Market Supply) कहा जाता है।

Aggregate Supply Curve | समग्र आपूर्ति वक्र

सभी व्यक्तियों की बाजार आपूर्ति सूचियों के योग को समग्र आपूर्ति अनुसूची व बाजार आपूर्ति वक्र द्वारा दर्शाया जा सकता है। सामान्य कीमत स्तर पर पूर्ण रोजगार उत्पादन को क्रमशः Y तथा X अक्ष पर दिखाने से जो रेखा SS बनेगी इसे अल्पकालीन समग्र आपूर्ति रेखा (Short Run Aggregate Supply Curve) कहते हैं तथा यह आपूर्ति बढ़ते-बढ़ते जब खड़ी रेखा के रूप में हो जाती है तो इस समय में अर्थव्यवस्था में पूर्ण रोजगार उत्पादन की स्थिति होगी। इसे निम्न रेखाचित्र से देख सकते हैं। Y अक्ष पर सामान्य कीमत स्तर तथा X अक्ष पर उत्पादन दर्शाया गया है। ज्यों-ज्यों सामान्य कीमत स्तर में वृद्धि होती है, उत्पादन में वृद्धि के कारण पूर्ति वक्र ऊपर चढ़ता हुआ होता है। SS अल्पकालीन समग्र आपूर्ति वक्र है तथा DD समग्र मांग वक्र है। जब आपूर्ति वक्र SS बढ़ता-बढ़ता एक दम खड़ा हो जाता है। S_1S_1 दीर्घकालीन समग्र आपूर्ति वक्र y अक्ष के सामानान्तर हो जाता है जो पूर्ण रोजगार उत्पादन स्थिति (Full Employment Output) को बताता है। अतः दीर्घकाल में समग्र आपूर्ति वक्र (Aggregate Supply Curve) पूर्ण रोजगार उत्पादन की स्थिति में खड़ा (Vertical) हो जाता है।

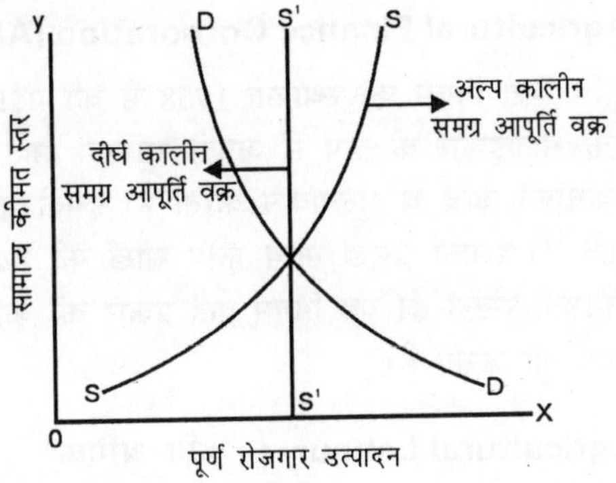

Agricultural Credit | कृषिगत साख

कृषिगत साख का प्रारम्भिक स्रोत महाजन था, किन्तु वर्तमान में कृषि विकास एवं किसानों की आर्थिक स्थिति में सुधार हेतु सहकारी साख समितियाँ, अनुसूचित व्यापारिक बैंक, ग्रामीण सहकारी बैंक तथा अन्य संस्थागत एजेन्सियाँ न्यूनतम ब्याज दरों पर अल्पकालीन, मध्यकालीन व दीर्घकालीन कृषि साख व्यवस्था करते हैं तथा भारतीय रिजर्व बैंक भी अहम भूमिका निभा रहा है।

Agricultural Earnings | कृषिगत आय या आमद

कृषि क्षेत्र से हुई आय या आमद (Earnings) को कृषिगत आय या आमद (Agricultural earnings) कहते हैं। ग्रामीण और शहरी क्षेत्रों की मजदूरियों (Wages) में बहुत असमानता पाई जाती है। फलस्वरूप बड़ी संख्या में श्रमिक ग्रामीण क्षेत्रों से शहरी क्षेत्रों में अधिक मजदूरी पाने के लिए पलायन कर जाते हैं। ग्रामीण क्षेत्रों में मिलने वाली मजदूरियों में जीवन निर्वाह योग्य कृषि स्तर व मजदूरी वस्तुओं के रूप में मिलने के कारण आसानी से वृद्धि नहीं की जा सकती। अतः श्रमिक वहीं जाएगा, जहाँ उसे अधिक नकद मजदूरी मिल सके।

Agricultural Economics | कृषि अर्थशास्त्र

अर्थशास्त्र की वह शाखा, जिसमें कृषि सम्बन्धी विषयों का अध्ययन अध्यापन कराया जाए, उसे कृषिगत अर्थशास्त्र (Agricultural Economics) कहा जाता है।

Agricultural Exports | कृषि निर्यात

वे कृषिगत उत्पाद जिनका उत्पादन निर्यात करने हेतु किया जाता है, न कि अपने जीवनयापन या घरेलू बाजार में विक्रय करने हेतु किया जाता है, कृषिगत निर्यात योग्य उत्पादन कहलाता है।

Agricultural Finance Corporation (AFC) | कृषि वित्त निगम

कृषि वित्त निगम की स्थापना 1968 में की गई। इस निगम ने कृषिगत कार्यों के क्रियान्वयन में एक सलाहकार के रूप में अपनी भूमिका अदा की है। ये निगम सरकार व बैंकिंग कार्यों की तकनीकी जांच व मूल्यांकन करता है। इसके द्वारा पुनर्भुगतान के आधार पर ऋण प्रदान किए जाते हैं। इसका प्रमुख कार्य कृषि साख को बढ़ावा देना है तथा ऋणों के उचित उपयोग की निगरानी रखना है। यह निगम कई प्रकार की कृषिगत परियोजनाओं के निर्माण व मूल्यांकन का कार्य भी करता है।

Agricultural Labour | कृषि श्रमिक

औद्योगिक श्रमिकों की भाँति कृषि श्रमिकों को परिभाषित करना बहुत कठिन है। इस सम्बन्ध में पूर्व में कई विशेषज्ञों व समितियों को इसे परिभाषित करने हेतु नियुक्त किया गया। किन्तु सरकार के इन प्रयासों के बावजूद विशेषज्ञ कृषि श्रमिकों की कोई सर्वसम्मत परिभाषा के लिए एक मत नहीं हो सके। कामचलाऊ परिभाषा के रूप में कृषि श्रमिकों को इस प्रकार परिभाषित किया गया है- "वे सभी लोग जो अपनी आमदनी का एक बड़ा भाग दूसरों के खेतों पर कार्य करके भुगतान में प्राप्त करते हैं, को कृषि श्रमिक के रूप में परिभाषित किया जा सकता है।" वर्ष की अधिकांश, अवधि में इन्हें दूसरों के खेतों में मजदूरी पर कार्य करना चाहिए, तभी ये कृषि श्रमिक कहलाएँगे।

Agricultural Policy | कृषि नीति

भारत के आर्थिक विकास में कृषि का विशेष स्थान है, क्योंकि यहां की श्रमशक्ति का लगभग 2/3 भाग कृषिगत कार्यों में संलग्न है तथा अपना जीविकोपार्जन करता है। योजनाकाल में कृषि नीति निर्धारण के कारण भारतीय कृषि जीवन निर्वाह कृषि से उन्नत होकर वाणिज्यिक कृषि में प्रवेश कर चुकी है। कृषि में विविधीकरण व आधुनिकीकरण का विस्तार हुआ है। जुलाई 1991 में देश में आर्थिक उदारीकरण की प्रक्रिया प्रारम्भ होने से कृषिगत नीतियों में व्यापक परिवर्तन हुए हैं। योजनाकाल में सरकार ने कृषि व कृषकों के लाभ के लिए कई प्रकार के उपाय किए, जैसे-भूमि सुधार, कृषिगत उत्पादन बढ़ाने के लिए नई-नई तकनीकों का उपयोग, सिंचित क्षेत्र का विस्तार, उर्वरकों पर अनुदान देना, संस्थागत साख का विस्तार करना, राष्ट्रीय कृषिगत बीमा योजना को लागू करना, न्यूनतम समर्थन मूल्यों के आधार पर अनाजों की वसूली करना, कृषिगत निर्यातों में वृद्धि करना आदि कृषि नीतियों के कारण ही संभव हुए हैं। भविष्य में इससे कृषि क्षेत्र में सरकार की प्राथमिकताओं, विकास की गति, इनपुट नीति, आउटपुट नीति, साख नीति, निर्यात नीति, मूल्य नीति आदि का भली प्रकार निर्धारण हो सकेगा।

Agricultural Refinance and Development Corporation | कृषि पुनर्वित्त व विकास निगम

प्रारम्भ में यह कृषि पुनर्वित्त निगम (ARC) के नाम से जाना जाता था, जिसकी स्थापना 1963 में हुई। किन्तु नवम्बर 1975 में इसका नाम बदलकर कृषि पुनर्वित्त व विकास निगम कर दिया गया। 1983 में इसके कार्य राष्ट्रीय ग्रामीण एवं कृषि विकास बैंक (नाबार्ड) को सौंप दिए गए।

Agricultural Reforms | कृषिगत सुधार

परम्परागत और अकुशल कृषि भारतीय कृषि विकास में प्रमुख बाधा रही है। अर्द्धविकसित देशों में कृषि व ग्रामीण क्षेत्रों को विकसित करना काफी कठिन है। इनके लिए रोटी, कपड़ा और मकान की व्यवस्था अहम समस्या है। ग्रामीण लोग नई व विकसित तकनीक को एकदम नहीं अपनाते हैं, यदि अपनाएँ भी तो वह उनके लिए महँगी तो होती ही है, उसे अपनाने व उपयोग करने का ज्ञान उनमें नहीं होता। अतः कृषि विकास केवल कृषिगत सुधार कार्यों व नीतियों से ही संभव है। सरकार किसानों को, जो अधिकतर अशिक्षित हैं, प्रशिक्षण, प्रचार-प्रसार व अन्य उपायों से आधुनिक कृषि तकनीकों से परिचित करा सकती है। किसान सरकारी प्रयत्नों के फलस्वरूप हाथ से खेत जोतने के स्थान पर बैलों से तथा अब ट्रैक्टर से खेती करने लगे हैं। किसान अब बैंकिंग व सहकारी साख समितियों के माध्यम से ऋण लेकर खेती करने लगे हैं। अब किसान कृषि सुधारों का अनुगमन करते हुए उन्नत व रासायनिक खाद, बीजों व सिंचाई साधनों का उपयोग करने लगे हैं। अपने जीवन निर्वाह के अतिरिक्त निर्यात योग्य उत्पादन संभव हुआ है। कृषि भूमि सुधार व नियमन नीतियों में सुधार आया है। अशिक्षित किसान शिक्षित होने लगा है। कृषि साख व वित्तीय सुविधाओं, विद्युत एवं सिंचाई सुविधाओं का भी विस्तार हुआ है। कृषि मंडियों, कृषि गोदामों, सड़कों व परिवहन के साधनों में पर्याप्त सुधार हुआ है। समय-समय पर कृषि सम्बन्धी परामर्श व कृषि मेलों, पशु मेलों का आयोजन होने लगा है। हरित क्रांति, लाल क्रांति, पीली क्रांति व सफेद क्रांति को बढ़ावा मिला है। कृषि सम्बन्धी हर सुविधा व सुधार के लिए किसान संगठन व सरकार कटिबद्ध हैं।

Agricultural Revolution | कृषि क्रांति

यह वह स्थिति होती है जिसमें संगठनात्मक और तकनीकी सुधार व परिवर्तनों के कारण कृषि उत्पादन में पर्याप्त वृद्धि हो जाती है जिसे उत्पादन में क्रांति स्वरूप माना जाता है। आर्थिक विकास का औद्योगिकीकरण व कृषि क्रांति से गहरा सम्बन्ध होता है। कृषि क्रांति के लिए सामाजिक और वैधानिक परिवर्तन आवश्यक होते हैं। जैसे-कृषि भूमि पर भूस्वामित्व समाप्त करना, कृषि विकास के लिए वित्तीय संस्थाओं व बैंकों का राष्ट्रीयकरण करना, भूसीमा निर्धारित करना, उन्नत खाद, बीज, जल संसाधनों व परिवहन साधनों तथा आवास व साख सुविधाओं में क्रांतिकारी कदम उठाना कृषिगत क्रांति कहलाती है। इससे कृषि विकास के सभी लक्ष्य पूरे हो सकते हैं।

Agricultural Support Prices | कृषि समर्थन मूल्य

कृषि न्यूनतम समर्थन मूल्य (Support Prices) या वसूली मूल्य (Procurement Prices) वे मूल्य होते हैं, जिन पर सरकार कृषकों से उनका माल खरीदती है। जैसे-गेहूँ, धान, मोटा अनाज आदि। जब कृषि पदार्थों व उत्पादों के मूल्य गिरने लगते हैं तो सरकार कृषकों की सहायता के लिए कृषि उत्पादों का न्यूनतम समर्थन मूल्य तय करती है, ताकि किसानों को उनकी उपज का या फसल का प्रेरणादायक या लाभदायक मूल्य मिल सके और उन्हें ऋणदाता महाजन व वित्तीय संस्थाएँ अपने ऋणों की अदायगी के लिए अपनी फसल को कम मूल्यों पर बेचने के लिए अनुचित दबाव

डालकर मजबूर न कर सकें। इस स्थिति में सरकार किसानों को समर्थन मूल्य नीति द्वारा घाटा उठाने से बचा सकती है। इस प्रकार न्यूनतम समर्थन मूल्य सरकार द्वारा घोषित वे मूल्य होते हैं, जिन पर सरकार को किसान से सीधे या अन्य संस्थाओं के माध्यम से बेचा जाने वाला सारा माल खरीदने के लिए तैयार रहना पड़ता है। कभी-कभी सरकार किसानों की सहायता के लिए सब्सिडी या अनुदान देने का कार्य भी करती है। वर्तमान में न्यूनतम समर्थन मूल्य नीति को वसूली मूल्य नीति में बदल दिया गया है।

Aid | सहायता

अर्द्धविकसित देश आर्थिक दृष्टि से पिछड़े होने के कारण उनमें तीव्र आर्थिक विकास हेतु विकसित देशों से जो निधियाँ, पूँजीगत पदार्थ मशीनें, उपकरण, पुर्जे, कच्चा माल, उत्पादन तकनीक व विशेषज्ञ आदि सहायता के रूप में प्राप्त होते हैं, उसे विदेशी सहायता (Aid) कहते हैं।

Allocation of Resources | साधन आबंटन

जब कोई उत्पादक या साहसी अपनी वस्तु या सेवा के उत्पादन हेतु उत्पादन के विभिन्न साधनों को आवश्यक मात्रा में उपयोग करता है या उत्पादन में प्रयुक्त करता है जैसे- भूमि, पूँजी, भ्रम, प्रबन्ध और साहस आदि साधन, तो इसे उत्पादन हेतु साधन आबंटन (Allocation of Resources) कहा जाता है।

Alternative Cost/Real Cost/Transfer Earnings/Transfer Price/Opportunity Cost | वैकल्पिक लागत/वास्तविक लागत/हस्तान्तरण आय/हस्तान्तरण कीमत/अवसर लागत

वैकल्पिक लागत का तात्पर्य यह है कि समाज की दृष्टि से एक वस्तु के उत्पादन का अर्थ है, दूसरी वस्तु के उत्पादन के अवसरों या दूसरे विकल्पों का त्याग करना पड़ेगा। वास्तविक उत्पादन लागत का अर्थ उस वस्तु के उत्पादन में लगे प्रयत्नों, कष्टों तथा त्यागों से नहीं होता, बल्कि दूसरे सर्वश्रेष्ठ विकल्प के त्याग से होता है। श्रीमती जॉन रोबिन्सन के शब्दों में वह मूल्य, जो कि साधन की एक दी हुई इकाई को किसी उद्योग में बनाए रखने के लिए आवश्यक है, इसे हस्तान्तरण आय या हस्तान्तरण मूल्य कहा जाता है। द्रव्य में व्यक्त अवसर लागत के अन्तर्गत अर्थशास्त्रियों के अनुसार स्पष्ट व अस्पष्ट दोनों लागतें होती हैं। वैकल्पिक या अवसर लागत को निम्न रेखाचित्र से समझ सकते हैं-

रेखाचित्र में PP रेखा x तथा y वस्तु का उत्पादन संभावना वक्र है। C बिन्दु बताता है कि अर्थव्यवस्था में एक समयावधि में y वस्तु की 0y मात्रा तथा x वस्तु की 0x मात्रा का उत्पादन होता है। इसी प्रकार B बिन्दु पर y वस्तु की $0y_1$ तथा x वस्तु की $0x_1$ मात्रा का उत्पादन होता है। अब यदि अर्थव्यवस्था B बिन्दु से C बिन्दु पर उत्पादन करना चाहे तो इसका आशय यह है कि x वस्तु की अतिरिक्त मात्रा AB या xx^1 मात्रा का त्याग करना पड़ेगा y वस्तु की अतिरिक्त मात्रा y_1y या AC उत्पादन करने के लिए। अर्थात y वस्तु का अधिक उत्पादन करने के लिए x वस्तु के उत्पादन के

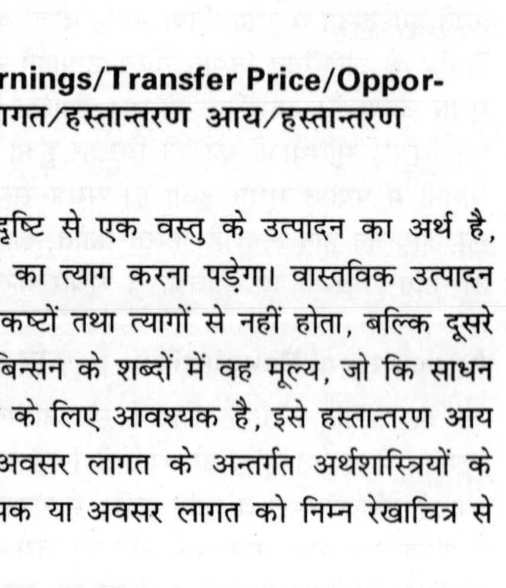

अवसर का त्याग करना होगा। अतः x वस्तु की AB मात्रा की अवसर लागत दूसरी वस्तु y की AC मात्रा के बराबर होगी, जिसके उत्पादन के अवसर का समाज को त्याग करना पड़ेगा।

American Economic Association (AEA) | अमेरिकी आर्थिक संगठन

यह अमेरिका में अमेरिकी अर्थशास्त्रियों का बहुत बड़ा संगठन है। यद्यपि अन्य देशों के अर्थशास्त्री भी इसकी सदस्यता ग्रहण कर सकते हैं। इस संगठन का प्रमुख उद्देश्य अपने सदस्य देशों के बीच आर्थिक शोध कार्यों को प्रोत्साहन देना है। इस संगठन के द्वारा अन्तरराष्ट्रीय स्तर की दो प्रमुख पत्रिकाओं का प्रकाशन होता है। (i) *The American Economic Review* तथा (ii) *The Journal of Economic Literature.*

American Statistical Association (ASA) | अमेरिकी सांख्यिकीय संगठन

यह सांख्यिकों का एक संगठन है जिनके द्वारा व्यावसायिक अर्थशास्त्र में सांख्यिकीय विधियों का प्रयोग किया जाता है। यह संगठन व्यवसाय से सम्बन्धित सामाजिक-आर्थिक तथ्यों का उपभोक्ताओं पर प्रयोग और परीक्षण करता है। यह संगठन वाशिंगटन (डी.सी.) में है। इसके द्वारा *Journal of the American Association* नामक पत्र भी प्रकाशित होता है।

Amortization | कर्ज अदायगी

यह कर्ज अदा करने का एक तरीका है, जिसके अन्तर्गत कर्जदार व्यक्ति एक कोष में नियमित किस्तों के भुगतान द्वारा धीरे-धीरे कर्ज की राशि जमा करवा कर अपने कर्ज की अदायगी, भुगतान या चुकता करता है। इसे कर्ज अदायगी (Amortization) कहते हैं।

Anticipated Inflation | पूर्वाभासित स्फीति या प्रत्याशित स्फीति

एक ऐसी मुद्रा स्फीति को, जिसका पहले से ही आभास, अनुमान या ज्ञान हो जाता है पूर्वाभासित स्फीति (Anticipated Inflation) कहते हैं। समग्र मांग को संकुचित करते हुए राज-कोषीय नीतियों को इस प्रकार लागू करना या मौद्रिक नीतियाँ बनाना कि पूर्वाभाषित स्फीति का नियंत्रण हो सके।

Applied Economics | व्यावहारिक अर्थशास्त्र

विशुद्ध अर्थशास्त्र (Pure Economics) के सिद्धान्तों या उपकरणों की सहायता से आर्थिक समस्याओं का व्यावहारिक समाधान निकालने वाली अर्थशास्त्र की शाखा को व्यावहारिक अर्थशास्त्र (Applied Economics) कहा जाता है। यह दिन-प्रतिदिन की आर्थिक समस्याओं का व्यावहारिक हल ढूँढ़ता है।

Appreciation | मूल्य वृद्धि

यहां भाव या मूल्यवृद्धि (Appreciation) का आशय यह है (i) मुद्रा की क्रय शक्ति में वृद्धि (ii) बाँड, स्टॉक, कीमती धातुओं व वास्तविक सम्पत्ति के मूल्यों में वृद्धि होना (iii) एक मुद्रा का दूसरी मुद्रा की तुलना में मूल्य बढ़ जाना। दूसरे शब्दों में जब मुद्रा स्फीति के कारण हुई कीमत वृद्धि से मुद्रा का मूल्य बढ़ जाता है तो आयात पर व्यय कम होता है और निर्यात महँगे हो जाते हैं। इससे भुगतान शेष को संतुलित किया जा सकता है। इसका अभिप्राय मुद्रा के व्यापारिक मूल्य की वृद्धि से लिया जाता है। यह मूल्य ह्रास के विपरीत है। यह अर्जन की क्षमता को बढ़ाता है।

Appropriate Technology | उपयुक्त तकनीक

किसी भी देश में अधिकतम उत्पादन हेतु उपयुक्त साधन या तकनीक (Appropriate Technology) का होना जरूरी है। जैसे विकसित देशों में पूँजीगत साधनों की मात्रा अधिक होती है तो अर्द्धविकसित देशों में श्रमिकों की मात्रा अधिक होती है। इसे देखते हुए विकसित देशों को पूँजीगहन तकनीक (Capital Intensive Technique) तथा अर्द्धविकसित देशों को श्रम गहन तकनीक (Labour Intensive Technique) अपनाना उपयुक्त होगा। इसके विपरीत तकनीक का उपयोग अनुपयुक्त होगा।

Arab Common Market | अरब सामान्य बाजार

एशियाई विकास बैंक की स्थापना 19 सितम्बर 1966 को मनीला (फिलीपीन्स) में हुई। इसकी स्थापना का मुख्य उद्देश्य विश्व बैंक द्वारा किए जा रहे कार्यों की एशियाई देशों में आपूर्ति करने के साथ इकाफे (ECAFE) क्षेत्र में विकास के लिए सार्वजनिक व निजी पूँजी निवेश को प्रोत्साहित करना, विकास हेतु वित्त प्रबन्ध के लिए उपलब्ध संसाधनों का उपयोग करना, विकास के लिए योजनाओं एवं नीतियों में समन्वय स्थापित करना तथा अन्य संगठनों से सहयोग स्थापित करना एवं उद्देश्य पूर्ति हेतु कार्य एवं सेवाएँ प्रदान करना है।

Arbitration | पंच फैसला

यह दो या दो से अधिक व्यक्तियों के बीच उत्पन्न विवादों में न्याय दिलाने की एक पुरानी पद्धति है। इस पद्धति के अनुसार विवादों को न्यायालय के माध्यम से न सुलझाकर पक्षपात रहित, सर्वमान्य समाज के पंचों द्वारा पंच फैसले के आधार पर विवादों का निबटारा किया जाता है। इस पद्धति से समय और खर्च की बचत होती है।

Arc Elasticity of Demand | मांग की चापलोच

व्यवहार में हम बिन्दु लोच (Point Elasticity) ज्ञात न करके चापलोच (Arc Elasticity) ज्ञात करते हैं, जो इस रेखाचित्र से स्पष्ट है-

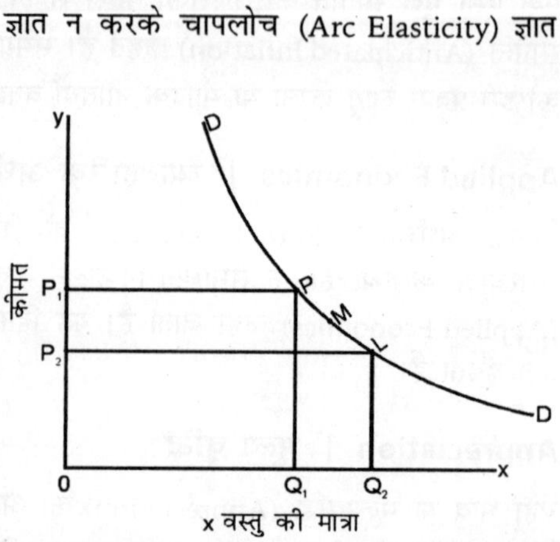

चापलोच मांग रेखा DD के एक चाप (Arc) PL पर ज्ञात की जाती है। अर्थात यह मूल्यों और वस्तु की मात्राओं के बीच एक क्षेत्र (Range) से सम्बन्धित होती है। जब इन दो बिन्दुओं PL के बीच M बिन्दु पर मांग की चापलोच ज्ञात करते हैं तो वास्तव में इन दोनों बिन्दुओं के बीच चाप के क्षेत्र पर मांग की लोच का औसत निकालते हैं। इसे बिन्दु लोच से अलग करने के लिए चाप-लोच कहते हैं। अर्थात एक मांग वक्र के दो बिन्दुओं के बीच मापी जाने वाली मांग लोच को चाप-लोच कहते हैं। इसमें लोच की गणना दोनों कीमतों $(P_1+P_2)/2$ की औसत और दोनों मात्राओं की औसत $(Q_1+Q_2)/2$ को लिया जाता है। मांग वक्र पर लोच के मध्य बिन्दु M पर मांग की चापलोच ज्ञात करते हैं। बिन्दु P व L जितने एक-दूसरे के निकट होंगे, चापलोच की माप उतनी ही सही होगी।

Arithmatic Mean | गणितीय माध्य

माध्य या गणितीय माध्य से संख्याओं की केन्द्रीय प्रवृत्ति (Central Tendency) को मापा जाता है। इसे औसत (Average) भी कहते हैं। जैसे एक उत्पादक एक माह में किसी x वस्तु की 150 इकाइयों का निर्माण करता है तो वह प्रतिदिन कितनी इकाइयों का निर्माण करता है। इसे जानने के लिए इसका औसत या माध्य (Mean) ज्ञात करना होगा।

इसका सूत्र है– $x = \frac{150}{30} = 5$

इकाइयां प्रतिदिन अर्थात् $x = \frac{\Sigma x}{n}$

यहां x = औसत या माध्य, Σx = कुल निर्मित इकाइयाँ, n = कुल दिनों की संख्या

Asset | साधन या परिसम्पत्ति

अर्थशास्त्र में दो प्रकार की परिसम्पत्तियां होती हैं प्रथम वास्तविक परिसम्पत्तियां (Real Assets) जैसे भवन, भूमि व उद्योग आदि। दूसरी वित्तीय परिसम्पत्तियां (Financial Assets) जैसे मुद्रा, बाँण्ड तथा इक्विटीज आदि जिनके बदले में आय होती है व दूसरों से मूल्य प्राप्त होते हैं।

Assumptions | मान्यताएँ

अर्थशास्त्र में उपयोग में आने वाले कई नियम व सिद्धान्त कई प्रकार की मान्यताओं (Assumptions) या संभावनाओं पर टिके होते हैं। कई बार सरकार भी संभावनाओं के आधार पर निर्णय या कार्य करती है। अर्थात कोई व्यक्ति, व्यवसायी व सरकार सैद्धान्तिक रूप से बाजार में किस प्रकार से प्रतिक्रिया करेंगे, यह मान्यताओं पर निर्भर करेगा।

Audit | लेखा परीक्षण

वित्तीय लेखों की सत्यता की जांच करने के लिए वित्तीय दस्तावेजों (बिलों, लेखों, बही खातों व हिसाब-किताब, प्रपत्र आदि) की किसी लेखाधिकारी या जांच एजेन्सी या सी.ए. आदि द्वारा की जाने वाली जांच को लेखा परीक्षण (Audit) कहते हैं। किसी संस्था, फर्म व उद्योग, व्यापार आदि के वित्तीय लेन-देन, नकद, बैलेन्स सीटों व आय-व्यय सम्बन्धी लेखों की जांच को लेखा परीक्षण कहते हैं। लेखा परीक्षक लेखा सम्बन्धी लेन-देन, प्रबन्धन के अनुमान व सभी प्रस्तुत सूचियों, बिलों व प्रपत्रों की सत्यता की जांच करते हैं।

Austrian School | आस्ट्रियन सम्प्रदाय

यह सम्प्रदाय उन अर्थशास्त्रियों का है, जिनमें मेंजर, वीजर व बोहम बवर्क व इनसे आगे के अर्थशास्त्री आते हैं। इन्होंने वियना में अध्ययन किया है तथा अपने विचार प्रस्तुत किए हैं। इस सम्प्रदाय ने मेंजर के विचारों से प्रभावित होकर जर्मन ऐतिहासिक सम्प्रदाय व मार्क्सवाद का विरोध किया। अहंवादी सम्प्रदाय (Subjective School) के आगे चलकर दो भाग हुए। एक भाग गणितीय सम्प्रदाय व दूसरा भाग आस्ट्रियन या मनोवैज्ञानिक सम्प्रदाय बना। इस दूसरे सम्प्रदाय को जिड एवं रिस्ट ने सुखवादी (Hedonist) कहा है। इन अर्थशास्त्रियों ने सीमान्त उपयोगिता का विचार दिया। इनके प्रभाव से प्रतिष्ठित अर्थशास्त्र खंडित होने से बचा तथा इन्होंने पूँजीवाद तथा मानवीय मनोवैज्ञानिक विचारों को महत्व दिया।

Autonomous Consumption | स्वायत्त उपभोग

प्रो. केन्ज की यह धारणा रही है कि यदि आय शून्य हो तो भी उपभोग शून्य से अधिक या धनात्मक होगा। इस प्रकार धनात्मक उपभोग, उपभोग का वह भाग है जो कि आय के स्तर पर निर्भर नहीं है, स्वायत्त उपभोग (Autonomous Consumption) कहलाता है।

Autonomous Demand | स्वायत्त मांग

व्यक्ति की शारीरिक (Physical) एवं जैविक (Biological) आवश्यकताओं की पूर्ति हेतु वस्तुओं की प्रत्यक्ष मांग (Direct Demand) को स्वायत्त मांग (Autonomous Demand) कहते हैं। उदाहरण के लिए रोटी, कपड़ा और मकान की मांग आदि। इस तरह की मांग प्रदर्शन प्रभाव के कारण भी हो सकती है, जैसे- आय में वृद्धि व नवीनतम उत्पादों के विज्ञापन आदि से उत्पन्न मांग।

Autonomous Expenditure | स्वायत्त व्यय

वह व्यय जो सरकार द्वारा किया जाता है, जो कि समग्र आय से स्वतंत्र होता है, स्वायत्त व्यय (Autonomous Expenditure) कहलाता है।

Autonomous Investment | स्वायत्त विनियोग

आर्थिक तथा सामाजिक ऊपरी व्ययों में सरकार अथवा निजी उद्यमियों द्वारा किया गया निवेश या विनियोग स्वायत्त विनियोग (Autonomous Investment) कहलाता है। जैसे- भवन, रेल, बांध, संचार, सड़कों, नहरों, विद्युत योजनाओं, स्कूलों, औषधालयों व अन्य सार्वजनिक कार्यों पर किया गया व्यय, क्योंकि ऐसा व्यय सार्वजनिक नीतिपरक होता है।

Autonomous Transactions | स्वायत्त लेन-देन

विनियोग तथा व्यय सम्बन्धी लेन-देन, जो सरकार द्वारा किया जाता है, स्वायत्त लेन-देन (Autonomous Transaction) कहलाता है। यह राष्ट्रीय आय स्तर से स्वतंत्र होता है।

Autonomous Variable | स्वायत्त चर

वह चर (Variable) जो राष्ट्रीय आय स्तर से स्वतंत्र होता है, जैसे-स्वायत्त विनियोग तथा व्यय राष्ट्रीय आय स्तर में परिवर्तन से प्रेरित नहीं होते हैं, स्वायत्त चर (Autonomous Variable) कहलाते हैं।

Average | औसत

अर्थशास्त्र में औसत (Average) का अभिप्राय वही होता है, जो गणित व सांख्यिकी में होता है। इसका उपयोग अर्थशास्त्र के प्रत्येक क्षेत्र में होता है। इसका अभिप्राय किसी भी वस्तु की मात्रा के माध्य मूल्य (Mean Value) या केन्द्रीय प्रवृत्ति (Value of Central Tendency) के मूल्य से होता है।

Average Cost | औसत लागत

औसत लागत वास्तविक लागत न होकर सांख्यिकीय प्रकृति की होती है। इसे कुल लागत (TC) में कुल उत्पादन (0) से विभाजित कर प्राप्त कर सकते हैं- जैसे-कुल लागत 100 रु. है और कुल उत्पादित इकाइयां 25 हैं, तो सूत्रानुसार

$$AC = \frac{TC}{0} \text{ या } \frac{100}{25} = 4 \text{ औसत लागत होगी।}$$

Average Cost Pricing/Full Cost Pricing | औसत लागत कीमत/पूर्ण लागत कीमत

फर्में कीमत निर्धारित करते समय अपनी कुल लागतें निकालने के लिए उसमें औसत परिवर्तनशील लागत (AVC) तथा कुल लाभ की मात्रा (GPM) को जोड़ देती हैं। इस प्रकार P = AVC + GPM = AC अथवा P = AVC + AFC + Profit margin = AC अर्थात् P = AC कीमतें औसत लागत के बराबर होगी, जिसमें औसत परिवर्तनशील लागतें + औसत स्थिर लागतें + लाभ की मात्रा सम्मिलित होती हैं।

Average Fixed Cost (AFC) | औसत स्थिर लागत

औसत स्थिर लागत वह लागत होती है, जो स्थिर रहती है तथा प्रत्येक उत्पादित इकाई पर लगती है। यह उत्पादन की मात्रा के घटने-बढ़ने पर भी स्थिर रहती है। इसे प्राप्त करने के लिए कुल स्थिर लागतों (Total Fixed Cost) में कुल उत्पादित इकाइयों (0) का भाग देकर प्राप्त कर सकते हैं। माना कि कुल स्थिर लागते 100 रु. है और कुल उत्पादित इकाइयां 20 हैं, तो

$$AFC\ \frac{\text{TFC}}{0} = \frac{100}{20} = 5$$ रु. औसत स्थिर लागत होगी।

Average Physical Product + (APP) | औसत भौतिक उत्पादन

औसत भौतिक उत्पादन (Average Physical Product) प्राप्त करने के लिए कुल भौतिक उत्पादन इकाइयों में कुल मजदूरों की संख्या का भाग देते हैं, जैसे 10 मजदूर मिलकर 100 इकाई उत्पादन करते हैं तो औसत भौतिक उत्पादन

$$APP = \frac{TP}{QL} = \frac{100}{10} = 10$$ होगा।

यहां TP = कुल उत्पादन, QL = कुल मजदूर संख्या है।

Average Propensity to Consume (APC) | औसत उपभोग प्रवृत्ति

औसत उपभोग प्रवृत्ति का विचार केन्ज के उपभोग फलन का प्रमुख अंग है। एक दी हुई समयाविधि में कुल उपभोग का सम्बन्ध कुल आय से होता है। अर्थात आय और उपभोग के मध्य सम्बन्धों को उपभोग प्रवृत्ति (Propensity to Consume) कहते हैं। कुल उपभोग व्यय में कुल आय का भाग देकर औसत उपभोग प्रवृत्ति ज्ञात कर सकते हैं, जबकि आय एक स्वतंत्रचर है और उपभोग जो आय पर निर्भर, एक परतंत्रचर है। अर्थात् C = f (y) उपभोग आय का फलन है।

औसत उपभोग प्रवृत्ति $= APC = \frac{C}{Y}$

यहाँ C = कुल उपभोग, Y = कुल आय है।

इस प्रकार यह उपभोग की गई आय के अनुपात या प्रतिशतता के रूप में व्यक्त की जाती है। माना कुल आय (y) 240 है तथा कुल उपभोग 220 है, तो औसत उपभोग प्रवृत्ति

$\frac{220}{240} = 0.91$ या 91% होगी।

Average Propensity to Save (APS) | औसत बचत प्रवृत्ति

APS बचत का आय में अनुपात है। यह बचत को आय से विभाजित कर प्राप्त की जाती है

या $APS = \frac{S}{Y}$ इसका अर्थ यह है कि-

प्रत्येक आय स्तर का अनुपात जो लोग बचाएँगे अर्थात वे इसे उपभोग पर व्यय नहीं करेंगे। बचत और आय के बीच सम्बन्ध को बचत प्रवृत्ति (Average Propensity to Save) कहते हैं। या S = f (y) अर्थात बचत आय पर निर्भर करती है तो y स्वतंत्र चर है। व s परतंत्र 1 माना कि आय (y) 240 है तथा बचत (s) 10 है तथा आय बचत अनुपात 3/1 है तो

$APS = \frac{s}{y}$ या APS 0.08 या 8% होगी।

Average Firm | औसत फर्म

यह एक ऐसी विशेष प्रकार की दीर्घकालीन औसत फर्म होती है, जिसे देखकर यह जाना जा सकता है कि कहां तक उद्योग विशेष को आन्तरिक व बाह्य बचतें प्राप्त होती हैं। मार्शल के अनुसार- "यह एक ऐसी विशेष प्रकार की औसत फर्म है, जिसे हमें यह मालूम करने के लिए देखना पड़ता है कि कहां तक बड़े पैमाने की आन्तरिक तथा बाह्य बचतें सामान्यतया उद्योग तथा देश में प्राप्त हो चुकी हैं। अर्थात यह दीर्घकाल में सम्पूर्ण उद्योग का प्रतिनिधित्व करती है। यह वर्तमान फर्मों की औसत फर्म नहीं होती, बल्कि यह दीर्घकालीन औसत फर्म होती है।"

Average Revenue | औसत आय या आगम

वस्तु उत्पादन की बिक्री से प्राप्त कुल आय या आगम (TR) (Total Revenue) में बेची गई वस्तुओं की कुल मात्रा (Q) का भाग दिया जाए तो औसत आय (Average Revenue) प्राप्त की जा सकती है।

$$\text{संक्षेप में औसत आय} = \frac{\text{कुल आगम}}{\text{उत्पादन की मात्रा}}$$

$$\text{या } AR = \frac{TR}{Q}$$

उदाहरण के लिए यदि 5 इकाइयों को बेचने से कुल आय 25 रु. होती है तो औसत आय $\frac{25}{5} = 5$ रु. होगी।

अतः औसत आगम (AR) तथा वस्तु की कीमत (P) एक ही होती है। औसत आगम उत्पादन के विभिन्न स्तरों पर वस्तु की प्रति इकाई कीमत (P) को दर्शाता है। औसत आगम रेखा को मांग रेखा भी कहते हैं, क्योंकि मांग रेखा वस्तु की मांगी जाने वाली मात्रा तथा कीमत के सम्बन्ध को बताती है।

Average Total Cost/ATC | औसत कुल लागत

यह कुल लागत या औसत लागत एक ही है, क्योंकि औसत कुल लागत (ATC) कुल लागत (TC) में कुल उत्पादन इकाइयों का (Q) भाग देने से प्राप्त होती है।

जैसे $ATC = \frac{TC}{Q}$

क्योंकि TC = TVC + TFC

अतः $ATC = \frac{TVC + TFC}{Q} = \frac{TVC}{Q} + \frac{TFC}{Q} = AVC + AFC$

Average Variable Cost | औसत परिवर्तनशील लागत

कुल परिवर्तनशील लागत (Total Variable Cost) में कुल उत्पादन इकाइयों (Q) का भाग देने से औसत परिवर्तनशील लागत (Average Variable Cost) प्राप्त होती है।

जैसे $AVC = \frac{TVC}{Q}$

Avoidable Costs | परिहार योग्य लागतें

वे लागतें या खर्चे जिनका परिहार किया जा सकता है। यदि किसी कार्य या क्रिया के सम्पन्न न हो पाने से जो खर्चे या व्यय या लागतें बच जाती हैं या जिन्हें बचा लिया जाता है तो उन्हें परिहार योग्य लागतें (Avoidable Costs) कहा जाता है। जैसे-किसी फर्म में मजदूरों को दी जाने वाली मजदूरी उनके द्वारा कार्य न किए जाने के एवज में चुकानी नहीं पड़ती या ऐसे अनावश्यक कार्यों पर होने वाली लागतों को बचा लिया जाता है या वह विशेष सेवा या कार्य, जिसे सम्पन्न करने के लिए उत्पादक को मजदूरों की आवश्यकता नहीं है, ऐसी लागतें परिहार योग्य लागतें कहलाती हैं।

Award | अन्तरिम या अंतिम निर्णय या फैसला

किसी भी औद्योगिक विवाद के अन्तरिम या अंतिम निर्णय या फैसले को Award कहा जाता है अथवा किसी प्रश्न के बारे में किसी श्रम न्यायालय, औद्योगिक ट्रिब्यूनल या राष्ट्रीय ट्रिब्यूनल या अन्य अधिकारी का अंतिम निर्णय 'Award' कहलाता है।

Axis | अक्ष

अर्थशास्त्र में जब किन्हीं दो वस्तुओं के संयोग को ग्राफ या रेखाचित्र द्वारा दिखाया जाता है तो केन्द्र (Origin) से 90° पर खड़ी (Vertical) रेखा को y अक्ष तथा केन्द्र से 90° पर आड़ी (Horizontal) रेखा को x अक्ष कहा जाता है। इन दोनों अक्षों पर अलग-अलग दो संयोगों को प्रदर्शित कर सकते हैं।

B

Backward Linkage | पीछे से सम्बन्धों का जुड़ना

यह एक उद्योग तथा फर्म व इसके साधनों के आपूर्तिकर्ता के मध्य पीछे से सम्बन्धों का जुड़ाव (Backward Linkage) कहलाता है। जैसे उद्योग के उत्पादन में हुए परिवर्तन का जुड़ाव (Link) साधन के आपूर्तिकर्ता के साधनों की मांग में परिवर्तन से होता है।

Backward Sloping Supply Curve of Labour | पीछे की ओर मुड़ता हुआ श्रमिक आपूर्ति वक्र

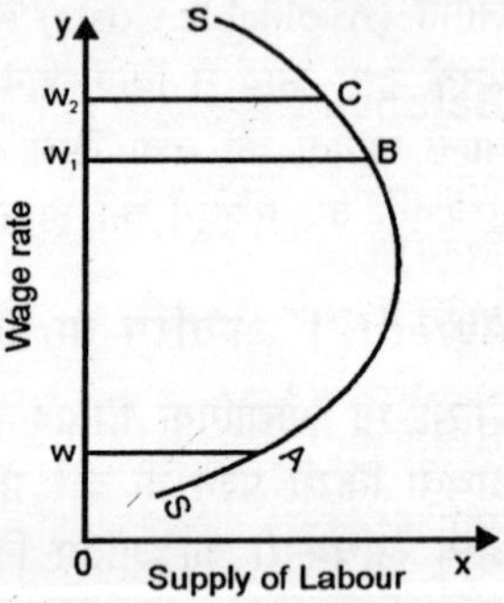

श्रमिक की आपूर्ति को प्रभावित करने वाला एक महत्वपूर्ण तत्व है 'कार्य-आराम अनुपात (Work-Leisure Ratio) मजदूरी में परिवर्तन दो प्रकार के प्रभावों को जन्म देता है। (i) प्रतिस्थापन प्रभाव (Substitution Effect) मजदूरी में वृद्धि के कारण श्रमिक अधिक कार्य करेंगे अर्थात वे 'आराम' (Leisure) के स्थान पर 'कार्य (Work) का प्रतिस्थापन करेंगे, क्योंकि प्रतिस्थापन प्रभाव सदैव धनात्मक होता है। (ii) 'आय-प्रभाव' (Income Effect): मजदूरी में वृद्धि के कारण श्रमिकों की आय बढ़ती है, आय में वृद्धि के कारण वे अधिक आराम (More Leisure) चाहते हैं, क्योंकि आय प्रभाव ऋणात्मक होता है अर्थात मजदूरी में अधिक वृद्धि आराम को प्रोत्साहित करती है, न कि अधिक कार्य को। ऐसी स्थिति में श्रमिकों की आपूर्ति रेखा प्रारम्भ में तो बढ़ती हुई होगी, किन्तु एक सीमा के बाद वह बाएं को पीछे की ओर झुकती या मुड़ती हुई (Backward Sloping) हो जाती है, जैसा कि रेखाचित्र में SS रेखा बताती है। चित्रानुसार जब मजदूरी W है तब मजदूरों की पूर्ति WA है। जब मजदूरी बढ़कर W_1 हो जाती है तो श्रमिकों की आपूर्ति भी बढ़कर W_1B हो जाती है। बिन्दु B से आपूर्ति रेखा SS पीछे की ओर झुक जाती है। जब मजदूरी और बढ़कर W_2 हो जाती है तो श्रमिकों की आपूर्ति बढ़ने की बजाय घटकर W_2C हो जाती है, जो पूर्व पूर्ति W_1B से कम है। अर्थात ऋणात्मक आय प्रभाव (Negative Income Effect) के कारण श्रमिक आपूर्ति वक्र एक सीमा के बाद पीछे की ओर झुकता हुआ हो जाता है।

'Bad Money Drives out Good' | 'घटिया मुद्रा अच्छी मुद्रा को चलन से बाहर कर देती है'

यह महारानी एलिजाबेथ (प्रथम) के सलाहकार 'थोमस ग्रेशम' द्वारा प्रतिपादित एक प्रसिद्ध नियम है, जिसमें वे बताते हैं कि 'घटिया मुद्रा अच्छी मुद्रा को चलन से बाहर कर देती है।' (Bad money drives out good money) सोलहवीं शताब्दी के मध्य जब महारानी एलिजाबेथ इंग्लैंड की गद्दी

पर बैठीं, तब वहां के सिक्कों की ढलाई में खोट आ गई थी (The coinage had been severely debased) फलस्वरूप महारानी ने व्यापार में मदद देने के लिए नए सिक्कों की ढलाई करवाई, जिसमें सिक्कों की ढलाई में पूरे मूल्य का सोना ढाला गया, किन्तु ज्योंही नए सिक्के चलन में आए वे तुरन्त चलन से गायब हो गए। ऐसा क्यों हुआ, इसकी जांच हेतु महारानी ने अपने सलाहकार 'थॉमस ग्रेशम' (1519–79) को नियुक्त किया; जिसने जो नियम प्रतिपादित किया उसे ग्रेशम का नियम कहा जाता है। जांच के बाद उन्होंने बताया कि जब घटिया और अच्छे सिक्के एक साथ चलन में होते हैं तो दोनों का अंकित मूल्य समान होते हुए भी घटिया सिक्का बढ़िया सिक्के को चलन से बाहर कर देता है, क्योंकि हर व्यक्ति अधिक सोने वाले सिक्के को अपने पास रखना चाहेगा और कम सोने वाले सिक्के को भुगतान में देना चाहेगा। अर्थात जिस सिक्के का वास्तविक मूल्य अंकित मूल्य से अधिक होगा, उसे वह अपने पास रखेगा व जिसका वास्तविक मूल्य अंकित मूल्य से कम होगा, उसे वह भुगतान में देना चाहेगा। फलस्वरूप एक समय ऐसा आएगा, जब बाजार में अच्छे सिक्कों के स्थान पर घटिया सिक्के ही चलन में रह जाएँगे। आज भी यह कथन सत्य है कि चलन में सोने-चांदी या धातु मुद्रा और कागजी मुद्रा के एक साथ चलन में होने पर ऐसा ही होता है। इसी प्रकार हम नया नोट अपने पास रखना चाहते हैं और पुराना, मैला व फटा-कटा नोट भुगतान में देना पसन्द करते हैं।

Balanced Budget | संतुलित बजट

एक बजट संतुलित बजट (Balanced Budget) तब कहा जाता है, जब चालू आय-व्यय के बिल्कुल बराबर हो। अर्थात यह उस स्थिति को स्पष्ट करता है, जब सरकार की आय व कर प्राप्तियाँ सरकारी व्यय के एकदम बराबर हों।

Balanced Budget Multiplier | संतुलित बजट गुणक

संतुलित बजट गुणक (Balanced Budget Multiplier) यह बताता है कि यदि सरकारी बजट संतुलित हो अर्थात अतिरिक्त सरकारी व्यय की व्यवस्था पूर्णरूपेण अतिरिक्त करों द्वारा की जाए तो आय पर इसका क्या प्रभाव पड़ता है। अर्थात सरकारी व्यय (G) में जितनी वृद्धि (ΔG) हो उतनी ही करों (T) में वृद्धि (ΔT) हो जाए तो आय स्तर या अर्थव्यवस्था पर क्या प्रभाव होगा, इसका स्पष्टीकरण संतुलित बजट गुणक द्वारा किया जाता है। इसे सरकारी खरीद गुणक एवं कर गुणक की तुलना द्वारा ज्ञात किया जाता है। सामान्यत: सरकारी करों की अतिरिक्त राशि से उपभोग व्यय में कर राशि के बराबर कटौती नहीं होती, क्योंकि करों का एक भाग बचतों में से चुकाया जाता है। अत: अतिरिक्त सरकारी करों से कुल व्यय में होने वाली कमी अतिरिक्त सरकारी व्यय से कुल व्यय में होने वाली वृद्धि की अपेक्षा कम होती है। सरकारी क्रय एवं कर गुणकों में MPC का मूल्य 0.8 रखने पर इन दोनों गुणकों का अन्तर 1 आता है।

(i) सरकारी खरीद का गुणक $= \dfrac{1}{1-MPC}$ या $\dfrac{1}{1-b}\ Kg = \dfrac{1}{1-0.8} = \dfrac{1}{0.2} = 5$

(ii) कर गुणक $Kg = \dfrac{b}{1-b} = \dfrac{MPC}{1-MPC} = \dfrac{0.8}{1-0.8} = 4$

इस प्रकार दोनों का सम्मिलित प्रभाव 5–4 = 1 है। इसका अर्थ यह हुआ कि संतुलित बजट की स्थिति में सरकारी व्यय में जितनी वृद्धि होगी, कुल आय में भी उतनी ही वृद्धि होगी, क्योंकि सरकारी (ΔG) व्यय की वृद्धि से तथा उतनी ही मात्रा में करों में वृद्धि (ΔT) करने पर बजट संतुलित बना रहता है। अर्थात् Kg = 1 होता है यहां Kg = संतुलित बजट है।

Balanced Economic Development | संतुलित आर्थिक विकास

इस विचार को मूर्त रूप देने के लिए कि अर्थव्यवस्था के सभी क्षेत्रों का विकास साथ-साथ हो, संतुलित आर्थिक विकास के सिद्धान्त पर चलना होगा। यह कहना आसान नहीं होगा कि सभी क्षेत्रों के एक साथ विकास करने हेतु सही संतुलन की स्थिति क्या होगी? इसलिए संतुलित विकास की बजाय असंतुलित विकास (Unbalanced Growth) को ही ज्यादा उपयुक्त माना जाता है।

Balance of Payments | भुगतान शेष

किसी देश का भुगतान शेष किसी दिए हुए वर्ष में विदेशों से किए गए उसके आर्थिक लेन-देन का व्यवस्थित लेखा (Record) है। 'सोडर्स्टन' के अनुसार- "भुगतान शेष एक देश के अन्तरराष्ट्रीय लेन-देनों में प्राप्तियों और भुगतानों को दर्ज करने का तरीका मात्र है।" प्रो. किंडल बर्गर के अनुसार- "एक देश का भुगतान शेष उसके निवासियों और अन्य देशों के निवासियों के बीच सभी आर्थिक लेन-देनों का एक सुव्यवस्थित लेखा है।" एक देश का भुगतान शेष लेखा दोहरी प्रविष्टि (Double Entry) बही खाता के सिद्धान्त पर बनाया जाता है तथा प्रत्येक सौदा तुलन-पत्र (Balance Sheet) के जमा (Credit) और नामे (Debit) पक्ष में दर्ज किया जाता है। तुलनपत्र में चार प्रकार के घटकों, चालू लेखा, पूँजी लेखा, सरकारी भुगतान लेखा और अशुद्धियाँ एवं भूल-चूक को क्षैतिज (Horizontal) रूप से दर्शाया जाता है। इसे ही भुगतान शेष (Balance of Payment) कहा जाता है। इसके अन्तर्गत दृश्य व अदृश्य दोनों प्रकार की मदों को सम्मिलित किया जाता है।

Balance of Payments Equilibrium | भुगतान शेष संतुलन

प्रत्येक देश यह चाहता है कि उसका भुगतान शेष 'संतुलन' की स्थिति में हो। अर्थात चालू लेखा, पूँजी लेखा और सरकारी व्यवस्थापन लेखा की शुद्ध जमा और नाम शेषों का बीजगणितीय जोड़ या योग शून्य या बराबर होना चाहिए। भुगतान शेष को निम्न प्रकार लिखा जाता है। $B = R_f - P_f$ यहां B = भुगतान शेष, $R_f =$ विदेशों से प्राप्तियाँ, $P_f =$ विदेशियों को किए गए भुगतान को बताते हैं। जब $B = R_f - P_f = 0$ हो तो भुगतान शेष संतुलन में होता है। जब $B = R_f - P_f < 0$ है तो, भुगतान शेष पक्ष में या अतिरेक (Surplus) और जब $B = R_f - P_f < 0$ है तो भुगतान शेष विपक्ष में या घाटे में (Adverse) माना जाता है। अत: भुगतान शेष तभी संतुलित कहा जाएगा, जब $B = R_f - P_f = 0$ हो। यदि चालू लेखा में घाटा हो तो इसे पूँजी लेखा में उतने ही अतिरेक द्वारा पूरा कर संतुलित किया जा सकता है। इसके लिए विदेशों से उधार लेकर या विदेशी विनिमय रिजर्व से व स्वर्ण निर्यात द्वारा पूँजी लेखा में अतिरेक होने पर इसके विपरीत पूँजी लेखा में घाटे द्वारा संतुलन लाया जा सकता है। अत: इस दृष्टिकोण के अनुसार भुगतान शेष हमेशा संतुलन में होता है।

Balance of Trade | व्यापार शेष

व्यापार शेष (Balance of Trade) निर्यातित (Exported) तथा आयातित वस्तुओं तथा सेवाओं के मूल्य का अन्तर होता है। अर्थात व्यापार शेष व्यापारिक माल के निर्यात तथा आयात के मूल्य का अन्तर होता है। प्रो. मीड (Meade) के अनुसार "देश की राष्ट्रीय आय के दृष्टिकोण से व्यापार-शेष को परिभाषित करने का यह ढंग गलत है और कम आर्थिक महत्व रखता है।" समीकरण के रूप में भुगतान शेष है $Y = C + 1 - G + (X–M)$ 1 इनमें सभी लेन-देन शामिल हैं, जो राष्ट्रीय आय उत्पन्न करते हैं या समाप्त करते हैं। समीकरण में Y राष्ट्रीय आय को, C उपभोग व्यय को, I निवेश व्यय को, G सरकारी व्यय को, X वस्तुओं तथा सेवाओं के निर्यात (Export) को तथा M वस्तुओं

और सेवाओं के आयात (Import) को व्यक्त करते हैं। व्यंजक (X–M) व्यापार शेष को व्यक्त करता है। यदि X और M का अन्तर शून्य है, तो व्यापार शेष संतुलित होगा। यदि (X>M) है तो व्यापार शेष अनुकूल (Favourable) होगा और यदि (X<M) है तो व्यापार शेष प्रतिकूल (Unfavourable) या विरुद्ध (Adverse) कहलाएगा। इसे अतिरेक व्यापार शेष (Surplus Balance of Trade (X>M) तथा घाटे का व्यापार शेष (Deficit Balance of Trade (X<M) भी कहते हैं। इसमें केवल दृश्य मदों को ही सम्मिलित किया जाता है।

Balance Sheet | तुलन पत्र

यह एक ऐसा ब्योरा (Statement) होता है जो एक व्यापारी बैंक व कम्पनी एक दिए गए समय में अपने धन या आय-व्यय का हिसाब रखते हैं। पुराने समय से यह लेखा दोहरी प्रविष्टि (Double Entry) बहीखाता सिद्धान्त पर बनाया जाता था, जिसमें दाएँ भाग में परिसम्पत्तियों (Assets) या लेनदारियों तथा बाएँ भाग में देनदारियों (Liabilities) को दिखाया जाता रहा है। परन्तु आजकल इन दोनों को एक ही कॉलम या भाग में दिखाने का प्रचलन आम हो गया है। प्रायः प्रत्येक सौदा तुलन पत्र के जमा (Credit) व नामे (Debit) पक्ष में दर्ज किया जाता है। व्यापार लेखांकन में नामे प्रविष्टियां संतुलन पत्र में बाईं ओर तथा जमा प्रविष्टियाँ (+) तुलन पत्र के दाईं ओर दिखाई जाती हैं, किन्तु भुगतान शेष लेखांकन में इसका उल्टा होता है।

Bancor | बैंकर

एक अन्तरराष्ट्रीय मुद्रा जिसका नामकरण प्रो. केन्ज के द्वारा किया गया। इसका निर्माण एक अन्तरराष्ट्रीय बैंक द्वारा किए जाने का प्रस्ताव केन्ज द्वारा रखा गया था। ताकि अन्तरराष्ट्रीय ऋणों का समायोजन व अन्तरराष्ट्रीय तरलता को बनाए रखने में इसका उपयोग हो सके। ये प्रस्ताव अन्तरराष्ट्रीय मौद्रिक सुधार हेतु प्रस्तुत केन्ज की योजना का एक भाग थे, जिन्हें कीन्स द्वारा ब्रिटन वुड्स सम्मेलन 1944 में रखा गया था, किन्तु इन प्रस्तावों को अस्वीकार कर दिया गया। किन्तु अन्तरराष्ट्रीय मुद्रा कोष (IMF) द्वारा 1970 के दशक में जारी किए गए विशेष आहरण अधिकार (SDR) इनसे मिलते-जुलते हैं।

Bandwagon Effect | बैन्डवेगन प्रभाव

बैन्डवेगन प्रभाव के अन्तर्गत जब किसी वस्तु की कीमत गिरती है तथा किसी तबके (Sections), व्यक्तियों व समुदायों में इस वस्तु की मांग बढ़ जाती हैं, इसके फलस्वरूप दूसरे व्यक्तियों व तबकों द्वारा इसका अनुसरण करते हुए मांग बढ़ा दी जाती है तो इसे बैन्डवेगन प्रभाव (Bandwagon Effect) कहा जाता है। अगर ऐसा होता है तो बाजार मांग वक्र (Market Demand Curve) केवल व्यक्तिगत मांग वक्रों का ही समग्र योग नहीं होगा बल्कि मांग में बैन्डवेगन प्रभाव के कारण अप्रत्याशित वृद्धि होगी और बाजार मांग वक्र पूर्व की अपेक्षा और अधिक ऊँचा हो जाएगा।

Bank | बैंक या अधिकोष

आर.एस. सेयर्स के अनुसार "हम बैंक की परिभाषा एक ऐसी संस्था के रूप में कर सकते हैं जिसके कर्ज (Debts) (बैंक जमाएँ) अन्य व्यक्तियों के कर्जों को आपस में चुकाने के लिए व्यापक रूप से स्वीकार किए जाते हैं।" भारत में बैंकिंग नियमन अधिनियम 1949 के अनुसार बैंकिंग का आशय जनता से मुद्रा की ऐसी जमाओं को उधार देने अथवा विनिमय के उद्देश्य के लिए स्वीकार करना होता है, जो मांगने पर या अन्यथा वापस करनी होती है और चेक, ड्राफ्ट,

आज्ञा या अन्य तरीकों से निकाली जा सकती है। इस परिभाषा के अनुसार निम्न दो आवश्यक कार्य करने पर एक वित्तीय संस्था बैंक कहलाती है- (i) यह जनता से चेक से संचालित की जाने वाली जमाएँ स्वीकार करती है, (ii) यह उधार देती है। जमाएँ न केवल बैंक के शेयर होल्डरों से स्वीकार की जाती हैं, बल्कि आम जनता से भी स्वीकार की जाती हैं। इन्हें चेक अथवा विड्राल से निकाला जा सकता है। ये अन्य व्यक्तियों को उधार देने के भी काम आती हैं। ये केन्द्रीय बैंक के अधीन कार्य करते हैं। या केन्द्रीय सरकार के एक विभाग के रूप में। इनमें जमाराशियों का उपयोग सरकार या अन्य संस्थाओं द्वारा भी किया जा सकता है। भारत में आधुनिक व्यापारिक बैंकिंग का प्रारम्भ 1806 में कलकत्ता में प्रथम प्रेसीडेंसी बैंक, दी बैंक ऑफ बंगाल की स्थापना से हुआ। 1921 में इम्पीरियल बैंक की स्थापना हुई, जिसे 1955 में भारतीय स्टेट बैंक के रूप में राष्ट्रीयकृत बैंक का स्वरूप प्रदान किया। 1935 में भारतीय रिजर्व बैंक स्थापित किया गया। 19 जुलाई 1969 को 14 बड़े व्यापारिक बैंकों का राष्ट्रीयकरण किया गया। 15 अप्रेल 1980 को छह और बैंकों का राष्ट्रीयकरण किया गया।

Bank Credit | बैंक साख

उधारदेय कोषों की पूर्ति (Supply of Loadable Funds) का प्रमुख स्रोत बैंक साख (Bank Credit) को माना जाता है। साख निर्माण (Credit Creation) प्रक्रिया के द्वारा बैंक व्यापारियों को अग्रिम ऋण (Advance Loans) प्रदान करते हैं। बैंकों के द्वारा प्रदान की जाने वाली साख का सम्बन्ध ब्याज दरों से होता है। जब ब्याज की दर अधिक होती है तो बैंक अधिक साख निर्माण करते हैं। जब ब्याज दर कम होती है तो वे कम साख निर्माण करते हैं। व्यापारिक बैंक साख सृजन करके आर्थिक जीवन में अत्यन्त महत्वपूर्ण भूमिका निभाते हैं। जब कोई व्यक्ति बैंक में 100 रु. जमा कराता है तो बैंक रिजर्व-अनुपात के 20% होने पर उनके आधार पर कुल

$\frac{100}{\frac{1}{5}} = 100 x 5 = 500$ रुपए तक की साख जमा का निर्माण कर सकता है।

Bank Overdraft | बैंक अधिविकर्ष

यह एक उपयोगी अल्पकालीन वित्त व्यवस्था है। ये सुविधा विशेषकर उत्पादन चक्र में आए अल्पकालीन पूँजीगत अभाव, मौसमी वित्त व्यवस्था, उद्योग के लिए सम्पत्ति क्रय हेतु उधार तथा भुगतान हेतु बैंक में जमा राशि से अधिक वित्तीय सुविधा देने को बैंक अधिविकर्ष (Bank Overdraft) कहते हैं। अर्थात इसके अन्तर्गत बैंक अपने ग्राहकों को खाते में पड़ी उसकी जमा राशि से अधिक राशि निकालने का अधिकार देता है, जिस पर बैंक ऊँची दर पर ब्याज लेता है। यह सुविधा बैंक के पुराने व प्रतिष्ठित ग्राहकों को ही दी जाती है।

Bank Rate | बैंक दर

बैंक दर (Bank Rate) केन्द्रीय बैंक द्वारा साख-नियंत्रण का परम्परागत अस्त्र माना गया है। इसे बट्टा दर (Discount Rate) भी कहा जाता है। यह वह दर होती है, जिस पर केन्द्रीय बैंक व्यापारिक बैंकों के विनिमय बिलों की पुनर्कटौती करता है, अथवा उन्हें स्वीकृत प्रतिभूतियों के आधार पर अग्रिम राशि प्रदान करता है। इस प्रकार बैंक दर साख की लागत और उपलब्धि दोनों को प्रभावित करती है। बैंक दर के बढ़ने से बैंकों की केन्द्रीय बैंक से प्राप्त होने वाली उधार राशि में कमी होती है जिससे वे भी अपने ग्राहकों को कम मात्रा में राशि उधार दे पाते हैं। इससे साख प्रसार में कमी होती है तथा बैंक दर कम होने से साख प्रसार में वृद्धि होती है, क्योंकि व्यापारिक बैंक

केन्द्रीय बैंक से ज्यादा उधार ले सकते हैं और अपने ग्राहकों को अधिक उधार दे सकते हैं। व्यापारिक बैंक प्रायः बैंक दर के परिवर्तनों के अनुसार अपनी ब्याज दरों गें परिवर्तन करते हैं। इसका उपयोग मुद्रा स्फीति को नियंत्रित करने में भी किया जाता है।

Bankruptcy | दिवालियापन

न्यायालय या अन्य अधिकारी द्वारा यह घोषणा कि अमुक व्यक्ति या फर्म निर्धारित समय तक अपना कर्ज चुकाने में असमर्थ है, यह दिवालियापन (Bankruptcy) कहलाता है। संकुचित अर्थों में जब एक व्यक्ति, सम्बन्धित भागीदार या पब्लिक लिमिटेड कम्पनी के अपने दायित्वों का पालन करने की स्थिति में नहीं होने पर ऐसे व्यक्ति या सम्बन्धित को दिवालिया घोषित कर दिया जाता है। एक पब्लिक लिमिटेड कम्पनी के लिए अधिनियम में यह व्यवस्था है कि उसकी परिसम्पत्तियों को बेचकर प्राप्त राशि को ऋणदाताओं में आनुपातिक रूप से वितरित करके उसका ऋण चुकता किया जा सकता है।

Bargaining Theory of Wages | मजदूरी का सौदेबाजी सिद्धान्त

वास्तव में मजदूरी का निर्धारण व्यक्तिगत सौदेबाजी से न होकर सामूहिक सौदेबाजी (Collective Bargaining) के द्वारा होता है। पूर्ण प्रतियोगी श्रम बाजार के अन्तर्गत, एक विशेष उद्योग में मजदूरी का निर्धारण मांग और आपूर्ति की शक्तियों के द्वारा होता है किन्तु अल्पकाल में श्रमसंघ (Unions) श्रम की पूर्ति घटाकर मजदूरी बढ़वा सकते हैं। यदि श्रम संघ मजदूरी की बढ़ी हुई दर को बनाए रखना चाहते हैं तो उसे श्रम की पूर्ति घटानी पड़ती है। जैसे-नियुक्त श्रमिकों को अन्य उद्योगों में काम ढूंढ़ने का प्रोत्साहन देकर, नए आने वालों के लिए सदस्यता शुल्क बढ़ाकर प्रशिक्षुता (Apprenticeship) की अवधि बढ़ाकर और आप्रवासन (Immigration) इत्यादि पर नियंत्रण लगाकर आपूर्ति में कमी की जा सकती है। किन्तु श्रम की मांग को बढ़ाना श्रम संघों के लिए आसान काम नहीं होता है। यह दीर्घकाल में ही संभव होता है, जब औद्योगिक परिवर्तन उद्योग की वस्तु की मांग को बढ़ा देते हैं। तब श्रम संघ सामूहिक सौदेबाजी के द्वारा मजदूरी बढ़ाने की मांग कर सकते हैं। किन्तु यह केवल अल्पकाल में ही संभव होता है। दीर्घकाल में, मालिक श्रमिकों के इस समूह को जो मजदूरी वृद्धि हेतु मालिक को मजबूर करते हैं, उन्हें हटाने का प्रयोग करके स्थानापन्नों के लिए प्रयत्न कर सकता है। सामूहिक सौदेबाजी से एक श्रम संघ मजदूरी को सीमान्त आगम उत्पादन के ($w = MRP$) बराबर बढ़वा सकता है।

Barter | वस्तु विनिमय

वस्तुओं के वस्तुओं में लेन-देन को वस्तु विनिमय कहा जाता है। वस्तु विनिमय में संतोषप्रद विनिमय संयोग की खोज में अधिक समय लगने के कारण बहुत महँगी पद्धति थी। वस्तु विनिमय की दो प्रमुख समस्याएँ थीं। (i) आवश्यकताओं का दोहरा संयोग ज्ञात करना, तथा (ii) परस्पर विनिमय की शर्तें निर्धारित करना।

Barter Economy | वस्तुविनिमय अर्थव्यवस्था

यह एक ऐसी अर्थव्यवस्था होती है, जहां वस्तुओं और सेवाओं का विनिमय वस्तु विनिमय (Barter) द्वारा सम्पन्न होता है। अर्थात वस्तुओं का वस्तुओं में लेन-देन या विनिमय होता है। इसमें आवश्यकताओं के दोहरे संयोग को ज्ञात करने के कारण श्रम विभाजन में आंशिक विशिष्टता आ जाती है, क्योंकि हर क्रेता व विक्रेता अपनी-अपनी वस्तु की मांग व पूर्ति में विशिष्टता हासिल कर लेता है।

Barter System | वस्तुविनिमय व्यवस्था

मुद्रा (Money) के प्रचलन से पूर्व वस्तुओं और सेवाओं का विनिमय (Exchange) या लेन-देन सीधे वस्तुओं के बदले वस्तुओं में ही होता था। इसे वस्तु विनिमय (Barter) कहा गया, जो मुद्रा विनिमय से भिन्न था। वस्तु विनिमय के अन्तर्गत अर्थव्यवस्था में वस्तुओं के बदले वस्तुएँ खरीदी या बेची जाती थीं। जबकि मौद्रिक अर्थव्यवस्था में वस्तुएँ मुद्रा के बदले में खरीदी या बेची जाती हैं। परम्परावादी (Primitive) समाजों में लेन-देन वस्तु विनिमय द्वारा ही होता था। जहां मुद्रा में लेन-देन अधिक प्रचालित नहीं है, वहां आज भी वस्तुओं का लेन-देन वस्तुओं में ही होता है। अर्द्धविकसित अर्थव्यवस्थाओं में कई समाजों के मध्य वस्तु विनिमय पाया जाता है, जहां एक डॉक्टर को अपनी सेवाओं के लिए वस्तुओं में भुगतान किया जाता है। यह वस्तु विनिमय व्यवस्था बहुत ही असुविधाजनक विधि है, क्योंकि इसमें समय अधिक खर्च होता है तथा क्रेता को विक्रेता व विक्रेता को क्रेता ढूंढ़ना आसान नहीं था, क्योंकि यह जरूरी नहीं था कि जो विक्रेता अपनी वस्तु बेचना चाहे उसे दूसरा क्रेता विनिमय में लेने को तैयार हो। अतः इस प्रकार दोहरे संयोग को मालूम करना, जिसमें एक पक्ष जो वस्तु लेना चाहे, वह दूसरे पक्ष के पास हो और वह उसे बदले में देने को तैयार हो। अतः एक विनिमय की विधि के रूप में वस्तु विनिमय विधि बहुत ही कठिन और अलाभकारी है।

Base Year | आधार वर्ष

आधार वर्ष (Base Year) के कीमत सूचकांक को 100 मानकर वर्तमान वर्ष में प्रचलित कीमतों के बीच सम्बन्ध स्थापित कर नए कीमत सूचकांक (Price Index) तैयार किए जाते हैं जैसे आधार वर्ष 2000 में गेहूं का भाव 500 रु. प्रति क्विंटल था और 2010 में यह भाव 1000 रु. प्रति क्विंटल हो जाता है, तो कीमत सूचकांक निम्नलिखित होगा।

$$\text{कीमत सूचकांक} = \frac{\textit{वर्तमान वर्ष की कीमत}}{\textit{आधार वर्ष की कीमत}} \times 100$$

$$\text{अथवा } \frac{1000}{500} \times 100 = 200$$

अर्थात आधार वर्ष में जो कीमत सूचकांक 100 था, वह वर्तमान वर्ष में बढ़कर दुगुना अर्थात 200 हो गया। इसका तात्पर्य यह है कि आधार वर्ष की तुलना में वर्तमान वर्ष में कीमत स्तर बढ़कर दुगुना हो गया है। प्रायः एक आधार वर्ष वह वर्ष माना जाता है, जिसमें कीमतों में बहुत कम उतार-चढ़ाव आए हों व वर्ष पूर्णतया सामान्य वर्ष रहा हो। ऐसे वर्ष को आधार वर्ष मानकर विचाराधीन वर्ष में कीमत स्तर में हुए परिवर्तनों की तुलना कर कीमतों में प्रतिशत परिवर्तन को कीमत सूचकांक (Price Index) के रूप में व्यक्त करते हैं। केन्द्र सरकार ने सितम्बर 2010 में थोक मूल्य सूचकांक का आधार वर्ष 1993-94 को बदलकर 2004-05 कर दिया है।

Basic Exports | आधारभूत निर्यात

यह नाम अर्द्धविकसित देशों द्वारा किए जाने वाले प्राथमिक उत्पादों को दिया गया है, जिनका निर्यात होता है। इसमें आधारभूत कच्चे माल जैसे ताँबा, जस्ता, कपास, लकड़ी, चाय, कॉफी आदि को सम्मिलित किया जा सकता है।

Basic Needs Philosophy | आधारभूत आवश्यकताओं का दर्शन

वर्तमान में विकास की शैली कैसी हो, इस पर अधिकाधिक विवेचन हो रहा है। पुराने सिद्धान्तों को नकारते हुए कई लक्ष्य हैं, जिन्हें प्राथमिकता दी जानी चाहिए। ये हैं- (i) रोटी, कपड़ा और मकान जैसी आधारभूत उपभोक्ता वस्तुओं की व्यवस्था हो (ii) जल, शिक्षा व स्वास्थ्य सुविधाओं जैसी आधारभूत सेवाओं पर बल दिया जाए। (iii) आधारभूत उपभोगीय आवश्यकताओं को पूरा करने हेतु आवश्यक आय के लिए रोजगार पाने का अधिकार हो। (iv) आवश्यक वस्तुओं और सेवाओं की आवश्यकता पूर्ति के लिए आधारभूत संरचनात्मक ढांचे का निर्माण हो। (v) निर्णय करने में भागीदारी हो। विकास की शैली उत्पादन परक हो। विकास की इस शैली को पुरातनवादी व आधुनिक विचारकों, सभी ने स्वीकार किया है।

Bearer | धारक या वाहक

यह शब्द चेक व बॉण्ड के लिए प्रयुक्त होता है। इनके धारकों को बिना किसी कार्यवाही के भुगतान प्राप्त करने का अधिकार दिया जाता है। चेक यदि रेखांकित नहीं है तो उसका भुगतान चेक धारक को चेक देने वाली बैंक की खिड़की पर किया जा सकता है। ऐसे ही बैंक मुद्रा का भुगतान हमेशा उसके धारक को करने का वचन दिया जाता है। यदि चेक रेखांकित (Crossed) है तो इसका रुपया आज्ञा प्राप्त व्यक्ति के खाते में ही जमा हो सकता है। उसे बैंक की खिड़की से सीधी नकद राशि नहीं मिल पाती। वह चेक धारक के खाते में ही जमा होता है। वाहक चेक के खो जाने पर इसका भुगतान गलत व्यक्ति को भी हो सकता है। इसलिए ऐसे चेक का उपयोग काफी सावधानी से किया जाता है।

Benefit Principle | लाभ-सिद्धान्त

(i) सार्वजनिक व्यय और लाभ सिद्धान्त

इस सिद्धान्त के अनुसार सरकारी व्यय इस प्रकार किया जाना चाहिए कि जनता को अधिकाधिक लाभ मिल सके। जिस प्रकार कर लगाते समय सरकार व्यक्ति की कर देय क्षमता (Taxable Capacity) का ध्यान रखती है, उसी प्रकार व्यय करते समय सरकार को व्यक्ति की लाभ प्राप्त करने की क्षमता को ध्यान में रखना चाहिए। यद्यपि सार्वजनिक व्यय से होने वाले लाभों को मापना काफी कठिन है। व्यक्ति अपना लाभ बढ़ा सकते हैं पर सम्पूर्ण समाज लाभ नहीं बढ़ा सकता। अतः लाभ के नियम के अनुसार व्यक्तिगत लाभ के स्थान पर सामाजिक लाभ को अधिकतम करने का प्रयास किया जाता है। इस नियम के अनुसार सम-सीमान्त उपयोगिता नियम या अधिकतम संतुष्टि के नियम के अनुसार समस्त व्यय को विभिन्न उपयोगों में इस प्रकार विभाजित किया जाता है कि प्रत्येक दशा में सीमान्त लाभ समान हो सके तथा देश में उत्पादन वृद्धि और उसका वितरण समानता के आधार पर हो सके।

(ii) कराधान और लाभ सिद्धान्त

इस सिद्धान्त के प्रतिपादक डिमार्को और एरिक लिण्डाल के अनुसार करदाता और सरकार के मध्य विनिमय या लेन-देन (quid pro quo) का सम्बन्ध होता है। सरकारी सेवाओं से समाज को लाभ होता है। अतः इन सेवाओं की लागत का वितरण समाज के विभिन्न लोगों के मध्य उनको प्राप्त होने वाले लाभों के अनुपात में किया जाना चाहिए। अर्थात सभी प्रकार के करों का करदाताओं को मिलने वाले लाभों से समायोजन किया जाना चाहिए। इस सिद्धान्त के पालन से सामाजिक वस्तुओं की पूरी लागत वसूल हो जाती है और करभार का वितरण लोगों को प्राप्त होने वाले लाभों के अनुपात में हो जाता है, क्योंकि कर की मात्रा एक करदाता के लिए सामाजिक वस्तु की सीमान्त

उपयोगिता की सूचक होती है। अत: जो व्यक्ति सामाजिक वस्तु से जितनी अधिक उपयोगिता प्राप्त करता है, उतनी ही अधिक उसकी कर देय क्षमता होती है। प्रो. मजोला के मतानुसार प्रत्येक उपभोक्ता को सामाजिक वस्तु का मूल्य (कर) उससे प्राप्त होने वाली सीमान्त उपयोगिता के बराबर देना चाहिए। यह लाभ का सिद्धान्त करों में न्याय और समानता की समस्या का उपयुक्त हल नहीं सुझाता है। इन कमियों के बावजूद कर देय क्षमता सिद्धान्त के सहायक सिद्धान्त के रूप में यह काम आ सकता है।

Big Push Theory | बड़े धक्के का सिद्धान्त

इस सिद्धान्त का सर्वप्रथम प्रतिपादन प्रो. रोजेनस्टीन रॉडैन (Rosen Stain Radian) ने किया तथा आगे चलकर अनेक लोगों ने इसका परिष्कृत रूप प्रस्तुत किया। यह सिद्धान्त बताता है कि एक अर्थव्यवस्था अपने गरीबी के दुष्चक्र (Vicious Circle of Poverty) से बाहर निकलकर किस प्रकार स्वयं स्फूर्त मार्ग (Take off path) की ओर अग्रसर हो सकती है तथा स्वयं स्फूर्त विकास (Self Sustained Growth) कर सकती है। अर्थात एक अल्प विकसित अर्थव्यवस्था न्यूनतम विनियोग व्यय वृद्धि द्वारा अपनी न्यूनतम विकास की इच्छा को पूरा कर सकती है। इस पर विचार करते हुए यह सोचा गया कि एक अल्प विकसित अर्थव्यवस्था जो कि नकारात्मक शक्तियों के जाल में बुरी तरह फंसी हुई है, उसे विनियोग के एक बड़े धक्के (Big Push) द्वारा किस तरह बाहर निकाला जा सकता है। यह धक्का तब दिया जा सकता है, जब विकास योजनाओं व कार्यक्रमों के लिए पर्याप्त विनियोग राशि उपलब्ध हो। साथ ही इस बड़े धक्के से मांग की अपूर्णता, विनियोग के अवसरों में कमी व पर्याप्त आपूर्ति सम्बन्धी समस्याओं से भी छुटकारा मिल सकता है। 1950 व 1960 के दशक में इस पर विचार किया गया था कि विकासशील देशों के विकास के लिए संतुलित विकास (Balanced Growth) या असंतुलित विकास (Unbalanced Growth) की नीति में से कौन सी नीति अधिक उपयुक्त रहेगी। उस समय प्रो. रॉडैन ने बड़े धक्के के विचार को प्रस्तुत करते हुए संतुलित विकास दर्शन का समर्थन किया था। रॉडैन का मत था कि सभी परियोजनाओं में बड़ी मात्रा में विनियोजन कार्यक्रमों द्वारा मांग व आपूर्ति को बढ़ाया जा सकता है। विकासशील देशों में मांग पक्ष की बड़ी समस्या उसके छोटे बाजारों का होना है। यदि इन देशों में इसके साथ भारी उद्योग स्थापित किए जाएँ ताकि ये मांग के लिए आपूर्ति बढ़ा सकें। जो उद्योग अनार्थिक होंगे, कुल मांग में वृद्धि के कारण वे भी आर्थिक हो जाएँगे। कुछ आलोचकों का मानना है कि इस प्रकार किए गए भारी विनियोग से मुद्रास्फीति बढ़ेगी तथा विकासशील देशों में भारी विनियोग की आशा करना भी अवास्तविक है।

Bilateral Monopoly | द्विपार्श्व एकाधिकार

यह वह स्थिति होती है जहां श्रम का एकल क्रेताधिकारी का सामना एक एकल श्रम संघ एकाधिकारी विक्रेता से होता है। यहां मजदूरी-श्रम संयोग सौदा शक्ति, राजनीतिक प्रभाव और दोनों पक्षों की आर्थिक शक्ति पर निर्भर करता है। जिस सीमा के अन्तर्गत सौदे का निबटारा होता है, उसे 'समझौता सीमा' (Contract Range) या 'संविदा क्षेत्र' कहते हैं। एक क्रेता एकाधिकारी उस बिन्दु पर अपना लाभ अधिकतम करेगा जहां मांग किए गए श्रम की सीमान्त आय उत्पादकता (MRP) बराबर होती है। वास्तविक मजदूरी दर दोनों पक्ष की सौदेबाजी शक्ति पर निर्भर करेगी। प्रो. ऐज्वर्थ के अनुसार **"संविदा क्षेत्र की सीमाओं के अन्तर्गत** वास्तविक मजदूरी दर अनिर्धारित रहती है।"

Bill | बिल या पत्र

माल का विक्रेता उधार माल बेचकर खरीददार पर बिल बनाता है, जिसे खरीददार स्वीकार कर लेता है। विक्रेता उस बिल का रुपया बट्टा काटकर बैंक से प्राप्त कर सकता है। अवधि समाप्त होने के बाद बैंक उस खरीददार से उस बिल की धनराशि प्राप्त करता है। इस प्रकार उधार की व्यवस्था बैंक के द्वारा की जाती है। बैंक बट्टे के रूप में जो धनराशि प्राप्त करता है, वह उसकी आय होती है। इस व्यवस्था से विक्रेता को उसका रुपया तुरन्त मिल जाता है और क्रेता को उधार की सुविधा मिल जाती है। यह एक अल्पकालीन उधार व्यवस्था है।

Bill of Exchange | विनिमय बिल या पत्र

विदेशी विनिमय बैंक (Foreign Exchange Bank) विदेशी विनिमय का लेन-देन करते हैं। ये बैंक विदेशी विनिमय बिलों का भुगतान करते हैं। एकीकृत विनिमय दर की नई व्यवस्था के अन्तर्गत व्यापारिक बैंक विदेशी मुद्रा के लेन-देन के लिए भारतीय रिजर्व बैंक के एजेण्ट के रूप में कार्य करते हैं। जब बैंक किसी विनिमय पत्र (Bill of Exchange) का भुगतान करता है तो वह वास्तव में 90 दिन या उससे कम अल्पावधि के लिए ग्राहक से बिल खरीद लेता है। बिल की राशि ग्राहक के खाते में जमा हो जाती है, जो उसे चेक द्वारा निकालता है या फिर बैंक अपना ही चेक काटकर बिल का भुगतान कर देता है।

Birth Rate | जन्म दर

जन्म दर एक वर्ष में प्रति हजार जनसंख्या में जन्म लेने वाले बच्चों की संख्या है। प्रति हजार जन्म दर विकसित देशों की अपेक्षा अर्द्ध विकसित देशों में ऊंची रहती है। इसीलिए इन देशों में जनाधिक्य की समस्या रहती है और इनको पालन-पोषण करना भी कठिन होता है। इन देशों में ऊँची जन्म दर होने के कई कारण हैं। जैसे- (i) ग्रामीण क्षेत्रों में अधिक आय व रोजगार की दृष्टि से बड़े परिवारों को पसंद किया जाता है। (ii) कल्याणकारी राज्य के अभाव में हर व्यक्ति बुढ़ापे में अपनी सेवा के लिए अधिक बच्चे चाहता है। (iii) गांवों में लोग जनसंख्या नियंत्रण के तरीकों से अनभिज्ञ होने के कारण भी जन्म दर बढ़ जाती है। (iv) स्वास्थ्य सुविधाओं में विस्तार के कारण मृत्यु दर घटी है तथा जन्म दर बढ़ी है। (v) ग्रामीण क्षेत्रों में मनोरंजन के साधनों के अभाव के कारण व्यक्ति के लिए संभोग ही मनोरंजन बन जाता है। फलस्वरूप जन्म दर बढ़ जाती है।

Black-Market | काला बाजार

जब सरकार या अन्य संस्थाओं द्वारा अधिकतम व न्यूनतम कीमत स्तर तय करने के बावजूद कुछ अवैधानिक बाजार इसके विपरीत व्यवहार करते हैं तो इसे काला बाजार (Black Market) कहा जाता है। ऐसे बाजार प्रायः राशनिंग, राष्ट्रीय संकट व युद्ध के समय पनपते हैं, जो लोगों से तय कीमतों से चोरी छिपे व अवैधानिक तरीकों से वस्तुओं और सेवाओं की अधिक कीमतें वसूलते हैं।

Blank Cheque | खाली रुक्का या हुण्डी

एक ऐसा चेक (cheque) रुक्का या हुण्डी जिस पर चेक धारक के हस्ताक्षर तो होते हैं, किन्तु किसी अन्य व्यक्ति के लिए जानबूझकर उसमें रकम की मात्रा का खाना खाली छोड़ दिया जाता है। दूसरा व्यक्ति अपनी इच्छानुसार उसमें रकम लिख सकता है। इसे खाली चेक (Blank Cheque) कहते हैं।

Bond | बाँड या बंध पत्र

जब कोई फर्म या सरकार सार्वजनिक विनियोग वृद्धि व शेयर पूँजी में वृद्धि हेतु उधार लेती है तो वे इस उधार के बदले में लोगों को बाँड या बंध पत्र (Bond) जारी करते हैं। जो व्यक्ति ऐसे बंध पत्र खरीदते हैं उन्हें बंध पत्र धारक कहा जाता है तथा उन्हें खरीदे गए बंध पत्रों पर निश्चित दर पर ब्याज मिलता है तथा उधार दी गई ऋण राशि की अवधि पूरी होने पर ब्याज सहित ऋण राशि लौटा दी जाती है। अतः यह सरकार द्वारा, किसी कम्पनी द्वारा या पोस्ट ऑफिस द्वारा एक निश्चित ब्याज दर पर निर्गत किया जाने वाला प्रपत्र है।

Bonded Labour | बंधुआ श्रमिक

ये श्रमिक अपने नियोजक विशेष के लिए काम करते हैं। ये श्रमिक अपने मालिक की मर्जी से काम करते हैं तथा अपनी इच्छा से कुछ भी नहीं कर सकते। ये एक प्रकार से अपने मालिक के अधीन बंधक बनकर कार्य करते हैं। इसलिए इन्हें बंधुआ मजदूर कहा जाता है। इन्हें बहुत कम मजदूरी दी जाती है तथा वह भी वस्तुओं के रूप में। कभी-कभी तो इन्हें बिना मजदूरी चुकाए काम करने के लिए बाध्य किया जाता है। इसका मुख्य कारण श्रमिक का मालिक के ऋणों में इतना दब जाना है कि वह आजीवन उस ऋण को चुकता नहीं कर पाता है और पीढ़ी दर पीढ़ी उसे मालिक की गुलामी सहनी पड़ती है। मजदूरी इतनी कम दी जाती है कि वह मालिक का ऋण कभी नहीं चुका पाता है। ब्याज की दर इतनी अधिक वसूल की जाती है कि यह ब्याज भी चुकता नहीं हो पाता है। मूल ऋण राशि तो ज्यों की त्यों बनी रहती है। मजबूरन जब तक यह ऋण चुकता नहीं होता है, तब तक बंधक श्रमिक को अपने ऋण दाता के यहाँ पशुवत कार्य करना पड़ता है।

Bonus | लाभांश

उत्पादन वृद्धि हेतु नियोजकों द्वारा अपने कर्मचारियों को प्रोत्साहित करने के लिए या उनके द्वारा किए गए अतिरिक्त कार्य के लिए प्रोत्साहन स्वरूप दी गई राशि को लाभांश (Bonus) कहा जाता है। नियोजकों द्वारा विशेष अवसरों पर कर्मचारियों की इच्छाओं का प्रतिनिधित्व करते हुए अपने उत्पादन वृद्धि के फलस्वरूप लाभांश की घोषणा की जाती है, ताकि कर्मचारी और अधिक जोश व शक्ति से कार्य करके उत्पादन वृद्धि का प्रयास कर सकें और इस उत्पादन अतिरेक का कुछ हिस्सा लाभांश के रूप में उन्हें मिल सके।

Boom | तेजी

मंदी (Depression) के पश्चात जब उद्योग में पुनर्निर्माण की स्थिति उत्पन्न होती है तो एक उद्योग में विनियोग की दशा सुधार से दूसरे उद्योग की दशा भी सुधरने लगती है। एक उद्योग में मजदूरों को दी गई मजदूरी दूसरे उद्योगों द्वारा उत्पादित वस्तुओं की मांग में वृद्धि करती है। मांग की सामान्य हालत अच्छी होने के कारण कीमतों में वृद्धि होने लगती है। व्यवसायी की आय में भी बढ़ोतरी होने लगती है, जबकि मजदूरियों, ब्याज दरों तथा अन्य लागतों में कमी होने लगती है। इस प्रकार लाभ का दायरा विस्तृत होने लगता है। पूरे उद्योग में अनुकूलतमता (Optimism) का वातावरण बन जाता है। सभी धन अर्जित करने में लग जाते हैं। व्यापार चक्र का यह दौर (Phase) तेजी (Boom) के नाम से जाना जाता है।

Boycott | बहिष्कार

जो लोग फर्म विशेष या व्यवसाय या राष्ट्रीय कार्यों में नियमित रूप से संलग्न हैं, उन्हें अपना कार्य करने से हतोत्साहित या रोकने का प्रयास किया जाता है, तो इसे कार्य का बहिष्कार (Boycott) कहा जाता है।

Break-Even Point/Zero Profit Point/Normal Profit Point | सम लागत-आय बिन्दु/शून्य लाभ बिन्दु/सामान्य लाभ बिन्दु

पूर्ण प्रतियोगिता के अन्तर्गत फर्म के दीर्घकालीन साम्य के लिए निम्न दोहरी दशा (Double Condition) पूरी होनी आवश्यक है:–

(i) सीमान्त आय = सीमान्त लागत अथवा MR = MC

(ii) औसत आय = औसत लागत अथवा AR = AC

चूंकि पूर्ण प्रतियोगिता में AR = MR भी होती है। इसलिए फर्म के दीर्घकालीन साम्य की उपर्युक्त दोहरी दशा को निम्न प्रकार से भी व्यक्त किया जा सकता है–

AR (Price) = MR = MC = AC

अर्थात् Price = Marginal Cost = Average Cost, चूंकि दीर्घकाल में AR, MR, MC तथा AC सब बराबर होते हैं। इसे निम्न रेखाचित्र से समझ सकते हैं–

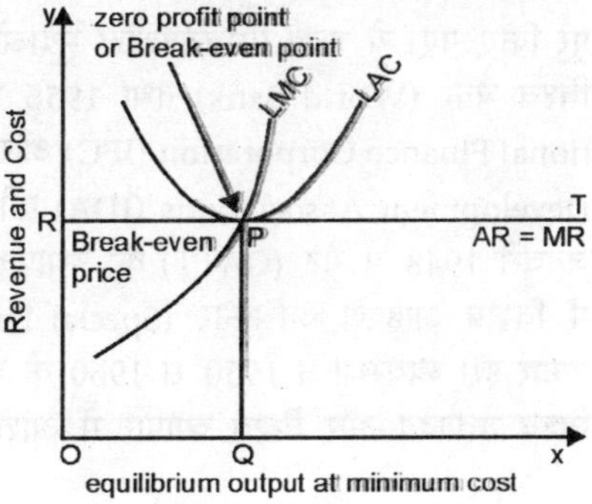

चित्रानुसार P बिन्दु पर AR = MR = MC = AC है। P बिन्दु पर साम्य की दोहरी शर्त पूरी होती है। अतः कीमत (P) = PQ व उत्पादन की साम्य मात्रा OQ है। इस दशा में फर्म को केवल सामान्य लाभ प्राप्त होता है या शून्य लाभ प्राप्त होता है (P बिन्दु पर) चूंकि इस बिन्दु पर AR = AC है या (Break even) है। इसलिए इस बिन्दु को सम लागत आय बिन्दु या (Break-even Point) भी कहते हैं तथा कीमत RO या कीमत रेखा RT को सम-कीमत बिन्दु (Break-even Price) भी कहते हैं। फर्म साम्य की अवस्था में एक न्यूनतम लागत फर्म (Least Cost firm) होगी। लागत लेखांकन की दृष्टि से सम लागत आय विक्रय मात्रा (Break-even sales volume) वह होती है जो कि यह विश्वास दिलाती है कि एक दी हुई विक्रय कीमत पर सभी स्थिर (Fixed) एवं परिवर्तनशील (Variable) लागतें निकल जाती हैं।

इस प्रकार = $\textit{Break-even volume or point} = \dfrac{\textit{Fixed Costs}}{\textit{Selling price} - \textit{Variable Cost per unit}}$

अथवा सम-लागत आय बिन्दु = $\dfrac{\textit{स्थिर लागतें}}{\textit{विक्रय कीमत} - \textit{प्रति इकाई परिवर्तनशील लागत}}$

Brettonwoods | ब्रिटनवुड्स्

अमेरिका के न्यू हैम्पशायर में 1944 में अन्तरराष्ट्रीय भुगतानों के संबंध में कनाडा, ब्रिटेन तथा अमेरिकी सरकारों द्वारा सुझाए गए उपायों पर विचार करने हेतु संयुक्त राष्ट्र मौद्रिक एवं वित्तीय

सम्मेलन युद्धोपरान्त आयोजित किया गया था। इसमें अन्तरराष्ट्रीय पुनर्निर्माण एवं विकास बैंक (The International Bank for Reconstruction and Development) तथा अन्तरराष्ट्रीय मुद्रा कोष (International Monetary Fund) की स्थापना करने पर सहमति दी गई।

Brettonwoods System | ब्रिटनवुड्स व्यवस्था या प्रणाली

जुलाई 1944 में, सम्बद्ध देश स्वर्णमान की दृढ़ता तथा अन्तरराष्ट्रीय व्यापार एवं वित्त में 1930 के दशक की अव्यवस्था को दूर करने तथा स्वतंत्र व्यापार नीति को प्रोत्साहित करने के उद्देश्य से अमेरिका के ब्रिटनवुड्स में एक सम्मेलन आयोजित किया गया। इसमें अन्तरराष्ट्रीय मुद्रा कोष (IMF) की स्थापना की गई, जिसने समायोज्य कीलन प्रणाली (Adjustable Peg System) लागू की। इस व्यवस्था के अन्तर्गत विभिन्न देशों के बीच विनिमय दरें स्वर्ण के रूप में या 35 अमेरिकी डॉलर प्रति आउन्स स्वर्ण की दर पर कीलित या निर्धारित की गई थीं। इसका सम्बन्ध स्थिर विनिमय दर प्रणाली से था, जिसके अन्तर्गत विनिमय में सम-मूल्य (Par Value) से एक प्रतिशत अधिक या एक प्रतिशत कम की पट्टी (Band) अथवा सीमा (Range) में परिवर्तन हो सकता था। सदस्य देशों को संक्रमण अवधि को छोड़कर भुगतान और व्यापार पर प्रतिबन्ध लगाने पर पाबंदी थी। उन्हें अंशतः स्वर्ण और अंशतः डॉलर में मुद्रा रखने की अनुमति दी गई। इस व्यवस्था के अन्तर्गत IMF ने भुगतान शेष घाटा ठीक करने के लिए अवमूल्यन और व्यय घटाने वाली नीतियों पर बल दिया। अस्थाई भुगतान शेष घाटे भी 3 से 5 वर्षों की अवधि के लिए IMF से ऋण लेकर पूरे किए गए। ये ऋण परिवर्तनशील मुद्राओं में थे। दीर्घकालीन ऋण प्रदान करने के लिए 1946 में विश्व बैंक (World Bank) तथा 1956 में इसके सहयोगी अन्तरराष्ट्रीय वित्त निगम (International Finance Corporation (IFC) और 1960 में अन्तरराष्ट्रीय विकास संगठन (International Development Associations (IDA) की स्थापना की गई। व्यापार प्रतिबन्धों को हटाने के लिए जनवरी 1948 में गैट (GATT) की स्थापना हुई। अन्तरराष्ट्रीय रिजर्व बढ़ाने के लिए जनवरी 1970 में विशेष आहरण अधिकार (Special Drawing Rights (SDRs) का निर्माण किया गया। इस प्रकार इस व्यवस्था ने 1950 से 1960 के दशक के मध्य तक अच्छी तरह कार्य किया। फलस्वरूप विश्व उत्पादन और विश्व व्यापार में आशातीत वृद्धि हुई।

Broker | दलाल

वह अभिकर्ता (Agent) जो दूसरे व्यक्ति की तरफ से वस्तुओं के क्रय-विक्रय के लिए नियुक्त किया जाता है, दलाल (Broker) कहलाता है। इसकी नियुक्ति इसलिए भी की जाती है कि यह प्रमुख पक्ष व तृतीय पक्ष के मध्य समझौतापूर्ण सम्बन्ध स्थापित कर सके। ये दलाल अपने स्वयं के नाम पर कोई कार्य नहीं कर सकता है और न ही वस्तुओं को रहन (Lien) रख सकता है।

Brokerage | दलाली

यह एक प्रकार का शुल्क या दस्तूरी (Brokerage) होती है जो दलाल (Broker) क्रेता और विक्रेता के बीच की गई मध्यस्थता के लिए वसूल करता है। उदाहरण के लिए एक स्टॉक दलाल जिस मात्रा में शेयरों को खरीदता है या बेचता है उस पर एक निश्चित प्रतिशत दलाली वसूल करता है।

Budget | आय व्ययक या बजट या चिट्ठा

द्वितीय विश्व युद्ध के पश्चात सम्पूर्ण अर्थव्यवस्था के विकास के लिए सरकारी बजट को आवश्यक माना गया। भारतीय संविधान के अनुसार यह आने वाले एक वित्त वर्ष हेतु सरकार के प्रत्याशित

आय-व्यय का अनुमानित वित्तीय ब्यौरा (Statement) होता है। ये कोष (Budget) आय-व्यय का अनुमानित ब्यौरा देने के अतिरिक्त बीते या पिछले वित्त वर्ष की वित्तीय स्थिति पर पुनर्विचार (Review) करते हुए नए वित्त वर्ष में कर प्रस्ताव का ब्यौरा भी देता है। यदि घाटे की पूर्ति करनी है तो अतिरिक्त मुद्रा की आवश्यकता पूर्ति हेतु व वित्तीय पूँजी व्यय की आपूर्ति हेतु प्रस्ताव प्रस्तुत करता है।

रेने स्टोर्न (Rene Stourn) के मतानुसार बजट सार्वजनिक आय और व्यय की प्राथमिक स्वीकृत योजनाओं का पुलिन्दा होता है। बी.ई. बक (B.E. Buck) के अनुसार (i) एक वित्तीय योजना (Finance Plan) (ii) निर्माण (Formulating), अधिकृतित (Authorising), कार्यान्विति (Executing) तथा नियंत्रात्मक (Controlling) तरीका (Procedure) (iii) इस तरीके या कार्यप्रणाली में हर कदम पर सफलता के लिए कुछ सरकारी अधिकारी जिम्मेदार होते हैं, बजट कहलाता है।

Budget Deficit | बजट घाटा-या घाटे का बजट

सरकार का आय-व्यय अनुमान कोष (Budget) घाटे (Deficit) या अतिरेक (Surplus) का हो सकता है। यदि चालू व्यय (Current Expenditures) चालू आय (Current Income) से अधिक होता है तो इसे घाटे का बजट (Deficit Budget) कहते हैं और अगर चालू आय चालू व्यय से अधिक है तो उसे अतिरेक बजट (Surplus Budget) कहते हैं। जब सरकार की आय, कर प्राप्तियां सरकारी व्यय को पूरा नहीं कर पाती हैं तो इस स्थिति को घाटे का बजट (Deficit Budget) कहा जाता है।

Budget Line/Price Line/Expenditure Line/Consumption Possibility Line/Price-income Line | बजट रेखा/कीमत रेखा/व्यय रेखा/उपयोग संभावना रेखा/कीमत-आय रेखा

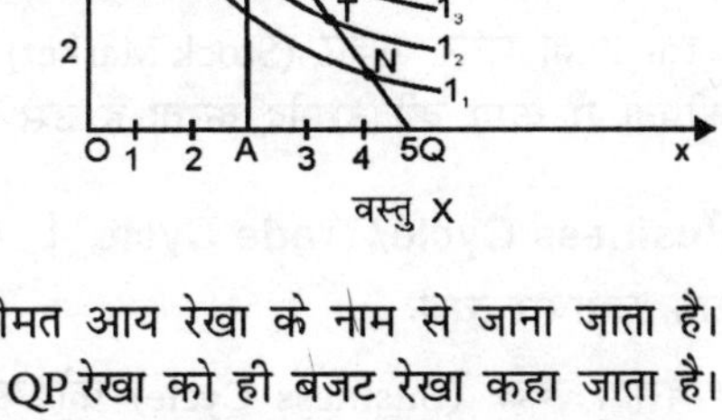

यह रेखा उपभोक्ता के संतुलन (Consumer's Equilibrium) को समझने में सहायक है, क्योंकि जिस बिन्दु पर उदासीनता वक्र को बजट रेखा स्पर्श करती है (Tangent to the Indifference Curve) वहीं उपभोक्ता का संतुलन होता है। उदाहरण के लिए यदि एक उपभोक्ता अपनी 10रु. की कुल आय राशि को खर्च कर वस्तु x की 5 इकाइयाँ तथा वस्तु y की 10 इकाइयाँ खरीद सकता है। चित्रानुसार इनके संभावित संयोगों को P, R, K, S, T, N तथा Q बिन्दुओं द्वारा दर्शाया गया है। PQ रेखा x और y वस्तुओं के इन संयोगों का बताती है। PQ वह रेखा है जिसे बजट रेखा, कीमत रेखा, व्यय रेखा, उपभोग संभावना रेखा तथा कीमत आय रेखा के नाम से जाना जाता है। अर्थात $P = 1/P_y$ और $Q = 1/P_x$ को दर्शाता है। अत: QP रेखा को ही बजट रेखा कहा जाता है। चित्रानुसार बजट रेखा पर स्थित सात संयोगों में से PQ संयोगों को छोड़कर (क्योंकि P पर केवल y वस्तु व Q पर केवल x वस्तु ही ले सकता है) R, K, S, T, N के संभावित संयोगों को चुन सकता है। उदासीनता वक्र I_1 पर संयोग R या N को नहीं चुनेगा। उदासीनता वक्र I_2 पर K व T संयोग को भी नहीं चुनेगा। किन्तु उदासीनता वक्र I_3 पर स्थित S संयोग को चुनेगा क्योंकि यह संयोग सबसे ऊंचे उदासीनता वक्र पर स्थित है। शेष सभी संयोग अपेक्षाकृत नीचे के उदासीनता वक्रों पर स्थित

हैं। इसलिए S की अपेक्षा नीची संतुष्टि स्तर को बताते हैं। अतः बजट रेखा PQ का S बिन्दु ही उपभोक्ता का संतुलन बिन्दु है, जहां उसे अधिकतम संतुष्टि प्राप्त होती है।

Budgetary Control | बजट नियंत्रण या आय व्ययक नियंत्रण

एक ऐसी व्यवस्था, जिसके द्वारा बजट में निर्धारित आय-व्यय के लक्ष्यों पर नियंत्रण रखा जाता है, उसे बजट नियंत्रण (Budgetary Control) कहते हैं। इसका उद्देश्य यह देखना है कि लक्ष्य पूर्ति में जो विचलन या अवरोध आ रहे हैं, उन्हें कैसे दूर किया जा सकता है? जो आय-व्यय प्रवाह लक्ष्यानुसार नहीं हो रहे हैं, उन्हें पटरी पर लाने के लिए इन प्रवाहों की नियमित सूचियां बनाई जाएँ। अधिक प्रभावी व्यवस्था वह होगी जब नवीनतम सूचना उपलब्ध कराई जाए, ताकि पर्याप्त समय में प्रत्यक्ष प्रभाव के लिए कार्यवाही की जा सके। कम्प्यूटर व्यवस्था इसके लिए अधिक उपयुक्त रहती है। बजट नियंत्रण को फर्में, राष्ट्रीयकृत उद्योगों तथा सरकार के द्वारा प्रोत्साहित किया जा सकता है।

Buffer Stock | सुरक्षित भंडार

प्राथमिक वस्तुओं की कीमतों में उतार-चढ़ाव के चलते जब वस्तुओं का संग्रह (Buffer Stock) किया जाता है तो इसे सुरक्षित या संग्रहीत भंडार (Buffer Stock) कहते हैं। संग्रहकर्ता वस्तुओं के इस भंडार से वस्तुओं का क्रय-विक्रय करके इन वस्तुओं की कीमतों में उतार-चढाव करते रहते हैं। जब वस्तु की कीमतें कम होती हैं तो ये उनका क्रय कर लेते हैं तथा कीमतें ऊँची होती हैं तो उनको बेच देते हैं। इस प्रवृत्ति पर नियंत्रण करने के लिए सरकार अनाजों का सुरक्षित भंडार रखती है तथा बाजार में बहुत महंगे होने पर उपभोक्ताओं को इस सुरक्षित भंडार से कम कीमत पर खाद्य वस्तुएँ उपलब्ध कराती है। इनके भाव कम होने पर सरकार किसानों को हानि से बचाने के लिए इन्हें खरीद लेती है तथा सुरक्षित भंडार में रख लेती है। ऐसे सुरक्षित भंडार से संकट के समय लोगों को बहुत मदद मिलती है।

Bullion | सोना-चांदी

बहुमूल्य धातु जैसे सोना-चांदी जिसे बड़ी मात्रा में छड़ों या सिल्लियों के रूप में रखा जाता है। स्वर्ण बुलियन का उपयोग बैंकों व सरकारों के मध्य अन्तरराष्ट्रीय मौद्रिक लेन-देन में किया जाता है।

Bulls | तेजड़िए

जो व्यक्ति यह विश्वास करते हैं कि शेयर (Stock) या बंध पत्र (Bond) की कीमतें बढ़ सकती हैं तो वे इन्हें इस उम्मीद में खरीद लेते हैं कि ये उन्हें ऊँची कीमतों पर बेचेंगे। सामान्यतया जब कीमतें बढ़ती हैं तो शेयर बाजार (Stock Market) में भी तेजी (Bullish) आ जाएगी। एक सट्टेबाज, जो कीमतों में कमी की उम्मीद करता है उसे मंदड़िया (Bear) कहते हैं।

Business Cycle/Trade Cycle | व्यवसाय चक्र/व्यापार चक्र

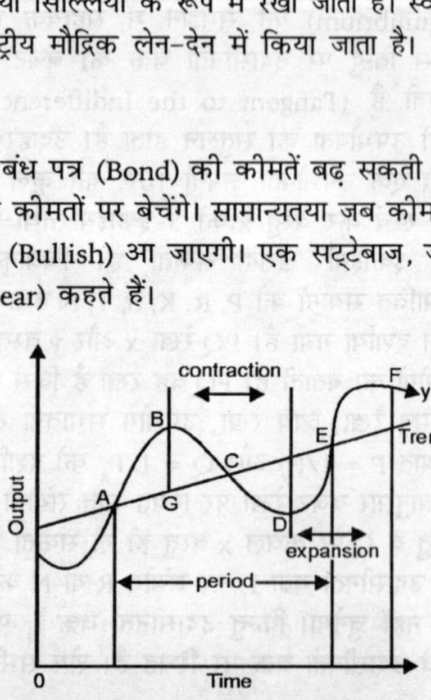

व्यवसाय चक्र (Business Cycle) को व्यापार चक्र (Trade Cycle) भी कहा जाता है। राष्ट्रीय आय में परिवर्तन के कारण आर्थिक क्रियाओं के स्तर में होने वाले उच्चावचनों से कभी संकुचन से प्रसार तो कभी प्रसार से संकुचन का चक्र चलता रहता है तथा ये चक्र उत्पादन के दीर्घकालीन व्यवहार पथ के रूप में आते

हैं। इसे संलग्नचित्र के द्वारा समझा जा सकता है। चित्र में घुमावदार वक्र रेखा (Curved Line) उत्पादन के वास्तविक मार्ग को दर्शाती है। बिन्दु B व F शिखर (Peaks) तथा गर्त (Trough) बिन्दु D है। दो बिन्दुओं के बीच का समय चक्र के स्तरों को बताते हैं जैसे बिन्दु A से E या B से F चक्र की लम्बाई-चौड़ाई या विस्तार और संकुचन उसके शिखर और गर्त को व्यापार चक्र (Trade Cycle) द्वारा दर्शाया गया है जैसे BG की दूरी। व्यापार चक्रों को दो भागों में बांटकर देखा जा सकता है। (i) विस्तार रूप में (Expansion Phase) तथा (ii) संकुचन रूप में (Contraction Phase), जहां संकुचन रूप विस्तार रूप से छोटा या विस्तृत या स्थिर हो सकता है। व्यापार चक्रों का सम्बन्ध हिक्स, शुम्पीटर, मेझलर व गोडविन आदि से है।

Buyers' Market | क्रेता-बाजार

एक ऐसा बाजार जिसमें अतिरिक्त आपूर्ति (Excess Supply) के कारण विक्रेता आने वाले कीमत स्तर को देखते हुए अपनी वस्तुओं को बेचने में कष्ट का अनुभव करते हैं। इस स्थिति को क्रेता बाजार (Buyers' Market) कहा जाता है।

C

Call Money | आदेशित मुद्रा

कम्पनी शेयर के निर्गम में शेयर मूल्य का वह भाग जो आबंटित शेयरों पर शेयर धारकों से आगामी एक निश्चित तिथि तक किस्तों में मांगा जाता है, आदेशित मुद्रा कहलाती है।

Cambridge Cash Balance/Theory or Equation or Approach/Cambridge Version of/Quantity Theory of Money | नकदी शेष कैम्ब्रिज सिद्धान्त/समीकरण/दृष्टिकोण/कैम्ब्रिज के मुद्रा परिमाण सिद्धान्त की व्याख्या

प्रो. इरविंग फिशर का नकदी लेन-देन सिद्धान्त (Cash Transction Theory) की अवास्तविकता और कमियों को दूर करते हुए कैम्ब्रिज अर्थशास्त्रियों प्रो. मार्शल, प्रो. पीगू, प्रो. रोबर्टसन तथा प्रो. केन्ज के द्वारा एक अन्य व्याख्या प्रस्तुत की गई जिसे मुद्रा परिमाण सिद्धान्त का नकदी शेष समीकरण (Cash Balance Theory) कहते हैं। कैम्ब्रिज व्याख्या या समीकरण मुद्रा की उस मात्रा से सम्बन्धित है जिसे लोग किसी समय बिन्दु पर अपने पास नकद रूप में रखना चाहते हैं। **अतः** इसे नकद शेष दृष्टिकोण (Cash Balance Approach) भी कहा जाता है।

मुद्रा परिमाण सिद्धान्त की फिशर की व्याख्या मुद्रा की उस मात्रा से सम्बन्धित है, जो एक समयावधि में विनिमय कार्यों या नकद भुगतानों के लेन-देन के लिए काम आती है, जबकि कैम्ब्रिज व्याख्या अपने पास नकद रूप में रखी जाने वाली मुद्रा से सम्बन्धित है। अतः कैम्ब्रिज मत के अनुसार मुद्रा को नकद रूप में रखने की मांग बढ़ती है तो मुद्रा का मूल्य बढ़ जाता है और कीमत स्तर गिर जाता है। इसके विपरीत यदि मुद्रा को नकद रूप में रखने की मांग घट जाती है तो मुद्रा का मूल्य घट जाता है और कीमत स्तर बढ़ जाता है। इसीलिए इसे मुद्रा का मांग सिद्धान्त (Demand Theory of Money) भी कहते हैं। इसे समीकरण रूप में इस प्रकार प्रस्तुत किया गया है।

(a) कैम्ब्रिज समीकरण (Cambridge Equation)

कीमत स्तर के रूप में	**मुद्रा मूल्य के रूप में**
(i) $P = \frac{M}{KR}$	*(ii)* $P = \frac{KR}{M}$

जिसमें (i) P = कीमत स्तर

(ii) P = मुद्रा की एक इकाई का मूल्य

M = मुद्रा की कुल मात्रा

R = समाज की कुल वास्तविक आय

K = आय का वह अनुपात जो नकद मुद्रा में रखा जाता है।

उदाहरण द्वारा स्पष्टीकरण-

यदि M = 180 करोड़ रु., R = 150 करोड़ रु. और $K = \frac{1}{5}$ हो तो P अर्थात मुद्रा का मूल्य

(ii) समीकरण $= \frac{KR}{M} = \frac{\frac{1}{5}\times 150}{180} = \frac{30}{180} = \frac{1}{6}$

इस प्रकार मुद्रा का मूल्य $= \frac{1}{6}$ एवं कीमत स्तर = 6 है।

अब K की मात्रा दुगुनी करने पर

$P = \frac{KR}{M} = \frac{\frac{2}{5}\times 150}{180} = \frac{60}{180} = \frac{1}{3}$ मुद्रा मूल्य है व कीमत स्तर = 3 है।

इस प्रकार K को दुगुना करने पर मुद्रा का मूल्य बढ़कर $\frac{1}{6}$ से $\frac{1}{3}$ हो जाता है और कीमत स्तर 6 से घटकर 3 अर्थात आधा रह जाता है।

(b) प्रो. मार्शल ने अपना सिद्धान्त समीकरण के रूप में प्रस्तुत नहीं किया। इसके अनुयायियों ने इसे बीजगणितीय रूप में प्रस्तुत किया है। फ्रीडमेन ने मार्शल के विचारों का स्पष्टीकरण करते हुए निम्न प्रकार से प्रस्तुत किया M = KPY जहां M = मुद्रा की पूर्ति K = वास्तविक मौद्रिक आय (PY) का वह भाग है जो लोग नकदी तथा मांग जमा के रूप में अपने पास रखते हैं। P = कीमत स्तर है और (Y) समाज की वास्तविक आय है।

इस प्रकार कीमत स्तर $P = \frac{M}{KY}$ अथवा मुद्रा का मूल्य $= \frac{1}{P} = \frac{KY}{M}$ है।

पीगू का समीकरण–

$$P = \frac{KR}{M}$$

जहां P मुद्रा की क्रय शक्ति या मुद्रा का मूल्य है। K कुल वास्तविक आय R का अनुपात है तथा M वैध मुद्रा की मात्रा है। पीगू ने अपने समीकरण में वैध मुद्रा या नकदी के अतिरिक्त बैंक नोटों व बैंक शेषों को मुद्रा की मांग में सम्मिलित कर निम्न समीकरण प्रस्तुत किया है–

$$P = \frac{KR}{M}\{C + h(1-C)\}$$

जहां C लोगों द्वारा वैध मुद्रा एवं प्रतीक सिक्कों के रूप में वास्तव में रखी गई कुल वास्तविक आय का अनुपात है, (1–C) बैंक नोटों तथा बैंक शेषों का अनुपात है और h वास्तविक वैध मुद्रा का वह अनुपात है, जिसे बैंकर अपने ग्राहकों द्वारा धारित नोटों तथा शेषों के मुकाबले रखते हैं।

रॉबर्टसन का समीकरण– पीगू व रॉबर्टसन के समीकरण में इतना ही अंतर है कि पीगू ने कुल वास्तविक संसाधन R के स्थान पर राबर्टसन ने कुल सौदों का परिणाम T रखा। राबर्टसन का समीकरण इस प्रकार है–

$$M = PKT \text{ या } P = \frac{M}{KT}$$

जहां P कीमत स्तर है, M मुद्रा की कुल मात्रा, K वस्तुओं तथा सेवाओं की मात्रा (T) का अनुपात है। जिसे लोग नकदी शेष के रूप में अपने पास रखना चाहते हैं और T समाज द्वारा एक वर्ष में खरीदी गई वस्तुओं तथा सेवाओं की कुल मात्रा है। यदि हम P को कीमत स्तर के बजाय मुद्रा का मूल्य मान लें, जैसा कि पीगू ने माना तो राबर्टसन का समीकरण पीगू के समीकरण P = KT/M जैसा हो जाता है।

केन्ज का वास्तविक शेष समीकरण– $n = (P + rk^{1})$

यदि k तथा r स्थिर हों तो p में ठीक उसी अनुपात में परिवर्तन होगा जिस अनुपात में n में परिवर्तन होगा। यहां k नकदी के रूप में उपभोग इकाइयों की संख्या है। प्रचलन में कुल करेंसी n है। बैंकों का नकदी रिजर्व अनुपात r है तथा p कीमत स्तर है। केन्ज के अनुसार n, k तथा p को नियंत्रित करके p का नियमन किया जा सकता है। केन्ज के बाद प्रो. फ्रीडमेन ने 1956 में प्रकाशित 'Quantity Theory of Money: A Restatement' नामक निबन्ध में मुद्रा के आधुनिक परिमाण सिद्धान्त का विशेष मॉडल प्रस्तुत किया। फ्रीडमेन के अनुसार "परिमाण सिद्धान्त मुद्रा की मांग का एक सिद्धान्त है। यह उत्पादन अथवा मुद्रा आय या कीमत स्तर का सिद्धान्त नहीं है।" ये बताते हैं कि मुद्रा की स्थिर मांग कैसे कीमतों और उत्पादन का सिद्धान्त बनती है। जब मुद्रा की मांग अपने निर्धारकों में परिवर्तनों की प्रतिक्रिया में परिवर्तित होती है, तो इसके परिणामस्वरूप कीमतों या मुद्रा रूप आय में पर्याप्त परिवर्तन लगभग सदैव मुद्रा की आपूर्ति में परिवर्तनों के कारण होते हैं।

इस प्रकार कैम्ब्रिज समीकरण मूलतः मुद्रा की मात्रा और कीमत स्तर की समस्या के नए अध्ययन का निरूपण करता है। कैम्ब्रिज व्याख्या फिशर की व्याख्या से श्रेष्ठ है, उस पर सुधार है तथा एक नया दृष्टिकोण है। हेन्सन के अनुसार यह आरोप सही नहीं है कि नकदी शेष समीकरण बीजगणितीय परिवेश में सौदा समीकरण ही है।

Cambridge School of Economics | अर्थशास्त्र का कैम्ब्रिज मत

अर्थशास्त्रियों का वह समूह जो प्रो. ए. मार्शल के लेखन व सम्पर्क से प्रभावित हुआ, वह कैम्ब्रिज मत के नाम से जाना गया। ए.सी. पीगू, डी.एच. राबर्टसन तथा जे.एम. केन्ज इस मूल मत के प्रमुख व्यक्ति थे। रिकार्डो, मार्क्स आदि अर्थशास्त्रियों ने आधुनिक कैम्ब्रिज मत की आधारशिला रखी। आधुनिक कैम्ब्रिज मत नव परम्परावादी अर्थशास्त्र एवं कैम्ब्रिज (USA) मेसाच्यूसेट्स तकनीकी संस्थान (MIT) के प्रमुख प्रतिनिधि पी. सेम्यूलसन तथा आर. शोलो (Solow) के कार्यों के विशेष आलोचक रहे। इस प्रकार दोनों कैम्ब्रिज मतों (USA एवं UK) के बीच वाद-विवाद का जन्म हुआ, जो 1930 से आज तक लगातार चला आ रहा है। इंग्लैण्ड का आधुनिक मत विशुद्ध आर्थिक सिद्धान्तों के साथ ऐतिहासिक, समाजशास्त्रीय व मानसशास्त्र के तथ्यों पर भी विचार करता है। नव परम्परावादियों पर इनके प्रहारों के साथ इनका प्रमुख लक्ष्य विशेषतः आर्थिक विकास में समग्र उत्पादन फलन (Aggregate Production Function) का उपयोग करना भी था। इस मत के कुछ और प्रमुख अर्थशास्त्री जे. रोबिन्सन, एन. केलडोर, आर. काहन, एल पेशनेती (Pasinetti), पी. सर्राफा आदि हैं। अमेरिका, कनाडा, आस्ट्रेलिया आदि देशों में इनके शिष्य मिलते हैं। इस प्रकार मार्शल, पीगू, राबर्टसन, केन्ज आदि इस मत के प्रमुख विचारक एवं अर्थशास्त्री हैं। इनमें केन्ज को कैम्ब्रिज मत का जन्मदाता (Originator) माना जाता है।

Cammeralism | कैमरलिवाद

डॉ. जोहान बेचर्स (1635–1682) को कैमरलिवाद का प्रवर्तक माना जाता है। यह वणिकवाद (Marchantalism) का ही दूसरा नाम है, जो जर्मनी में प्रचलित हुआ। कैमर का अर्थ राज्य कोष होता है। इससे तात्पर्य ऐसी अर्थनीति से है, जिससे देश और राज्य में धन की वृद्धि हो तथा राज्य मजबूत बनें। इसके लिए राज्य वस्तुओं का निर्यात तो करें परन्तु आयात न करें। इस प्रकार राज्य का धन बाहर न जाने पाए और बाहर से धन राज्य में आए।

Capital | पूँजी

पूँजी दो प्रकार की होती है- स्थिर व परिवर्तनशील पूँजी। स्थिर पूँजी टिकाऊ वस्तुओं जैसे भवन, प्लान्ट व मशीनरी आदि को कहते हैं तथा परिवर्तनशील पूँजी में कच्चा माल एवं अर्द्धनिर्मित वस्तुएँ

सम्मिलित होती हैं। पूँजी (Capital) शब्द का उपयोग उत्पादन के साधन के रूप में आता रहा है, जो आर्थिक व्यवस्था द्वारा पहले से निर्मित आगत है। पूँजीगत वस्तुएँ उत्पादित वस्तुएँ हैं, जिनको दूसरी वस्तुओं के उत्पादन में साधन के रूप में प्रयुक्त किया जाता है। पूँजी को भूमि तथा श्रम से अलग किया जा सकता है, क्योंकि भूमि व श्रम का आर्थिक व्यवस्था में खुद-बखुद उत्पादन नहीं हो सकता। आर्थिक सिद्धान्त में पूँजी की प्रकृति को देखते हुए पूँजी का मापन विवाद का विषय बना हुआ है, क्योंकि इसकी गणना तरल साधन के रूप में होती है। इसका सम्बन्ध वास्तविक परिसम्पत्तियों से भी होता है। जैसे- फैक्ट्रियाँ, प्लांट, उपष्करों और निर्मित व अर्द्धनिर्मित माल सूचियाँ आदि। एक अर्थव्यवस्था में उपलब्ध पूँजी की मात्रा, पूँजी का स्टॉक होता है। अतः पूँजी एक स्टॉक धारणा है।

Capital Account | पूँजी खाता

किसी देश के भुगतान शेष के घटकों या तत्वों को समझने से पहले भुगतान शेष लेखा या खाता (Balance of Payments Accounts) को समझना आवश्यक है। प्रत्येक देश का भुगतान शेष खाता दोहरी प्रविष्टि (Double Entry) बही खाता के सिद्धान्त पर बनाया जाता है। प्रत्येक सौदा तुलन पत्र (Balance Sheet) के क्रेडिट अर्थात जमा या लेनदारियों को बाईं ओर तथा डेबिट या नामे या देनदारियों को दाईं ओर दिखाया जाता है। भुगतान शेष के चार घटक होते हैं, जिन्हें तुलन पत्र में क्षैतिज (Horizontally) रूप से लिखा जाता है। वे हैं- चालू खाता, पूँजी खाता, सरकारी भुगतान खाता या सरकारी रिजर्व परिसम्पत्ति खाता और अशुद्धियाँ व भूलचूक। भुगतान शेष का पूँजी खाता इस प्रकार का होता है-

भुगतान शेष पूँजी खाता-

क्रेडिट (+) प्राप्तियाँ	*डेबिट (–) भुगतान*
1. विदेशों से सरकारी ऋण प्राप्तियाँ	1. विदेशों को सरकारी ऋण देना।
2. विदेशों द्वारा किए गए स्वदेश में प्रत्यक्ष निजी निवेश और बॉण्ड, शेयर आदि खरीदना।	2. विदेशों में किए गए प्रत्यक्ष निजी निवेश तथा विदेशी बॉण्ड, शेयर आदि खरीदना।
3. अन्तरराष्ट्रीय संस्थाओं जैसे- IMF, World bank, IFC आदि से प्राप्त ऋण।	3. अन्तरराष्ट्रीय संस्थाओं के ऋणों की वापसी।
4. बैंकिंग पूँजी का आंतरिक प्रवाह	4. बैंकिंग पूँजी का बाह्य प्रवाह।

इस प्रकार पूँजी खाते में सभी अन्तरराष्ट्रीय सौदों, अल्प व दीर्घकालीन विनियोगों, दो देशों के बीच लिए व दिए गए ऋणों तथा मुद्रा के आवागमन को सम्मिलित किया जाता है।

Capital Accumulation | पूँजी संग्रह या संचय

सकारात्मक शुद्ध विनियोग द्वारा पूँजी कोष का निर्माण करना पूँजी संग्रह या पूँजी का एकत्रीकरण कहलाता है। संतुलित विकास का वह मार्ग जिसमें एक पीढ़ी दूसरी पीढ़ी के भविष्य के लिए बचाती है, आय का वह अन्तर जो पिछली पीढ़ी ने वर्तमान पीढ़ी के लिए बचाया है, यह पूँजी संग्रह का स्वर्णिम नियम (Golden Rule of Accumulation) कहलाता है। जैविकीय ब्याज दर (Biological Interest Rate) इसी विचार का एक पहलू है। कभी-कभी इसे जैविकीय ब्याज दर नियम भी कहा जाता है। स्वर्णिम नियम के अनुसार पूँजी संचय की अनुकूलतम मात्रा वह होगी, जो

लाभदर को पूँजी वृद्धि दर के बराबर कर दे। इस स्वर्णिम नियम का प्रतिपादन एडमंड फेलप्स द्वारा किया गया।

Capital Asset | पूँजीगत परिसम्पत्ति

एक ऐसी परिसम्पत्ति जिसे अपने प्रतिदिन के व्यापार में न बेचा जाता है और न खरीदा जाता है। उदाहरण के लिए भूमि, भवन, मशीनें, सुरक्षापत्र (Securities) आदि।

Capital Coefficients/Capital Output Ratio | पूँजी गुणक/पूँजी-उत्पादन अनुपात

हेरड-डोमर की स्थिर पूँजी-उत्पादन अनुपात (Fixed Capital Output Ratio) की मान्यता यह बताती है कि पूँजी-उत्पादन की एक इकाई उत्पादित करने के लिए पूँजी तथा श्रम की वांछित राशि स्थिर है। सोलो एवं स्वैन ने अपने परिवर्तनशील पूँजी-उत्पादन अनुपात के साथ अपना मॉडल प्रस्तुत किया है। वे एक निरन्तर उत्पादन फलन की कल्पना करते हैं जो उत्पादन को पूँजी तथा श्रम की आगतों से सम्बद्ध करता है। इनके अनुसार पूँजी तथा श्रम की स्थानापति तथा पूँजी श्रम अनुपात की वृद्धि करने से पूँजी-उत्पादन अनुपात को बढ़ाया जा सकता है तथा इच्छित वृद्धि पर वास्तविक वृद्धि दर से बढ़ जाती है तो अर्थव्यवस्था पूर्ण रोजगार सीमा से निकलने का प्रयास करती है, जिससे पूँजी की अपेक्षा श्रम अधिक महँगा हो जाता है तथा इससे श्रम-बचत तकनीक को प्रोत्साहन मिलता है। इससे पूँजी-उत्पादन अनुपात बढ़ता है। यदि इच्छित वृद्धि दर वास्तविक वृद्धि दर से कम होती है तो श्रम अतिरेक (Surplus) होगा जो वास्तविक मजदूरी दर को वास्तविक ब्याज की दर की अपेक्षा कम कर देगा। फलस्वरूप अधिक श्रम गहन तकनीक को चुना जाता है। जो पूँजी उत्पादन अनुपात को घटा देता है। यह प्रक्रिया तब तक चलती रहेगी, जब तक इच्छित वृद्धि दर वास्तविक वृद्धि दर के बराबर नहीं हो जाती। इस प्रकार, यह पूँजी उत्पादन अनुपात ही है, जो सतत- अवस्था वृद्धि को अकेला ही बनाए रखता है।

Capital Consumption Allowance/Depreciation Allowance | पूँजी उपभोग भत्ता या व्यय/घिसाई-व्यय

हर कम्पनी, मशीनों, संयंत्रों तथा अन्य पूँजीगत पदार्थों की टूट-फूट, घिसाई आदि के कारण होने वाले खर्चों को मूल्य ह्रास (Depreciation) के रूप में रखती है। यह राशि भी उत्पादन साधनों की आय का भाग न होने के कारण सकल राष्ट्रीय उत्पाद (GNP) में सम्मिलित की जाती है। इसे पूँजी उपभोग व्यय (Opital Consumption Allowance) भी कहते हैं। सकल राष्ट्रीय उत्पादन (GNP) में से मूल्य ह्रास (Depreciation) या पूँजी उपभोग भत्ता (Capital Consumption Allowance) घटाने पर शुद्ध राष्ट्रीय उत्पाद (NNP) प्राप्त होता है। अर्थात (GNP – Depreciation = NNP) क्योंकि उत्पादन की प्रक्रिया में स्थिर पूँजी की कुछ राशि प्रयुक्त होती है, जिसमें से कुछ संयंत्र घिस जाते हैं, कुछ मशीनें टूट-फूट जाती हैं या खराब हो जाती हैं या अन्य प्रौद्योगिकी परिवर्तनों के कारण अप्रचलित हो जाती हैं। इनकी मरम्मत और प्रतिस्थापन के लिए जो राशि रखी जाती है, उसे मूल्य ह्रास भत्ता या पूँजी उपभोग भत्ता कहते हैं। अतः उपभोग बढ़ाने हेतु व्यक्ति, फर्म या कम्पनी द्वारा पूँजी स्टॉक में की जाने वाली कटौती को पूँजी उपभोग कहा जाता है।

Capital Deepening/Capital Widening | पूँजी गहनता/पूँजी विस्तार

यदि श्रम शक्ति के विकास की तुलना में पूँजी संचय प्रक्रिया की दर अधिक है तो पूँजी-श्रम अनुपात बढ़ता हुआ कहा जाएगा। इसी प्रकार यदि दोनों की बढ़ने की दर समान है तो पूँजी-श्रम

अनुपात स्थिर रहेगा। यदि श्रम शक्ति के विस्तार की तुलना में पूँजी संचय प्रक्रिया की दर कम है तो पूँजी–श्रम अनुपात घटता हुआ होगा।

Capital Expenditure | पूँजीगत व्यय

फर्मों के द्वारा, सरकार व इसके निकायों के द्वारा और गृहस्वामियों के द्वारा जब पूँजीगत वस्तुओं पर व्यय किया जाता है तो इसे पूँजीगत व्यय (Capital Expenditure) कहा जाता है। ऐसा व्यय मूल्य ह्रास के बदले में हो सकता है या नवीन पूँजी निर्माण में भी हो सकता है। अतः एक प्रतिष्ठान द्वारा स्थिर परिसम्पत्तियों जैसे प्लाण्ट एवं उपकरण आदि को खरीदने पर किया जाने वाला व्यय पूँजीगत व्यय कहलाता है। व्यापार विनियोग अधिग्रहण व चालू परिसम्पत्तियों पर किया जाने वाला व्यय भी पूँजीगत व्यय कहलाता है।

Capital Formation | पूँजी निर्माण

पूँजी निर्माण से तात्पर्य एक दी हुई अवधि में स्थिर परिसम्पत्तियों जैसे- (भवन, प्लांट, मशीन, वाहन आदि) में किए गए निवेश (इन्हें बदलने या इनके स्टॉक में वृद्धि) से होता है। मरम्मत व रखरखाव पर किया गया व्यय शुद्ध पूँजी निर्माण में सम्मिलित नहीं होता है। एक वर्ष की अवधि में पूँजीगत साधनों का उपयोग व उपभोग होता है- जैसे टूट-फूट, खराबी व अप्रचलन में होने से हुए मूल्य ह्रास (Depreciation) को सकल पूँजी निर्माण (Gross Capital Formation) में से घटाने पर शुद्ध पूँजी निर्माण (Net Capital Formation) बच जाता है। या शुद्ध विनियोग (Net Investment) बच जाता है। इस प्रकार वास्तविक पूँजी स्टॉक में हुई शुद्ध वृद्धि को पूँजी निर्माण कहते हैं। इसे पूँजी संचयन भी कहते हैं।

Capital Gain | पूँजीगत लाभ या प्राप्ति

पूँजीगत लाभ या प्राप्ति (Capital Gain) किसी पूँजीगत परिसम्पत्ति (Asset) के क्रय मूल्य (Purchase Price) तथा आगे की अवधि में इसके पुनर्विक्रय मूल्य (Resale Price) का अन्तर होता है। यदि यह अन्तर धनात्मक है तो इसे पूँजीगत लाभ कहा जाएगा। व्यक्तिगत सम्पत्तियाँ जैसे- (घर, फर्नीचर, मशीन आदि) तथा व्यक्तिगत गैर मूल्य ह्रास (Non-depreciable) परिसम्पत्तियाँ जैसे- (बॉण्ड व स्टॉक आदि) के क्रय व विक्रय मूल्यों के धनात्मक अन्तर को पूँजीगत लाभ कहते हैं। इसके विपरीत या ऋणात्मक अन्तर को पूँजीगत हानि (Capital Loss) कहते हैं। ब्याज दर में कमी, मुद्रास्फीति तथा आकस्मिक रूप से हुई मांग वृद्धि के कारण पूँजी लाभ उत्पन्न होता है।

Capital Gain Tax | पूँजी लाभ कर

पूँजी लाभ कर (Capital Gain Tax) एक ऐसा कर है जो सम्पत्ति के बढ़ते मूल्यों पर लगता है। अधिकांश देशों में पूँजी लाभ को आय की श्रेणी में नहीं माना है, किन्तु वे इसकी क्रय शक्ति को मानते हैं, इसलिए इसे कर योग्य मान लिया जाता है। यह आभासित आय (Accrued Income) की बजाय वास्तविक आय (Realised Income) है जिस पर कर लगाया जाता है। सामान्यतः यह मौद्रिक आय है, जो वास्तविक लाभ के बजाय देय है। इस प्रकार जब शेयर संपत्ति आदि खरीद मूल्य से अधिक मूल्य पर बेचे जाते हैं, तब पूँजी लाभ उत्पन्न होता है। यह लाभ कर योग्य होता है। अतः पूँजी ब्याज पर लगाए गए कर को पूँजी लाभ कर कहते हैं।

Capital Goods | पूँजीगत वस्तुएँ

पूँजीगत वस्तुएँ वे कहलाती हैं जो उत्पादन में सहायक होती हैं। जैसे- मशीन, औजार व साधन (Tools and Equipment) आदि। इन वस्तुओं की मांग तब होती है जब पूँजीगत वस्तुओं का निर्माण करना हो। अतः इस मांग को व्युत्पन्न (Derived Demand) मांग कहते हैं। इस प्रकार उद्योगों में पूँजीगत वस्तुओं की मांग लाभ की दर, क्षमता के उपयोग के स्तर तथा मजदूरी दरों पर निर्भर करती है। अतः पूँजीगत वस्तुओं की मांग दो प्रकार की होती हैं- (i) पुनर्स्थापित मांग (Replacement Demand) तथा (ii) नई मांग (New Demand)।

Capital Intensive Technique | पूँजी गहन तकनीक

यह एक प्रकार की उत्पादन तकनीक है। एक उद्योग में पूँजी गहन तकनीक को श्रम गहन या अन्य तकनीक की तुलना में अधिक महत्व दिया जा सकता है यदि इन तकनीकों की तुलना में पूँजी गहन तकनीक का उत्पादन अनुपात अधिक है तो उद्योग में पूँजीगहन तकनीक अपनाई जाएगी। इसके विपरीत यदि पूँजी की तुलना में श्रम व अन्य तकनीक का उत्पादन अनुपात अधिक है तो पूँजीगहन तकनीक के स्थान पर श्रम गहन तकनीक अपनाई जाएगी। जैसे विकसित देशों में पूँजी प्रचुर मात्रा में उपलब्ध है तो वहां उद्योगों में पूँजीगहन तकनीक ही अपनाई जाती है जबकि अल्पविकसित देशों में जहां श्रम प्रचुर मात्रा में उपलब्ध है, वहां श्रम गहन तकनीक अपनाई जाती है। इसके विपरीत तकनीक अपनाने पर कठिनाई व हानि हो सकती है।

Capitalism | पूँजीवाद

पूँजीवादी अर्थव्यवस्था को बाजार प्रणाली या स्वतंत्र उद्यम वाली अर्थव्यवस्था भी कहते हैं, जो कीमत संयंत्र के आधार पर बाजार में वस्तुओं और सेवाओं की मांग व पूर्ति के आधार पर चलती है। इसमें क्रेता और विक्रेता अपने निजी लाभ को ध्यान में रखकर निर्णय करते हैं। कीमतें खुले बाजार में प्रतियोगिता के आधार पर तय होती हैं। सभी निर्णय कीमत प्रणाली के द्वारा किए जाते हैं। सम्पत्ति व पूँजीगत साधनों पर निजी व्यक्तियों का स्वामित्व और नियंत्रण होता है। इसमें मुद्रा का केन्द्रीय स्थान होता है। उपभोक्ता की सार्वभौमिकता पाई जाती है। श्रमविभाजन, विशिष्टीकरण व वैश्वीकरण पाया जाता है, किन्तु इसमें आर्थिक असमानता व धन का केन्द्रीयकरण, तेजी-मंदी, व्यापार चक्र जैसे दोष भी पाए जाते हैं।

Capital Labour Ratio | पूँजी-श्रम अनुपात

वह अनुपात जिसमें उत्पादन प्रक्रिया के अन्तर्गत श्रम तथा पूँजी को एक निश्चित अनुपात में मिलाया जाता है या श्रम व पूँजी का एक निश्चित अनुपात में उपयोग किया जाता है, उसे श्रम पूँजी अनुपात कहा जाता है। जैसे पूँजी श्रम अनुपात 100:1 है। इसका अभिप्राय यह है कि सौ इकाई पूँजी व एक इकाई श्रम का उपयोग कर किसी वस्तु की एक इकाई का उत्पादन किया जाता है। पूँजी की मात्रा में श्रमिक संख्या का भाग देकर पूँजी श्रम अनुपात ज्ञात किया जा सकता है।

Capital Labour Substitution | पूँजी-श्रम प्रतिस्थापन

वस्तु उत्पादन प्रक्रिया के अन्तर्गत जब पूँजी व श्रम के अनुपात में पारस्परिक परिवर्तन किया जाए या पूँजी के स्थान पर श्रम को व श्रम के स्थान पर पूँजी के अनुपात को बदला जाए तो इसे पूँजी श्रम प्रतिस्थापन कहते हैं जैसे पूर्व में पूँजी-श्रम अनुपात 100:1 था। अब यदि इसका अनुपात बदल कर 50:2 हो जाता है तो इसका अभिप्राय अब पूँजी के स्थान पर श्रम को प्रतिस्थापित किया गया है। इसी प्रकार श्रम के स्थान पर पूँजी को भी प्रतिस्थापित किया जा सकता है। ऐसा तब किया

जाता है जब दोनों साधनों की कीमत या सीमान्त उत्पादन क्षमता में परिवर्तन हो जाए। जो साधन अधिक सस्ता व जिस साधन की सीमान्त उत्पादन क्षमता अधिक होगी तो ऐसे साधन को महँगे व कम सीमान्त उत्पादन क्षमता वाले साधन के स्थान पर प्रतिस्थापन किया जाएगा।

Capital Loss | पूँजी ह्रास

देखें पूँजीगत लाभ (see Capital Gain)

Capital Market | पूँजी बाजार

पूँजी बाजार वह बाजार होता है, जो दीर्घकालीन ऋणों में लेन-देन करता है। यह व्यापार व उद्योगों को निर्धारित और कार्यशील पूँजी उपलब्ध कराता है तथा केन्द्रीय, राज्य व स्थानीय सरकारों को मध्यम अवधि और दीर्घकालीन अवधि के ऋणों के रूप में वित्तीय सहायता प्रदान करता है। ये निगमों के साधारण स्टॉकों, शेयरों, ऋण पत्रों और सरकारों के बाँड एवं प्रतिभूतियों का लेन-देन भी करते हैं। इनमें ऐसे निर्गम गृह भी होते हैं जो पूँजी प्रदान न कर कम्पनी के शेयरों व ऋण पत्रों की हामीदारी (Underwrite) भी देते हैं तथा शेयरों व ऋण पत्रों के लिए नए निर्गमों की बिक्री में सहायता करते हैं। ये बाजार स्टॉक केन्द्रों के जरिए कार्य करते हैं। ये नए व पुराने शेयरों व प्रतिभूतियों के बाजार हैं। पूँजी बाजार नई पूँजी की पूर्ति और मांग से सम्बन्धित हैं। इस प्रकार पूँजी बाजार संस्थाओं और तंत्रों का समूह होता है, जिसके द्वारा मध्यम व दीर्घकालीन निधियां पूल की जाती हैं और व्यक्तियों, व्यवसायों और सरकारों को उपलब्ध कराई जाती हैं तथा पूर्व की बकाया प्रतिभूतियाँ स्थानान्तरित की जाती हैं। विकसित देशों में विकसित पूँजी बाजार देखने को मिलते हैं।

Capital Output Ratio/Capital Coefficient | पूँजी उत्पादन अनुपात/पूँजी गुणक

यह दो प्रकार का होता है- स्थिर पूँजी उत्पादन अनुपात तथा सीमान्त पूँजी उत्पादन अनुपात। स्थिर पूँजी उत्पादन अनुपात स्थिर विचार है, जबकि सीमान्त उत्पादन अनुपात गत्यात्मक विचार है।

पूँजी उत्पादन अनुपात (Capital Output Ratio) को पूँजी गुणक (Capital Coefficient) भी कहा जाता है। इसमें यह देखा जाता है कि पूँजी की एक इकाई की वृद्धि से कुल उत्पादन में कितना आनुपातिक परिवर्तन होता है। एक स्थिर पूँजी उत्पादन अनुपात त्वरक सिद्धान्त का आधार बनता है। जैसे एक अतिरिक्त इकाई के उत्पादन के लिए पूँजी की कितनी इकाइयों की आवश्यकता होती है, इसे निम्न सूत्र से समझ सकते हैं-

सूत्र $\alpha = \frac{\Delta K}{\Delta Y}$

जहां α त्वरक, Δk पूँजी स्टॉक में परिवर्तन और Δy उत्पादन में परिवर्तन को दर्शाता है। इससे विदित होता है कि त्वरक गुणक (Accelerator Coefficient) भी वृद्धिकारक पूँजी-उत्पादन अनुपात (Incremental Capital Output Ratio) है। इस प्रकार बढ़ाई गई पूँजी की मात्रा अपनी क्षमतानुसार उत्पादन के स्तर में परिवर्तन करती है। यदि प्रबन्धक अपनी कार्यशक्ति का अच्छी तरह से उपयोग नहीं करेगा तो पूँजी की प्रत्येक इकाई की उत्पादकता घट सकती है। कार्य का स्थल (Workplace) व प्रतिबन्धित नीतियों का कार्यशक्ति पर विपरीत प्रभाव पड़ने के कारण भी उत्पादन घट सकता है। पूँजी स्टॉक में परिवर्तन को मापने की समस्या के कारण अलग-अलग देशों में पूँजी इकाइयों में परिवर्तन के कारण उत्पादन में हुई आनुपातिक वृद्धि को मापने की भी समस्या है।

Capital Stock | पूँजी स्टॉक या स्कन्ध

पूँजी स्टॉक या पूँजी स्कन्ध (Capital Stock) को दो प्रकार से समझा जा सकता है- (i) समष्टि अर्थशास्त्र (Macroeconomics) के अनुसार- एक अर्थव्यवस्था में एक वर्ष की अवधि में समग्र पूँजीगत वस्तुओं के योग को पूँजी स्टॉक कहा जाता है। (ii) संयुक्त पूँजी स्टॉक (Corporate Capital Stock) के अनुसार- निगम स्टॉक में कम्पनियों द्वारा जारी की गई अनेक प्रकार की प्रतिभूतियां होती हैं जिनमें उनके अधिमान, बोनस, राइट इश्यू शेयर स्टॉक, बाँड, परिवर्तनीय और गैर-परिवर्तनीय डिबेन्चर आदि शामिल होते हैं। अर्थात सामान्य (Common) व चयनित (Prefered) स्टॉक। ये नकद व सम्पत्तियों के रूप में होते हैं। इनके स्वामित्व का निर्धारण स्टॉक प्रमाण-पत्र द्वारा होता है। यदि कभी कम्पनी फेल हो जाए तो सामान्य स्टॉक होल्डर्स को भारी जोखिम उठानी पड़ सकती है, क्योंकि वे अपने स्टॉक के नकदीकरण (Liquidation) में सबके बाद में आते हैं। लेकिन इनको उस समय बहुत ऊँचा लाभांश प्राप्त हो सकता है, जब कम्पनी के स्टॉक मूल्यों व लाभांश में भारी वृद्धि हो जाए। ऐसे सामान्य स्टॉक होल्डर्स को मत देने का अधिकार भी होता है। इस प्रकार किसी फर्म अथवा व्यापारिक प्रतिष्ठान में उपलब्ध कुल उपकरणों को पूँजी स्टॉक कहते हैं, जिसका उपयोग वस्तुओं और सेवाओं के उत्पादन में किया जाता है।

Capitation Tax/Pool Tax | एकमुश्त कर/इकट्ठा कर

एक ऐसा एकमुश्त कर (Capitation Tax) या इकट्ठा कर (Lump Sum Tax) जिसका भुगतान आय या व्यय से सम्बन्धित नहीं होता है। अतः इसका उत्पादन की सीमान्त लागत पर (MC) कोई प्रभाव नहीं पड़ता है। यह एकाधिकारी के लाभ पर एक निश्चित प्रतिशत के रूप में लगाया जाता है। इसका उत्पादन या मूल्य से भी कोई सम्बन्ध नहीं होता है। यह कर अकेले एकाधिकारी पर ही पड़ता है। वह ऊँची कीमत तथा कम उत्पादन के रूप में उपभोक्ता पर कर का भार नहीं डाल सकता। अगर एकाधिकारी ऐसा करता है तो उसके लाभ और कम हो जाते हैं। इस प्रकार एकाधिकारी के कुल लाभ कर के रूप में लिए जा सकते हैं और उत्पादन व कीमत पर उसका कोई प्रभाव नहीं पड़ता, क्योंकि संतुलन की शर्त सीमान्त लागत = सीमान्त आय अर्थात (MC = MR) होती है। इस कर को प्रतिगामी माना जाता है।

Capital Transfer Tax | पूँजी हस्तान्तरण कर

जब एक व्यक्ति से दूसरे व्यक्ति को पूँजी का हस्तान्तरण किया जाता है तो सरकार के द्वारा उस पर कर लगाया जाता है इसे पूँजी हस्तान्तरण कर (Capital Transfer Tax) कहते हैं। जिन देशों में सम्पदा कर या विरासत कर (Estate Duty) लगाया जाता है, वहां सम्पत्ति धारकों द्वारा या धनी व्यक्तियों द्वारा जिनके पास अपार धन सम्पदा है, वे कर वंचन की दृष्टि से इस सम्पदा का हस्तान्तरण अपने परिवार के सदस्यों में उपहार के रूप में (in the form of gifts) हस्तान्तरित कर देते हैं। इससे सरकार को राजस्व की हानि होती है, जो मृत्यु कर से भी प्राप्त होता है। इंग्लैण्ड व भारत जैसे देशों ने अपने कर दायरे को बढ़ाते हुए कर चोरी को रोकने की पुख्ता व्यवस्था के द्वारा इसे असंभव बनाने का प्रयास किया है। इसके लिए सरकार ने लेवी (Levy) जिसे पूँजी हस्तान्तरण शुल्क या कर कहते हैं, लगाकर कर चोरी को रोकने का प्रयास किया है। इस कर की वही भूमिका है जो सम्पदा कर की होती है। इस कर में पहले सम्पदा कर (Estate Duty) व उपहार कर (Gift Tax) शामिल होते थे। अब यह धन कर (Wealth Tax) का मुख्य अंग है।

Capital Turnover Criterion | पूँजी कारोबार सिद्धान्त

यह एक शीघ्र विनियोग सिद्धान्त है जिसे अर्द्धविकसित देशों में उपयोग किए जाने का सुझाव दिया जाता है। इसके अनुसार परियोजनाओं का चयन वृद्धिगत पूँजी-उत्पादन अनुपात (Incremental Capital Output Ratio) के अनुसार होना चाहिए तथा साधनों के न्यूनतम अनुपात (Lowest Ratio) को प्राथमिकता देनी चाहिए। यह तर्क उन देशों के लिए दिया गया, जहां पूँजी की कमी होती है। इस सिद्धान्त के उपयोग से कुशलतम साधन आबंटन को बढ़ावा मिलेगा। इस सिद्धान्त के उपयोग से पूँजीगहन उत्पादन तकनीक (Labour Intensive Technique) का भी उपयोग बढ़ेगा, जो कि विकासशील देशों के लिए उपयुक्त है। इस सिद्धान्त की इसलिए आलोचना भी की जाती है कि इसमें कई परियोजनाओं का ध्यान नहीं रखा जाता (जैसे कृषि क्षेत्र में) जिनमें स्थिर पूँजी अनुपात अन्य साधनों के अनुपात में काफी कम होता है। इसलिए परियोजनाओं की अव्यवस्थाएँ बढ़ती हैं। इस सिद्धान्त को विकासशील देशों में इसलिए भी अधिक महत्व नहीं दिया जाता, क्योंकि वहां पूँजीगत साधन सीमित होते हैं। इस सिद्धान्त में बाह्य (Externalities) मितव्ययताओं, परियोजनाओं की पारस्परिक पूरकता पर भी ध्यान नहीं दिया गया है। इसमें कुशल श्रमिक संभावनाओं की भी उपेक्षा की गई है, जो विकासशील देशों के विकास में एक बहुत बड़ी रुकावट बन सकती है।

Cardinal Utility/Cardinal Approach | गणनावाचक उपयोगिता/गणनावाचक दृष्टिकोण

प्रो. मार्शल के अनुसार उपयोगिता का परिमाणात्मक मापन (Quantitative Measurement) किया जा सकता है। यद्यपि उपयोगिता एक मनोवैज्ञानिक विचार है, परन्तु इसे द्रव्य रूपी पैमाने द्वारा मापा जा सकता है। किसी वस्तु के लिए दी जाने वाली कीमत मोटे रूप में उस वस्तु की उपयोगिता का माप है। उदाहरणार्थ यदि एक व्यक्ति वस्तु x के लिए 5 रुपये देने को तैयार है तो उसके लिए x वस्तु की उपयोगिता 5 रुपये के बराबर है। अर्थात उपयोगिता को गणनावाचक संख्याएँ (Cardinal Numbers) जैसे 1, 2, 3, 4, 5 आदि प्रदान की जा सकती हैं। इन संख्याओं को जोड़ा या घटाया जा सकता है। जैसे k वस्तु की पहली इकाई से 5 इकाई (अर्थात 5 पैसे या 5 रुपये इत्यादि) कुछ अर्थशास्त्री उपयोगिता की इस इकाई को यूटिल (Util) कहते हैं। जैसे x वस्तु कीं पहली इकाई से 5 यूटिल के बराबर दूसरी इकाई से 3 यूटिल के बराबर तथा तीसरी इकाई से 2 यूटिल के बराबर उपयोगिता मिलती है। इस प्रकार x वस्तु की तीन इकाइयों से 10 इकाई या यूटिल के बराबर कुल उपयोगिता प्राप्त होती है। अतः वस्तु x की तीन इकाइयों से प्राप्त उपयोगिता को गणनावाचक संख्या 10 प्रदान की जा सकती है। अर्थात उपयोगिता का परिमाणात्मक मापन किया जा सकता है। इसीलिए इस दृष्टिकोण को गणनावाचक दृष्टिकोण (Cardinal Approach) या गणनावाचक उपयोगिता (Cardinal Utility) कहते हैं। इस विचारधारा को मानने वाले अर्थशास्त्रियों को गणनावाचक अर्थशास्त्री (Cardinalists) कहा जाता है।

Cartel | संधिपूर्ण संगठन या गठबन्धन

अल्पाधिकारात्मक बाजार में एक उद्योग या स्वतंत्र फर्मों के संधिपूर्ण संगठन या गठबंधन को कार्टेल कहते हैं। यह कार्टेल कीमतों, उत्पादनों, बिक्रियों, वस्तुओं के वितरण और लाभ अधिकतमीकरण सम्बन्धी समान नीतियों का अनुसरण करने वाला लिखित दस्तावेज, इकरार संधि या संगठन होता है। कार्टेल ऐच्छिक या अनिवार्य तथा खुले या गुप्त हो सकते हैं, जो इस तथ्य पर निर्भर करते हैं कि इनके निर्माण के सम्बन्ध में सरकार की क्या नीति है। अतः कार्टेल कई प्रकार के होते हैं तथा

ये समान नीतियों का अनुसरण करने के लिए कई तरीके अपनाते हैं। इन्हें प्रमुख दो भागों में बाँटा गया है– (i) पूर्ण कार्टेल तथा (ii) बाजार बाँट कार्टेल अथवा केन्द्रीकृत कार्टेल (Centralized Cartel) तथा बाजार सहभागी कार्टेल (Market Sharing Cartel)।

Cash Book | नकद पुस्तिका या रोकड़ बही

प्रत्येक बैंक या फर्म अपनी रोकड़ बही रखती है, जिसमें आय और व्यय की मदों का उल्लेख होता है। बाईं ओर आय का व दाईं ओर भुगतान का लेखा रखा जाता है। इसे रोकड़ बही कहा जाता है।

Cash | नकदी

विस्तृत अर्थों में नकदी से तात्पर्य मुद्रा (Money) से होता है, जिसमें सिक्के (Currency) और बैंक जमाएँ (Bank Deposits) सम्मिलित होते हैं। विशेष संदर्भ में इसका तात्पर्य मुद्रा के तरल रूप (Liquid Form) से होता है। जैसे– सिक्के, चालू खाता या मांग जमाएँ (Demand Deposits)। बैंकों के मामले में नकदी का तात्पर्य सिक्के, जो गुल्लक (Tills) में हैं या केन्द्रीय बैंक के पास जमाएँ हैं।

Cash Crops | नकदी फसलें

नकदी फसलें (Cash Crops) वे फसलें होती हैं, जो किसानों द्वारा बाजार में विक्रय हेतु बोई जाती हैं, न कि अपने जीवन निर्वाह के लिए बोई गई फसलें।

Cash Credit | नकद साख

नकद साख (Cash Credit) बैंकों द्वारा दी जाने वाली वह सुविधा है, जिसके अन्तर्गत बैंक कच्चे माल, अर्द्धनिर्मित माल व तैयार माल को गिरवी रख कर सम्बन्धित व्यवसायी को एक सीमा तक रुपया उधार देते हैं। उधार लेने वाला आवश्यकतानुसार ऋण की राशि का उपयोग करता जाता है। इस अवधि में काम में ली गई राशि पर ही ब्याज चुकाना होता है। काम में न ली गई राशि पर भी आजकल बैंक मामूली शुल्क वसूलने लगे हैं। इस व्यवस्था में उधार लेने वालों को ज्यादा वित्त प्राप्त हो सकता है, जिनके पास गिरवी रखने के लिए माल ज्यादा मात्रा में होता है। व्यापारी व उत्पादक नकद साख को अधिक पसंद करते हैं, क्योंकि यह एक लचीली प्रणाली (Flexible System) होती है और इसकी लागत भी कम होती है। इसके भुगतान की कोई निश्चित अवधि नहीं होती। प्रायः इसकी पुनरावृत्ति होती रहती है। इस पर प्रभावी नियंत्रण नहीं होने की दशा में इसका उपयोग सट्टा कार्यों में भी हो सकता है। इससे मुद्रा स्फीति को बढ़ावा मिल सकता है। बड़े ग्राहक इसका अधिक लाभ उठा सकते हैं। इस व्यवस्था में उत्पादन आधारित दृष्टिकोण की बजाय प्रतिभूति आधारित दृष्टिकोण अपनाया जाता है, इसलिए इसके स्थान पर कर्ज व बिल प्रणाली अपनाने पर जोर दिया जाता है।

Cash Reserve Ratio | नकद कोषानुपात

साख नियंत्रण की विधि के अन्तर्गत व्यापारिक बैंकों को अपनी शुद्ध मांग व अवधि जमाओं का एक निश्चित अनुपात (जो या तो प्रथा से या कानून द्वारा निधारित होता है) केन्द्रीय बैंक के पास जमा कराना होता है। इसके आधार पर केन्द्रीय बैंक साख नियंत्रण की प्रक्रिया का संचालन करता है। भारत में इसके लिए 3 प्रतिशत से 15 प्रतिशत की सीमा निर्धारित की गई है। नकद कोषानुपात को घटाकर साख विस्तार की किया जा सकता है तथा इसमें वृद्धि करके साख नियंत्रण किया जाता है। साख विस्तार से निवेश बढ़ता है, आय और उत्पादन बढ़ते हैं और आर्थिक मंदी दूर हो जाती है।

इसी प्रकार साख संकुचन से निवेश में कमी होगी आय व उत्पादन घटेंगे तथा मुद्रा स्फीति को नियंत्रित करने में मदद मिलती है। इस प्रकार (C.R.R.) साख नियंत्रण की प्रत्यक्ष विधि है तथा शीघ्र परिणाम देने वाली है। यह अधिक लोचदार व प्रभावशाली है। इसमें सरकारी प्रतिभूतियों के मूल्यों के परिवर्तन की समस्या उत्पन्न नहीं होती, किन्तु इस पर जमाओं की मात्रा का प्रभाव पड़ता है। यह विधि छोटे व बड़े बैंकों पर समान रूप से लागू होने, गैर बैंकिंग कम्पनियाँ इसके दायरे से दूर रहने व अल्पकालीन उतार-चढ़ावों में लाभकारी न होने के कारण इसका उपयोग खुले बाजार की क्रियाओं के साथ किया जाता है, ताकि वांछित परिणाम प्राप्त हो सकें। साख नियंत्रण की हर विधि की अपनी सीमाएँ होने के कारण इनका मिला जुला उपयोग ही ठीक रहता है।

Casual Employment | आकस्मिक रोजगार

यह रोजगार की वह स्थिति है जिसमें नियमित घण्टों या मजदूरी समझौतों के बिना एतदर्थ या कार्य विशेष के लिए (on ad hoc basis) रोजगार प्राप्त होता है यह आकस्मिक रोजगार (Casual Employment) कहलाता है। यह विकसित देशों में एक नियम न होकर एक अपवाद होता है। किन्तु अल्पविकसित देशों में इसकी विपरीत स्थिति होती है। कई लोग इस आधार पर रोजगार प्राप्त कर स्वरोजगार में लगे हुए हैं तथा वे एक अनौपचारिक क्षेत्र का निर्माण करते हैं। ऐसा रोजगार लोगों को आवश्यकतानुसार अल्प समय के लिए दिया जाता है। प्रतिदिन काम पर लगे लोगों की संख्या उपलब्ध काम की मात्रा पर निर्भर होती है। यह अस्थाई व मौसमी रोजगार होता है तथा अंशकालिक (Part Time) होता है। मजदूर छुट्टियों के वेतन, बीमारी की छुट्टियों, वरिष्ठता, स्वास्थ्य व पेंशन के अधिकारों का उपयोग नहीं कर सकते हैं।

Ceilings on Agricultural Land Holdings | कृषि जोत पर सीमा निर्धारण या हदबंदी

कृषि जोत पर सीमाबंदी या हदबंदी से अभिप्राय यह है कि कृषि जोत की मात्रा पर विधिपूर्ण सीमा निर्धारण या हदबंदी (Ceilings) करना कि एक व्यक्ति कितनी भूमि पर कृषि कर सकता है। हदबन्दी को दो रूपों में लागू किया गया। प्रथम-भावी जोतों पर सीमा तथा द्वितीय वर्तमान जोतों पर सीमा। प्रथम पंचवर्षीय योजना में प्रथम रूप पर जोर दिया गया, क्योंकि द्वितीय स्वरूप को कार्यान्वित करने के लिए वित्तीय, प्रशासनिक व प्रबन्ध की समस्या उत्पन्न होने की आशंका थी। द्वितीय पंचवर्षीय योजना में सीमा निर्धारण पर पुनः जोर दिया गया और इसके लिए सीमा में 'पारिवारिक जोत' का तिगुना निश्चित करने का सुझाव दिया गया। एक औसत परिवार कृषि के पुराने औजारों की सहायता से जितनी भूमि में साधारण रूप से खेती कर सकता है, उतनी भूमि को पारिवारिक जोत माना गया। निर्धारित सीमा से अधिक भूमि को राज्य सरकारों द्वारा अपने अधिकार में लेकर भूमिहीन किसानों व छोटे किसानों को बसाने का लक्ष्य रखा गया। कृषि भूमि की हदबंदी की आवश्यकता इसलिए पड़ी, क्योंकि भारत में कृषि जोत का बंटवारा असमान है तथा अधिक भूमि थोड़े से हाथों में केन्द्रित है। हदबंदी से भूमिहीनों को कृषि भूमि मिलेगी, उन्हें रोजगार मिलेगा, उत्पादन वृद्धि होगी तथा धन और धरा का समान बँटवारा हो सकेगा। सीमा निर्धारण से सम्बन्धित सभी प्रश्नों की जांच का कार्य केन्द्रीय भूमि सुधार समिति 1970 को सौंपा गया, जिसने अपनी रिपोर्ट अगस्त 1971 में कई सिफारिशों के साथ प्रस्तुत की। मुख्य सिफारिशें थीं- (1) सीमा सम्पूर्ण परिवार के लिए लागू होगी तथा परिवार में पति-पत्नी व नाबालिग बच्चे शामिल माने जाएँ। (2) परिवार में सदस्यों की संख्या 5 से अधिक होने पर प्रत्येक सदस्य के लिए अतिरिक्त भूमि की व्यवस्था की जाए, लेकिन एक परिवार के पास भूमि की निर्धारित सीमा के दुगुने से ज्यादा भूमि न रखी जाए। (3) 5 सदस्यों के परिवार के लिए सीमा 10 से 18 एकड़ स्थाई सिंचित भूमि या दो

फसल उगाने लायक सिंचित भूमि रखी जाए। (4) सूखा क्षेत्रों के लिए भी परिवार के 5 सदस्यों को 54 एकड़ निरपेक्ष सीमा सुझाई गई। (5) राज्यों के प्रचलित कानूनों में पंजीकृत खेतों, सुनियोजित खेतों आदि के सम्बन्ध में जो छूटें दी गई हैं, उन्हें हटा दिया जाए। (6) चाय, कॉफी, इलायची व रबड़ आदि बागानों हेतु दी गई छूटों की पूर्ण जांच हो तथा बाद में मुख्यमंत्रियों के साथ वार्ता हो।

Census of Population | जनगणना या जनसंख्या की संगणना

इस संगणना (Census) विधि के अन्तर्गत जनसंख्या, उत्पादन वितरण या अन्य व्यक्तिगत मद जो इस अध्ययन से सम्बन्धित हैं, आँकड़े इकट्ठे किए जाते हैं। उदाहरणार्थ जनगणना (Population Census) के सम्बन्ध में भारत में आँकड़े प्रत्येक दस वर्ष के बाद इकट्ठे किए जाते हैं।

Central Bank | केन्द्रीय बैंक

किसी देश का केन्द्रीय बैंक उसका शिखर बैंक होता है। विभिन्न देशों में इसके अलग-अलग नाम हैं। भारत में इसे भारतीय रिजर्व बैंक, इंग्लैण्ड में बैंक ऑफ इंग्लैण्ड, अमेरिका में फेडरल रिजर्व सिस्टम, फ्रांस में बैंक ऑफ फ्रांस नामों से जाना जाता है। सैम्यूलसन के अनुसार "केन्द्रीय बैंक बैंकरों का बैंक है। इसका कर्तव्य मौद्रिक आधार को नियंत्रित करना है और इस उच्चस्तरीय मुद्रा के नियंत्रण के माध्यम से समुदाय की मुद्रा आपूर्ति को नियंत्रित करना है।" डी. कॉक (D. Kock) के अनुसार- "केन्द्रीय बैंक वह बैंक है, जो अपने देश के मौद्रिक एवं बैंकिंग ढाँचे का शिखर होता हैं, जो जहां तक हो सके सर्वोत्तम ढंग से राष्ट्रीय आर्थिक हित में निम्नलिखित कार्य करता है: (1) व्यापार एवं सामान्य जनता की आवश्यकताओं के अनुसार करेन्सी का नियमन करना, जिसके लिए करेन्सी नोट जारी करने का पूर्ण या कम से कम आंशिक एकाधिकार प्रदान किया जाता है। (2) राज्य के लिए सामान्य बैंकिंग एवं एजेन्सी कार्य करना (3) व्यावसायिक बैंकों की नकदी आरक्षितियों की रखवाली (4) राष्ट्र की अन्तरराष्ट्रीय करेन्सी आरक्षितियों की रखवाली एवं व्यवस्था (5) व्यापारिक बैंकों, हुंडी दलालों एवं व्यापारियों अथवा अन्य वित्तीय संस्थाओं को पुनर्बट्टे तथा संपार्श्विक (Collateral) कर्जों के रूप में सुविधाएँ प्रदान करना और अन्तिम आश्रय के रूप में ऋणदाता का उत्तरदायित्व सामान्यत: स्वीकार करना, (6) बैंकों के समाशोधन शेषों का निर्णय करना (7) व्यापार की आवश्यकताओं तथा राज्य द्वारा अपनाई गई व्यापक मौद्रिक नीति को कार्यान्वित करने के लिए साख का नियंत्रण करना।" इसके अतिरिक्त केन्द्रीय बैंक का उत्तरदायित्व है कि वह देश में कृषि, व्यापार, उद्योग आदि की बढ़ती जरूरतों को पूरा करने के लिए बैंकिंग प्रणाली का विकास करें। इसके अतिरिक्त इसे व्यावसायिक बैंकों की देखरेख और उन पर नियंत्रण का अधिकार भी है। जैसे- लाइसेंस जारी करना, शाखा विस्तार एवं नियमन, यह देखना कि प्रत्येक बैंक कानून द्वारा निर्धारित न्यूनतम प्रदत्त (Paid Up) पूँजी व रिजर्व रखता है, बैंकों के हिसाब-किताब की जांच या ऑडिट करना। ऐसे बैंकों के अध्यक्ष तथा निदेशकों की नियुक्तियों, नियमों व योग्यताओं के अनुसार अनुमोदन करना, बैंकों को फेल होने से रोकना और जमाकर्ताओं की रक्षा के लिए कमजोर बैंकों का नियंत्रण और उसके विलय की सिफारिश करना, सार्वजनिक हित में बैंकों के राष्ट्रीयकरण की सरकार को सिफारिश करना, बैंक नीतियों से सम्बन्धित रिपोर्ट प्रकाशित करना तथा अनुसंधान और प्रशिक्षण कार्यक्रम चलाना आदि। इस प्रकार केन्द्रीय बैंक अन्य बैंकों के लिए मित्र, दार्शनिक तथा पथप्रदर्शक का कार्य करता है।

Central Planning | केन्द्रीय नियोजन

ऐसी नियोजन पद्धति में जो स्वतंत्र अर्थव्यवस्था से भिन्न है, साधनों के आबंटन सम्बन्धी सभी निर्णय केन्द्रीय अधिकारियों द्वारा किए जाते हैं, ताकि फर्में व परिवार उनकी आज्ञानुसार उत्पादन व

उपयोग कर सकें। ऐसी नियोजित अर्थव्यवस्था में अधिकांश उत्पादन गैर बाजार क्षेत्र (Non Market Sector) वाला होता है। सभी कार्य मौद्रिक एवं राजकोषीय नीतियों (Monetary and Fiscal Policies) के द्वारा संचालित होते हैं।

Ceteris Paribus | अन्य बातें समान रहें

यह लेटिन भाषा का शब्द है जिसका अर्थ है, 'अन्य बातें समान रहें' (Other things being equal) आर्थिक विश्लेषण के कतिपय नियम इस नियम या मान्यता के साथ लागू होते हैं कि अन्य बातों के समान रहने पर ही वे कार्यशील होंगे। अन्य बातें समान रहें इसका तात्पर्य यह है कि (1) वस्तु का उपभोग उपयुक्त (Proper or Suitable) इकाइयों में हो। (2) वस्तु की सभी इकाइयां गुण व मात्रा में समान हों। (3) वस्तु की इकाइयों का उपभोग लगातार हो। (4) वस्तु के मूल्य में कोई परिवर्तन न हो। (5) वस्तु की स्थानापन्न वस्तुओं (Substitute Goods) का मूल्य भी समान हो (6) उपभोक्ता की मानसिक स्थिति में कोई परिवर्तन न हो। (7) उपभोक्ता की रुचि (Taste), आदतें (Habits), फैशन (Fashion), स्वभाव (Temperament), तथा आय (Income) समान या अपरिवर्तित रहनी चाहिए। (8) एक समय में एक ही आवश्यकता होनी चाहिए।

Cheap Money Policy | आसान या सस्ती मुद्रा नीति

यह एक ऐसे चरण (Phase) को अभिव्यक्त करती है, जिसमें सस्ती ब्याज दरों पर ऋण उपलब्ध होते हैं या कोई नीति, जो ऐसी दशा उत्पन्न करती है। 1931 के पश्चात इंग्लैण्ड में इस शब्द का बेहिचक उपयोग हुआ। जब न्यूनतम या निम्न ब्याज दरों पर राष्ट्रीय ऋण उपलब्ध कराए गए। अर्थात जब लागतों को घटाने पर ऋणों की उपलब्धि के लिए ब्याज दरों में गिरावट हो। सरकार की नीति के द्वारा भी इस लक्ष्य की पूर्ति के निर्देश दिए जा सकते हैं। अतः जब सस्ती ब्याज दरों पर ऋणों के रूप में मुद्राएँ आसानी (easily) से प्राप्त हो जाएँ तो उसे आसान या सस्ती मुद्रा नीति (Cheap Money Policy) कहा जाता है।

Cheque | धनादेश या चेक

एक ऐसा प्रपत्र (Document) जो प्रायः बैंकों के द्वारा छपे हुए प्रारूप में उपलब्ध कराया जाता है। इसके द्वारा एक बैंक दूसरे बैंक को रुपया निकालने वाले (Drawers) के खाते से रुपए पाने वाले (Payee) के खाते में स्थानान्तरित करने का आदेश देता है। यदि पाने वाला धनादेश के पृष्ठ भाग पर हस्ताक्षर कर देता है तो वह बिक्री करने योग्य (Negotiable) हो जाता है। अर्थात वह अपने दावे (Claim) को हस्ताक्षर कर दूसरे व्यक्ति को दे सकता है। चेक या धनादेश प्रायः दो प्रकार के होते हैं (1) वाहक धनादेश (Bearer Cheque) और (2) आज्ञा धनादेश (Order Cheque)।

चेक वह आदेश पत्र है जो जमाकर्ता अपने बैंक पर जारी करता है ताकि उसमें लिखी रकम स्वयं को अथवा उसके द्वारा निर्देशित किसी अन्य व्यक्ति को दी जा सके।

1. वाहक धनादेश (Bearer Cheque) वह होता है जिसमें लिखी रकम बैंक की खिड़की पर किसी भी व्यक्ति को मिल सकती है। किन्तु ऐसे धनादेश के खो जाने पर इसका भुगतान गलत व्यक्ति भी ले सकता है। अतः ऐसे चेक का उपयोग सावधानीपूर्वक करना चाहिए।
2. आज्ञा धनादेश (Order Cheque) का रुपया उस व्यक्ति को मिलता है, जिसका नाम चेक पर लिखा रहता है या उससे आज्ञा प्राप्त करके तीसरे व्यक्ति को मिल सकता है इसके लिए द्वितीय पक्ष को चेक की पीठ पर तीसरे व्यक्ति के पक्ष में बेयान (Endorsement) करना होता है। व्यवहार में आज्ञा चेक पर दो आड़ी रेखाएँ डाल दी जाती है और उनमें (Account Payee Only)

(प्राप्तकर्ता के खाते में) या (and Co.) लिख दिया जाता है, अथवा दो आड़ी रेखाएँ खींच दी जाती हैं। इससे वह धनादेश रेखांकित धनादेश (Crossed Cheque) बन जाता है और इसका रुपया आज्ञा प्राप्त व्यक्ति के खाते में ही जमा होता है। उसे बैंक की खिड़की से सीधे नकद राशि नहीं मिलती है। सुरक्षा व सुविधा की दृष्टि से व्यवहार में रेखांकित चेकों का महत्व बढ़ता जा रहा है।

Cheque Card | धनादेश पत्र

ऐसे पत्र (Card) जो बैंक के द्वारा चालू खाताधारकों को दिया जाता है। इन खाताधारकों या ग्राहकों (Customers) को बैंक द्वारा विशेष रूप से दी गई सीमा तक धनादेशों के भुगतान का जिम्मा (Guarantees) लिया जाता है। ग्राहक इस पत्र के द्वारा बैंक की शाखा द्वारा नकद भुगतान भी दी हुई सीमा तक प्राप्त कर सकता है।

Choice | चुनाव या चयन

अर्थशास्त्र के दो मुख्य आधार हैं: (1) साधन (Resources) जो, सीमित (Scarce) हैं तथा (2) आवश्यकताएँ (Wants), जो असीमित (Unlimited) हैं। वास्तव में अर्थशास्त्र का समस्त ढाँचा उपर्युक्त दो आधारों पर खड़ा है, अर्थात अर्थशास्त्र में इस बात का अध्ययन किया जाता है कि सीमित साधनों का असीमित आवश्यकताओं के साथ किस प्रकार समायोजन किया जाता है। चूंकि साधन सीमित हैं तथा आवश्यकताएँ अनन्त और असीमित हैं, इसलिए मनुष्य अपनी सभी आवश्यकताओं की पूर्ति नहीं कर सकता है, उसे सन्तुष्टि की दृष्टि से आवश्यकताओं के बीच चुनाव (Choice) करना पड़ता है। चुनाव करने की क्रिया (Choice Making Activity) अथवा मानव व्यवहार (Human Beheviour) का वह पहलू जो कि सीमितता से प्रभावित होता है। चुनाव हमेशा विवेकपूर्ण होगा किन्तु इसका नैतिकता से कोई सम्बन्ध नहीं होता है। चुनाव का अभिप्राय अवसर लागत (Opportunity Cost) से होता है।

Circular Flow of Income/Simple Income-expenditure Model | आय का चक्रीय प्रवाह/साधारण आय-व्यय सिद्धान्त

आय के चक्रीय प्रवाह से अभिप्राय उस प्रक्रिया से है, जिसमें अर्थव्यवस्था के आय और व्यय निरन्तर चक्रीय ढंग से प्रवाहित होते रहते हैं। यहां साधारण अर्थव्यवस्था को देखते हैं जिसमें केवल दो क्षेत्र है- घरेलू क्षेत्र (Household Sector) तथा व्यवसाय क्षेत्र (Business Sector)। घरेलू क्षेत्र के पास उत्पादन के सभी साधन यानी भूमि, श्रम, पूँजी, उद्यम और साहस उपलब्ध हैं। यह क्षेत्र व्यवसाय क्षेत्र को इन साधनों की सेवाएँ बेचने के लिए अपने साधनों के बदले में किराया, मजदूरी ब्याज और लाभ व्यवसाय क्षेत्र से प्राप्त करता है। इस आय को घरेलू क्षेत्र व्यय करके व्यवसाय क्षेत्र से बदले में वस्तुएँ और सेवाएँ प्राप्त करता है। इस प्रकार व्यवसाय क्षेत्र का व्यय घरेलू क्षेत्र की आय बन जाती है तथा घरेलू क्षेत्र का व्यय व्यवसाय

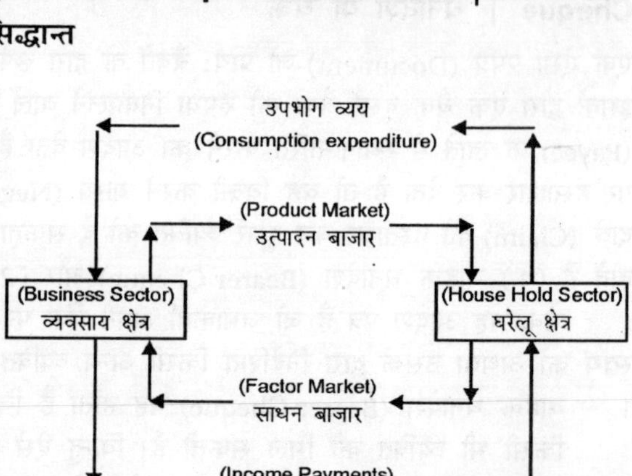

क्षेत्र की आय बन जाती है। इसे ही आय का चक्रीय प्रवाह (Circular Flow of Income) या साधारण आय-व्यय सिद्धान्त (Simple Income-Expenditure Model) कहते हैं। इसे संलग्न चित्र द्वारा समझ सकते हैं- चित्रानुसार व्यवसाय क्षेत्र का उत्पादन बाजार है तथा घरेलू क्षेत्र का साधन बाजार है घरेलू बाजार उपभोग व्यय करता है तो व्यवसाय क्षेत्र की आय हो जाती है। व्यवसाय क्षेत्र जब साधनों पर व्यय करता है तो वह घरेलू क्षेत्र की आय हो जाती है। यही आय-व्यय का चक्रीय प्रवाह कहलाता है। जो निरन्तर आय भुगतान अर्थव्यवस्था के चारों क्षेत्रों (घरेलू, व्यवसाय, पूँजी, सरकार व विदेशी) में चलता रहता है।

Classical Economics | परम्परावादी या प्रतिष्ठित अर्थशास्त्र

अर्थशास्त्र में प्रतिष्ठित या परम्परावादी (Classical Economics) अर्थशास्त्र से तात्पर्य उस विचारधारा से है, जिसका प्रारम्भ एडम स्मिथ द्वारा किया गया और जिसको रिकार्डो, माल्थस, से, मिल आदि अर्थशास्त्रियों ने विकसित किया। यह एक विचारधारा न होकर एक परम्परा है, जिसमें सिद्धान्तों के आधार पर समानता न होकर पद्धतियों के आधार पर होती है। परम्परावादी विचारधारा अब भी नव परम्परावाद (Neo-classicism) के नाम से जीवित है। और उसमें मार्शल, पीगू, टॉसिंग, सैम्यूलसन जैसे महान अर्थशास्त्री हुए हैं। यदि अर्थशास्त्र की तुलना एक पेड़ से करें तो इसकी जड़ में यूनानी, रोमन, मध्ययुगीन, वणिकवादी एवं प्रकृतिवादी विचारधाराएँ होंगी। इसका तना प्रतिष्ठित अर्थशास्त्र के रूप में होगा और विभिन्न विचारधाराएँ इसकी शाखाओं के रूप में होंगी। तात्पर्य यह है कि सम्पूर्ण आधुनिक अर्थशास्त्र प्रतिष्ठित अर्थशास्त्र के आधार पर ही निर्मित हुआ है। परम्परावादी अर्थशास्त्र का दबदबा 18वीं सदी के मध्य से 19वीं सदी के मध्य तक रहा। विकास क्रम की दृष्टि से प्रतिष्ठित अर्थशास्त्र को निम्नांकित 5 भागों में बाँटकर देखा जा सकता है।

1. एडम स्मिथ का युग- इस युग के प्रधान अर्थशास्त्री स्वयं एडम स्मिथ (1723-1790) तथा जेरेमी बेन्थम कहे जाते हैं। स्मिथ अर्थशास्त्र के जनक कहे जाते हैं।
2. रिकार्डो तथा माल्थस का युग- इस युग के प्रधान अर्थशास्त्री माल्थस (1766-1834), रिकार्डो (1772-1823) (दोनों इंग्लैण्ड) रोबर्ट टोरेन्स, (इंग्लैण्ड 1780-1835), जे.बी.से. (फ्रांस, 1767-1820), जेम्सनमिल (इंग्लैण्ड 1773-1836), तथा रैम्से मैक्कुलोच (इंग्लैण्ड 1789-1864) इस युग में मूल्य सिद्धान्त, वितरण के सिद्धान्त, मुद्रा सिद्धान्त आदि विकसित हुए।
3. जॉन स्टुअर्ट मिल का युग- इस युग के प्रधान अर्थशास्त्री हैं- हेनरी बोथुनन (जर्मनी, 1783-1850), ना.वि. सीनियर (इंग्लैण्ड 1790-1864), हेनरी चार्ल्स केरे (अमेरिका, 1793-1879), जॉन स्टुअर्ट मिल (इंग्लैण्ड 1806-1873)। इस युग में अर्थशास्त्र अपने चरम पर पहुँचा तथा पतन भी हुआ।
4. मिल से मार्शल तक का युग- इस युग के प्रधान अर्थशास्त्री हैं- जे. ई. केयरनीज (इंग्लैण्ड, 1824-1875), हेनरी सिजविक (इंग्लैण्ड, 1838-1900), फ्रांसिस ए. वॉकर (अमेरिका, 1840-1897), तथा निकालसन (इंग्लैण्ड, 1850-1927)। इस युग में अर्थशास्त्र का विकास रुक सा गया, किन्तु परम्परा समाप्त नहीं हुई।
5. मार्शल का युग- इसे नव परम्परावादी युग भी कहा जाता है। इसके प्रधान अर्थशास्त्री हैं- एल्फर्ड मार्शल (इंग्लैण्ड 1842-1924), फ्रांसिस एजवर्थ (इंग्लैण्ड, 1845-1926), ऐ.सी. पीगू (इंग्लैण्ड 1877-1979), एफ.डब्ल्यू. टॉसिग (अमेरिका 1859-1940), श्रीमती जॉन रॉबिन्सन (इंग्लैण्ड 1903 से), पॉल ए. सेम्यूलसन, (अमेरिका, 1915)। मार्शल के पश्चात अर्थशास्त्र का निरन्तर विकास हुआ। साथ ही साथ इसका विरोध भी होता रहा। समाजवादी, इतिहासवादी, संस्थावादी, राष्ट्रवादी व अहमवादी अर्थशास्त्रियों ने परम्परावादियों की

आलोचना की है। प्रतिष्ठित अर्थशास्त्र की विशेषताएँ इस प्रकार हैं- (1) इस युग में अर्थशास्त्र को एक विज्ञान माना गया। (2) इस युग में अर्थशास्त्र के अध्ययन में अमूर्त पद्धति (Abstract Method) को अपनाया गया। (3) इस युग में आत्महित (Self-interest) को महत्व दिया गया। (4) इस युग में व्यक्तिगत स्वतंत्रता व मुक्त अर्थव्यवस्था को महत्व दिया गया। (5) इस युग में पूर्ण प्रतियोगिता के विचार को अपनाया गया। (6) परम्परावादी अर्थशास्त्री निराशावादी (Pessimist) थे। (7) ये सकारात्मक पद्धति के पक्षपाती थे तथा (8) इनके अनुसार अर्थव्यवस्था स्वयं संचालित होती है।

Clean Float System | स्वच्छ तिरण प्रणाली

इस प्रणाली में विनिमय दर विदेशी मुद्रा की मांग और आपूर्ति की मुक्त बाजार शक्तियों द्वारा निर्धारित होती है। मौद्रिक अधिकारी के किसी हस्तक्षेप के बिना विनिमय दर मुक्त रूप से घटती या बढ़ती रहती है। इसीलिए यह मुक्त तिरती विनिमय दर प्रणाली कहलाती है।

Clearing House | समाशोधन गृह

सर्वप्रथम 1854 में बैंक ऑफ इंग्लैण्ड ने यह कार्य प्रारम्भ किया था। अब तो सभी केन्द्रीय बैंक यह कार्य कर रहे हैं। केन्द्रीय बैंक एक समाशोधन गृह (Clearing House) के रूप में भी ऐसी व्यवस्था करता है कि विभिन्न बैंकों के लेन-देन का निबटारा केवल खातों में आवश्यक परिवर्तन द्वारा कर लिया जाता है। केन्द्रीय बैंक के पास सभी सम्बद्ध बैंकों के खाते खुले होते हैं, जिनमें इनका नकद कोष होता है। अत: इन बैंकों के पारस्परिक लेन-देन या एक-दूसरे पर लिखे गए धनादेशों (Cheques) का एक निश्चित दिन हिसाब बना लिया जाता है और जो कुछ लेना-देना बाकी रहता है, उसे सम्बन्धित बैंकों के खातों में नाम-जमा लिख दिया जाता है। इस प्रकार इन खातों में रकम का हस्तान्तरण करने मात्र से बिना नकद भुगतान किए ही लेन-देन का हिसाब हो जाता है। शॉ, विलिस तथा जॉनसी ने तो समाशोधन के इस कार्य को केन्द्रीय बैंक का प्रमुख कार्य माना है, क्योंकि इसके कई लाभ हैं, जैसे- (i) बैंकों के पारस्परिक भुगतान सरलता से निबट जाते हैं, (ii) मुद्रा का मितव्ययतापूर्ण उपयोग होता है, (iii) कम मुद्रा से ही काम चल जाता है तथा (iv) बैंक कम मात्रा में नकद कोषों से ही अधिक मात्रा में साख का निर्माण कर सकते हैं। जिन शहरों में रिजर्व बैंक की शाखा नहीं होती है, वहां स्टेट बैंक की मुख्य शाखा में समाशोधन गृह होता है।

Closed Economy | बंद अर्थव्यवस्था

केन्जीयन सिद्धान्त बन्द अर्थव्यवस्था (Closed Economy) की धारणा पर आधारित है, जो रोजगार तथा आय के स्तर पर पड़ने वाले विदेशी व्यापार के प्रभाव को छोड़ देती है। इससे केन्ज का सिद्धान्त अवास्तविक बन जाता है, क्योंकि सभी अर्थव्यवस्थाएँ खुली अर्थव्यवस्थाएँ होती हैं और उनके रोजगार स्तर पर विदेशी व्यापार गहरा प्रभाव डालता है। बन्द अर्थव्यवस्था एक ऐसी अर्थ व्यवस्था होती है जो पूर्ण रूप से अपने आन्तरिक घरेलू साधनों पर निर्भर करती है, जैसे कुशल श्रमिक व साधनों आदि पर। ऐसी अर्थव्यवस्थाओं का बाहरी दुनिया से कोई सम्बन्ध नहीं होता। ये न आयात करती हैं न निर्यात। इन अर्थव्यवस्थाओं में अन्तरराष्ट्रीय व्यापार का भी अभाव होता है। 1920 व 1930 के दशक में रूस ही एक ऐसी अर्थव्यवस्था वाला देश था। आजकल रूस, चीन व अन्य साम्यवादी अर्थव्यवस्था भी बंद न रहकर खुली हो गई हैं। लेकिन इंग्लैण्ड, अमेरिका, फ्रांस और जर्मनी की स्वतंत्र अर्थव्यवस्थाओं की तुलना में साम्यवादी अर्थव्यवस्थाएँ, विदेशी व्यापार व विदेशी सम्बन्धों के मामलों में काफी कठोर नियमित व नियंत्रित हैं। इन्हें अर्द्ध बंद अर्थव्यवस्थाएँ कहा जा सकता है।

Cobb-Douglas Production Function | कॉब-डगलस उत्पादन फलन

सी.डी. कॉब और पॉल डगलस का उत्पादन फलन अमेरिकी निर्माणकारी उद्योग के आनुभविक अध्ययन पर आधारित है। यह रेखीय प्रथम कोटि का उत्पादन फलन है, जो निर्माणकारी उद्योग के समस्त उत्पादन के लिए केवल दो साधनों श्रम और पूँजी को लेता है। इस फलन में यह बताया गया है कि कुल निर्मित उत्पादन में श्रम और पूँजी का सापेक्षिक भाग स्थिर रहता है। इससे निम्न प्रकार से व्यक्त किया गया है–

$Q = KL^{a}$ (Cl-a)

जबकि Q = निर्मित उत्पादन की मात्रा a = उत्पादन में श्रम मजदूरी भाग L = श्रम की मात्रा C = पूँजी की मात्रा K तथा a धनात्मक अचर व स्थिर अंक हैं।

कॉब-डगलस उत्पादन फलन की विशेषताएँ–

1. उत्पादन में श्रम L तथा पूँजी C की आवश्यकता होती है। यदि इनकी मात्रा शून्य है तो उत्पादन Q भी शून्य होगा।
2. कॉब-डगलस उत्पादन फलन रेखीय समरूप (Linearly Homogeneous) होता है। अर्थात यह पैमाने के स्थिर प्रतिफल (Constant Returns to Scale) को बताता है। इसे सम एकघात उत्पादन फलन (Linearly Homogeneous Production Function) भी कहते हैं।
3. यह बताता है कि पूँजी और श्रम के मिलने के अनुपात में परिवर्तनों के होने पर भी कुल निर्मित उत्पादन में श्रम और पूँजी का सापेक्षिक भाग स्थिर रहता है। अमेरिकी उद्योगों में किए गए अध्ययन से यह निष्कर्ष निकाला गया कि निर्मित उत्पादन में 75% वृद्धि श्रम साधन के कारण होती है तथा 25% वृद्धि पूँजी साधन के कारण होती है। अर्थात इनका स्थिर अनुपात 3:1 है। किन्तु इरविंग बी क्रेविस के अनुसार यह अनुपात स्थिर नहीं रहता है, क्योंकि गैर आर्थिक तत्व सामाजिक न्याय व बाजार यंत्र में सरकारी हस्तक्षेप में वृद्धि हुई है। कुछ कमियों के बावजूद यह फलन सरल है तथा इससे अच्छे परिणाम मिले हैं।

Cobweb Model/Cobweb Theorem | मकड़जाल सिद्धान्त/मकड़जाल प्रमेय

इस मॉडल का उपयोग दीर्घकाल में मांग, पूर्ति और कीमत की गतिशीलता को देखने के लिए किया गया। यह व्यष्टि प्रावैगिकी (Micro Dynamics) का एक महत्वपूर्ण सिद्धान्त है। जब कीमतें ऊपर और नीचे गति करती हैं तो उत्पादित मात्राएँ भी प्रतिचक्रीय ढंग (Counter Cyclical) से ऊपर-नीचे गति करती नजर आती हैं। वस्तु कीमतों और उत्पादों में ऐसे चक्रों की मकड़जाल मॉडल के रूप में व्याख्या की जाती है, क्योंकि उनके चित्र मकड़जाल की भांति दिखते हैं। इसमें वर्तमान अवधि में उत्पादन को पिछली अवधि में किए गए निर्णयों द्वारा निर्धारित माना जाता है। इस प्रकार वर्तमान उत्पादन, उत्पादक द्वारा पिछली अवधि में किए गए एक उत्पादन निर्णय को व्यक्त करता है। यह निर्णय उसकी मत के प्रतिक्रिया के हैं, जिसकी उसे वर्तमान अवधि में चालू रहने की आशा है। अर्थात वर्तमान कीमत पिछली अवधि के बराबर होगी।

कॉबवेब प्रमेय इस प्रकार है–

जिसमें पूर्तिफलन है– $St = S(t - 1)$

मांग फलन है– $Dt = D(Pt)1$

जब मांग व आपूर्ति की मात्रा बराबर होती है तो बाजार संतुलन में होगा। $St = Dt$ किसी बाजार में, जहां उत्पादक की वर्तमान पूर्ति पिछले वर्ष की कीमत की प्रतिक्रिया में होती है, तो संतुलन अनेक लगातार अवधियों पर समायोजनों की शृंखलाओं द्वारा स्थापित हो सकता है। यह मकड़जाल तीन प्रकार का हो सकता है। (i) केन्द्राभिमुखी (Convergent) मकड़जाल– जिसमें मांग कम और आपूर्ति ज्यादा होने पर कीमत स्तर गिर जाता है, किन्तु दूसरी स्थिति में मांग पूर्ति से अधिक हो जाने से कीमत स्तर

पुनः बढ़ जाता है। इस प्रकार फिर आपूर्ति मांग से अधिक हो जाती है, फलस्वरूप कीमत स्तर घटकर केन्द्र बिन्दु जहां मांग व आपूर्ति बराबर है, वहां आ जाता है। अतः मकड़जाल नीचे से ऊपर की ओर घूमता हुआ अन्ततः संतुलित या केन्द्र बिन्दु पर पहुंच जाता है। (ii) अपसारी (Divergent) मकड़जाल, जो केन्द्र बिन्दु से शुरू होकर मांग और आपूर्ति में घटत-बढ़त के साथ समायोजित होता हुआ ऊपर से नीचे की ओर घूमता हुआ अन्ततः केन्द्र से दूर चला जाता है, यानी संतुलन से दूर चला जाता है। (iii) स्थिर मकड़जाल तीसरे प्रकार का मकड़जाल कीमतों और मात्राओं के निरन्तर घटाव-बढ़ाव और स्थिर विस्तार वाला हो सकता है, जैसा कि निम्न चित्रों से स्पष्ट है-

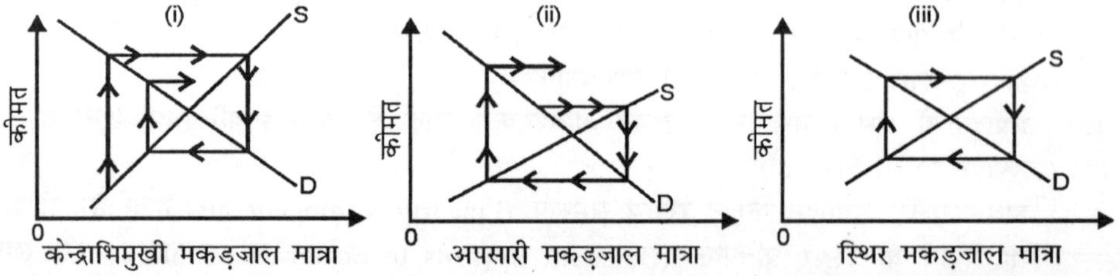

उपरोक्त विश्लेषण बहुत प्रतिबन्धात्मक मान्यताओं पर आधारित है, जो इसकी व्यावहारिकता को भ्रांति में डाल देता है। यह मानना वास्तविक नहीं है कि मांग और आपूर्ति की स्थितियाँ वर्तमान व पिछली अवधियों में अपरिवर्तित रहती हैं। वास्तव में वास्तविक और प्रत्याशित कीमतों में काफी अंतर होने से इनमें परिवर्तन अवश्य होते हैं। इस प्रकार मांग, आपूर्ति और कीमत के सम्बन्ध, जो विभिन्न मकड़जालों की ओर ले जाते हैं- उनकी व्यावहारिकता रह जाती है।

Coefficient of Variation (C.V.) | विचरण गुणांक

प्रमाप विचलन (Standard Deviation) के गुणांक को 100 से गुणा करने पर विचरण गुणांक प्राप्त होता है।

जो $\frac{\alpha}{x} \times 100$ होता है।

यह प्रति इकाई प्रतिफल की जोखिम की श्रेणी का प्रतिनिधित्व करता है तथा परियोजनाओं के विभिन्न प्रत्याशित प्रतिफलों की तुलना में काम आता है।

Collective Bargaining | सामूहिक सौदेबाजी

अमेरिका में सामूहिक सौदेबाजी की शुरुआत सर्वप्रथम 19वीं शताब्दी के अन्त में औद्योगिक कमीशन के द्वारा हुई। भारत में इसका प्रारम्भ 20वीं शताब्दी के प्रारम्भ में हुआ। यह सापेक्षिक रूप से एक नई प्रक्रिया है। एक मानवीय प्रयास है, जिसने हर क्षेत्र में लोगों का ध्यान आकर्षित किया। यह एक तकनीक या तरीका है, जिसके द्वारा श्रम संघों के प्रतिनिधियों तथा सेवानियोजकों के प्रतिनिधियों के बीच बातचीत तथा सौदेबाजी करके दोनों पक्षों की समस्याओं एवं मतभेदों को सुलझाने का प्रयास किया जाता है। इस प्रकार सामूहिक सौदेबाजी एक गत्यात्मक प्रक्रिया है, जिसके द्वारा श्रमिकों या कर्मचारियों के श्रम संघ सेवानियोजकों (Employers) के समक्ष प्रतिनिधित्व करते हैं। इसका मुख्य उद्देश्य मजदूरी, काम के घण्टे, रोजगार की शर्तों या दशाओं के सम्बन्ध में बातचीत या परामर्श करके एक लिखित श्रम समझौता प्राप्त करना तथा औद्योगिक न्याय व्यवस्था स्थापित करना होता है, ताकि जो कष्ट या शिकायतें (Grievances) आती हैं उनका समाधान किया

जा सके। उपरोक्त उद्देश्यों की प्राप्ति के लिए सामूहिक सौदेबाजी एक द्विपक्षीय समझौता या तरीका है, जो नियोजकों व श्रमिकों के बीच रोजगार की शर्तों या दशाओं को परिभाषित करता है।

Collective Choice/Social Choice/Social Welfare Function | सामूहिक चुनाव/सामाजिक चुनाव/सामाजिक कल्याण फलन

बर्गसन, सेम्यूलसन तथा अन्य अर्थशास्त्रियों द्वारा जो कल्याण कसौटी प्रस्तुत की गई, उसे सामाजिक कल्याण फलन (Social Welfare Function) कहा जाता है। इन अर्थशास्त्रियों के अनुसार कल्याणवादी अर्थशास्त्र आवश्यक रूप से एक आदर्शात्मक अध्ययन है। इन अर्थशास्त्रियों के अनुसार यह उपयोगिता के क्रमवाचक दृष्टिकोण (Ordinal Approach) पर आधारित है। सामाजिक कल्याण प्रत्येक व्यक्ति की आय और धन पर निर्भर न होकर समाज के अन्य सदस्यों में उनके वितरण पर निर्भर करता है। सामाजिक कल्याण में नैतिक नियमों को भी शामिल किया जाना चाहिए। सामाजिक कल्याण पर आन्तरिक व बाह्य बचतों का प्रभाव पड़ता है। इस प्रकार सामाजिक कल्याण फलन उन सब तथ्यों या चरों को बताता है, जिन पर समाज के सभी व्यक्तियों का कल्याण निर्भर करता है। इसमें सभी व्यक्तियों के सामूहिक चुनावों (Collective Choices) या व्यक्तियों की उपयोगिताओं या कल्याणों को जोड़ा जाता है ताकि सामूहिक या सामाजिक कल्याण फलन प्राप्त किया जा सके। इसको निम्न प्रकार से व्यक्त किया जा सकता है–

$W = f(U_1\ U_2\ U_3 - U_n)$

जहां W = सामूहिक या सामाजिक कल्याण f = फलन

U_1, U_2, U_3 तथा U_n समाज में 1 से लेकर n व्यक्तियों के उपयोगिता स्तर या क्रम वाचक उपयोगिताएँ या सामूहिक चुनाव स्तर के जोड़ को बताते हैं। किन्तु समस्या यह है कि 'चुनावों' के अनुसार सामाजिक कल्याण को मालूम करने के लिए व्यक्तियों के चुनावों को कैसे जोड़ा जाए। अतः सामाजिक कल्याण में परिवर्तनों को जानने के लिए उपयोगिता की अन्तः वैयक्तिक तुलनाएँ जरूरी हैं, जो नैतिक निर्णयों या मान्यताओं के संदर्भ में ही की जा सकती हैं। इसीलिए सामाजिक कल्याण फलन में समूह या समाज के व्यक्तियों के उपयोगिता फलनों (Utility Functions) या चुनाव सूचकों (Choice Indicators) को शामिल किया जाता है। यद्यपि एक व्यक्ति के कल्याण को वस्तुगत रूप से (Objectively) उस व्यक्ति के चुनाव के साथ जोड़ा (Link) जा सकता है किन्तु सामाजिक कल्याण को वस्तुगत रूप से सामाजिक चुनाव (Social Choice) के साथ नहीं जोड़ा जा सकता, क्योंकि एक सर्वमान्य सामाजिक चुनाव (an Unified or Unanimous Social Choice) नाम की कोई चीज नहीं होती। सामाजिक चुनाव या सामूहिक चुनाव व्यक्तियों के चुनावों पर निर्भर करता है, किन्तु समाज में व्यक्ति अपने चुनावों को भिन्न-भिन्न प्रकार से करते हैं।

Collective Goods/Public Goods | सामूहिक वस्तुएँ/सार्वजनिक वस्तुएँ

पूर्ण प्रतियोगिता के अन्तर्गत पेरेटो इष्टतमता की अपर्याप्तता या बाजार विफलता का एक महत्वपूर्ण कारण सामूहिक या सार्वजनिक वस्तुओं (Collective or Public Goods) का पाया जाना है। एक सामूहिक या सार्वजनिक वस्तु वह होती है जिसका एक व्यक्ति द्वारा उपभोग किसी अन्य व्यक्ति के लिए उसकी उपयोगिता को कम नहीं करता है। एक सार्वजनिक वस्तु का उपभोग संयुक्त और समान होता है। एक सार्वजनिक वस्तु के लिए पेरेटियन शर्त यह है कि उसका सीमान्त सामाजिक लाभ, उसकी सीमान्त सामाजिक लागत के बराबर होना चाहिए। परन्तु एक सार्वजनिक वस्तु की विशेषता यह होती है कि एक पूर्ण प्रतियोगिता बाजार में पेरेटो इष्टतम का बिन्दु प्राप्त नहीं किया जा सकता। सार्वजनिक वस्तुएँ धनात्मक बहिर्भाव (Positive Externalities) उत्पन्न करती हैं। ऐसा तब

होता है जब एक अतिरिक्त इकाई के उपभोग की सीमान्त लागत, जो शून्य होती है उससे अधिक कीमत ली जा रही हो क्योंकि अधिकतम कल्याण की स्थिति में सीमान्त सामाजिक लागत और सीमान्त सामाजिक लाभ बराबर होते हैं। सार्वजनिक वस्तुओं के लाभ अवश्य ही शून्य सीमान्त सामाजिक लागत के बराबर होने चाहिए। किन्तु सार्वजनिक वस्तुएँ सामान्यत: करों और अनुदानों द्वारा वित्त प्रबन्धित होने के कारण पेरेटो इष्टतमता नहीं आती। सार्वजनिक वस्तुओं पर 'बहिष्करण सिद्धान्त' (Exclusion Principle) लागू नहीं होता है। इसका मतलब यह है कि उसके लाभ सबको प्राप्त होते हैं, चाहे कोई व्यक्ति उनके लिए कुछ देता है अथवा नहीं। सरकार द्वारा प्रदान की गई सेवाएँ जैसे- राष्ट्रीय रक्षा, जन सुरक्षा, न्याय हेतु न्यायालय, रोग नियंत्रण हेतु स्वास्थ्य सेवाएँ, स्कूल व कॉलेज आदि सार्वजनिक वस्तुएँ हैं। इनके लाभ अविभाज्य होते हैं। ये प्रत्येक व्यक्ति को उपलब्ध होती हैं। इसलिए ये बहिष्कार नियम के अन्तर्गत नहीं आतीं। यदि एक व्यक्ति अपने निजी प्रयासों से अपनी गली में नगर परिषद द्वारा बिजली का खम्भा लगवाता है तो गली के सभी लोगों को इसका लाभ मिलेगा। अत: सामाजिक लाभ उसके निजी लाभ से अधिक होगा।

Collusion | गठबन्धन या समझौता या कपटसंधि

अल्पाधिकारी उद्योग फर्मों को गठबन्धन (Collusion) के लिए प्रोत्साहित करता है। गठबन्धन फर्मों या विक्रेताओं के बीच सहयोग या समन्वय को बताता है। गठबन्धन की प्रेरणा के तीन मुख्य कारण होते हैं- (i) गठबन्धन फर्मों के बीच प्रतियोगिता कम करने तथा उन्हें एकाधिकारी के रूप में कार्य करने योग्य बनाता है, जिससे उनके लाभ में वृद्धि होती है। (ii) गठबन्धन अल्पाधिकारी की अनिश्चितता (Uncertainty) को कम करता है। (iii) उद्योग में पहले से स्थित फर्मों के बीच गठबन्धन हो जाने से नई फर्मों के प्रवेश को रोकने में सहायता मिलती है, किन्तु गठबन्धन को बनाए रखना काफी कठिन होता है।

Collusive Oligopoly | कपटसंधि या गठबंधित अल्पाधिकार

कपटसंधि या गठबंधित अल्पाधिकार (Collusive Oligopoly) बाजार की एक ऐसी स्थिति है, जिसमें एक विशेष उद्योग में फर्में अपने संयुक्त लाभों को अधिकतम करने और आपस में बाजार को बाँटने के उद्देश्य से किसी समझौते या गठबन्धन के अनुसार एकत्रित होती हैं। इसे लाभ अधिकतमीकरण कार्टेल व बाजार बाँट कार्टेल कहते हैं। एक अन्य प्रकार की कपटसंधि होती है, जिसे कीमत नेतृत्व कपटसंधि या गठबन्धन कहते हैं। इसके अन्तर्गत एक फर्म कीमत नेता का काम करती है और वस्तु के लिए कीमत निश्चित करती है, जबकि अन्य फर्में उसका अनुसरण करती हैं। यह कीमत नेतृत्व भी तीन प्रकार का होता है- (i) निम्न लागत कीमत नेतृत्व (ii) प्रधान फर्म कीमत नेतृत्व, तथा (iii) बेरोमेट्रिक कीमत नेतृत्व।

Collusive Price Leadership | गठबंधित कीमत नेतृत्व

कीमत नेतृत्व एक उद्योग में अल्पाधिकारी फर्मों की अपूर्ण कपटसंधि (Imperfect Collusion) होती है, जिसमें सभी फर्में एक बड़ी फर्म या नेता फर्म के दिखाए हुए मार्ग का अनुसरण करती हैं। फर्मों के बीच एक गुप्त समझौता होता है कि वे नेता फर्म द्वारा निश्चित की गई कीमत पर अपनी वस्तुएँ बेचेंगी। कीमत में जो भी परिवर्तन हो नेता फर्म समय-समय पर उसकी घोषणा करती है।

मुख्य रूप से कीमत नेतृत्व तीन प्रकार का होता है-

(i) कम लागत कीमत नेतृत्व सिद्धान्त (Low Cost Price Leadership Model) इस सिद्धान्त के अनुसार एक अल्पाधिकारी फर्म अन्य फर्मों की अपेक्षा कम लागतें होने पर कम कीमत

निश्चित करती हैं, जिसका अन्य फर्मों को अनुसरण करना पड़ता है। और वह फर्म कम लागत फर्म कीमत नेता फर्म बन जाती है।

(ii) प्रधान फर्म कीमत नेतृत्व सिद्धान्त (Dominant Firm Price Leadersnip Model) जिसमें एक बड़ी फर्म प्रधान फर्म होती है तथा अन्य छोटी फर्में जो इसका अनुसरण करती हैं। प्रधान फर्म समस्त उद्योग के लिए कीमत निश्चित करती है। जिन पर छोटी फर्में अपना माल बेचती हैं। शेष बाजार में प्रधान फर्म स्वयं पूर्ति करती है। प्रधान फर्म वह कीमत चुनेगी जिस पर उसको अधिक लाभ हो।

(iii) बेरोमीट्रिक कीमत नेतृत्व सिद्धान्त (Barometric Price Leadership Model) यह फर्म कोई नेता फर्म तो नहीं होती पर कोई एक फर्म जिसका उद्यमी सबसे अधिक बुद्धिमान होता है, कीमत और लागत स्थितियों का हिसाब लगाकर पहले कीमत परिवर्तन की घोषणा कर देती है। एक मौन समझौते के अनुसार उद्योग की अन्य फर्में भी उसी प्रकार अपनी कीमतों में परिवर्तन कर लेती हैं। ये फर्म एक बेरोमीटर की भांति कार्य करती है। जिसका अन्य फर्में अनुसरण करती हैं।

Combination | संयोग

(i) दो या दो से अधिक फर्मों से संयोजन (Merger) का परिणाम धनात्मक लाभ हो सकता है जैसे लागतों में कमी, संयोजित साधनों की दक्षता में वृद्धि, पैमाने की मितव्ययताएँ तथा प्रतियोगिता में कमी के लाभ आदि।

(ii) किसी भी उत्पादन कार्य में दो या दो से अधिक साधनों के साथ-साथ उपयोग करने को साधन संयोग कहते हैं जैसे- श्रम व पूँजी साधनों का संयोग।

Command Economy | आदेशित अर्थव्यवस्था

कीमत और पूर्ति पर सरकार का नियंत्रण होता है। वर्तमान और भावी विकास के लिए प्रयुक्त आर्थिक शक्तियों का स्वतंत्र बाजार शक्तियों द्वारा निर्धारण नहीं होता है। साम्यवादी अर्थव्यवस्था इसके उदाहरण हैं। पूर्व के रूस में भी ऐसी अर्थव्यवस्था तथा आज भी साम्यवादी व समाजवादी देशों (चीन, उत्तरी कोरिया, क्यूबा आदि) में इस प्रकार की नियोजित अर्थव्यवस्था देखने को मिलती है।

Commercial Banks | व्यापारिक या व्यावसायिक बैंक

जो बैंक सामान्य बैंकिंग कार्य करते हैं वे व्यापारिक या व्यावसायिक बैंक (Commercial Bank) कहलाते हैं। व्यापारिक बैंक प्राय: संयुक्त स्कन्ध बैंक (Joint Stock Banks) होते हैं। अर्थात उनकी पूँजी अनेक अंशों में बँटी हुई होती है और वे अंश अनेक व्यक्तियों अथवा संस्थाओं द्वारा खरीदे हुए होते हैं। व्यापारिक बैंक धन जमा करने, ऋण देने, चेकों का संग्रहण एवं भुगतान करने तथा एजेंसी सम्बन्धी अनेक काम करते हैं। साख निर्माण इनका मुख्य कार्य माना जाता है।

Commercial Paper | वाणिज्यिक या व्यापारिक पत्र

यह एक प्रकार का प्रतिज्ञायुक्त रुक्का (Promissory Note) या बिना शर्त मुद्रा के भुगतान का प्रतिज्ञा पत्र होता है।

Commodity | वस्तु

प्राथमिक उत्पादन (Primary Product) या कच्चे माल (Raw Material) को वस्तु (Commodity) कहते हैं।

Commercial Policy | वाणिज्यिक नीति या व्यापार नीति

वाणिज्यिक या व्यापार नीति (Commercial Policy) दो प्रकार की होती हैं- (i) मुक्त व्यापार नीति से तात्पर्य ऐसी व्यापार नीति से है, जिसके अन्तर्गत न तो कोई प्रशुल्क (Tariff) एवं मात्रात्मक नियंत्रण होते हैं और न ही कोई ऐसी युक्तियाँ होती हैं जो देशों के बीच वस्तुओं के आने-जाने में रुकावट डालें। अर्थात प्रो. जगदीश भगवती के अनुसार मुक्त व्यापार वह है जिसमें प्रशुल्कों, कोटा विनिमय नियंत्रणों, उत्पादन, साधन प्रयोग, उपयोग, करों तथा सहायकों का अभाव हो। (ii) संरक्षण शब्द उस नीति की ओर संकेत करता है, जिसके द्वारा घरेलू उद्योगों को विदेशों की प्रतियोगिता से बचाया जाता है। इसका उद्देश्य यह है कि कम कीमत की वस्तुओं के आयात पर प्रतिबन्ध लगाए जाएँ ताकि ऊंची कीमत की वस्तुओं का उत्पादन करने वाले घरेलू उद्योगों को बचाया जा सके। घरेलू उद्योगों को अनुदान (Subsidy) या अधिदान (Bounties) दिए जाएँ, ताकि वे सस्ती विदेशी वस्तुओं से प्रतियोगिता कर सकें।

Commodity Money | वस्तु मुद्रा

यह एक ऐसे द्रव्य या वस्तु को बताती है, जिसका विक्रय किया जा सकता है, उदाहरणार्थ सोने (Gold) व चाँदी (Silver) के सिक्के। यह कागजी मुद्रा (Fiat Money) से भिन्न होते हैं, जिसमें वास्तविक मूल्य (Real Value) नहीं होता है। जैसे सिक्के व करेंसी नोट आदेश आश्रित मुद्रा कहलाती है।

Commodity Shunting | वस्तु परिवर्तन

एक करेंसी के साथ वस्तु क्रय करना तथा दूसरी के लिए इसका विक्रय करना वस्तु परिवर्तन Commodity Shunting कहलाता है।

Commodity Terms of Trade/Net Barter Terms of Trade | वस्तु व्यापार की शर्तें/शुद्ध वस्तु विनिमय शर्तें

व्यापार की वस्तु अथवा शुद्ध वस्तु विनिमय शर्तें किसी देश की निर्यात वस्तुओं तथा आयात वस्तुओं की कीमतों का अनुपात होती हैं। इसे इस प्रकार व्यक्त किया जा सकता है-

$$TC = \frac{PX}{PM}$$

जहां TC = व्यापार की वस्तु विनिमय शर्तें

P = कीमतें X = निर्यात तथा M = आयात

व्यापार की वस्तु या शुद्ध वस्तु विनिमय शर्तों की धारणा को अर्थशास्त्रियों ने अन्तरराष्ट्रीय व्यापार से होने वाले लाभ को मापने के लिए उपयोग किया है।

Common Agricultural Policy | समान कृषि नीति

कृषि के क्षेत्र में यूरोपीय समुदाय ने समान कृषि नीति कैप (CAP) को अपनाया है। कैप की कार्य प्रणाली भिन्न उत्पादों के लिए भिन्न है। विभिन्न उत्पादों के लिए कृषि समर्थन मूल्य, परिषद् द्वारा लेखा इकाइयों में निर्धारित किए जाते हैं। प्रत्येक सदस्य देश के लिए 'ग्रीन रेट' होता है, जिस पर समर्थन मूल्यों को राष्ट्रीय मूल्यों में परिवर्तित किया जाता है। सभी सदस्य देशों के किसान समर्थन मूल्यों पर इच्छानुसार उत्पादन करने के लिए स्वतंत्र हैं। एक सदस्य देश से दूसरे सदस्य देश में कृषि

उत्पादों को लाने-ले-जाने पर कोई व्यापारिक बाधा नहीं है। बाहरी विश्व से आयात की अनुमति, तभी मिलती है जबकि देश में कृषि उत्पादन की मात्रा से अधिक मांग हो।

आयात को सीमित रखने के लिए वैकल्पिक आयात किए जाते हैं, ताकि आयातकों द्वारा उठाए जाने वाले लाभों को संतुलित किया जा सके। जिन कृषि उत्पादों का उत्पादन समुदाय की आवश्यकता से अधिक है, उनके निर्यात अथवा समुदाय के बीच अतिरिक्त उपयोग के लिए अनुदान दिए जाते हैं। कैप को अपनाने से यूरोपीय समुदाय कृषि के क्षेत्र में आत्मनिर्भर हो गया है तथा कष्टम यूनियन की दिशा में एक और उपलब्धि प्राप्त कर ली है। किन्तु यह किसानों को वैकल्पिक धन्धों की ओर आकर्षित नहीं कर पाया है। इससे अमीर और गरीब किसानों के बीच अन्तर बढ़ा है तथा यह उपभोक्ताओं को कृषि उत्पाद उचित और स्थिर मूल्यों पर उपलब्ध कराने में विफल रहा है।

Common Market/Single Market | साझा या सामूहिक बाजार/एकल बाजार

वर्ष 1960 के दशक तक यूरोपीय संघ एक आयात-निर्यात संघ था। यह एक साझा बाजार (Common Market) नहीं था, क्योंकि इसमें अनेक प्रकार के गैर-प्रशुल्क प्रतिबन्ध पाए जाते थे। 1986 में इन प्रतिबन्धों को हटाने की सिफारिश की गई। 1993 में यह एक एकल सीमा मुक्त (Frontier-free) बन गया तथा 1995 से क्रियाशील हो गया। इसकी विशेषताएँ हैं- (i) प्रत्येक नागरिक को अन्य सदस्य देश में रहने का हक है (ii) इसमें वस्तुओं व सेवाओं तथा पूँजी व व्यक्तियों का स्वतंत्र आवागमन होता है। (iii) अन्य सदस्य देशों में व्यापार योग्यताओं की मान्यता होती है (iv) सभी लेखाकारों, डॉक्टरों, अध्यापकों, व्यापारियों व इन्जीनियरों को संघ में कार्य करने का हक है। (v) विवाद की स्थिति में फर्मों को चुनने और मानने की स्वतंत्रता होती है। (vi) बहुमत वोटिंग के नियम को स्वीकार किया जाता है। इस प्रकार यूरोपीय संघ केवल आयात-निर्यात संघ ही नहीं, बल्कि एक साझा बाजार भी है।

Common Property Rights | सामूहिक संपत्ति अधिकार

बाजार विफलता का एक अन्य कारण सामूहिक संपत्ति संसाधन है। इसका सामान्य उदाहरण झील में मछलियों का है। कोई भी इन्हें पकड़ सकता है और खा सकता है। परन्तु इन पर किसी का कोई एकाधिकार नहीं होता। झील सभी मछुआरों के लिए सामूहिक सम्पत्ति होती है जब कोई मछुआरा अधिक मछली पकड़ता है तो वह अन्य मुछआरों के लिए कम मछली छोड़ता है इससे झील का अति उपयोग होता है। यह जन समूह के लिए एक दुखद घटना है। इससे सामाजिक लाभ समाप्त हो जाते हैं। इस प्रकार जब संपत्ति के अधिकार अनिश्चित व गैर-विद्यमान होते हैं तो सामाजिक लागतें निजी लागतों से अधिक होंगी और पेरेटो इष्टमता प्राप्त नहीं होगी।

Common Social Policy | समान सामाजिक नीति

समान सामाजिक नीति (Common Social Policy) का सम्बन्ध रोजगार, काम का समय, स्वास्थ्य और सुरक्षा, एक ही काम के लिए स्त्रियों और पुरुषों को समान वेतन और सामूहिक सौदेबाजी अधिकारों के नियमों से होता है।

Commonwealth Fund for Technical Cooperation | राष्ट्रमंडल तकनीकी सहयोग कोष

राष्ट्रमंडल विकासशील देशों में सामान्य तकनीकी सहायता प्रदान करने हेतु 1971 में राष्ट्रमंडल तकनीकी सहयोग कोष की स्थापना की गई।

Communism | साम्यवाद

साम्यवाद (Communism) अर्थव्यवस्था की वह अवस्था है, जिसमें पूँजीवादी व्यवस्था के विनाश तथा नवीन व्यवस्था की स्थापना के लिए बल प्रयोग एवं हिंसात्मक साधनों को उचित माना जाता है। अर्थव्यवस्था में किस-किस क्षेत्र का कितना विकास करना है, यह निजी व्यक्तियों एवं स्वतंत्र बाजार व्यवस्था पर निर्णय नहीं छोड़े जाते, वरन एक केन्द्रीय अधिकरण (Central Authority) द्वारा अर्थव्यवस्था के व्यापक सर्वेक्षण के बाद पूर्व निर्धारित उद्देश्यों एवं लक्ष्यों की पूर्ति हेतु किए जाते हैं, ताकि अधिकतम जनता को लाभ मिल सके। इसका मूल दर्शन समाजवाद से मिलता-जुलता है। किन्तु दोनों में काफी भिन्नता भी है। उत्पादन के साधनों पर निजी स्वामित्व के स्थान पर सरकारी स्वामित्व होता है। स्वतंत्र मूल्य प्रणाली के स्थान पर केन्द्रीय नियोजन पद्धति अपनाई जाती है। अर्थव्यवस्था का संचालन व्यक्तिगत इच्छाओं से नहीं बल्कि सरकारी आदेशों से होता है। निजी लाभ के स्थान पर सार्वजनिक लाभ सर्वोपरि होता है। संतुलित विकास पर व आर्थिक निर्णयों में सामंजस्य पर बल दिया जाता है। उत्पादन में कुशलता व मानव शक्ति के सदुपयोग पर जोर दिया जाता है। प्रभावी संचालन व कठोर/नियंत्रण रखा जाता है। साम्यवादी नियोजन में कठोर नियंत्रणों को कुछ कम कर अब व्यक्तिगत प्रेरणा के नवीन उपाय तथा उपयोग में कुछ विविधता एवं स्वतंत्रता दी जाने लगी है। 'साम्यवाद में प्रत्येक को अपनी योग्यता के अनुसार काम और उसकी आवश्यकता के अनुसार वेतन देने का प्रयास किया जाता है।'

आधुनिक साम्यवाद के प्रणेता मार्क्स एवं एंजिल के अनुसार साम्यवाद एक ऐसी व्यवस्था है, जिसमें आर्थिक उत्पादन, विनिमय और वितरण के साधनों पर सम्पूर्ण समाज का स्वामित्व होता है। ये इस तंत्र की स्थापना की चरम परिणति सर्वहारा वर्ग की अधिनायकता में देखते हैं। पहले रूस साम्यवाद का गढ़ माना जाता था, लेकिन अब इसका प्रभाव बहुत कुछ चीन व क्यूबा तक सीमित हो गया है। इसकी मूल प्रेरणा मार्क्स के 'वैज्ञानिक समाजवाद' से मिली है।

Community Indifference Curve | सामुदायिक उदासीनता वक्र

सामुदायिक उदासीनता वक्र (Community Indifference Curve) या सामाजिक उदासीनता वक्र अन्तरराष्ट्रीय व्यापार संतुलन में मांग पक्ष को व्यक्त करता है। सामुदायिक उदासीनता वक्र दो वस्तुओं के उन विविध संयोगों को व्यक्त करता है जो समुदाय को समान संतुष्टि प्रदान करते हैं। किसी देश के व्यक्तियों की विभिन्न रुचियों को जोड़कर सामुदायिक उदासीनता वक्र खींचे जा सकते हैं तथा मूल बिन्दु से उदासीनता वक्र जितने दूर होंगे समुदाय को उतनी ही अधिक संतुष्टि प्रदान करेंगे। उदासीनता वक्र के किसी बिन्दु पर निरपेक्ष ढाल उसकी सीमान्त प्रतिस्थापन की सीमान्त दर को बताती है। अर्थात यह ढाल वस्तु की वह मात्रा है, जिसे कोई राष्ट्र किसी दूसरी वस्तु की एक इकाई के बदले छोड़ने को तैयार होता है और फिर भी उसी उदासीनता वक्र पर स्थित रहता है। सामुदायिक उदासीनता वक्र एक-दूसरे को काटते नहीं हैं। इसका अभिप्राय यह है कि देश के सभी निवासियों की आय तथा रुचियां एक जैसी होती हैं। आलोचनाओं के बावजूद किंडल बर्गर के अनुसार "सामुदायिक उदासीनता वक्र कितना भी अवास्तविक क्यों न हो, परन्तु रेखीय निरूपण की दृष्टि से इसकी बनावट साफ है।"

Community Transformation Curve | सामुदायिक रूपान्तरण वक्र

वस्तु स्थानापन्नता की इष्टतम दशा के लिए आवश्यक है कि "किन्हीं दो वस्तुओं का उपयोग करने वाले किसी भी व्यक्ति के लिए उन वस्तुओं के बीच स्थानापन्नता की सीमान्त दर उनके बीच

(समुदाय के लिए) रूपान्तरण सीमान्त दर के बराबर हो।'' इसका मतलब है कि दो वस्तुओं के बीच स्थानापन्नता की सीमान्त दर उनके बीच रूपान्तरण की सीमान्त दर के बराबर होनी चाहिए।

Comparative Cost Theory/Comparative Advantage Theory | तुलनात्मक लागत सिद्धान्त/तुलनात्मक लाभ सिद्धान्त

रिकार्डो द्वारा प्रतिपादित तुलनात्मक लागत सिद्धान्त (Comparative Cost Theory) के अनुसार लागतों में तुलनात्मक अंतर दो देशों के बीच व्यापारिक सम्बन्ध स्थापित करता है। श्रम के भौगोलिक विभाजन तथा उत्पादन में विशिष्टीकरण के कारण विभिन्न देशों में उत्पादन लागतें भिन्न-भिन्न होती हैं। जलवायु, प्राकृतिक साधनों, भौगोलिक स्थिति एवं श्रम की कुशलता में अन्तर होने के कारण एक देश किसी वस्तु को किसी दूसरे देश की अपेक्षा कम लागत में उत्पादित कर सकता है। इस प्रकार प्रत्येक देश उस वस्तु के उत्पादन में विशिष्टीकरण प्राप्त करता है, जिसमें उसके उत्पादन की तुलनात्मक लागत सबसे कम हो। इसलिए जब कोई देश किसी अन्य देश के साथ व्यापार करता है, तो वह उन वस्तुओं का निर्यात करेगा, जिनमें उनकी तुलनात्मक उत्पादन लागतें कम हैं और उन वस्तुओं का आयात करेगा, जिनमें उसकी तुलनात्मक उत्पादन लागतें अधिक हैं। रिकार्डो के अनुसार अन्तरराष्ट्रीय व्यापार का आधार यही है। अर्थात प्रत्येक देश उन वस्तुओं के उत्पादन में विशिष्टीकरण करेगा, जिनमें उसे तुलनात्मक लाभ अधिक अथवा तुलनात्मक हानि न्यूनतम होगी। अतः कोई देश उन वस्तुओं का निर्यात करेगा जिनमें उसे तुलनात्मक लाभ होगा और उन वस्तुओं का आयात करेगा जिनमें उसे तुलनात्मक हानि कम से कम होगी।

Comparative Statics | तुलनात्मक स्थैतिकी

तुलनात्मक स्थैतिकी का उपयोग सर्वप्रथम एक जर्मन अर्थशास्त्री एफ. ओपन हीमर ने 1916 में किया था। शुम्पीटर ने इसे ''स्थैतिक मॉडलों के एक अनुक्रम द्वारा एक विकासवादी प्रक्रिया बताया। उसके अनुसार तुलनात्मक स्थैतिकी विश्लेषण की एक विधि है, जिसमें विभिन्न संतुलन अवस्थाओं की तुलना की जाती है। इसमें कई प्राचल जैसे- जनसंख्या, पूँजी स्टॉक, प्रौद्योगिकी, उत्पादन की तकनीकें, आय स्तर, रुचियाँ व आदतों आदि को स्थिर मान लिया गया। इसमें हम एक संतुलन बिन्दु से दूसरे संतुलन बिन्दु पर जाते हैं और उनकी परस्पर तुलना करते हैं। यह स्थैतिक विश्लेषण व प्रावैगिक विश्लेषण के बीच की अवस्था होती है। इसमें एक तत्व के परिवर्तन के पथ पर कोई विचार नहीं किया जाता। यह स्थैतिक तो इसलिए है कि इसमें समय तत्व की ओर ध्यान नहीं दिया जाता और तुलनात्मक इसलिए है कि इसमें दो संतुलन दशाओं की तुलना की जाती है। प्रो. लिप्से के अनुसार "तुलनात्मक स्थैतिकी में हम संतुलन की एक स्थिति से आरम्भ करते हैं और उसमें वह परिवर्तन शामिल करते हैं जिसका अध्ययन किया जाना है। तब नई संतुलन की दशा निर्धारित होती है और इसकी प्रारम्भिक संतुलन से तुलना की जाती है। मार्शल ने कीमत सिद्धान्त में तुलनात्मक स्थैतिकी का उपयोग किया था।"

Compensated Demand Curve | क्षतिपूरक मांग वक्र

क्षतिपूरक मांग वक्र एक वस्तु की मात्रा को दर्शाता है, जिसे एक उपभोक्ता खरीदेगा, यदि इस वस्तु की कीमत के लिए उसे प्राप्त आय से क्षतिपूर्ति की जाए। अर्थात एक वस्तु के लिए क्षतिपूर्ति मांग वक्र एक ऐसा वक्र है जो यह दर्शाता है कि परिवर्तित कीमत पर उपभोक्ता द्वारा वस्तु की कितनी मात्रा खरीदी जाएगी, यदि आय प्रभाव को हटा दिया जाता है। क्षतिपूरक मांग वक्र की हिक्स तथा स्लट्स्की दोनों द्वारा व्यक्त स्थानापन्नता प्रभावों द्वारा व्याख्या की गई है। क्षतिपूरक मांग वक्र चाहे हिक्स का हो या स्लट्स्की का, सदैव नीचे की ओर ढालू होता है, क्योंकि यह इस प्रकार खींचा

जाता है कि केवल स्थानापन्नता प्रभाव ही सक्रिय होता है और आय प्रभाव को आय द्वारा क्षतिपूरित करके बिल्कुल समाप्त कर दिया जाता है अर्थात इसकी ढाल धनात्मक होगी क्योंकि गिफिन वस्तु के लिए स्थानापन्न प्रभाव से आय प्रभाव शक्तिशाली होता है दूसरी ओर क्षतिपूरक मांग वक्र सदैव ऋणात्मक ढलान वाले होते हैं, क्योंकि वे आय प्रभाव द्वारा प्रभावित नहीं होते हैं।

Compensating Variation | समतुल्य या क्षतिपूरक परिवर्तन

हिक्स के अनुसार उपभोक्ता की बचत (Consumer Surplus) मुद्रा की वह मात्रा है जो कि उपभोक्ता की आर्थिक स्थिति में परिवर्तन के बाद उपभोक्ता को दी जाती है अथवा वापस ली जाती है, जिससे कि उपभोक्ता पहले की तुलना में न तो अच्छी स्थिति में रहता है और न ही खराब स्थिति में। अर्थात उपभोक्ता अपनी आर्थिक स्थिति में परिवर्तन के बाद भी प्रारम्भिक उदासीनता वक्र पर ही रहता है। हिक्स अपनी परिवर्तित विचारधारा के स्पष्टीकरण के लिए 'समतुल्य परिवर्तन' या 'क्षतिपूरक परिवर्तन' के विचारों का उपयोग करते हैं तथा चार धारणाएँ बताते हैं- (i) आय में मात्रा क्षतिपूरक परिवर्तन (ii) आय में कीमत क्षतिपूरक परिवर्तन (iii) आय में समतुल्य (कीमत) परिवर्तन तथा (iv) आय में मात्रा समतुल्य परिवर्तन। समतुल्य परिवर्तन से अभिप्राय उस मौद्रिक आय से है, जो उपभोक्ता से ले ली जानी चाहिए या उसे दी जानी चाहिए, ताकि वह उसी वास्तविक आय स्तर को प्राप्त कर सके जो वास्तव में घटित न हुए कीमत परिवर्तन के फलस्वरूप उत्पन्न हुआ होता। क्षतिपूरक परिवर्तन से आशय उस मौद्रिक आय से है, जो वास्तव में घटित होने वाले कीमत परिवर्तन के कारण उपभोक्ता की क्षतिपूर्ति करती है। यह मौद्रिक आय एक कर या अनुदान है, जो कीमत परिवर्तन प्रभाव को पूर्णतः नष्ट कर देता है और उसको वास्तविक आय के प्रारम्भिक स्तर पर ले आता है।

Competitive Market | प्रतियोगी बाजार

प्रतियोगी बाजार दो प्रकार के होते हैं (i) पूर्ण प्रतियोगी बाजार (Perfect Competitive Market) तथा (ii) शुद्ध प्रतियोगी बाजार (Pure Competitive Market) शुद्ध प्रतियोगी बाजार वह होता है जिसमें (i) फर्मों या क्रेताओं और विक्रेताओं की असंख्य मात्रा हो, (ii) समरूप वस्तु उत्पादन हो तथा (iii) फर्मों को उद्योग में आने व जाने की स्वतंत्रता हो। पूर्ण प्रतियोगी बाजार वह होगा जिसमें इन तीनों (विक्रेता पक्ष) विशेषताओं के अतिरिक्त निम्नांकित विशेषताएँ भी हों- (iv) क्रेता और विक्रेताओं को बाजार का पूरा ज्ञान हो, (v) साधनों की गतिशीलता हो तथा (vi) परिवहन व विक्रय लागतों की अनुपस्थिति हो, मांग वक्र पूर्णतः लोचदार हो तथा क्रेता और विक्रेताओं का स्वतंत्र व्यवहार हो अर्थात जो क्रेता पक्ष को मजबूत या पूर्ण बना दे। पूर्ण प्रतिस्पर्द्धी बाजार चरम (Extreme) अवास्तविक व काल्पनिक (Myth) स्थिति है। प्रो. चैम्बरलिन इसे एक विरल प्रतिभास (Rare Phenomenon) मानते हैं। फिर भी हम कृषि उत्पादों, भारी ईंट व पत्थर तथा शीघ्र नाशवान वस्तुओं के बाजार को पूर्ण प्रतिस्पर्द्धी बाजार के काफी निकट समझते हैं।

Composite Demand | सामूहिक मांग

जब एक वस्तु दो या दो से अधिक उपयोगों के लिए मांगी जाती है तब ऐसी वस्तु की मांग को सामूहिक मांग (Composite Demand) कहते हैं। जैसे- कोयला, बिजली, दूध आदि।

Concrete Money | मूर्त मुद्रा

मूर्त मुद्रा (Concrete Money) जैसे- सोना, चेक, सिक्के, करेन्सी, नोट, बैंक ड्राफ्ट आदि को मूर्त मुद्रा कहते हैं।

Congestion Costs | भीड़-भाड़ लागतें

किसी सेवा का क्षमता से अधिक उपयोग करना, जैसे कि सार्वजनिक उद्यान, चिड़ियाघर, संग्रहालय, पुस्तकालय आदि में अधिक भीड़-भाड़ अथवा लोगों के आवश्यकता से अधिक इकट्ठे होने से संतुष्टि घट जाती है। इस प्रकार के प्रदूषण से भीड़-भाड़ की लागतें बढ़ जाती हैं, जिनके बारे में अनुमान लगाना कठिन है।

Consolidation of Holdings | चकबन्दी

कृषि भूमि के बिखरे हुए टुकड़ों को मिलाकर बड़े चक में बदलना ही चकबन्दी कहलाती है। इससे भूमि के उपविभाजन व अपखण्डन पर रोक लगती है तथा कृषि भूमि की उत्पादकता आधुनिक साधनों जैसे ट्रैक्टर, रासायनिक खाद व पानी के उपयोग से बढ़ती है। एक कृषक के छोटे-छोटे खेत एक जगह पर आ जाने से उत्पादन लागत कम हो जाती है और खेतों की देखभाल संभव हो जाती है। कार्यशील जोत का आकार बढ़ जाने से आधुनिक कृषि को प्रोत्साहन मिलता है, फसलों का परम्परागत स्वरूप व्यापारिक फसलों में बदल जाता है। इससे किसानों की आय में वृद्धि होती है। आपसी मुकदमेबाजी कम होती है तथा पारस्परिक सहयोग बढ़ता है।

Conspicuous Consumption | प्रदर्शनात्मक या प्रतिष्ठात्मक उपभोग

समाज के धनी व उच्च वर्गों द्वारा अपने धन या सेवाओं का उपयोग जब अपनी प्रतिष्ठा बढ़ाने या अपने उच्च जीवन स्तर का प्रदर्शन करने हेतु किया जाता है तो ऐसे उपयोग को प्रदर्शनात्मक या प्रतिष्ठात्मक (Conspicuous Consumption) उपभोग कहते हैं। इस अवधारणा का उपयोग यर्स्टन वेबलन द्वारा अपनी पुस्तक 'द थियरि ऑफ द लैज़र क्लास' (1899) में यह बताने के लिए किया गया कि जिन लोगों के पास अपने जीवन निर्वाह से अधिक धन-सम्पदा होती है, वे उसका उपयोग लोकहित या रचनात्मक कार्यों में न करके अपनी सामाजिक प्रतिष्ठा में वृद्धि के लिए करते हैं या प्रदर्शन या दिखावे के लिए करते हैं। इससे वर्ग भेद बढ़ता है। ऐसा व्यवहार या उपभोग अभिजात्य वर्गों, नवधनाढ्य वर्गों व सुविधाभोगी वर्गों द्वारा किया जाता है, जो अपनी धन सम्पदा का अपव्यय करके अपनी झूठी शान व उच्चजीवन स्तर को प्रमाणित करने का प्रयास करते हैं।

Constraints | प्रतिबन्ध या संरोधन

रेखीय प्रोग्रामिंग तकनीक का उपयोग कुछ शर्तों पर निर्भर करता है। हर समस्या के कुछ प्रतिबन्ध होते हैं या स्थिति से सम्बन्धित सीमाएँ या बाधाएँ होती हैं, जो यह बताती हैं कि क्या-क्या नहीं किया जा सकता है और क्या-क्या करना आवश्यक है। इन्हें असमानताएँ भी कहते हैं। उत्पादन में प्राय: भूमि, श्रम, पूँजी की दी हुई मात्राएँ होती हैं जिनका दक्षतम प्रक्रिया में उपयोग होता है।

Constant Returns to Scale | पैमाने के स्थिर प्रतिफल

पैमाने का बढ़ता प्रतिफल अनिश्चितकाल तक नहीं चलता है। जब आन्तरिक और बाह्य अमितव्ययताएँ तथा आन्तरिक और बाह्य बचतों का प्रति-संतुलन (Counter-Balance) होता है तो पैमाने के प्रतिफल समान अनुपात में बढ़ते हैं। इससे उत्पादन के **एक बड़े क्षेत्र** में पैमाने के स्थिर प्रतिफल प्राप्त होते हैं तथा पैमाने के प्रतिफल का वक्र क्षैतिज (Horizontal) हो जाता है। जब आन्तरिक अमितव्ययताएं और बचतें निष्प्रभावी हो जाती हैं और उत्पादन उसी अनुपात में बढ़ता है। दूसरा कारण बाह्य बचतों और अमितव्ययताओं का संतुलित होना है। जब उत्पादन के साधन पूर्णतया विभाज्य, स्थानापन्न और समरूप हों और दी हुई कीमतों पर उनकी आपूर्ति पूर्णतया लोचदार हो तो

पैमाने के स्थिर प्रतिफल प्राप्त होते हैं। पैमाने के स्थिर प्रतिफल का सिद्धान्त एक रेखीय तथा समरूप उत्पादन फलन या प्रथम कोटि के समरूप फलन का निर्देश करता है और वितरण के सिद्धान्तों में आइलर प्रमेय (Euler's Theorem) को स्पष्ट करता है।

Consumer | उपभोक्ता

एक ऐसा व्यक्ति या व्यक्ति समूह जो अन्तिम वस्तुओं और सेवाओं के उपभोग के लिए उत्तरदायी होते हैं, उपभोक्ता कहलाता है। अर्थात आवश्यकता की प्रत्यक्ष पूर्ति में किसी वस्तु या सेवा का उपयोगकर्ता उपभोक्ता कहलाता है। उपभोक्ता कोई अकेला व्यक्ति नहीं होता बल्कि एक परिवार या व्यक्ति समूह होता है जो अपनी आवश्यकता पूर्ति के लिए सामूहिक निर्णय करते हैं और वस्तुओं और सेवाओं के लिए एक सामूहिक मांग होती है। उपभोक्ता का उद्देश्य वस्तुओं और सेवाओं के ऐसे उपभोग से होता है, जिससे कि उनका अधिकतम सामाजिक कल्याण हो सके या अधिकतम उपभोग संतुष्टि प्राप्त हो सके।

Consumer Durable Goods | उपभोक्ता टिकाऊ वस्तुएँ

(i) वे उपभोक्ता वस्तुएँ जिनका जीवनकाल तीन वर्ष या इससे कम का होता है, वे गैर टिकाऊ वस्तुओं (Non Durable Goods) की श्रेणी में आती हैं। जैसे खाद्य (Food) वस्तुएँ एवं वस्त्र आदि।

(ii) वे उपभोक्ता टिकाऊ वस्तुएँ जिनका जीवनकाल तीन वर्ष से अधिक होता है, उन्हें टिकाऊ वस्तुएँ (Durable Goods) कहा जाता है जैसे ऑटोमोबाइल, फर्नीचर, टी.वी., फ्रिज आदि वस्तुएँ। उपभोक्ता गैर टिकाऊ वस्तुओं के उपभोग को टाल नहीं सकते, जबकि आर्थिक तंगी के कारण टिकाऊ वस्तुओं के उपभोग को आगे के लिए टाला जा सकता है।

Consumer's Equilibrium | उपभोक्ता का संतुलन

उपभोक्ता का उद्देश्य अपनी संतुष्टि को अधिकतम करने का होता है। अर्थात वह न्यूनतम त्याग पर अधिकतम संतुष्टि प्राप्त करना चाहता है। चूंकि उपभोक्ता की आय सीमित और आवश्यकताएँ अनन्त होती हैं, अतः उसे हर कदम पर 'चयन एवं निर्णयन की प्रक्रिया से गुजरना होता है। इसे उपभोक्ता का साम्य या संतुलन (Consumer's Equilibrium) कहते हैं। उपभोक्ता संतुलन दो रूपों में देखा जा सकता है। (i) उपयोगिता विश्लेषण में उपभोक्ता का संतुलन तथा (ii) उदासीनता वक्र विश्लेषण में उपभोक्ता का संतुलन।

(i) मार्शल के अनुसार- यदि किसी मनुष्य के पास एक ऐसी वस्तु है, जिसे वह अनेक उपयोगों में ला सकता है तो वह उसे अनेक उपयोगों में इस प्रकार बांटेगा कि प्रत्येक उपयोग में उसकी सीमान्त उपयोगिता बराबर हो जाए, तथा कुल उपयोगिता अधिकतम हो जाए। अर्थात मुद्रा की अंतिम इकाई से प्राप्त होने वाली उपयोगिता प्रत्येक व्यय के लिए समान हो जाए। इसका सूत्र इस प्रकार है-

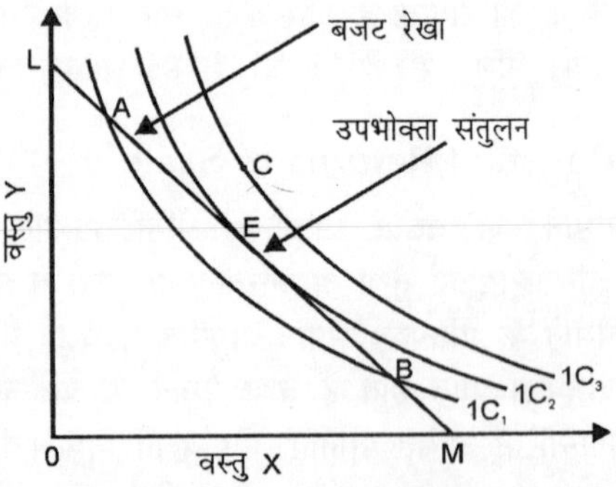

$$\frac{MU_x}{P_x} = \frac{MU_y}{P_y} = \frac{MU_z}{P_z} = MU_n$$

जहाँ- MU_x, MU_y तथा MU_z आदि क्रमशः X, Y तथा Z वस्तु से प्राप्त सीमान्त उपयोगिताएँ हैं तथा P_x, P_y तथा P_z उनकी क्रमशः कीमतें हैं। MU_n = मुद्रा की सीमान्त उपयोगिता है।

(ii) उदासीनता वक्र विश्लेषण में निहित मान्यताओं के आधार पर उपभोक्ता संतुलन के लिए दो शर्तों का पूरा होना आवश्यक है-

(a) उदासीनता वक्र कीमत रेखा LM को स्पर्श करे- अर्थात मात्रात्मक रूप में X वस्तु की Y वस्तु के लिए सीमान्त प्रतिस्थापन की दर X तथा Y वस्तुओं की कीमतों के अनुपात के बराबर होनी चाहिए।

यानी $MRS_{xy} = \frac{P_x}{P_y}$ संतुलन बिन्दु पर E कीमत रेखा का ढाल $MRS_{xy} = \frac{P_x}{P_y}$ होना चाहिए।

(b) स्थाई संतुलन के लिए संतुलन के बिन्दु पर उदासीनता वक्र मूल बिन्दु की ओर उन्नतोदर (Convex) होना चाहिए। अर्थात संतुलन बिन्दु पर MRS_{xy} घटती हुई होनी चाहिए। बिन्दु E उपभोक्ता का संतुलन बिन्दु है, क्योंकि यहां पर उपभोक्ता के संतुलन की दोनों शर्तें पूरी हो रही हैं। A, B या C पर ये शर्तें पूरी नहीं होती हैं।

Consumer Expenditure | उपभोक्ता व्यय

देखें- उपभोग व्यय (Consumption Expenditure)

Consumer Goods and Services | उपभोक्ता वस्तुएँ और सेवाएँ

उपभोक्ता के द्वारा अपनी चालू आवश्यकताओं की संतुष्टि के लिए जिन मूर्त और अमूर्त (Tangible and Intangible) वस्तुओं का उपयोग किया जाता है, उन्हें उपभोक्ता वस्तुएँ व सेवाएँ कहते हैं।

Consumer Price Index/Retail Price Index | उपभोक्ता मूल्य सूचकांक/फुटकर या खुदरा मूल्य सूचकांक

उपभोक्ता मूल्य सूचकांक को फुटकर या खुदरा मूल्य सूचकांक या जीवन निर्वाह व्यय सूचकांक भी कहते हैं। इन सूचकांकों के निर्माण का आधार फुटकर मूल्यों में होने वाले परिवर्तन होते हैं। उपभोक्ता मूल्य सूचकांकों की सहायता से किसी विशेष वर्ग के उपभोक्ताओं के द्वारा उपयोग में लाई जाने वाली वस्तुओं की कीमतों में होने वाले परिवर्तनों को मापा जाता है। सूचकांकों के निर्माण में उन प्रतिनिधि वस्तुओं को सम्मिलित किया जाता है, जिन्हें उपभोक्ताओं के पारिवारिक बजट में स्थान मिलता है। ऐसी वस्तुओं में अनाज, कपड़ा, रोशनी, ईंधन, मकान आदि आते हैं। इसके निर्माण में फुटकर कीमतों का उपयोग किया जाता है। इस तरह से प्राप्त कीमतों के उद्धरणों (Quotations) से औसत कीमत ज्ञात की जाती है। बाद में वस्तुओं के महत्व के अनुसार उन्हें भार प्रदान किए जाते हैं। बाद में समूही व्यय रीति या पारिवारिक बजट रीति के द्वारा उपभोक्ता मूल्य सूचकांकों का निर्माण कर लेते हैं, जो यह बताते हैं कि उपभोक्ता को एक वस्तु के लिए चालू वर्ष में आधार वर्ष की तुलना में कितना अधिक मूल्य देना पड़ेगा।

Consumer's Sovereignty | उपभोक्ता की सम्प्रभुता

उपभोग के क्षेत्र में उपभोक्ता सम्प्रभु या शासक होता है। जिस प्रकार शासक के आदेशों की अनुपालना सारी जनता करती है, उसी प्रकार उपभोक्ता के आदेशों की अनुपालना सम्पूर्ण औद्योगिक एवं व्यावसायिक जगत करता है। वर्तमान पूँजीवादी अर्थव्यवस्थाओं में उपभोक्ताओं की भूमिका

ठीक वैसी ही होती है, जैसी लोकतांत्रिक राजनीतिक व्यवस्था में मतदाताओं की। उपभोक्ता जिन वस्तुओं को पसंद करेंगे, उत्पादक उन्हीं वस्तुओं का उत्पादन करेंगे और विक्रेता उन्हीं की बिक्री करेंगे। उपभोक्ता निरंकुश सम्प्रभु न होकर वैधानिक सम्प्रभु के समान होते हैं। आय, अज्ञानता, आदत, रुचि, फैशन, वस्तुओं की सीमितता, रीति-रिवाज, विज्ञापन, तकनीकी ज्ञान व प्रदर्शन प्रभाव आदि के कारण उपभोक्ता की सम्प्रभुता पर स्वतः ही रोक लग जाती है। अतः सम्प्रभु होते हुए भी उपभोक्ता शासन नहीं करता। मिश्रित, समाजवादी व साम्यवादी अर्थव्यवस्थाओं में इनका महत्व सीमित हो जाता है।

Consumer's Surplus | उपभोक्ता की बचत या अतिरेक

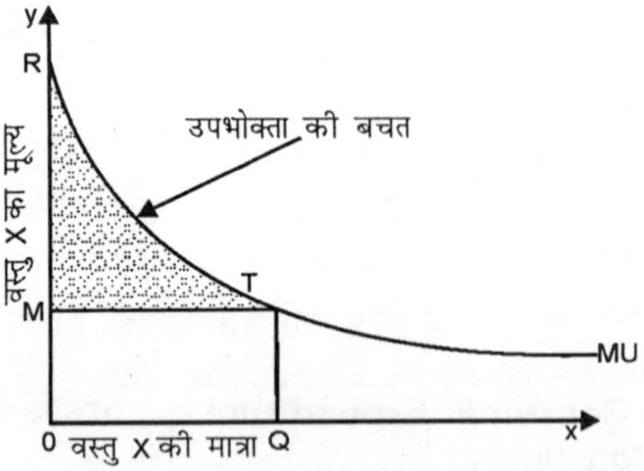

उपभोक्ता की बचत की विचारधारा के प्रतिपादक एक फ्रांसीसी अर्थशास्त्री ड्यूपिट थे। उपभोक्ता की बचत को बाद में मार्शल ने उपयोगिता विश्लेषण द्वारा एवं हिक्स ने उदासीनता वक्रों की सहायता से स्पष्ट किया।

मार्शल का दृष्टिकोण

मार्शल के अनुसार किसी वस्तु के उपभोग से वंचित रहने की अपेक्षा उपभोक्ता उस वस्तु के लिए जो कीमत देने को तैयार होता है और जो कीमत वह वास्तव में देता है उसका अन्तर या अतिरेक ही उपभोक्ता की बचत कहा जाता है। x वस्तु से प्राप्त कुल उपयोगिता 100 इकाई है (या जो कीमत देने को तैयार है) वस्तु की बाजार कीमत 70 रुपये है तो उपभोक्ता की बचत = 100 –70 = 30रु. होगी। चित्र में MU उपभोक्ता का सीमान्त उपयोगिता वक्र है और मांग वक्र भी है। उपभोक्ता की बचत = कुल उपयोगिता-कुल कीमत = क्षेत्रफल RMOQT – क्षेत्रफल MOQT = क्षेत्रफल RMT उपभोक्ता की बचत = RMT होगी।

हिक्स का दृष्टिकोण

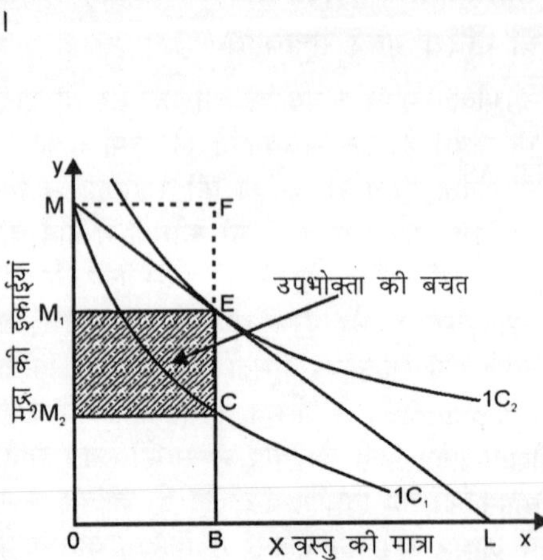

हिक्स मार्शल के दृष्टिकोण से संतुष्ट नहीं थे। उन्होंने अपने क्रमवाचक उदासीनता वक्र विश्लेषण की सहायता से उपभोक्ता की बचत या अतिरेक को स्पष्ट करने का प्रयास किया है। चित्रानुसार उदासीनता वक्र $1C_2$ के बिन्दु E पर संतुलन में है जहां $1C_2$ वक्र कीमत रेखा ML को स्पर्श करता है। बिन्दु E पर उपभोक्ता x वस्तु की OB इकाइयाँ प्राप्त करने के लिए MM_1 या FE व्यय कर रहा है। जब उपभोक्ता x वस्तु की इकाई का उपभोग नहीं कर रहा था तो वह बिन्दु M पर था। बिन्दु M उदासीनता वक्र $1C_2$ का एक बिन्दु है। अगर उपभोक्ता $1C_1$ पर रहे तो वह x वस्तु की OB इकाइयाँ खरीदने के लिए FC मुद्रा देने को तैयार है जबकि वास्तव में वह FE मुद्रा ही दे रहा है। अतः उपभोक्ता की बचत = मुद्रा देने को तैयार-वास्तव में दी गई मुद्रा यानी FC–FE=EC होगी। अर्थात उपभोक्ता की बचत = क्षेत्रफल M_1M_2 CE के बराबर है।

Consumption | उपभोग

मानवीय आवश्यकता की प्रत्यक्ष संतुष्टि में किसी वस्तु या सेवा के प्रत्यक्ष एवं अंतिम उपभोग द्वारा उसकी उपयोगिता का कम अथवा समाप्त होना उपभोग कहलाता है। उपभोग आर्थिक क्रियाओं का आदि और अन्त है। वस्तुओं के उपभोग की इच्छा से प्रेरित होकर ही मनुष्य प्रयत्न करता है और इन प्रयत्नों से जिस कार्य की उत्पत्ति होती है, उसकी क्रियाओं को मनुष्य अपनी आवश्यकताओं पर खर्च कर देता है। इस प्रकार आवश्यकता → प्रयत्न → उत्पादन → उपभोग → आवश्यकता आदि का अनवरत प्रवाह चलता रहता है। उपभोग हमारी प्रगति एवं समृद्धि का सूचक है। उपभोग ही किसी अर्थव्यवस्था में आय एवं रोजगार का स्तर निर्धारित करता है। उत्पादन, विनिमय एवं वितरण की क्रियाओं का स्वरूप व मात्रा उपभोग पर ही निर्भर करती है। उपभोग को मेंजर, वीजर व बोम बावर्क ने मान्यता दी, किन्तु इसे प्रतिष्ठित करने का श्रेय प्रो. मार्शल को दिया जाता है, जिसके द्वारा उपभोक्ता के साम्य व अधिकतम संतुष्टि सम्बन्धी विचारों की व्याख्या की जाती है।

Consumption Expenditure | उपभोग व्यय

उपभोक्ता द्वारा वर्तमान आवश्यकताओं की पूर्ति या संतुष्टि के लिए वस्तुओं और सेवाओं पर किए गए कुल व्यय को उपभोग व्यय (Consumption Expenditure) कहते हैं।

Consumption Function | उपभोग फलन

केन्ज का आय दृष्टिकोण

प्रो. केन्ज के अनुसार अल्पकाल में उपभोग व्यय मुख्य रूप से आय पर निर्भर करता है। उपभोग व्यय खर्च योग्य आय (Disposable Income) पर निर्भर करता है। अतः आय व उपभोग के मध्य जो सम्बन्ध पाया जाता है, उसे उपभोग फलन (Consumption Function) कहते हैं। अर्थात् $C = f(y)$ जहां C = उपभोग फलन f = फलन व y = आय को दर्शाता है यानी उपभोग आय का फलन है।

केन्ज का मनोवैज्ञानिक दृष्टिकोण

केन्ज के अनुसार पूँजीवादी अर्थव्यवस्थाओं में जैसे-जैसे आय बढ़ती है, वैसे-वैसे उपभोग व्यय भी बढ़ता है, किन्तु आय से कम अनुपात में। आय में वृद्धि ΔY से उपभोग वृद्धि ΔC तथा बचत में वृद्धि ΔS होती है।

तब औसत बचत प्रवृत्ति $APS = \frac{S}{Y} = \frac{\text{कुल बचत}}{\text{कुल आय}}$ होगी। तथा सीमान्त बचत प्रवृत्ति

$$= MPS = \frac{\Delta S}{\Delta Y} = \frac{\text{बचत में वृद्धि}}{\text{आय में वृद्धि}}$$ होगी।

अर्थात् $Y = C+S$ या आय = उपयोग + बचत के बराबर होगी। औसत उपभोग प्रवृत्ति व औसत बचत प्रवृत्ति तथा सीमान्त उपभोग व सीमान्त बचत प्रवृत्ति इकाई के बराबर होती है तथा सीमान्त उपभोग प्रवृत्ति सदैव शून्य से अधिक तथा इकाई से कम होती है।

Consumption Tax | उपभोग कर

उपभोग कर दो रूपों में लगाया जाता है। प्रथम उपभोक्ता द्वारा किए गए व्यय पर व्यय कर लगाया जाता है तथा दूसरा जब उपभोक्ता द्वारा वस्तुएँ और सेवाएँ खरीदी जाती हैं, उन पर कर लगाया जाता है। दूसरे प्रकार का कर, उत्पादक फर्म जो वस्तुओं और सेवाओं की आपूर्ति करती है, उस पर लगाया जाता है।

Contagion Effect | छूत प्रभाव

किसी बैंक के दिवालिया होने के भय से ग्राहक उस पर हल्ला बोल देते हैं और अपनी जमाएँ निकालने लगते हैं। यह स्थिति अन्य बैंकों में भी छूत की तरह फैल जाती है।

Contestable Market | विवादात्मक बाजार

एक ऐसा बाजार जहां उद्योग में आना व जाना स्वतंत्र एवं लागत रहित होता है। बाजार में जब सामान्य से अधिक लाभ मिलने लगते हैं तो सक्षम प्रवेशकर्ता बाजार में आ जाते हैं। अल्पाधिकारी बाजार ऐसा ही बाजार होता है जहां फर्मों का उत्पादन उस बिन्दु पर होगा, जहाँ कीमत तथा सीमान्त लागत बराबर हो और सीमान्त लागत औसत लागत के बराबर हो। ऐसे बाजार में समरूप अथवा विभेदित वस्तुएँ बेचने वाली थोड़ी सी फर्में होती हैं। बाजार में थोड़ी सी फर्में होने से एक फर्म की नीति दूसरी फर्म की नीति को प्रभावित कर सकती है तथा इनका विज्ञापन जीवन एवं मृत्यु का विषय बन जाता है। प्रत्येक विक्रेता अपने प्रतिद्वंद्वियों की चालों पर गुप्त नजर रखता है ताकि अपनी प्रतिचालें चल सके। विक्रेताओं के बीच गला-काट प्रतियोगिता होती है। सभी फर्में आकार में भिन्न होती हैं, उत्पादन में भिन्नता होती है तथा उत्पादक के सही व्यवहार को पहचानना कठिन होता है। इनका मांग वक्र भी अनिश्चित होता है और कीमत निर्धारण व्यवहार का भी कोई ढांचा नहीं होता है। फर्में अधिक लाभ कमाने के लिए लगातार अनिश्चितता से एक-दूसरे से विवाद व कीमत-उत्पादन गतियों की क्रिया और प्रतिक्रिया करती रहती हैं।

Contract Curve/Conflict Curve | संविदा वक्र या संघर्ष रेखा

संविदा वक्र (Contract Curve) एक व्यक्ति माना 'A' तथा दूसरे व्यक्ति माना 'B' की तटस्थता रेखाओं के बीच स्पर्श बिन्दुओं का रास्ता (Locus) है। प्रत्येक स्पर्श बिन्दु पर दो वस्तुओं के लिए दोनों व्यक्तियों के बीच सीमान्त प्रतिस्थापन दर बराबर होती है और यह साम्य या वस्तुओं के अनुकूलतम वितरण के लिए आवश्यक दशा होती है। अतः एक संविदा वक्र वस्तुओं के अनुकूलतम वितरण को बताता है, जिसे ऐजवर्थ के संदूक चित्र (Edgeworth's Box Diagram) द्वारा दिखाया जाता है। इस संविदा वक्र के विपरीत व्यवहार करने पर दोनों व्यक्तियों (A तथा B) को हानि होगी। संविदा वक्र पर दोनों व्यक्ति किस वितरण बिन्दु पर पहुंचेंगे, यह दोनों व्यक्तियों की तुलनात्मक सौदा करने की शक्ति पर निर्भर करेगी।

Convertibility | परिवर्तनशीलता

यह मुद्रा का एक गुण है, जिसमें धारक की इच्छानुसार एक मुद्रा को दूसरी मुद्रा में परिवर्तन कराने की सुविधा होती है।

Corner Solutions | कोणीय हल

इसका उपयोग उपभोक्ता के संतुलन की शर्तों के अन्तर्गत किया जाता है। यदि उदासीनता वक्र मूल बिन्दु के नतोदर हो तो उसका बजट रेखा (Price Line) के साथ स्पर्श करने पर भी उपभोक्ता संतुलन की स्थिति में नहीं होगा, क्योंकि इस बिन्दु के दाएँ अथवा बाएँ जाने पर वस्तु xy की प्रतिस्थापन की सीमान्त दर (MRS_{xy}) बढ़ती है। फिर भी सीधी रेखा उन्नतोदर व नतोदर वक्रों से यह दिखाया जा सकता है कि उपभोक्ता संतुलन में हो सकता है यदि वह दो वस्तुओं की अपेक्षा केवल एक वस्तु का उपयोग करता है। इस स्थिति में उपभोक्ता का संतुलन एक कोणीय हल (Corner Solution) होगा।

Corporation | निगम

निगम (Corporation) वह होता है, जिसमें दो मुख्य विशेषताएँ होती हैं- (i) ये निगम अपने स्टॉक होल्डर सदस्यों से भिन्न अपनी एक विधिक सत्ता (Legal Entity) रखते हैं तथा (ii) इनका आकार काफी बड़ा होता है तथा ये प्रबन्ध व वित्तीय व्यवस्था की दृष्टि से प्रमुख स्वामी व साझेदार होते हैं। (iii) इसे कानूनी मान्यता होती है। (iv) इसे संविदाएँ आमंत्रित करने का अधिकार होता है (v) ये कानूनी अदालत में अभियोग चला सकता है और इस पर भी अभियोग चल सकता है।

Corporate Tax | निगमित कर

निगमित (Corporate Tax) कम्पनियों की वार्षिक आय में से संचालन लागतों (Operating Costs) ब्याज, पूँजीगत भत्ते (Capital Allowances) तथा स्टॉक राहत आदि को घटाने के पश्चात किन्तु लाभांश देने से पूर्व लगाया जाता है। यह एक प्रत्यक्ष कर है।

Correlation | सह सम्बन्ध

व्यावसायिक व आर्थिक चरों के मध्य रेखीय (Linearly) सम्बन्ध होते हैं, जो कारण और परिणामों के सम्बन्धों को बताते हैं। इनके आधार पर भविष्यवाणी की जा सकती है। इसका सूत्र है-

$$\gamma \frac{\Sigma xy}{\sqrt{\Sigma x^2}\sqrt{\Sigma y^2}}$$

जहां x तथा y माध्य विचलन हैं। −1 का मूल्य पूर्ण ऋणात्मक, +1 पूर्ण धनात्मक सह सम्बन्धों को बताता है जबकि शून्य (0) किसी सह सम्बन्ध को नहीं बताता है।

Cost | लागत

किसी उत्पादक या फर्म द्वारा उत्पादन हेतु किए गए कुल मुद्रा व्यय को लागत (Cost) कहते हैं। इसमें श्रम की मजदूरी और वेतन, कच्चे माल की लागत, मशीनों और उपकरणों का खर्च, मशीनों के मूल्य ह्रास, घिसने और न चलने का व्यय, भवन तथा अन्य पूँजी पदार्थ व भवन का किराया, उधार ली गई पूँजी का ब्याज, बिजली, ईंधन, यातायात और विज्ञापन तथा बीमा खर्च व सभी करों को शामिल किया जाता है।

Cost-benefit Analysis | लागत-लाभ विश्लेषण

फिण्डले शिराज के मतानुसार सरकारी परियोजनाओं पर व्यय इस प्रकार से किया जाना चाहिए ताकि जनता की लगने वाली लागत की तुलना में जनता को अधिक से अधिक लाभ प्राप्त हो। जिस प्रकार कर लगाते समय सरकार व्यक्ति की कर देय क्षमता (Taxable Capacity) का ध्यान रखती है, उसी प्रकार व्यय करते समय सरकार को व्यक्ति की लाभ प्राप्त करने की क्षमता को ध्यान में रखना चाहिए। यद्यपि सार्वजनिक व्यय के लाभ को मापना कठिन है, क्योंकि कुछ व्यय ऐसे हैं, जिनसे व्यक्तिगत लाभ तो बढ़ सकता है, किन्तु सामाजिक लाभ नहीं। सार्वजनिक व्यय सम-सीमान्त उपयोगिता या अधिकतम संतुष्टि नियम के अनुसार होने चाहिए, ताकि प्रत्येक दशा में सीमान्त लाभ समान हो सके। अधिकतम लाभ तभी होता है जब देश में उत्पादन बढ़े व उसका सभी लोगों में समान वितरण हो।

Cost-push Inflation | लागतप्रेरित स्फीति

यह स्फीति पूर्तिपक्ष की तरफ से उत्पन्न होती है। इसका सम्बन्ध लागतों में वृद्धि से होता है। लागतों की वृद्धि प्रायः मौद्रिक मजदूरी की वृद्धि, कच्चे माल (स्वदेशी व विदेशी) की कीमतों में वृद्धि आदि कारणों से उत्पन्न होती है। 1973, 1978 तथा 1990 में क्रूड तेल के मूल्यों में भारी वृद्धि से तेल आयातक देशों ने मुद्रास्फीति को बढ़ावा दिया था। इनके कारण उत्पादन लागत में वृद्धि हुई थी। फलस्वरूप कीमत स्तर को स्थिर रखना कठिन हो गया था। यह स्फीति पूर्णरोजगार की दशा से पहले उत्पादन क्षमता के अप्रयुक्त रहने तथा श्रमिकों में बेरोजगारी पाए जाने की अवस्था में भी उत्पन्न हो सकती है।

Cost-Minimization | लागत न्यूनतमीकरण

उत्पादन सिद्धान्त में लाभ-अधिकतमीकरण फर्म उस समय संतुलन में होती है, जब लागत कीमत फलन दिया हुआ होने पर वह साधनों के न्यूनतम लागत संयोग के आधार पर अपने लाभों को अधिकतम करती है। इसके लिए वह उस संयोग का चुनाव करेगी जो एक दिए हुए उत्पादन के लिए अपनी उत्पादन लागत को न्यूनतम करती है। ये उस फर्म के लिए इष्टतम संयोग होगा। इसके लिए आवश्यक है कि फर्म का समलागत रेखा का ढाल सममात्रा वक्र के ढाल के बराबर हो तथा स्पर्श बिन्दु पर सममात्रा वक्र मूल बिन्दु की ओर उन्नतोदर हो।

Cost of Living Index | जीवन निर्वाह सूचकांक

(देखें उपभोक्ता मूल्य सूचकांक या खुदरा मूल्य सूचकांक)

Costs of Protection | सुरक्षात्मक लागतें या संरक्षणात्मक लागतें

प्रशुल्क, अभ्यंश या अन्य प्रतिबन्धों से घरेलू उद्योगों को संरक्षण प्रदान करने में जो लागतें लगती हैं, उन्हें संरक्षणात्मक लागतें (Costs of Protection) कहते हैं। संरक्षित अर्थव्यवस्था में ये लागतें दो प्रकार से लगती हैं। उत्पादन में साधनों का दूषित आबंटन तथा उपभोग के प्रारूप में वक्रता आ जाए तो ऐसी लागतें लगती है। साधनों के दूषित आबंटन के कारण साधनों की सीमान्त आय उत्पादकता घटती है तथा उपभोग के प्रारूप में वक्रता से उपभोक्ता की बचत में कमी होती है।

Cost-Pricing/Full Cost Pricing/Average Cost Pricing | लागत कीमत/पूर्ण लागत कीमत/औसत लागत कीमत

हाल और हिच के अध्ययन के अनुसार बिक्री मूल्यों का आधार 'पूर्ण लागत या औसत लागत' होना चाहिए तथा इसमें लाभ के अंश को शामिल किया जाना चाहिए। इस प्रकार पूर्ण औसत लागत पर आधारित कीमत वह 'सही मूल्य' है जो कि अल्पाधिकार के अन्तर्गत 'सही प्रतियोगिता' के विचार पर आधारित होना चाहिए। पूर्णलागत पूर्ण औसत लागत है, जिसमें औसत परिवर्तनशील लागतें (AVC), और स्थिर लागतें (AFC) तथा सामान्य लाभ (Normal Profit) शामिल होते हैं। अर्थात पूर्णलागत P = AVC + AFC + Profit Margin होती है।

Craft Union | शिल्प या दस्तकारी संघ

ये संघ एक ही प्रकार की योग्यता, कौशल और प्रशिक्षण प्राप्त व्यक्तियों के संघ हैं। ऐसे संघों में अधिकतर शारीरिक श्रम करने वाले व्यक्ति होते हैं। इनका उद्देश्य श्रमिकों को शोषण से मुक्ति दिलाना है। ऐसे संघ है- कानपुर मिल मजदूर संघ, डाक एवं तार कर्मचारी संघ, अध्यापक संघ आदि।

Credit | साख

साख शब्द लेटिन भाषा के 'Credo' शब्द से बना है। जिसका अर्थ है "मैं विश्वास करता हूँ।" अत: यदि विश्वास के आधार पर किसी व्यक्ति के भुगतान को स्थगित करने की बात मान ली जाती है तो उसे 'साख कहते हैं। अन्य शब्दों में भविष्य में भुगतान की प्रतिज्ञा के आधार पर वर्तमान में मुद्रा या कीमती वस्तुएँ एवं सेवाएँ प्राप्त करना ही साख है।'

Credit Bill | साख पत्र

साख पत्र सामान्यत: एक बैंक द्वारा किसी अन्य व्यक्ति या व्यक्तियों के नाम लिखा गया एक पत्र होता है। इस पत्र में निर्दिष्ट व्यक्ति द्वारा जारी किए गए बैंकों या उसके द्वारा स्वीकार किए गए विनिमय बिलों के भुगतान की गारन्टी प्रदान की जाती है। इस प्रकार के साख पत्र आयात-निर्यात व्यापार में प्रयुक्त होते हैं।

Credit Card | साख पत्र या कार्ड

भारत में कई बैंकों ने प्रयोग के तौर पर साख पत्र (Credit Card) जारी किए हैं। यह साख पत्र पहचान पत्र के रूप में प्रतिष्ठित ग्राहकों को दिए जाते हैं। इन साख पत्रों को दिखाकर ग्राहक इसी बैंक की अन्य किसी शाखा से या किसी भी बैंक के ए.टी.एम. से कभी भी निश्चित मुद्रा प्राप्त कर सकता है साथ ही वह बाजार से खरीदारी, रेलवे व हवाई यात्रा के टिकट भी खरीद सकता है इससे ग्राहकों को बहुत लाभ होता है।

Credit Control | साख नियंत्रण

साख नियंत्रण का कार्य केन्द्रीय बैंक का एक महत्वपूर्ण कार्य है, ताकि अर्थव्यवस्था में स्फीतिकारी एवं अस्फीतिकारी दबावों को नियंत्रण में रखा जा सके। इसके लिए केन्द्रीय बैंक व्यापारिक बैंकों की साख सृजन क्षमता पर मात्रात्मक व गुणात्मक तरीके अपनाकर नियंत्रण करता है। मात्रात्मक तरीकों में बैंक दर नीति, खुले बाजार की क्रियाएँ तथा बैंकों के रिजर्व अनुपातों में परिवर्तन प्रमुख हैं। इनके उपयोग से केन्द्रीय बैंक व्यापारिक बैंकों के साख की लागत तथा मात्रा को नियंत्रित करता है। दूसरी ओर गुणात्मक तरीकों, जिनमें चयनात्मक साख नियंत्रण, उपभोक्ता साख का नियमन, साख का राशनिंग, नैतिक दबाव, प्रत्यक्ष कार्यवाही और प्रचार आदि शामिल होते हैं।

Credit Creation | साख सृजन

व्यापारिक बैंकों के द्वारा साख सृजन दो बातों पर निर्भर करता है। (i) बैंक में प्रारम्भ में कितनी राशि नकद जमा (Cash Deposit) के रूप में है तथा (ii) नकद रिजर्व अनुपात (Cash Reserve Ratio) कितना है। माना कि एक बैंक के पास 100 रु. नकद जमा के रूप में आते हैं और नकद रिजर्व अनुपात 20% है,

तो साख सृजन $= \frac{100}{0.2} = 100 x 5 = 500$ रु. होगा।

बैंक के पास जो जमा राशि आती है, बैंक से एक साथ नहीं निकाली जाती। इस जमा राशि का एक निश्चित प्रतिशत नकद रूप में रखकर शेष राशि उधारकर्ता को उधार दी जाती है तथा उधारकर्ता के नाम खाता खोलकर उसके खाते में जमा कर दी जाती है, जिसे वह आवश्यकतानुसार निकालता रहता है। इसी खाते से कुछ प्रतिशत नकद राशि रखकर दूसरे ग्राहक को ऋण स्वीकृत कर उसके खाते में राशि जमा कर दी जाती है, फिर इस खाते में से कुछ प्रतिशत नकद राशि

रखकर तीसरे व्यक्ति के नाम खाता खोल दिया जाता है। इस प्रकार एक 100 रु. की जमा से 500 रु. तक का साख सृजन हो जाता है।

Credit Multiplier | साख गुणक

एक बैंक अपने अतिरिक्त रिजर्व के बराबर उधार दे सकता है। परन्तु समस्त बैंकिंग प्रणाली अपने मूल अतिरिक्त जमा के गुणक के बराबर ही साख का निर्माण कर सकती है अथवा उधार दे सकती है। इसे साख गुणक या जमा गुणक कहते हैं। यह एक बैंक की जमा प्रसार की सीमा निर्धारित करता है।

Credit Transfer System | साख हस्तान्तरण व्यवस्था

बैंकों की शाखाओं के विस्तार के साथ ही भुगतान सुविधाओं का विस्तार भी हुआ है। कुछ बैंकों ने शर्त रहित ग्राहकों के कोषों के निःशुल्क भुगतान की योजना प्रारम्भ की है। 'विशिष्ट साख हस्तान्तरण व्यवस्था' के अन्तर्गत एक व्यक्ति एक बार में एक निर्धारित राशि उसी बैंक की दूसरी शाखा के किसी दूसरे व्यक्ति के खाते में निःशुल्क भेज सकता है। एक दूसरी योजना के अन्तर्गत एक निर्धारित राशि तक के चेक की राशि एक ही बैंक की शाखाओं के बीच निःशुल्क एकत्रित करने की सुविधा प्रदान की गई है।

Credit Rationing | साख की राशनिंग

जिस उद्देश्य के लिए व्यापारिक बैंक उधार देते हैं, उस उद्देश्य को नियंत्रित एवं नियमित करने के लिए साख की राशनिंग भी एक चयनात्मक उपाय है। ये दो प्रकार से होती है- (i) परिवर्ती निवेश सूची सीमा (Variable Portfolio Ceilling) के द्वारा तथा (ii) परिवर्ती पूँजी परिसम्पत्ति अनुपात (Variable Capital Assets Ratio) के द्वारा। प्रथम प्रकार के केन्द्रीय बैंक व्यापारिक बैंकों की सकल निवेश सूचियों की अधिकतम सीमा निश्चित कर देता है, ताकि बैंक उस सीमा से अधिक कर्ज नहीं दे सकें। दूसरे प्रकार के अनुसार केन्द्रीय बैंक किसी व्यापारिक बैंक की कुल परिसम्पत्तियों से उसकी पूँजी के सम्बन्ध में सीमा निर्धारित करता है। साख का राशनिंग उपाय रूस तथा मैक्सिको में बहुत उपयोग में लिया गया है। यह विधि छोटे बैंकों की अपेक्षा बड़े बैंकों की उधार देने की शक्ति को अधिक सीमित करती है। मिश्रित अर्थव्यवस्थाओं में इसका सीमित उपयोग होता है।

Creeping Inflation | रेंगती स्फीति

जब कीमतों में वृद्धि बहुत धीरे-धीरे होती है और वार्षिक स्फीति दर मंद पड़ जाती है तो इसे रेंगती स्फीति (Creeping Inflation) कहते हैं। गति के शब्दों में यदि कीमतों में निरन्तर वृद्धि तीन प्रतिशत प्रतिवर्ष से कम दर से होती है तो उसे मंद स्फीति कहा जाता है। कीमतों में ऐसी वृद्धि आर्थिक वृद्धि के लिए सुरक्षित एवं आवश्यक मानी गई है।

Critical Minimum Efforts Theory | न्यूनतम आवश्यक प्रयास सिद्धान्त

अर्द्धविकसित देशों को स्थाई आर्थिक विकास की ओर अग्रसर करने के लिए प्रो. हर्वे लीबिन्स्टीन के द्वारा 'आवश्यक न्यूनतम प्रयास' का विचार प्रस्तुत किया गया। उनके अनुसार अल्पविकसित देशों में गरीबी का दुष्चक्र पाया जाता है, जो उन्हें प्रति व्यक्ति निम्न आय संतुलन की स्थिति के आस-पास बनाए रखता है। अल्पविकसित देशों को गरीबी के इस दुष्चक्र से बाहर निकालने के लिए आवश्यक न्यूनतम प्रयास की आवश्यकता होती है। इसके लिए यह आवश्यक है कि एक

न्यूनतम प्रयास अपनाकर प्रति व्यक्ति आय के स्तर को उस बिन्दु तक बढ़ा दिया जाए, जिस पर सतत विकास कायम रह सके। यह देश को आत्मनिर्भर विकास के मार्ग पर आगे बढ़ाने के लिए कुछ-कुछ हवाई जहाज के लिए न्यूनतम Takeoff की भांति होता है। हवाई जहाज के लिए एक ऐसी न्यूनतम गति आवश्यक होती है, जिसे प्राप्त करने के बाद ही वह हवा में उड़ सकता है। यही स्थिति अर्थव्यवस्था को विकास मार्ग पर अग्रसर होने के लिए न्यूनतम प्रयासों की होती है।

Crossed Cheque | रेखांकित चेक

(देखें चेक (Cheque)

Cross Elasticity of Demand | मांग की आड़ी या तिरछी लोच

आड़ी या तिरछी लोच (Cross Elasticity) का विचार सर्वप्रथम मूर ने अपनी पुस्तक *Synthetic Economics* में किया था तथा इसकी विस्तृत व्याख्या रॉबर्ट ट्रिफिन ने की। इनके अनुसार कुछ वस्तुएँ ऐसी होती हैं कि एक वस्तु की कीमत में परिवर्तन के कारण दूसरी वस्तु की मांग में भी परिवर्तन हो जाता है, किन्तु कीमत में नहीं। यह तीन प्रकार की होती हैं। (i) स्थानापन्न वस्तुओं के सम्बन्ध में धनात्मक आड़ी लोच जो अनन्त होती है। (ii) पूरक एवं संयुक्त वस्तुओं की आड़ी लोच ऋणात्मक होती है। (iii) स्वतंत्र वस्तुओं की आड़ी लोच शून्य होती है। इसका सूत्र है-

$$e_c = \frac{\Delta Qx / Qx}{\Delta Py / Py}$$

जहां- ΔQx = y वस्तु की कीमत में परिवर्तन के कारण x वस्तु की मांग में परिवर्तन
Qx = x वस्तु की प्रारम्भिक मांग
ΔPy = y वस्तु की कीमत में परिवर्तन के कारण y वस्तु की मांग में परिवर्तन
Py = y वस्तु की प्रारम्भिक कीमत।

Crusoe Economy | क्रूसो अर्थव्यवस्था

रोबिन्सन क्रूसो की अर्थव्यवस्था एक ऐसी सरल (Simple) अर्थव्यवस्था होती है, जिसमें व्यक्ति पूर्णत: आत्मनिर्भर होता है तथा अर्थव्यवस्था केवल उपभोग और उत्पादन की दोहरी प्रक्रिया तक सीमित रहती है।

Currency | चलन मुद्रा

मूर्त चलन मुद्रा (Currency) वह होती है, जिसमें सिक्के व पत्रमुद्रा सहित राष्ट्रीय मुद्रा आपूर्ति का भाग होती है। इसे नकद मुद्रा (Hard Cash) भी कह सकते हैं। मुद्रा आपूर्ति में बैंकों की मांग जमाएँ भी शामिल होती हैं। मुद्रा का मूल्य कम अधिक हो सकता है तथा इसे नियंत्रित भी किया जा सकता है। कोई भी देश विदेशी विनिमय की आवश्यकतानुसार मांग कर सकता है। इस प्रकार मुद्रा आपूर्ति के चार वैकल्पिक माप हैं- इनमें से M_1 = जनता के पास मुद्रा + बैंकों की मांग जमाएँ + रिजर्व बैंक की अन्य जमाएँ अर्थात देश में चालू विनिमय माध्यम के रूप में प्रयुक्त नोट एवं सिक्के 'चलन मुद्रा कहे जाते हैं।'

Currency Appreciation | चलन मूल्य वृद्धि

एक चलन मुद्रा का दूसरी चलन मुद्रा के मुकाबले मूल्य बढ़ाना अर्थात तैरती विनिमय दरों (Floating Exchange Rates) की दशाओं में चलन मुद्रा की विनिमय दर में वृद्धि होना। यह

पुनर्मूल्यन (Revaluation) के समान है। यह चलन मुद्रा के मूल्यों में उत्थान है, समायोज्य पेग व्यवस्था के अन्तर्गत।

Currency Control | चलन मुद्रा का नियंत्रण

केन्द्रीय बैंक या मुद्रा निर्गमित संस्था सामान्य तथा केन्द्रीय बैंक आंशिक या समग्र रूप में मुद्रा निर्गमित करते हैं। आधुनिक दशाओं में चलन मुद्रा पूर्ति को नियंत्रित करना आसान नहीं है। केन्द्रीय बैंक व्यापारिक बैंकों की साख निर्माण की शक्ति पर नियंत्रण करने हेतु चलन मुद्रा या नकद मुद्रा की मात्रा पर नियंत्रण करके साख प्रसार को संकुचित करता है, क्योंकि साख निर्माण की शक्ति काफी कुछ चलन या नकद मुद्रा की मात्रा पर निर्भर करती है।

Currency Depreciation | चलन मूल्य ह्रास

एक नकद मुद्रा (Currency) की तुलना में दूसरी नकद मुद्रा के मूल्य में गिरावट को नकद मुद्रा का मूल्य घट जाना (Depreciation) कहते हैं। अर्थात नकद मुद्रा के विनिमय मूल्य Exchange Rate में कमी हो जाना जबकि तैरती विनिमय दर (Floating Exchange Rate) की व्यवस्था हो। यह अवमूल्यन (Devaluation) की भांति होता है।

Current Account | चालू जमा खाता

बैंक के चालू जमा खाते में रुपया जमा करने वाला अपनी इच्छा के अनुसार रुपया जमा कर सकता है या निकाल सकता है। इस पर किसी प्रकार का प्रतिबन्ध नहीं होता। इस प्रकार का जमा खाता व्यापारियों व बड़ी-बड़ी संस्थाओं के लिए विशेष सुविधाजनक होता है। इसे मांग जमा (Demand Deposit) भी कहा जाता है। इस सुविधा के बदले में बैंक कुछ ब्याज भी ले सकता है। इस खाते में जमा धन पर ऋण नहीं मिलता, किन्तु किसी भी समय जमा धन आहरित किया जा सकता है।

Current Assets | चालू परिसम्पत्तियाँ

चालू परिसम्पत्तियों के मुख्य तीन अंग होते हैं। प्रथम-स्टॉक्स (Stocks), तैयार वस्तुओं सहित, निर्माणाधीन कार्य, (Work in Progress) तथा कच्चा माल (Raw Material)। स्टॉक्स का मूल्यांकन करना काफी कठिन होता है। दूसरा अंग प्राप्तव्य खाते (Accounts Receivable) या अल्पकालीन ऋण। इसमें खराब ऋणों (Bad Debts) का अनुमान लगाना कठिन होता है। तीसरा अंग नकदी (Cash) तथा अल्पकालीन निवेश। चालू परिसम्पत्तियों का आकार कम्पनी की तरलता व वित्तीय अनुपातों की ओर संकेत करता है। इस प्रकार इसमें हाथ में धन, बैंक जमा, निवेश, हानि में आया हुआ स्टॉक व ऋणी व्यक्तियों पर देय धनराशि सम्मिलित होती है।

Current Liabilities | चालू जिम्मेदारियाँ या देनदारियाँ

कम्पनी के ऋणों की सूची, जिन्हें निर्धारित अवधि में चुकाना होता है। यह कम्पनी के कुल अल्पकालीन ऋणों का माप होता है। यह ऋण खरीदी गई वस्तुओं के लिए या प्राप्त सेवाओं का होता है। इसमें ब्याज भी सम्मिलित होता है। इसकी मात्रा कम्पनी की तरलता की स्थिति की तस्वीर को बताती है। इस प्रकार इसमें वह धनराशि सम्मिलित होती है, जो व्यापारी ऋणदाता के प्रति देने के लिए प्रतिबद्ध है। बैंक में ओवर ड्राफ्ट के कारण डेबिट अवशेष तथा सरकार के प्रति कर अदायगी की प्रतिबद्धता भी इसमें सम्मिलित होती है।

Current Profit | चालू लाभ

कुल अवसर लागत के ऊपर राजस्व का वह आधिक्य जो कि फर्म की चालू नियोजन अवधि के दौरान अर्जित किया गया है, चालू लाभ (Current Profit) कहलाता है।

Customs Duties | सीमा शुल्क या आयात-निर्यात शुल्क

अन्य देशों में जो वस्तुएँ और सेवाएँ सस्ती होती हैं और वे वस्तुएँ अपने देश में महँगी होती हैं तो उन वस्तुओं का दूसरे देशों से आयात होने लगता है। इस प्रवृत्ति को हतोत्साहित करने के लिए सरकार उन वस्तुओं पर आयात कर लगाती है, उसे सीमा शुल्क (Customs Duty) कहते हैं। इसे संरक्षण शुल्क भी कहा जाता है, क्योंकि इससे देश के घरेलू उद्योगों की रक्षा होती है।

Customs Union | बहिर्शुल्क संघ

बहिर्शुल्क संघ में भाग लेने वाले देश बाहर की दुनिया से आयात पर साझा बाह्य प्रशुल्क व वाणिज्यिक नीति अपनाते हैं और आपस के सभी प्रशुल्क तथा व्यापार प्रतिबन्ध समाप्त कर देते हैं। यूरोपीय समुदाय (European Community – EC) एक बहिर्शुल्क संघ है। मुक्त व्यापार क्षेत्र तथा बहिर्शुल्क संघ में यह समानता है कि ये दोनों सदस्य देशों के बीच बिना प्रशुल्क वस्तुएँ लाई व ले जाई जाती हैं किन्तु दोनों में यह भिन्नता है कि जहां मुक्त व्यापार क्षेत्र में प्रत्येक देश गैर सदस्य देशों के साथ अपना-अपना प्रशुल्क लगाती है। इस प्रकार दो या अधिक राष्ट्र व्यापार के सब बन्धनों को आपस में मिलकर दूर कर लेते हैं तथा सदस्य राष्ट्रों पर सामान्य प्रशुल्क प्रस्तावित कर लेते हैं।

Cut-throat Competition | गला-काट प्रतियोगिता

ऐसी प्रतियोगिता प्रायः द्वैयाधिकार या अपूर्ण अल्पाधिकार की दशाओं में उत्पन्न होती है, जहां केवल कुछ विक्रेता विभेदीकृत उत्पादन बेचते हैं। इससे एक प्रकार का कीमत युद्ध शुरू होता है, जो तब तक चलता है, जब तक सबसे कमजोर उत्पादक अपना उत्पादन बंद करके न चला जाए। इसीलिए इसे गला-काट प्रतियोगिता कहा जाता है।

Cyclical Unemployment | चक्रीय बेरोजगारी

यह वह बेरोजगारी है जो व्यापार चक्रों की अधोगामी अवस्था के कारण उत्पन्न होती है। यह बेरोजगारी व्यापार चक्रों के पुनः ऊपर चढ़ने पर कम हो जाती है अथवा समाप्त हो जाती है।

D

Data | समंक, आँकड़े या आधार सामग्री

आर्थिक परिदृश्य के बारे में निरीक्षण के आधार पर जो संख्यात्मक सूचनाएँ एकत्रित की जाती हैं, उन्हें समंक, आँकड़े या आधार सामग्री (Data) कहते हैं। जैसे राष्ट्रीय आय, बेरोजगारी, खुदरा कीमत स्तर व जनसंख्या आदि के बारे में समंक एकत्रित करना। ये समंक दो प्रकार के होते हैं, (i) प्राथमिक समंक (Primary Data) तथा (ii) द्वितीयक समंक (Secondary Data)। प्राथमिक समंक वे होते हैं, जो अनुसंधान द्वारा पहली बार आरंभ से अंत तक बिल्कुल नए सिरे से एकत्रित किए जाते हैं तथा द्वितीयक समंक वे होते हैं, जिनका संकलन पहले से किसी अन्य व्यक्ति या संस्था द्वारा किया जा चुका है और अनुसंधानकर्ता उन समंकों को ही अपने उपयोग में लाता है तो वे समंक बाद वाले अनुसंधानकर्ताओं के लिए द्वितीयक समंक होंगे।

Dear Money Policy | महँगी मुद्रा नीति

महँगी मुद्रा (Dear Money) को दृढ़ मुद्रा (Tight Money) भी कहते हैं। अर्थात मांग की तुलना में मुद्रा की पूर्ति कम हो या दृढ़ हो। मौद्रिक उपायों में ब्याज की दरों को जिस नीति के द्वारा बढ़ाया जाता है, उसे महँगी मुद्रा नीति (Dear Money Policy) कहा जाता है। इस नीति से ऋणों में कमी आती है तथा साख का विस्तार भी कम होता है। ऐसा तब होता है जब अर्थव्यवस्था में मांग प्रेरित मुद्रास्फीति (Demand Pull Inflation) को नियंत्रित करने के लिए ब्याज की दरों में वृद्धि की जाती है। इसके अर्थव्यवस्था के विभिन्न क्षेत्रों पर विभेदक प्रभाव पड़ते हैं।

देखें सस्ती मुद्रा नीति (Cheap Money Policy)

Death Duty | मृत्यु कर या शुल्क

मृत्यु कर या शुल्क (Death Duty) उत्तराधिकार में दी जाने वाली सम्पत्ति पर लगता है। यह एक प्रत्यक्ष कर है जो उत्तराधिकारी के द्वारा उत्तराधिकार में प्राप्त सम्पत्ति पर चुकाया जाता है। इसे सम्पत्ति या उत्तराधिकार कर भी कहते हैं। यह प्रगतिशील कर है, जो सम्पत्ति के मूल्य के बढ़ने के साथ बढ़ता है। यह व्यक्तिगत कर का एक रूप है। यह तब लगाया जाता है जब संपत्ति एक हाथ से मृत्यु के समय दूसरे हाथ में जाती है। अतः यह कर मृत व्यक्ति की संपत्ति पर लगाया जाता है।

Debased Coinage | घटिया सिक्के

ग्रेशम के नियम के अनुसार जब घटिया (Debased) और बढ़िया (Undebased) सिक्के एक साथ चलन में हों तो घटिया सिक्के बढ़िया सिक्कों को चलन से बाहर कर देते हैं क्योंकि व्यक्ति की यह सामान्य प्रवृत्ति होती है कि नए और पुराने सिक्के का अंकित मूल्य समान होने के बावजूद वह भुगतान करते समय नए सिक्के के स्थान पर पुराने सिक्के को ही भुगतान में देगा। ऐसा करने से बाजार से नए सिक्के गायब हो जाते हैं और चलन में पुराने सिक्के रह जाते हैं अर्थात पुराने सिक्के नए सिक्कों को चलन से बाहर कर देते हैं। यह सही है।

Debenture | ऋणपत्र

जनता से ऋण प्राप्त करने के उद्देश्य से जब लिमिटेड कम्पनियाँ प्रतिभूतियों का निर्गमन करती हैं तो इसे ऋणपत्र या प्रतिज्ञा पत्र कहते हैं। ये प्रतिज्ञा पत्र अल्पकालीन व दीर्घकालीन दोनों प्रकार के हो सकते हैं।

Debit | नामे

बैंक, व्यापारी व कम्पनी आदि अपनी आय-व्यय का हिसाब या लेखा दोहरी प्रविष्टि (Double Entry) बही खाता सिद्धान्त पर रखते हैं, जिसमें दाएँ भाग में परिसम्पत्तियों (Assets) या लेनदारियों तथा बाएँ भाग में देनदारियों (Liabilities) को दिखाया जाता है। अर्थात तुलन पत्र (Balance Sheet) में जमा (Credit) व नामे (Debit) प्रत्येक सौदा दर्ज किया जाता है। तुलन पत्र में नामे (Debit) प्रविष्टियाँ या (–) बाईं तरफ दिखाई जाती हैं। किन्तु भुगतान शेष लेखाकंन में इसका उल्टा होता है। इस प्रकार यह वह शब्द है जो परिसंपत्तियों में वृद्धि व कमी को सूचित करता है। भुगतान संतुलन में आयातित वस्तु डेबिट होती है।

Debt | कर्ज, ऋण या उधार

आधुनिक बैंकों का दूसरा प्रमुख कार्य व्यक्तियों व संस्थाओं को ऋण प्रदान करना है। बैंक अपनी कुल जमाओं का कुछ प्रतिशत नकद कोष में रखने के बाद शेष जमाओं को उधार दे देते हैं। इसके बदले में बैंक ऋणी से जमानत व ब्याज वसूल करते हैं। यह ऋण बैंक ऋण व अग्रिम, नकद साख अधिविकर्ष तथा बिलों की कटौती के रूप में देते हैं।

Debt Finance/Debt Market | ऋण की वित्त व्यवस्था/ऋण बाजार

ऋण बाजारों में ऋणदाता एक निश्चित समय के लिए उधार लेने वालों को ऋण प्रदान करते हैं, जिसके बदले में वे ऋण से ब्याज सहित मूलधन वसूल करते हैं। इक्विटी बाजार को प्राथमिक और द्वितीयक बाजारों में विभाजित कर शेयरों का क्रय-विक्रय दलालों और स्टॉक केन्द्रों द्वारा होता है।

Debt Management | ऋण प्रबन्ध

एक विकासशील देश में सार्वजनिक ऋण का प्रबन्धन करना मौद्रिक नीति का महत्वपूर्ण कार्य है। इसका लक्ष्य सरकारी बॉण्डों को उचित समय पर जारी करना, उनकी कीमतों को स्थिर करना और सार्वजनिक ऋण की सेवा लागत को न्यूनतम करना होता है। ऐसे देशों में सार्वजनिक ऋण मुद्रा की पूर्ति को नियंत्रित करने और विकास कार्यक्रमों को वित्त प्रदान करने के लिए आवश्यक होते हैं। ऋण निम्न ब्याज दर पर मिलने के कारण सरकारी बॉण्डों की कीमतें बढ़ जाती हैं, जिससे लोगों का आकर्षण बढ़ता है और वे ऋण का भार भी कम महसूस करते हैं।

Decreasing Returns/Diminishing Returns to Scale | घटते प्रतिफल/पैमाने के घटते प्रतिफल

सर्वप्रथम फ्रांस के अर्थशास्त्री टर्गट ने इसका विचार प्रस्तुत किया। तत्पश्चात मार्शल तथा रिकार्डो ने इसे विकसित किया। मार्शल के अनुसार भूमि को जोतने में लगाई गई पूँजी और श्रम की मात्रा में वृद्धि से सामान्य रूप से उत्पादन की मात्रा में वृद्धि अनुपात से कम होती है। जब तक ऐसा न हो कि उसके साथ ही कृषि कला में भी सुधार हो जाए। मार्शल ने इस नियम को कृषि, खान, वन और भवन निर्माण उद्योगों पर लागू किया था।

Deduction | कटौती

कर योग्य आय से स्वीकृत व्ययों की होने वाली कटौती को कटौती (Deduction) कहते हैं।

Deed | इकरारनामा, बयनामा, दस्तावेज/अधिकार पत्र/लेख प्रमाण

तकनीकी दृष्टि से यह एक विशेष समझौता दस्तावेज (Document) होता है, जिसे हस्ताक्षर कर व मोहर लगाकर प्रेषित (Delivered) किया जाता है। कुछ लेन-देनों (Transactions) में इस प्रकार के इकरारनामे की आवश्यकता पड़ती है। जैसे-सम्पत्ति का लेन-देन व साझेदारी आदि।

Deficit Budget/Deficit Financing | घाटे का बजट या हीनार्थ प्रबन्ध/घाटे की वित्त व्यवस्था

डॉ. राव के अनुसार- 'जब सरकार किसी उद्देश्य के लिए जानबूझ कर अपनी आय से अधिक व्यय करे और अपने बजट घाटे की पूर्ति किसी भी ऐसी विधि से करे जिससे देश में मुद्रा की मात्रा बढ़े तो उसे घाटे का बजट (Deficit Budget) या घाटे की वित्त व्यवस्था (Deficit Financing) कहा जाता है।' अत: घाटे का बजट या हीनार्थ प्रबन्ध या घाटे की वित्त व्यवस्था आधुनिक सरकारों के बजट घाटों की पूर्ति का एक शक्तिशाली एवं सुगम वित्तीय स्रोत है। जहां विकसित राष्ट्र आर्थिक स्थिरता, मंदी के निराकरण, विकास तथा युद्ध के संकट का सामना करने के लिए हीनार्थ प्रबन्ध का सहारा लेते हैं, वहीं विकासशील राष्ट्रों में तीव्र आर्थिक विकास के लिए घाटे के बजट बनाए जाते हैं।

Deficit Units | घाटे वाली इकाइयाँ

घाटे वाली इकाइयों (Deficit Units) से अभिप्राय उन आर्थिक इकाइयों से है जो अपनी आय से दिए गए समय में अपने व्यय की पूर्ति करने में असमर्थ हैं। यह पूर्ति श्रम बेचकर या परिसम्पत्तियों को बेचकर नहीं की जा सके और उन्हें उधारी या साख पर निर्भर रहना पड़े।

Deflation | अवस्फीति या विस्फीति

मुद्रा स्फीति (Inflation) की विपरीत स्थिति को अवस्फीति (Deflation) कहते हैं, जिसमें मुद्रा का मूल्य बढ़ता है और वस्तुओं का मूल्य घटता है। अर्थात पीगू के अनुसार अवस्फीति वह स्थिति है जिसमें उत्पादन में वृद्धि मुद्रा की मात्रा से अधिक होती है तथा मूल्य स्तर गिरता है।

Deflationary Gap | अवस्फीति अंतराल

अवस्फीति अंतराल (Deflationary Gap) वह स्थिति होती है, जिसमें समस्त मांग या व्यय पूर्ण रोजगार स्तर पर राष्ट्रीय आय (समस्त पूर्ति) से कम होती है। अर्थात अवस्फीति अन्तराल पूर्णरोजगार स्तर पर समस्त पूर्ति और समस्त मांग के अन्तर को कहते हैं। इस धारणा का प्रतिपादन सर्वप्रथम प्रो. केन्ज ने किया था।

Deferred Payments | स्थगित भुगतान

ऐसे भुगतान जिन्हें तत्काल न कर भविष्य के लिए स्थगित किया जाता है, उनका आधार मुद्रा ही होती है। वर्तमान में सम्पूर्ण ढांचा साख पर आधारित होता है। मुद्रा में सामान्य स्वीकृति तथा धन के संचय का गुण विद्यमान रहने से भविष्य के लिए भुगतान करने की व्यवस्था को सुचारु रूप से चलाने के लिए मुद्रा का महत्वपूर्ण योगदान रहा है।

Demand | मांग

प्रो. पेन्शन- "मांग एक प्रभावी इच्छा है जिसमें तीन तथ्य सम्मिलित होते हैं- (i) वस्तु को प्राप्त करने की इच्छा, (ii) वस्तु क्रय करने के लिए साधनों की उपलब्धता तथा (iii) वस्तु क्रय करने के लिए साधनों को व्यय करने की तत्परता।" मांग की आधुनिक परिभाषा में इन तीन तथ्यों के अतिरिक्त दो और तथ्यों को समाविष्ट किया गया है- (iv) एक निश्चित कीमत तथा (v) निश्चित समयावधि। इन पांचों तत्वों की पूर्ति पर किसी वस्तु की मांग निर्भर करती है।

Demand Curve and Demand Schedule | मांग वक्र और मांग अनुसूची

एक वस्तु के लिए एक व्यक्ति की मांग को मांग वक्र व मांग अनुसूची के द्वारा व्यक्त किया जाता है। कीमतों और मात्राओं की सूची को मांग अनुसूची द्वारा दिखाना मांग वक्र कहलाता है। उदाहरण के लिए मांग अनुसूची और मांग वक्र का निरूपण इस प्रकार है-

मांग अनुसूची

कीमत (रु.)	*वस्तु X की मात्रा*
5	10
4	20
3	30
2	40
1	60

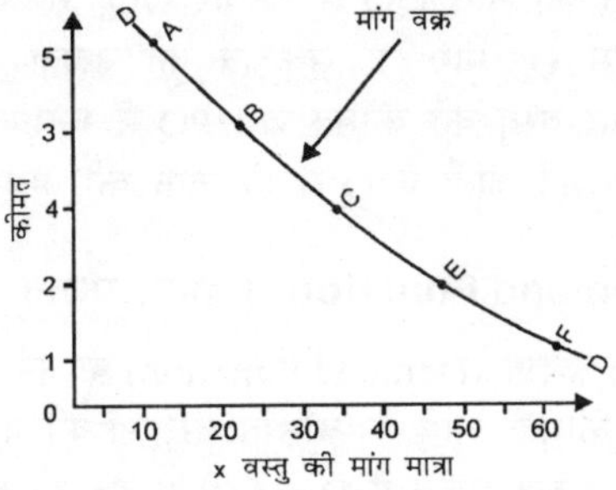

मांग अनुसूची के अनुसार जब कीमत 5 रु. है तो वस्तु X की मात्रा दस इकाई है तथा जब कीमत 1 रु. है तब वस्तु x की मात्रा 60 इकाई है। मांग अनुसूची के आधार पर खींचे गए रेखाचित्र में बिन्दु A, B, C, D, E, F को मिलाने से जो DD वक्र बनता है इसे ही मांग वक्र (Demand Curve) कहते हैं।

Demand Deposit | मांग जमा

व्यापारिक बैंकों का एक महत्वपूर्ण कार्य साख अथवा जमाओं का निर्माण करना है। अन्य निगमों की भांति बैंक भी लाभ अर्जित करने के उद्देश्य से मांग जमाओं (Demand Deposits) के रूप में नकदी स्वीकार करते हैं और अपने ग्राहकों को साख पर कर्ज देते हैं। कर्ज की राशि का नकद भुगतान न करके बैंक ऋण के नाम से एक चालू खाता खोल देता है तथा उसे चेक द्वारा जरूरत की राशि निकालने की अनुमति दे देता है। इस तरीके से बैंक साख या जमा का निर्माण करता है। मांग जमाएँ दो प्रकार की होती हैं- प्राथमिक जमाएँ (Primary Deposits) एवं व्युत्पन्न जमाएँ (Derivative Deposits)।

Demand Draft (DD) | मांग हुण्डी या मांग पत्र

बैंक एक स्थान से दूसरे स्थान पर मुद्रा के हस्तान्तरण का कार्य भी करते हैं। यह कार्य मांग हुण्डी (Demand Draft) के माध्यम से किया जाता है। मांग हुण्डी बैंक का एक लिखित प्रलेख होता है, जिसमें ग्राहक के आदेशानुसार बैंक मांग हुण्डी बनाकर पाने वाले के नाम रुपया हस्तान्तरण करने का आदेश देता है, जिसे पाने वाला बैंक खिड़की पर प्रस्तुत करके मांग हुण्डी (DD) की रकम प्राप्त कर लेता है। इस कार्य के बदले में बैंक अपना निर्धारित शुल्क या कमीशन लेते हैं।

Demand Extension and Demand Contraction | मांग विस्तार और मांग संकुचन

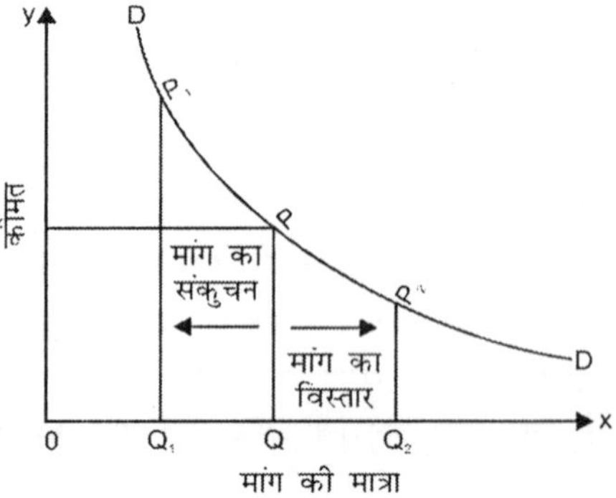

अन्य बातों के समान रहने पर किसी वस्तु की कीमत में कमी के कारण उत्पन्न मांग में वृद्धि 'मांग का विस्तार (Demand Extension) कहलाता है तथा वस्तु की कीमत में वृद्धि के कारण मांग की कमी को मांग का संकुचन (Demand Contraction) कहते हैं। ये परिवर्तन एक ही मांग वक्र पर होते हैं। चित्रानुसार प्रारम्भिक वस्तु की कीमत PQ पर वस्तु की मांग OQ है। जब कीमत PQ से बढ़कर P_1Q_1 हो जाती है तब वस्तु की मांग OQ से घटकर OQ_1 रह जाती है। Q से Q_1 मांग के संकुचन को बताता है। इसी प्रकार वस्तु की कीमत जब PQ से घटकर P_2Q_2 रह जाती है तब वस्तु की मांग OQ से बढ़कर OQ_2 हो जाती है Q से Q_2 तक की अवस्था मांग के विस्तार को बताती है।

Demand Function | मांग फलन

मांग फलन (Demand Function) दी हुई कीमतों पर एक वस्तु की खरीदी गई मात्राओं को बताता है। कीमत, आय, सम्बन्धित वस्तुओं की कीमत एवं रुचियों का फलन मांग है। इसे हम इस प्रकार व्यक्त कर सकते हैं $D = f(P, Y, Pr, T)$ जहां D = मांग, f = फलन, P = कीमत, Y = आय Pr = सम्बन्धित वस्तुओं की कीमत तथा = T रुचियाँ हैं। जब ये सब दिए हुए हों तो मांग फलन $D = f(P)$ होता है।

Demand Increase and Demand Decrease | मांग में वृद्धि और मांग में कमी

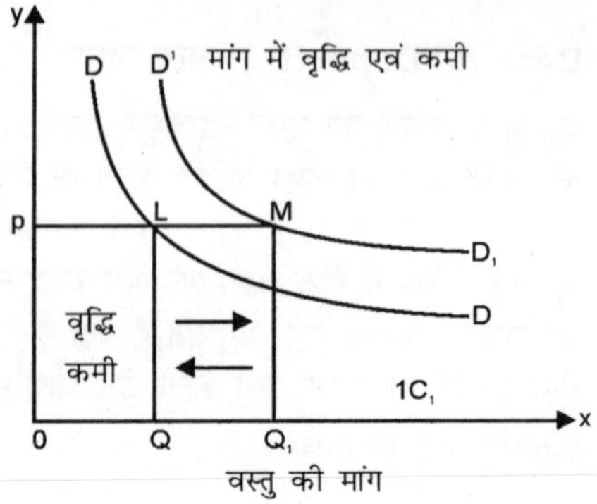

किसी वस्तु की कीमत में परिवर्तन न होने पर अन्य तत्वों के प्रभाव के कारण कीमत स्थिर रहते हुए भी मांग में परिवर्तन हो जाता है। तब मांग में वृद्धि (Increase) तथा कमी (Decrease) की दशा उत्पन्न होती है। मांग में वृद्धि की दशा में चित्रानुसार मांग वक्र दाएँ स्थानान्तरित हो जाता है और मांग की कमी की दशा में मांग वक्र बाईं ओर स्थानान्तरित हो जाता है। चित्र में Q से Q_1 तक जाना मांग में वृद्धि एवं Q1 से Q तक आना मांग में कमी को बताता है। मांग में वृद्धि व कमी एक ही मांग वक्र पर नहीं होती।

Demand Pull Inflation | मांग प्रेरित स्फीति

जनसंख्या में तीव्र गति से वृद्धि होने के बाद वस्तुओं और सेवाओं की मांग भी तीव्रता से बढ़ती है, फलस्वरूप वस्तुओं और सेवाओं के मूल्यों में भी तेजी से वृद्धि होती है तथा मुद्रा स्फीति का प्रभाव स्पष्ट रूप से दिखने लगता है। इस स्थिति को ही मांग प्रेरित स्फीति कहते हैं।

Demography | जनांकिकी

जनसंख्या के अध्ययन को जनांकिकी कहते हैं। जनसंख्या विकास से सम्बन्धित सांख्यिकीय अध्ययन में जन्म दर और मृत्यु दर का विशेष महत्व है, क्योंकि इस पर ही राष्ट्र का आर्थिक विकास निर्भर करता है। शिक्षा और स्वास्थ्य की दशाओं में सुधार के साथ दोनों में कमी आती है। जनसंख्या का सांख्यिकीय अध्ययन आर्थिक, सामाजिक, राजनीतिक और व्यावसायिक दृष्टि से भी बहुत महत्वपूर्ण है। शिक्षा, आय, व्यवसाय, वैवाहिक स्थिति व राजनीतिक स्थिति के सम्बन्ध में प्राप्त आँकड़ों के आधार पर कम्पनियाँ, उद्योग व सरकार उत्पादन, उपभोग, विनिमय, वितरण व राजस्व सम्बन्धी नीतियाँ बनाते हैं व निर्णय करते हैं। जनसंख्या के स्तर व व्यवहार के अनुसार भविष्य में विकास के निर्णय किए जाते हैं तथा नीतियाँ बनाई जाती हैं। इसलिए जनसंख्या का अध्ययन अति आवश्यक है। इसमें जनसंख्या की आयु, लिंग, जाति, धर्म, शिक्षा विवाह संबंधी आँकड़े एकत्रित किए जाते हैं।

Demonstration Effect | प्रदर्शन प्रभाव

परिवार अपनी रुचियों के अनुसार ही व्यय नहीं करते, बल्कि अपने पड़ोसियों व विदेशियों के प्रदर्शन प्रभाव से प्रभावित होकर भी व्यय करते हैं। यह विचार सबसे पहले द्वितीय विश्व युद्ध के पश्चात जुजेनबरी (Duesenberry) के द्वारा प्रस्तुत किया गया। इसे 'प्रदर्शन प्रभाव' या 'जुजेनबरी प्रभाव' के नाम से जाना जाता है। गरीब और पिछड़े देशों के लोग विकसित देशों के लोगों की नकल करने का प्रयास करते हैं तथा उनकी तरह जीवन जीने की कोशिश करते हैं। इसे ही प्रदर्शन प्रभाव कहते हैं।

Demurrage Charges | विलम्ब शुल्क

माल भेजने वाले के द्वारा जब किसी बन्दरगाह, परिवहन स्थल व रेल गोदाम में माल भेजा जाता है तो जिसके लिए माल भेजा जाता है (Consignee) यदि वह समय पर माल नहीं छुड़ाता है तो उसे माल नहीं छुड़ाने तक प्रतिदिन विलम्ब शुल्क देना पड़ता है, क्योंकि वस्तुओं को अधिक दिनों तक गोदामों में रखना संभव नहीं होता है। जगह बहुत सीमित और कीमती होती है। अतः विलम्ब शुल्क माल छुड़ाने वाले को शीघ्र माल छुड़ाने के लिए बाध्य करता है।

Dependent Variable | आश्रित चर

एक चर (Variable) का मूल्य जब दूसरे चर के मूल्य पर निर्भर करता है तो उसे आश्रित चर (Dependent Variable) कहते हैं। जैसे $y = f(x)$ जहां y आश्रित चर है अर्थात् y, x चर पर निर्भर करता है या y, x का फलन है।

Deposit Multiplier | जमा गुणक

आधुनिक बैंक शत प्रतिशत नकदी रिजर्व नहीं रखते। उन्हें कानूनी तौर से अपनी जमा की स्थिर प्रतिशतता नकदी में रखनी पड़ती है। शेष राशि वे उधार देते हैं या निवेश करते हैं, जिसे अतिरिक्त रिजर्व कहते हैं। एक बैंक अपने इस अतिरिक्त रिजर्व के बराबर ही उधार दे सकता है। परन्तु समस्त बैंकिंग प्रणाली अपने मूल अतिरिक्त रिजर्व के गुणज (Multiple) तक ही साख या जमा का निर्माण कर सकती है या उधार दे सकती है। इसे ही जमा गुणक (Deposit Multiplier) कहते हैं।

इसका सूत्र है– $\frac{AD}{AB} = \frac{1}{RD}$ *या* $\frac{AD}{AB} = \frac{1}{0.20} = 5$ *या* $AD = AB\frac{1}{R_D}$ *या* $AD = 100C\frac{1}{0.20} =$

$1000 x5 = 5000$

अत: बैंक 1000 रुपए की प्रारम्भिक जमाओं (AB) के आधार पर 5000 रुपये तो जमाओं में विस्तार तथा साख गुणक

$$\frac{1}{R_D} - 1 \text{ या } \frac{1}{0.20} \text{ या } 5000 - 1000 = 4000$$

रुपये की साख मुद्रा का सृजन करेंगे। अर्थात इसका तात्पर्य यह है कि जमा गुणक का अंकीय मूल्य 5 होगा तथा साख गुणक (Credit Multiplier) का मूल्य जमा गुणक से एक कम अर्थात 4 होगा। यहां AD = कुल जमा RD = रिजर्व अनुपात व AB = प्रारंभिक जमा है।

Depreciation | मूल्य ह्रास

स्थिर परिसम्पत्ति के मूल्य में उसके समय, उपयोग, क्षय या अप्रचलन के कारण कमी हो जाने को मूल्य ह्रास (Depreciation) कहते हैं। जैसे मशीनों या उपकरणों के मूल्यों में कमी हो जाना। उत्पादन की प्रक्रिया के दौरान ऐसा होता है। मूल्यह्रास ज्ञात करने के लिए परिसम्पत्ति के मूल्य में उसकी प्रयुक्त होने की अवधि का भाग दिया जाता है। इससे वार्षिक मूल्य ह्रास ज्ञात किया जा सकता है। यह व्यवसाय व्यय का एक अंग है। यह फर्म या उद्योग की वार्षिक सकल आय में से काटा जाता है। मूल्य ह्रास की मात्रा दिए हुए समय में इतनी इकट्ठी हो जाती है कि उसके बदले में नई मशीन या उपकरण ही लगाना पड़ता है।

Depression | मंदी

मंदी (Depression) व्यापार चक्रों की विभिन्न श्रेणियों में से एक है। व्यापार चक्र गर्त (Trough) से या नीचे के बिन्दु से शुरू होकर पुनरुत्थान (Recovery) से गुजरता हुआ शिखर (Peak) पर चढ़ता है, सुस्ती (Recession) एवं मंदी (Depression) की अवस्था में पहुंच कर पुन: गर्त में गिर जाता है। मंदी के समय आर्थिक क्रियाएँ इतनी शिथिल व सुस्त हो जाती हैं कि अंत में वह मंदी में बदल जाती हैं। वस्तुओं तथा सेवाओं के उत्पादन, रोजगार, आय, मांग तथा कीमतों में पर्याप्त कमी हो जाती है। आर्थिक क्रियाओं में व्यापक ह्रास के कारण सामूहिक बेरोजगारी, कीमतों, लाभों, जमाओं, ब्याज दर, उपभोग, व्यय, निवेश में कमी के साथ सभी वस्तुगत एवं पूँजीगत निर्माण एकदम रुक जाता है। फलस्वरूप अर्थव्यवस्था पतन के गर्त में चली जाती है, जैसा कि 1930 की भारी मंदी में हुआ था।

Derived Demand | व्युत्पन्न मांग

जिस प्रकार वस्तुओं और सेवाओं की मांग की जाती है, उसी प्रकार देश के लोग मुद्रा की मांग भी करते हैं। वस्तुओं और सेवाओं की मांग प्रत्यक्ष होती है, वहीं मुद्रा की मांग प्रत्यक्ष न होकर व्युत्पन्न मांग (Derived Demand) होती है, क्योंकि मुद्रा विनिमय का माध्यम एवं संचय का आधार है। अत: मुद्रा की मांग व्युत्पन्न मांग होती है। अर्थात जब एक वस्तु की मांग से दूसरी वस्तु की मांग स्वत: उत्पन्न हो जाती है तो इसे व्युत्पन्न मांग कहते हैं, जैसे कपड़े की मांग बढ़ने से उसके उत्पादन के साधनों की मांग स्वत: बढ़ जाती है।

Descriptive Economics/Positive Economics | विवेचनात्मक अर्थशास्त्र/वास्तविक अर्थशास्त्र

प्रतिष्ठित अर्थशास्त्री जे.बी.से., सीनियर तथा आधुनिक अर्थशास्त्री प्रो. रोबिन्स ने अर्थशास्त्र को वास्तविक विज्ञान माना है, जिसमें कारण और परिणाम की व्याख्या होती है। इसे किसी विषय की

अच्छाई–बुराई से या क्या होना चाहिए, क्या नहीं होना चाहिए। ऐसे नीतिगत निर्णयों से कोई लेना देना नहीं है। सीनियर के अनुसार राजनीतिक अर्थशास्त्री का कार्य किसी काम को करने अथवा नहीं करने का उपदेश देना नहीं है, वरन केवल सामान्य तथ्यों की विवेचना करना है। अतः अर्थशास्त्र विवेचनात्मक एवं वास्तविक विज्ञान है। जबकि फ्रेजर, हेंडरसन एवं क्वांट आदि अर्थशास्त्री मानते हैं कि वर्तमान समय में जबकि आर्थिक विकास की समस्याएँ अर्थशास्त्र का केन्द्र बिन्दु बनी हुई हैं अर्थशास्त्र के आदर्शात्मक पहलू (Normative Aspect) की उपेक्षा नहीं की जा सकती। अतः अर्थशास्त्र का कार्य केवल व्याख्या या अनुसंधान करना ही नहीं है, अपितु समर्थन व निंदा करना भी है।

Deutsche Mark | ड्यूस मार्क

ड्यूस मार्क पश्चिमी जर्मनी की चलन मुद्रा (Currency) है।

Devaluation | अवमूल्यन

अवमूल्यन का अर्थ देश की मुद्रा के बाह्य मूल्य को कम करना है, आन्तरिक क्रय शक्ति को नहीं। इससे विदेशी मुद्राओं के मूल्य बढ़ जाते हैं। देश में आयात महँगे हो जाते हैं व निर्यात सस्ते हो जाते हैं। इससे आयात निरुत्साहित और निर्यात प्रोत्साहित होंगे, फलस्वरूप भुगतान शेष संतुलन की ओर अग्रसर होगा।

Devaluation Inflation | अवमूल्यनजनित स्फीति

जब देश की मुद्रा का विदेशी मुद्रा के रूप में अवमूल्यन कर दिया जाता है तो अन्य बातों के समान रहते हुए आयातों में कमी और निर्यातों में वृद्धि होने से देश में उपलब्ध पूर्ति घट जाती है और इसके कारण मूल्यों में जो वृद्धि होती है, उसे ही अवमूल्यन जनित स्फीति कहते हैं।

Developing Countries | विकासशील देश

ऐसे देश जिनकी अर्थव्यवस्था विकसित देशों की तुलना में कम विकसित हो, जहां प्राथमिक क्षेत्र की प्रधानता हो, संसाधन अप्रयुक्त पड़े हों, जनाधिक्य हो, तकनीकी पिछड़ापन हो और विकास के लिए पूँजी का अभाव हो, विकासशील देश कहलाते हैं।

Development Strategy | विकास शैली या व्यूह रचना

अर्द्धविकसित देशों की समस्याओं को हल करने के लिए जो विशेष विकास सिद्धान्त काम में लिए जाते हैं, उन्हें विकास शैली (Development Strategy) कहते हैं। विकास की शैली या व्यूह रचना कई प्रकार की होती है जैसे- औद्योगिक विकास, आयात प्रतिस्थापन, संतुलित विकास, (शहरी और ग्रामीण क्षेत्र) जनाधिक्य की समस्या से निबटने के लिए कृषि विकास, निर्यात संवर्द्धन, विदेशी विनिमय कोष में वृद्धि आदि से सम्बन्धित विकास नीति या व्यूह रचना अपनाकर आर्थिक विकास का मार्ग प्रशस्त किया जा सकता है।

Deviation | विचलन

एक चर (Variable) तथा इसके माध्य (Mean) के मूल्य के मध्य अन्तर को विचलन (Deviation) कहते हैं।

Differential Rent/Differential Surplus | भेदक लगान/भेदक आधिक्य

रिकार्डो के अनुसार A श्रेणी की भूमि उपलब्ध रहेगी तब तक कोई लगान उत्पन्न नहीं होगा। जनसंख्या में वृद्धि गेहूँ की मांग व कीमत को बढ़ा देगी और यह आवश्यक हो जाएगा कि घटिया प्रकार की B श्रेणी की भूमि पर खेती की जाए। तब A श्रेणी की भूमि को लगान प्राप्त हो जाएगा। इस प्रकार जनसंख्या में प्रत्येक वृद्धि से उतरोत्तर घटिया प्रकार C व D श्रेणी की भूमि की जुताई आवश्यक हो जाएगी। अन्त में जोती जाने वाली D श्रेणी की भूमि पर कोई लगान उत्पन्न नहीं होगा। इस लगान रहित या सीमान्त भूमि की उपज (जो लागत के बराबर है) को छोड़कर अन्य श्रेणी A, B व C श्रेणी की भूमियों की उपज जितनी-जितनी अधिक होगी वही उनका लगान होगा। इस प्रकार रिकार्डो के अर्थ में भेदक लगान या भेदक आधिक्य है, जो श्रेष्ठ और सीमान्त भूमि की उपज का अन्तर होता है।

Diminishing Marginal Utility | ह्रासमान सीमान्त उपयोगिता

ह्रासमान सीमान्त उपयोगिता सम्बन्धी विचार सर्वप्रथम फ्रेंच अर्थशास्त्री हरमन हेनरिख गोसेन ने दिया था, इसलिए इसे गोसेन का प्रथम नियम भी कहते हैं या तृप्ति का नियम (Law of Satiety) भी कहते हैं। इसे आगे चलकर मार्शल ने विकसित किया। मार्शल के अनुसार ''किसी मनुष्य के पास किसी वस्तु के स्टॉक की मात्रा में वृद्धि होने से उसका जो अतिरिक्त लाभ प्राप्त होता है, तो अन्य बातों के समान रहने पर, वह वस्तु के स्टॉक की मात्रा में प्रत्येक वृद्धि के साथ-साथ घटता जाता है।'' क्योंकि मनुष्य की आवश्यकताएँ अनन्त हैं और कुछ विशिष्ट आवश्यकताओं को ही पूरा किया जा सकता है तथा विभिन्न वस्तुएँ अपूर्ण स्थानापन्न होती हैं, जिनका एक निश्चित अनुपात में ही उपयोग किया जा सकता है।

Diminishing Returns Law/Variable Proportion Law/Short run Production Function | उत्पति ह्रास नियम/परिवर्तनशील अनुपातों का नियम/अल्पकालीन उत्पादन फलन

श्रीमती जॉन रोबिन्सन, प्रो. बेन्हम, प्रो. स्टिगलर व प्रो. बोल्डिंग आदि के मतानुसार यदि हम अन्य साधनों की स्थिर मात्राओं के साथ परिवर्तनशील साधन की अधिक इकाइयों का उपयोग करते हैं तो, अन्य बातों के समान रहने पर हम उन बिन्दुओं पर पहुंचेंगे, जिनके बाद से सीमान्त उत्पादन, तत्पश्चात औसत उत्पादन और अंत में कुल उत्पादन घटने लगता है, क्योंकि उत्पादन की अवधि इतनी छोटी होती है कि फर्म अपने स्थिर साधनों को बदल नहीं पाती, उत्पादन की तकनीक स्थिर रहती है तथा उत्पादन को पूरा करने की दृष्टि से अल्पकाल पर्याप्त रूप से लम्बा होता है।

Dinar | दीनार

यह अबू धाबी, अदन, अल्जीरिया, बहरीन, इराक, जार्डन, कुवैत, लीबिया, दक्षिणी यमन, ट्यूनीशिया तथा यूगोस्लाविया की मौद्रिक इकाई का नाम है।

Direct Costs/Total Variable Costs | प्रत्यक्ष लागतें/कुल परिवर्तनशील लागतें

प्रत्यक्ष लागतें (Direct Costs) वे लागतें होती हैं, जो उत्पादन के साथ सीधे तौर से बदलती हैं। ये उत्पादन के बढ़ने के साथ बढ़ती हैं और उत्पादन के घटने के साथ घटती हैं। इनमें कच्चे माल, बिजली, पानी, कर, स्थाई श्रम नियोजन व विज्ञापन आदि के व्यय शामिल होते हैं। इन्हें कुल परिवर्तनशील लागतें भी कहते हैं।

Direct Taxes | प्रत्यक्ष कर

प्रत्यक्ष कर (Direct Tax) वे कर होते हैं जो सीधे लोगों की आय व सम्पत्ति पर लगाए जाते हैं। अर्थात प्रत्यक्ष कर वे कर होते हैं जिनमें कराघात (Impact) और करापात (Incidence) दोनों एक ही व्यक्ति पर होते हैं। इस प्रकार के करों का तात्कालिक मौद्रिक भार (Money Burden) तथा वास्तविक भार (Real Burden) दोनों एक ही करदाता व्यक्ति पर पड़ते हैं। प्रत्यक्ष करों के अन्तर्गत आयकर, सम्पत्ति कर, मृत्यु कर, उपहार कर, व्यय कर व निगम कर आदि आते हैं।

Dirham | दिरहाम

यह संयुक्त अरब गणराज्य तथा मोरक्को की मौद्रिक इकाई का नाम है।

Discount | छूट या बट्टा

निम्नांकित पर छूट या बट्टा प्राप्त होता है-

(i) अपने माल या बॉण्ड का क्रय-विक्रय उसके सममूल्य (Par Value) या नहीं के बराबर मूल्य (Face Value) से कम मूल्य पर करना।

(ii) प्रतिभूतियों के चालू बाजार मूल्य व नाम मात्र के मूल्य (Face Value) का अन्तर।

(iii) तीव्र भुगतान के कारण कीमतों में कमी जैसे बिक्री या नकद छूट देना।

(iv) दो मुद्राओं की दरों का आपेक्ष अस्तित्व जैसे इटली की लीरा का अमेरिकन डालर में परिवर्तन करने पर।

(v) उधार पर छूट ब्याज की कटौती द्वारा

इस प्रकार पूर्व में निर्धारित कीमतों में ग्राहकों के लिए कमी करके जो लाभ दिया जाता है उसे छूट या बट्टा कहते हैं।

Discriminating Monopoly/Monopoly Price Discrimination | विभेदित एकाधिकार/एकाधिकार कीमत विभेद

विभेदित एकाधिकार या एकाधिकार में कीमत विभेद का अर्थ है, एक ही वस्तु के लिए भिन्न-भिन्न क्रेताओं से भिन्न-भिन्न कीमतें वसूल करना। जॉन रोबिन्सन के अनुसार- ''विभिन्न क्रेताओं को एक प्रकार के अकेले नियंत्रण में उत्पादित वस्तु को विभिन्न कीमतों पर बेचने की क्रिया, कीमत विभेद कहलाती है।''

Diseconomies of Scale | पैमाने की अमितव्ययताएँ या हानियाँ

एक सीमा के बाद जब उत्पादन की मात्रा को बढ़ाया जाता है तो दीर्घकालीन औसत वक्र ऊपर की ओर बढ़ने लगता है। LAC की इस प्रवृत्ति का यह कारण है कि एक उत्पादन मात्रा के बाद बड़े पैमाने के उत्पादन से अमितव्ययताएँ या हानियाँ प्राप्त होने लगती हैं। ये अमितव्ययताएँ दो प्रकार की होती हैं- (i) आन्तरिक अमितव्ययताएँ (Internal Diseconomies) तथा (ii) बाह्य अमितव्ययताएँ (External Diseconomies) जब उत्पादन अत्यधिक विस्तृत होकर अनियंत्रित हो जाता है व विभिन्न इकाइयों में सामंजस्य का अभाव हो जाता है तब आन्तरिक हानियाँ उत्पन्न होती हैं और साधनों का कुशलतम उपयोग न हो पाने के कारण उत्पादन लागत बढ़ने लगती है। बाह्य हानियाँ उद्योग के विस्तार के कारण साधनों की बढ़ती हुई मांग के कारण उत्पन्न होती हैं। फलस्वरूप साधनों की कीमत और उत्पादन लागत बढ़ जाती है। उपरोक्त हानियों के कारण LAC, U के आकार का हो जाता है।

Disequilibrium | असंतुलन

संतुलन (Equilibrium) की स्थिति में न होना ही असंतुलन (Disequilibrium) की स्थिति कहलाता है। मांग और आपूर्ति की शक्तियाँ इस प्रकार कार्य करती हैं कि असंतुलन की स्थिति संतुलन पर आ जाती है और कई कारणों से संतुलन की स्थिति, जिसमें मांग और आपूर्ति बराबर होती है। मांग और आपूर्ति में आधिक्य होने के कारण संतुलन बिन्दु पुनः असंतुलन में बदल जाता है। अतः संतुलन के बाद असंतुलन और असंतुलन के बाद संतुलन यह क्रिया स्वतः चलती रहती है।

Disguised Unemployment | छिपी हुई बेरोजगारी या प्रछन्न बेरोजगारी

इस प्रकार की बेरोजगारी में किसी कार्य में आवश्यकता से अधिक व्यक्ति कार्य करते हैं और यदि इन अतिरिक्त व्यक्तियों को उस कार्य से हटा दिया जाए तब उत्पादकता पर कोई प्रभाव नहीं पड़ता। ऐसी स्थिति प्रछन्न या छिपी हुई बेरोजगारी की होती है।

Disinflation | मुद्रा अपस्फीति

यह मुद्रा स्फीति की वह स्थिति है, जिसके अन्तर्गत देश में उत्पन्न मुद्रा स्फीति की दशा को सामान्य स्तर पर लाने के लिए मुद्रा की मात्रा में क्रमशः कमी की जाती है। मुद्रा अपस्फीति नियोजित रूप में एक निश्चित नीति के अन्तर्गत आर्थिक स्थिति में सुधार के लिए की जाती है।

Dismal Science | घृणित विज्ञान

जब अर्थशास्त्र को धन का विज्ञान बताया गया और आर्थिक मानव (Economic Man) की कल्पना की गई जिसमें दया, सहानुभूति और परोपकार का अभाव था, उद्योगपति श्रमिकों का आर्थिक शोषण करते थे फलस्वरूप अर्थशास्त्र के प्रति अनुचित कटुता उत्पन्न हो गई तब कार्लाइल, रस्किन आदि अर्थशास्त्रियों ने अर्थशास्त्र को घृणित अर्थशास्त्र बताया।

Disinvestment | विनिवेश

इस शब्द का उपयोग प्रो. केन्ज द्वारा किया गया, जिसका अभिप्राय ऋणात्मक विनियोग होता है। शुद्ध निवेश (Net Investment) = सकल निवेश (Gross Investment) – मूल्य ह्रास (Depreciation) या अप्रचलन खर्चे या प्रतिस्थापन (Replacement) निवेश होता है। यह अर्थव्यवस्था के वर्तमान पूँजी स्टॉक में शुद्ध जमा होता है। यदि सकल निवेश मूल्य ह्रास के बराबर है तो शुद्ध निवेश शून्य होगा और अर्थव्यवस्था के पूँजी स्टॉक में कोई वृद्धि नहीं होगी। यदि सकल निवेश मूल्य ह्रास से कम है तो अर्थव्यवस्था में विनिवेश (Disinvestment) होता है और पूँजी स्टॉक कम हो जाता है। अतः अर्थव्यवस्था के वास्तविक स्टॉक में वृद्धि के लिए सकल निवेश मूल्य ह्रास से अधिक होना चाहिए। तभी शुद्ध निवेश में वृद्धि होगी।

Disposable Income | प्रयोज्य या खर्च योग्य आय

प्रयोज्य आय से अभिप्राय उस वास्तविक आय से होता है, जो व्यक्तियों व परिवारों द्वारा उपभोग पर व्यय की जा सकती है। अतः प्रयोज्य आय ज्ञात करने के लिए वैयक्तिक आय (Personal Income) में से प्रत्यक्ष कर (Direct Tax) घटा दिए जाते हैं। परन्तु सारी प्रयोज्य आय उपभोग पर खर्च नहीं की जाती है, बल्कि इसका कुछ भाग बचा लिया जाता है। इसलिए प्रयोज्य आय, उपभोग व्यय और बचत में बँट जाती है। अर्थात प्रयोज्य आय = उपयोग व्यय + बचतें।

Dispersion/Deviation | अपकिरण/विचलन

केवल औसत की जानकारी से हमें किसी सीरीज की बनावट का पता नहीं चलता। सीरीज के बनावट के अंतरों की जानकारी विचलन के मापों के माध्यम से होती है। जैसे चतुर्थक-विचलन, माध्य विचलन, प्रमाप विचलन आदि।

Dissaving | अपसंचय

उपभोग पर आय से अधिक व्यय अपसंचय कहलाता है। इसकी पूर्ति उधार या साख के द्वारा की जा सकती है।

Distribution | वितरण

सामूहिक उत्पादन अर्थात राष्ट्रीय आय का उसमें भागीदार साधनों में उनका पारिश्रमिक (मजदूरी) ब्याज, लाभ व लगान आदि का आबंटन वितरण (Distribution) कहलाता है। अर्थशास्त्र की विषय सामग्री के एक भाग के रूप में वितरण में मुख्यत: राष्ट्रीय आय एवं साधन कीमत निर्धारण के सिद्धान्तों का अध्ययन किया जाता है। वितरण का आधार सीमान्त उत्पादकता सिद्धान्त है, जिसके अनुसार कुल उत्पादन में किसी साधन की भागीदारी उसकी सीमान्त उत्पादकता पर निर्भर करती है।

Distance Costs/Transfer Costs | दूरी लागतें/स्थानान्तरण या परिवहन लागतें

ये लागतें दो स्थानों के बीच आने व जाने से सम्बन्धित परिवहन या संचार या स्थानान्तरण लागतें होती हैं, जो अलग-अलग स्थानों और दूरियों के अनुसार अलग-अलग होती हैं। इसलिए इसे दूरी लागतें (Distance Cost) भी कहते हैं। किन्तु लदान-अलदान (Loading-unloading) संचालन (Handling) तथा प्रबन्ध व प्रशासन सम्बन्धी व्यय, जो यात्रा के अन्तिम छोर तक होता है, को सीमान्त लागतें (Terminal Costs) भी कहते हैं।

Disutility | अनुपयोगिता

पूर्ण तृप्ति के बिन्दु पर कुल उपयोगिता अधिकतम होती है और सीमान्त उपयोगिता शून्य हो जाती है। उपभोक्ता यदि इस बिन्दु के बाद भी उपभोग जारी रखता है तो उसे ऋणात्मक उपयोगिता मिलेगी। यानी उपभोक्ता को उपयोगिता के स्थान पर अनुपयोगिता (Disutility) असंतुष्टि (Dissatisfaction) व अप्रसन्नता (Unhappiness) प्राप्त होगी। जैसे-पेट भर भोजन कर लेने के बाद भी उपभोग जारी रखने पर अपच व पेट दर्द से भोजन की उपयोगिता अनुपयोगिता में बदल जाती है।

Dividend | लाभांश

यह शुद्ध लाभ का एक भाग होता है, जिसे संयुक्त स्कन्ध कम्पनियाँ अपने शेयर होल्डर्स के बीच वितरित करने का निश्चय करती हैं। लाभांश या तो शेयर पूँजी के मूल्य के प्रतिशत के रूप में या शेयरों की शुद्ध मात्रा पर घोषित किया जाता है। लाभांश की दर शेयर धारकों की सामान्य बैठक में निश्चित की जाती है। चालू वर्ष में कम्पनी द्वारा अर्जित लाभों में से लाभांश का भुगतान किया जाता है। विशेष परिस्थितियों में निदेशक संचित साधनों में से कुछ लाभांश देने का निर्णय कर सकते हैं।

Divisions of Labour | श्रम विभाजन

श्रम विभाजन का तात्पर्य एक ऐसी प्रक्रिया से होता है, जिसमें श्रमिकों को विभिन्न उत्पादन कार्यो में इस प्रकार आबंटित किया जाता है कि उनसे अधिकतम उत्पादकता प्राप्त हो सके। अर्थात जिस प्रक्रिया में श्रमिक अपनी योग्यता का श्रेष्ठतम उपयोग कर सके। एक श्रमिक किसी एक कार्य में

विशिष्टता प्राप्त होता है तो दूसरा किसी दूसरे काम में। श्रम विभाजन सामान्यत: श्रमिकों की विशिष्टताओं के अनुसार होता है।

Dole | अंशदान

जब सरकार सामाजिक सुरक्षा योजनाओं के अन्तर्गत बेरोजगारों को नकद लाभ या क्षतिपूरक अंशदान देती है तो इसे अंशदान (Dole) कहते हैं। सरकार इस प्रकार का अंशदान देकर लोगों को न्यूनतम जीवन स्तर जीने के अवसर प्रदान कर अपने दायित्वों को पूरा करती है।

Domestic Absorption | घरेलू खपत, अवशोषण या उपयोग

उपभोग व्यय, विनियोग व्यय तथा सरकारी व्यय का योग कुल व्यय होता है, जिसका उपयोग अर्थव्यवस्था में समस्त वस्तुओं और सेवाओं में होता है (घरेलू और विदेशी) राष्ट्रीय आय लेखे में इसे कुल अंतिम व्यय कहते हैं। किन्तु अन्तरराष्ट्रीय आर्थिक साहित्य में इसे घरेलू खपत या अवशोषण या उपयोग (Domestic Absorption) कहते हैं।

Double Entry System | दोहरी प्रविष्टि व्यवस्था या पद्धति

यह बहीखाता रखने की एक व्यवस्था है, जिसमें प्रत्येक लेन-देन की दोहरी प्रविष्टि की जाती है। तुलन पत्र या बहीखाते में एक ओर जमा (Credit) तथा दूसरी ओर नामे (Debit) की प्रविष्टियाँ लिखी जाती हैं ताकि कुल जमा और कुल नामे अर्थात कुल लेनदारियाँ और कुल देनदारियाँ बराबर हो सकें।

Draft | हुण्डी या ड्राफ्ट

यह एक ऐसा साख प्रपत्र है, जिसमें किसी बैंक द्वारा अपनी किसी अन्य शाखा को पावक (Farming) के आदेशानुसार भुगतान करने का आदेश देता है। ड्राफ्ट या हुण्डी किसी बैंक द्वारा पहले से भुगतान प्राप्त करके जारी किया जाता है। इसके अनादरित होने का भय नहीं रहता और न ही पाने वाला भुगतान लेने से मना करता है। यदि राशि कम हो तो सरकार भी ड्राफ्ट के द्वारा ही भुगतान करने के लिए प्रोत्साहित करती है।

Dual Economy | द्वैध या दोहरी अर्थव्यवस्था

ऐसी अर्थव्यवस्था जिसमें परम्परावाद (Traditionalism) तथा आधुनिकवाद (Modernism) साथ-साथ अस्तित्व में होते हैं। अर्थात उत्पादकता की उच्चतम विकसित तकनीकें और इनके साथ-साथ पुरातन या पुरानी विधियाँ साथ-साथ काम करती हैं। फलस्वरूप जनसंख्या का एक भाग उच्च प्रति व्यक्ति आय का लाभ प्राप्त करता है, जबकि दूसरा भाग जीवन रेखा के नीचे का जीवन बिताता है। संक्षेप में जब अर्थव्यवस्था का एक भाग आधुनिक अर्थव्यवस्था के रूप में और दूसरा पिछड़ी अर्थव्यवस्था के रूप में पाया जाता है तो इसे द्वैध अर्थव्यवस्था कहते हैं।

Dumping | राशिपातन

राशिपातन (Dumping) अन्तरराष्ट्रीय कीमत विभेद को कहते हैं, जिसमें निर्यातक फर्म विदेशी बाजार में अपनी वस्तु को कम कीमत पर बेचती है और घरेलू बाजार में अधिक कीमत पर। यह तीन प्रकार का होता है- (i) आकस्मिक राशि पातन, (ii) स्थाई राशिपातन तथा (iii) लुटेरा राशि पातन। राशि पातन करने का उद्देश्य विदेशी बाजार में स्थान पाना, वस्तु के अतिरेक को बेचना,

उद्योग का विस्तार करना तथा नए व्यापारिक सम्बन्ध स्थापित करना होता है। अतः विदेशी व्यापार के स्पर्धात्मक क्षेत्र में एकाधिकारी मूल्य विभेद अपनाना राशि पातन कहलाता है।

Duopoly | द्वयाधिकार

द्वयाधिकार बाजार की वह स्थिति है, जिसमें केवल दो विक्रेता होते हैं तथा एक ही वस्तु का उत्पादन करते हैं। दोनों विक्रेता पूर्ण रूप से स्वतंत्र होते हैं तथा उनमें किसी प्रकार का कोई समझौता नहीं होता, फिर भी आपसी प्रतिक्रियाओं से प्रभावित होते हैं। दोनों ही विक्रेता एक दूसरे की नीतियों का ध्यान रखते हैं, आपसी तालमेल से लाभ कमा सकते हैं व आपसी कीमत युद्ध के कारण हानि भी उठा सकते हैं।

Duopsony | क्रेताधिकार

एक ऐसे बाजार को जिसमें किसी वस्तु या सेवा के केवल दो ही क्रेता (Buyers) होते हैं तथा अनेक उत्पादक होते हैं। वे दोनों एक-दूसरे की मात्रा व कीमत परिवर्तनों का ध्यान रखते हैं तथा दोनों एक-दूसरे पर निर्भर करते हैं। दोनों दी हुई वस्तुओं और सेवाओं पर नियंत्रण रखते हैं।

Durable Goods | टिकाऊ वस्तुएँ

ऐसी वस्तुएँ जिनका जीवनकाल तीन वर्षों से अधिक होता है। इन वस्तुओं की मांग बुरे दिनों में टाली जा सकती है। मंदी के समय ग्राहक अनावश्यक वस्तुओं की मांग को टाल सकते हैं। कई टिकाऊ वस्तुएँ उधार में खरीदी जा सकती हैं। ऐसी वस्तुएँ जैसे-ऑटोमोबाइल्स, बर्तन, कार, फर्नीचर, मशीनरी, टी.वी., फ्रिज आदि टिकाऊ वस्तुएँ कहलाती हैं। ये वस्तुएँ व्यापारिक दशा की आर्थिक सूचक होती हैं। अर्थात लम्बे समय तक स्थिर रहने वाले समान को टिकाऊ वस्तुएँ कहा जाता है।

Dynamic Equilibrium | प्रावैगिक या गतिशील संतुलन

यदि अर्थव्यवस्था के निर्धारक तत्वों जैसे राष्ट्रीय आय आदि में परिवर्तन होने से अर्थव्यवस्था एक संतुलन स्थिति से दूसरे संतुलन की स्थिति में पहुँच जाती है तो इसे प्रावैगिक या गतिशील संतुलन (Dynamic Equilibrium) कहते हैं। इसके लिए अर्थव्यवस्था समायोजन की श्रृंखलाओं से गुजरती है और यह मान लिया जाता है कि अर्थव्यवस्था बहुत जल्दी स्थिर संतुलन से नए संतुलन की स्थिति में पहुंच जाती है।

Dynamic Economics | प्रावैगिक या गतिशील अर्थशास्त्र

प्रावैगिक या गतिशील अर्थशास्त्र (Dynamic Economics) में निरन्तर होने वाले परिवर्तनों व इनको प्रभावित करने वाले तत्वों या परिवर्तन की प्रक्रिया का अध्ययन किया जाता है। निम्न पाँच परिवर्तन होने पर अर्थशास्त्र प्रावैगिक कहलाएगा- (i) जनसंख्या में वृद्धि (ii) पूँजी में वृद्धि (iii) उत्पादन तकनीक में परिवर्तन (iv) उपभोक्ताओं की आवश्यकताओं में परिवर्तन तथा (v) आर्थिक संगठनों के रूप में परिवर्तन। अर्थात प्रावैगिक अर्थशास्त्र में समय, परिवर्तन तथा विकास का अध्ययन किया जाता है। ये दो प्रकार का होता है- (i) व्यष्टि प्रावैगिक (Micro Dynamic) तथा (ii) समष्टि प्रावैगिक (Macro Dynamic)। इस प्रकार प्रावैगिक अर्थशास्त्र आर्थिक परिवर्तन का अध्ययन है। प्रावैगिक अर्थशास्त्र उस मार्ग का अध्ययन करता है, जिसके द्वारा आर्थिक मात्राएँ संतुलन को प्राप्त करती हैं।

Dynamic Function of Money | मुद्रा के प्रावैगिक कार्य

पॉल इंजिग ने मुद्रा के कार्यों को दो भागों में विभक्त किया है- (i) स्थैतिक कार्य, जो एक देश में अर्थव्यवस्था के संचालन हेतु आवश्यक होते हैं जैसे- मुद्रा विनिमय का माध्यम है, मुद्रा मूल्य का मापक है, मुद्रा मूल्य संचय का कार्य करती है तथा मुद्रा स्थगित भुगतानों का मापक है। (ii) प्रावैगिक कार्य वे हैं, जो देश में आर्थिक क्रियाओं में परिवर्तन लाते हैं। जैसे साख का आधार मुद्रा का प्रावैगिक कार्य है।

E

Earned Income | अर्जित आय

कार्य के बदले में प्राप्त आय को अर्जित आय (Earned Income) कहते हैं। यह अनुपार्जित (Unearned Income) आय से भिन्न होती है क्योंकि अनुपार्जित आय सम्पत्ति, लगान, किराया, ब्याज, लाभ आदि से प्राप्त होती है, जबकि उपार्जित आय वेतन व पेंशन आदि से प्राप्त होती है।

Earnings | उपार्जित धन

नियोजित श्रम शक्ति से उपार्जित धन कमाई (Earnings) कहलाती है। इसमें अतिरिक्त समय (Overtime) में काम करने, बोनस व मूल वेतन शामिल किया जाता है। यह मजदूरी दरों से भिन्न होता है यह केवल सामान्य कार्य से प्राप्त किया जाता है। यह आर्थिक क्रियाओं में तेजी के साथ मजदूरी दरों से तेज गति से बढ़ता है तथा आर्थिक क्रियाओं में शिथिलता आने पर कम दर से बढ़ता है।

East Asian Tigers | पूर्वी एशिया के बाघ

पूर्वी एशिया की चार अर्थव्यवस्थाएँ– हांगकांग, सिंगापुर, द. कोरिया तथा ताईवान जिनकी आय व व्यवसाय 1950 के पश्चात् एकदम तीव्र गति से बढ़े हैं। इसीलिए इन्हें पूर्वी एशिया के बाघ कहा जाता है।

Easy Fiscal Policy | सहज राजकोषीय नीति

सहज राजकोषीय नीति के अन्तर्गत सरकारी करों में कमी होती है तथा सरकारी व्यय में वृद्धि होती है। सरकार घाटे का बजट बनाती है तथा सरकारी ऋणों में वृद्धि होती है। मंदीकाल में इस नीति का समर्थन किया जाता है, किन्तु इससे भविष्य में अर्थव्यवस्था की लागतें बढ़ जाती हैं, जब सरकार को अपने ऋणों का पुनर्भुगतान करना पड़ता है।

Easy Money | सस्ती मुद्रा

ऐसी मुद्रा जो व्यापारिक व्यवस्था हेतु सस्ती ब्याज दरों पर उपलब्ध हो। ऐसा सस्ती मौद्रिक नीति (Easy or Cheep Monetary Policy) के कारण संभव होता है। इससे बैंकों की तरलता शक्ति या साख शक्ति बढ़ जाती है तथा व्यवसायियों को सस्ती ब्याज दरों पर साख उपलब्ध हो जाती है। इस प्रकार की नीति सरकार द्वारा मंदी के समय अपनाई जाती है, जब विनियोग तथा रोजगार दोनों का स्तर सामान्य स्तर से कम हो जाता है।

E-Commerce | ई–व्यवसाय

जब इंटरनेट पर वस्तुओं और सेवाओं को बेचने व विज्ञापन करने का कार्य किया जाता है। यह व्यवसाय के बढ़ते स्तर के साथ तीव्रगति से होने लगा है। इसे ही ई–व्यवसाय कहते हैं।

Econometrics | अर्थमिति

अर्थशास्त्रीय गणित या अर्थशास्त्र में गणित का उपयोग आजकल बहुत महत्वपूर्ण होता जा रहा है। इसके अन्तर्गत गणितीय व सांख्यिकी विधियों का उपयोग किया जाता है। आर्थिक सिद्धान्तों के अनुमान, आर्थिक समंकों के उपयोग व सांख्यिकीय प्रतिमानों को स्थापित करने और परीक्षणों का विकास करने में सांख्यिकी विधियों का व्यावहारिक उपयोग किया जाता है। आर्थिक सिद्धान्तों के मूल्यांकन व आर्थिक चरों के भावी मूल्यों के बारे में भविष्यवाणियाँ की जाती हैं। अर्थमिति आर्थिक समस्या उसके अध्ययन व समाधान हेतु गणितीय तथा सांख्यिकीय विधियों के उपयोग पर बल देती है।

Economic Community | आर्थिक समुदाय

कुछ देशों के मध्य एक आर्थिक संघ, जिनकी बाह्य प्रशुल्क व व्यावसायिक नीतियां समान होती हैं तथा सदस्य देशों के बीच व्यापारिक अवरोधों को हटा दिया जाता है। ऐसे संघ में औद्योगिक व सामाजिक नीतियों में सहयोग का समावेश होता है। समान मुद्रा के एक कदम के रूप में मौद्रिक व विनिमय दर नीतियों को अपनाया जाता है, जिसे आर्थिक समुदाय कहा जाता है।

Economic Costs | आर्थिक लागतें

आर्थिक लागतें (Economic Costs) जिन्हें अंतर्निहित लागतें (Imputed Costs) भी कहते हैं। इनका तात्पर्य उद्योग के अपने स्रोतों व सेवाओं के आरोपित मूल्य (Imputed Value) से होता है। इन लागतों में लेखांकन लागतें (या मौद्रिक लागतें), अंतर्निहित लागतें तथा सुनिश्चित लागतें (Explicit Costs) भी शामिल होती हैं। अर्थात किसी वस्तु की लागत को परित्याग किए गए सर्वश्रेष्ठ विकल्प के रूप में व्यक्त किया जाता है, तब इसे आर्थिक लागतें कहते हैं।

Economic Development | आर्थिक विकास

आर्थिक विकास एक प्रक्रिया है, जिसके अन्तर्गत एक देश की वास्तविक राष्ट्रीय आय में एक दी हुई अवधि में वृद्धि होती है तथा देशवासियों की सुख-सुविधाओं तथा आर्थिक क्षमताओं में सुधार होता है। द्वितीय विश्व युद्ध के पश्चात आर्थिक विकास से सम्बन्धित समस्याएँ प्रकाश में आई कि किस प्रकार सम्पूर्ण विश्व का आर्थिक विकास त्वरित गति से आगे बढ़ सके, खास तौर से पिछड़े क्षेत्रों में। विकसित व विकासशील देशों में अन्तरराष्ट्रीय सहयोग बढ़ सके। इस हेतु 1945 में विश्व बैंक व 1947 में अन्तरराष्ट्रीय मुद्राकोष की स्थापना की गई। इन्होंने विदेशी विनिमय दर को स्थिरता प्रदान की। भारत ने भी 1951 से अपना नियोजित आर्थिक विकास प्रारम्भ किया तथा तबसे ही वह गरीबी और बेरोजगारी की समस्याओं को हल करने में लगा है। हर विकासशील देश का यह प्रमुख लक्ष्य रहा है कि प्रतिदिन की जरूरी आवश्यकताओं को पूरा करने के लिए किस प्रकार वास्तविक प्रतिव्यक्ति आय में वृद्धि की जाए। प्रतिव्यक्ति वास्तविक आय में वृद्धि ही आर्थिक विकास का सही माप है।

Economic Dynamics | आर्थिक प्रावैगिकी

एक विषय क्षेत्र, जिसकी विवेचना सर रे हैरड ने 1990 में की थी। इसका सम्बन्ध परम्परागत व्यष्टि और समष्टि चरों के निर्धारक तत्वों की परिवर्तनों की दर से है। हैरड ने स्थैतिक अर्थशास्त्र (या स्थिर संतुलन की दशा) तथा प्रावैगिक अर्थशास्त्र में अंतर किया है। आर्थिक प्रावैगिकी परिवर्तन का त्वरण या परिमन्दन का अध्ययन है। इसका सम्बन्ध आवश्यक रूप से परिवर्तन और

असंतुलन की स्थितियों से है। यह परिवर्तन की प्रक्रिया का विश्लेषण है, जो काल पर्यन्त चलता रहता है और संतुलन की एक स्थिति सरक कर संतुलन की दूसरी स्थिति पर चली जाती है। इस प्रकार प्रो. बामोल के अनुसार ''आर्थिक प्रावैगिकी पहले और बाद की घटनाओं के सम्बन्ध में आर्थिक स्थिति का अध्ययन है।''

Economic Efficiency | आर्थिक दक्षता

आर्थिक दक्षता (Economic Efficiency) अर्थव्यवस्था की एक ऐसी स्थिति होती है, जिसमें कोई भी दूसरों को बुरी स्थिति में लाए बिना स्वयं अच्छी स्थिति में नहीं आ सकता। यह विशेषता पूर्ण प्रतियोगिता में अर्थव्यवस्था के प्रत्येक क्षेत्र में देखने को मिलती है। यह उपलब्ध साधनों के अधिकतम उपयोग से सम्बन्धित सामान्य तथ्य है। यह पूर्णतः विश्लेषणात्मक है। इसकी कोई सर्वमान्य परिभाषा या परीक्षण नहीं है।

Economic Equilibrium | आर्थिक संतुलन या साम्य

आर्थिक संतुलन से अभिप्राय एक ऐसी स्थिति से है, जिसमें कार्यशील शक्तियाँ एक-दूसरे के प्रभाव को नष्ट कर देती हैं। इसमें गति की अनुपस्थिति नहीं होती है, बल्कि गति की दर में परिवर्तन की अनुपस्थिति होती है। यह एक सक्रिय संतुलन होता है न कि निष्क्रिय संतुलन। इस आधार पर हम उपभोक्ता, उत्पादक, फर्म एवं उद्योग के संतुलन को समझ सकते हैं। इस प्रकार आर्थिक साम्य (i) निष्क्रिय नहीं सक्रिय होता है। (ii) साम्य का सम्बन्ध नैतिकता या अच्छाई व बुराई से नहीं होता तथा (iii) साम्य की स्थिति वास्तविक कम व काल्पनिक अधिक होती है। साम्य तीन प्रकार के होते हैं- (i) स्थिर साम्य (ii) तटस्थ साम्य तथा, (iii) अस्थिर साम्य।

Economic Forcasting | आर्थिक भविष्यवाणी या पूर्वानुमान

आर्थिक भविष्यवाणी या पूर्वानुमान और व्यावसायिक पूर्वानुमानों में अन्तर होता है। व्यावसायिक पूर्वानुमान प्रत्यक्ष रूप से फर्म विशेष की गतिविधियों से सम्बन्धित होते हैं, जबकि आर्थिक पूर्वानुमान सामान्य आर्थिक गतिविधियों जैसे राष्ट्रीय आय, बचत, विनियोग, रोजगार समग्र औद्योगिक उत्पादन से सम्बन्धित होते हैं, जो आयात-निर्यात और रोजगार के लिए उपलब्ध हैं।

Economic Geography | आर्थिक भूगोल

वे आर्थक क्रियाएँ जो स्थान सम्बन्धी तथ्यों का अध्ययन करती हैं, आर्थिक भूगोल कहलाती हैं। अनुसंधान का एक क्षेत्र जो आर्थिक भूगोल से सम्बन्धित है वह है भूमण्डलीकरण (Globalization) तथा विभिन्न देशों में आर्थिक क्रियाओं पर इसका प्रभाव।

Economic Goods | आर्थिक वस्तुएँ

आर्थिक वस्तुओं का तात्पर्य ऐसी वस्तुओं और सेवाओं से होता है, जिनका मौद्रिक मूल्य होता है और जो मानव की आवश्यकताओं की पूर्ति करती हैं। ऐसी वस्तुएँ सीमित भी हो सकती हैं और उनमें उपयोगिता भी हो सकती है। यदि वस्तु में आवश्यकता को संतुष्ट करने की शक्ति नहीं है तो उसकी कोई कीमत नहीं होगी। यदि वस्तु उपयोगी और सीमित है तो इसकी मांग आपूर्ति से अधिक हो सकती है। आर्थिक वस्तुएँ भौतिक और अभौतिक दोनों प्रकार की हो सकती हैं। अधिकांश आर्थिक वस्तुएँ भौतिक या स्थूल होती हैं, जिन्हें देखा या छुआ जा सकता है जैसे फर्नीचर, भवन आदि। एक डॉक्टर की, शिक्षक की व वकील आदि की सेवाएँ अभौतिक होती हैं।

Economic Growth | आर्थिक वृद्धि

उत्पादित सभी प्रकार की वस्तुएँ और सेवाएँ, जो सभी लोगों की अंतिम मांग को पूरा करती हों, प्रति व्यक्ति जनसंख्या की सभी जरूरी आवश्यकताओं की पूर्ति करती हों तो यह आर्थिक वृद्धि कहलाएगी। जैसे घरेलू उपभोग के लिए वस्तुएँ और सेवाएँ, संग्रह के लिए पूँजीगत वस्तुएँ और आयातों के भुगतान हेतु निर्यात वस्तुएँ। इस प्रकार आर्थिक वृद्धि आर्थिक विकास के अन्तिम परिणाम का नाम है, जो प्रतिव्यक्ति समग्र उत्पादन व प्रतिव्यक्ति भौतिक पूँजी में वृद्धि को दर्शाता है, संरचनात्मक परिवर्तनों को दर्शाता है, कृषि क्षेत्र से औद्योगिक क्षेत्र व सेवा क्षेत्र में जाने व शहरीकरण को दर्शाता है, तकनीकी प्रगति, शिक्षा व विदेशी व्यापार वृद्धि को दर्शाता है। आर्थिक वृद्धि का संबंध विकसित देशों से होता है। आर्थिक वृद्धि परम्परागत स्वतः एवं निरन्तर प्रगति को बताती है।

Economic Imperialism | आर्थिक साम्राज्यवाद

आर्थिक साम्राज्यवाद विकसित देशों के द्वारा उपनिवेशीय अर्थव्यवस्थाओं के आर्थिक व सामाजिक शोषण को बताता है। जैसे इंग्लैण्ड व भारत इसका उदाहरण हैं जहां शासनकर्ताओं ने राजनीतिक दृष्टि से स्वतंत्र देशों ने व बहुराष्ट्रीय कम्पनियों ने अपने प्रभाव से इन उपनिवेशों का सदियों तक शोषण किया। ऐसे कई उपनिवेश अफ्रिका व एशिया महाद्वीपों में थे।

Economic Indicators | आर्थिक सूचक या निदर्शक

ये सूचक (Indicator) अर्थव्यवस्था के बारे में सांख्यिकीय सूचनाओं का एक संग्रह होता है। मुख्यतः सकल घरेलू उत्पाद, (GDP), क्षेत्रों द्वारा किया गया उत्पादन, निजी उपभोग, खुदरा, विक्रय रोजगार साधन-उत्पादन कीमतें, चालू खाते, वस्तुओं और सेवाओं का व्यापार आयात-निर्यात, सार्वजनिक ऋण तथा ब्याज दरें ऐसे ही सूचक हैं। ये सूचक अर्थव्यवस्था की वर्तमान और भविष्य की किसी समय विशेष में दशा को बताते हैं।

Economic Integration | आर्थिक एकीकरण

जब दो या दो से अधिक राष्ट्र एकत्रित होकर अपनी अर्थव्यवस्थाओं का परस्पर युग्मन या जोड़ने का कार्य करते हैं तो यह आर्थिक एकीकरण कहलाता है। इनके कई रूप हो सकते हैं। ये अपने को स्वतंत्र व्यापार क्षेत्र या सम्पूर्ण आर्थिक संघ में ढाल सकते हैं। इनके सदस्य देश सामान्य मुद्रा व राजकोषीय नीतियाँ बना सकते हैं। समुदाय आर्थिक एकीकरण के उदाहरण हैं जैसे- यूरोपीय आर्थिक समुदाय के सदस्य देशों के बीच उत्पादन के आदान-प्रदान पर कोई सीमा शुल्क नहीं होता है। बाहर के देशों से व अपने संगठन के अतिरिक्त उत्पादन पर सीमा शुल्क समान दर से लगाने पर सहमति होती है।

Economic Law | आर्थिक नियम

अन्य विज्ञानों की भांति अर्थशास्त्र विज्ञान के भी अपने नियम होते हैं चाहे भले वे भौतिक विज्ञानों के नियमों की भांति इतने निश्चित नहीं होते। ये नियम आर्थिक क्रियाओं के कारण और परिणामों व पारस्परिक सम्बन्धों व घटनाओं को स्पष्ट करते हैं। ये नियम निश्चित और खरे नहीं उतरते, क्योंकि अर्थशास्त्र मानव व्यवहारों का अध्ययन करता है, जो परिवर्तनशील है तथा ये आन्तरिक व बाह्य चरों से प्रभावित होते हैं। जैसे- यदि किसी वस्तु का मूल्य बढ़ जाता है तो उसकी मांग कम हो जाती है। यह एक आर्थिक नियम है, जो कारण और परिणाम में सम्बन्ध व्यक्त करता है। मूल्य

वृद्धि कारण है तो मांग में कमी उसका परिणाम है। ये सभी नियम 'अन्य बातें समान रहने' की मान्यता पर आधारित होते हैं। इसीलिए ये नियम काल्पनिक, सापेक्षिक, सामाजिक व अनिश्चित होते हैं।

Economic Liberalism | आर्थिक उदारवाद

आर्थिक उदारवाद (Economic Liberalism) उन सिद्धान्तों की पैरवी करता है, जो आर्थिक गतिविधियों के समन्वय के लिए बाजारों के अधिकतम उपयोग और प्रतियोगी शक्तियों के उपयोग को संभव बनाते हैं। ये राज्य को केवल उन्हीं कार्यों को करने की छूट देता है, जिनको बाजार शक्ति द्वारा किया जाना संभव नहीं है। जैसे सार्वजनिक वस्तुओं का उत्पादन या ऐसी वस्तुओं का उत्पादन जिसे निजी उद्यम व बाजार द्वारा दक्षतापूर्ण ढंग से नहीं किया जा सके। ऐसे सभी उत्पादन व नीतियाँ एकाधिकार के प्रतिकार के लिए अपनाए जाते हैं।

Economic Man | आर्थिक मानव

अर्थशास्त्र में एक ऐसे आर्थिक मानव (Economic Man) की कल्पना की गई है जो स्वहित व अधिकतम उपयोगिता व लाभ की भावना से प्रेरित होकर कार्य करता है। जो समाज के हित-अहित की चिंता किए बिना धन कमाना चाहता है। वह नैतिक औचित्य को त्यागकर सदैव विशुद्ध आर्थिक दृष्टिकोण से प्रेरित होता है। उस पर अन्य प्रेरणाओं का कोई प्रभाव नहीं पड़ता है, किन्तु वास्तविक जीवन में ऐसा कोई भी मनुष्य नहीं मिलता जो केवल अपने स्वार्थ से प्रेरित होता हो, वरन देश प्रेम, दया ममता, सहानुभूति आदि भावनाओं से प्रेरित होकर भी कार्य करता है। अतः आर्थिक मानव की कल्पना अव्यावहारिक एवं मिथ्या है। इसका उल्लेख एडम स्मिथ की धन संबंधी परिभाषा में मिलता है।

Economic Model | आर्थिक प्रतिमान या सिद्धान्त

एक आर्थिक प्रतिमान या मॉडल जो एक समूह या आर्थिक सम्बन्धों का पुलिन्दा (Set) है, जिसमें कम से कम एक चर होता है। ये प्रतिमान हम क्या जानते हैं या सोचते हैं, आर्थिक व्यवहार या प्रारूप तकनीकी या संस्थाओं के बारे में जो हमें भविष्यवाणियाँ करने के लिए अनुमति देते हैं।

Economic Planning | आर्थिक नियोजन

आर्थिक नियोजन (Economic Planning) सार्वजनिक नीतियों के एक अंग के रूप में आर्थिक क्रियाओं को नियंत्रित करने की एक विधि है। ये अपने प्रत्यक्ष नियंत्रणों के द्वारा जैसे- राशनिंग, कीमत, लगान, किराया व मजदूरी नीतियों व अप्रत्यक्ष नियंत्रण जैसे मौद्रिक व राजकोषीय नीतियों के द्वारा आर्थिक क्रियाओं का संचालन करता है। ताकि पूर्व निश्चित उद्देश्यों एवं लक्ष्यों को दिए हुए समय में पूरा किया जा सके। ऐसा नियोजन प्रोत्साहन व निर्देश द्वारा हो सकता है। इसके द्वारा साधनों के संगठन व अपने उद्देश्यों की पूर्ति के लिए वस्तुओं और सेवाओं का उत्पादन किया जाता है। अतः उत्पादन क्या, कितना, कैसे व किसके लिए होगा, इसका निर्णय आर्थिक नियोजन के द्वारा किया जाता है।

Economic Policy | आर्थिक नीति

सरकार के द्वारा आर्थिक गतिविधियों को नियंत्रित व नियमन करने के ढंग को आर्थिक नीति कहा जाता है। इन नीतियों को तीन भागों या क्षेत्रों में वर्गीकृत किया जा सकता है- (i) राजकोषीय नीति- जिसमें करारोपण, सार्वजनिक व्यय व सार्वजनिक घाटे के कार्य किए जाते हैं। (ii) मौद्रिक नीति-

जिसमें ब्याज दरों व मुद्रा स्फीति के नियंत्रण सम्बन्धी कार्य किए जाते हैं तथा (iii) व्यापार नीति-जिसमें प्रशुल्क व व्यापारिक समझौतों से सम्बन्धित कार्यों का नियंत्रण होता है।

Economic Problems | आर्थिक समस्याएँ

मनुष्य की आवश्यकताएँ असीमित होती हैं तो उनकी पूर्ति के लिए साधन सीमित होते हैं एवं वैकल्पिक उपयोग वाले होते हैं। जब मनुष्य को सभी आवश्यकताएँ पूरा कर पाना संभव नहीं होता है तो वह उनकी तीव्रता के अनुसार या प्राथमिकता के अनुसार चुनाव करके पूर्ति करता है। यह समस्या सभी प्रकार की अर्थव्यवस्थाओं के सामने होती है कि उपलब्ध साधनों से क्या उत्पादन किया जाए? कितना उत्पादन किया जाए? उत्पादन कैसे किया जाए? उत्पादित वस्तुओं का वितरण किसमें हो? वितरण का आधार क्या हो? पूर्णरोजगार के लिए आर्थिक विकास कैसे किया जाए? आदि। इन सभी समस्याओं को अर्थव्यवस्था की आधारभूत या केन्द्रीय समस्याएँ या अर्थव्यवस्था के प्रमुख कार्य कहा जाता है। यह 'चुनाव की समस्या' ही अर्थव्यवस्था की आर्थिक समस्या होती है।

Economic Profit | आर्थिक लाभ

प्राप्त आय जो उत्पादन के विक्रय से होती है तथा उत्पादन के कार्य में काम आने वाले साधनों की अवसर लागत के अन्तर को आर्थिक लाभ कहते हैं।

Economic Rent | आर्थिक लगान

'भूमि साधन' अथवा साधनों में पाए जाने वाले भूमि तत्व का पुरस्कार आर्थिक लगान (Economic Rent) कहलाता है। यह सकल लगान से कम एवं उसका एक घटक होता है। रिकार्डो ने जहां इसे एक अन्तरमूलक बचत (सीमान्त भूमि की उपज पर अधिसीमान्त भूमि की उपज का आधिक्य) बताया, वहीं आधुनिक अर्थशास्त्रियों ने किसी साधन की हस्तान्तरण प्राप्तियों पर वास्तविक प्राप्तियों के आधिक्य को आर्थिक लगान बताया है। अत: आर्थिक लगान वह तत्व है जो अकेली भूमि की विशेषता नहीं है, बल्कि सभी साधनों की आय में निहित है। इस प्रकार आर्थिक लगान = वर्तमान प्राप्ति-स्थानान्तरण आय।

Economic Resources | आर्थिक संसाधन

आर्थिक संसाधन वे होते हैं, जिनका वस्तुओं के उत्पादन में उपयोग होता है। इन्हें मुख्य दो श्रेणियों में बाँटा जाता है- (i) मानवीय संसाधन (Human Resources) जैसे- श्रम व प्रबन्ध तथा, (ii) गैर मानवीय संसाधन (Non-human Resources) जैसे- भूमि, पूँजी व तकनीक आदि।

Economics | अर्थशास्त्र

अर्थशास्त्र एक सामाजिक विज्ञान है, जिसमें यह अध्ययन किया जाता है कि समाज किस प्रकार अपनी अनन्त आवश्यकताओं की पूर्ति करने के लिए सीमित व वैकल्पिक साधनों का उपयोग करता है। यह साधन आबंटन के प्रारूप में सुधार करने हेतु लाभ-लागत विश्लेषण का उपयोग करता है। अर्थशास्त्र में उपभोग, उत्पादन, विनिमय, वितरण और राजस्व सम्बन्धी विषयों का अध्ययन किया जाता है। साथ ही यह मुद्रास्फीति, बेरोजगारी तथा अन्तरराष्ट्रीय मौद्रिक कार्यों को संपादित करता है। इसे सूक्ष्म (Micro) व समष्टि (Macro) अर्थशास्त्र में बाँटा गया है, जो सभी समस्याओं का समाधान करते हैं।

Economies of Scale | पैमाने की मितव्ययताएँ या किफायतें

पैमाने की मितव्ययताएँ या किफायतें तब प्राप्त होती हैं जब उत्पादन कम लागतों पर अधिकतम प्राप्त होता है। मार्शल ने इन किफायतों को आन्तरिक व बाह्य दो भागों में बाँटा है। आन्तरिक किफायतें वे होती हैं जो किसी फर्म को तब प्राप्त होती हैं, जब वे अपने उत्पादन को बढ़ाती हैं तथा बाह्य किफायतें वे होती हैं जो किसी फर्म को उस समय प्राप्त होती हैं जब समस्त उद्योग का उत्पादन बढ़ता है। आधुनिक अर्थशास्त्री इन किफायतों को वास्तविक (आन्तरिक) व आर्थिक (बाह्य) किफायतें कहते हैं।

Economic Surplus | आर्थिक अतिरेक या आधिक्य

आर्थिक आधिक्य या अतिरेक (Economic Surplus) एक अर्थव्यवस्था के उत्पादन तथा उस पर लगी आवश्यक लागतों के अन्तर को कहते हैं। आवश्यक लागतों का तात्पर्य मजदूरी, पूँजी का मूल्य ह्रास तथा कच्चे माल की लागतों को शामिल करने से होता है। इस अवधारणा का उपयोग विकास के अर्थशास्त्र में किया जाता है।

Economic System | आर्थिक व्यवस्था या प्रणाली

प्रत्येक देश में अलग-अलग प्रकार की आर्थिक प्रणालियाँ उपभोग, उत्पादन व वितरण के संगठन के लिए अपनाई जाती है, ताकि वहां के लोग एक वांछित जीवन स्तर प्राप्त कर सकें। उदाहरण के लिए अमेरिका एक पूँजीवादी और स्वतंत्र बाजार अर्थव्यवस्था की प्रणाली अपनाता है, जबकि रूस (विघटन से पूर्व) में समाजवादी, साम्यवादी व नियोजित प्रणाली अपनाई गई। भारत में भी मिश्रित व नियोजित आर्थिक प्रणाली अपनाई गई। प्रत्येक आर्थिक प्रणाली को निम्न प्रश्नों का जवाब देना होता है, जैसे- क्या उत्पादन किया जाए? कितना उत्पादन किया जाए? किसके लिए उत्पादन किया जाए? वस्तुएँ और सेवाएँ कैसी खरीदी जाएँ? आदि। तीन प्रकार की आर्थिक प्रणालियाँ इस प्रकार हैं-

(i) परम्परागत आर्थिक प्रणाली (Traditional Economic System) जैसे रीति-रिवाज, आदतें, सामाजिक प्रथाएँ आदि जिनके द्वारा आर्थिक उद्देश्यों की प्राप्ति की जाती थी। (ii) आदेशित आर्थिक प्रणाली (Command Economic System) जैसे- अपने उत्पादन के साधनों पर स्वामित्व रखते हुए उत्पादन के आधारभूत साधनों पर नियंत्रण रखना। सेवाओं की सीमा व्यक्तिगत रुचि पर निर्भर रहेगी। इनकी प्राथमिकताओं और सरकारी प्राथमिकताओं में झगड़ा चलता है। आर्थिक क्रियाएँ और आर्थिक योजनाएँ अधिकारियों के नियंत्रण में होती हैं। आर्थिक प्रश्न सरकारी नियोजन के द्वारा हल किए जाते हैं। समाजवादी और साम्यवादी ऐसी ही आर्थिक प्रणालियाँ हैं। (iii) पूँजीवादी या बाजार अर्थव्यवस्था, जिसमें निजी स्वामित्व, आर्थिक स्वतंत्रता, प्रतियोगिता तथा लाभ कमाने का उद्देश्य होता है, निजी व सार्वजनिक उपक्रम साथ-साथ चलते हैं।

Economic Thought | आर्थिक विचार

अर्थशास्त्र को समझने के लिए आर्थिक विचारों को समझना आवश्यक होता है। आर्थिक विचारों का इतिहास अर्थशास्त्र के इतिहास का एक भाग है। भारतीय आर्थिक विचारों की परम्परा ऋग्वेद के समय अर्थात ईसा से कई हजार वर्ष पुरानी है। यद्यपि प्राचीन आर्थिक विचार व्यवस्थित नहीं थे और उनमें वैज्ञानिक विश्लेषण का अभाव था, तथापि ज्ञान के विकास में ऐसा होना स्वाभाविक था। उस युग में अर्थशास्त्र का यही रूप था और उसी रूप के आधार पर वर्तमान अर्थशास्त्र विज्ञान का निर्माण हुआ। वास्तव में अर्थशास्त्र और आर्थिक विचारों में कोई मौलिक भेद नहीं है। एडमस्मिथ से पूर्व के आर्थिक विचार भी अर्थशास्त्र की ही विषय सामग्री थी। इस प्रकार जिन-जिन आर्थिक विचारकों ने समय-समय पर अर्थशास्त्र सम्बन्धी जो विचार दिए, वे ही आर्थिक विचार कहलाते हैं।

Economic Union | आर्थिक संघ

विभिन्न राष्ट्रों में आर्थिक एकीकरण का उच्चतम रूप आर्थिक संघ कहलाता है। जैसा कि साझा बाजार में होता है, वैसे ही आर्थिक संघ भी उत्पादन तथा साधन बाजारों का एकीकरण तो होता ही है। इसके अतिरिक्त आर्थिक संघ ऐसी मौद्रिक, राजकोषीय तथा अन्य नीतियों में सामंजस्य स्थापित करते हैं। जैसे विनिमय दर, परिवहन, औद्योगिक, सामाजिक नीतियाँ आदि। इस प्रकार साझा बाह्य प्रशुल्क तथा साझी घरेलू नीतियाँ अपनाने के सम्बन्ध में आर्थिक संघ के सदस्यों के बीच काफी तालमेल होता है। यूरोपीय समुदाय का उद्देश्य अन्ततः ऐसा ही आर्थिक संघ बनाना है।

Economic Welfare | आर्थिक कल्याण

आर्थिक कल्याण (Economic Welfare) सामाजिक कल्याण का वह भाग है जो मुद्रा में मापा जा सकता है। इसे भौतिक कल्याण के नाम से भी जाना जाता है। आर्थिक कल्याण राष्ट्रीय आय की मात्रा पर निर्भर करता है तथा जनसंख्या का आकार व वस्तुओं तथा सेवाओं के वितरण से भी प्रभावित होता है। अर्थात जितना समान वितरण होगा उतना ही समाज का आर्थिक कल्याण अधिक होगा।

Economist | अर्थशास्त्री

यह शब्द सामाजिक अर्थशास्त्री के लिए उपयोग में लाया गया, जो सामाजिक घटनाओं के आर्थिक पक्ष के अध्ययन में माहिर होता है। वह सैद्धान्तिक और व्यावहारिक अर्थशास्त्र में सामाजिकता का व्यवहार कर सकता है।

Economy | अर्थव्यवस्था

जब मनुष्य अपनी अनंत आवश्यकताओं की पूर्ति के लिए विभिन्न साधनों का उपयोग करता हुआ कई वस्तुओं व सेवाओं का उत्पादन, उपभोग, विनिमय व वितरण करता है तो इसमें कई 'आर्थिक संस्थाओं' का निर्माण होता है। अतः इन सभी आर्थिक संस्थाओं के समुच्चय या सामूहिक नाम को ही अर्थव्यवस्था (Economy) कहा जाता है। ये प्रायः चार प्रकार की होती हैं- (i) पूँजीवादी अर्थव्यवस्था (ii) समाजवादी व साम्यवादी अर्थव्यवस्था (ii) मिश्रित अर्थव्यवस्था तथा (iv) मिश्रित व नियोजित अर्थव्यवस्था।

Edgeworth Box Diagram | 'ऐजवर्थ का सन्दूक चित्र'

विनिमय के क्षेत्र में तटस्थता वक्रों का उपयोग करते हुए ऐजवर्थ ने अपने सन्दूक चित्र (Box Diagram) का उपयोग किया है। इसमें यह माना गया है कि A तथा B दो व्यक्ति आपस में वस्तु X तथा वस्तु Y का विनिमय करते हैं। इस संदूक चित्र में व्यक्ति B के तटस्थता मानचित्र (Indifference Map of B) को 180° घुमाकर या उलटकर व्यक्ति A के तटस्थता मानचित्र के ऊपर इस प्रकार से रख दिया जाता है ताकि दोनों मानचित्रों के अक्ष (Axis) एक संदूक का निर्माण करते हैं, इसीलिए इसे संदूक चित्र कहा जाता है। इस चित्र में यह दर्शाया गया है कि व्यक्ति A के पास वस्तु Y की अधिक व वस्तु X की कम मात्रा है। अतः व्यक्ति A व्यक्ति B के साथ वस्तु Y का वस्तु X के बदले में विनिमय करने को तैयार है। अतः व्यक्ति A वस्तु X की एक इकाई के लिए वस्तु Y की अधिक मात्रा का त्याग करने को तत्पर है, जबकि व्यक्ति B को विनिमय हेतु तैयार करने के लिए व्यक्ति A द्वारा वस्तु X की उतनी अधिक मात्रा त्याग करने की जरूरत नहीं है। अतः A तथा B के मध्य वस्तुओं के विनिमय की स्थिति मौजूद है। इस विनिमय में एक बिन्दु ऐसा आता है, जहां दोनों व्यक्तियों के लिए दोनों वस्तुओं की सीमान्त प्रतिस्थापन दर समान हो जाती है तथा दोनों ही व्यक्तियों को विनिमय से लाभ होता है।

Effective Demand | प्रभावी मांग

सामान्य रूप से मांग का अर्थ है 'इच्छा'। मांग प्रभावी तभी होती है, जब उपभोग वस्तुओं तथा निवेश वस्तुओं को क्रय करने में आय खर्च की जाती है। केन्ज ने 'प्रभावी मांग' शब्द का उपयोग रोजगार के विभिन्न स्तरों पर वस्तुओं तथा सेवाओं की 'समग्र मांग' को व्यक्त करने के लिए किया है। जहां समग्र मांग पूर्ति के बराबर हो वही प्रभावी मांग का बिन्दु कहलाता है। केन्ज के अनुसार प्रभावी मांग रोजगार के स्तर को निर्धारित करती है और आगे प्रभावी मांग समग्र मांग कीमत तथा समग्र पूर्ति कीमत से निर्धारित होती है।

Elasticity of Demand | मांग की लोच

कीमत में थोड़े से परिवर्तन के कारण मांग की मात्रा में होने वाले परिवर्तन को मांग की लोच (Elasticity of Demand) कहते हैं। इसका पूरा नाम इसीलिए मांग की कीमत लोच है, क्योंकि मांग में परिवर्तन कीमत में परिवर्तन के उत्तर में होता है। इसका सूत्र इस प्रकार है-

$$ep = \frac{\frac{\Delta Q}{Q}}{\frac{\Delta P}{P}}$$

जहां ΔQ = मांग मात्रा में परिवर्तन, Q = पूर्व मांग, ΔP = कीमत में परिवर्तन, P = पूर्व कीमत और ep मांग की कीमत लोच।

$$\text{या } ep = \frac{\text{मांग की मात्रा में प्रतिशत परिवर्तन या आनुपातिक परिवर्तन}}{\text{कीमत में प्रतिशत परिवर्तन या आनुपातिक परिवर्तन}}$$

ये पांच प्रकार की होती हैं।

Elasticity of Substitution | स्थानापन्नता की मांग लोच या प्रतिस्थापन की लोच

किन्ही दो वस्तुओं x और y के अनुपातों में आनुपातिक परिवर्तन तथा उनके कीमत अनुपात के आनुपातिक परिवर्तन का अनुपात स्थानापन्नता की मांग लोच (Elasticity of Substitution) कहलाती है।

इसका सूत्र इस प्रकार है-

$$es = \frac{\text{x और y के अनुपात में आनुपातिक परिवर्तन}}{\text{उनकी कीमतों के अनुपात में आनुपातिक परिवर्तन}}$$

$$\text{या } es = \frac{\dfrac{\Delta\left(\frac{X}{Y}\right)}{\frac{X}{Y}}}{\dfrac{\frac{\Delta(Px)}{Py}}{\frac{Px}{Py}}}$$

जहां Δx और Δy दोनों वस्तुओं के अनुपात में परिवर्तन, x और y दोनों वस्तुओं का अनुपात, $\Delta(Px/Py)$ कीमत अनुपात में परिवर्तन तथा $\frac{Px}{Py} = x$ और y का कीमत अनुपात है।

इसका उपयोग उपभोग व उत्पादन दोनों में होता है। यह विचार प्रतिस्थापन प्रभाव पर आधारित है।

Elitist Goods/Luxury Goods | आराम तलबी वस्तुएँ/विलासी वस्तुएँ

आराम तलबी या विलासी वस्तुएँ (Elitist or Luxury Goods) ऐसी वस्तुएँ हैं जिनका आधुनिक अर्थशास्त्र में शाब्दिक अर्थ का व्यापक उपयोग नहीं हुआ है। यदि हुआ है तो इकाई से अधिक मांग की आय लोच के रूप में अर्थात जैसे-जैसे आय में वृद्धि होती है, इन वस्तुओं की आनुपातिक मांग आय में वृद्धि से अधिक होती है।

Emigration | परदेशगमन

परदेशगमन या स्वदेश त्याग (Emigration) देशान्तरवास (Immigration) की विपरीत स्थिति है। जब दूसरे देशों के लोग हमारे देश में आकर बसते हैं तो इसे देशान्तरवास कहते हैं। किन्तु जब हमारे देश के लोग दूसरे देशों में स्थाई बसने के लिए जाते हैं तो इसे परदेशगमन कहते हैं। परदेशगमन बेहतर सुविधाओं के लिए किया जाता है। देशान्तरवास के कारण भारत में अच्छी मात्रा में प्रशिक्षित जनशक्ति है।

Emoluments | परिलाभ

इन्हें प्रबन्धकों के वेतन और गैर आर्थिक लाभों के एक अंश के रूप में वर्णित किया जाता है, जो उद्यमियों के पूर्ति मूल्य का भाग नहीं होते हैं। वे ऐसी फर्मों की विशेषताओं को बताते हैं जो प्रबन्धकों के प्रतिफलों के वितरण को नियंत्रित करने के लिए एकाधिकारी शक्ति सम्पन्न होते हैं।

Employee | कर्मचारी या नौकर या भृत्य

वह व्यक्ति जो अपने स्तर पर स्वयं का कार्य न कर दूसरों के लिए मजदूरी या वेतन पर अपने उत्पाद या सेवा को बेचते हैं उन्हें कर्मचारी या नौकर कहते हैं। कर्मचारी किसी समझौते के अधीन काम करते हैं। यदि कर्मचारी सरकारी है तो सरकार का दायित्व है कि वह कर्मचारी का राज्य बीमा, भविष्य निधि, कर व अन्य कटौतियाँ करे। यदि कर्मचारी स्वरोजगार में लगा है तो उसकी स्वयं की जिम्मेदारी होती है कि वह अपने स्तर पर अपना बीमा कराए व कर कटौती करवाए।

Employer | नियोक्ता या नियुक्ति करने वाला

कोई व्यक्ति, फर्म या सरकारी संस्था जो मजदूरी व वेतन पर काम करने के लिए लोगों को नियुक्त करते हैं, नियोक्ता कहलाते हैं।

Employment | रोजगार

लोग यदि मजदूरी या वेतन पर किसी समझौते के अन्तर्गत अपनी सेवाएँ देते हैं तो उसे रोजगार कहते हैं। एक अर्थव्यवस्था में अनेक लोग निजी, सरकारी, निर्लाभ और पारिवारिक क्षेत्र व संस्थाओं में आंशिक व पूर्णकालिक सेवाएँ किसी समझौते के अन्तर्गत देते हैं या स्वरोजगार करते हैं तो यह रोजगार कहलाता है।

Engel Curve | ऐंजिल वक्र

ऐंजिल वक्र किसी वस्तु की दी हुई कीमत पर आय और उपभोग स्तर के मध्य सम्बन्धों को बताता है। चित्र में x अक्ष पर आय तथा y अक्ष पर उपभोग को दर्शाया गया है। केन्द्र से निकलने वाली रेखा 'मांग की आय लोच' को दर्शाती है। प्रारम्भ में आय बढ़ने पर लोग आवश्यक खाद्य वस्तुओं के उपभोग पर अधिक व्यय करते हैं किन्तु एक सीमा के बाद आय बढ़ने के साथ खाद्य वस्तुओं

पर होने वाला व्यय कम हो जाता है। अर्थात आयलोच इकाई से कम या उपभोग वक्र कम ढालू (Flatter) हो जाता है। वहीं विलासी वस्तुओं के लिए ऐंजिल वक्र इकाई से अधिक व अधिक ढालू (Steeper) हो जाता है अर्थात अब उपभोक्ता अपनी आय खाद्य वस्तुओं पर व्यय न करके विलासी वस्तुओं पर करने लगता है। जैसा कि चित्र से स्पष्ट है।

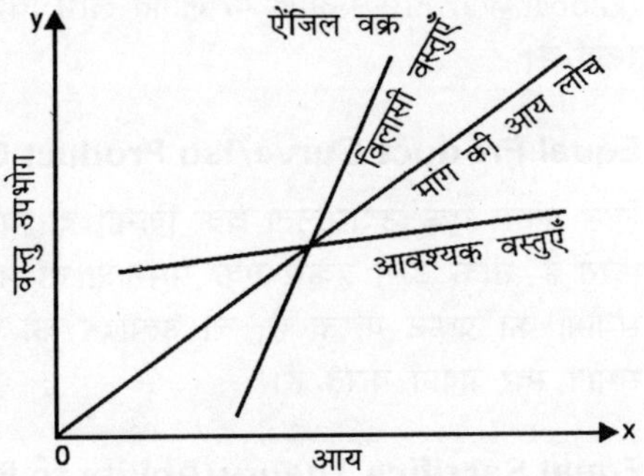

Engel's Law | ऐंजिल का नियम

ऐंजिल के नियम के अनुसार कम आय वाले उपभोक्ता अपनी आय का बड़ा भाग खाद्य वस्तुओं के उपभोग पर व्यय करते हैं, किन्तु जैसे-जैसे आय बढ़ती जाती है एक सीमा के बाद खाद्य वस्तुओं पर किया जाने वाला व्यय घटता जाता है और विलासी वस्तुओं पर व्यय बढ़ने लगता है।

Enterprise | उद्यम या व्यवसाय

एक उद्यम या साहसिक कार्य दो प्रकार का हो सकता है- (i) निजी साहसिक उद्यम और, (ii) सार्वजनिक साहसिक उद्यम। एक साहसी वह व्यक्ति होता है, जिसमें उद्यम को चलाने के लिए प्रेरणा, दूरदृष्टि व इच्छा तीनों का संयोग होता है।

Entrepreneur | उद्यमी या साहसी

उत्पादन में संगठनात्मक साधन को उद्यमी या साहसी कहते हैं। एक साहसी अपने अधीन चलने वाले उद्यम में समस्त आर्थिक निर्णयों के लिए उत्तरदायी होता है। एक उद्यम में अनिश्चितता झेलने का कार्य प्राथमिक कार्य होता है, जिसे उद्यमी बहन करता है।

Envelope Curve | लिफाफा वक्र

दीर्घकालीन लागत वक्र को लिफाफा वक्र (Envelope Curve) कहते हैं क्योंकि यह सभी अल्पकालीन लागत वक्रों (Short Period Average Cost Curves) के न्यूनतम बिन्दुओं को जोड़ता हुआ लिफाफे की तरह उन्हें अपने में लपेट लेता है। स्टोनियर एवं हेग के अनुसार ''दीर्घकालीन लागत लिफाफा वक्र का हर बिन्दु उन अल्पकालीन लागत वक्रों का भी बिन्दु होता है, जिन्हें वह लपेटता है।'' इसे योजना वक्र कहना अधिक उचित है, क्योंकि चैम्बरलेन के अनुसार दीर्घकाल में उत्पादन के पैमाने का विस्तार करने की योजना फर्म बनाती है।

Environment | पर्यावरण या वातावरण

पर्यावरण (Environment) उन बाह्य दशाओं और साधनों को कहते हैं जो मानवीय जीवन और विकास को प्रभावित करते हैं।

Environmental Economics | पर्यावरणीय अर्थशास्त्र

पर्यावरणीय अर्थशास्त्र (Environmental Economics) के अन्तर्गत राष्ट्रीय आय या स्थानीय पर्यावरण नीतियों के प्रभावों का अध्ययन किया जाता है, जैसे वायु प्रदूषण व भूमण्डलीय उष्णता

(Global Warming) आदि के लागत लाभ विश्लेषण की वैकल्पिक पर्यावरणीय नीतियों से सम्बन्ध रखते हैं।

Equal Product Curve/Iso Product Curve | समान उत्पादन वक्र/समोत्पाद वक्र

जिस प्रकार एक उदासीनता वक्र किन्हीं दो बिन्दुओं के मध्य सम-उपयोगिता (Iso-Utility) प्रदान करते हैं, ठीक उसी प्रकार एक सममात्रा या समोत्पाद वक्र उत्पादन के दो साधनों के ऐसे विभिन्न संयोगों को प्रकट करता है, जो उत्पादन को समय की प्रति इकाई उत्पादन की समान मात्रा या समान स्तर प्रदान करते हैं।

Equal Sacrifice Theory/Ability to Pay Theory | समान त्याग का सिद्धान्त/भुगतान की क्षमता का सिद्धान्त

इस सिद्धान्त के अनुसार करों को अनिवार्य भुगतान माना जाता है और करों का वितरण व्यक्तियों के सापेक्ष सामर्थ्य या समान त्याग के अनुसार किया जाता है। इस सिद्धान्त के अनुसार न्याय के परिचालन के लिए प्रत्येक व्यक्ति को अपनी सामर्थ्य के अनुसार कर चुकाना चाहिए। एक प्रजातांत्रिक व्यवस्था में सभी समान आर्थिक स्थिति वालों को समान त्याग के आधार पर कर चुकाना चाहिए। अर्थात सभी व्यक्तियों के द्वारा कर के रूप में किया गया त्याग समान होना चाहिए। समान त्याग की तीन परिभाषाएँ हैं- (i) समान शुद्ध त्याग (Equal Absolute Sacrifice) (ii) समान आनुपातिक त्याग (Equal Proportional Sacrifice) तथा (iii) समान सीमान्त त्याग (Equal Marginal Sacrifice)

Equilibrium | संतुलन या साम्य

अर्थशास्त्र में साम्य या संतुलन की स्थिति से अभिप्राय एक ऐसी स्थिति से है, जिसमें कार्यशील शक्तियाँ एक-दूसरे के प्रभाव को नष्ट कर देती हैं। इसमें गति की अनुपस्थिति नहीं होती, बल्कि गति की दर में परिवर्तन की अनुपस्थिति हो जाती है। प्रो. एक्ले के शब्दों में "एक अर्थव्यवस्था को तब संतुलन में कहा जाएगा जब उसके प्रमुख चर संतुलित हों। यह कहना अधिक उपयुक्त है कि परिवर्तनकारी शक्तियाँ संतुलन में हैं न कि अनुपस्थित।" यह एक सक्रिय स्थिति है। इस आधार पर हम उपभोक्ता, उत्पादक व फर्म तथा उद्योग के संतुलन को समझ सकते हैं। यह स्थिर, तटस्थ तथा अस्थिर तीन प्रकार का साम्य होता है।

Equilibrium Price | संतुलन कीमत

वह कीमत जिस पर पूर्ति की गई वस्तु की मात्रा और मांगी गई वस्तु की मात्रा बराबर हो। जब पूर्ति वक्र ऊपर की ओर बढ़ता हुआ हो और मांग वक्र नीचे की ओर गिरता हुआ हो तो कीमत असंतुलित होगी। अतः संतुलन के बिन्दु पर प्रचलित कीमत संतुलन कीमत होती है।

Equimarginal Utility | सम-सीमान्त उपयोगिता

जब प्रतिस्थापन का सिद्धान्त (Law of Substitution) उपभोग के क्षेत्र में लागू होता है तब इसे सम-सीमान्त उपयोगिता नियम कहते हैं, जो अर्थशास्त्र के सभी क्षेत्रों में लागू होता है। सम-सीमान्त उपयोगिता का तात्पर्य यह है कि एक उपभोक्ता अपनी सीमित आय को विभिन्न वस्तुओं पर किस प्रकार व्यय करे कि उसको अधिकतम संतुष्टि प्राप्त हो। सम-सीमान्त उपयोगिता प्राप्त करने के लिए एक व्यक्ति अपनी सीमित आय से अधिकतम संतुष्टि प्राप्त करने के लिए द्रव्य को विभिन्न

वस्तुओं पर इस प्रकार व्यय करेगा कि प्रत्येक वस्तु पर व्यय किए गये द्रव्य की अंतिम इकाई से प्राप्त उपयोगिता या सीमान्त उपयोगिता समान हो।

Equities/Securities | प्रतिभूतियाँ

वे प्रतिभूतियाँ जो स्थिर व पहले से ज्ञात ब्याज की मात्रा प्रति वर्ष प्राप्त नहीं करतीं तथा जो संयुक्त स्कन्ध कम्पनियों के अंश (Shares) सम्मिलित करती हैं, प्रतिभूतियाँ कहलाती हैं। जो एक शेयर, बॉण्ड या सरकारी स्टॉक होता है।

Estate Duty | सम्पदा कर या जायदाद कर/मृत्यु कर

उत्तराधिकार कर और जायदाद कर दोनों मृत्यु कर के अन्तर्गत आते हैं। जिस व्यक्ति को जायदाद या सम्पत्ति मिलती है वही यह कर चुकाता है। इसे टाला नहीं जा सकता। यह मृतक से प्राप्त सम्पत्ति या धन पर लगाया जाता है। अतः उसका भार उत्तराधिकारी पर होता है।

Euler's Theorem | आइलर प्रमेय

अठारहवीं शताब्दी में एक स्विस निवासी गणितज्ञ लैनहर्ड आइलर द्वारा विकसित प्रमेय की सहायता से प्रो. विक्स्टीड ने यह सिद्ध किया कि प्रत्येक साधन को उसकी सीमान्त उत्पादकता के अनुसार भुगतान कुल उत्पादन को पूर्णतया समाप्त कर देता है। यह रेखीय समरूप फलन की मान्यता पर आधारित है। पूर्ण प्रतियोगिता और पैमाने के स्थिर प्रतिफल के अन्तर्गत उत्पादन समाप्ति प्रमेय व्यापक रूप से सही ठहरता है।

Euro or Euro Currency | यूरो या यूरो मुद्रा

यूरोप की मुद्रा इकाई को यूरो (Euro) कहा जाता है, जिसे यूरोपीय संघ के 11 सदस्यों द्वारा 1999 में अपनाया गया। इसका मूल्य प्रत्येक देश की घरेलू मुद्रा में स्थिर रखा गया था। प्रारम्भ में यूरो ही एक मात्र सामान्य हिसाब की मुद्रा थी। यह विनिमय का माध्यम नहीं थी। यूरो मुद्रा बाजार अल्प व मध्यमकालीन बैंक व कम्पनी ऋणों के लिए बहुत उपयोगी समझा गया। यही नहीं अन्तरराष्ट्रीय व्यापार व विनियोग के लिए भी महत्वपूर्ण माना गया।

Euro-Dollar Market | यूरोपीय डॉलर बाजार

यूरोपीय डॉलर बाजार अन्तरराष्ट्रीय मुद्रा प्रणाली में सबसे बड़ा बाजार है। यह अन्तरराष्ट्रीय वित्त में प्रमुख भूमिका निभाता है। यूरोपीय डॉलर वास्तव में अमेरिकी डॉलर से भिन्न करेंसी नहीं है, परन्तु ये वे अमेरिकी डॉलर होते हैं जो उन बैंकों में जमा रहते हैं जो अमेरिका से बाहर होते हैं और यूरोपीय बैंक कहलाते हैं। ये डॉलर प्रायः लंदन, पेरिस, फ्रैंकफर्ट, एम्सटर्डम के किसी बैंक में जमा किए जाते हैं। अब डॉलर अन्य देशों में भी जमा होने लगे हैं अतः अब इसे यूरो-डॉलर बाजार कहना उचित नहीं है। अब यह यूरोपीय डॉलर बाजार न रहकर यूरोपीय करेंसी बाजार बन गया है।

Euromarket | यूरो बाजार

ऐसा बाजार जिसमें यूरो बॉण्ड्स, प्रतिभूतियों व यूरो मुद्रा का लेन-देन होता हो, अन्य यूरोपीय देशों के साथ। कई केन्द्रों में विस्तृत यूरो बाजार हैं, ब्रुसेल्स, फ्रेंकफुर्त, लंदन, पेरिस आदि।

European Commission | यूरोपियन आयोग

यूरोपियन आयोग यूरोपियन संघ का प्रमुख कार्यकारी निकाय है। सभी 27 सदस्य देशों की सरकारें मिलकर एक आयुक्त नियुक्त करते हैं। यह आयोग यूरोपियन संघ की कार्यप्रणाली को प्रोत्साहित करने के लिए उत्तरदायी होता है। यह बहुमत के द्वारा निर्णय लेकर संयुक्त उत्तरदायित्व वहन करता है।

European Community (EC) | यूरोपियन समुदाय

यह यूरोपियन संघ की प्रमुख संस्था है, जिसका गठन 1967 में यूरोपियन ऊर्जा समुदाय, यूरोपियन कोयला एवं इस्पात समुदाय और यूरोपियन आर्थिक समुदाय से हुआ। 1993 में इसका नाम बदलकर यूरोपीय संघ कर दिया गया। इसके 6 संस्थापक सदस्य बेल्जियम, फ्रांस, प. जर्मनी, इटली, लक्जमबर्ग तथा नीदरलैण्ड्स थे। इसके पश्चात 1973 में डेनमार्क, आयरलैंड तथा इंग्लैण्ड इसके सदस्य बने व 1979 में ग्रीस व 1986 में पुर्तगाल व स्पेन इसके सदस्य बने।

European Currency Unit | यूरोपियन मुद्रा इकाई

1979 में यूरोपियन आर्थिक समुदाय के द्वारा निर्मित यूरोपियन मौद्रिक व्यवस्था के अन्तर्गत इसे हिसाब की मुद्रा के रूप में लागू किया गया। यह एक ऐसी अन्तरराष्ट्रीय मुद्रा थी, जिसका उपयोग आधिकारिक यूरोपीय निकायों के द्वारा हिसाब की मुद्रा के रूप में किया गया। किन्तु अन्य वित्तीय बाजारों में इसका बहुत कम उपयोग हुआ। इसका मूल्य अन्य सदस्य देशों की मुद्रा के भारित माध्य के बराबर था। 1999 में इसका स्थान यूरो मुद्रा ने ले लिया।

European Economic Community (EEC) | यूरोपियन आर्थिक समुदाय

यूरोपियन आर्थिक समुदाय की स्थापना 1958 में यूरोपियन कोयला व इस्पात समुदाय के मूल 6 सदस्यों- बेल्जियम, फ्रांस, पं. जर्मनी, इटली लक्जमबर्ग तथा नीदरलैण्ड्स के द्वारा की गई। यूरोपियन समुदाय के गठन के लिए 1967 में यूरोपियन आर्थिक समुदाय को यूरोपियन परमाणु ऊर्जा समुदाय के साथ मिला दिया गया। यूरोपियन आर्थिक समुदाय के प्रमुख उद्देश्यों में प्रशुल्क व कोटा बन्धनों की समाप्ति, सदस्य देशों में इन्हें समाप्त कर सामान्य प्रशुल्क नीति की स्थापना गैर सदस्य देशों के साथ करना, श्रमिकों व पूँजी की सदस्य देशों के बीच पूर्ण गतिशीलता, सामाजिक और आर्थिक नियमों में समन्वय स्थापित करना तथा सामान्य कृषि नीति की स्थापना करना सम्मिलित था।

European Monetary Union (EMU) | यूरोपियन मौद्रिक संघ

यूरोपियन मौद्रिक संघ यूरोप में एक सामान्य मौद्रिक व्यवस्था के लिए स्थापित किया गया। इसका प्रमुख कार्य मौद्रिक नीतियाँ बनाना, यूरोपियन केन्द्रीय बैंक की स्थापना तथा एकल यूरोपियन मुद्रा इकाई की स्थापना करना था।

Euro System | यूरो व्यवस्था या प्रणाली

यह 'यूरोजोन' की प्रमुख मौद्रिक प्रणाली थी। यह प्रणाली यूरोपियन केन्द्रीय बैंक तथा यूरोपीय संघ के सदस्य राज्यों, जिनके द्वारा यूरो प्रणाली अपनाई गई, के द्वारा निर्मित की गई है।

Euro Zone | यूरो क्षेत्र या संभाग

संभाग के वे देश जिन्होंने अपनी राष्ट्रीय मुद्राओं को समाप्त कर दिया और यूरो मुद्रा को अपना लिया। ऐसे 15 देशों ने 2008 में यूरो मुद्रा को अपनाया वे हैं- आस्ट्रिया, बेल्जियम,

साइप्रस, फिनलैंड, फ्रांस, जर्मनी, ग्रीस, आयरलैण्ड, इटली, लक्जमबर्ग, माल्टा, नीदरलैण्ड्स, पुर्तगाल, स्लोवेनिया, स्पेन, मोनाको, सेन मेरीनो तथा वेटीकन सिटी। अंडोरा, कोशोवो तथा मौंटेनिगरो भी यूरो का उपयोग करते हैं किन्तु आर्थिक संघ के साथ बिना किसी विधिक समझौते के।

Ex-ante and Ex-post | प्रत्याशित तथा यथार्थ

स्वीडन के अर्थशास्त्री प्रो. ओहलिन, लुंडबर्ग, लिंडाल और मिर्डल नामक अर्थशास्त्रियों के मतानुसार बचत एवं निवेश दो-दो प्रकार के होते हैं- प्रत्याशित (Ex-ante) तथा यथार्थ (Ex-post)। प्रत्याशित परिमाण वे हैं जो पूर्वानुमानित, अभीष्ट अथवा योजनाबद्ध हों और यथार्थ (Ex-post) परिमाण वे हैं जो वास्तविक हों अथवा प्राप्त किए गए हों। इस प्रकार प्रत्याशित बचत व निवेश वे हैं जो या तो योजनाबद्ध हों या फिर जिन्हें लोग करना चाहते हैं। दूसरी ओर यथार्थ बचत और निवेश वे हैं जो वास्तव में किए जाते हैं।

Excess Capacity | अतिरिक्त क्षमता या अतिरेक क्षमता

अतिरिक्त क्षमता का विचार विक्सैल तथा केयरवीज की प्रारंभिक कृतियों में मिलता है। सराफा व श्रीमती रोबिन्सन ने इसकी रूपरेखा तैयार की तथा चैम्बरलेन ने इसका व्यवस्थित ढंग से प्रतिपादन किया। अतिरिक्त या अप्रयुक्त क्षमता का सम्बन्ध दीर्घकाल में एकाधिकारात्मक (Monopolistic) प्रतियोगिता से है जिसमें यह बताया गया है कि दीर्घकाल में इष्टतम उत्पादन और वास्तव में प्राप्त किए गए उत्पादन का अन्तर ही अतिरिक्त क्षमता कहलाती है। जब एक उत्पादक अपनी वस्तु को न्यूनतम औसत लागत पर उत्पादित करता है अर्थात वह उत्पादन की उस मात्रा को उत्पादित करता है जो कि औसत लागत रेखा के न्यूनतम बिन्दु के ठीक नीचे होती है, तब उसे अनुकूलतम मात्रा कहा जाता है। जब इस अनुकूलतम मात्रा से कम उत्पादन होता है तो यह कहा जाता है कि फर्म अपनी पूर्ण क्षमता का उपयोग नहीं कर पा रही है और इसलिए अतिरिक्त उत्पादन क्षमता अस्तित्व में रहती है। दीर्घकाल में गिरती हुई (AR) औसत आय रेखा के कारण अतिरिक्त क्षमता का अस्तित्व होता है। यह AR रेखा या मांग रेखा जितनी अधिक लोचदार होगी उतनी ही अतिरिक्त उत्पादन क्षमता कम होगी और AR रेखा के पूर्णतया लोचदारी (या पड़ी रेखा) होने पर अतिरिक्त उत्पादन क्षमता का अस्तित्व समाप्त हो जाता है, जैसा कि पूर्ण प्रतियोगिता में होता है।

Excess Demand and Excess Supply | अतिरिक्त मांग तथा अतिरिक्त आपूर्ति

अतिरिक्त मांग और अतिरिक्त आपूर्ति का विचार वालरस के द्वारा प्रस्तुत किया गया है। माना कि चित्रानुसार जब कीमत P_3 है, तब इस कीमत पर क्रेता OV मात्रा की मांग करते हैं जबकि विक्रेता OR मात्रा को बेचने की स्थिति में हैं, अतः LM या RV के बराबर अतिरिक्त मांग रहती है। यह अतिरिक्त मांग LM कीमत को P_1 कीमत की ओर ढकेलती है। यदि कीमत P_2 है तो EH के बराबर अतिरिक्त पूर्ति होगी जो कि कीमत को नीचे E बिन्दु की ओर ढकेलगी। इस प्रकार मात्रा में अतिरिक्त मांग और अतिरिक्त पूर्ति के रूप में परिवर्तन होता है तो साम्य की स्थिति तक पहुँचने के लिए कीमत समायोजन करती है। अतः वालरस की मात्रा निर्भरता रीति के अनुसार LM अतिरिक्त मांग है, AH अतिरिक्त पूर्ति है तथा E संतुलन बिन्दु है।

Exchange | विनिमय

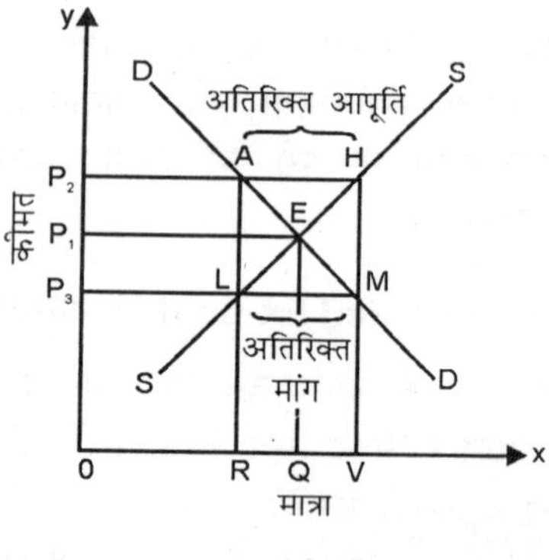

उत्पादित वस्तुओं के उपयोग तथा आवश्यकताओं की पूर्ति के लिए विनिमय की आवश्यकता होती है। प्रारम्भ में वस्तु विनिमय का रूप (Barter System) प्रचलन में था, इसकी कठिनाइयों के कारण मुद्रा (Money) के आविष्कार ने विनिमय की क्रिया को सरल बना दिया है। इस शाखा में कीमत निर्धारण, बाजार की समस्या, मुद्रा एवं बैंकिंग तथा बीमा एवं व्यापार सम्बन्धी बातों का अध्ययन किया जाता है।

Exchange Control | विनिमय नियंत्रण

विनिमय नियंत्रण (Exchange Control) अन्तरराष्ट्रीय व्यापार तथा भुगतान को नियंत्रित करने की एक महत्वपूर्ण विधि है। इसका लक्ष्य विदेशों से प्राप्तियों तथा विदेशों को किए गए भुगतानों को संतुलित करना है। अर्थात हैबरलर के अनुसार- ''विदेशी विनिमय बाजार से आर्थिक शक्तियों के मुक्त व्यवहार को छोड़कर राज्य द्वारा नियमन'' विनिमय नियंत्रण कहलाता है। विनिमय नियंत्रण के प्रमुख उद्देश्य हैं अतिमूल्यन, अवमूल्यन, विनिमय दरों का स्थिरीकरण, पूँजी पलायन को रोकना, घरेलू उद्योगों को संरक्षण, अनावश्यक आयातों को रोकना, प्रतिकूल भुगतान शेष को सुधारना, ऋणों का पुनर्भुगतान, प्रतिशोध आदि। इन सबका नियंत्रण प्रत्यक्ष तथा अप्रत्यक्ष विधियों से किया जाता है।

Exchange Rate | विनिमय दर

विदेशी विनिमय दर या विनिमय दर वह दर होती है, जिस पर एक मुद्रा का दूसरी मुद्रा में विनिमय किया जाता है। यह दर एक मुद्रा में दूसरी मुद्रा की कीमत होती है। अर्थात एक घरेलू मुद्रा इकाई में विदेशी मुद्रा की एक इकाई की कीमत। डॉलर व रुपये के बीच विनिमय दर यह बताती है कि एक डॉलर खरीदने के लिए कितने रुपयों की आवश्यकता पड़ेगी। विदेशी विनिमय बाजार में हुंडी व्यापार के द्वारा (Arbitrage) विनिमय दर को स्थिर रखा जाता है। अर्थात जिस मुद्रा बाजार में मुद्रा की कीमत कम हो वहां विदेशी मुद्रा खरीदी जाए और जहां उसकी कीमत अधिक हो वहां उसे बेच दिया जाए। विदेशी विनिमय बाजार में दो प्रकार की विनिमय दरें होती हैं: तत्काल विनिमय दर (Spot Exchange Rate) तथा अग्रिम विनिमय दर (Forward Exchange Rate) दो मुद्राओं की विनिमय दर उनकी मांग और पूर्ति द्वारा निर्धारित होती है। दोनों की मांग व पूर्ति बराबर होने पर संतुलित विनिमय दर निर्धारित हो जाती है।

Exchange Restriction | विनिमय बाधाएँ या प्रतिबन्ध

क्राउथर ने विनिमय प्रतिबन्ध की नीति को ऐसी नीति बताया है जिसके अनतर्गत- ''सरकार अपने बाजार में आने वाली मुद्रा की पूर्ति अनिवार्य रूप से घटाती है।'' इसके अन्तर्गत सभी विदेशी मुद्राओं को केन्द्रीय बैंक के पास इकट्ठा कर लिया जाता है, फिर केन्द्रीय बैंक सरकार द्वारा निर्धारित नियमों के अनुसार मंजूरी देता है और आबंटन करता है। ऐसे कुछ व्यक्तियों अथवा गुटों को ऐसा करने से रोक दिया जाता है। जो अन्यथा विदेशी मुद्राओं के बदले देने को तैयार होते हैं। इस प्रकार पूर्ति की सापेक्षता में मांग बढ़ाई जाती है और मुद्रा मूल्य बना रहता है। तीन प्रमुख प्रतिबन्ध इस प्रकार हैं- (i) प्राथमिकताओं के अनुसार मुद्राओं का आबंटन, (ii) बहु विनिमय दरें तथा (iii) अवरुद्ध लेखे।

Exchequer | राजकोष

राजकोष का सम्बन्ध केन्द्र सरकार के उस कोष से होता है, जो केन्द्रीय बैंक के पास रखा जाता है।

Excise Duty or Tax | उत्पाद शुल्क या आबकारी कर

वह कर जो सरकार द्वारा कतिपय उत्पादों पर लगाया जाता है। इस कर को लगाने के निम्न उद्देश्य हैं- (i) वस्तुओं पर कर लगाकर उन्हें महँगा कर देना ताकि उपयोगी वस्तुओं के उपयोग पर अंकुश लग सके। (ii) इससे सरकार को अतिरिक्त आय प्राप्त होती है। ये वस्तुएँ सिगरेट, बीड़ी, पेट्रोलियम, शराब आदि हैं।

Exempt Goods | मुक्त या वंचित वस्तुएँ

देखें मूल्यानुसार कर (Ad Valorem Tax)

Expansion Path | विस्तार पथ

जब उत्पादन प्रभाव को ग्राफ पर दिखाया जाता है तो एक रेखा प्राप्त हो जाती है, जिसे विस्तार पथ (Expansion Path) कहा जाता है। अर्थात विस्तार पथ उत्पादन रेखाओं तथा समलागत रेखाओं के बीच स्पर्श बिन्दुओं का रास्ता (Locus of Tangency Points) है। इसका अभिप्राय है कि विस्तार पथ या पैमाना रेखा साधनों के न्यूनतम लागत वाले संयोगों को बताता है, जिनके द्वारा उत्पादन की विभिन्न मात्राएँ उत्पादित की जा सकती हैं। अत: विस्तार पथ उत्पादन के विभिन्न स्तरों को उत्पादित करने के सर्वोत्तम तरीके को बताता है।

Expenditure Tax | व्यय कर

यह विस्तृत रूप में उपभोग व्यय पर लगने वाला कर है। इसे आयकर के विकल्प के रूप में लगाने का सुझाव दिया जाता है। यह प्रगतिशील व अप्रत्यक्ष कर है। यह वस्तुओं व सेवाओं के क्रेता पर लगता है।

Expected Inflation or Anticipated Inflation | प्रत्याशित या पूर्वानुमानित स्फीति

एक ऐसी प्रत्याशित या पूर्वानुमानित स्फीति दर जो भविष्य में पूर्वनिर्धारित समय में प्राप्त होती है। अल्पकाल के सिवाय बेरोजगारी और स्फीति के बीच विनिमय नहीं होता है क्योंकि स्फीतिकारी प्रत्याशाएँ, भूतकाल में स्फीति में क्या हुआ है, इसके अनुसार संशोधित की जाती हैं। स्फीति की वास्तविक दर जब 4% तक बढ़ती है तो श्रमिक कुछ समय तक 2% स्फीति की आशा लगाए रखते हैं और केवल दीर्घकाल में वे 2% से ऊपर 4% तक अपनी प्रत्याशाएँ संशोधित करते हैं, क्योंकि वे अपने को प्रत्याशाओं के अनुकूल करते हैं। इसलिए इसे अनुकूलित प्रत्याशा परिकल्पना भी कहा जाता है। इस परिकल्पना के अनुसार स्फीति की प्रत्याशित दर सदैव वास्तविक दर से कम होती है। किन्तु यदि वास्तविक दर स्थिर रहती है तो प्रत्याशित दर अंत में इसके बराबर हो जाएगी। इससे यह निष्कर्ष निकलता है कि स्फीति और बेरोजगारी के बीच अल्पकालीन विनिमय होता है। परन्तु दोनों के बीच दीर्घकालीन विनिमय नहीं होता है, जब तक कि एक निरन्तर बढ़ती स्फीति दर सहन नहीं की जाती है। इस प्रकार यह स्फीति सामान्य कीमत स्तर में होने वाली वृद्धि है, जो लोगों द्वारा अनुमानित की जाती हैं।

Expenditure | व्यय

उपभोक्ताओं, निवेशकों व सरकार द्वारा किए गए खर्चे को व्यय कहते हैं। उपभोक्ताओं द्वारा किया गया व्यय वास्तविक वस्तुओं और सेवाओं के क्रय तक सीमित होता है। संसाधनों को प्राप्त करना व उन्हें दूसरों को हस्तान्तरित करना व्यय में शुमार नहीं होता है। सरकारी व्यय इससे भिन्न होता है। कुछ सरकारी व्यय वास्तविक वस्तुओं और सेवाओं पर होता है, किन्तु सरकार द्वारा ब्याज का भुगतान व व्यक्तियों को किया जानेवाला पेन्शन के रूप में हस्तान्तरण भुगतान आदि सरकारी व्यय में गिने जाते हैं। सरकारी व्यय की चालू व पूँजी लेखा मदों को अलग-अलग करना बहुत कठिन होता है। देश के लिए किया गया व्यय राष्ट्रीय व्यय होता है।

Explicit Costs | सुनिश्चित लागतें

वे मौद्रिक लागतें सुनिश्चित लागतें (Explicit Costs) कहलाती हैं, जो एक लेखाकार फर्म की लेखा पुस्तकों में दर्ज करता है। सुनिश्चित और अंतर्निहित (Implicit) दोनों लागतें अवसर लागत में शामिल होती हैं। सुनिश्चित लागतें वे सीधे खर्चे हैं जो एक फर्म को वस्तुएँ और सेवाएँ खरीदने के लिए किए जाते हैं। इसमें मजदूरी और वेतन, कच्चा माल, बिजली, ईंधन, विज्ञापन, परिवहन और कर के खर्च शामिल होते हैं।

Exploitation | शोषण

शोषण शब्द बहुत व्यापक है, जो कई प्रकार से हो सकता है। जहाँ तक सामाजिक शोषण की बात है, समाज को अलग-अलग जातियों में बाँट कर अन्य वर्ग निम्न वर्ग का शोषण करते हैं। राजनीतिक दृष्टि से जो लोग अधिकारों का दुरुपयोग कर उच्च पदों को हासिल करके अपने से कमजोर लोगों के हकों पर कुठाराघात करते हैं तथा उनके अधिकारों की अनदेखी कर उनका राजनीतिक शोषण करते हैं। इसी तरह आर्थिक शोषण धनी लोगों के द्वारा गरीबों का किया जाता है। धनी लोग आर्थिक संसाधनों पर अपना एकाधिकार स्थापित कर आर्थिक दृष्टि से कमजोर वर्गों का शोषण कर उन्हें और अधिक गरीब बना देते हैं। पूँजीवाद में लोगों का ऐसे ही शोषण किया जाता है। उनके श्रम का बेजा इस्तेमाल करके उनके लाभ को हड़प लेते हैं। एकाधिकार में श्रमिकों का जमकर शोषण होता है। एकाधिकारी सामान्य लाभ से अधिक एकाधिकारी लाभ कमाकर लोगों का शोषण करते हैं, क्योंकि उत्पादन और कीमतों पर एकाधिकारी का पूरा नियंत्रण होता है। लेनिन और मार्क्स जीवनभर शोषण के विरुद्ध लड़ते रहे।

Export-Import Bank (Eximbank) | आयात-निर्यात बैंक

अमेरिकी व्यापार को व्यवस्थित करने के लिए अमेरिकी संघीय सरकार की एक प्रतिनिधि संस्था के रूप में आयात-निर्यात बैंक स्थापित किए गए। ये आयात-निर्यात बैंक अमेरिकी निर्यात को वित्तीय सहायता, गारण्टी सुविधा व निजी ऋण प्रदान कर प्रोत्साहन देते हैं।

Export Incentives | निर्यात प्रोत्साहन

निर्यात प्रोत्साहन (Export Incentives) निर्यातों को प्रोत्साहन देने की सभी देशों द्वारा अपनाई जाने वाली विधियाँ हैं। इनमें- निर्यातकों के लिए कर प्रोत्साहन नीतियाँ, एकाधिकार विरोधी कानूनों से छूट देना, पूँजी बाजारों को प्राथमिकता देना, जिन देशों में व्यापार नियंत्रण होते हैं उनमें प्राथमिकता के आधार पर माल आबंटन करना, निर्यातकों को निर्यात से प्राप्त आय को बढ़े हुए मुद्रा मूल्यों के बदले में परिवर्तित कराना तथा सफल निर्यातकों का सम्मान करना शामिल है।

Expected Utility | अनुमानित उपयोगिता

ये किसी वस्तु से मिलने वाली अनुमानित उपयोगिता या संतुष्टि होती है, जो उपभोग की तीव्रता पर निर्भर करती है। किसी वस्तु के लिए दी जाने वाली कीमत का आधार भी यह अनुमानित उपयोगिता या संतुष्टि होती है।

Expenditure Tax | व्यय कर

यह कर व्यय के मूल्य पर लगाया जाता है। इसे उपभोग कर भी कहते हैं। यह व्यक्तिगत कर के आधार के रूप में आय का विकल्प है। आयकर और व्यय कर में यह सैद्धान्तिक अन्तर है कि व्यय कर बचत से होने वाली आय पर नहीं लगता है। व्यय कर वर्तमान और भविष्य के उपभोग के बीच चुनाव के स्वरूप को नहीं बिगाड़ता है, जबकि आयकर बिगाड़ता है। यह कहा जाता है कि आयकर के स्थान पर यदि व्यय कर लगाया जाए तो बचतें बढ़ेंगी तथा आर्थिक विकास की दर भी बढ़ेगी। आयकर और व्यय कर के मध्य चुनाव करना इतना मुश्किल नहीं है, जितना लगता है। कर रहित बचत का अस्तित्व दोनों के प्रभाव को समाप्त कर देगा। यह अप्रत्यक्ष कर है, जो सरकार द्वारा व्यक्ति के उपभोग व्यय पर लगाया जाता है। इसे प्रगतिशील कर में भी बदला जा सकता है।

Export Control | निर्यात नियंत्रण

निर्यातों का नियंत्रण सरकार के द्वारा प्रमुख रूप से दो कारणों से किया जाता है। (i) राष्ट्रीय सुरक्षा के लिए। अर्थात ऐसा निर्यात जो देश हित में नहीं है या राष्ट्रीय सुरक्षा की दृष्टि से अहितकर है तो सरकार ऐसे निर्यातों पर नियंत्रण लगाएगी, ताकि उन वस्तुओं का निर्यात न हो। (ii) घरेलू उद्योगों की रक्षा व विकास के लिए, ताकि घरेलू उद्योगों का विकास हो सके। ऐसी वस्तुओं के निर्यातों को रोका जाएगा, जो घरेलू उद्योगों के विकास के लिए आवश्यक हों।

Export Quota | निर्यात अभ्यंश

वस्तु की मात्रा जिसके निर्यात के लिए किसी देश को अन्तरराष्ट्रीय समझौतों के अन्तर्गत अनुमति दी जाती है, निर्यात अभ्यंश कहलाते हैं।

External and Internal Diseconomies of Scale | पैमाने की बाह्य और आंतरिक हानियाँ

एक उत्पादन मात्रा के बाद बड़े पैमाने के उत्पादन से हानियाँ (Diseconomies) प्राप्त होती हैं। ये दो प्रकार की होती हैं बाह्य हानियाँ तथा आंतरिक हानियाँ। बाह्य हानियाँ मुख्यतः उद्योग के विस्तार के कारण और साधनों की बढ़ती हुई मांग के कारण उत्पन्न होती हैं। फलस्वरूप उत्पन्न साधनों की कीमत और उत्पादन लागतें बढ़ने लगती हैं। आन्तरिक हानियाँ तब होती हैं, जब उत्पादन अत्यधिक विस्तृत होकर अनियंत्रित हो जाता है और बड़े संगठन की सेवाओं की विभिन्न इकाइयों में सामंजस्य का अभाव हो जाता है। साधनों का कुशलतम उपयोग न हो पाने से उत्पादन लागतें बढ़ने लगती हैं।

External and Internal Economies of Scale | पैमाने की बाह्य और आंतरिक बचतें

पैमाने के बढ़ते एवं घटते प्रतिफल पैमाने की बचतें (Economics) तथा हानियां (Diseconomies) उत्पन्न करते हैं। पैमाने की बाह्य बचतें जैसे– कुशल श्रम सस्ती मजदूरी पर उपलब्ध होना, विकसित

परिवहन और संचार व्यवस्था हो, यातायात लागतें न्यूनतम हों, विकसित वित्तीय संस्थाएँ हों ताकि सस्ती ब्याज दरों पर साख उपलब्ध हो, उचित प्रशिक्षण द्वारा श्रमिक की कार्यकुशलता में वृद्धि हो तथा अनुसंधान द्वारा उत्पादन में वृद्धि हो। आन्तरिक बचतें जैसे– श्रम विभाजन और विशिष्टीकरण हो, तकनीकी बचतें हो, प्लाण्ट का अनुकूलतम उपयोग हो, अविभाज्य साधनों का पूर्ण उपयोग हो, प्रबन्धकीय बचतें हों, विपणन की बचतें हों, वित्तीय बचतें हो तथा जोखिम सम्बन्धी बचतें हों।

External Debt | बाह्य ऋण

वह ऋण जो एक देश दूसरे देश से लेता है, विदेशी ऋण एक गंभीर समस्या है। जब कोई देश विदेशी ऋणों के जाल में फंस जाता है तो मूलधन व ब्याज का भुगतान करना काफी कठिन हो जाता है।

Extrapolation | बाह्य गणन

यह एक सांख्यिकी गणना विधि है, जिसमें दिए हुए मूल्यों की परिधि के बाहर किसी चर का मूल्य अनुमानित किया जाता है। इसे बाह्य गणन कहा जाता है।

F

Face Value | अंकित मूल्य

धातु मुद्रा का एक प्रकार मानक मुद्रा (Standard Money) है, जो सिक्कों के रूप में होती है, जिसका अंकित मूल्य (Face Value) व यथार्थमूल्य (Real Value) बराबर होता है। अर्थात यदि उस सिक्के को पिघलाकर धातु का मूल्य आँका जाए तो वह सिक्के पर अंकित मूल्य के बराबर होगा। प्रतिभूतियों के संबंध में सम-मूल्य (Par Value) उसका अंकित मूल्य होता है।

Factor Cost | साधन लागत

यह वह लागत होती है, जो उत्पादन के साधन को वस्तु उत्पादन के दौरान प्राप्त होती है। राष्ट्रीय आय, साधन लागत मूल्य पर प्राप्त आय के बराबर होती है। अर्थात यह विभिन्न उत्पादन साधनों को प्राप्त आय के योग के बराबर होती है जो मजदूरी लगान, ब्याज व लाभ के रूप में उत्पादन के साधनों को प्राप्त होती है। ये बिना करों को जोड़े प्राथमिक लागतें होती हैं। ये उत्पादन के साधनों की लागत में से कच्चे माल की लागत घटाने पर प्राप्त होती हैं।

Factor Endowment | साधन सम्पन्नता

हैक्शर-ओहलिन का अन्तरराष्ट्रीय व्यापार में गतिशील साधनों का सिद्धान्त कई प्रतिबन्धात्मक मान्यताओं पर टिका है, जिसमें यह माना गया कि दो देशों के बीच जहां श्रम और पूँजी की मात्राएँ या साधन संपन्नताएँ (Factor Endowments) स्थिर रहते हैं, रुचियाँ (अधिमान या मांग) अपरिवर्तनशील हैं, प्रौद्योगिकी और पैमाने के प्रतिफल स्थिर हैं तथा परिवहन लागतें शून्य हैं। वास्तव में ये सभी घटक, जो व्यापार को प्रभावित करते हैं, निरन्तर परिवर्तित होते रहते हैं, जिससे उत्पादन व व्यापार करने वाले दोनों के बीच व्यापार की शर्तों और व्यापार से प्राप्त लाभों में परिवर्तन होते हैं। इसका कारण किसी देश की साधन सम्पन्नताओं (या साधन पूर्तियों) में परिवर्तन है।

Factor Incomes | साधन आय

उत्पादन के साधनों द्वारा निर्मित वस्तुओं और सेवाओं के विक्रय से प्राप्त आय को साधन आय कहते हैं। अर्थात मजदूरी व स्वरोजगार से प्राप्त आय, भूमि से प्राप्त लगान से आय, पूँजी से प्राप्त ब्याज से आय व साहस के बदले प्राप्त लाभ से आय आदि सभी साधन आय (Factor Incomes) कहलाती हैं।

Factor Intensity | साधन गहनता या अत्यन्तता

साधन गहनता उत्पादन के साधनों का वह सापेक्ष अनुपात होता है, जो वस्तुओं और सेवाओं के उत्पादन में प्रयुक्त होता है। न्यूनतम लागत फर्म के द्वारा चयनित उत्पादन तकनीक हेतु प्रयुक्त साधन गहनता उत्पादन के विभिन्न साधनों की सापेक्ष कीमतों पर निर्भर करती है। दी गई साधन कीमतों के समूहों में कुछ वस्तुएँ जो न्यून पूँजी-श्रम अनुपात द्वारा उत्पादित की जाती हैं, तो इसे श्रम गहन

वस्तुएँ कहते हैं। कुछ वस्तुएँ जो उच्च पूँजी-श्रम अनुपात द्वारा उत्पादित की जाती हैं तो इसे पूँजी गहन वस्तुएँ कहते हैं। कृषिगत वस्तुएँ जो भूमि साधन व कुछ सहायक साधनों द्वारा उत्पादित की जाती हैं, तो ऐसा उत्पादन भूमि गहन उत्पादन कहलाएगा।

Factor Market | साधन बाजार

जिस स्थान पर वस्तुओं और सेवाओं का मूल्य निर्धारित होता है, उसे वस्तु बाजार कहते हैं। ऐसे ही जहां उत्पादन के साधनों का कीमत निर्धारण होता है, उसे साधन बाजार कहते हैं। कई साधन बाजारों में साधनों के मूल्य नियोजकों व व्यापार संघों की सामूहिक सौदेबाजी व आपसी बातचीत के द्वारा निर्धारित होते हैं तो कहीं साधनों की मांग और पूर्ति के द्वारा निर्धारित होते हैं। जैसे श्रमिकों की मजदूरियाँ, भूमियों के लगान, पूँजी के ब्याज तथा साहसियों के लाभ का निर्धारण इसी तरह होता है।

Factor Mobility | साधन गतिशीलता

श्रम, पूँजी, भूमि व साहस आदि उत्पादन के साधनों में एक उद्योग या क्षेत्र से दूसरे उद्योग या क्षेत्र में स्वेच्छापूर्वक आने जाने को इनकी गतिशीलता कहते हैं। यह साधन गतिशीलता घरेलू क्षेत्रों व अन्तरराष्ट्रीय क्षेत्रों में हो सकती है, जहाँ इनका अर्थव्यवस्था में पारस्परिक पुनर्आबंटन होता है।

Factors of Production | उत्पादन के साधन

कोई भी साधन जो वस्तुओं और सेवाओं और सेवाओं के उत्पादन हेतु उपयोग में आता है, उत्पादन का साधन कहलाता है। उत्पादन के साधनों को मुख्य तीन भागों में विभाजित किया जा सकता है (i) श्रम या मानव सेवाएँ, (ii) पूँजी या मानव निर्मित उत्पादन के साधन तथा (iii) भूमि या प्राकृतिक संसाधन। इनको कई उपभागों में विभाजित किया जा सकता है। जैसे श्रम को मानवीय पूँजी में, भूमि को विभिन्न खनिज तत्वों में आदि।

Factor-price Differentials | साधन-कीमत अंतरण

साधन-कीमत अंतरण उस दशा में होता है जब किसी उत्पादन के साधन की दो अलग-अलग कीमतें होती हैं। जैसे-पूँजीवादी मजदूरी आधारित उत्पादन तथा परिवार आधारित उत्पादन प्रक्रियाओं के मध्य श्रम का कीमत अन्तरण।

Factor-price Equalisation | साधन-कीमत समानीकरण

दो देशों के बीच व्यापार शुरू होने से पूर्व सापेक्ष कीमतें भिन्न-भिन्न होती हैं यह मानकर कि परिवहन पर कोई लागतें नहीं हैं तो व्यापार में सापेक्ष वस्तु कीमतें बराबर हो जाती हैं। किन्तु साधनों की वास्तविक गतियों के अभाव में भी क्या साधनों की कीमतें बराबर हो जाएँगी? साधन कीमत समानीकरण की यह समस्या काफी विवादास्पद रही है। ओहलिन का मत था कि यदि यह मान लिया जाए कि दोनों देशों में एक ही उत्पादन तकनीक अपनाई जा रही है तो साधनों की वास्तविक गतियों के बिना ही व्यापार से साधन समानीकरण हो जाएगा। परन्तु वास्तव में ऐसा नहीं होता, इसलिए कभी भी पूर्ण साधन कीमत समानीकरण नहीं होगा। किन्तु पूर्ण साधन कीमत समानीकरण तभी संभव हो सकता है जब उत्पादन के साधन दोनों देशों के बीच स्वतंत्रतापूर्वक गतिशील हों।

Factor Price Frontier | साधन कीमत फ्रंटियर

इसका उपयोग सेम्यूलसन के द्वारा विकास सिद्धान्त के अन्तर्गत मजदूरी दर व लाभ की दर के मध्य ऋणात्मक ढाल के लिए किया गया। कैम्ब्रिज अर्थशास्त्रियों ने इसे मजदूरी दर लाभ फ्रंटियर का

नाम दिया। हिक्स ने इसे केवल मजदूरी फ्रंटियर कहा। संतुलन के अन्तर्गत साधन कीमत फ्रंटियर की लोच दो साधनों के उत्पादन अंश के अनुपात के बराबर होती है। साधन कीमत संयोग जो लागत न्यूनतमीकृत फर्म को प्रति इकाई उत्पादन हेतु दिए हुए लागत स्तर को प्राप्त करने की स्वीकृति देते हैं। इसी प्रकार साधन कीमत संयोग एक प्रतियोगी व लाभ अधिकतमीकृत फर्म को एक दिए हुए लाभ स्तर को प्राप्त करने की स्वीकृति देते हैं।

Factor Prices | साधन कीमतें

उत्पादन के साधनों की सेवा की कीमतों को साधन कीमतें कहते हैं। विभिन्न प्रकार के श्रम की साधन कीमत उसकी सही मजदूरी दर है। भूमि की कीमत, जो उसका लगान दिया जाता है और पूँजी की कीमत उसकी ब्याज दर है। भूमि व पूँजीगत वस्तुओं का क्रय मूल्य उनकी कीमत नहीं होती। प्रतियोगी संतुलन में साधन की कीमत उसकी सीमान्त आय उत्पादन (MRP) के बराबर होगी। यदि वस्तुएँ और साधन बाजार में प्रतियोगिता नहीं है या अग्रिम समझौते के अनुसार कुछ साधनों की कीमतें कुछ समय के लिए स्थिर हैं, तो साधन कीमत और सीमान्त उत्पादन के बीच सम्बन्ध बहुत कम होगा।

Factor Productivity | साधन उत्पादकता

साधन उत्पादकता से तात्पर्य एक प्लांट, एक फर्म व एक उद्योग का प्रति इकाई साधन के उपयोग से होने वाले प्रति इकाई उत्पादन से होता है। अर्थात एक इकाई साधन के उपयोग से कितना उत्पादन होता है वह उस साधन की उत्पादकता कहलाएगी। जैसे श्रम व भूमि। श्रम उत्पादकता से तात्पर्य, श्रम की एक इकाई के उपयोग से होने वाला उत्पादन है। यह उत्पादकता कई कारणों से कम अधिक हो सकती है जैसे- कार्यकुशलता में परिवर्तन, श्रम की गुणवत्ता, श्रम की सीमान्त उत्पादन क्षमता व तकनीकी ज्ञान आदि। इसी प्रकार पूँजी की उत्पादकता से तात्पर्य, पूँजी की एक इकाई से होने वाला उत्पादन है। कुल साधन उत्पादकता का सम्बन्ध कुल साधनों की मात्रा के द्वारा किए गए कुल उत्पादन के मूल्य से होता है। यह भी कार्यकुशलता में परिवर्तन, सीमान्त दक्षता या उपलब्ध तकनीकी या उपलब्ध पैमाने के कारण बदल सकता है, जबकि उत्पादन स्तर भी बदलता है।

Factor Substitution | साधन प्रतिस्थापन

कुल उत्पादन लागत में वृद्धि किए बिना कुल उत्पादन में वृद्धि करने के लिए साधनों के संयोगों में परिवर्तन करना साधन प्रतिस्थापन कहलाता है। एक उत्पादन के साधन के स्थान पर अधिक क्षमता वाले साधन को प्रयुक्त करना साधन स्थानापन्न कहलाता है।

Factor Supply | साधन आपूर्ति

मोटे रूप से अधिकांश साधनों की आपूर्ति स्थिर होती है, किन्तु विभिन्न उत्पादन के साधनों की प्रभावी आपूर्ति लोचदार होती है, विशेषकर साधनों के विशेष उपयोगों में। साधन आपूर्ति से तात्पर्य उन उत्पादन साधनों की मात्रा से है, जो एक निश्चित कीमत पर उनके मालिक बेचने को तैयार हैं।

Factor Utilisation | साधन उपयोग

उत्पादन के सभी उपलब्ध साधनों का पूर्ण उपयोग होना चाहिए जो कि उपयुक्त तकनीक के क्रियान्वयन पर निर्भर करता है। जैसे जिन क्षेत्रों में पूँजी का अभाव हो व श्रम का बाहुल्य हो, वहां पूँजी गहन तकनीक के स्थान पर श्रम गहन तकनीक अपना कर साधनों का उपयोग कर सकते हैं।

Fascism | फासीवाद

इटली में 1922 और 1945 के मध्य मुसोलिनी ने जिस राजनीतिक व्यवस्था को जन्म दिया, उसे ही आगे चलकर फासीवाद कहा गया। फासीवाद एक सत्तावादी, राष्ट्रवादी और उदारताविहीन राजनीतिक आन्दोलन था, जिसकी उत्पत्ति की जड़ें प्रथम विश्व युद्ध के बाद के सामाजिक और आर्थिक संकट में गढ़ी हुई हैं। इस संकट से उभरने के लिए तत्कालीन उदारवादी और प्रजातांत्रिक प्रक्रिया अपर्याप्त थी। इस वाद का आधार राष्ट्रवाद है। साम्यवाद का विरोध, प्रजातांत्रिक व्यवस्था के प्रति अविश्वास, एक दल प्रणाली के प्रति प्रतिबद्धता तथा करिश्माई नेताओं में विश्वास जैसी विचारणाएँ इस वाद के प्रमुख लक्षण हैं। इस वाद में हिंसा को प्रश्रय और सर्वसत्तावाद का समर्थन किया गया है।

Father of Economics | अर्थशास्त्र के जनक

ब्रिटिश अर्थशास्त्री जे. एस. मिल व मेककुलोक, कार्ल मार्क्स व विलियम पेटी आदि द्वारा एडम स्मिथ (1723-1790) को अर्थशास्त्र का जनक का खिताब दिया गया तथा इन्हें आधुनिक राजनीतिक अर्थव्यवस्था का संस्थापक माना है।

Federal Finance | संघीय वित्त

संघीय वित्त का तात्पर्य आय और व्यय के विभिन्न मदों के विभाजन और समन्वय से होता है। यह विभाजन केन्द्र सरकार, राज्य सरकार और स्थानीय सरकारों के बीच होता है। इस संघीय वित्त व्यवस्था के अन्तर्गत राज्य व स्थानीय सरकारों के बीच अपनी आय और व्यय के सम्बन्ध में पर्याप्त स्वतंत्रता होती है।

Feudalism | सामंतवाद

इस शब्द का उपयोग एक ऐसी कुलीन तंत्रीय, सैनिक तथा धर्म प्रधान राजनीतिक, आर्थिक और सामाजिक व्यवस्था के लिए किया जाता है, जिसका मध्यकालीन यूरोप में प्रभुत्व रहा है। इस व्यवस्था में भूमि का विभाजन छोटी या बड़ी जागीरों के रूप में किया जाता है, जो बड़े सामंतों द्वारा छोटे-छोटे जागीरदारों को इस शर्त पर दी जाती है कि वे सामंतों के प्रति निष्ठा रखेंगे और आवश्यकता के समय उन्हें सैनिक सहायता प्रदान करेंगे। भूमि पर कृषि कार्य कृषि दासों द्वारा किया जाता है। सम्पूर्ण फसल के मालिक जमींदार होते हैं, जिन्हें सामंतों द्वारा पट्टे पर जमीन मिली होती है। उसमें से गुजारे लायक हिस्सा उन्हें दे दिया जाता है। जमींदार सामंतों को मालगुजारी चुकाते हैं। 19वीं सदी में इसका स्वरूप कुछ बदला। इसके पूर्व यह व्यवस्था शोषण और वर्ग संघर्ष से परिपूर्ण थी।

Fiat Money | प्रादिष्ट मुद्रा

प्रादिष्ट मुदा (Fiat Money) कागजी मुद्रा का एक रूप है। जो कागजी मुद्रा सरकार के आदेश पर प्रचलन में होती है, उसे प्रादिष्ट मुद्रा कहते हैं। यह वह प्रतीक मुद्रा होती है, जो राज्य द्वारा निर्मित अथवा जारी की जाती है, परन्तु जिसे कानून द्वारा अपने अतिरिक्त किसी अन्य वस्तु से नहीं बदला जा सकता और जिसका वस्तुनिष्ठ मानक के रूप में कोई नियत मूल्य नहीं होता। यह अपरिवर्तनीय मुद्रा है। इसे आपात मुद्रा भी कहते हैं।

Final Goods | अन्तिम वस्तुएँ

वे वस्तुएँ जिनका उपयोग उपभोग के उद्देश्य से किया जाता है, न कि उत्पादन प्रक्रिया में एक फर्म के द्वारा एक साधन के रूप में। इन वस्तुओं को मध्यवर्ती वस्तुओं से अलग समझना चाहिए।

Final Product (GDP) | अन्तिम उत्पाद (सकल घरेलू उत्पाद)

अन्तिम उत्पाद को सकल घरेलू उत्पाद (GDP) भी कहते हैं। वे सभी वस्तुएँ और सेवाएँ जो उनके आखिरी उपयोगकर्ताओं के द्वारा खरीदी जाती हैं। मध्यवर्ती वस्तुओं को घटाने के पश्चात कुल उत्पादन का वह भाग सकल घरेलू उत्पाद कहलाता है।

Finance | वित्त

सामान्यत: वित्त मौद्रिक रूप में पूँजी को कहते हैं। अर्थात वित्तीय बाजार या संस्थाओं के द्वारा कोषों, उधारी व पूँजी के रूप में प्राप्त वित्त। अर्थात सभी स्रोतों से प्राप्त कोष, जो प्रत्येक व्यय के लिए उपयोग में लिया जाता है। विस्तृत अर्थों में व्यक्तियों, वित्त गृहों तथा सरकार द्वारा वस्तुओं और सेवाओं को खरीदने लिए मांगी जाने वाली राशि को वित्त कहते हैं। इसे उद्योगपति अपने उद्योग के लिए व सरकार अपनी गतिविधियों के संचालन के लिए प्राप्त करना चाहते हैं। वित्त का प्रबन्धन अल्प, मध्यम व दीर्घकालीन होता है। आर्थिक विकास के लिए वित्त प्रबन्ध बहुत महत्वपूर्ण होता है।

Finance Commission | वित्त आयोग

केन्द्र व राज्यों के मध्य कर विभाजन की व्यवस्था संविधान के अन्तर्गत की गई है। केन्द्र से राज्यों को अनुदान व अन्य सम्बन्धित विषय इसके अन्तर्गत आते हैं। हर पांच साल के पश्चात वित्त आयोग का गठन किया जाता है, ताकि राष्ट्रीय संसाधनों का अधिकतम उपयोग हो सके तथा देश में सरकारों के मध्य उनकी मांग के अनुरूप साधन आबंटन किया जा सके।

Finance House | वित्त गृह

यह एक वित्तीय अभिकर्ता के रूप में उपभोक्ता सामान गाड़ियाँ, मकान आदि के क्रय हेतु उपभोक्ताओं की सहायता करता है, भाड़ा क्रयन एवं किस्तों के रूप में।

एक वित्त गृह (Finance House) एक बैंक न होकर एक वित्तीय मध्यस्थ होता है, जो अपने स्वयं के पूँजीगत साधनों से कोष प्राप्त कर सकता है, जैसे जमा स्वीकार करके, (एक निश्चित समयावधि हेतु) या अन्य संस्थाओं से उधार लेकर व किराया क्रय पद्धति से हुए समझौतों के अनुसार वित्त व्यवस्था या लीज व्यवस्था करके।

Financial Assets | वित्तीय परिसम्पत्तियाँ

वर्तमान अर्थव्यवस्था जैसे भारत में इसकी वित्तीय परिसम्पत्ति इसकी चलन मुद्रा है। प्रमुख वित्तीय परिसम्पत्तियों में सभी बैंक जमाएँ, डाकघर बचत जमाएँ, जीवन बीमा योजनाएँ, प्रावधायी निधियाँ, सभी बॉण्ड, बिल, हुण्डियाँ, अंश, कम्पनी जमाएँ, अनिवार्य जमाएँ तथा ट्रस्टों, चिटफंड व अन्य समान योजनाओं व संगठनों में जमा राशि आती है।

Financial Economies | वित्तीय बचतें

एक बड़ी फर्म बेहतर सुविधाएँ प्रदान कर सकती है। अच्छी प्रतिष्ठा के फलस्वरूप उसे अच्छी व आसान साख सुविधाएँ अपने आपूर्तिकर्ताओं व बैंकर्स से प्राप्त हो सकती हैं तथा पूँजी बाजार के सभी लाभ प्राप्त कर सकती है। इससे वित्तीय बचतों में सहायता मिलती है।

Financial Instruments | वित्तीय दस्तावेज या लिखित बन्ध पत्र

वह दस्तावेज या लिखित बन्ध पत्र जो ऋणों, विक्रय या हस्तान्तरण के लिए विक्रेता की वित्त व्यवस्था कर सके। जैसे बिल, बॉण्ड व अन्य प्रतिभूतियों व जमा प्रमाण पत्र आदि।

Financial Markets | वित्तीय बाजार

ये अनेक बाजारों का एक समूह होता है। जो व्यवसाय के संचालन हेतु आवश्यक होता है। इसके अन्तर्गत मुद्रा बाजार, कटौती बाजार, पूँजी बाजार, स्टॉक विनिमय या प्रतिभूति बाजार व विदेशी विनिमय बाजार आते हैं। वित्तीय बाजार भी वस्तुओं व सेवाओं के बाजार की भांति होते हैं। ये वित्तीय बाजार मौद्रिक जमाओं, चेकों, बिलों व बॉण्डों आदि विभिन्न प्रकार की वित्तीय परिसम्पत्तियों और लिखित बन्ध पत्रों सम्बन्धी वित्तीय कार्य संपादित करते हैं।

Financial Planning | वित्तीय नियोजन

जब नियोजन को मौद्रिक अर्थों में व्यक्त किया जाता है तब उसे वित्तीय नियोजन कहते हैं, जिसके द्वारा संसाधनों का आबंटन व लक्ष्यों का निर्धारण होता है। अपने आधारभूत लक्ष्यों की प्राप्ति के लिए एक फर्म व राष्ट्र के वित्तीय क्रिया कलापों को पूरा करने के लिए पूर्व में ही वित्तीय मानदण्ड निश्चित करने को वित्तीय नियोजन कहा जाता है। योजनाओं की वित्तीय प्रक्रियाओं को पूरा करने के लिए वित्त प्रबन्ध नीतियाँ बनाई जाती हैं, जिसके द्वारा एक गाइड या मार्गदर्शन की भांति विभिन्न स्टॉफ सदस्यों के द्वारा नीति निर्माण व प्रमुख लक्ष्यों को प्राप्त करने का कार्य किया जाता है।

Financial Ratios | वित्तीय अनुपात

ये परिसम्पत्तियों के विशेष समूहों या एक उद्यम का जिम्मेदारियों और परिसम्पत्तियों के कुल योग के बीच अनुपातों के बारे में बताते हैं या परिसम्पत्तियों (लेनदारियों) व जिम्मेदारियों (देनदारियों) के बीच तथा लेन-देन सम्बन्धी प्रवाहों जैसे कारोबार या आयों के बीच अनुपातों के बारे में बताते हैं।

Financial Statement | वित्तीय विवरण या ब्योरा

यह वर्ष के अंत में एक व्यावसायिक निकाय के द्वारा तैयार किया गया विवरण या ब्योरा होता है। यह आय विवरण या व्यापारिक लाभ-हानि लेखों का विवरण होता है, जो एक निश्चित समय में व्यावसायिक फर्म द्वारा लाभ-हानि की जानकारी प्राप्त करने के लिए वर्ष के अंत में प्रस्तुत किया जाता है। इसे विवरण पत्र या तुलन पत्र (Balance Sheet) कहा जाता है, जो फर्म की व्यावसायिक स्थिति के बारे में जानकारी देता है।

Financial System | वित्तीय प्रणाली

वितीय प्रणाली उत्पादन, पूँजी एकत्रीकरण व विकास कार्यों में सहायता निम्नांकित के द्वारा प्रदान करती है- (i) बचतों को प्रोत्साहन देकर, (ii) बचतों को गतिशील बनाकर तथा (iii) इसके वैकल्पिक उपयोग व उपयोगकर्ताओं के बीच आबंटन द्वारा।

Financial Year | वित्तीय वर्ष

लेखा वर्ष वित्तीय वर्ष कहलाता है। बजट अनुमानों के द्वारा बारह महीनों की अवधि राजकोषीय उद्देश्यों के लिए वित्तीय वर्ष में सम्मिलित की जाती है। भारत में यह अवधि 1 अप्रेल से अगले वर्ष 31 मार्च तक मानी गई है। एक व्यावसायिक फर्म का वित्त वर्ष किसी भी तारीख से शुरू हो सकता है। यह एक संगठन के द्वारा लेखा अवधि के रूप में उपयोग में लिया जाता है।

Firm | साझे या व्यवसाय या फर्म

फर्म या साझे का व्यवसाय वह इकाई होती है जो किसी व्यापारिक नाम से खनिज वस्तुओं, फर्नीचर व वस्तुओं और सेवाओं के विक्रय के लिए या इन सबके सम्मिलित विक्रय के लिए संगठित होती

है। एक फर्म प्रमुख व्यवस्थापक (Sole Proprietorship) साझेदारी (Partnership) निजी व सार्वजनिक (Private or Public) सीमित दायित्व वाली कम्पनी या सरकारी उद्यम के रूप में स्थापित हो सकती है। एक वैधानिक हैसियत वाली फर्म और एक कार्यरत इकाई के बीच अन्तर महत्वपूर्ण होता है। एक पिण्ड या एकीकृत फर्में कम्पनी अधिनियम के उद्देश्य से एक एकल फर्म भी हो सकती है और इनकी कई कार्यशील इकाइयाँ भी अलग प्रबन्ध के रूप में हो सकती हैं।

Firm's Equilibrium | फर्म का साम्य या संतुलन

फर्म तब साम्य या संतुलन में होती है जब उसके विस्तार या संकुचन के लिए कोई प्रेरणा नहीं होती। एक फर्म अपने उत्पादन स्तर को तब तक बदलना नहीं चाहेगी, जब तक उसका कुल लाभ अधिकतम होगा।

Fiscal Policy | राजकोषीय नीति

राजकोषीय नीति से अभिप्राय स्थिरीकरण या वृद्धि के लिए सरकार द्वारा कराधान और सार्वजनिक व्यय का उपयोग है। आर्थर स्मिथीज के अनुसार यह एक ऐसी नीति है जिसके अन्तर्गत सरकार अपने व्यय तथा राजस्व कार्यक्रमों का राष्ट्रीय आय, उत्पादन तथा रोजगार पर अपेक्षित प्रभाव उत्पन्न करने और अनपेक्षित प्रभाव रोकने के लिए उपयोग करती है। ओट्टो एक्स्टीन के अनुसार यह करों तथा व्ययों में परिवर्तन है, जिनका लक्ष्य पूर्ण रोजगार तथा कीमत स्तर स्थिरता के अल्पकालीन उद्देश्यों को पूरा करना है।

Fiscal Tools | राजकोषीय औजार

राजकोषीय औजार या उपायों को कई तरह से विभाजित किया जा सकता है। प्रथम है स्वचालित (Automatic) तथा स्वनिर्णयात्मक (Discretionary) उपाय। स्वचालित उपायों में अभ्यांतरिक स्थिरीकारक सरकारी व्यय, कर, राष्ट्रीय बीमा कल्याणकारी योजनाएँ एवं कृषि समर्थन नीति आदि। अभ्यांतरिक या स्थिरीकारक उपायों में बजट में अपने आप परिवर्तन होते हैं। द्वितीय स्वनिर्णयात्मक औजारों में राजकोषीय नीति के लिए बजट में ऐसे कार्यों द्वारा सोच समझकर ऐसे परिवर्तन लाने की आवश्यकता होती है, जैसे कर दरों अथवा सरकारी व्यय अथवा दोनों में परिवर्तन करना होता है। ये तीन प्रकार से होते हैं (i) करों में परिवर्तन जबकि व्यय स्थिर रहता है (ii) व्यय में परिवर्तन जबकि कर स्थिर रहते हैं तथा (iii) व्यय तथा कर दोनों में एक साथ परिवर्तन।

Fiscal Year | राजकोषीय वर्ष

लेखांकन उद्देश्यों के लिए सरकार के द्वारा राजकोषीय वर्ष का उपयोग किया जाता है। इंग्लैण्ड में यह अवधि 6 अप्रेल से 5 अप्रेल होती है तथा अमेरिका में यह वर्ष 1 अक्टूबर से 30 सितम्बर तक होता है।

Fisherian Equation | फिशर का समीकरण

सन् 1911 में अमेरिकन अर्थशास्त्री प्रो. इरविंग फिशर ने 'सौदों का दृष्टिकोण' (Transaction Approach) के नाम से मुद्रा परिणाम सिद्धान्त प्रस्तुत किया था। इसके लिए उन्होंने निम्न समीकरण का उपयोग किया था।

$$P = \frac{MV + M^1V^1}{T}$$

जहां M करेंसी (सिक्के व पत्र मुद्रा) की वह मात्रा है, जो बैंकों व केन्द्रीय बैंक के बाहर होती है तथा वस्तुओं और सेवाओं, भूमि व प्रतिभूतियों आदि को खरीदने में काम आती है। V मुद्रा का चलन-वेग है। मुद्रा की एक इकाई एक वर्ष में आय सृजन के लिए औसत रूप से जितने हाथों में से गुजरती है उसे मुद्रा का चलन वेग कहते हैं। (PT) मुद्रा की मांग की द्योतक है और $(MV+M^1V^1)$ मुद्रा की पूर्ति की द्योतक है। अर्थात मुद्रा की पूर्ति = मुद्रा की मांग होती है। T = वस्तुओं और सेवाओं की कुल मात्रा है। समीकरण के अनुसार V, V^1 की मात्राएँ तथा M, M^1 का आनुपातिक सम्बन्ध है तथा T स्थिर है। अत: यह कहा जा सकता है कि P में परिवर्तन M की मात्रा के अनुसार ही होंगे। यदि M दुगुना होगा तो P भी (मूल्य स्तर) दुगुना होगा। इस प्रकार $P = f(m)$; अर्थात् P (कीमत स्तर) M (मुद्रा की मात्रा) का फलन होता है। अत: P और M का परस्पर आनुपातिक सम्बन्ध होता है और M की मात्रा P की मात्रा को निर्धारित करती है। यही फिशर का समीकरण है।

Fixed Assets | स्थिर परिसम्पत्तियाँ

स्थिर परिसम्पत्तियों का तात्पर्य किसी कम्पनी की गैर वित्तीय पूँजी परिसम्पत्तियों से है जो दीर्घजीवी और विशेष उत्पादकीय कार्यों से सम्बन्धित होती हैं जिनकी लागतें सामान्यत: तब निकलती हैं जब किसी समय विशेष में उत्पादन कार्य जारी हो जैसे- संयंत्र एवं भवन, ऐसी परिसम्पतियां जो अचल होती हैं तथा जिनकी तुलना चालू अल्पकालीन परिसम्पत्तियाँ जैसे माल का स्टॉक या अर्द्ध-निर्मित या निर्मित वस्तुएँ आदि। ऐसी परिसम्पत्तियाँ स्थाई और एक वर्ष से अधिक समय तक लाभ देने वाली होती हैं। भूमि, भवन, औजार, ऑटोमोबाइल, संयंत्र आदि ऐसी ही परिसम्पत्तियाँ हैं।

Fixed Capital | स्थिर पूँजी

वह पूँजी जो और अधिक उत्पादन के काम आती है। मशीनरी स्थिर पूँजी है, जिसकी समय-समय पर मरम्मत होती रहती है। काफी वर्षों के बाद इन्हें पुनर्स्थापित भी किया जा सकता है। इस प्रकार स्थाई पूँजी वह है जो (i) भौतिक, टिकाऊ व स्थिर परिसम्पतियाँ होती हैं। (ii) वह मुद्रा की मात्रा जो स्थाई सम्पत्ति, संयंत्र व औजारों आदि के रूप में होती है।

Fixed Costs | स्थिर लागतें

कुल स्थिर लागतें (Total Fixed Costs) जिन्हें मार्शल पूरक लागतें कहते हैं, उत्पादन के वे खर्चे होते हैं, जो उत्पादन में परिवर्तन होने पर परिवर्तित नहीं होते। किराए और ब्याज का भुगतान, अवमूल्यन खर्च, स्थाई स्टॉक की मजदूरी और वेतन स्थिर या स्थाई लागतें है। जो अस्थाई रूप से उत्पादन बंद हो जाने पर भी फर्म को खर्च करनी पड़ती हैं, क्योंकि ये लागतें उत्पादन के सामान्य खर्चे के अतिरिक्त होती हैं। इसलिए इन्हें व्यापार की भाषा में ऊपरी लागतें (Overhead Costs) कहते हैं।

Fixed Factor's | स्थिर साधन

ये उत्पादन के वे साधन होते हैं जिनकी पूर्ति अल्पकाल में नहीं बढ़ाई जा सकती या जिनकी पूर्ति स्थिर रहती है। ऐसे साधनों में पूँजी, भूमि, प्रबन्धकीय सेवाएँ या कुशल श्रम की पूर्ति व वैतनिक श्रम आदि आते हैं। ऐसे साधनों को उत्पादन घटने पर भी हटाया नहीं जा सकता। फर्म को व्यवसाय में बने रहने के लिए ऐसे साधनों को रखना आवश्यक होता है।

Flurry | हड़बड़ाहट

जब स्टॉक विनिमय या विदेशी विनिमय में अचानक विस्तार होने से प्रतिभूतियों व विनिमय दर के मूल्यों में परिवर्तन हो जाता है तो इसे हड़बड़ाहट या फ्लरी कहते हैं।

Fixed Exchange Rates | स्थिर विनिमय दरें

स्थिर विनिमय दरों के अन्तर्गत सभी विनिमय लेन-देन उस विनिमय दर पर होते हैं, जिसे मौद्रिक अधिकारी निर्धारित करता है। ये अधिकारी कानून बनाकर या करेंसी बाजारों में हस्तक्षेप करके विनिमय की दर निश्चित कर सकते हैं। ये देश की जरूरतों के अनुसार करेंसियाँ खरीद या बेच सकते हैं या इनका मूल्य घटा-बढ़ा सकते हैं। मौद्रिक अधिकारी यानी केन्द्रीय बैंक विदेशी करेंसी रिजर्व अपने पास रखता है ताकि विदेशी मुद्रा बाजार में हस्तक्षेप कर सके, जब स्थिर दर पर विदेशी मुद्रा की मांग और पूर्ति बराबर न हो।

Flexible Exchange Rates | लोचदार विनिमय दरें

लचीली या लोचदार, तैरती (Floating) या घटती-बढ़ती विनिमय दरों को बाजार की शक्तियाँ निर्धारित करती हैं। किसी करेंसी की अतिपूर्ति होगी तो विदेशी विनिमय बाजारों में उस करेंसी का मूल्य गिर जाएगा, इससे विनिमय दर भी गिर जाएगी। दूसरी ओर करेंसी की कमी होने पर विनिमय दर बढ़ जाएगी। एक संतुलित विनिमय दर बाजार शक्तियों के कारण अपने आप स्थापित हो जाती है। मौद्रिक अधिकारी इसमें कुछ नहीं करते।

Fixed Investment | स्थिर विनियोग या निवेश

नवीन पूँजीगत वस्तुओं के उत्पादन को स्थिर निवेश कहा जाता है, क्योंकि इस प्रकार का वस्तु उत्पादन कुछ गतिशील उपकरणों को छोड़कर उस क्षेत्र के लिए स्थिर होता है। जो मुद्रा निजी कम्पनियों, पूँजीगत वस्तुओं, सम्पत्तियों, संयंत्र व औजारों पर खर्च की जाती है, इसमें सरकार द्वारा किए गए दीर्घकालीन सार्वजनिक व्यय भी सम्मिलित किए जाते हैं, जैसे प्राथमिक पाठशालाएँ, अस्पताल एवं राजमार्ग निर्माण आदि। स्थाई परिसम्पत्तियों पर किया गया निजी निवेश पर्याप्त प्रतिफलपरक होता है। सार्वजनिक निवेश की उपयुक्तता सामाजिक आवश्यकताओं व लाभों पर निर्भर करती है। दीर्घकालीन विनियोग भावी विकास के लिए प्रेरणादायक होता है। इससे धनात्मक सकल राष्ट्रीय उत्पाद प्राप्त होता है।

Fixed Labour Costs | स्थाई श्रम लागतें

इन लागतों में रोजगार लागतें सम्मिलित होती हैं जो काम के घंटों के साथ आनुपातिक रूप से कम परिवर्तित होती हैं। स्थाई श्रम लागतें मुख्य रूप से दो प्रकार की होती हैं- (i) कारोबारी लागतें (Turnover Costs) जो श्रमिकों को रोजगार पर लगाने, हटाने व छुट्टी पर रखने से सम्बन्धित होती हैं। इनमें इनकी भर्ती, छंटनी और प्रारंभिक प्रशिक्षण से सम्बन्धित लागतें व उन्हें रोजगार से निकालने की लागतें शामिल होती हैं। (ii) ये वे स्थाई लागतें होती हैं, जो रोजगार पर्यन्त अवधि तक लगती रहती हैं, जिनका काम के घंटों से सम्बन्ध नहीं होता है। इन लागतों का उदाहरण - इन लागतों में रोजगार कर शामिल होते हैं, जो कि श्रमिक संख्या पर आधारित होते हैं और निजी पेन्शन योजनाओं के लिए भुगतान, जिनकी मात्रा वार्षिक आय सीमा पर आधारित होती है।

Flexi Time | लचीला समय

यह नाम लचीले काम के घण्टों (Flexible Working Hours) के लिए दिया गया है।

Flight from Cash | नकदी से उड़ान

इसका तात्पर्य चल धन (Moving Wealth) या नकदी से ब्याज अर्जन परिसम्पत्तियों की ओर उड़ान या अग्रसर होने से है। इसका कारण या तो कीमत वृद्धि की प्रत्याशाएँ हैं या ब्याज दरों में गिरावट।

Flow and Stock | प्रवाह और स्टॉक

अर्थशास्त्र में प्रवाह एवं स्टॉक चरों (Variables) का आर्थिक मॉडलों या सिद्धान्तों की व्याख्या करने में उपयोग किया जाता है। स्टॉक से अभिप्राय एक निर्दिष्ट समय (Point of Time) पर एक वस्तु की संचय की गई मात्रा से है, जबकि प्रवाह एक वस्तु के चालू उत्पादन के बाजार में गति करने से है। शपीरो के अनुसार एक स्टॉक समय के एक निर्दिष्ट बिन्दु में माप्य मात्रा है और प्रवाह एक मात्रा है जो केवल समय के एक निर्दिष्टकाल (Specified Period of Time) में मापी जा सकती है। उदाहरणार्थ, कोयला इस्पात गेहूँ आदि की चालू आपूर्ति या उत्पादन जो प्रतिदिन, साप्ताहिक, मासिक या वार्षिक मंडी में बेचा या खरीदा जाता है, प्रवाह को व्यक्त करता है इसके विपरीत इन वस्तुओं की मात्रा जो किसी एक विशेष दिन या समय पर पाई जाती है, स्टॉक कहलाता है। मुद्रा एक स्टॉक है, जबकि मुद्रा का व्यय प्रवाह है। धन एक स्टॉक है, आय एक प्रवाह है। बैंक का उधार देना एक प्रवाह है और बैंक का बकाया कर्जा एक स्टॉक है।

Flow of Funds | कोषों का प्रवाह

इसका तात्पर्य अर्थव्यवस्था में लेन-देन समूह (Transaction Group) द्वारा विभिन्न क्षेत्रों में मुद्रा के आन्तरिक व बाह्य हस्तान्तरण से है, जो अर्थव्यवस्था के विभिन्न क्षेत्रों के वित्तीय सम्बन्धों की सम्पूर्ण तस्वीर प्रस्तुत करता है।

Flat Rate Tax | एक दर कराधान

जब सभी आय स्तरों पर एक समान दर से करारोपण किया जाता है, तो इसे एक दर कराधान कहा जाता है। इसे आनुपातिक कर भी कहा जाता है।

Food and Agricultural Organisation (FAO) | खाद्य एवं कृषि संगठन

इसकी स्थापना 1945 में हुई। इसका मुख्यालय रोम में है। इसकी स्थापना का उद्देश्य कृषि वस्तुओं और अनाज के उत्पादन व वितरण की स्थिति में सुधार करना, सम्बन्धित आँकड़े एकत्रित करना तथा अध्ययन करना और अन्तरराष्ट्रीय वस्तु एवं तकनीकी सहयोग को बढ़ावा देना है। अमेरिका की एक विशिष्टता प्राप्त एजेन्सी के रूप में FAO ने अपना सारा ध्यान कम विकसित देशों को तकनीकी सहायता पर दिया है।

Foot-Loose Industries or Mobile Industries | चलते-फिरते उद्योग

ये वे उद्योग होते हैं जो किसी स्थान विशेष की मांग पर स्थापित होने के लिए बाध्य नहीं हैं। इसलिए ये किसी भी स्थान पर प्रभावशाली ढंग से स्थापित हो सकते हैं। इसीलिए ऐसे उद्योगों को चलते-फिरते उद्योग भी कहते हैं।

Forced Saving/Involuntary Saving | अनिवार्य बचत/अनैच्छिक बचत

उपभोक्ता की एक ऐसी अवस्था जब उनकी आय के एक भाग को उपभोग पर व्यय करने से रोक कर उस आय को अनिवार्य रूप से बचाने के लिए प्रेरित किया जाता है क्योंकि यदि सारी आय उपभोग पर खर्च की जाए तो वस्तुओं के मूल्य बढ़ जाएँगे और उनकी पूर्ति स्वतंत्र बाजार में बढ़ जाएगी। अत: अनिवार्य बचत के द्वारा अस्थाई रूप से इस असंतुलन को कम किया जा सकता है।

Forecasts | भविष्यवाणियाँ

जिस प्रकार भौतिक विज्ञान में भविष्यवाणी करने की शक्ति होती है, उसी प्रकार अर्थशास्त्र में भी 'भविष्यवाणी' करने की शक्ति होती है। जैसे यदि बाजार में किसी वस्तु की मांग पूर्ति की तुलना में अधिक होती है तो यह भविष्यवाणी की जा सकती है कि भविष्य में यदि यही स्थिति रही तो उस वस्तु की कीमत बढ़ जाएगी। सांख्यिकी रीतियों, अर्थमिति तथा आधुनिक युग में कम्प्यूटरों के उपयोग ने तो इसकी भविष्यवाणी करने की शक्ति को और अधिक बढ़ा दिया है। चाहे भले ही निश्चित विज्ञानों की तरह नहीं, क्योंकि मानव व्यवहार के अनिश्चित होने से निश्चित भविष्यवाणियाँ करना कठिन होता है।

Foreign Exchange Broker | विदेशी विनिमय दलाल

जिस प्रकार से स्टॉक विनिमय बाजार में दलाल होते हैं वैसे ही विदेशी विनिमय के लिए भी दलाल होते हैं, जो आयातकों और निर्यातकों के मध्य मध्यस्थ या दलाली का कार्य करते हैं।

Foreign Aid/Capital | विदेशी सहायता/पूँजी

प्रो. भगवती व इकास के अनुसार ''विदेशी सहायता के अन्तर्गत अल्प-विकसित राष्ट्रों को रियायती शर्तों पर किए गए वास्तविक साधनों के स्पष्ट (Explicit) हस्तान्तरण सम्मिलित होते हैं। साधन हस्तान्तरण में जब तक व्यापारिक रूप से उपलब्ध शर्तों से कुछ अंश तक अधिक अनुकूल शर्तें आवेष्ठित नहीं हों तब तक उसमें उपहार तत्व सम्मिलित नहीं होता है।'' अर्थात विदेशी सहायता या पूँजी का आयात गरीब देशों के विकास के लिए पूँजी एकत्रित करने का एक रास्ता है। गरीब देश अमीर देशों से पूँजी उधार लेते हैं तथा उसका उपयोग आर्थिक विकास के लिए करते हैं।

Foreign Exchange Rate | विदेशी विनिमय दर

विदेशी विनिमय दर से अभिप्राय उस अनुपात से है, जिस अनुपात में एक राष्ट्र की मुद्रा का दूसरे राष्ट्र की मुद्रा के बदले विनिमय होता है, जैसे विनिमय दर 1 डालर = 50 रुपये है तो इसका अभिप्राय यह है कि भारत को 1 डॉलर प्राप्त करने के लिए बदले में 50 रुपये देने होंगे। स्वतंत्र विनिमय बाजार में किसी भी मुद्रा की विनिमय दर का निर्धारण विदेशी विनिमय की मांग और आपूर्ति द्वारा होता है।

Foreign Exchange Reserves | विदेशी विनिमय कोष

विदेशी विनिमय से तात्पर्य किसी देश में दूसरे देशों की मुद्राओं की मात्रा, चेक व वचन पत्रों की मात्रा से होता है, जिनका परस्पर लेन-देन होता रहता है। जिस देश के पास विदेशी विनिमय कोष अधिक होता है, वह देश अन्य देशों से अपनी आवश्यकताओं की वस्तुएँ और सेवाएँ आसानी से प्राप्त कर सकता है।

Foreign Exchange Market | विदेशी विनिमय बाजार

विश्व में प्रत्येक भौगोलिक बाजार जहाँ विदेशी मुद्राओं का लेन-देन सम्पन्न होता है तथा जो उस देश के लिए सीमित नहीं हो, जिस देश की वह वैध मुद्रा है, विदेशी विनिमय बाजार कहलाता है।

Foreign Trade Multiplier | विदेश व्यापार गुणक

विदेश व्यापार गुणक, जो निर्यात गुणक भी कहलाता है, केन्ज के निवेश गुणक की तरह कार्य करता है। जब निर्यात बढ़ते हैं तो निर्यात उद्योगों के साथ सम्बन्धित सभी व्यक्तियों की आमदनियों में वृद्धि होती है, जो आगे वस्तुओं की मांग उत्पन्न करते हैं। परन्तु यह उनकी सीमान्त बचत प्रवृत्ति और सीमान्त आयात प्रवृत्ति पर निर्भर करता है। ये दोनों सीमान्त प्रवृत्तियाँ जितनी कम होंगी, उतना ही अधिक गुणक का मूल्य होगा और इसके विपरीत भी। जैसे प्रारम्भ में निर्यातक अपनी वस्तुएँ दूसरे देशों को बेचेंगे और अधिक आय प्राप्त करेंगे। विदेशी मांग को पूरा करने के लिए, वे अधिक उत्पादन के साधन लगाएंगे ताकि अधिक उत्पादन कर सकें। इससे साधनों के मालिकों की आय बढ़ेगी और राष्ट्रीय आय गुणक के मूल्य के अनुसार बढ़ेगी। इसका सूत्र इस प्रकार है-

$Y = C+I+X-M$

जहां Y राष्ट्रीय आय है, C राष्ट्रीय उपभोग, I कुल निवेश, X निर्यात और M आयात है।

अथवा विदेशी व्यापार गुणक $= \frac{I}{MP_1}$, *जहां* MP_1 *= सीमान्त आयात प्रवृत्ति।*

Forward Exchange Rate | अग्रिम विनिमय दर

अग्रिम विनिमय दर वह दर है जिस पर भविष्य में विदेशी मुद्रा उपलब्ध की जाती है। अग्रिम सौदा दो ग्रुपों के बीच होता है, जिसके अनुसार भविष्य में एक निश्चित तिथि तक विदेशी मुद्रा की एक निश्चित राशि को एक पार्टी दूसरी पार्टी के सुपुर्द करती है। यह भुगतान राशि घरेलू मुद्रा के बदले अनुबंध में तय की गई कीमत पर दूसरी पार्टी द्वारा देय होती है। अग्रिम अनुबंध पर लागू विनिमय दर अग्रिम विनिमय दर कहलाती है और अग्रिम सौदों के लिए बाजार को अग्रिम बाजार कहते हैं।

Forward Linkage | अग्रिम जुड़ाव

अग्रिम जुड़ाव फर्म व उद्योग के आपसी सम्बन्धों व अन्य उद्योगों व अन्य फर्मों के बीच सम्बन्धों को बताते हैं, जो अपने उत्पादन को साधन के रूप में अपनाते हैं। उत्पादन या कीमत में परिवर्तन उत्पादन के उपयोगकर्ता को अग्रिम रूप से प्रभावित कर देगा।

Forward Market | अग्रिम बाजार

प्रत्येक लेन-देन वस्तुओं के क्रय-विक्रय से सम्बन्धित होता है या मान्य कीमत पर भविष्य की तारीख को, जो पहले से निश्चित है, समझौते के अनुसार। प्रतिभूतियों का लेन-देन अग्रिम बाजार का एक भाग होता है।

Fragmentation of Holdings | जोतों का अपखण्डन

यह वह दशा है जिसमें किसान के पास छोटे-छोटे भूमि के टुकड़े दूर-दूर तक फैले हुए होते हैं। इससे उसकी उत्पादकता बुरी तरह से प्रभावित होती है, क्योंकि इन छोटे खेतों में मशीनों का पूरा उपयोग नहीं हो सकता। अधिकांश भूमि मेड़ों के नीचे दब जाती है। कुछ भूमि नहरों व कुछ उप

विभाजन में बँट जाती है। फलस्वरूप कृषि जोत का अपखण्डन बढ़ता जाता है, जो किसानों के हित में नहीं है।

Franchise | विशेषाधिकार

(i) किसी क्षेत्र विशेष में अपने उत्पादन या अन्यों के उत्पादन को बेचने की अनुमति या अधिकार देना विशेषाधिकार कहलाता है। (ii) भौतिक पदार्थ जो बहुत महत्वपूर्ण हैं इस बारे में ग्राहक के मस्तिष्क में बेहतर किस्म की सेवा देने की योग्यता का ज्ञान हो तथा सफल निगम या बैंक वस्तुओं के रखरखाव का ध्यान रखे उन्हें यह विशेषाधिकार दिया जाता है।

Freedom of Entry or Exit of Firms | फर्मों के प्रवेश या बहिर्गमन की स्वतंत्रता

पूर्ण प्रतियोगिता के अन्तर्गत फर्मों को उद्योग में आने व जाने की स्वतंत्रता होती है। इसका तात्पर्य यह है कि जब उद्योग में बहुत अधिक लाभ होता है, तो उससे आकर्षित होकर नई फर्में उद्योग में आ जाती हैं। यदि उद्योग में हानि हो रही हो तो कुछ फर्में उसे छोड़ जाती हैं। दीर्घकाल में यह शर्त तब पूरी होती है, जबकि सभी फर्मों को सामान्य लाभ प्राप्त होता है।

Free Market Economy | मुक्त बाजार अर्थव्यवस्था

मुक्त बाजार या स्वतंत्र बाजार अर्थव्यवस्था में सभी महत्वपूर्ण निर्णय कि क्या उत्पादन किया जाए, उत्पादन कैसे किया जाए, उत्पादन कितना किया जाए व उत्पादन कब और किसके लिए किया जाए, स्वतंत्र बाजार शक्तियों द्वारा किए जाते हैं। अर्थात मांग और पूर्ति की शक्तियों तथा बाजार संयंत्रों द्वारा ये निर्णय किए जाते हैं। इस व्यवस्था के अन्तर्गत उत्पादन लाभ कमाने के उद्देश्य से किया जाता है। उत्पादन के साधनों पर व्यक्तिगत स्वामित्व होता है तथा उद्यमों की स्वतंत्रता पर कोई रुकावटें नहीं होती हैं। उत्पादन और उपभोग पर भी राज्य का कोई हस्तक्षेप नहीं होता है।

Free Trade | स्वतंत्र व्यापार

ऐसा व्यापार जो दो देशों के बीच सम्पन्न होता है, उस पर किसी प्रकार का प्रशुल्क, आयात-निर्यात अभ्यंश और अन्य बाधक तत्वों का अभाव होता है तथा दो देशों के बीच वस्तुओं और सेवाओं का स्वतंत्र आवागमन होता है। एक या एक से अधिक देश मिलकर ऐसे स्वतंत्र क्षेत्र की स्थापना कर सकते हैं, जिन पर गैर सदस्य देशों की नीतियों का कोई प्रभाव नहीं होता है।

Free on Board (FOB) | एफ.ओ.बी. (फ्री ऑन बोर्ड)

जब परिवहन शिपिंग व बीमे के व्यय को विक्रेता स्वयं वहन करता है तथा बीजक में एफ.ओ.बी. की प्रविष्टि करता है, तो इसे फ्री ऑन बोर्ड कहते हैं।

Free Trade Area | मुक्त व्यापार क्षेत्र

ऐसे देशों के ढीले समूह जिनमें जो व्यापार से सम्बन्धित प्रशुल्क व अन्य बाधाएँ पूरी तरह हटा दी जाती हैं, जबकि प्रत्येक सदस्य देश की दूसरे देशों के साथ व्यापार करने की अपनी व्यावसायिक नीति होती है।

Free Trade Policy | स्वतंत्र व्यापार नीति

यह अहस्तक्षेप की नीति पर आधारित होती है। जो सरकार द्वारा विदेशी व्यापार के लिए अर्थव्यवस्था में अपनाई जाती है। लोग दूसरे देशों से स्वतंत्रतापूर्वक वस्तुओं का आयात कर सकते

हैं। यह व्यवसाय की उस नीति पर विचार करती है जो घरेलू और विदेशी वस्तुओं के बीच कोई अन्तर नहीं करती है। इसीलिए यह न तो विदेशी वस्तुओं पर कोई अतिरिक्त बोझ डालती है और न घरेलू वस्तुओं के लिए कोई विशेष पक्षपात अपनाती है।

Free Trade Zone | मुफ्त व्यापार क्षेत्र

ऐसे क्षेत्र जहां माल का प्रसरण और निर्यात बिना घरेलू प्रशुल्क भुगतान के सम्पन्न होता है, मुक्त व्यापार क्षेत्र कहलाता है।

Frictional Unemployment | संघर्षी या प्रतिरोधात्मक बेरोजगारी

यह अस्थाई अल्पकालीन बेरोजगारी होती है, जो निम्नांकित कारणों से उत्पन्न होती है–

(i) कुछ श्रमिक मौसमी कारणों से बेरोजगार होते हैं।
(ii) कुछ श्रमिक फर्म में अपना रोजगार गंवां देते हैं। उद्योग या उस स्थान पर रोजगार कम हो जाता है या फर्म में अभी तक गए ही नहीं, उद्योग या स्थान जहाँ रिक्त स्थान नहीं है।
(iii) वे लोग जो अन्य रोजगार के चक्कर में एक रोजगार को स्वेच्छा से त्याग देते हैं और बेरोजगार रहते हैं।
(iv) श्रम शक्ति में नया प्रवेश पाकर रोजगार ढूँढ़ते हैं।

Fringe Benefits | उपांत लाभ

वर्तमान मजदूरी समझौतों में स्वीकृत मौद्रिक भुगतान के साथ कुछ पूरक अन्य लाभ देने की प्रवृत्ति रही है जैसे- सवेतन छुट्टियाँ, बीमारी की छुट्टियाँ, पेंशन व कार आदि की सुविधा उपांत लाभ कहलाते हैं।

Full Costs or Average Cost Pricing | पूर्ण लागतें या औसत लागत कीमत निर्धारण

अपने आनुभविक अध्ययन के आधार पर हाल एवं हिच ने यह निष्कर्ष निकाला कि अल्प विक्रेता अधिकार के अन्तर्गत अधिकतर उद्यमी सीमान्त लागत और सीमान्त आय को समान न करके अपने बिक्री मूल्यों का आधार 'पूर्ण लागतों' को मानते हैं और इसमें लाभ के अंश को शामिल करते हैं। इस प्रकार पूर्ण औसत लागत पर आधारित कीमत वह 'सही मूल्य' है जो कि अल्पाधिकार के अन्तर्गत 'सही प्रतियोगिता' के विचार पर आधारित है। इस प्रकार (P = AVC+AFC+Profit Margin) पूर्ण लागत कीमत होती है।

Full-employment | पूर्ण रोजगार

केन्ज के अनुसार पूर्ण रोजगार का अभिप्राय अर्थव्यवस्था की ऐसी स्थिति से है, जिसमें हर उस व्यक्ति को काम मिलता है, जो काम करना चाहता है। यह स्थिति संघर्षी (Frictional) तथा ऐच्छिक (Voluntary) बेरोजगारी के समान है। केन्ज के अनुसार पूर्ण रोजगार तब होता है जब (i) वास्तविक मजदूरी दर कम होती है (ii) प्रभावी मांग में वृद्धि होती है तथा (iii) उत्पादन की पूर्ति न बढ़े या बेलोचदार हो। इस प्रकार पूर्ण रोजगार का अर्थ है कि जो योग्यता प्राप्त व्यक्ति चालू मजदूरी दरों पर नौकरी या काम चाहते हैं, उन्हें पूर्णकालिक (Fulltime) नौकरी या काम मिल जाता है तथा 3 से 4 प्रतिशत बेरोजगारी विद्यमान रहती है। अर्थव्यवस्था में पूर्ण रोजगार मौद्रिक और राजकोषीय नीतियों के द्वारा प्राप्त किया जा सकता है।

Function | फलन

यदि x तथा y परस्पर सम्बन्धित हैं तो हम कह सकते हैं कि दोनों एक-दूसरे के फलन हैं। जैसे एक वस्तु की मांग की मात्रा, उस वस्तु की कीमत पर निर्भर करती है। इसे हम यूं भी कह सकते हैं कि एक वस्तु की मांग उसकी कीमत का फलन होती है। इसे सूत्र रूप में इस प्रकार मांग फलन लिख सकते हैं $D = f(P)$ जहां D मांग की मात्रा f फलन और P कीमत के सूचक हैं। दाईं तरफ का चर स्वतंत्रचर होता है तथा बाईं तरफ का चर आश्रित चर होता है। कीमत स्वतंत्र चर है तथा मांग की मात्रा आश्रित चर है। इसी प्रकार अन्य फलनों को भी दर्शाया जा सकता है जैसे उपभोग फलन $C = f(y)$ उत्पादन फलन $Q = f(K, L)$ बचत फलन $S = f(y)$ आदि।

Functional Finance | क्रियात्मक वित्त

यह वह विधि है जिसमें राजकोषीय नीति का उपयोग अर्थव्यवस्था में स्थिरता के लिए किया जाता है। इसके समर्थक मंदीकाल में घाटे के बजट की सिफारिश करते हैं तथा स्फीति काल में अतिरेक बजट की नीति को उपयुक्त बताते हैं।

Funded Debt | सतत ऋण

यह सरकारी ऋण के उस भाग से सम्बन्धित है, जिसे समझौते के अनुसार चुकाने की कोई तारीख नहीं होती। यह सतत चलने वाला ऋण होता है।

Funding | फन्डिंग

मौद्रिक अधिकारी लोगों को दीर्घकालीन प्रतिभूतियाँ बेच सकते हैं, जिससे दीर्घकालीन ब्याज दरें बढ़ जाती हैं, तब वे इन निधियों (Funds) का उपयोग अल्पकालीन प्रतिभूतियों की पूर्ति को कम करने में कर सकते हैं तथा अल्पकालीन ऋणों का पुनर्भुगतान कर सकते हैं।

Future Costs | भविष्य की लागतें

एक ओर भविष्य की लागतें होती हैं तो दूसरी और भूतकालीन और वर्तमान लागतें होती हैं। भविष्य की लागतें भविष्यकाल की उचित और प्रत्याशित लागतें होती हैं। ऐसी लागतों का उदय वास्तव में एक भविष्यवाणी व इनका प्रबन्ध एक अनुमान की भांति होता है। ये ऐसी लागतें हैं, जो सिर्फ प्रबन्धकीय निर्णयों पर निर्भर करती हैं क्योंकि ये प्रबन्धकीय नियन्त्रण के कारण ही होती हैं। भविष्य की लागतें इसलिए व्यावहारिक समझी जाती हैं, क्योंकि इससे लागत नियंत्रण, भावी लाभ व हानि का विवरण प्राप्त होता है तथा पूँजीगत व्यय का हाल जानने व नए उत्पादन करने, कार्यक्रम और कीमतों के विस्तार में मदद मिलती है।

Future Market | भविष्य का बाजार

एक बाजार संगठन जिसके द्वारा भविष्य के लिए व्यापारिक समझौते और सौदे होते हैं। इन समझौतों के द्वारा दोनों पार्टियों क्रेता और विक्रेताओं से वस्तुओं के क्रय और विक्रय का वादा किया जाता है। यह समझौते अंशों व मुद्राओं के क्रय-विक्रय के लिए भी किए जाते हैं, जो एक भावी तारीख व निश्चित कीमत पर होते हैं। दोनों पार्टियों को यह भरोसा दिलाया जाता है कि वे अपनी ओर से सौदेबाजी कर सकेंगे। वास्तविक समझौते दोनों पक्षों व बाजार संगठन की ओर से होते हैं, जिन्हें समझौते की बाजार कीमतों का दिया हुआ प्रतिशत मार्जिन जमाओं के रूप में देना होता है। भविष्य

के अधिकांश बाजारों में वास्तविक लेन-देन नहीं होता है। समझौते की कीमत व पूर्व कीमत का अन्तर समझौते के परिपक्व होने के पश्चात बाजार संगठन को एक पार्टी के द्वारा भुगतान किया जाता है और बाजार संगठन दूसरी पार्टी को करता है। यदि पूर्व कीमत (Sport Price) समझौता कीमत से ऊंची होती है तो भविष्य के क्रेताओं को लाभ होता है और विक्रेताओं को हानि। यदि पूर्व कीमत समझौता कीमत से कम होती है तो इसका उलट होता है। अतः इस बाजार में उत्पाद, शेयर और बॉण्ड भावी संभावनाओं को ध्यान में रखकर बेचे व खरीदे जाते हैं।

G

Gains from Trade | व्यापार से लाभ

व्यापार से लाभ का अभिप्राय शुद्ध (Net) लाभों अथवा वस्तुओं की वृद्धि से है, जो एक देश अन्य देशों के साथ व्यापार करके प्राप्त करता है। इसका अर्थ यह भी है कि एक देश के उपभोग में वृद्धि होने से अंतरराष्ट्रीय व्यापार द्वारा वस्तुओं के विनिमय और व्यापार तथा उत्पादन विशिष्टीकरण के कारण लाभ प्राप्त होता है। अंतरराष्ट्रीय व्यापार के परम्परावादी सिद्धान्त का मूल आधार व्यापार से लाभ का सिद्धान्त था। अर्थात राज्य को व्यापार के द्वारा समृद्ध बनाया जाए। स्मिथ के अनुसार राष्ट्रीय व अंतरराष्ट्रीय स्तर पर श्रम विभाजन और विशिष्टीकरण के कारण व्यापार से लाभ होते थे। रिकार्डो के अनुसार लागतों में निरपेक्ष अन्तर के कारण लाभ मिलता था। आधुनिक विचारधारा के अनुसार परस्पर विनिमय से प्राप्त लाभों, विशिष्टीकरण व सामान्य संतुलन के कारण व्यापार से लाभ प्राप्त होते हैं।

Galloping Inflation/Hyper Inflation/Runaway Inflation | द्रुत स्फीति/अतिस्फीति/भागती हुई स्फीति

जब कीमत स्तर दो या तीन अंकों तक बढ़ जाता है अर्थात् 20 से 100 प्रतिवर्ष के बीच या उससे भी अधिक बढ़ जाता है तो इसे सामान्यतः द्रुत, अतिस्फीति या भागती हुई स्फीति कहा जाता है। वास्तव में यह वह स्फीति होती है जब स्फीति की दर को मापना कठिन हो जाता है तथा स्फीति अनियंत्रित हो जाती है। ऐसी स्फीति मौद्रिक प्रणाली को विफल कर देती है, क्योंकि इससे मुद्रा की क्रय शक्ति इतनी अधिक गिर जाती है कि एक वक्त का खाना जुटाना भी कठिन हो जाता है।

Gambling | जुआ

हर व्यक्ति में बिना प्रयास के अधिक धन पाने की सहज वृत्ति होती है। इसके लिए वह कुछ जोखिम उठाता है तथा घुड़दौड़, सिक्का या पासा उछालने या जुआखाने में अनेक प्रकार के केसिनों में जुआ खेलता है। जुए में जीतने व हारने की संभावना 50 प्रतिशत होती है। इस जुए का अपेक्षित मूल्य उसकी संभावनाओं द्वारा भारित परिणामों का योग होता है। जैसे–

अपेक्षित मूल्य = 0.50 (100 रु.) + 0.50 (–100 रु.) या 50 रु. –50 रु. = 0

इसे एक अनुकूल जुआ या ईमानदार खेल या ईमानदार संभावना कहते हैं। यदि 100रु. जीतने की संभावना 20 प्रतिशत है तथा 100 रु. हारने की संभावना 80 प्रतिशत है तो इसे प्रतिकूल जुआ (Unfair Gambling) कहते हैं।

Game Theory | खेल सिद्धान्त

यह आर्थिक सिद्धान्त का एक महत्वपूर्ण सिद्धान्त है, जिसका विकास हाल ही में हुआ है। इसे सर्वप्रथम न्यूमेन तथा मार्गेंस्टर्न ने 1944 में अपनी पुस्तक (Theory of Games and Economic Behaviour) में

प्रस्तुत किया था 'द्वयधिकार' अल्पाधिकार का हल ढूँढ़ने के लिए खेल सिद्धान्त बनाया गया है। इसका तात्पर्य यह है कि खेल में भाग लेने वाले प्रत्येक व्यक्ति को अपनी तरकीबों अथवा कूटनीतियों पर ही नहीं, बल्कि विरोधी की तरकीबों का भी ध्यान रखना पड़ता है। खेल सिद्धान्त के कुछ नियम और तरीके होते हैं, जिनका दो या अधिक भाग लेने वाले पालन करते हैं। खेल दो प्रकार के होते हैं- स्थिर राशि (Constant Sum) तथा स्थिरेत्तर राशि (Non-constant Sum)। स्थिर राशि या शुद्ध टकराव खेल में एक खिलाड़ी को जितना लाभ होता है दूसरे (विरोधी) को उतनी ही हानि होती है। जबकि स्थिरेत्तर राशि या मिश्रित टकराव खेल में प्रत्येक खिलाड़ी को लाभ होता है और वे अपने लाभों को बढ़ाने के लिए एक-दूसरे को सहयोग दे सकते हैं।

General Agreement on Tariffs and Trade (GATT) | प्रशुल्क एवं व्यापार सम्बन्धी सामान्य करार (गैट)

सन् 1930 के दशक और द्वितीय विश्व युद्ध के दौरान अन्तरराष्ट्रीय व्यापार को भारी समस्याओं का सामना करना पड़ा था। अतः सम्बद्ध शक्तियों ने द्वितीय विश्व युद्ध के पश्चात उदार विश्व व्यापार व्यवस्था अपनाने हेतु 1 जनवरी 1948 को 88 देशों की सरकारों ने, जिन पर विश्व का 80 प्रतिशत व्यापार निर्भर करता था, हवाना में आयोजित व्यापार और रोजगार के अन्तरराष्ट्रीय संधि सम्मेलन में भाग लिया तथा अन्तरराष्ट्रीय व्यापार संगठन का गठन करने के लिए एक चार्टर पर हस्ताक्षर किए, किन्तु अमेरिकी कांग्रेस ने इसका समर्थन नहीं किया। फलस्वरूप अन्तरराष्ट्रीय व्यापार संगठन का गठन नहीं हो सका। परन्तु 23 देश जेनेवा में व्यापार रियायतों के लिए सहमत हो गए, जिन्हें गैट में शामिल किया गया। इस करार पर 30 अक्टूबर 1947 को हस्ताक्षर किए गए थे तथा यह 1 जनवरी 1948 को लागू हुआ। 1 जनवरी 1995 को गैट समाप्त हो गया और विश्व व्यापार संगठन में शामिल हो गया। गैट एक बहुपक्षीय संधि थी, जिस पर 96 देशों ने हस्ताक्षर किए थे। यह न तो कोई संगठन था और न ही कोई न्यायालय। यह केवल अन्तरराष्ट्रीय व्यापार के आचार नियमों की एक संहिता वाली और व्यापार उदारीकरण की कार्यप्रणाली एवं निर्णायक संस्था थी। यह एक मंच भी था, जहां अनुबन्ध करने वाले विभिन्न देश अपनी व्यापारिक समस्याओं पर बातचीत करने, उनका हल ढूँढ़ने तथा अपने व्यापार को बढ़ाने की संभावनाओं पर वार्ता करने के लिए समय-समय पर एकत्र होते थे, जहां व्यापारिक विवादों को निबटाने, दायित्वों का त्याग करने और प्रतिशोधात्मक उपायों को अपनाने का प्रयास किया जाता था।

General Equilibrium | सामान्य संतुलन

सामान्य संतुलन आर्थिक परिस्थितियों, सम्बन्धों और पारस्परिक निर्भरताओं का व्यापक अध्ययन है, जिसके द्वारा अर्थव्यवस्था के सम्पूर्ण कार्यकरण को समझने में मदद मिलती है। एक अर्थव्यवस्था केवल उस समय सामान्य संतुलन में हो सकती है, जब सब उपभोक्ता, सब फर्में, सब उद्योग और सब साधन सेवाएँ एक साथ संतुलन में हों। जैसा कि स्टिगलर ने कहा है- ''सामान्य संतुलन का सिद्धान्त अर्थव्यवस्था के समस्त भागों के परस्पर सम्बन्धों का सिद्धान्त है।'' सामान्य संतुलन तब पाया जाता है, जब सभी कीमतें संतुलन में होती हैं। हर उपभोक्ता अपनी दी हुई आय को इस प्रकार खर्च करता है कि उसे अधिकतम संतुष्टि प्राप्त हो। प्रत्येक उद्योग की सभी फर्में कीमतों और उत्पादनों पर संतुलन में होती हैं, और संतुलन कीमतों पर उत्पादक साधनों की मांग और पूर्ति बराबर होती है। लेफ्टविच के अनुसार- ''सम्पूर्ण अर्थव्यवस्था के लिए सामान्य संतुलन तभी हो सकता है जब सभी आर्थिक इकाइयाँ एक साथ अपने आंशिक संतुलन में हों।''

Geneva Conference | जेनेवा सम्मेलन

एक अन्तरराष्ट्रीय मौद्रिक सम्मेलन, जो 1922 में जेनेवा में आयोजित हुआ था। इसमें इंग्लैण्ड की कठोर स्वर्ण विनिमय मान व्यवस्था को नकार दिया, जिसमें केन्द्रीय बैंक अपनी साख नीतियों का नियमन स्थिर करेंसी समता व स्वर्ण की क्रय शक्ति को नियंत्रण करने के लिए करते हैं। अमेरिका के कारण यह योजना सफल नहीं हुई। उस समय जर्मनी व फ्रांस में मुद्रा स्फीति बढ़ रही थी इसलिए इन्होंने अन्तरराष्ट्रीय मौद्रिक प्रबन्ध में भाग नहीं लिया, जबकि प्रथम विश्व युद्ध के पश्चात हुई हानि के भुगतान का प्रश्न अभी हल नहीं हुआ था।

General Theory of Employment, Interest and Money/ General Theory | रोजगार, ब्याज और मुद्रा का सामान्य सिद्धान्त/सामान्य सिद्धान्त

यह प्रो. जे. एम. कीन्ज की पुस्तक का शीर्षक है जो 1936 में प्रकाशित हुई थी। जिसने 20वीं सदी में आर्थिक जगत में एक वैचारिक क्रांति का सूत्रपात किया।

Geographic Frontier | भौगोलिक सीमा

इस शब्द का उपयोग आर्थिक विकास के सिद्धान्त में किया जाता है। इसमें ऐसे क्षेत्र के बारे में बताया जाता है जिसमें मौजूदा जनसंख्या, तकनीकी ज्ञान का स्तर और परीक्षण तथा प्राथमिकताओं के बारे में अध्ययन किया जाता है। इससे श्रम व पूँजी के बढ़ते प्रतिफल प्राप्त होते हैं। यह उस आर्थिक सीमा क्षेत्र से भिन्न स्थिति को बताएगा, जिसमें जनसंख्या, तकनीकी ज्ञान में परिवर्तन बढ़ते प्रतिफल प्राप्त करने के लिए आवश्यक हो जाता है। सीमा शब्द का उपयोग आर्थिक विकास की बाधाओं के संदर्भ में किया गया है जिसे लाँघना है। भौगोलिक सीमा तब लाँघी जाती है, जब उपयोग में लाई गई तकनीक से उत्पादन क्षमता अपने अधिकतम स्तर पर पहुँच जाती है।

Geometrical Progression | ज्यामितिक क्रम

प्रो. माल्थस ने अपने जनसंख्या के सिद्धान्त को समझाते हुए यह बताया कि जनसंख्या अन्न वृद्धि की अपेक्षा तीव्र गति से बढ़ती है अर्थात वह ज्यामितिक या रेखा गणितीय क्रम अर्थात 1, 2, 4, 8, 16, 32 इस क्रम से बढ़ती है जबकि अन्न वृद्धि गणितीय क्रम जैसे– 1, 2, 3, 4, 5 इस क्रम से बढ़ती है।

Giffen Goods | गिफिन या निम्न कोटि की वस्तुएँ

एक बहुत घटिया वस्तु गिफिन वस्तु होती है, जो रोबर्ट गिफिन के नाम पर कहलाती है। गिफिन ने यह पाया कि आयरलैण्ड के गरीब किसानों के लिए आलू एक अनिवार्य खाद्य पदार्थ था। उसने देखा कि 1848 के अकाल में आलुओं की कीमत में वृद्धि से उनकी मांग बढ़ी है किन्तु अकाल के पश्चात आलुओं की कीमत में कमी से उनकी मांग बढ़ने के बजाय घट गई। अत: गिफिन वस्तुएँ वे होती हैं (i) जो निम्नकोटि की होती हैं। (ii) गिफिन वस्तु के लिए ऋणात्मक स्थानापन्न प्रभाव से धनात्मक आय प्रभाव अधिक शक्तिशाली होता है तथा (iii) गिफिन वस्तु की कीमत कम होने पर उपभोक्ता उसकी कम मात्रा खरीदता है अर्थात कीमत और मांग में धनात्मक सम्बन्ध पाया जाता है। इसीलिए मांग वक्र बाएँ से दाएँ ऊपर की ओर बढ़ता हुआ होता है।

Giffen Paradox | गिफिन विरोधाभास

जब वस्तु की कीमत में वृद्धि से उसकी मांग मात्रा में वृद्धि हो जाए और वस्तु की कीमत में कमी से उसकी मांग मात्रा में कमी हो जाए अर्थात मांग का नियम उल्टा हो जाए अर्थात कीमत और

वस्तु की मांग में सीधा सम्बन्ध हो जाए तो इसे गिफिन विरोधाभास कहा जाता है। इसका कारण यह है कि जब जनसाधारण के उपभोग के किसी खाद्य पदार्थ जैसे ब्रेड की कीमत बढ़ती है तो उसका प्रभाव यह होता है कि उपभोक्ताओं की वास्तविक आय कम हो जाती है, जो अधिक महँगी खाद्य वस्तुओं पर अपने खर्च कम कर देते हैं, जिसके कारण ब्रेड की मांग बढ़ जाती है। इसी प्रकार ब्रेड की कीमत कम होने से उपभोक्ताओं की वास्तविक आय में वृद्धि हो जाती है जो ब्रेड के स्थान पर अन्य महँगी खाद्य वस्तुओं को स्थानापन्न करते हैं, जिससे ब्रेड की मांग कम हो जाती है। यही विरोधाभास अर्थात ब्रेड की बढ़ती कीमतें एवं उसकी अधिक मांग गिफिन विरोधामास के नाम से प्रसिद्ध है।

Gift Tax | उपहार कर

यह कर व्यक्तियों को मिलने वाले उपहार पर लगाया जाता है। यह कर जिस व्यक्ति को जायदाद व सम्पत्ति मिलती है, उसे प्राप्त सम्पत्ति में से चुकाना होता है। व्यक्ति जीते जी अपने परिजनों को उपहार स्वरूप जो सम्पत्ति हस्तान्तरण करते हैं उस पर कर लगता है, ताकि धनी लोग बिना कर चुकाए अपनी सम्पत्ति को हस्तान्तरित न कर सकें। यह एक अप्रत्यक्ष कर है। अतः इसका भार उपहार प्राप्तकर्ता पर ही होता है तथा इसका निवर्तन नहीं हो पाता है। भारत में वर्तमान में इसे समाप्त कर दिया गया है।

Gini Coefficient | गिनी गुणांक

लोरेन्ज वक्र से उत्पन्न होने वाली असमानता की माप को गिनी गुणांक द्वारा दिखाया जाता है। असमानता के अंश की हर वृद्धि के साथ लोरेन्ज वक्र की वक्रता बढ़ जाती है। फलस्वरूप वक्र और 45° कोण रेखा की बीच का क्षेत्र भी बढ़ जाता है। गिनी गुणांक की माप का सूत्र है–

$$G = \frac{\text{लोरेन्ज वक्र एवं } 45^\circ \text{ रेखा के बीच का क्षेत्रफल}}{45^\circ \text{ रेखा के ऊपर का क्षेत्रफल}}$$

G = 0 की दशा पूर्ण समानता की सूचक है।

Gild or Guild | दस्तकार संघ

एक ऐसा संघ, जिसकी स्थापना मध्य युग में एक समान दस्तकारी करने वाले दस्तकारों के हितों की रक्षा के लिए की गई थी। इसके अन्तर्गत संघ के नए सदस्यों को यह विश्वास दिलाया जाता था कि उन्हें संघ का पूर्ण सदस्य बनने के लिए एक विशेष प्रतियोगी स्तर तक पहुंचाया जाएगा।

Globlisation | भूमण्डलीकरण

साधारण अर्थों में बढ़ते हुए विश्वव्यापी आर्थिक, सांस्कृतिक, राजनीतिक, धार्मिक तथा सामाजिक व्यवस्थाओं के बीच समन्वय को भूमण्डलीकरण कहते हैं। आर्थिक भूमण्डीकरण एक ऐसी प्रक्रिया है, जिसके द्वारा सम्पूर्ण विश्व एक बाजार बन जाता है। इसका अर्थ यह हुआ कि वस्तुओं और सेवाओं, पूँजी और श्रम का थोक व्यापार होता है तथा सूचना और अनुसंधान का प्रवाह सभी देशों के बीच चलता रहता है।

Global Marketing | विश्व बाजार

इसका तात्पर्य एक ऐसे बाजार से है, जिसमें सभी बाजार विक्रय स्थान उपलब्ध कराने तथा घरेलू और निर्यात बाजार के मध्य ठोस अंतर न कर सेवाएँ प्रदान करते हैं। विश्व बाजार विस्तृत उत्पादन

के अवसर प्रदान करता है, जिसमें प्रति इकाई उत्पादन लागतों में कमी होती है तथा जिस क्षेत्र में मांग के अवसर कम होंगे, वहां मांग में वृद्धि के अवसर निर्मित होते हैं।

Global Warming | भूमण्डलीय उष्णता

जब पृथ्वी व समुद्री सतहों पर वायु का तापमान बढ़ जाता है और बदलती जलवायु के कारण आर्थिक लागतें बढ़ जाती हैं। अमेरिकी वातावरण कार्यक्रम के अनुसार यह किसानों, उपभोक्ताओं, बीमा धारकों व बीमाकर्ताओं, बैंकों, कृषि व परिवहन विभागों के लिए बहुत जोखिमपूर्ण है। यह मानवीय क्रियाओं के साथ-साथ प्राकृतिक जलवायु परिवर्तन का भी एक भाग है। इस समस्या पर बहस छिड़ी हुई है कि या तो इसे कम किया जाए या इसके परिणामों को भुगतने के लिए तैयार रहा जाए। कई देशों की सरकारों ने ग्रीन हाउस गैसों के प्रभाव को कम करने के लिए सहमति व्यक्त की है।

Gold Account | स्वर्ण खाता

यह किसी कम्पनी या संस्था का भुगतान संतुलन खाता होता है। गैर मौद्रिक स्वर्ण लेखों को सामान्यतः चालू खाते के मदों में सम्मिलित किया जाता है, जबकि स्वर्ण सम्बन्धी लेखों का हिसाब मौद्रिक स्वर्ण में रखा जाता है। स्वर्ण निर्यात का लेखा भुगतान संतुलन के तुलन पत्र में जमा की तरफ व स्वर्ण आयात के लेखे को तुलन पत्र में नामे की तरफ लिखा जाता है। व्यापारिक माल के लिए भी इसी नियम का पालन किया जाता है।

Gold Billion Standard | स्वर्ण धातुमान

इसे स्वर्ण पाटमान भी कहते हैं। जब स्वर्ण के सिक्के चलन में नहीं होते हैं, परन्तु केन्द्रीय बैंक को निश्चित कीमत पर स्वर्ण से क्रय-विक्रय का अधिकार होता है तथा जिसकी न्यूनतम मात्रा निर्धारित होती है, उसे स्वर्ण धातुमान कहते हैं। भारत में प्रथम महायुद्ध की समाप्ति के बाद 1919 में इसे अपनाया गया था।

Gold Currency Standard | स्वर्ण चलन मान

इसे स्वर्ण मुद्रामान अथवा परम्परागत स्वर्णमान भी कहते हैं। यह स्वर्णमान का प्राचीनतम रूप है, जो प्रथम महायुद्ध से पहले तक प्रचलित रहा। इसमें सोने के सिक्के प्रचलन में रहते हैं।

Gold Exchange Standard | स्वर्ण विनिमय मान

स्वर्णमान के इस रूप में केन्द्रीय बैंक की यह जिम्मेदारी होती है कि वह चलन मुद्रा को स्वर्ण में न बदलकर किसी ऐसी मुद्रा में बदलता है, जो स्वर्ण में परिवर्तनीय होती है। भारत में सन् 1900 से 1917 तथा 1920 से 1927 के मध्य स्वर्ण विनिमय मान चलन में रहा, जब भारतीय रुपये को ब्रिटिश मुद्रा स्टर्लिंग में बदला जाता था।

Gold Export Point/Upper Specie Point | स्वर्ण निर्यात बिन्दु/ऊंचा स्वर्ण बिन्दु

स्वर्ण निर्यात बिन्दु या ऊँचा स्वर्ण बिन्दु को निम्न उदाहरण से समझ सकते हैं- यदि अमेरिका और इंग्लैण्ड के बीच समता दर 1 पौण्ड = 4.8665 डालर हो और अगर अमेरिका से इंग्लैण्ड को भेजने मंगवाने का व्यय 30 सैंट हो तो विनिमय दर में चढ़ाव की उच्चतम सीमा 1 पौण्ड = 4.8665+0.3 डालर अर्थात 1 पौण्ड = 5.1665 डॉलर होगी। इसे ही स्वर्ण निर्यात बिन्दु कहा जाता है, क्योंकि अगर विनिमय दर में इससे ज्यादा चढ़ाव आया तो लोग स्वर्ण भेजना आरम्भ कर देंगे।

Gold Import Point/Lower Gold Point | स्वर्ण आयात बिन्दु/निम्न स्वर्ण बिन्दु

यदि डॉलर की मांग अधिक और पौण्ड की मांग कम हो तो पौण्ड की विनिमय दर समता दर से नीचे गिरेगी, पर उतार की निम्नतम सीमा स्वर्ण आयात के व्यय को घटाकर ज्ञात कर ली जाएगी। अर्थात 1 पौण्ड = 4.8665–0.3 डॉलर यानी। पौण्ड = 4.5665 डॉलर हो जायेगा। इसे ही निम्नतम स्वर्ण बिन्दु या स्वर्ण आयात बिन्दु कहा जाता है। चूंकि विनिमय दर इस बिन्दु से नीचे गिरने पर लोग स्वर्ण का आयात करना आरंभ कर देंगे।

Gold Index | स्वर्ण सूचकांक

यह स्वर्ण कीमतों का माप है। यदि स्वर्ण की कीमतों में वृद्धि होती है तो यह मुद्रास्फीति का द्योतक है, सूचक है।

Gold Parity Standard | स्वर्ण समता मान

स्वर्ण समता मान स्वर्णमान का अंतिम रूप है। इसमें संसार के विभिन्न देशों ने अन्तरराष्ट्रीय मुद्रा कोष की सदस्यता ग्रहण कर अपनी मुद्राओं की स्वर्ण में परिभाषित समता दरें निर्धारित कीं।

Gold Points | स्वर्ण बिन्दु

स्वर्ण बिन्दु वास्तव में स्वर्ण आयात बिन्दु व स्वर्ण निर्यात बिन्दु कहलाते हैं, जो धातु बिन्दु भी कहलाते हैं। स्वर्ण बिन्दु उन सीमाओं को बताते हैं, जिनके बीच स्वर्ण मुद्रा मान प्रचलित होता है। यदि इन देशों की विनिमय दर स्वर्ण बिन्दुओं के बाहर जाती है, तब स्वर्ण का निर्यात या आयात करना लाभप्रद होता है।

Gold Reserve Standard | स्वर्ण निधिमान

तीसा की मंदी के बाद विनिमय दरों में उच्चावचनों को रोककर अन्तरराष्ट्रीय व्यापार एवं भुगतान की समस्याओं का निराकरण करने के लिए जिस व्यवस्था को अपनाया गया, उसे स्वर्ण निधिमान कहते हैं। यह मूलतः कोई स्थाई मुद्रामान न होकर समझौता मात्र था। इसमें सम्मिलित देशों ने विनिमय समानीकरण कोष की स्थापना की।

Gold Standard | स्वर्णमान

स्वर्णमान वह मुद्रामान है, जिसमें स्वर्ण ही चलन का आधार होता है। इसमें देश की प्रधान मुद्रा का सम्बन्ध अनिवार्यतः किसी न किसी रूप में स्वर्ण के साथ होता है या मौद्रिक इकाई स्वर्ण की बनी होती है। इसके चार रूप हैं– (i) स्वर्णपाटमान (ii) स्वर्ण विनिमयमान (iii) स्वर्णमुद्रामान तथा (iv) स्वर्ण समतामान।

Gold Standard Game | स्वर्णमान खेल

स्वर्णमान खेल के नियमों को 'स्वर्णमान के सफल संचालन की प्रमुख दशाएँ' अथवा 'स्वर्णमान की कार्य प्रणाली' के नाम से भी जाना जाता है। वास्तव में इसकी स्वयं संचालकता कई दशाओं पर निर्भर करती है और इन दशाओं को ही स्वर्णमान खेल के नियम कहा जाता है। ये दशाएँ या नियम निम्नलिखित हैं– (i) मुक्त व्यापार नीति का पालन (ii) स्वर्ण का स्वतंत्र आयात एवं निर्यात (iii) मुद्रा चलन में स्वर्ण कोषों के अनुरूप परिवर्तन। (iv) प्रतियोगी एवं लोचदार अर्थव्यवस्था एवं (v) स्वर्ण कोषों की पर्याप्तता आदि।

Golden Age Growth | विकास का स्वर्णिम काल

विकास का सुनहरा काल संतुलित विकास का वह काल है, जिसमें पूर्णरोजगार स्तर पर विकास की वांछित दर (Warranted Rate of Growth) विकास की प्राकृतिक दर (Natural Rate of Growth) के बराबर होती है। इस विचार का प्रतिपादन श्रीमती जॉन रॉबिन्सन ने किया था। इनके अनुसार पूँजीवादी अर्थव्यवस्था में बिना सरकारी हस्तक्षेप के इस स्थिति को प्राप्त करने की संभावना बहुत कम होती है।

Golden Rule of Accumulation | संचय का स्वर्णिम नियम

एडमंड फेल्पस ने स्वर्ण युग में वृद्धि की व्याख्या करते हुए संचय के स्वर्णिम नियम का प्रतिपादन किया था। इस नियम के अनुसार स्वर्ण युग में जब बचत दर लाभ दर के बराबर होती है तो प्रति व्यक्ति उपभोग अधिकतम हो जाता है। यदि बचत दर, लाभ दर से कम होती है तो प्रति व्यक्ति उपभोग बढ़ जाता है तथा बचत दर के लाभ दर से अधिक होने पर प्रति व्यक्ति उपभोग घट जाता है। इसे ही स्वर्णिम नियम बचत दर कहते हैं या स्वर्णिम युग पथ या स्वर्णिम नियम पथ कहते हैं।

Goods Non-Tradable | व्यापार अयोग्य वस्तुएँ

ये वे वस्तुएँ और सेवाएँ होती हैं, जो घरेलू स्तर पर उत्पादित की जाती हैं और बेची जाती हैं, किन्तु ये अन्तरराष्ट्रीय व्यापार के योग्य नहीं होती हैं।

Goods Tradable | व्यापार योग्य वस्तुएँ

ये वे वस्तुएँ और सेवाएँ होती हैं जो अन्तरराष्ट्रीय व्यापार के योग्य होती हैं। इन्हें व्यापार योग्य वस्तुएँ कहते हैं।

Goodwill | साख या सदाशयता

साख का अभिप्राय यह है कि क्रेता और विक्रेता आपसी साख या विश्वास पर अपना लेन-देन करते हैं। यदि दुकानदार की साख अच्छी है तो वस्तुओं और सेवाओं की किस्म के घटिया होने या उनकी कीमतें अधिक वसूली जाने पर भी पुराने ग्राहक वहीं से वस्तुएँ और सेवाएँ खरीदना पसंद करेंगे। यह साख एक आकर्षण शक्ति का कार्य करेगी। यह साख उन्नत व्यापार के लिए वर्तमान मूल्य है। यह एक अभौतिक वस्तु है, साधन है तथा सुप्रबन्धित फर्म हमेशा अपनी साख को बनाए रखना चाहेगी। इसी प्रकार यदि व्यक्ति, फर्म, उद्योग, संस्था या सरकार की साख अच्छी होगी तो इन्हें कहीं से भी ऋण या उधार लेने में कठिनाई नहीं होगी। साख हर लेन-देन व व्यापार का आधार होती है।

Gosplan | गोसप्लान

यह एक रूसी शब्द है, जिसका उपयोग रूस के राज्य योजना आयोग के लिए किया गया है। यह आयोग उत्पादन सम्बन्धी योजनाएँ बनाने तथा उन्हें क्रियान्वयन हेतु सम्बन्धित संगठनों व संस्थाओं तक पहुंचाने का कार्य करता है।

Gossen's Laws | गोसेन के नियम

उपयोगिता ह्रास नियम (Law of Diminishing Marginal Utility) उपभोग का एक महत्वपूर्ण नियम है। इसे फ्रेंच अर्थशास्त्री गोसेन के नाम पर गोसेन का प्रथम नियम कहा जाता है, जिसके

अनुसार किसी व्यक्ति के पास किसी वस्तु की मात्रा में वृद्धि होने से जो अतिरिक्त लाभ उसको प्राप्त होता है, तो अन्य बातों के समान रहने पर, वह वस्तु की मात्रा में प्रत्येक वृद्धि के साथ-साथ घटता जाता है। इसे तृप्ति का नियम (Law of Satiety) भी कहते हैं। गोसेन के दूसरे नियम को सम-सीमान्त उपयोगिता नियम (Law of Eqi-marginal Utility) कहते हैं, जिसके अनुसार एक व्यक्ति अपनी सीमित आय से अधिकतम सन्तुष्टि प्राप्त करने के लिए द्रव्य को विभिन्न वस्तुओं पर इस प्रकार व्यय करेगा कि प्रत्येक वस्तु पर व्यय किए गए द्रव्य की अन्तिम इकाई से प्राप्त सीमान्त उपयोगिता समान हो जाए।

Government Bonds | सरकारी बंध पत्र

सरकार को या तो अपनी चालू आवश्यकताओं की पूर्ति के लिए या सार्वजनिक सेवाओं के विस्तार के लिए मुद्रा की आवश्यकता होती है। इस उद्देश्य की पूर्ति के लिए सरकार बंध पत्र (Bonds) जारी करती है। सरकारी बंध पत्र केन्द्रीय राज्य या सरकारी निकायों के द्वारा जारी किए जाते हैं। इन्हें सरकारी प्रतिभूतियाँ (Securities) भी कहते हैं। अर्थात जब कम्पनी या सरकार जनता से ऋण लेती है तब इसके बदले में जनता को दिए गए धन वापसी के प्रतिज्ञा पत्र को बंधपत्र या प्रतिभूति कहा जाता है, जिस पर धारक को ब्याज मिलता है।

Government Investment | सरकारी निवेश

सरकारी निवेश वह निवेश होता है जो सरकार द्वारा अर्थव्यवस्था के लिए ढांचागत व्यय (Infrastructure Investment) जैसे- सड़कों, सार्वजनिक भवनों, अस्पतालों, स्कूलों, कॉलेजों व सार्वजनिक स्थलों पर जो निवेश होता है वह सरकारी निवेश कहलाता है। इसके अतिरिक्त, सार्वजनिक आवासों, यातायात, ईंधन व शक्ति चालित उद्योग आदि पर भी सरकार ही निवेश करती है। सरकारी निवेश स्वायत्त निवेश (Autonomous Investment) होता है। ऐसा निवेश करते समय सरकार उसका व्यावसायिक मूल्य ध्यान में रखती है, किन्तु अर्द्धविकसित अर्थव्यवस्थाओं में सरकार ढांचागत निवेश के अतिरिक्त सार्वजनिक उद्योगों में भी विनियोग (निवेश) करती है।

Government Sector | सरकारी क्षेत्र

जहां केन्द्रीय सरकार, स्थानीय् सरकार तथा सार्वजनिक निगमों की आर्थिक गतिविधियाँ संचालित होती हैं, उसे सरकारी क्षेत्र कहा जाता है। इसे सार्वजनिक क्षेत्र भी कहते हैं।

Government Securities | सरकारी प्रतिभूतियाँ

सांत्वना, कोषाघार स्कन्ध, युद्ध ऋण व कोषाघार बिल आदि सरकारी प्रतिभूतियाँ कहलाती हैं। जिनका स्कन्ध विनिमय बाजार के माध्यम से लेन-देन होता है।

Government Transfer Payments | सरकारी हस्तान्तरण भुगतान

प्रो. पीगू ने सार्वजनिक व्यय के भुगतान को दो भागों में बाँटा है- (i) हस्तान्तरणीय भुगतान (Transferable Payments) एवं (Non-transferable Payments) अहस्तान्तरणीय भुगतान। हस्तान्तरणीय भुगतान में वे व्यय भुगतान आते हैं, जिनका प्रत्यक्ष रूप से जनता में हस्तान्तरण हो जाता है। जैसे सरकार द्वारा चुकाया गया ऋणों पर ब्याज, सरकारी कर्मचारियों को पेन्शन का भुगतान तथा वेतन आदि का भुगतान। जो कर्मचारी की चालू आय के अतिरिक्त होते हैं। राज्य बीमा भुगतान, बेरोजगारी भत्ते का भुगतान व सामाजिक सुरक्षा लाभ आदि भुगतान हस्तान्तरण भुगतान कहलाते हैं।

Grant | अनुदान

एक ऐसा कोष, जो किसी एजेन्सी या व्यक्ति द्वारा किसी दूसरी एजेन्सी या व्यक्ति को उपलब्ध कराया जाता है। यह एक प्रकार का हस्तान्तरण भुगतान होता है। यह अनुदान एक सरकार के द्वारा दूसरी सरकार को दिया जाता है। इसके अतिरिक्त सरकारी निकायों से निजी समूहों या व्यक्तियों को या निजी समूहों या व्यक्तियों द्वारा अन्य निजी समूहों या व्यक्तियों को अनुदान दिया जाता है। ऐसा अनुदान सामान्य अनुदान होता है, जो किसी भी प्रकार के व्यय या चयनित अनुदान जो विशेष उपयोग हेतु दिया जाता है, बद्ध अनुदान कहलाता है। यह अनुदान राशि समान या असमान गुण वाली हो सकती है।

Grants-in-aid | अनुदान व सहायता

ऐसा अनुदान या ऐसी सहायता (Aid) जो केन्द्रीय सरकार राज्य सरकारों या स्थानीय विकायों को करों द्वारा प्राप्त आय से पूरक आय के रूप में प्रदान की जाती है। यह सहायता बद्ध या सशर्त तथा अबद्ध हो सकती है। स्रोत, परियोजना और वस्तुओं के साथ सहायता बद्ध (Tied) हो सकती है या परियोजना और स्रोत दोनों द्वारा भी बद्ध हो सकती है। अबद्ध सहायता (United Aid) सामान्य उद्देश्य सहायता (General Purpose Aid) होती है और यह कार्यक्रम सहायता या अपरियोजना सहायता भी कहलाती है। अल्पविकसित देशों में प्रवाहित होने वाली विदेशी सहायता कोषों की प्राप्यता, पूँजी खपाने की क्षमता, संसाधनों की उपलब्धता, ऋण भुगतान की क्षमता तथा विकास करने के संकल्प एवं प्रयत्नों पर निर्भर करती है। अर्थात जब सरकार विशेष उद्देश्य के लिए लाभ पहुँचाने हेतु नकद भुगतान करके लोगों या संस्थाओं की आर्थिक क्रियाओं को जारी रखने का प्रयास करती है, तो इस नकद भुगतान राशि को अनुदान कहते हैं।

Grasham's Law | ग्रेशम का नियम

ग्रेशम का नियम यह था कि ''बुरी मुद्रा अच्छी मुद्रा को चलन से बाहर कर देती है।'' ग्रेशम के अनुसार यदि किसी समय अर्थव्यवस्था में अच्छी व बुरी मुद्रा एक साथ प्रचलन में हो और बुरी मुद्रा आकार में सीमित न हो तो बुरी मुद्रा अच्छी मुद्रा को प्रचलन से बाहर कर देती है। इसे ही ग्रेशम के नियम के रूप में जाना जाता है।

Gratuity | अनुग्रह धन

यह एक प्रकार का सेवानिवृत्ति लाभ होता है जो सेवानिवृत्त होने वाले अधिकारियों व कर्मचारियों को सहायता के रूप में दिया जाता है। सेवानिवृत्ति चाहे सेवा पूर्ण करने पर हुई हो या अन्य शारीरिक विकलांगता के कारण हुई हो। इस प्रकार के सेवानिवृत्ति लाभ का सिद्धान्त यह है कि जो व्यक्ति अपने पूरे सेवाकाल में पूर्ण निष्ठा और ईमानदारी के साथ अपनी सेवाएँ प्रदान कर सेवानिवृत्त होते हैं उन्हें एक निर्धारित राशि सेवानिवृत्ति लाभ (Gratuity) के रूप में प्रदान की जाती है अथवा वे सेवानिवृत्ति लाभ प्राप्त करने के अधिकारी होते हैं।

Great Depression | महान मंदी

सन् 1929 से 1933 तक जो विश्वव्यापी आर्थिक मंदी आई थी, उसे ही महान मंदी कहा जाता है। इसे तीसा की महान मंदी के नाम से जाना जाता है। 29 अक्टूबर 1929 को अमेरिका के स्टॉक बाजार के पतन के साथ ही इसका प्रारम्भ हुआ। इस मंदी के कारण अन्तरराष्ट्रीय व्यापार में कमी हुई व राष्ट्रीय आय भी घटी। कृषि क्षेत्र उत्पादनों की कीमतों में कमी के कारण बुरी तरह प्रभावित

हुआ। यूरोप में फासीवाद का प्रादुर्भाव मंदी के कारण ही हुआ। यही नहीं सरकार व इसके कार्यों के प्रति जनता में अविश्वास बढ़ा।

Great Leap Forward | ग्रेट लीप फॉरवर्ड

सन् 1950 के अन्त में चीनी नेताओं के द्वारा जो कार्यक्रम चलाया गया जिसमें अर्थव्यवस्था में पूँजीगत साधनों के स्थान पर मानवीय साधनों के उपयोग पर बल दिया गया था। इसे ही ग्रेट लीप फॉरवर्ड कहते हैं।

Graduate Tax | स्नातक कर

यह विश्वविद्यालय शिक्षा ग्रहण करने वाले विद्यार्थियों को उनकी शिक्षा व रहन-सहन के खर्च हेतु रुपया उधार देने की एक योजना है, जिसका भुगतान विद्यार्थी की भविष्य में अर्जित आय द्वारा होता है।

Green Card | हरित पत्र

यह एक हरे रंग का कार्ड है, जिसे अनुसूचित जाति एवं जनजाति के नवीन पट्टेधारियों को वितरित किया जाता है। इसमें भूमि सुधार के लिए प्राप्त राशि, खाद, बीज और कृषि उपकरणों, पौधे, सब्जी, मिनीकट तथा स्वरोजगार के लिए दी गई सहायता का उल्लेख होता है। अर्थात ग्रीन कार्ड नवीन पट्टेधारियों को दी गई सुविधाओं एवं आर्थिक उन्नति का परिचायक है।

Green Currency | हरित मुद्रा

इस शब्द का उपयोग कृषि की हिसाब की इकाई के रूप में यूरोपियन आर्थिक समुदाय के लिए किया गया। इसे राष्ट्रीय मुद्रा (National Currency) तथा कृषि की हिसाब की इकाई (Agricultural Unit of Account) के बीच विनिमय दर को हिसाब की एक विधि या हरित मुद्राएँ (Green monies) कहा गया।

Green House Gases | हरितगृह गैसें

पृथ्वी के पर्यावरण में कार्बनडाई ऑक्साइड, मीथेन, नाइट्रस ऑक्साइड, फ्लोरोकार्बन्स तथा सल्फर हेक्सा फ्लोराइड नामक हानिकारक गैसें विद्यमान हैं। भूमण्डलीय पर्यावरण प्रदूषण में वायुमण्डल में इन हरितगृह गैसों के जमा होने से पृथ्वी पर ऊष्मीकरण की समस्या उत्पन्न हो जाती है। वायुमण्डल में कार्बन डाईऑक्साइड के बढ़ने से ग्रीन हाउस ऊष्मीकरण बढ़ जाता है। इससे जलवायु में परिवर्तन आता है, जिससे पर्यावरण प्रभावित होता है।

Green Pound | हरित पौण्ड

इस शब्द का उपयोग यूरोपीय साझा समुदाय की साझा कृषि नीति के एक भाग के रूप में हुआ है। इस पर चिंतन 1970 के दशक के प्रारम्भ में हुआ, जब सामान्य कृषि नीति की स्थिर कीमतों में अस्थिरता आ गई तब लचीली विनिमय दरों का उपयोग कर इंग्लैण्ड के पौण्ड स्टरलिंग को बाजार विनिमय दरों में बदला गया।

Green Revolution | हरित क्रांति

भारत में 1966-67 से कृषिगत क्षेत्र में एक नया तकनीकी परिवर्तन प्रारम्भ हुआ, जिसे कृषिगत विकास की नई व्यूहरचना या हरित क्रांति कहा गया है। इसमें अधिक उपज देने वाली नई किस्मों,

रासायनिक खादों, सिंचाई, कीटनाशक दवाओं आदि का उपयोग कृषि क्षेत्र में विशेषतः गेहूँ की खेती में तेजी से हुआ तथा इससे गेहूँ की ऊपज में कई गुणा वृद्धि हुई, क्योंकि इस क्रांति के अन्तर्गत उन्नत किस्मों का उपयोग, बहु फसल कार्यक्रम, लघुसिंचाई पर बल, रासायनिक खादों के उपयोग में वृद्धि, विभिन्न निगमों की स्थापना, किसानों को उचित मूल्य की गारंटी के द्वारा कृषि में क्रांति का सूत्रपात हुआ।

Gross and Net Output | सकल एवं शुद्ध उत्पादन

कुल या सकल उत्पादन किसी फर्म या उद्योग के एक दी हुई समयावधि में उत्पादन के कुल विक्रय मूल्य के बराबर होगा। इसके अन्तर्गत माल का मूल्य, ईंधन तथा फर्म द्वारा उद्योग के बाहर से खरीदी गई आपूर्ति सम्मिलित की जाती है। शुद्ध उत्पादन प्राप्त करने के लिए सकल उत्पादन में से आने वाली आपूर्ति पर किए गए व्यय को आवश्यक रूप से घटाया जाता है। इस प्रकार शुद्ध उत्पादन एक दिए गए समय में उत्पादन प्रक्रिया में फर्म या उद्योग द्वारा की गई मूल्य वृद्धि (Value Added) के बराबर होगा। शुद्ध उत्पादन अर्थव्यवस्था में उद्योग के महत्व को दर्शाने वाला एक उपयोगी सूचक है।

Gross Domestic Product (GDP) | सकल घरेलू उत्पाद

किसी अर्थव्यवस्था की भौगोलिक सीमा में किसी वर्ष के दौरान उत्पादित समस्त वस्तुओं एवं सेवाओं के मौद्रिक मूल्य को सकल घरेलू उत्पाद (GDP) कहते हैं। इस मूल्य में से विदेशों से प्राप्त शुद्ध आय अर्थात निर्यात व आयात का अन्तर (X-M) कम कर दिया जाता है। इसकी गणना निम्न सूत्र से की जा सकती है।

GDP = GNP – (X-M)
जहां GDP सकल घरेलू उत्पादन, GNP सकल राष्ट्रीय उत्पाद,
X निर्यात मूल्य और M आयात मूल्य है।

Gross Domestic Product at Factor Cost (GDP_F) | सकल घरेलू उत्पाद साधन मूल्यों पर

बाजार कीमत पर प्राप्त सकल घरेलू उत्पादन में से अप्रत्यक्ष कर घटाने तथा अनुदान जोड़ने से साधन लागत पर सकल घरेलू उत्पाद (GDP_F) प्राप्त हो जाता है। अर्थात $GDP_F = GDP_M - IT + S$ जहां IT अप्रत्यक्ष कर और S अनुदान है।

Gross Domestic Product at Market Price (GDP_m) | सकल घरेलू उत्पाद बाजार मूल्यों पर

किसी वर्ष उत्पादित समस्त अन्तिम वस्तुओं व सेवाओं की मात्रा को उनकी प्रचलित कीमतों से गुणा कर उसमें विदेशों से प्राप्त शुद्ध आय को घटा दिया जाता है, जो योग प्राप्त होता है उसे बाजार कीमत पर सकल घरेलू उत्पाद (GDP_m) कहते हैं।

Gross Interest | सकल ब्याज

किसी जमा राशि या विनियोग से अर्जित लाभांश पर कर कटौतियों से पूर्व प्राप्त राशि को सकल ब्याज कहते हैं।

Gross National Product | सकल राष्ट्रीय उत्पाद

किसी अर्थव्यवस्था में एक वर्ष की अवधि में उत्पादित समस्त अन्तिम वस्तुओं और सेवाओं के बाजार मूल्य के योग को सकल राष्ट्रीय उत्पाद (GNP) कहते हैं। इनमें निर्यातों व आयातों के अन्तर (X-M) को जोड़ा जाता है।

Gross National Product at Factor Cost (GNP_F) | सकल राष्ट्रीय उत्पाद साधन मूल्यों पर

बाजार में प्रचलित कीमतों में अप्रत्यक्ष करों का समावेश होता है। सरकार समय-समय पर उद्योगों को सहायता/अनुदान प्रदान करती है। यदि बाजार कीमत पर सकल राष्ट्रीय उत्पादन में से अप्रत्यक्ष करों को घटाया जाता है तथा अनुदान राशि को जोड़ा जाता है तो इसके योग को साधन मूल्यों पर सकल राष्ट्रीय उत्पाद (GNP_F) कहते हैं।

Gross National Product at Market Price (GNP_m) | सकल राष्ट्रीय उत्पाद बाजार मूल्यों पर

किसी वर्ष उत्पादित समस्त अन्तिम वस्तुओं व सेवाओं की मात्रा को उनकी प्रचलित कीमतों से गुणा कर उसमें विदेशों से प्राप्त शुद्ध आय को जोड़ दिया जाता है, जो योग प्राप्त होता है वही बाजार मूल्यों पर सकल राष्ट्रीय उत्पाद (GNP_m) होता है।

Gross Investment | सकल निवेश

अर्थव्यवस्था द्वारा उत्पादित कुल पूँजीगत वस्तुओं की मात्रा को सकल निवेश या सकल विनियोग (Gross Investment) कहते हैं। अथवा अर्थव्यवस्था द्वारा उत्पादकीय साधनों पर किए गए कुल व्यय को सकल विनियोग कहते हैं। यदि सकल विनियोग में से घिसावट या मूल्य ह्रास को घटा दिया जाता है तो शुद्ध निवेश प्राप्त होता है। सकल विनियोग कभी ऋणात्मक नहीं होता।

Gross National Expenditure | सकल राष्ट्रीय व्यय

अर्थव्यवस्था के चारों क्षेत्रों (परिवार, सरकार, व्यवसाय तथा विदेश क्षेत्र) के द्वारा राष्ट्र की उत्पादित अन्तिम वस्तुओं और सेवाओं पर किए गए कुल व्यय को सकल राष्ट्रीय व्यय कहते हैं।

Gross National Product Deflator | सकल राष्ट्रीय उत्पाद अपस्फीति अंक

यह एक प्रकार का कीमत सूचकांक होता है। जिसका उपयोग सकल राष्ट्रीय उत्पाद के मौद्रिक मूल्य में संशोधन हेतु होता है, ताकि वस्तुओं और सेवाओं के भौतिक उत्पादन में हुए परिवर्तनों को ज्ञात किया जा सके।

Gross Profit | सकल लाभ

कुल आगम में से कुल व्यय को घटाने पर सकल लाभ प्राप्त होता है। सकल लाभ में भत्ते, वितरित लाभांश व चुकाए गए कर शामिल नहीं होते हैं।

(Group of 3) G-3 | (समूह 3) जी-3

जून 2003 में भारत, ब्राजील और दक्षिण अफ्रीका ने विकासशील देशों के हितों की रक्षा के लिए जी-3 नामक संगठन की नींव रखी। इसका आधिकारिक नाम 'इबसा' है अर्थात इण्डिया, ब्राजील

और साउथ अफ्रीका। ये तीनों देश अलग-अलग महादेशों का प्रतिनिधित्व करते हैं। जैसे भारत एशियाई देश है तो ब्राजील दक्षिण अमेरिकी और दक्षिण अफ्रीका अफ्रीकी देश। यह संगठन विकासशील देशों की सशक्त आवाज है।

(Group of 5) G-5 | (समूह 5) जी-5

यह पांच अग्रणीय औद्योगिक देशों का समूह है, जिसमें अमेरिका, ब्रिटेन, पश्चिमी जर्मनी, फ्रांस व जापान हैं। ये पांचों देश ब्याज दरों, ऋणी देशों की समस्याओं, और वित्तीय विषयों पर आपसी विचार-विमर्श के लिए समय-समय पर मिलते रहते हैं।

(Group of 7, 8) G-7 and G-8 | (समूह 7, 8) जी-7 और जी-8

प्रारम्भ में 1975 में G-7 के नाम से गठित संगठन को अब जी-8 के नाम से जाना जाता है। आरम्भ में 7 विकसित देशों अमेरिका, कनाडा, जर्मनी, ब्रिटेन, फ्रांस, इटली एवं जापान ने विश्व की राजनीतिक समस्या एवं आर्थिक मुद्दों पर विचार करने के लिए G-7 नाम से एक संगठन बनाया था। रूस में समाजवादी ढांचा समाप्त होने तथा बाजारोन्मुखी अर्थव्यवस्था आरम्भ होने के बाद 1997 में रूस को 8वें सदस्य के रूप में सम्मिलित कर लिया गया, जिसे अब G-8 के नाम से जाना जाता है।

(Group of 10, 11) G-10 and G-11 | (समूह 10, 11) जी-10 और जी-11

सन् 1962 में गठित यह दस अग्रणीय औद्योगिक देशों का एक अनौपचारिक समूह है, जिनके नेता आर्थिक समस्याओं और नीतियों के सम्बन्ध में विचार-विमर्श करने के लिए समय-समय पर मिलते रहते हैं। यह संगठन पेरिस क्लब के नाम से भी जाना जाता है। G-10 के सदस्य देश हैं- बेल्जियम, कनाडा, फ्रांस, जर्मनी, इटली, जापान, अमेरिका, नीदरलैण्ड, स्वीडन तथा ब्रिटेन 1 जनवरी 1983 में स्विट्जरलैण्ड ने इसकी सदस्यता ग्रहण की, इसलिए अब यह जी-11 के नाम से जाना जाता है।

(Group of 15) G-15 | (समूह 15) जी-15

जी-15 विश्व के 15 निर्गुट एवं विकासशील देशों का एक संगठन है। वर्तमान में इस संगठन में 19 देश सम्मिलित हैं, जिसमें ब्राजील और मेक्सिको को छोड़कर शेष सभी 17 देश निर्गुट राष्ट्र हैं। G-15 के वर्तमान सदस्य हैं- भारत, इण्डोनेशिया, मलेशिया, श्रीलंका, मिस्र, अल्जीरिया, सेनेगल, जिम्बाब्वे, केन्या, नाइजीरिया, पेरू, वेनेजुएला, ब्राजील, अर्जेण्टीना, मेक्सिको, जमैका, ईरान, कोलम्बिया एवं चिली। जी-15 की स्थापना का मुख्य उद्देश्य विकासशील देशों में व्यापार, निवेश और वित्तीय प्रवाह में संतुलन बनाए रखने हेतु विकसित और पिछड़े देशों के बीच विचार-विमर्श को प्रोत्साहन देना है। जी-15 की स्थापना 1989 में बेलग्रेड में हुई थी।

(Group of 24) G-24 | (समूह 24) जी-24

यह भारत सहित 24 विकासशील देशों का समूह है, जो विश्व बैंक, अन्तरराष्ट्रीय मुद्रा कोष तथा अंकटाड की बैठकों में विकासशील देशों के हित संवर्द्धन का प्रयास करता है। इसकी पिछली बैठक सितम्बर 2002 में वाशिंगटन में सम्पन्न हुई।

(Group of 77) G-77 | (समूह 77) जी-77

यह लगभग 100 विकासशील देशों का समूह है, जिसका प्रारम्भ में गठन 77 देशों ने मिलकर किया था। इसकी स्थापना 1964 में अमेरिका में हुई। इसका प्रमुख उद्धेश्य विश्व आर्थिक प्रणाली

के सामूहिक हितों की रक्षा, संस्थागत विकास, अन्तरराष्ट्रीय व्यापार और प्रशुल्क वार्ताएँ, अन्तरराष्ट्रीय वस्तु समझौतों, सामान्य नीति निर्धारण तथा अन्तरराष्ट्रीय मौद्रिक व्यवस्था की पुनर्संरचना, तकनीकी व आर्थिक सहायता का हस्तान्तरण, राष्ट्रीय सार्वभौमिकता का विस्तार तथा प्राकृतिक साधनों का पुनर्वितरण व धन का विकासशील देशों के पक्ष में वितरण करना था।

Growth-gap Unemployment/Technological Unemployment | विकास अंतराल बेरोजगारी/तकनीकी बेरोजगारी

विकास अंतराल बेरोजगारी को दीर्घकालीन मांग-अल्पता बेरोजगारी (Demand-Deficient Unemployment) या तकनीकी बेरोजगारी (Technical Unemployment) भी कहते हैं। यह वह बेरोजगारी होती है, जब अर्थव्यवस्था समयानुसार विकास करने व काम करने के इच्छुक लोगों को उत्पादन क्षमता में कमी के कारण रोजगार प्रदान करने में असमर्थ हो और अपनाई गई उत्पादन तकनीक अत्यधिक पूँजी-गहन हो।

Growth Models | वृद्धि सिद्धान्त

आर्थिक वृद्धि के लिए समय-समय पर घरेलू व विदेशी आर्थिक सिद्धान्त प्रस्तुत किए गए, जिनमें हैरड-डोमर वृद्धि सिद्धान्त, नव-परम्परावादी वृद्धि सिद्धान्त एवं सोलो वृद्धि सिद्धान्त प्रमुख हैं। हैरड तथा डोमर के आर्थिक वृद्धि सिद्धान्त उन्नत देशों के अनुभवों पर आधारित हैं, जो प्रमुख रूप में उन्नत पूँजीवादी अर्थव्यवस्थाओं के लिए हैं। दीर्घकालीन गतिहीनता को प्रकट करने के लिए ये सिद्धान्त काम में लिए गए। अब अल्पविकसित देशों की विकास समस्याओं के सम्बन्ध में भी इन सिद्धान्तों का बचत फलन, स्वायत्त बनाम प्रेरित निवेश तथा पूँजी की उत्पादकता हेतु उपयोग होने लगता है। आर्थिक वृद्धि का नव परमपरावादी सिद्धान्त संतुलन वृद्धि (Equilibrium Growth) की धारणा से सम्बन्धित है जो उत्पादन जनसंख्या, पूँजी स्टॉक, बचत, निवेश और तकनीकी उन्नति व सतत वृद्धि (Steady Growth) पर विचार प्रकट करता है। ये सिद्धान्त भी हैरड-डोमर सिद्धान्तों की मूल मान्यताओं पर आधारित हैं। सोलो (Solow) का वृद्धि सिद्धान्त पूँजी एकत्रीकरण द्वारा आर्थिक वृद्धि सिद्धान्त पर आधारित है। हर अवधि में बचत में पूँजी स्टॉक में वृद्धि होगी जब तक कि अर्थव्यवस्था सतत वृद्धि की स्थिति प्राप्त न कर ले। इससे उपभोग में वृद्धि होगी तथा अर्थव्यवस्था को आर्थिक वृद्धि का अहसास होगा। सोलो आर्थिक वृद्धि के लिए तकनीकी प्रगति को भी आवश्यक मानते हैं। केन्ज व नव केन्जवादियों ने भी बचत, विनियोग, प्रभावी मांग व पूँजी स्टॉक में वृद्धि द्वारा अर्थव्यवस्था में आय व रोजगार वृद्धि व आर्थिक वृद्धि से सम्बन्धित सिद्धान्त प्रस्तुत किए हैं।

Growth Path | वृद्धि मार्ग

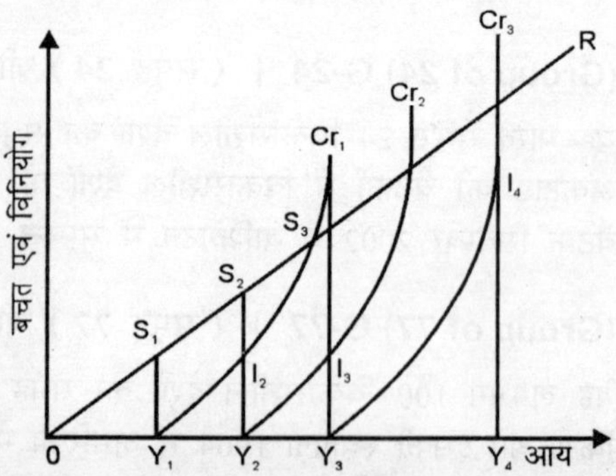

यह वृद्धि मार्ग जिसे हैरड का वृद्धि मार्ग भी कहते हैं, क्योंकि इसे हैरड ने ही प्रस्तुत किया है। इसे संलग्न रेखाचित्र द्वारा इस प्रकार स्पष्ट किया जा सकता है चित्र में क्षैतिज अक्ष पर आय को दर्शाया गया है और अनुलम्ब अक्ष पर बचत एवं विनियोग को दिखाया गया है कितना निवेश किया, यह त्वरण के मूल्य पर निर्भर करता है। इसे रेखाचित्र में OR रेखा द्वारा व्यक्त किया गया

है। समान्तर रेखाएँ $Y_1 Cr_1$, $Y_2 Cr_2$ व $Y_3 Cr_3$ स्थिर पूँजी उत्पादन अनुपात को बताती है। आय में Y_1 से Y_2 परिवर्तन होने से प्रेरित निवेश $I_2 Y_2$ जो $S_1 Y_1$ बचत के समान है, इस स्तर पर उत्पादन में वृद्धि $\frac{Y_2 - Y_1}{Y_1}$ के समान है। फिर I_2 निवेश आय को बढ़ाकर Y_3 पर ले जाता है और उत्पादन में वृद्धि दर $\frac{Y_3 - Y_2}{Y_2}$ के समान है। इसी प्रकार I_3 निवेश की दर आय को बढ़ाकर Y_4 के स्तर पर ले आती है। अतः अर्थव्यवस्था एक समान वृद्धि दर से बढ़ती है, अर्थात

$$\frac{Y_2 - Y_1}{Y_1} = \frac{Y_3 - Y_2}{Y_2} = \frac{Y_4 - Y_3}{Y_3}$$ *चित्र में OR वृद्धि पथ है।*

Growth Pole | वृद्धि स्तम्भ

उद्योगों का समूह, जो एक या अधिक बढ़ावा देने वाले उद्योगों से जुड़ा हुआ या इन पर केन्द्रित हो, जो अर्थव्यवस्था में वृद्धि का केन्द्र या गत्यात्मकता का निर्माण करता हो। इस अवधारणा का प्रतिपादन फ्रांस के अर्थशास्त्री पेरोक्ष (Perroux) द्वारा किया गया। पेरोक्ष के अनुसार वृद्धि स्तम्भ का सम्बन्ध बाजार से होता है न कि उद्योगों के भौगोलिक केन्द्रीयकरण से। इस विचार का क्षेत्रीय अर्थशास्त्र में उपयोग किया गया। इस प्रकार के औद्योगिक समूहों का नीतिगत नमूनों के आधार पर पिछड़े क्षेत्रों व अर्द्धविकसित क्षेत्रों के विकास के लिए उपयोग किया गया। अतः ऐसे औद्योगिक समूहों को वृद्धि स्तम्भ कहा गया, जिससे पिछड़े व अविकसित क्षेत्रों के विकास को प्रोत्साहन दिया जा सके।

Growth Rate | वृद्धिदर

अर्थव्यवस्था में एक वर्ष में समस्त साधनों से हुए कुल उत्पादन की वार्षिक प्रतिशत वृद्धि को वार्षिक वृद्धि दर कहते हैं। अर्थव्यवस्था में आय की पूर्ण रोजगार संतुलन दशा को बनाए रखने के लिए हैरड ने विकास की आवश्यक दर का निर्धारण तीन प्रकार की वृद्धि दरों की सहायता से प्रस्तुत किया है–

(i) वास्तविक वृद्धिदर (Actual Growth Rate) वह दर होती है, जिस पर देश विकास कर रहा होता है, जो अर्थव्यवस्था में वास्तव में पाई जाती है। इसका निर्धारण पूँजी–उत्पादन अनुपात (COR) के द्वारा होता है। यह दर अल्पकालीन चक्रीय परिवर्तनों को प्रकट करती है तथा बचत और निवेश की समानता को बताती है। (ii) अभीष्ट या आवश्यक वृद्धि दर (Warranted Rate of Growth) वह दर होती है, जिसे यदि प्राप्त कर लिया जाए तो उद्यमी ऐसी मानसिक स्थिति में होते हैं कि वे इसी प्रकार से विकास करने के लिए प्रेरित होते रहें। यह दर किसी अर्थव्यवस्था की आय की पूर्ति क्षमता वृद्धि दर होती है। यह स्वचालित वृद्धि दर है। इसे प्राप्त कर अर्थव्यवस्था संतुलन विकास मार्ग पर चलती रहेगी। (iii) प्राकृतिक वृद्धि दर (Natural Growth Rate) यह वह दर है जिस पर पूर्ण रोजगार बना रहता है। पूर्ण रोजगार स्तर पर तीनों दरें बराबर होनी चाहिए। इस संतुलन को हैरड ने छुरी–धार संतुलन (Knife Edge Balance) कहा है। इसमें विचलन होने पर अर्थव्यवस्था दीर्घकालीन स्फीति, मंदी व गतिहीनता की शिकार हो जाती है।

Gulf Riyal | गल्फ रियाल

यह दुबई तथा कतर की मुद्रा इकाई का नाम है।

Go-Slow-Policy | सुस्त कार्य नीति

जब श्रम संघ के सदस्यों द्वारा प्रबन्ध के साथ असहयोग की नीति अपनाई जाती है तो इसे सुस्त कार्य नीति कहते हैं।

Golden Hand Shake | स्वर्णिम विदाई

किसी कम्पनी द्वारा अपने कर्मचारियों को कम्पनी को छोड़ने के लिए प्रेरणास्वरूप दी जाने वाली एकमुश्त धनराशि को स्वर्णिम विदाई कहते हैं। यह नीति प्रायः अतिरेक कर्मचारियों वाली कम्पनी के द्वारा अपनाई जाती है, ताकि श्रम संघ इस प्रकार की गई श्रमिक कटौती का विरोध नहीं करें।

Golden Rule | स्वर्णिम नियम

यह नियम संतुलित आर्थिक विकास का द्योतक है। इसका प्रतिपादन नवपरम्परावादियों के द्वारा किया गया है। इस नियम के अनुसार यदि अर्थ-व्यवस्था में बचत और विनियोग बराबर हैं- तो उपभोग व बचत भी संतुलन में होंगे। इस संतुलन की स्थिति में लाभ की दर श्रमशक्ति की वृद्धि दर व श्रम उत्पादकता की वृद्धि दर के बराबर होगी।

Golden Triangle | स्वर्णिम त्रिभुज

द्वितीय विश्व युद्ध के पश्चात यूरोप में एक बड़े बाजार की स्थापना हुई, जिसका आकार त्रिभुजाकार था। अर्थात (i) इंग्लिश मिडलैण्ड्स (ii) उत्तर जर्मनी तथा (iii) पेरिस बेसिन। इसे स्वर्णिम त्रिभुज इसलिए कहते हैं, क्योंकि यह यूरोपियन आर्थिक समुदाय के लिए आर्थिक हृदय के रूप में कार्य करता है।

Guild Socialism | शिल्प समाजवाद

शिल्पियों के नेतृत्व को स्वीकार करने वाले समूह को शिल्प समाजवाद कहा जाता है। प्रत्येक उद्योग में शिल्प उत्पादकों द्वारा स्थापित किए गए समाजवाद को शिल्प समाजवाद कहा जाता है।

Guilder | गिल्डर

यह नीदरलैण्ड, ऐन्टीलेस तथा सूरीनाम की मुद्रा इकाई का नाम है।

H

Hang Seng Index | हेंग सेंग सूचकांक या सूचक

हाँगकाँग के अंशों (Shares) की कीमतों के प्रमुख सूचक को हेंग सेंग सूचकांक कहा जाता है।

Hard-Core Unemployed | कठिनाई युक्त बेरोजगार

ऐसे व्यक्ति जिन्होंने लम्बे समय तक कार्य नहीं किया है या पूर्णकालिक (Full Time) आधार पर कभी कार्य नहीं किया है, तो ऐसे लोग इसलिए बेरोजगार हो सकते हैं कि उनमें अच्छे स्वास्थ्य, शिक्षा व व्यक्तित्व की कमी हो या उनका आपराधिक रिकॉर्ड रहा है। ऐसे लोगों को कठिनाई युक्त बेरोजगार कहते हैं।

Hard Currency | दुर्लभ मुद्रा

अन्तरराष्ट्रीय बाजार में जिस मुद्रा की पूर्ति की तुलना में उसकी मांग अधिक होती है तो वह मुद्रा दुर्लभ मुद्रा कहलाएगी जैसे अमेरिकी डॉलर एक दुर्लभ मुद्रा है।

Hard Loan | महँगा या दुर्लभ ऋण

बाजार की सामान्य शर्तों पर ऋण का तात्पर्य ब्याज उपयुक्त जोखिम की शर्त सहित, ऋणों की साख दर, भुगतान तिथि मुद्रा जिसमें ब्याज का भुगतान किया जाना है व भुगतान करना होता है आदि से है। इन सबमें यदि छूट दी जाए तो वह आसान या सस्ता ऋण कहलाता है। अर्थात सस्ते ऋण की शर्तें महँगे ऋण की शर्तों के विपरीत होती है।

Hard Money | धातु मुद्रा

सोना, चांदी, निकल, तांबा आदि धातु से बनी मुद्रा को धातु मुद्रा कहते हैं। यह मानक मुद्रा (Standard Money), प्रतीक मुद्रा (Token Money) तथा सहायक मुद्रा (Subsidiary Money) में वर्गीकृत की जा सकती है। मानक मुद्रा सिक्कों के रूप में होती है, जिसका अंकित मूल्य व यथार्थ या निहित मूल्य बराबर होता है। प्रतीक मुद्रा में मुद्रा अंकित मूल्य यथार्थ मूल्य से अधिक होता है। भारत में एक रुपये का सिक्का प्रतीक मुद्रा है। सहायक मुद्रा में भारत में चलन में वर्तमान में 50 पैसे का सिक्का शामिल है।

Harmonic Mean | हरात्मक माध्य

हरात्मक माध्य किसी श्रेणी के पदों के व्युत्क्रमों के समान्तर माध्य का व्युत्क्रम होता है। इसका उपयोग औसत गति तथा औसत चलन वेग आदि की गणना करने में होता है।

Harrod Domar Growth Model | हैरड-डोमर वृद्धि सिद्धान्त

हैरड एवं डोमर ने कीन्जवादी विकास सिद्धान्त का विस्तार करते हुए पूंजीवादी अर्थव्यवस्था के लिए एक विकास सिद्धान्त प्रस्तुत किया। इन्होंने कीन्ज के अल्पकालीन विकास सिद्धान्त को दीर्घकालीन स्वरूप प्रदान किया। अर्थात हैरड-डोमर सिद्धान्त एक उन्नत पूँजीवादी अर्थव्यवस्था की दीर्घकालीन समस्याओं पर अपना ध्यान केन्द्रित करते हैं। दोनों का उद्देश्य एक ऐसी आवश्यक आय वृद्धि दर का निर्धारण करना था, जो अर्थव्यवस्था के सपाट एवं निर्विघ्न कार्यकरण को बनाए रख सके। यद्यपि दोनों अर्थशास्त्रियों द्वारा प्रस्तुत विचारों में कुछ अन्तर होते हुए भी एक ही उद्देश्य को लेकर उन्होंने अपने सिद्धान्त प्रस्तुत किए हैं और एक ही निष्कर्ष पर पहुंचते हैं। इनके अनुसार आर्थिक वृद्धि के लिए निवेश महत्वपूर्ण है। निवेश से आय का सृजन होता है तथा मांग में वृद्धि होती है अर्थात हैरड-डोमर की दृष्टि में अर्थव्यवस्था में आय का पूर्ण रोजगार संतुलन बनाए रखने के लिए यह आवश्यक है कि निवेश के कारण उत्पन्न होने वाले मांग एवं पूर्ति प्रभाव आपस में बराबर हों।

Harrod's Neutral Technical Progress | हैरड की तटस्थ तकनीकी प्रगति

हैरड की तटस्थ तकनीकी प्रगति को लाभ की दर तथा पूँजी उत्पादन अनुपात के सम्बन्धों के रूप में व्यक्त किया गया है। पूँजी की सीमान्त उत्पादकता लाभ की दर के बराबर होती है जो स्थिर होती है तथा पूँजी-उत्पादन अनुपात भी स्थिर होता है।

Hausman Test | हॉसमेन जांच

स्वतंत्र चर (Independent Variable) से सम्बन्धित त्रुटि की जांच हेतु माप के तौर पर अर्थमिति (Econometrics) में प्रयुक्त जांच को हॉसमेन जांच के नाम से जाना जाता है।

Havana Charter | हवाना चार्टर या करार

सन् 1947 में संयुक्त राष्ट्र आर्थिक एवं सामाजिक सभा का हवाना में आयोजन हुआ। यह, विनिमय तथा उपभोगीय वस्तुओं के उत्पादन को प्रोत्साहित करने के उद्देश्य से व्यापार और विकास हेतु एक अन्तरराष्ट्रीय सम्मेलन था। इसमें हवाना चार्टर या करार हुआ जिसमें अन्तरराष्ट्रीय व्यापार संगठन की स्थापना तथा सदस्य देशों के सदस्यों के लिए वस्तु समझौतों, कस्टम यूनियन, निर्यात राहत, स्वतंत्र व्यापार क्षेत्र, अभ्यंश, प्रशुल्क तथा विकास एवं अन्तरराष्ट्रीय व्यापार से सम्बन्धित अन्य विषयों के लिए आचार संहिता का प्रस्ताव रखा गया। इस करार पर 50 देशों द्वारा हस्ताक्षर किए गए। 1964 तक इसे पर्याप्त संख्या में देशों का समर्थन नहीं मिलने के कारण अंकटाड में विश्वव्यापी व्यापार संगठन की स्थापना की स्वीकृति ली गई, जो सभी देशों का प्रतिनिधित्व करेगा तथा अन्तरराष्ट्रीय व्यापार के सभी पक्षों पर विचार-विमर्श के लिए एक मंच उपलब्ध कराएगा। यह संगठन सभी नीतिगत निर्णयों को व सुझावों की क्रियान्विति के लिए प्रयास करेगा। यह संगठन भी प्रस्तावित लक्ष्यों के अनुरूप व संयुक्त राष्ट्र संघ के अंग के रूप में स्थापित नहीं हो सका। इसके अधिकांश कार्यों को संयुक्त राष्ट्र संघ की सामान्य सभा व प्रशुल्क व व्यापार के सामान्य समझौतों के द्वारा पूरा किया गया।

Health Economics | स्वास्थ्य अर्थशास्त्र

अर्थशास्त्र का वह क्षेत्र, जिसमें स्वास्थ्य रक्षा के आर्थिक पक्षों, स्वास्थ्य सम्बन्धी प्रावधान व प्रबन्धन का अध्ययन किया जाता है, स्वास्थ्य अर्थशास्त्र कहलाता है।

Health Insurance | स्वास्थ्य बीमा

चिकित्सा व्यय तथा दुर्घटना या बीमारी के कारण होने वाली आय की कमी से बचने के लिए स्वास्थ्य बीमा किया जाता है। यह केवल बीमित व्यक्ति तक ही सीमित होती है या उस पर निर्भर लोगों पर। स्वास्थ्य बीमा योजनायें स्वैच्छिक या अनिवार्य दोनों हो सकती हैं। इसकी लागत व्यक्ति पर पड़ती है या उनके नियोजकों पर। अनिवार्य बीमा योजनाएँ सभी प्रकार की स्वास्थ्य जोखिमों को समाहित करती हैं। जबकि ऐच्छिक योजनाएँ सदस्य की जोखिम पर निर्भर करती हैं तथा उसी के अनुसार उसकी किस्त होती हैं। यह उम्र, लिंग व व्यवसाय आदि से प्रभावित होती हैं। स्वैच्छिक बीमा योजनाएँ भारी जोखिमों को समाहित कर लोगों को आकर्षित करती हैं जिनकी बीमा किस्त भी ऊंची होती है।

Heckscher-Ohlin's Factor Price Equalisation | हेक्चर ओहलिन का साधन कीमत समानीकरण

हेक्चर और ओहलिन के अनुसार व्यापार शुरू होने से पहले दो देशों के बीच सापेक्ष कीमतें भिन्न-भिन्न होती हैं। जब यह मानकर कि परिवहन पर कोई लागत नहीं है, व्यापार शुरू किया जाता है, तो सापेक्ष वस्तु कीमतें बराबर हो जाती हैं। परन्तु प्रश्न यह है कि क्या साधनों की वास्तविक गतियों के अभाव में भी, दो देशों में दो वस्तुओं के उत्पादन में संलग्न उत्पादन के साधनों की कीमतें बराबर हो जाएँगी? इन दोनों अर्थशास्त्रियों ने बताया कि यदि यह मान लिया जाए कि दोनों देशों में एक ही तकनीक अपनाई जा रही है, तो साधनों की वास्तविक गतियों के बिना ही व्यापार द्वारा साधन समानीकरण हो जाएगा। किन्तु उत्पादन की तकनीक दोनों देशों में एक सी नहीं हो सकती। अत: साधन कीमत समानीकरण संभव नहीं हो सकता। यह हेक्चर का विचार था किन्तु ओहलिन का मत है कि व्यापार के द्वारा आंशिक साधन कीमत समानीकरण हो जाएगा। किन्तु इसके लिए आवश्यक है कि दोनों देशों के बीच उत्पादन के साधनों की स्वतंत्र गतिशीलता हो। हेक्चर-ओहलिन के अनुसार विभिन्न देशों में भिन्न-भिन्न साधन प्रचुरता के अनुसार विशिष्टीकरण करते हुए निर्यात व आयात में तुलनात्मक लागत लाभ के आधार पर व्यापार करना चाहिए।

Hedonic Price/Shadow Price/Imputed Price/Implicit Price | सुखद कीमत/छाया कीमत/आरोपित कीमत/अन्तर्निहित कीमत

वस्तु में निहित वस्तु की विशेषताओं के अनुसार उसकी कीमत निर्धारित होती है। जैसे- एक मकान कमरों, बगीचे व स्थिति के अनुसार देखा जाता है और उसी के अनुसार उसका मूल्यांकन होगा। इस प्रकार सुखद कीमत (Hedonic Price) किसी वस्तु की विशेषताओं में अन्तर्निहित (Implicit) कीमत होती है। किसी वस्तु विशेष की किस्म (Quality) उसमें निहित विशेषताओं पर निर्भर करती है। उस वस्तु की कीमत का एक भाग उस वस्तु में निहित किस्म की विशेषता व भिन्नता से सम्बन्धित होता है, जिस पर उसका मूल्य या कीमत आँकी जाती है। इस प्रकार किस्म में अन्तर के आधार पर सुखद कीमत सिद्धान्त का उपयोग जीवी ग्रिलीचेज (Zvi Griliches) के द्वारा किया गया। इन्होंने आवास मांग व पर्यावर्णीय अर्थशास्त्र में इसके उपयोग को उचित ठहराया। ऐसी कीमत को अवसर लागत के रूप में देखा जाता है।

Hedonism | सुखवाद

एक सिद्धान्त जिसके अनुसार यह माना जाता है कि व्यक्ति का व्यवहार सुख-दुख की भावनाओं से प्रेरित और निर्धारित होता है। व्यक्ति प्रत्यक्ष या परोक्ष रूप में ऐसे कार्य करता है, जिससे उसे

अधिकाधिक सुख प्राप्त हो सके। वह ऐसे कार्यों से बचता है, जिससे दुखी होने की संभावना रहती है। फलतः सुख को प्राप्त करना या उसमें वृद्धि करना ही जब व्यक्ति का उद्देश्य बन जाता है, तब यह सुखवाद कहलाता है। इस सिद्धान्त के अनुसार यह भी माना जाता है कि सुख प्राप्ति की अभिलाषा ही उसे अच्छे या बुरे कार्य करने की प्रेरणा देती है।

Heller | हेलर

यह चेकोस्लोवाकिया की मुद्रा की उप इकाई है। 100 हेलर 1 कोरूना (Koruna) के बराबर होते हैं।

Heterogeneous Capital | विभेदित या बेमेल पूँजी

यह विभिन्न प्रकार की भौतिक पूँजी होती है जो कतिपय उत्पादन प्रक्रियाओं के लिए अतिविशिष्ट होती है तथा जो वैकल्पिक प्रक्रियाओं के लिए हस्तान्तरणीय नहीं होती है। यह एक लचीली पूँजीगत वस्तु की तरह नहीं होती है, जिसका उपयोग भिन्न-भिन्न उत्पादन प्रक्रियाओं में हो सकता है। यदि पूँजी को बेमेल मान लिया जाए तो कैम्ब्रिज अर्थशास्त्रियों के अनुसार इससे गंभीर समस्याएँ समग्र उत्पादन फलन के उपयोग में खड़ी हो जाएँगी, जैसी कि नव-परम्परावादी वृद्धि सिद्धान्त के अन्तर्गत अनुभव की गई।

Heterogeneous Product | विभेदित उत्पादन

आर्थिक अभिकर्ताओं द्वारा जब समान सम्बन्ध बताने वाली वस्तुओं और सेवाओं के संयोगों की दिए हुए बाजार में आपूर्ति की जाती है, वे क्रेताओं की नजर में समरूप नहीं होते। ऐसे उत्पादन को विभेदित उत्पादन कहा जाता है।

Hicks Hansen Diagram | हिक्स हेन्सन चित्र

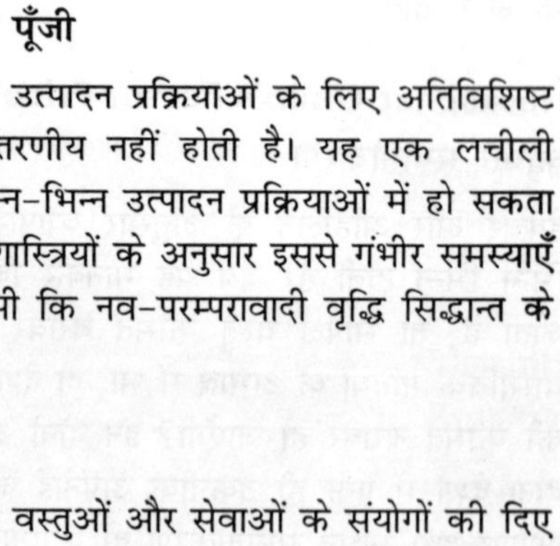

हिक्स तथा हेन्सन ने अपने चित्र में मुद्रा बाजार व वस्तु बाजार के संतुलन को समझाने का प्रयास किया है। इनके अनुसार जब IS वक्र की ब्याज दर तथा आय की संतुलन जोड़ी LM वक्र की ब्याज दर तथा आय की संतुलन जोड़ी के बराबर होती है तो वस्तु और मुद्रा बाजार में सामान्य संतुलन स्थापित हो जाता है। चित्रानुसार जहां IS वक्र तथा LM वक्र एक-दूसरे को E बिन्दु पर काटते हैं, जो OY आय स्तर तथा OR ब्याज दर से संबद्ध है। यह वस्तु बाजार (बचत-निवेश) तथा मुद्रा बाजार (मुद्रा की मांग व पूर्ति) में एक ही समय में संतुलन लाती है। कीमत स्तर दिया हुआ होने पर यह सामान्य संतुलन स्थिति एक निश्चित समय में विद्यमान रहती है। यदि यह संतुलन भंग हो जाता है तो परस्पर क्रिया-प्रतिक्रिया से यह संतुलन पुनः स्थापित हो जाता है। अर्थात BD व AC का अन्तर स्वतः समाप्त होकर संतुलन बिन्दु E पर आ जाता है।

Hicksian Demand Curve | हिक्स का मांग वक्र

हिक्स का मांग वक्र वस्तु x की कीमत में परिवर्तन के स्थानापन्नता प्रभाव व क्षतिपूरित मांग वक्र पर आधारित है। हिक्स के स्थानापन्नता प्रभाव को व्युत्पन्न करते हैं। वस्तु x की कीमत में कमी

होने से उपभोक्ता की वास्तविक आय में जो वृद्धि होती है, उसे वस्तु y की मात्रा को वस्तु x के बराबर उपभोक्ता से वापस ले लिया जाता है, जिसे पूर्व आय रेखा के समानान्तर आय रेखा द्वारा दिखाया जाता है। इसे क्षतिपूरित बजट रेखा कहते हैं या क्षतिपूरित मांग रेखा कहते हैं। अर्थात एक वस्तु के लिए क्षतिपूरित मांग वक्र एक ऐसा मांग वक्र है, जो यह दर्शाता है कि यदि आय प्रभाव को हटा दिया जाए तो परिवर्तित कीमत पर उपभोक्ता द्वारा वस्तु की कितनी मात्रा खरीदी जाएगी।

Hidden Price Increase | छिपी हुई मूल्य वृद्धि

छिपी हुई मूल्यवृद्धि तब होती है जब वस्तुओं और सेवाओं का मूल्य परिवर्तित नहीं होता, किन्तु उनकी गुणवत्ता कम हो जाती है, फलस्वरूप वे पूर्व की अपेक्षा महँगी प्रतीत होती हैं।

Hidden Inflation | छिपी हुई स्फीति

बढ़ता हुआ कीमत स्तर क्रेताओं को घटिया किस्म की वस्तुएँ खरीदने के लिए बाध्य करता है। मुद्रा की समान मात्रा के लिए कम मूल्य दिया जाता है। इसका परिणाम निम्न जीवन स्तर होता है। इसे छिपी हुई स्फीति कहते हैं।

Hidden Unemployment or Disguised Unemployment | छिपी हुई बेरोजगारी या छद्म बेरोजगारी

जो बेरोजगार व्यक्ति काम करना चाहते हैं, किन्तु उन्हें काफी समय तक काम करने का अवसर प्राप्त नहीं होता। यह व्यापक मंदी के फलस्वरूप हतोत्साहित होने के कारण भी हो सकता हैं। यह बेरोजगारी ऐसी होती है कि यह पता नहीं चल पाता कि व्यक्ति काम कर रहा है या बेरोजगार है- जैसे एक परिवार में पति-पत्नी और तीन जवान बच्चे हैं। उनके पास पांच बीघा जमीन है, जिस पर वे खेती करते हैं। कोई हल चलाता है, कोई रखवाली करता है, कोई खाना लेकर आता है और कोई गाय चराता है। इस प्रकार ऐसा नहीं लगता कि घर में किसी के पास काम नहीं है किन्तु यह कृषि कार्य अनार्थिक है, जो उनकी काम करने की क्षमता से बहुत कम है। इतनी सी जमीन को जोतने के लिए दो लोग ही पर्याप्त हैं। शेष तीन केवल काम नहीं मिलने के कारण उस पर अपना समय व्यतीत करते हैं, फलस्वरूप प्रतिव्यक्ति उत्पादन भी घट जाता है। अतः तीन लोग वास्तव में बेरोजगार हैं, किन्तु दिखता नहीं कि वे बेरोजगार हैं, इसीलिए इसे छिपी हुई या छद्म बेरोजगारी कहते हैं।

Hidden Economy | छिपी हुई अर्थव्यवस्था

अर्थव्यवस्था में चल रही वे आर्थिक क्रियाएँ जो सरकारी आँकड़ों में सम्मिलित नहीं हैं। विस्तृत अर्थों में छिपी हुई अर्थव्यवस्था वह होती है, जिसकी अधिकांश आर्थिक क्रियाओं का विधिक माप नहीं हो पाता और वे छिपे तौर पर कार्यरत होती हैं जैसे- महसूली माल को चोरी छिपे मंगाना या बाहर भेजना, अवैध शराब का धन्धा, वेश्यावृत्ति का धन्धा, घरेलू उत्पादन अर्थात निर्वाह योग्य कृषि आदि छिपी हुई अर्थव्यवस्था के अंग हैं। इसे छाया अर्थव्यवस्था (Shadous Economy), काली अर्थव्यवस्था (Black Economy) व नियम विरुद्ध या अनियमित या अनौपचारिक (Informal Economy) के नाम से भी जाना जाता है। ऐसी अर्थव्यवस्था के आकार की गणना करना बहुत कठिन है, क्योंकि यह अर्थव्यवस्था गुप्त (Underground) होती है।

Hidden Tax | छुपा कर

जब पृथक रूप से क्रय कर नहीं दर्शाकर उसे अप्रत्यक्ष कर में शामिल करके छिपा लिया जाता है तो इसे छिंपा कर कहते हैं। यह छिपा कर वस्तुओं के मूल्य में सम्मिलित होता है। शराब व सिगरेट

ऐसी ही वस्तुएँ हैं, जिनका मूल्य अलग से नहीं दिखाया जाता और क्रय कर इसके मूल्य में ही सम्मिलित रहता है।

Histogram | आवृत्ति चित्र

आवृत्ति चित्र आवृत्ति वितरण (Frequency Distribution) का रेखीय निरूपण (Graphical Representation) है। जिसमें आवृत्ति या संभावना (Probability) के साथ निश्चित सीमा के बीच लिए गए वर्गों को निश्चित ऊंचाई वाले आयत बनाए जाते हैं। क्षैतिज अक्ष पर वर्ग व लम्बवत अक्ष पर आवृत्तियों को दिखाया जाता है। प्रत्येक आयत की ऊंचाई आवृत्ति को सूचित करती हैं चूंकि वर्गान्तर समान होते हैं, इसलिए सभी आयतों की चौड़ाई समान रखी जाती है। आवृत्ति चित्र के साथ आवृत्ति बहुभुज (Frequency Polygon) तथा आवृत्ति वक्र (Frequency Curve) भी दिखाया या खींचा जा सकता है।

Historical Cost | ऐतिहासिक लागत

(i) ऐतिहासिक लागत को भूतकालीन लागत (Past Cost) भी कहते हैं। किसी समय पर भूतकाल में किया गया व्यय इसमें सम्मिलित किया जाता है।

(ii) तुलन पत्र में किसी साधन की वास्तविक लागत को उसके मूल्यांकन के हिसाब से लिखना, न कि उसके वर्तमान बाजार मूल्य को।

(iii) किसी साधन को खरीदने के लिए उसके लिए दी गई कीमत में से छूट को घटाकर तथा शेष सभी संभावित लागतों को जोड़कर साधन को उसके नियत स्थान पर प्रतिस्थापित करना। किसी साधन को उसकी सूचित कीमत से कम कीमत पर खरीदा जा सकता है। जैसे- सामान्य दुर्घटना लागतें, परिवहन, बीमा व परीक्षण आदि। दीर्घकालीन उत्तरदायित्व के बदले किसी साधन को खरीदा जाता है तो साधन का लेखांकन वर्तमान मूल्यों पर होगा, किन्तु उधार में। यदि माल किसी वस्तु या किसी साधन के विनिमय में है तो साधन का बाजार मूल्य पर लेखांकन किया जाएगा। यदि भंडार का बाजार मूल्य किसी परिवार के स्वामित्व में है तो साधन का मूल्य बढ़ा हुआ लिखा जाएगा। इस प्रकार ऐतिहासिक लागत वह वास्तविक कीमत है, जिसका संपत्ति की खरीद के समय भुगतान किया जाता है। ये उन वस्तुओं के संबंध में होती है, जिनसे लम्बे समय से सेवाएँ मिल रही हैं। स्फीतिकाल में प्रतिस्थापन लागत ऐतिहासिक लागत से अधिक हो जाती है।

High Powered Money (H) | उच्च शक्ति मुद्रा (एच)

व्यापारिक बैंकों के पास जो रिजर्व की मात्रा होती है और लोगों के पास सिक्के और नोटों के रूप में जो चलन की मांग होती है, इन दोनों के योग को उच्च शक्ति मुद्रा कहा जाता है। अर्थात सैद्धान्तिक रूप में (i) जनता के पास मुद्रा (C) (ii) बैंकों के पास नकद जमा (R) (iii) केन्द्रीय बैंक के पास अन्य जमा (OD) जो उच्च शक्ति मुद्रा (H) का नगण्य भाग होती है। इस प्रकार उच्च शक्ति मुद्रा $H = C+R+OD>1$ मांग जमाएँ (R) का गुणक होती हैं।

High Technology | उच्च तकनीक

उच्च तकनीक से अभिप्राय बहुत जटिल और आधुनिकतम तकनीक से होता है, जो किसी भी समय समाज में सामान्य स्तर के सापेक्ष होती है। वह भी समय था जब भाप का इंजन उच्च तकनीक वाला समझा जाता था किन्तु, वर्तमान में कम्प्यूटर सॉफ्टवेयर तथा हार्डवेयर, वैज्ञानिक

मशीनीकृत और व्यावसायिक औजार, कई प्रकार के इलैक्ट्रॉनिक उपकरण, लेज़र, रोबोट, सौर ऊर्जा प्रणाली, बायोटेक्नोलॉजी आदि उच्च तकनीक में गिने जाते हैं।

High Employment Surplus | उच्च रोजगार अतिरेक

जब राजकोषीय नीतियों के द्वारा परिवर्तनों को मापा जाता है तो यह जानना सामान्य बात है कि अनुमानित बजट के अनुसार हुए परिवर्तनों की गणना कर जाना जा सकता है कि राष्ट्रीय आय में कितना परिवर्तन हुआ है। इस माप और राष्ट्रीय आय क्षमता की माप को ही उच्च रोजगार अतिरेक कहते हैं। यह कर राजस्व के अनुमान में से व्यय को घटाने के पश्चात जो शेष बचता है वह पूर्णरोजगार स्तर पर प्राप्त राष्ट्रीय आय का अतिरेक होता है। इस प्रकार एक उच्च रोजगार बजट घाटे को ऋणात्मक उच्च रोजगार अतिरेक कहा जाता है।

Hire Purchase | किराया क्रय

किराया क्रय का तात्पर्य एक प्रक्रिया या विधि से है जिसका उपयोग वस्तुओं को क्रय करने में होता है। इसके अन्तर्गत वस्तु को क्रय करते समय क्रेता को कुछ रकम विक्रेता के पास जमा करानी होती है तथा ऋण चुकता होने तक शेष राशि का भुगतान विक्रेता को किस्तों में करना होता है। खरीदी गई वस्तु का खरीददार तब तक मालिक नहीं बन सकता जब तक अन्तिम किस्त का भुगतान नहीं हो जाता। यदि किस्त का भुगतान समय पर नहीं किया जाता है तो विक्रेता अपनी वस्तु वापस ले सकता है। इस प्रकार यह एक ऐसी विधि है जिसमें मुद्रा का भुगतान समयानुसार किस्तों में किया जाता है। किस्तों का भुगतान पूरा होने पर ही वह यानी क्रेता उस वस्तु का मालिक बन सकता है। यह विधि क्रेता के लिए बहुत उपयोगी है, क्योंकि इसमें भुगतान करना आसान होता है। विक्रय भी अधिक मात्रा में होता है। विक्रेताओं की आय में वृद्धि होती है तथा इससे बचतों को प्रोत्साहन मिलता है। यह छोटे व्यापारियों के लिए हितकारी है। इसमें कम जोखिम और अधिक ब्याज प्राप्त होता है।

Historical School | ऐतिहासिक विचारधारा

इतिहासवादी विचारधारा को समय के आधार पर और भौगोलिक आधार पर दो भागों में बाँटा गया है। समय के आधार पर विचारकों को तीन श्रेणियों में बाँटा गया है- प्राचीन इतिहासवादी जिनमें विलहेम रोश्चर, ब्रूनो हिन्डेब्राण्ड तथा कार्लनीस प्रमुख हैं। नवीन इतिहासवादियों में श्मोलर, वैगनर, लुजो ब्रेंटानो, नैप, बुचर तथा मैक्स वेबर प्रमुख हैं तथा आधुनिक इतिहासवादियों में सोमबर्ट व स्पीटहॉफ आदि प्रमुख हैं। देशों के आधार पर इतिहासवादियों को क्रमशः जर्मन इतिहासवादी व अमेरिकी इतिहासवादी दो वर्गों में विभाजित किया गया है। इनके प्रमुख विचारक रिचार्ड जोन्स, क्लिफ लेस्ली, बेजहौट, टौयनबी, कनिंघम, रोजर्स तथा एश्ले आदि हैं। इस सम्प्रदाय के प्रमुख विचारों को दो भागों में विभाजित किया जा सकता है (i) इनके आलोचनात्मक विचार (Critical Ideas) तथा (ii) विधायक विचार (Positive Ideas)। प्रतिष्ठित विचारकों ने जो नियम बनाए थे इतिहासवादियों ने उनका खंडन किया- जैसे अर्थशास्त्र के सिद्धान्त सार्वभौमिक नहीं हो सकते। प्रतिष्ठित अर्थशास्त्रियों का मनोवैज्ञानिक आधार सही नहीं है। इन्होंने निगमन प्रणाली के स्थान पर आगमन प्रणाली को उपयुक्त बताया। इतिहासवादियों के विधायक विचारों के अनुसार आर्थिक जगत स्थिर, अपरिवर्तनशील तथा काल्पनिक नहीं हो सकता, बल्कि यह वास्तविक व निरन्तर बदलने वाला है। इतिहासवादियों ने विकास के अर्थशास्त्र की नींव डाली। उनके अनुसार अर्थशास्त्र केवल चिंतन की वस्तु नहीं है, बल्कि समस्याओं को सुलझाने का व्यावहारिक साधन है। इन्होंने अर्थशास्त्र के साथ अन्य विज्ञानों के सम्बन्ध को भी सफलतापूर्वक समझाया है। इस प्रकार इनके

आलोचनात्मक और विधायक दोनों प्रकार के विचारों आर्थिक सिद्धान्तों की त्रुटियों को दूर कर उन्हें संशोधित करने में महत्वपूर्ण योगदान दिया है फिर भी इतिहासवादियों का यह दावा कभी सच नहीं हुआ कि ऐतिहासिक पद्धति से अर्थशास्त्र के ढाँचे में मौलिक परिवर्तन हो जाएगा। इतिहास कभी भी विज्ञान का स्थान नहीं ले सकेगा। इनके विधायक विचारों में परस्पर विरोध दृष्टिगोचर होता है।

Hoarding | संग्रह

इस शब्द का उपयोग प्रो. केन्ज द्वारा मुद्रा के एकत्रीकरण के सम्बन्ध में किया गया। केन्ज के अनुसार मुद्रा का एकत्रीकरण बचत का एक भिन्न स्वरूप है। संग्रह का अभिप्राय दुर्लभ वस्तुओं और सेवाओं के निर्माणकों, थोक विक्रेताओं या फुटकर विक्रेताओं द्वारा बाजार से उनके सक्रिय परिचालन से आहरित या हटाकर संग्रहीत करने से है। ऐसी संग्रह प्रवृत्ति से बाजार में वस्तुओं और सेवाओं की आपूर्ति बेवजह व अनावश्यक रूप से संग्रह करने से घट जाती है तथा बाजार में उन वस्तुओं का अभाव नजर आता है, जिससे इनकी कीमतों में बेतहाशा वृद्धि हो जाती है तथा काला बाजारी होने लगती है। अतः संग्रह प्रवृत्ति आर्थिक दृष्टि से हानिकारक है।

Holding Company | होल्डिंग कम्पनी

ऐसी फर्म या कम्पनी जिसका एक मात्र कार्य दूसरी कम्पनियों के पास अपने अंश रखना होता है। अर्थात एक ऐसी फर्म दूसरी फर्मों के व्यवसाय और कार्यकलापों पर नियंत्रण रखती है। इसके लिए इस फर्म के पास 50 प्रतिशत से अधिक सामान्य मतदान अंश होने आवश्यक होते हैं। इस फर्म का मुख्य उद्देश्य दूसरी फर्मों पर अपना प्रभाव स्थापित करना होता है। यह दूसरी फर्मों को अपना व्यवसाय भी बदलवा सकती है। ऐसी फर्म एकाधिकारी स्वरूप भी ले सकती है। यह फर्म अधिकतम जोखिम उठाती है तथा बड़े-बड़े कार्यों को नियंत्रित करती है। इस फर्म का एक ही नुकसान है दोहरा करारोपण। ऐसी फर्में अन्तरराष्ट्रीय दूरभाष एवं तार आदि हैं।

Homogeneous Factor | समरूप साधन

जब कोई साधन दूसरे साधन के समरूप होता है या पूर्ण स्थानापन्न होता है तो उसे समरूप साधन कहा जाता है।

Homogeneous Product | समरूप उत्पादन

समरूप उत्पादन का तात्पर्य जब भिन्न-भिन्न विक्रेताओं के द्वारा उत्पादन की गई वस्तु की इकाइयाँ पूर्ण स्थानापन्न हों। ऐसी वस्तुओं की प्रतिलोच अनन्त होती है और सभी वस्तुओं की कीमतें भी समान होती हैं। नमक, गेहूँ, रुई और कोयले जैसी वस्तुओं की प्रकृति समरूप होती है। ऐसी वस्तुएँ समान गुण-धर्म वाली होती हैं। वस्तुएँ पूर्ण प्रतियोगी और पूर्ण अल्पाधिकारी बाजारों में पाई जाती हैं। वस्तुएँ जो विशिष्टता और किस्म व ब्राँड में भिन्न-भिन्न व समरूप होती हैं। मुद्रा इकाइयाँ या एक सी प्रतिभूतियाँ पूर्ण रूप से समरूप होती हैं।

Homogeneous Production Function | समरूप उत्पादन फलन

उत्पादन फलन का सूत्र है- $Q = Q(K, L)$

जबकि Q उत्पादन, K पूँजी और L श्रम है।

तब समरूप उत्पादन फलन की श्रेणी $= n$ है। यदि $n = 1$ है तो वह समरूप उत्पादन फलन कहलाएगा। यह स्थिर उत्पादन फलन (Constant Return to Scale) को प्रकट करता है। उदाहरण

के लिए जब K = 2 है तो साधन व उत्पादन की मात्रा दुगुनी होगी। अगर n>1 तब यह बढ़ते हुए उत्पादन फलन (Increasing Return to Scale) को प्रकट करेगा। यदि n < 1 तब यह उत्पादन के घटते प्रतिफल (Decreasing Return to Scale) को बताएगा।

Honorarium | मानदेय

किसी सेवा के लिए दिए गए शुल्क या स्वैच्छिक धन के भुगतान को मानदेय कहते हैं, जबकि प्राप्त कर्ता ऐसे भुगतान की मांग नहीं करता।

Hoover's Theory | हूवर का सिद्धान्त

हूवर के सिद्धान्त के अनुसार यातायात लागतें (Transport Costs) दूरी के हिसाब से व्यवहार में एकदम आनुपातिक रूप से नहीं बढ़ती हैं। वस्तुओं की प्रति इकाई यातायात लागतें बढ़ती हुई दूरी के साथ घटती जाती हैं। इसके दो कारण हैं प्रथम लम्बी दूरी की मितव्ययताओं के कारण तथा द्वितीय अधिक सक्षम स्तर की यातायात सेवाओं के कारण। जैसे पथ परिवहन (Road Transport) के स्थान पर रेल परिवहन (Railways) और रेल परिवहन के स्थान पर जल परिवहन (Water Transport) का उपयोग करना।

Horizontal Equity | क्षैतिज समता

करारोपण में न्याय या समानता एक श्रेष्ठ कर प्रणाली का सर्वमान्य गुण होता है। करों में समानता या न्यायशीलता की यद्यपि कोई वैज्ञानिक परिभाषा देना कठिन है, फिर भी समानता का अभिप्राय कर भार का समाज के विभिन्न सदस्यों पर समान वितरण से होता है। इसके दो पहलू हैं- प्रथम समान श्रेणी के व्यक्तियों से, जो समान परिस्थितियों में पाए जाते हैं, उनके साथ समान व्यवहार करते हुए समान रूप से कर वसूल किया जाना चाहिए। इसे क्षैतिज समता कहते हैं। इसके विपरीत कर वसूली को लम्बवत समता (Vertical Equity) कहते हैं।

Horizontal Merger or Horizontal Integration | क्षैतिज विलयन या क्षैतिज एकीकरण

क्षैतिज विलयन या एकीकरण की स्थिति तब आती है जब उत्पादन प्रक्रिया के समान स्तर वाली दो फर्मों का विलयन होता है तथा वे एक समान व्यावसायिक संगठन का निर्माण करती हैं।

Horizontal Mobility | क्षैतिज गतिशीलता

क्षैतिज गतिशीलता वह होती है जब व्यवसाय या धन्धे में परिवर्तन के बाद भी श्रमिक के जीवन स्तर में कोई परिवर्तन नहीं दिखता है।

Horizontal Price Fixing | क्षैतिज कीमत निर्धारण

यह वह दशा है, जिसमें प्रतियोगी कीमतों को नियमित व निर्धारित करने के लिए समझौता, संयोग व गुट बनाते हैं, ताकि कीमतों का क्षैतिज निर्धारण हो सके।

Hotelling's Law | होटलिंग का नियम

होटलिंग के नियम को होटलिंग का विरोधाभास भी कहते हैं। अर्थशास्त्री हेराल्ड होटलिंग के अनुसार एकाधिकारिक बाजारों में परस्पर एक-दूसरे के ग्राहकों को आकर्षित करने के लिए

विक्रेताओं या फर्मों को वर्तमान उपभोक्ताओं के द्वारा मांगी गई वस्तु के उत्पादन को जहां तक संभव हो, निकट प्रतिस्थापन वाला बनाना चाहिए। इसमें विरोधाभास यह है कि एकाधिकारात्मक प्रतियोगिता में अधिकतम वस्तु विभेद न्यूनतम अन्तर के साथ किया जाता है।

Hot Money | गर्म मुद्रा

उस विदेशी मुद्रा को गर्म या हॉट मनी कहा जाता है, जिसमें अल्पकालीन ब्याज दरों के अन्तर से प्राप्त लाभ व अवमूल्यन के वित्तीय दण्डों से बचने के लिए लाभ कमाने की संभावना होने पर एक स्थान से दूसरे स्थान पर पलायन या स्थानान्तरण करने की तीव्र प्रवृत्ति होती है। यह जहां प्राप्तकर्ता देश के भुगतान संतुलन में सुधार करती है, वहीं देने वाले देश के भुगतान संतुलन पर विपरीत प्रभाव डालती है।

Hours of Work | काम के घण्टे

घंटों की संख्या प्रतिदिन या प्रति सप्ताह जिसमें समझौतानुसार श्रमिक या कर्मचारी कार्य करते हैं। इनका निर्धारण आपसी बातचीत, व्यक्तिगत या श्रमिक संघों या नियमों या कानूनों के द्वारा होता है। निर्धारित घण्टों से अधिक काम करना समयाधिक्य (Over Time) कहलाता है। कार्य अल्पकालीन, अस्थाई, अंशकालीन व नियमित हो सकता है।

Households | परिवार

व्यक्तियों का वह समूह जो एक छत के नीचे सामान्य घरेलू खर्च के साथ मिलकर रहते हैं। जरूरी नहीं कि इनकी आदतें समान हों। परिवार एक ऐसी इकाई होती है, जिसमें दत्तक व्यक्तियों सहित कुछ वैवाहिक एवं रक्त सम्बन्धी स्त्री-पुरुष सम्मिलित होते हैं। इनमें से कुछ कमाते हैं कुछ नहीं। सभी मिलकर उपभोग-व्यय करते है। खाते हैं कमाते हैं तथा साथ रहते हैं। ऐसे लोगों की एक इकाई को परिवार कहा जाता है, जिसे सामाजिक मान्यता भी प्राप्त होती है। इस प्रकार एक परिवार में निम्न तीन गुण पाए जाते हैं- (i) प्रत्येक परिवार इस प्रकार निर्णय करता है जो परिवार के प्रत्येक सदस्य के अनुरूप हो, (ii) प्रत्येक परिवार अपने कल्याण के लिए अधिकतम संतुष्टि प्राप्त करने का प्रयास करता है, तथा (iii) परिवार का मुखिया उत्पादन के साधनों का प्रधान स्वामी होता है।

Human Capital | मानवीय पूँजी

मानव के शिक्षण और प्रशिक्षण व स्वास्थ्य पर किया गया निवेश एकत्रित पूँजी का प्रतिनिधित्व करता है जो कि एक अर्थव्यवस्था का अत्यधिक कीमती धन माना जाता है। लोगों पर की जाने वाली निवेश प्रक्रिया के तीन प्रमुख तत्व हैं- (i) पूर्व पीढ़ी द्वारा अर्जित ज्ञान का उचित भाग नई पीढ़ी को दिया जाना चाहिए, (ii) नई पीढ़ी को यह समझना चाहिए कि उन्हें पूर्व पीढ़ी से क्या-क्या सीखना है, (iii) लोगों को पूर्ण रूप से नए विचारों, उत्पाद व प्रक्रियाओं को प्रोत्साहित किया जाना चाहिए। भौतिक विनियोग और मानवीय विनियोग में काफी अंतर होता है। कौशल, शिक्षण तकनीकी ज्ञान व अनुभव मानवीय पूँजी होती है जो भौतिक पूँजी के उपयोग व आर्थिक विकास के लिए आवश्यक है।

Human Development Index | मानव विकास सूचकांक

मानव विकास सूचकांक मानवीय बुनियादी योग्यता का आकलन करता है। इसकी गणना में तीन घटकों का समावेश होता है, (i) जीवन प्रत्याशा (Life Expectation), (ii) शिक्षा का स्तर (Lavel of Education) तथा (iii) वास्तविक आय (Real Income)

Human Factor Efficiency/Capital | मानवीय साधन क्षमता/पूँजी

क्षमता में लगातार वृद्धि की अनिवार्यता व्यावसायिक जीवन के लिए एक आधारभूत तत्व है। फिर भी बढ़ती हुई निर्माण शक्ति दीर्घकाल में क्षमता को घटा देती है तथा इससे स्थिति पहले से अधिक बुरी हो जाती है। इसलिए शायद क्षमता में वृद्धि करने वाले तत्वों की अपेक्षा मानवीय साधन क्षमता को कम करने वाले तत्वों पर ध्यान देकर बहुत कुछ हासिल किया जा सकता है। इसके लिए मानवीय साधनों की उत्पादकीय कार्यों में भागीदारी बढ़ानी होगी ताकि मानवीय साधनों व क्षमता का भरपूर उपयोग किया जा सके। पूँजीगत साधनों का उचित एवं पूर्ण उपयोग मानवीय साधनों पर ही निर्भर करता है।

Hume's Law | ह्यूम का नियम

ह्यूम आयात और निर्यात के बीच सम्बन्धों के बारे में सुझाव देने वाले प्रथम अर्थशास्त्री थे। इन्होंने कीमत विशेष प्रवाह तंत्र (Price Specific Flow Mechanism) विकसित कर यह बताया कि निर्यात में की गई वृद्धि आयात में किस प्रकार वृद्धि करेगी। वह तंत्र जिसके द्वारा इनका नियम लागू होता है, इसका कारण कीमतें न होकर आय में परिवर्तन था। निर्यातों में वृद्धि के कारण आय में वृद्धि होती है, फलस्वरूप आयातों में वृद्धि होती है। ह्यूम का नियम आगे बताता है कि आयातों में हुई वृद्धि निर्यातों में हुई वास्तविक वृद्धि की क्षतिपूर्ति करेगी और समायोजन के पश्चात भुगतान संतुलन पक्ष में हो जाएगा।

Hundi | हुण्डी, रुक्का या चेक

हुण्डी जिसे रुक्का या चेक भी कहते हैं, प्राकृत या देशी भाषा में लिखित लेने-देन का प्रलेख होता है। यह विनियम बिल की भाँति होता है। जिसका स्वरूप और विषय वस्तु विनिमय बिल की तरह होती है। कई बार हुण्डी वचनपत्र (Promissory Notes) की तरह होती है। ये दो प्रकार की होती हैं- (i) दर्शनी हुण्डी (Hundi Payable at Sight) तथा (ii) मुद्दती या मेड़ी हुण्डी (Payable After a Specific Time Period)

Hyper Employment | अतिरोजगार

इसे अतिरेक रोजगार भी कहते हैं। यह वह स्थिति होती है, जहां श्रम की मांग अत्यधिक रूप से श्रम की उपलब्ध पूर्ति से अधिक हो जाती है। ऐसा प्राय: अतिरोजगार स्फीतिक दशाओं में होता है।

Hyper Inflation/Runaway Inflation/Galloping Inflation | अतिस्फीति/भागती हुई स्फीति/द्रुत स्फीति

जब कीमतें दो या तीन अंक की दरों पर बहुत तेजी से बढ़ती हैं अर्थात 20 से 100 प्रतिशत के बीच या उससे भी अधिक हो तो इसे सामान्यत: भागती हुई या द्रुत स्फीति कहा जाता है। इसे अर्थशास्त्रियों ने अतिस्फीति भी कहा है, क्योंकि यह वह स्थिति है जब स्फीति की दर मापी नहीं जा सकती और यह पूर्णरूप से अनियंत्रित हो जाती है। कीमतें दिन में कई बार बढ़ती हैं, जिससे मुद्रा का मूल्य नहीं के बराबर रह जाता है। मुद्रा की चलन गति असाधारण हो जाती है। मुद्रा मूल्य को कुछ क्षणों के लिए भी स्थिर रखना असंभव हो जाता है। ऐसी स्थिति मौद्रिक प्रणाली को पूर्ण रूप से विफल कर देती है। यद्यपि इस स्थिति को भी इससे ग्रसित देशों ने काबू में किया है।

Hypothesis | प्राक्कल्पना या उपकल्पना

साधारण अर्थों में घटनाओं के सम्बन्ध में निर्मित एक अनुमान या प्रस्थापना को प्राक्कल्पना या परिकल्पना कहते हैं। शोध के विशिष्ट अर्थ में, दो या दो से अधिक चरों (Variable) के अन्तर्संबन्धों को व्यक्त करने वाले एक ऐसे अस्थाई कथन या सामान्यीकरण को प्राक्कल्पना कहते हैं, जिसे साक्ष्यों के आधार पर सिद्ध अथवा असिद्ध किया जाना बाकी है। एक प्राक्कल्पना विभिन्न चरों के मध्य पाए जाने वाले सम्बन्धों के प्रति एक भविष्योक्ति है।

Hyper-Market | एक बड़ा बाजार

यह एक प्रकार का सुपर बाजार होता है, जिसमें स्वयं की सेवा संचालित होती है तथा अक्सर ये बाजार नगर की सीमा के बाहर स्थित होते हैं, क्योंकि ऐसे बाजार के लिए विशाल भूखण्ड की आवश्यकता होती है। इस बाजार से ग्राहकों को लाभ होता है। इनकी सेवाएँ भी अच्छी होती हैं। अन्य व्यापारी वर्ग व दुकानदार इसे पसंद नहीं करते हैं।

I

Identification Problem | पहचान समस्या

बाजार कीमतों पर वास्तव में वस्तु की बेची और खरीदी जाने वाली मात्रा के मांग और आपूर्ति वक्र से सम्बन्धित समंकों के द्वारा वस्तु की मांग और आपूर्ति की मात्रा का कैसे अनुमान लगाया जाए। यह एक पहचान समस्या है। हम यह नहीं देख पाते कि लोग क्या खरीदना चाहते हैं? और विक्रेता या उत्पादक क्या बेचना चाहते हैं? हम केवल यह देख सकते हैं कि वे क्या खरीदते हैं और वे क्या बेचते हैं।

Identity | समानता

एक समीकरण जो पारिभाषिक रूप से सत्य है या जो किसी चर को समझाने का काम करता है। उदाहरण के लिए राष्ट्रीय आय को उपभोग एवं विनियोग व्यय के सम्बन्धों का योग कहा जाता है, जैसे $Y \equiv C+1$ जहां तीन आड़ी रेखाएँ समानता (Identity) को बताती हैं; Y = राष्ट्रीय आय, C = उपभोग व I = विनियोग व्यय को। अर्थात यहां कुल राष्ट्रीय आय और उपभोग व विनियोग व्यय का योग दोनों में समानता है।

Idle Money/Idle Balance | निरर्थक मुद्रा/निरर्थक शेष

अर्थव्यवस्था में मुद्रा की वह मात्रा जो चलन में नहीं है (Not in Circulation) मुद्रा की निरर्थक या अनुपयोगी मात्रा कहलाती है। जो सक्रिय शेष नहीं होकर निष्क्रिय शेष की भांति है। निष्क्रिय मुद्रा का कारण तरलता अधिमान होता है। यह मुद्रा अगतिशील होती है।

Illiquidity | अतरलता

किसी सम्पत्ति या साधन विशेष में तरलता की कमी को अतरलता (Illiquidity) कहते हैं। लगभग सभी सम्पत्तियों की तरलता की श्रेणियाँ अलग-अलग होती हैं। अर्थात ऐसी सम्पत्ति जिसके गुणों को आसानी से मुद्रा के रूप में नहीं बदला जा सकता। जिसका बाजार में आसानी से लेन-देन नहीं हो सकता, क्योंकि ऐसी सम्पत्ति की न तो एकाएक कीमत तय हो सकती है और न ही आवश्यकता पड़ने पर तुरन्त बेची जा सकती है।

Illusory Differentiation | भ्रामक विभेद

कई बार विक्रेता अपनी वस्तु की बिक्री बढ़ाने के लिए अपनी वस्तु में अपने प्रतिद्वंद्वी की वस्तु से ब्राण्ड आदि में इस तरह का भ्रामक विभेद करता है कि दोनों की वस्तु में थोड़ा या सूक्ष्म विभेद होता है या ऐसा विभेद भ्रामक या भ्रम में डालने वाला होता है। ऐसा भ्रामक विभेद उपभोगीय वस्तुओं की बिक्री में अत्यधिक प्रभावी सिद्ध होता है, जहां कम विक्रय होता है और क्रेताओं को इस विभेद के बारे में कोई जानकारी नहीं होती है। वस्तु लगभग एक जैसी प्रतीत होती है, बस

थोड़ा सा ब्राण्ड व रंगरूप का भेद करके विक्रेता अपनी वस्तु को भ्रामक विभेद के साथ क्रेताओं को बेचने में सफल हो जाता है।

Imitative Growth/Differentiated Growth | मिलावटी वृद्धि/विभेदित वृद्धि

किसी फर्म का वह विकास जो विविधीकरण (Diversification) के द्वारा होता है, नकल या अनुकरणशील या विभेदित विकास या वृद्धि कहलाता है। यह ऐसे उत्पादन को बताता है जो गुणधर्म में वृद्धि को प्रोत्साहित करता है, किन्तु उपभोक्ताओं को वह नया प्रतीत नहीं होता और न ही वे इससे अपनी छिपी हुई आवश्यकताओं को पूरा कर सकते हैं। इस अनुकरणीय वृद्धि का प्रभाव बहुत कम उत्पादकों पर होता है।

Immobility | अगतिशीलता

उत्पादन के साधन जो एक स्थान से दूसरे स्थान पर या एक रोजगार से दूसरे रोजगार में नहीं जा सकते या गतिशील नहीं हो सकते, वे अगतिशील साधन कहलाते हैं।

Imperfect Competition | अपूर्ण प्रतियोगिता

जिसे श्रीमती जॉन रॉबिन्सन ने अपूर्ण प्रतियोगिता (Imperfect Competition) कहा है उसे प्रो. चेम्बरलिन ने एकाधिकारात्मक प्रतियोगिता (Monopolistic Competition) कहा है। यद्यपि दोनों के दृष्टिकोण में अन्तर है, परन्तु दोनों के आवश्यक तत्व समान ही हैं। एकाधिकारात्मक या अपूर्ण प्रतियोगिता पूर्ण प्रतियोगिता तथा एकाधिकार का मिश्रण होती है क्योंकि वास्तविक बाजार में न तो पूर्ण रूप से पूर्ण प्रतियोगिता पाई जाती है और न ही पूर्णरूप से एकाधिकार पाया जाता है। इन देशों के बीच वास्तव में अपूर्ण या एकाधिकारिक प्रतियोगिता ही पाई जाती है, जिसमें निम्नांकित विशेषताएँ पाई जाती हैं- (i) विक्रेताओं की अधिक संख्या होती है। (ii) वस्तु विभेद पाया जाता है। (iii) फर्मों के बाजार में प्रवेश व बहिर्गमन में विशेष कठिनाई नहीं होती है। (iv) दीर्घकाल में सामान्य लाभ मिलता है (v) गैर-कीमत प्रतियोगिता पाई जाती है (vi) बाजार में उद्योग की अवधारणा का कोई महत्व नहीं होता। (vii) वस्तुएँ एक-दूसरे के काफी निकट की प्रतिस्थापन होने से मांग वक्र अधिक लोचदार होता है।

Imperfect Market | अपूर्ण बाजार

अपूर्ण बाजार वह होता है, जिसमें पूर्ण बाजार की विशेषताएँ नहीं पाई जातीं तथा पूर्ण बाजार के विपरीत यह विशेषताएँ पाई जाती हैं- (i) वस्तु विभेद पाया जाता है। (ii) उपभोक्ता अपनी कुल उपयोगिता को न्यूनतम करते हैं तथा विक्रेता अपने कुल लाभ को न्यूनतम करते हैं। (iii) आपसी गुटबंदी होती है। (iv) क्रेताओं और विक्रेताओं को भविष्य की कीमतों की जानकारी नहीं होती है, (v) क्रेता और विक्रेता संख्या में कम होते हैं तथा उन्हें बाजार में आने और जाने की स्वतंत्रता कम होती है तथा (vi) क्रेता और विक्रेता वस्तुओं का हस्तान्तरण नहीं कर सकते हैं व उनमें आपसी गठबंधन होता है।

Implicit Costs or Imputed Costs | अस्पष्ट लागतें या अन्तर्निहित लागतें

अस्पष्ट या अन्तर्निहित लागतों को अवसर लागत भी कहते हैं क्योंकि अवसर लागत में सुनिश्चित (Explicit) और अन्तर्निहित (Implicit) दोनों लागतें शामिल होती हैं। अन्तर्निहित लागतें वे होती हैं जो उद्यमी द्वारा अपने संसाधनों और सेवाओं का आरोपित (Imputed) मूल्य होता है अर्थात

स्वनियोजित और निजी स्वामित्व संसाधन अपने सबसे अच्छे वैकल्पिक उपयोग में जो कमा सकते थे, वे उनकी अन्तर्निहित लागतें हैं। इस प्रकार अन्तर्निहित मजदूरी, लगान, लाभ और ब्याज का सम्बन्ध सबसे ऊँची मजदूरी, लगान और ब्याज से है, जो एक उद्यमी अपने श्रम, भवन और पूँजी का स्वयं उपयोग न करके दूसरों को उधार देकर अथवा उनकी सेवा में लगातार प्राप्त कर सकता था।

Import Control | आयात नियंत्रण

प्रशासनिक नियंत्रण और आयातों के आबंटन को आयात नियंत्रण व प्रतिबन्ध कहते हैं। ये भुगतान शेष की अनुकूलता, आयातों पर होने वाले व्यय को कम करने के लिए तथा आयात प्रतिस्थापक घरेलू उत्पादकों को संरक्षण देने हेतु भी लगाए जाते हैं, प्रशासनिक आयात नियंत्रणों से अर्थव्यवस्था में प्रतियोगिता में कमी करने तथा भ्रष्टाचार के अवसर कम करने में मदद मिलती है तथा आर्थिक स्वतंत्रता व प्रशुल्क नीतियों पर नियंत्रण रखा जाता है।

Import Duties | आयात शुल्क

आयात शुल्क से अभिप्राय सीमा शुल्क से होता है। यह शुल्क या कर वस्तुओं पर तब लगता है, जब वे राष्ट्रीय सीमा में प्रवेश करती हैं। इन शुल्कों को कई प्रकार से लगाया जाता है जैसे- उद्देश्य के आधार पर राजस्व शुल्क और संरक्षण शुल्क लगाए जाते हैं। स्थान के आधार पर मूल्यानुसार शुल्क, विशेष शुल्क, मिश्रित शुल्क, व विसर्पी शुल्क (Sliding Scale Duty) लगाए जाते हैं। देशानुसार विभेद के आधार पर एक कॉलम, दो कॉलम तथा बहु व तीन कॉलम शुल्क लगाए जाते हैं। प्रतिशोध के आधार पर प्रतिरोधात्मक (Retaliatory) शुल्क तथा प्रतिकारी (Countervailing) शुल्क लगाए जाते हैं। इससे सरकार की आय में वृद्धि होती है तथा घरेलू उद्योगों को संरक्षण मिलता है।

Import Licence | आयात अनुज्ञा पत्र

आयात अनुज्ञा पत्र विभिन्न प्रकार की अभ्यंश प्रणालियों को लागू करने की विधि है। इस विधि के अन्तर्गत आयात की जाने वाली वस्तु की मात्रा पहले अभ्यंश प्रणालियों के आधार पर निर्धारित की जाती है, तब आयात की जाने वाली वस्तुओं की विशिष्ट मात्राओं के लिए सरकार द्वारा आयात अनुज्ञा पत्र जारी किए जाते हैं। यह एक प्रतिबंधात्मक उपाय है, जो किसी वस्तु के अधिकतम आयात को सीमित करने में काम आता है। यह आयातक को एक निश्चित अवधि के लिए दिया जाता है, जो वस्तु विशेष को आयात करने की अनुमति देता है।

Import Quotas | आयात अभ्यंश

संरक्षण विधि के रूप में आयात अभ्यंश प्रशुल्क के विकल्प है। आयात अभ्यंश के अन्तर्गत प्राय: एक वर्ष के दौरान मूल्य या परिमाण में एक वस्तु की स्थिर मात्रा को देश के अन्दर आयात करने की आज्ञा दी जाती है। वैकल्पिक तौर से, आयातकर्ताओं द्वारा एक वस्तु विशेष के आयात को खरीदने के लिए सरकार उन्हें सीमित मात्रा में विदेशी विनिमय प्रदान करके आयात के मूल्य को सीमित कर सकती है। आयात अभ्यंश का उद्देश्य विदेशी प्रतियोगिता से घरेलू उद्योगों का संरक्षण तथा भुगतान शेष में असंतुलन को ठीक करने के लिए आयात का प्रतिबंध और नियमन करना है। आयात अभ्यंश पांच प्रकार के होते हैं जैसे- (i) प्रशुल्क अभ्यंश (ii) एक पक्षीय अभ्यंश (iii) बहुपक्षीय अभ्यंश, (iv) मिश्रित अभ्यंश तथा (v) आयात लाइसेंसिंग। इस प्रकार अभ्यंश को भौतिक या मूल्य के अर्थों में समझा जा सकता है।

Import Restrictions | आयात प्रतिबन्ध

आयात प्रतिबन्धों का अभिप्राय देश में आयातित वस्तुओं की मात्रा और प्रकार पर लगाए जाने वाले प्रतिबन्धों से है, जो प्रशुल्कों व अभ्यंशों के उपयोग द्वारा लगाए जाते हैं। इसका उद्देश्य घरेलू उत्पादकों की विदेशी प्रतियोगिता से रक्षा करना, व्यापार शेष को ठीक करना तथा सरकारी नियंत्रणों के द्वारा खतरनाक और विस्फोटक पदार्थों के आयातों को रोकना है।

Import Substitution | आयात प्रतिस्थापन

आयात प्रतिस्थापन के अन्तर्गत व्यापार घरेलू बाजार के लिए उत्पादन के पक्ष में और निर्यात बाजार के विरुद्ध झुका होता है। आयात प्रतिस्थापन नीति के अन्तर्गत यह प्रयास किया जाता है कि उपभोक्ता वस्तुओं के आयात में कटौती करके उन्हें देश में ही उत्पादित किया जाए। हर्षमैन के अनुसार आयात स्थानापन्न के चार कारण हैं- (i) भुगतान शेष की कठिनाइयाँ (ii) युद्ध (iii) आय में धीमी गति से वृद्धि तथा (iv) नियोजित विकास नीति। किन्तु यह देखा गया है कि आयात प्रतिस्थापन विकासशील देशों के निर्यातों को प्रोत्साहित करने में विफल रहा है तथा विदेशी मुद्रा को बचाने में भी विफल रहा है। जिन देशों ने, जिनमें भारत भी है व्यवहार कुशल मशीनरी और उपकरण बनाने के लिए उद्योग स्थापित किए हैं, उन्होंने आयात स्थानापन्नता में महत्वपूर्ण प्रगति की है। इस प्रकार यह निर्यात संवर्द्धन का पूरक उपाय है क्योंकि इन दोनों उपायों का उद्देश्य प्रतिकूल भुगतान संतुलन को ठीक करना होता है।

Import Surcharge | आयात अधिभार

यह आयातों पर लगने वाला अस्थाई अतिरिक्त कर है, जो सामान्य प्रशुल्क के अतिरिक्त होता है। यह भुगतान शेष की समस्या को कम करने के लिए लगाया जाता है। यह कर आयातों को घटाने की दृष्टि से बहुत महत्वपूर्ण है। यह आयातक को आयात घटाने के लिए प्रोत्साहित करता है कि जब तक यह कर न हटा लिया जाए तब तक आयात न किया जाए।

Impure Public Goods | अशुद्ध सार्वजनिक वस्तुएँ

ये वे वस्तुएँ होती हैं जिनकी विशेषताएँ सार्वजनिक वस्तुओं से मिलती हैं, किन्तु इन्हें पूर्णतया गैर-प्रतिद्वन्द्वी (Non-rivalrous) एवं गैर बहिष्कारक (Non Excludable) नहीं कह सकते। एक अशुद्ध सार्वजनिक वस्तु गैर बहिष्कारक हो सकती है, किन्तु अधिक मात्रा में इकट्ठी हो सकती है। यह गैर प्रतिद्वन्द्वी हो सकती है, किन्तु इनका बहिष्करण संभव हो सकता है।

Incentives | उत्प्रेरक या प्रोत्साहन

पुरस्कार या सजा (Rewards or Penalties) अच्छे और बुरे परिणामों के लिए काम करते हैं। अच्छे परिणामों के लिए ऊँचा वेतन, अच्छी कार्य की दशाएँ, अच्छी सेवा सुरक्षा, अच्छी पदोन्नति की आशा व सम्मान आदि जिम्मेदार हैं, जबकि बुरे परिणामों के लिए इसकी विपरीत परिस्थितियाँ जिम्मेदार हैं। यदि हमें हर क्षेत्र में अच्छे परिणाम प्राप्त करने हैं तो हमें प्रोत्साहन नीति अपनानी होगी। निर्यात प्रोत्साहन, निवेश प्रोत्साहन व प्रोत्साहन समझौते प्रोत्साहन नीति पर ही निर्भर करते हैं ताकि उत्पादक को अच्छा लाभ व अच्छे परिणाम प्राप्त हो सकें। अच्छे परिणाम समूह भावना (Team Spirit) तथा आत्म सम्मान (Self Respect) पर भी निर्भर करते हैं।

Incidence of Taxation | करापात

करापात का तात्पर्य यह है कि कर का मौद्रिक भार किस पर पड़ता है। करापात उस व्यक्ति पर होता है, जो अंतिम रूप से उस कर को चुकाता है या जो उसका भार या दायित्व वहन करता है। इस स्थिति में कर चुकाने वाले और कर भार वहन करने वाले अलग-अलग व्यक्ति हो सकते हैं। जैसे बिक्री दर का भुगतान सरकार को दुकानदार करता है, किन्तु उसका भार अंतिम क्रेता या उपभोक्ता पर पड़ता है, जो उस दुकानदार या विक्रेता की वस्तु खरीदता है। इस प्रकार जब किसी व्यक्ति को अपने पास से या अपने लाभ में से कर के रूप में कुछ रकम चुकानी पड़ती है तो वह राशि उस व्यक्ति के लिए करापात कहलाती है। यदि वस्तु की मांग अधिक लोचदार होती है तो करापात विक्रेता पर अधिक और क्रेता पर कम होता है। यदि वस्तु पूर्णतया लोचदार है तो कर का सम्पूर्ण भार विक्रेता पर पड़ेगा। यदि वस्तु की मांग पूर्णतया बेलोचदार है तो कर का सम्पूर्ण भार क्रेता पर पड़ेगा। इसी तरह यदि वस्तु की आपूर्ति अधिक लोचदार है तो कर का अधिक भार क्रेता पर और कम भार विक्रेता पर पड़ेगा। यदि पूर्ति की लोच असीमित (Infinite) है तो कर का सम्पूर्ण भार क्रेता पर पड़ेगा। पूर्ति की लोच शून्य होने पर कर का सम्पूर्ण भार विक्रेता को सहन करना पड़ेगा। अतः डाल्टन का यह कथन सही है कि करापात मौद्रिक भार है, जिसका विभाजन क्रेता और विक्रेता के मध्य वस्तु की मांग और पूर्ति की लोच के अनुसार हो जाता है।

Income | आय या आमदनी

आय का अभिप्राय उस धन से होता है जिसका मापन मुद्रा में होता है तथा जिसका वार्षिक उपयोग व्यक्ति या समुदाय पर निर्भर करता है। इसे क्रय शक्ति के प्रवाह के रूप में देखा जा सकता है, जिसका विस्तार वस्तुओं और सेवाओं तथा पूँजी एकत्रीकरण के लिए की गई जमाओं पर तत्काल देखा जा सकता है।

Income Approach to GDP | सकल घरेलू उत्पादन की आय विधि

देश के वे लोग जो एक वर्ष में सकल घरेलू उत्पादन करते हैं वे अपने कार्यों के बदले आय प्राप्त करते हैं। अतः सकल घरेलू उत्पादन सभी उत्पादन के साधनों की आय अर्थात मज़दूरी + वेतन + किराया + ब्याज + लाभ का जोड़ है।

Income Differentials | आय विभेदक या अन्तरण

यह भिन्न-भिन्न व्यक्तियों के मध्य आय के अन्तर को बताता है। यह अन्तर अलग-अलग व्यवसायों में कौशल (Skill) तथा भौगोलिक स्थानों पर, जहां किसी जगह कम व किसी जगह अधिक मजदूरी होती है, वहां आय का स्तर अलग-अलग हो जाता है। ऐसा अक्सर कम विकसित देशों में देखा जाता है। राष्ट्रीय आय में से कम्पनी लाभ कर, अवितरित लाभ, नियोक्ता द्वारा सामाजिक बीमा सुरक्षा अंशदान, कर्मचारी द्वारा सामाजिक बीमा सुरक्षा अंशदान को घटाकर तथा उसमें सरकारी हस्तान्तरण भुगतान एवं व्यावसायिक हस्तान्तरण भुगतान व सरकार द्वारा किए गए ब्याज के भुगतान व उपभोक्ताओं द्वारा किए गए ब्याज के भुगतान को जोड़ने से वैयक्तिक आय (Personal Income) प्राप्त होती है। कुल वैयक्तिक आय में से वैयक्तिक कर घटाने से कुल खर्च योग्य आय प्राप्त होती है। इसी तरह किसी देश में एक वर्ष में व्यक्तियों की औसत आय को प्रतिव्यक्ति आय कहते हैं। विशुद्ध राष्ट्रीय उत्पादन में से अप्रत्यक्ष कर घटाने व अनुदान को जोड़ने से राष्ट्रीय आय (National Income) प्राप्त होती है।

Income Consumption Curve | आय उपभोग वक्र

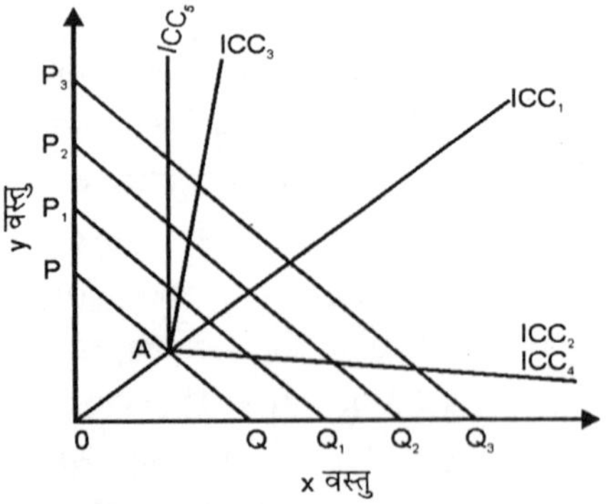

आय उपभोग वक्र (ICC) दो वस्तुओं की सापेक्ष कीमतों के दिए होने पर, उपभोक्ता की आय में परिवर्तन के कारण उन वस्तुओं की खरीद पर पड़ने वाले आय प्रभाव को प्रकट करता है। सामान्य रूप से जब उपभोक्ता की आय बढ़ जाती है तो वह दोनों वस्तुओं की अधिक मात्राएँ खरीदता है तो ICC वक्र की ढाल इसकी पूरी सीमा में धनात्मक (Positive) होती है। इस प्रकार आय उपभोग वक्र पांच प्रकार के होते हैं। (i) धनात्मक ICC_1 जिसका सम्बन्ध सामान्य वस्तुओं से होता है तथा इसका ढाल चित्रानुसार धनात्मक है। (ii) ICC_2 जो A बिन्दु के बाद x अक्ष के समानान्तर है, जहां x वस्तु उत्तम वस्तु है तथा y वस्तु A बिन्दु के बाद आय के बढ़ने के साथ नहीं खरीदी जाती है (iii) ICC_3 बिन्दु A के बाद y अक्ष के अनुलम्ब हो जाता है, जहां y उत्तम वस्तु है तथा x वस्तु A बिन्दु के बाद आय बढ़ने के साथ नहीं खरीदी जाती है। (iv) ICC_4 की ढाल नीचे की ओर ऋणात्मक है यहां A बिन्दु के बाद y घटिया वस्तु बन जाती है, जबकि x उत्तम वस्तु है, और (v) ICC_5 प्रदर्शित करता है कि y वस्तु उत्तम है और वस्तु x घटिया।

Income Effect | आय प्रभाव

उपभोक्ता की रुचियों, अधिमान व दो वस्तुओं की कीमतें दी हुई होने पर यदि उपभोक्ता की आय में परिवर्तन हो जाए, तो उस परिवर्तन का उसके द्वारा खरीदी गई वस्तुओं पर जो प्रभाव पड़ता है उसे 'आय प्रभाव' (Income Effect) कहते हैं। आय प्रभाव में वस्तु की सापेक्षिक कीमतों का अनुपात स्थिर रहता है। यही कारण है कि आय प्रभाव के अन्तर्गत कीमत रेखा अपनी आरम्भिक स्थिति के समानान्तर रूप से दाएँ या बाएँ खिसकती है।

Income Elasticity of Demand (Ey) | मांग की आय लोच

मांग की आय लोच (Ey) का सिद्धान्त उपभोक्ता की आय में परिवर्तन होने पर किसी वस्तु के लिए उसकी मांग में परिवर्तन को व्यक्त करता है। अर्थात आय में प्रतिशत परिवर्तन के उत्तर में मांग मात्रा में होने वाले प्रतिशत परिवर्तन के अनुपात को मांग की आय लोच कहते हैं। इसका सूत्र इस प्रकार है-

$$Ey = \frac{\textit{मांग मात्रा में प्रतिशत परिवर्तन}}{\textit{आय में प्रतिशत परिवर्तन}}$$

या $$Ey \frac{\Delta Q / Q}{\Delta y / y} = \frac{\Delta Q}{Q} \times \frac{y}{\Delta y} = \frac{\Delta Q}{\Delta y} \times \frac{y}{Q}$$

जहां Δ = परिवर्तन, Q = मांग की मात्रा, और y = आय।

एक वस्तु जिसकी आय लोच धनात्मक होती है, वह सामान्य वस्तु है, क्योंकि उपभोक्ता की आय बढ़ने के साथ उसकी अधिक मात्रा खरीदी जाती है। दूसरी ओर यदि आय में कमी से वस्तु की मांग भी कम हो जाती है तो आय लोच ऋणात्मक होती है। ऐसी वस्तुएँ घटिया वस्तुएँ होती हैं। यदि आय में परिवर्तन के बावजूद वस्तु की खरीद अपरिवर्तित रहती है तो मांग की आय लोच शून्य होती है।

Income Expansion Path | आय विस्तार पथ

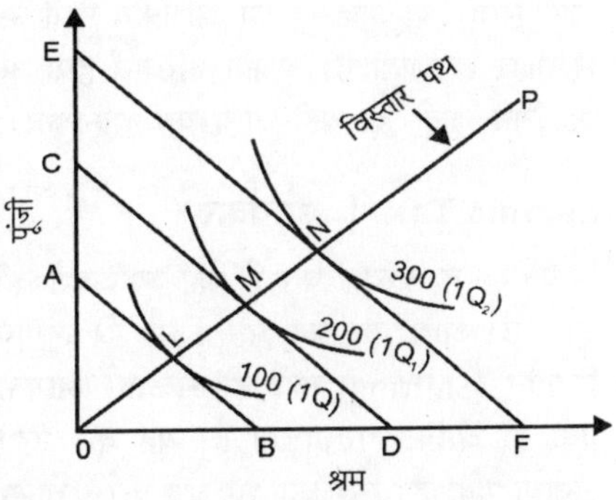

जिस बिन्दु पर समलागत रेखा (Isocost Lines) तथा सममात्रा वक्र (Isoquants) एक दूसरे को स्पर्श (Tangent) करती हैं, एक निश्चित उत्पादन के लिए न्यूनतम उत्पादन के लिए न्यूनतम लागत संयोग को प्रकट करता है। यदि ऐसे सभी स्पर्श बिन्दुओं जैसे चित्रानुसार L,M,N को मिला दिया जाए तो इससे फर्म का न्यूनतम व्यय वक्र या फर्म का विस्तार पथ (Expantion Path) OP बन जाता है, जो यह प्रकट करता है कि फर्म का विस्तार होने पर दो साधनों (श्रम तथा पूँजी) में किस प्रकार परिवर्तन किया जा सकता है। चित्रानुसार न्यूनतम लागत 100 (IQ) इकाइयों या 300 (IQ_2) इकाइयों के उत्पादन के लिए दोनों साधनों का अनुपात 200 (IQ_1) इकाइयों के लिए उपयोग किए जाने वाले श्रम और पूँजी के अनुपात से भिन्न है।

Income Expenditure Model | आय-व्यय सिद्धान्त

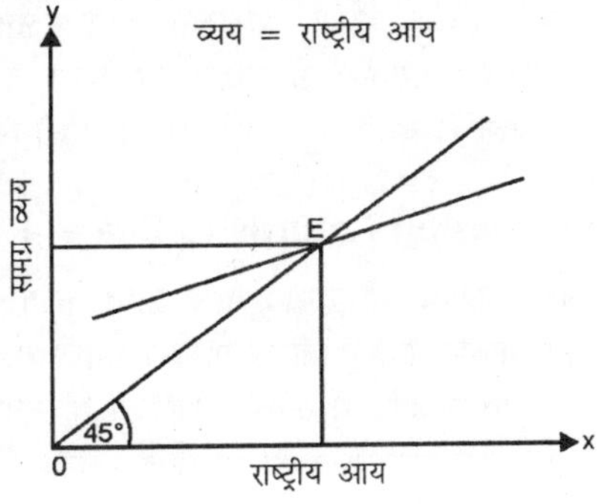

यह केन्ज का एक क्षेत्रीय सिद्धान्त है। यह राष्ट्रीय आय स्तर के संतुलन को प्रकट करता है। स्थिर पूँजी स्टॉक की मान्यता के अन्तर्गत श्रम शक्ति, तकनीकी व कठोर मजदूरी और कीमतों व आशाओं के साथ यह स्थिर संतुलन को समझाता है, जिसमें वास्तविक राष्ट्रीय उत्पादन की पूर्ति राष्ट्रीय उत्पादन की मात्रा, जिसे लोग खरीदना चाहते हैं, के बराबर होती है। इस सिद्धान्त में समग्र व्यय की मात्रा से उत्पादन व रोजगार के स्तर का पता चलता है। यह सिद्धान्त समष्टि अर्थशास्त्र के मांग पक्ष पर अपना ध्यान केन्द्रित करता है। चित्रानुसार संतुलन उस बिन्दु पर दिखाया गया है, जहां समग्र व्यय फलन 45° रेखा को काटता है। इस चित्र को सेम्यूलसन क्रॉस भी कहते हैं, जिसने पहली बार इसे रेखाचित्र द्वारा प्रदर्शित करने का सुझाव दिया था। चित्र में x अक्ष पर राष्ट्रीय आय को तथा y अक्ष पर समग्र व्यय को दिखाया गया है। संतुलन बिन्दु E है तथा राष्ट्रीय आय तथा व्यय दोनों बराबर हैं।

Income Inequalities | आय की असमानताएँ

व्यक्तियों, परिवारों, समूहों, क्षेत्रों व विभिन्न देशों के बीच सामान्यतः आय की असमानताएँ पाई जाती हैं, जिसका कारण व्यक्तियों के बीच आय अर्जन की योग्यता, सम्पत्ति की मात्रा, लोगों में निष्क्रियता, उम्र, अस्वस्थता, अयोग्यता के कारण बेरोजगारी आदि हैं। ऐसे लोगों की आय का स्तर सामाजिक सुरक्षा लाभों की प्राप्ति के बाद भी नीचा रहता है। इस असमानता को प्रत्यक्ष करों को पहले या बाद में देख कर व सामाजिक सुरक्षा भुगतानों को देखकर मापा जा सकता है। इन उपायों से आय की असमानता को कम किया जा सकता है, किन्तु इन्हें समाप्त नहीं किया जा सकता। क्षेत्रीय और राष्ट्रीय आय के अन्तर का मुख्य कारण आय अर्जन की योग्यता में कमी या अन्तर तथा राष्ट्रीय पूँजी स्टॉक का अन्तर है।

Income Leakage/Withdrawal | आय रिसाव/आहरण

आय रिसाव या आहरण का अभिप्राय ऐसी आय से है जो आय के चक्राकार प्रवाह (Circular Flow) से बाहर हो जाती है। अर्थात परिवारों द्वारा अर्जित आय घरेलू उत्पादित वस्तुओं और सेवाओं पर व्यय नहीं की जाती है। यही आय का चक्राकार प्रवाह से रिसाव या आहरण कहलाता है।

Income Tax | आयकर

आयकर एक प्रत्यक्ष कर है, जो व्यक्तियों की आय पर तथा फर्मों व कम्पनियों की आय पर लगाया जाता है। आय कर का भार जिस पर लगाया जाता है, उस पर ही पड़ता है अर्थात आय कर का विवर्तन (Shifting) नहीं हो सकता। आयकर का कराघात (Impact) एवं करापात (Incidence) एक ही व्यक्ति पर पड़ता है। यह कर उसी व्यक्ति के द्वारा चुकाया जाता है, जिस पर यह कर लगाया गया है। कर का भुगतान करने वाला व अन्तिम रूप से चुकाने वाला व्यक्ति एक ही होता है। आयकर करदेय योग्यता का महत्वपूर्ण आधार है। इसके द्वारा समाज में आय की समानता स्थापित की जा सकती है। यह एक प्रगतिशील (Progressive) कर है, जो आय में वृद्धि के साथ बढ़ता है। यह लोचदार व सुनिश्चित भी होता है। किन्तु लोग इससे बचने के लिए कर चोरी (Tax Evasion) भी करते हैं तथा इससे निबटने के लिए सरकार द्वारा कानूनी व छापे आदि की कार्यवाही अमल में लाई जाती है। यह कहा जाता है कि हमें एक वर्ष में जितना आयकर प्राप्त होता है उससे कहीं अधिक इसके आकलन व संकलन पर प्रशासनिक व अन्य खर्चे हो जाते हैं। अर्थशास्त्री इसीलिए आयकर के स्थान पर व्यय कर को अच्छा मानते हैं। निगम कर, धनकर, सेवाकर, भूराजस्व व कृषि आय कर, मुद्रांक पंजीयन शुल्क, आयकर व अचल सम्पत्ति कर प्रत्यक्ष कर हैं।

Increasing Returns to Scale | पैमाने के बढ़ते प्रतिफल

जब उत्पादन की समान मात्रा प्राप्त करने के लिए उत्तरोतर श्रम व पूँजी की आनुपातिक कम मात्रा की आवश्यकता होती है तो इसे पैमाने के बढ़ते प्रतिफल कहते हैं। ये प्रतिफल मशीनों, प्रबंधकर्ता, श्रम, वित्त आदि में अविभाज्यताओं के कारण प्राप्त होते हैं तथा विशेषीकरण और श्रम विभाजन के कारण भी प्राप्त होते हैं। इससे आन्तरिक किफायतें भी प्राप्त होती हैं तथा बाहरी किफायतें भी प्राप्त होती हैं।

Independent Variable | स्वतंत्र चर

चर (Variable) दो प्रकार के होते हैं- (i) स्वतंत्र चर, और (ii) परतंत्र या आश्रित चर (Dependent Variable) । आश्रित चर स्वतंत्र चरों पर निर्भर करते हैं जैसे $y = f(x)$ अर्थात् y चर x चर का फलन है यानी y चर x पर निर्भर करता है यानी यहां x चर स्वतंत्र चर है और y चर परतंत्र या आश्रित चर है।

Index Number | सूचकांक या सूचनांक

क्रोक्सटन, काउडेन व क्लाइन के अनुसार- ''सूचकांक वे साधन होते हैं जो परस्पर सम्बद्ध चलराशियों के समूह की मात्रा के अन्तरों को मापने के काम आते हैं।' यह अन्तर वस्तुओं की कीमतों, माल के उत्पादन, बुद्धिमत्ता, सुन्दरता व कार्यकुशलता के बारे में हो सकते हैं। इसके विषय में तुलना दो अवधियों के लिए की जा सकती है अथवा दो स्थानों के बीच की जा सकती है। कीमत स्तर को प्रत्यक्ष रूप से मापना कठिन है। इसीलिए विभिन्न वस्तुओं की कीमतों पर आधारित कीमत स्तर जानने के लिए हमें कीमत-सूचकांकों का सहारा लेना पड़ता है। इसमें आधार वर्ष की

कीमतों व विचाराधीन या आलोच्य वर्ष की कीमतों में प्रतिशत अन्तर ज्ञात किया जाता है। ये सूचकांक थोक (Wholesale) तथा खुदरा (Retail) दो प्रकार के हो सकते हैं। अथवा सामान्य व भारित (weighted) हो सकते हैं। थोक मूल्य सूचकांकों का उद्देश्य मुद्रा स्फीति की वार्षिक दर ज्ञात करना होता है जबकि उपभोक्ता मूल्य सूचकांक का उद्देश्य जीवन व्यय (Cost of Living) में होने वाले परिवर्तनों की जांच करना होता है। इसमें खुदरा भावों का उपयोग होता है। सूचकांकों का उपयोग संकलनकर्ता पर निर्भर करता है। लोग अपने तर्क को सिद्ध करने के लिए इनका दुरुपयोग भी कर सकते हैं।

Indian Credit and Investment Corporation of India (ICICI) | भारतीय औद्योगिक साख और विनियोग निगम

इस निगम की स्थापना 1955 में हुई। इसका प्रमुख उद्देश्य निजी क्षेत्र में निवेश प्रोत्साहन एवं सुझाव देना था। इसकी स्थापना अन्तरराष्ट्रीय पुनर्निर्माण एवं विकास बैंक के प्रयत्नों से हुई। इसका उद्देश्य औद्योगिक इकाइयों का विस्तार करना, उद्योगों को आधुनीकृत करना तथा भारतीय उद्योगों को तकनीकी, प्रबन्धकीय तथा प्रशासनिक सेवाएँ प्रदान करना था। सरकार द्वारा विनिवेश के बाद यह निगम निजी क्षेत्र में चला गया है। आईसीआईसीआई अब बैंकिंग, बीमा म्युचुअल फंड आदि के कार्यों में संलग्न है।

Indicative Planning | निर्देशित नियोजन

आर्थिक नियोजन (Economic Planning) को दो भागों में वर्गीकृत किया जाता है (i) आज्ञासूचक नियोजन (Imperative Planning) तथा (ii) निर्देशित नियोजन (Indicative Planning)। आज्ञासूचक नियोजन अर्थव्यवस्था में केन्द्रीयकृत व्यष्टि अर्थशास्त्र नियोजन होता है, जिसमें सार्वजनिक क्षेत्र का प्रभुत्व होता है तथा उत्पादन, कीमत एवं मजदूरी निर्धारण पर सरकारी नियंत्रण होता है, जबकि निर्देशित नियोजन केन्द्रीकृत और विकेन्द्रीकृत नियोजन का मिश्रित रूप होता है। एक अर्थव्यवस्था में निराशावादी भावनाओं के कारण आर्थिक विकास पिछड़ सकता है और विनियोग की प्रेरणा कम हो सकती है। अतः ऐसी दशा में केन्द्रीयकृत नियोजन विनियोगकर्ताओं को विनियोग के लिए प्रोत्साहित करता है, विकास के लक्ष्य निर्धारित करता है व उत्पादकों को लाभ का विश्वास दिलाता है। ऐसा नियोजन मिश्रित अर्थव्यवस्था (Mixed Economy) में विश्वास करता है, जो लोगों को आर्थिक विकास के लिए प्रेरित एवं निर्देशित करता है। सरकार उत्पादन व विनियोग वृद्धि हेतु वित्तीय व्यवस्था, करों में छूट व क्षेत्रीय अनुदान आदि देकर लोगों को विकास के लिए प्रोत्साहित करती है। भारत, इंग्लैण्ड, स्वीडन, जापान आदि में इस प्रकार का नियोजन अपनाया जाता है।

Indicator | निर्देशक

एक ऐसा चर (Variable) जो रोजगार निर्धारण का एक नीतिगत साधन होता है जिसका उपयोग किसी नीति के निर्माण व क्रियान्वयन के लिए होता है। जैसे आर्थिक नीति सम्बन्धी लक्ष्य में इन निर्देशकों का उपयोग किया जाता है, जिसमें आर्थिक विकास की दर, रोजगार का स्तर, स्फीति नियंत्रण, विनिमय दर निर्धारण में इनका उपयोग होता है। आर्थिक निर्देशक एक प्रकार का अर्थव्यवस्था के बारे में सांख्यिकीय सूचनाओं का संग्रह होता है जिसमें सकल घरेलू उत्पाद, विभिन्न क्षेत्रों के द्वारा किए गए उत्पादन, निजी उपभोग, खुदरा व्यापार, रोजगार, बेरोजगारी, औसत आमदनी, विनियोग, उत्पादकता, स्फीति, उत्पादक का उत्पादन और कीमतें, चालू खाते, व्यापार की मात्रा, निर्यात, आयात, सार्वजनिक ऋण तथा ब्याज दरों के बारे में सांख्यिकीय सूचनाओं का संग्रह

होता है, जिसका भविष्य में नीति निर्धारित करने हेतु सरकार या संस्था इन निर्देशकों का उपयोग कर सकते हैं।

Indifference Curve Analysis | उदासीनता वक्र विश्लेषण

उदासीनता वक्र विश्लेषण उपभोक्ता के व्यवहार एवं साम्य विश्लेषण की एक वैकल्पिक विधि है जो उपयोगिता के क्रमवाचक (Ordinal) माप की अवधारणा पर आधारित है। इसके अनुसार वस्तुओं का क्रय करते समय सीमान्त उपयोगिताओं को ध्यान में नहीं रखकर उपभोक्ता उनके प्राथमिकता क्रम (Scale of Preference) को ध्यान में रखता है। इसीलिए इसे प्राथमिकता विश्लेषण भी कहते हैं। इसके उद्भव एवं विकास का श्रेय प्रो. जे. आर. हिक्स एवं एलन को दिया जाता है। इनके अनुसार एक उदासीनता वक्र दो वस्तुओं (x तथा y) के उन सभी सम्भव वैकल्पिक संयोगों का एक बिन्दु पथ (Locus) है, जिनके प्रत्येक बिन्दु पर समान संतुष्टि मिलने के कारण उपभोक्ता उनके चुनाव के प्रति उदासीन या तटस्थ रहता है। इसलिए इसे संतुष्टि वक्र या उदासीनता वक्र या तटस्थता वक्र के नाम से भी जाना जाता है।

Indifference Map | उदासीनता मानचित्र

यदि x तथा y वस्तु के ऐसे संयोग हों, जिनसे उपभोक्ता को भिन्न-भिन्न संतुष्टि या उपयोगिता प्राप्त होती है, तब इन संयोगों को केवल एक उदासीनता वक्र रेखा द्वारा नहीं दिखाया जा सकता, बल्कि इन संयोगों को अलग-अलग उदासीनता वक्र द्वारा दिखाया जा सकता है। इस प्रकार, जब बहुत से तटस्थता वक्रों को, जो कि उपभोक्ता विशेष के लिए संतुष्टि के विभिन्न स्तरों को बताते हैं, एक ही चित्र में दिखाया जाता है तब इस चित्र को 'तटस्थता मानचित्र' (Indifference Map) कहते हैं।

Indigenous Banking | स्वदेशी बैंकिंग

यह धन उधार देने की एक परम्परागत विधि है। महाजन, साहूकार व सर्राफ आदि इसी श्रेणी में आते हैं। ये सभी व्यक्तिगत धरोहर के आधार पर धन उधार देते हैं तथा ऊँची ब्याज दर वसूल करते हैं। ये पद्धति आज भी किसी न किसी रूप में प्रचलित है, क्योंकि इस विधि से गरीबों को असानी से ऋण मिल जाते हैं।

Indirect Tax | अप्रत्यक्ष कर

अप्रत्यक्ष या परोक्ष कर वे होते हैं, जिनमें कर की राशि का पता लगाने के लिए आय को अप्रत्यक्ष रूप से मापा जाता है। अर्थात ऐसे करों का भार किसी दूसरे व्यक्ति पर डाला या खिसका दिया जाता है तो वे कर अप्रत्यक्ष या परोक्ष कर कहलाते हैं जैसे- संघीय उत्पाद शुल्क, सीमा शुल्क, राज्य उत्पाद शुल्क, वस्तुओं और सेवाओं पर कर वाहनों पर कर, बिजली शुल्क, और सामान तथा यात्रियों पर कर आदि। साधनों के आबंटन के आधार पर अप्रत्यक्ष कर प्रत्यक्ष करों की तुलना में उपयुक्त नहीं होते, क्योंकि ऐसे करों का भार कम आय वाले वर्गों या उपभोक्ताओं पर अधिक पड़ता है। प्रशासनिक आधार पर अप्रत्यक्ष कर प्रत्यक्ष करों की तुलना में श्रेष्ठ होते हैं, क्योंकि इनको आसानी से एकत्र किया जा सकता है तथा कर चोरी की संभावना भी कम होती है। यद्यपि ये समाज के सभी वर्गों पर समान रूप से लागू होते हैं किन्तु ये प्रतिगामी (Regressive) होते हैं।

Individualism | व्यक्तिवाद

व्यक्तिवाद एक विचारधारा है, जो साधन अथवा साध्य या स्वार्थपरता के रूप में अकेले व्यक्ति की श्रेष्ठता पर बल देती है। विचारधारा के रूप में यह सुखवाद, उपयोगितावाद, स्वहितवाद, स्वतंत्र

अनुबंध, स्वतंत्र उद्योग, स्वतंत्र स्पर्धा, स्वतंत्र प्रेरणा, अहस्तक्षेप आदि के सिद्धान्तों से जुड़ा हुआ है। व्यक्तिवादी विचारक राज्य द्वारा आर्थिक व्यवस्था को अपने हाथ में लेने या नागरिकों की आर्थिक गतिविधियों पर प्रतिबन्ध लगाने के औचित्य को नहीं स्वीकारते। व्यक्तिवादी विचारधारा के पोषक प्रमुख विचारक रिकार्डो, माल्थस, मिल आदि रहे हैं। व्यक्तिवाद की धारणा काफी प्राचीन है। दुर्खीम के अनुसार श्रम विभाजन का विकास व्यक्तिवादी समाजों का विस्तार करेगा। सामाजिक आर्थिक और धार्मिक किसी भी दृष्टि से व्यक्तिवाद को अच्छा. नहीं माना गया है तथा इसे अव्यावहारिक, अनैतिक, अधार्मिक और हेय समझा गया है।

Induced Consumption | प्रेरित उपभोग

प्रेरित विनियोग (Induced Investment) तथा राष्ट्रीय आय (National Income) से सम्बन्धित एक भाग को प्रेरित उपभोग कहते हैं।

Induced Investment | प्रेरित विनियोग

वास्तविक निवेश प्रेरित हो सकता है। प्रेरित निवेश लाभ या आय प्रायोजित होता है। लाभ को प्रभावित करने वाले तत्व जैसे कीमतों, मजदूरी तथा ब्याज में परिवर्तन प्रेरित निवेश पर प्रभाव डालते हैं। इसी तरह आय बढ़ती है तो उपभोग मांग भी बढ़ती है इसे पूरा करने के लिए निवेश बढ़ाया जाता है। अन्तिम विश्लेषण में प्रेरित निवेश आय का फलन $1 = f(y)$ होता है। यह आय वृद्धि व कमी के साथ बढ़ता घटता है। यह दो प्रकार का होता है- (i) औसत निवेश प्रवृत्ति (API) तथा (ii) सीमान्त निवेश प्रवृत्ति (MPI)। यह उत्पादन स्तर के साथ बदलता है यह ब्याज दर, राष्ट्रीय आय व विक्रय में परिवर्तन के कारण उत्पन्न होता है।

Inductive Method | आगमन विधि

तर्कशास्त्र की एक पद्धति, जिसमें अवलोकन-प्रेक्षण के आधार पर परिणाम निकाले जाते हैं, आगमन विधि कहलाती है। इस विधि में खोज की या अध्ययन की प्रक्रिया विशिष्ट से सामान्य की ओर चलती है। इसमें एक सामान्य मान्यता लेकर चला जाता है कि व्यक्ति का व्यवहार विवेकपूर्ण होता है, अर्थात उपभोक्ता के रूप में सभी व्यक्ति अपनी आय से अधिकतम संतुष्टि प्राप्त करना चाहते हैं। इस सामान्य मान्यता के आधार पर यह विशिष्ट निष्कर्ष निकाला जा सकता है कि एक व्यक्ति विशेष जैसे 'अ' व्यक्ति अपनी आय को इस प्रकार से व्यय करेगा कि उसे अधिकतम संतुष्टि मिले।

Industrial Concentration | औद्योगिक केन्द्रीयकरण

एक उद्योग का समग्र उत्पादन जब कुछ ही औद्योगिक इकाइयों द्वारा अधिग्रहीत, संचालित व नियंत्रित किया जाता है, तो इसे औद्योगिक केन्द्रीयकरण कहा जाता है। सर्वप्रथम 1969 में दत्ता समिति ने इस ओर ध्यान दिलाया और बताया कि देशों में समाजवादी नियोजन होते हुए भी कुछ बड़े औद्योगिक घरानों ने औद्योगिक संपत्ति पर नियंत्रण कर रखा है।

Industrial Conflict | औद्योगिक संघर्ष

किसी भी उद्योग में एक ओर श्रमिकों और प्रबन्धकों के बीच तो दूसरी ओर कार्मिकों के साथ संबंध बहुधा संघर्षपूर्ण होते हैं। ऐसे संघर्षों का स्वरूप अनुपस्थितता, तोड़-फोड़, उत्पादन में कमी और असहयोग आदि होता है। संघर्ष व्यक्तिगत या श्रम संघों के साथ सामूहिक रूप से हो सकते हैं।

हड़ताल, तालाबंदी और सामूहिक सौदेबाजी के रूप में सामूहिक संघर्ष होते हैं। मार्क्सवादी ऐसे संघर्षों का कारण आर्थिक मानते हैं, इनके अनुसार पूँजीवाद में नियोजन की प्रकृति शोषण पर आधारित होती है। श्रमिक वेतन वृद्धि व शोषण आदि को लेकर प्रबन्धकों से संघर्ष करते रहते हैं।

Industrial Democracy | औद्योगिक प्रजातंत्र

सामान्यत: औद्योगिक या व्यावसायिक प्रतिष्ठानों को चलाने के लिए मजदूरों और कर्मचारियों को प्रबन्ध एवं प्रशासन में दी जाने वाली आंशिक या पूर्ण सहभागिता की व्यवस्था को औद्योगिक प्रजातंत्र कहते हैं। इस व्यवस्था में मजदूर संघों के प्रतिनिधियों को विभिन्न स्तरों पर प्रबन्ध समितियों में सम्मिलित किया जाता है। जब किसी उद्योग में मालिक एवं मजदूरों के सम्बन्धों का निर्माण 'सामूहिक सौदेबाजी' द्वारा होता है तथा वेतन एवं घंटों के न्यूनतम स्तरों के साथ-साथ संगठित होने के लिए मजदूरों की स्वतंत्रता हेतु सरकार द्वारा संरक्षण की व्यवस्था होती है। तो यह स्थिति औद्योगिक प्रजातंत्र की परिचायक है। औद्योगिक प्रजातंत्र पूँजीवादी व्यवस्था की देन है जिसमें मजदूरों का मनमाने ढंग से शोषण किया जाता है। इस प्रकार के शोषण के विरोध स्वरूप ही औद्योगिक प्रजातंत्र का विकास हुआ। इसमें मालिक के निरंकुश व्यवहार पर रोक लगाई जाती है। तथा मजदूरों के जनतांत्रिक अधिकारों की रक्षा की जाती है।

Industrial Relations | औद्योगिक सम्बन्ध

इसके अन्तर्गत कामगारों, कार्यसमूहों, कर्मचारी संगठनों और प्रबन्धकों, प्रतिष्ठानों एवं मालिकों के संगठनों के बीच सम्बन्धों पर विचार किया जाता है। औद्योगिक सम्बन्धों का अध्ययन कई विज्ञानों जैसे औद्योगिक समाजशास्त्र, श्रम अर्थशास्त्र, श्रमिक संगठनों का इतिहास तथा कुछ सीमा तक मनोविज्ञान और राजनीतिशास्त्र के द्वारा किया जाता है। अत: यह विषय अन्तर्विज्ञानीय अध्ययन का क्षेत्र है। संक्षेप में नियोक्ता-कर्मचारी संगठनों के पारस्परिक सम्बन्धों को औद्योगिक सम्बन्ध कहते हैं। इसके द्वारा औद्योगिक शान्ति एवं प्रगति के लिए श्रमिक एवं प्रबन्ध के बीच आपसी तालमेल स्थापित किया जाता है।

Industrial Psychology | औद्योगिक मनोविज्ञान

व्यावहारिक मनोविज्ञान की एक शाखा, जिसका मुख्य उद्देश्य मनोवैज्ञानिक तकनीकों तथा शोध निष्कर्षों का उपयोग औद्योगिक सभ्यता द्वारा जनित समस्याओं के समाधान में होता है। इसका प्रथम उपयोग बुद्धि परीक्षणों तथा योग्यता मापकों के विकास द्वारा कर्मचारियों के चुनाव में किया गया। बाद में इसका उपयोग विभिन्न परिस्थितियों में मानवीय व्यवहार के जटिल पक्षों के अध्ययनों में किया गया। औद्योगिक मनोविज्ञान का प्रारम्भ 1913 में मुन्टरबर्ग की पुस्तक 'साइकोलॉजी एण्ड इण्डस्ट्री' के प्रकाशन के साथ हुआ। द्वितीय महायुद्ध तक औद्योगिक क्षेत्र में मनोविज्ञान के सिद्धान्तों का उपयोग प्रचुर मात्रा में होने लगा था। इसके अन्तर्गत व्यावसायिक निर्देशन, व्यावसायिक चुनाव, कार्य-विश्लेषण, थकान का अध्ययन, योग्यता, दक्षता तथा रुचियों का पता लगाया जाता है।

Industrial Revolution | औद्योगिक क्रांति

आधुनिक उद्योगवाद के फलस्वरूप उत्पन्न हुए परिवर्तनों की जटिल शृंखला को सामान्यत: औद्योगिक क्रांति की संज्ञा दी जाती है। इस शब्द का इंग्लैण्ड में 18वीं शताब्दी के अन्तिम चरण तथा 19वीं शताब्दी के प्रारम्भ में अर्थात 1780 से 1820 के बीच हुए औद्योगिक परिवर्तन के लिए किया गया जब तकनीकी आविष्कारों ने उत्पादन प्रक्रिया को पूर्णत: बदल दिया था तथा उद्योगों को

उत्पादन की लघु प्रणाली से निकालकर वृहद् कारखानों में परिणित कर दिया था। इंग्लैण्ड की औद्योगिक क्रांति ने अन्य देशों में औद्योगिक क्रांति का मार्गदर्शन किया। ऊर्जा शक्ति के रूप में जन शक्ति तथा भाप और भाप के इंजन के आविष्कार ने वृहद् कारखाना प्रणाली की स्थापना में महत्वपूर्ण भूमिका निभाई। उत्पादन में निरन्तर बढ़ता हुआ यंत्रीकरण, श्रम विभाजन, विशिष्टीकरण, नवीन यातायात प्रणाली, रेल सड़क विकास तथा व्यवसाय के उन्नत तरीके आदि औद्योगिक क्रांति के प्रमुख लक्षण बताए जा सकते हैं। इस क्रांति ने वृहद् नगरीय समाज, अत्यधिक जनसंख्या वृद्धि तथा जनसंख्या के नगरों में केन्द्रीयकरण, पूँजीवादी व्यवस्था तथा इससे व्युत्पन्न धनिक, मध्यम तथा मजदूर वर्ग की रचना की है। अब दूसरी औद्योगिक क्रांति की तैयारी हो रही है, जिसमें अधिकाधिक स्वचालित व अत्याधुनिक मशीनों का उपयोग, ऊर्जा के रूप में बिजली तथा अणुशक्ति का उपयोग, संयुक्त स्कन्ध समितियों की स्थापना व व्यवसाय में परिष्कृत बाजार प्रणाली प्रमुख है।

Industrial Wage Differentials | औद्योगिक मजदूरी अन्तरण

प्राय: देखा जाता है कि भिन्न-भिन्न उद्योगों में मजदूरी की दरें समान न होकर भिन्न-भिन्न होती हैं। यह विभिन्नता एक ही व्यवसाय में काम करने वाले विभिन्न श्रमिकों के मध्य भिन्न-भिन्न होने के कई कारण हैं, जैसे- श्रमिकों की योग्यता व कुशलता में अन्तर के कारण मजदूरी में अन्तर हो जाता है। मजदूरों की गतिशीलता के अनुसार भी मजदूरी कम अधिक हो जाती है। स्थाई व अस्थाई श्रमिकों की मजदूरी भी भिन्न-भिन्न होती है तथा एक ही व्यवसाय में कुछ श्रमिक अतिरिक्त समय (Over Time) कार्य करके अधिक मजदूरी पा सकते हैं। इसी प्रकार विभिन्न व्यवसायों में काम करने वाले श्रमिकों के मध्य भी मजदूरी भिन्न-भिन्न हो सकती है, जैसे- कार्यकुशलता में अन्तर, काम की प्रकृति, स्थाई व अस्थाई प्रकृति, मुफ्त सुविधाएँ, भविष्य में उन्नति की आशा, प्रशिक्षण व्यय, काम के घण्टे, श्रमिकों के संगठन तथा गतिशीलता के आधार पर मजदूरी अन्तरण पाया जाता है।

Industrial Development Bank of India (IDBI) | भारतीय औद्योगिक विकास बैंक

इस बैंक की स्थापना 1964 में हुई रिजर्व बैंक की सहायक शाखा के रूप में किन्तु 1976 के बाद यह भारतीय रिजर्व बैंक से अलग हो गया तथा देश का प्रमुख विकास संस्थान बन गया। इसका मुख्य उद्देश्य उद्योगों को प्रोत्साहन देना तथा अर्थव्यवस्था के संरचनात्मक ढांचे का विकास करना था। सरकार द्वारा विनिवेष्ठा के बाद यह अब निजी क्षेत्र का बैंक बन गया है।

Industrialisation | औद्योगीकरण

उत्पादन की एक ऐसी प्रक्रिया, जिसमें उत्पादन हस्त-उपकरणों या परम्परावादी तरीकों के स्थान पर शक्ति द्वारा संचालित मशीनों के द्वारा होता है। शक्ति संचालित मशीनों का उपयोग न केवल कारखानों, अपितु यातायात, संचार, परिवहन तथा कृषि आदि में किया जाता है। परम्परावादी औद्योगिक संरचना की तुलना में आधुनिक औद्योगीकरण ने वृहद् आधार पर श्रम विभाजन, विशिष्टीकरण, पूँजी के मालिकों, प्रबन्धकों और श्रमिकों के बीच नवीन उत्पादन सम्बन्ध, शहरीकरण तथा उद्योग और जनसंख्या के भौगोलिक केन्द्रीयकरण तथा व्यावसायिक संरचना में परिवर्तन किए हैं। इस प्रकार यह एक ऐसी प्रक्रिया है जो पूँजी की गहनता के साथ-साथ व्यापकता भी प्रदान करती है।

Industry | उद्योग

मशीन तथा विद्युत शक्ति द्वारा संचालित उपकरणों द्वारा संचालित उत्पादन के विशिष्ट स्वरूप को उद्योग कहते हैं। एक उद्योग एक समान उत्पादन करने वाली फर्मों का समूह होता है। जैस- शक्कर उद्योग, कपड़ा उद्योग आदि, जिसमें सभी फर्में शक्कर या कपड़े का उत्पादन, विक्रय व व्यवसाय करती हैं।

Inelastic Demand and Supply | बेलोचदार मांग व आपूर्ति

जब किसी वस्तु की मांग में आनुपातिक परिवर्तन उस वस्तु की कीमत के आनुपातिक परिवर्तन से कम होता है तो इसे बेलोचदार मांग कहते हैं जैसे- यदि किसी वस्तु की कीमत में 20 प्रतिशत की कमी होती है, किन्तु मांग में केवल 10 प्रतिशत की ही वृद्धि होती है, तो ऐसी मांग को बेलोचदार मांग कहा जाता है।

जब किसी वस्तु की आपूर्ति में आनुपातिक परिवर्तन उस वस्तु की कीमत में आनुपातिक परिवर्तन से कम होता है तो इसे बेलोचदार आपूर्ति कहते हैं। जैसे- यदि किसी वस्तु की कीमत में 50 प्रतिशत की वृद्धि होती है, उसकी आपूर्ति में केवल 10 प्रतिशत की ही वृद्धि होती है, तो ऐसी आपूर्ति को बेलोचदार पूर्ति कहा जाता है।

Infant Industry Argument | शिशु उद्योग तर्क

अगर किसी उद्योग को बढ़ती हुई पैमाने की मितव्ययताएँ प्राप्त होती हैं, तो तब तक वह उद्योग आकार में छोटा होगा उसकी लागतें और कीमतें ऊँची होंगी, किन्तु जैसे-जैसे उद्योग का आकार बढ़ता जाएगा उसकी लागतें और कीमतें कम होती जाएँगी। एक नव विकसित देश को यह लग सकता है कि उसके उद्योग विकास की प्रारम्भिक अवस्था में स्थापित विदेशी प्रतियोगियों से मुकाबला करने में असमर्थ हैं, ऐसी दशा में प्रशुल्क व आयात अभ्यंश शिशु उद्योगों को विदेशी प्रतिस्पर्धा से संरक्षण प्रदान कर सकते हैं।

Infant Industry Tariffs | शिशु उद्योग प्रशुल्क

जब एक शिशु उद्योग की रक्षा के लिए प्रशुल्क लगाया जाता है, जबकि उसकी स्थापना विदेशी प्रतियोगियों के द्वारा नई-नई हुई है, इसे शिशु उद्योग प्रशुल्क कहते हैं।

Inferior Goods/Giffen Goods | घटिया वस्तुएँ/गिफिन वस्तुएँ

घटिया या गिफिन वस्तुओं का मांग वक्र बाएँ से दाएँ ऊपर की ओर ढालू होता है, क्योंकि इन वस्तुओं के घटिया होने के कारण जब इनकी कीमतों में कमी होती है तो उपभोक्ताओं की वास्तविक आय में वृद्धि हो जाने से घटिया वस्तुओं के स्थान पर वे अपेक्षाकृत बढ़िया वस्तुओं को खरीदते हैं या उपभोग करते हैं। अत: ऊपर की ओर बाएँ से दाएँ ढलान वाला मांग वक्र यह दर्शाता है कि जब घटिया वस्तुओं की कीमत कम होती है तो इन वस्तुओं की मांग-मात्रा भी कम हो जाती है और इसके विपरीत इन वस्तुओं की कीमत बढ़ने पर इनकी मांग-मात्रा भी बढ़ जाती है, अर्थात घटिया वस्तुओं का आय मांग प्रभाव ऋणात्मक होता है। अर्थात वे वस्तुएँ जिनकी मांग आय बढ़ने के बाद भी घट जाती है, निम्न या घटियां वस्तुएँ कहलाती हैं।

Infinite Elasticity | अनन्त लोच

मांग की कीमत लोच अनन्त तब होती है जब कीमत में बहुत कम या नाममात्र का परिवर्तन होने पर मांगी गई मात्रा में अनन्त परिवर्तन हो जाए तो इसे अनन्त लोच कहते हैं। अर्थात् ($E_p = \alpha$) इसे पूर्णतया लोचदार मांग (Perfectly Elastic Demand) भी कहते हैं।

Inflation | स्फीति

नव परम्परावादियों और शिकागो विश्वविद्यालय के अनुयायियों की दृष्टि में स्फीति मूल रूप से एक मौद्रिक घटना है। फ्रीडमेन ने कहा ''स्फीति सदैव एवं सर्वत्र एक मौद्रिक घटना होती है, और उसे उत्पादन की अपेक्षा केवल मुद्रा का परिमाण तेज़ी से बढ़ाकर लाया जा सकता है।'' कई अर्थशास्त्री स्फीति को कीमतों में होने वाली निरन्तर वृद्धि के रूप में परिभाषित करते हैं। इसमें ब्रमेन एवं शपीरो प्रमुख हैं। किन्तु कीमतों में निरन्तर वृद्धि के विविध आकार हो सकते हैं, इसलिए स्फीति को विभिन्न नाम दिए गए हैं, जैसे- मंद अथवा रेंगती स्फीति, चलती हुई स्फीति, दौड़ती हुई स्फीति व अतिस्फीति आदि। अतः सामान्य कीमत स्तर में सतत एवं स्थिर वृद्धि की दशा को स्फीति कहते हैं। यह वह दशा है, जिसमें कीमत स्तर बढ़ता है तथा मुद्रा मूल्य गिरता है।

Inflation Costs | स्फीति लागतें

स्फीति के प्रभावों से उत्पन्न आर्थिक और सामाजिक हानि को स्फीति लागतें कहते हैं। स्फीति की उच्चतम दर पर मुद्रा शेषों की क्रय शक्ति घट जाती है। जब स्फीति की उच्च प्रत्याशित दर के कारण लोगों के पास वास्तविक मुद्रा शेषों की कमी हो जाती है। इस तरह अनुमानित स्फीति की अंतिम सामाजिक लागत करेन्सी के धारणों और अन्य बिना ब्याज वाले भुगतान के साधनों की बचत करने के लिए संसाधनों का फिजूल उपयोग होता है। स्फीति की दूसरी सामाजिक लागत फिलिप्स वक्र विश्लेषण के रूप में है। जब स्फीति प्रारम्भ होती है और इसके जारी रहने की आशा की जाती है तो इसकी बढ़ती दर को घटाने का कोई भी प्रयास बेरोजगारी को बढ़ाएगा। बढ़ती बेकारी वस्तुओं और सेवाओं के रूप में अर्थव्यवस्था के लिए एक हानि है, जिन्हें उत्पादित नहीं किया जा सकता, क्योंकि रोजगार के लिए उपलब्ध लोगों का उपयोग नहीं हो पाता। बहुत से अर्थशास्त्री स्फीति के पुनर्वितरण प्रभावों को स्फीति की लागत समझते हैं।

Inflation Rate | स्फीति दर

स्फीति दर अर्थात विशिष्ट मूल्य सूचकांक की वृद्धि दर। स्फीति दर का माप वार्षिक, मासिक या साप्ताहिक हो सकता है। यदि P_0 किसी 0 समय में कीमत स्तर है तथा P_1 समय 1 का मूल्य स्तर है तो स्फीति दर होगी। $100\,(P_1 - P_0)/P_1$ अतः स्फीति दर कीमतों में वृद्धि की दर पर निर्भर करती है। यदि कीमतों में निरन्तर वृद्धि 3% से 6% वार्षिक या 10% से कम हो तो चलती हुई स्फीति होगी। यदि कीमतें 10% से 20% प्रतिवर्ष की दर से बढ़ें तो दौड़ती हुई स्फीति होगी और यदि कीमत वृद्धि 20% से 100% प्रतिवर्ष की दर से बढ़े तो अतिस्फीति होगी।

Inflation Subsidy | स्फीति अनुदान

संस्थागत कठोरताओं के कारण ब्याज दरें व ऋणों के पुनर्भुगतानों में वृद्धि स्फीति के साथ नहीं हो पाती, परिणामस्वरूप वास्तविक ब्याज दरों और ऋणों के वास्तविक मूल्यों में गिरावट आ जाएगी तथा वास्तव में वास्तविक ब्याज दर घट कर शून्य हो जाएगी। ऐसी दशा में स्फीति अनुदान अस्तित्व में आता है तथा ऋणियों को शून्य ब्याज दर के रूप में स्फीति अनुदान मिल जाता है और ऋणदाताओं को हानि होती है।

Inflation Tax | स्फीति कर

जब वस्तुओं और सेवाओं का पुनर्वितरण लोगों से सरकार को स्थानान्तरित हो जाता है तो स्फीति कर की तरह काम करती है। जो न्यूनतम कर चुकाने के योग्य है, उन पर ऐसा कर भार अधिक मात्रा में पड़ता है। जब सरकार बजट घाटा पूरा करने, पुराने ऋण चुकाने तथा स्फीति में वस्तुओं और सेवाओं की बढ़ती मांग को पूरा करने के लिए अधिक मुद्रा जारी करती है तो यह लोगों पर कर के समान होती है और यह क्रय-शक्ति को सरकार की ओर स्थानान्तरित कर देती है। ऊँची स्फीति दरें लोगों के पास मुद्रा की क्रय शक्ति को घटाती हैं और उन्हें मुद्रा रखने से हतोत्साहित करती हैं। स्फीति दर स्फीति कर की दर होती है। स्फीति कर को स्फीति के कारण मुद्रा की क्रय शक्ति में कमी के रूप में देखा जाता है। इसकी गणना का सूत्र है-

$$M \times \frac{i}{(1-i)}$$

जहां M वर्ष के अंत और वर्ष के प्रारम्भ में औसत मुद्रा है। i उपभोक्ता कीमत सूचक में परिवर्तन द्वारा मापी गई दशमलव स्फीति दर है। सूत्रानुसार जिस अवधि में कीमतें i की दर से बढ़ती हैं तो प्रत्येक मुद्रा इकाई अपनी क्रय शक्ति को i (1+i) खो देती है।

Inflationary Gap | स्फीतिक अंतराल

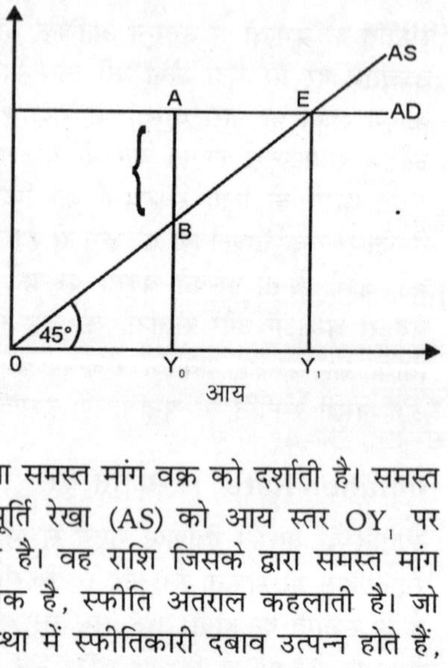

प्रो. केन्ज ने 1940 में प्रकाशित अपने लेख How to pay for the war में स्फीति अंतराल की धारणा प्रस्तुत की थी। उनके अनुसार स्फीति अंतराल योजनाबद्ध व्यय का वह आधिक्य है, जो स्फीति पूर्व अथवा आधार कीमतों पर उपलब्ध उत्पादन से बढ़ जाता है। लिप्से के अनुसार- "आय के पूर्ण रोजगार स्तर पर समस्त उत्पादन से जितनी मात्रा में समस्त व्यय बढ़ जाएगा, वही मात्रा स्फीति अन्तराल होगी।" समस्त व्यय जितना अधिक होगा, अन्तराल भी उतना ही अधिक होगा। और स्फीति की गति भी उतनी ही तेज होगी। चित्रानुसार y_0 आय का पूर्ण रोजगार स्तर है। 45° की रेखा समस्त पूर्ति (AS) को दर्शाती है तथा AD रेखा समस्त मांग वक्र को दर्शाती है। समस्त मांग वक्र रेखा (AD) बिन्दु E पर 45° रेखा या समस्त पूर्ति रेखा (AS) को आय स्तर OY_1 पर काटती है जो पूर्ण रोजगार आय स्तर OY_0 पर से अधिक है। वह राशि जिसके द्वारा समस्त मांग Y_0A पूर्णरोजगार आय स्तर पर समस्त पूर्ति Y_0B से अधिक है, स्फीति अंतराल कहलाती है। जो चित्र में AB से स्पष्ट है। इस स्फीति अंतराल से अर्थव्यवस्था में स्फीतिकारी दबाव उत्पन्न होते हैं, जिसका कारण समग्र का आधिक्य होता है।

Inflationary Spiral | स्फीति वर्तुल

स्फीति वर्तुल बढ़ती हुई कीमत प्रवृत्ति को बताता है। इसका कारण और परिणाम मजदूरियों, वेतन व अन्य आय जैसे लाभांश, ब्याज व लगान या किराया आदि में वृद्धि होती है।

Informal Sector/Economy | अनौपचारिक क्षेत्र/अर्थव्यवस्था

यह एक ऐसा क्षेत्र या अर्थव्यवस्था होती है जो एक प्रकार की स्वरोजगार वाली अर्थव्यवस्था होती है। यह प्राय: विकासशील देशों में देखने को मिलती है, जहां के लोग श्रम-गहन व छोटे पैमाने के

व घरेलू कार्यों में लगे रहते हैं जैसे- सिलाई, खाद्य सामग्री का निर्माण, लघु व्यापार व जूता मरम्मत आदि कार्य। इसे छिपी हुई (Hidden) अर्थव्यवस्था भी कहते हैं।

Infrastructure of an Economy | अर्थव्यवस्था की संरचना

यह संरचना समाज की उस पूँजी की ओर संकेत करती है जो देश में आर्थिक विकास की मूलभूत सुविधाओं में प्रयुक्त होती है, जैसे-सड़क और रेल यातायात संचार व्यवस्था जलापूर्ति, विद्युत शक्ति तथा अन्य सार्वजनिक उपयोगिता वाले क्षेत्र। इसे सामान्यतः सामाजिक ऊपरी पूँजी (Social Overhead Capital) भी कहते हैं। इसमें शिक्षा, स्वास्थ्य, कौशल व अन्य सुविधाएँ आती हैं, जो लोगों के स्वविकास और व्यावसायिक दक्षता को बढ़ाने में सहायक हैं।

Inheritance Tax | उत्तराधिकार कर

यह कर उत्तराधिकारी को उत्तराधिकार में प्राप्त पैतृक सम्पत्ति पर लगाया जाता है। कर की दर मृतक के अपनी संतानों के सम्बन्धों पर निर्भर करती है। प्राप्त सम्पत्ति पर संतान पक्ष को छूट भी मिल सकती है और प्राप्त सम्पत्ति की मात्रा के अनुसार प्रगतिशील दर से कर भी लगाया जा सकता है। यदि व्यक्ति जिन्दा हो तो इसे उपहार कर या पूँजी हस्तान्तरण कर के रूप में भी लगाया जा सकता है।

Innovations | नवीनीकरण

इसका उपयोग अक्सर तकनीकी प्रगति, जिसका उपयोग उत्पादन प्रक्रिया में किया जाता है तथा बाजार योग्य उत्पादन में प्रयुक्त विभिन्न विशेषताओं वाले संयोगों में होता है। नवीनीकरण उत्पादन विभेदीकरण का प्रमुख साधन है तथा इसका उपयोग उत्पादकों द्वारा मांग निर्माण एवं बाजार के विस्तार हेतु किया जाता है।

Input-Output Analysis | साधन-उत्पादन विश्लेषण/आगत-निर्गत विश्लेषण

यह एक नई तकनीक है, जिसका आविष्कार प्रो. लियोनतिफ ने 1951 में किया। इस तकनीक का उपयोग अर्थव्यवस्था की परस्पर निर्भरताओं तथा जटिलताओं को समझने व अन्तः - उद्योग सम्बन्धों को समझने के लिए किया जाता है। इसे 'अन्तः उद्योग विश्लेषण' भी कहा जाता है। आगत या साधन उसे कहते हैं, जिसे उद्यम के लिए खरीदा जाता है तथा निर्गम या उत्पादन उसे कहते हैं जिसे उद्यमी बेचता है। यह विश्लेषण बताता है कि समग्र आर्थिक व्यवस्था में औद्योगिक वस्तुओं की मांग और पूर्ति में इस तकनीक के द्वारा किस प्रकार संतुलन स्थापित हो सकता है। अर्थात संतुलन की स्थिति में समग्र अर्थव्यवस्था के कुल उत्पादन का मुद्रा मूल्य अन्तः उद्योग लागतों के मुद्रा मूल्य की राशि तथा अन्तः उद्योग निर्गतों के मुद्रा मूल्यों की राशि के योग के बराबर होनी चाहिए। इस प्रकार यह तकनीक सामान्य संतुलन का उत्कृष्टतम रूप है। यह तकनीक संतुलित अर्थव्यवस्था में काम करती है। इसका मांग विश्लेषण से कोई सम्बन्ध नहीं होता है तथा यह केवल उत्पादन की तकनीकी समस्याओं पर ही विचार करती है। यह तकनीक आनुभविक अन्वेषण पर आधारित है।

Insolvent | दिवालिया

दिवालिया उस व्यक्ति या संस्था या व्यवसाय को कहा जाता है जो वित्तीय दृष्टि से संकटपूर्ण स्थिति में हो। जो अपनी देयताओं या देनदारियों का भुगतान करने में असमर्थ हो, अर्थात जिसकी देनदारियाँ या दायित्व उसके कुल सम्पत्ति के मूल्य से या लेनदारियों से अधिक हो जाएं। अदालत

दिवालिया व्यक्ति की संपत्ति का अधिग्रहण कर उसे नकदी में बदल कर मांगने वालों में आनुपातिक रूप में वितरित कर सकती है।

Institutional Economics | संस्थागत अर्थशास्त्र

बीसवीं सदी के प्रारम्भ में अमेरिका में एक विशेष अर्थशास्त्र का विकास हुआ, जिसे संस्थावाद (Institutionalism) कहते हैं। इसके प्रमुख विचारक वैबलिन, कॉमन्स, मिशेल आदि थे। इन विचारकों के प्रमुख विचार निम्नांकित थे-

(i) अर्थशास्त्र का मूल आधार मूल्य न होकर सामूहिक व्यवहार होना चाहिए। (ii) मानव व्यवहार परिवर्तनशील है। अतः आर्थिक सिद्धान्त समय और स्थान की सापेक्षिकता पर आधारित होना चाहिए। (iii) आर्थिक जीवन का संगठन रीति रिवाज, परम्परा, आदत तथा सामाजिक एवं राजनीतिक नियमों पर आश्रित होता है। (iv) व्यक्तियों के व्यवहार एवं मानसिक प्रेरणाओं को मापा नहीं जा सकता तथा (v) असंतुलन एवं विषमताएँ आर्थिक जीवन की असामान्य वस्तुएँ नहीं हैं वरन समाज की सामान्य घटनाएँ हैं। इस प्रकार संस्थावादी अर्थशास्त्र आर्थिक व्यवहार को आत्महित पर आधारित नियमों से संचालित नहीं मानता, बल्कि मूल प्रवृत्तियों, परम्परा तथा सामाजिक नियमों द्वारा संचालित मानता है।

Institutions of Money Market | मुद्रा बाजार की संस्थाएँ

वे संस्थाएँ जो मुद्रा बाजार में अल्पकालीन कोषों का लेन-देन का कार्य करती हैं, मुद्रा बाजार की संस्थाएँ कहलाती हैं। ऐसी संस्थाएँ एक देश से दूसरे देश तथा एक बाजार से दूसरे बाजार में भिन्न-भिन्न होती हैं। मुद्रा बाजार की प्रमुख संस्थाएँ व्यावसायिक बैंक, केन्द्रीय बैंक, स्वीकृति गृह तथा ब्रोकर्स आदि होती हैं।

Insurance | बीमा

बीमा जोखिमों से होने वाली हानि से बचाने के लिए बीमा कम्पनी को बीमा किस्त (Premium) का अनुबंध के अनुसार भुगतान करना पड़ता है। बीमा सेवाओं को निम्नांकित भागों में बांटा जा सकता है- (i) आग व अन्य खतरों जैसे दंगे फसाद, विस्फोट, भूकम्प तथा चक्रवात, आँधी तूफान आदि का बीमा (ii) दुर्घटना तृतीय पक्ष दायित्व व व्यक्तिगत बीमा (iii) समुद्री जहाज का पेंदा व भार सम्बन्धी दोनों का बीमा (iv) वायुयान या हवाई जहाज का पेंदा व भार सम्बन्धी दोनों का बीमा (v) जीवन एवं धन समर्पण बीमा तथा (vi) बीमाधारी की गलतियों के विरुद्ध बीमा। इसके अन्तर्गत साख बीमा, गिरवी बीमा तथा वित्तीय जमानत बीमा आदि आते हैं। इस प्रकार हानि या अन्य संकट के लिए वित्तीय क्षतिपूर्ति प्रदान करने की प्रक्रिया बीमा कहलाती है। भारत में जीवन बीमा निगम व्यक्तियों के जीवन का बीमा करता है। अन्य बीमा कम्पनियाँ भी जीवन बीमा करने का कार्य कर रही हैं।

Insurance Risks | बीमा जोखिमें

हर उद्यमी को व्यवसाय में कई जोखिमें उठानी पड़ती हैं, जैसे उसे बाजार दशाओं के गलत आकलन के कारण मौद्रिक हानि हो सकती है। आग, चोरी, मृत्यु आदि जोखिमों के कारण व्यवसाय में घाटा हो सकता है, किन्तु इन सभी जोखिमों का बीमा योग्य जोखिमें होने के कारण बीमा हो सकता है। इसीलिए इन जोखिमों को बीमा जोखिमें कहते हैं।

Intangible Assets | अमूर्त सम्पति या पूँजी

एक उद्यम की वह अमूर्त सम्पत्ति जिसे न देखा जा सकता है और न छुआ जा सकता है। इसके अन्तर्गत सांख (Good Will) विशिष्ट अधिकार पत्र (Patent) व्यापार का विशिष्ट चिन्ह (Trade mark) तथा प्रतिलिप्याधिकार (copyright) आदि आते हैं। इनकी प्रकृति असमान, अलिखित एवं अनिश्चित मूल्य वाली होती है।

Intellectual Property Rights | बौद्धिक सम्पदा अधिकार

इसे निजी सम्पदा अधिकार भी कह सकते हैं। बौद्धिक सम्पदा अधिकार प्रतिलिप्याधिकार (Copyright) के रूप में हो सकता है, जहां पुस्तकों व संगीत से सम्बन्धित विषय वस्तु की नकल प्रतिलिप्याधिकारी की अनुमति से ही की जा सकती है, जो इसके लिए कुछ शुल्क भी ले सकता है। अथवा विशिष्ट अधिकार पत्र (Patent) जहां उत्पादन की प्रक्रिया और प्रारूप का उपयोग विशिष्ट अधिकार पत्र धारक (Patentee) की अनुमति लेकर ही किया जा सकता है, इसके लिए वह आज्ञा देने वाला व्यक्ति आज्ञा देने का शुल्क (Licence Fee) भी ले सकता है। ऐसे अधिकार लेखकों या आविष्कारकों या नियोजकों के पास होते हैं, जिन्हें बेचा या खरीदा जा सकता है।

Intensive Cultivation Margin | गहन कृषि प्रतिफल

गहन कृषि के विषय में, भूमि के उसी टुकड़े पर श्रम और पूँजी की उतरोत्तर मात्राएँ लगाने से एक बिन्दु के बाद अनुपात से कम प्रतिफल प्राप्त होते हैं जब तक कि श्रम और पूँजी की अंतिम मात्रा से उपज उसकी कीमत के बराबर नहीं हो जाती।

Interest | ब्याज

साधारण शब्दों में एक ऋणि द्वारा उधार ली गई मुद्रा या पूँजी के बदले ऋणदाताओं को किया गया भुगतान ब्याज कहलाता है। ब्याज को प्रतिशत वार्षिक दर के रूप में व्यक्त किया जाता है। दूसरे शब्दों में ब्याज वह आय है जो पूँजी के मालिक को प्राप्त होती है। केन्ज के अनुसार ब्याज मुद्रा की तरलता को त्यागने का पुरस्कार है। नव परम्परावादियों के अनुसार ब्याज ऋणयोग्य कोषों के बदले में दी जाने वाली कीमत है। आधुनिक अर्थशास्त्रियों के अनुसार ब्याज पूँजी, बचत, मुद्रा की तरलता के परित्याग तथा मुद्रा की पूर्ति का एक साथ पुरस्कार है। ब्याज दो प्रकार का होता है कुल (Gross) तथा शुद्ध (Net) । मूलधन को छोड़कर ऋणी जो भुगतान ऋणदाता को करता है उसे कुल ब्याज कहते हैं, जबकि शुद्ध ब्याज वह भुगतान है जो केवल पूँजी या मुद्रा के उपयोग के बदले में किया जाता है। आर्थिक दृष्टि से यही असली ब्याज है।

Interim Dividend | अंतरिम लाभांश

जब कोई कम्पनी वित्तीय वर्ष के मध्य में शेयर धारकों को लाभांश देने की घोषणा करती है तो इसे अंतरिम लाभांश कहते हैं।

Interim Report | आंतरिक प्रतिवेदन

यह प्रतिवेदन किसी फर्म का वार्षिक प्रतिवेदन न होकर अर्द्धवार्षिक होता है। इस प्रतिवेदन में लेन देन, लाभ व हानि से सम्बन्धित आँकड़े होते हैं। इसका लेखा परीक्षण (Audit) भी नहीं होता है। इसी तरह जब कोई जांच समिति या आयोग अपनी जांच के दौरान बीच में ही एक संक्षिप्त रिपोर्ट सरकार को सौंपते हैं तो इसे अंतरिम प्रतिवेदन कहा जाता है। जांच पूरी होने पर अंतिम रिपोर्ट दी जाती है।

Interpolation | आन्तरगणन

ज्ञात मूल्यों के विस्तार (Range) के बीच के चर मूल्य की गणना की सांख्यिकी विधि को आन्तरगणन कहते हैं।

Intermediate Goods | मध्यवर्ती वस्तुएँ

वे उत्पादित वस्तुएँ जिनका उपयोग पुनः तैयार माल बनाने या अन्य वस्तुओं के निर्माण प्रक्रिया में न कि अन्तिम उपभोग में किया जाता है। अर्थात वे वस्तुएँ जो कच्चे माल के रूप में प्रयुक्त होती हैं, मध्यवर्ती वस्तुएँ कहलाती हैं। अतः अर्द्धनिर्मित वस्तुओं को मध्यवर्ती वस्तुएँ कहते हैं।

Intermediate Technology | मध्यवर्ती तकनीक

इस शब्द का उपयोग डॉ. ई. एफ. शूमेकर (E.F. Schumacher) द्वारा किया गया। इसका उपयोग तकनीकों के समूह और तकनीकी प्रक्रियाओं के लिए होता है, जो, उच्चस्तरीय पूँजीगहन तकनीक पश्चिमी देशों के द्वारा अपनाई जाती है तथा परम्परिक घरेलू तकनीक, जो अर्द्धविकसित देशों के द्वारा अपनाई जाती है, के मध्य में पाई जाती है। अर्थात जो न तो बहुत अधिक विकसित हो और न बहुत अधिक अविकसित, किन्तु मध्यम प्रकार की होती है यानी इन दोनों के बीच की तकनीक को मध्यवर्ती तकनीक कहते हैं।

Internal Analysis of Accounts | हिसाब या लेखे का आन्तरिक विश्लेषण

यह उस व्यक्ति के द्वारा किया जाता है, जो उस संगठन के भीतर होता है। वह सभी बही खातों, रिकाड्‌र्स, सूचियों तथा अन्य सूचनाओं का मूल्यांकन और विश्लेषण करता है। ये विश्लेषणकर्ता कार्यकारी अधिकारी (Executives) लेखाधिकारी (Accountants) या आंतरिक जांचकर्ता (Internal Auditors) हो सकते हैं।

Internal Economies | आन्तरिक मितव्ययताएँ या बचतें

आन्तरिक मितव्ययताओं या बचतों को पैमाने की बचतें भी कहते हैं। जो पैमाने के बढ़ते प्रतिफलों के कारण प्राप्त होती हैं। आन्तरिक बचतें वह बचतें हैं जो उत्पादन की मात्रा बढ़ने पर फर्म के अन्दर ही उत्पादक को प्राप्त होती हैं। उत्पादक श्रम विभाजन एवं विशिष्टीकरण करके जब उत्पादन करता है तब घटती औसत लागत के रूप में आन्तरिक बचतें प्राप्त होती हैं। प्रो. कॉलडोर एवं श्रीमती जॉन रॉबिन्सन ने साधनों की अविभाज्यता को आंतरिक बचतों का कारण माना है। ये बचतें कई प्रकार की हो सकती हैं, जैसे- तकनीकी बचतें, प्लांट के अनुकूलतम उपयोग से प्राप्त बचतें, अविभाज्य साधनों के पूर्ण उपयोग से प्राप्त बचतें, प्रबन्धकीय बचतें, विपणन की बचतें, वित्तीय बचतें तथा जोखिम सम्बन्धी बचतें आदि।

Internal Labour Market | आन्तरिक श्रम बाजार

एक ऐसी आन्तरिक व्यवस्था, जिसमें पूर्व में निम्न वेतन भोगी श्रमिक, जो पहले से किसी संगठन में कार्यरत हैं, उन्हीं में से उच्च पदों हेतु भर्ती की जाती है। आन्तरिक श्रम बाजार की मुख्य विशेषता यह है कि बाहरी लोगों की अपेक्षा आन्तरिक कार्यरत श्रमिकों को अपनी अच्छाइयों और कमजोरियों की जानकारी अधिक होनी चाहिए। इसी आधार पर उनकी पदोन्नति व भर्ती तथा हटाने की कार्य शैली निश्चित होनी चाहिए।

Internal Market | आन्तरिक बाजार

यूरोपियन संघ के सदस्य राज्यों की सीमाओं में एक एकीकृत बाजार को महत्व दिया जाता है। आन्तरिक बाजार भी इसी आधार पर अपनी नीति निर्धारित करते हैं। जिसका उद्देश्य एक आर्थिक क्षेत्र का निर्माण करना है, जिसमें वस्तुओं और सेवाओं तथा पूँजी का स्वतंत्र आवागमन हो। इसे ही आन्तरिक बाजार कहते हैं।

Internal Rate of Return (IRR) | आन्तरिक प्रतिफल की दर

एक ऐसी ब्याज की दर जिस पर किसी परियोजना का शुद्ध वर्तमान मूल्य शून्य हो। यदि किसी परियोजना का शुद्ध नकद प्रवाह ऋणात्मकता को समाप्त कर धनात्मक हो जाता है तो वह आगे भी धनात्मक रूप से चलता रहता है। यदि यह नकद प्रवाह अंत में ऋणात्मक हो जाता है, तब जब परियोजना का लागत व्यय निकल जाता है और परियोजना का उपयोगी जीवन समाप्त हो जाता है तो आन्तरिक प्रतिफल की दर जो बेजोड़ (Unique) थी अब बेजोड़ नहीं रहेगी। परियोजना में निवेश करना तभी तक लाभकारी होगा, जब तक परियोजना की आन्तरिक प्रतिफल की दर ब्याज की जोखिम मुक्त दर व उपयुक्त जोखिम किस्त (Premium) के यौग से अधिक हो। अत: आंतरिक प्रतिफल की दर विनियोग की सीमान्त क्षमता को बताती है, जो प्रचलित ब्याज दर परिसंपत्ति की आय के दौरान प्रत्याशित प्राप्ति दरों पर निर्भर करती है। विनियोग की सीमान्त क्षमता व ब्याज दर में विपरीत संबंध होता है।

International Bank for Reconstruction and Development (IBRD or World Bank) | अन्तरराष्ट्रीय पुनर्निर्माण एवं विकास बैंक या विश्व बैंक

इस बैंक की स्थापना ब्रिटन-वुड्स समझौते के अन्तर्गत 1945 में हुई, जिसका उद्देश्य युद्धकालीन अर्थव्यवस्था को शांतिपूर्ण ढंग से सामान्य स्तर पर लाने में सहायता देना था। इसे विश्व बैंक के नाम से भी पुकारते हैं। यह अन्तरराष्ट्रीय मुद्राकोष (IMF) की सह-संस्था है। इसके प्रमुख कार्य हैं- (i) पूँजी निवेश की सुविधा प्रदान कर सदस्य देशों के पुनर्निर्माण तथा विकास में सहायता देना तथा कम विकसित देशों में उत्पादक सुविधाओं और संसाधनों के विकास को प्रोत्साहन देना। (ii) प्रतिभूतियाँ देकर निजी विदेशी निवेश को बढ़ावा देना या निजी निवेशकों द्वारा निवेश में भागीदार बनना। (iii) अन्तरराष्ट्रीय व्यापार को बढ़ावा देना, अन्तरराष्ट्रीय निवेश को प्रोत्साहित करना तथा भुगतान शेष में संतुलन स्थापित करना। (iv) गारन्टी युक्त ऋणों की व्यवस्था करना ताकि छोटी-बड़ी परियोजनाओं को पूरा किया जा सके। इसका संगठन स्तरीय है। इसका एक अध्यक्ष होता है, दूसरे स्तर पर अधिशासी निदेशक होते हैं और तीसरे स्तर पर शासक मंडल होता है। यह विकासशील देशों की वित्तीय जरूरतों को पूरा करने में विफल रहा है। यह ऊँची ब्याज दरें वसूल करता है। इसकी शर्तें कठोर हैं तथा व्यवहार विभेदात्मक है। भारत ने इसका सदस्य होने के नाते कृषि, उद्योग, ऊर्जा और परिवहन के विकास में बहुत लाभ उठाया है।

International Cartels | अन्तरराष्ट्रीय उत्पादक संघ

अन्तरराष्ट्रीय उत्पादक संघ विभिन्न देशों के एक ही उद्योग से जुड़े उत्पादकों का एक दल होता है, जो उच्च लाभ कमाने के लिए उत्पादन तथा बिक्री को नियमित करने तथा प्रतिस्पर्धा को सीमित करने पर सहमत होता है। जैसे- चीनी, कॉफी, स्टील, तम्बाकू, हीरे, तेल, हवाई तथा रेल सेवा जैसी वस्तुओं और सेवाओं से सम्बन्धित उत्पादक संघ। इन संघों में से केवल OPEC को अच्छी सफलता

मिली है। इन उत्पादक संघों को निम्न कारणों से बनाया जाता है- (i) विश्व व्यापार में उत्पादकों के बीच गलाकाट प्रतिस्पर्धा के कारण (ii) आपूर्ति में वृद्धि के कारण कीमतों में कमी के भय से तथा (iii) अधिक लाभ कमाने व एकाधिकार नियंत्रण कायम करने हेतु।

International Debt Problem | अन्तरराष्ट्रीय ऋण समस्या

अल्पविकसित देशों की विदेशी ऋण की समस्या काफी गंभीर है, क्योंकि वे अपनी विकास की समस्याओं के वित्त प्रबन्धन हेतु विदेशी ऋणों पर निर्भर रहते हैं। अल्पविकसित देशों में घरेलू बचत तथा निवेश की दरें कम होने से आर्थिक तथा सामाजिक ऊपरी-पूँजी तथा आधारभूत ढांचे का अभाव होता है। ये देश आर्थिक विकास की दर को बढ़ाने के लिए उधार लेते हैं। बढ़ती जनसंख्या की आवश्यकता पूर्ति हेतु उपभोक्ता वस्तुओं के लिए भी उधार लेते हैं। इन ऋणों का भविष्य में ब्याज सहित भुगतान करना होता है। अन्तरराष्ट्रीय ऋणों की समस्या के कई कारण हैं जैसे- (i) 1973 तथा 1979 में हुई तेल की कीमतों में वृद्धि, खराब समष्टि आर्थिक प्रबंधन, विकसित देशों की नीतियाँ, बढ़ती हुई ब्याज दरें, व्यापारिक नीतियाँ तथा तात्कालिक कारण आदि।

International Development Association (IDA) | अन्तरराष्ट्रीय विकास संघ

यह विश्व बैंक से सम्बद्ध संस्था है, जो 1960 में स्थापित हुई। कानूनी और वित्तीय दृष्टि से यह परिषद् विश्व बैंक से अलग है परन्तु वास्तव में यह विश्व बैंक की सहयोगी संस्था होने के कारण इन दोनों का अध्यक्ष एक ही है। इस संघ के मुख्य उद्देश्य हैं- (i) विश्व के दरिद्रतम देशों की गरीबी हटाने के लिए सहायता प्रदान करना, (ii) विश्व के दरिद्रतम देशों को रियायती सहायता देना, ताकि लोगों का जीवन स्तर ऊँचा हो सके। इसके लिए जनसंख्या नियंत्रण, शिक्षा, स्वास्थ्य तथा पोषण पर ध्यान दिया जाता है। फिर भी दरिद्र राष्ट्रों की पूरी सहायता करने में यह विफल रहा है, क्योंकि विकसित देश इसकी आपूर्तियाँ बढ़ाने में बाधक रहे हैं। इस प्रकार यह अपने सदस्य देशों को ऋण प्रदान करता है और इन दीर्घकालीन ऋणों पर कोई ब्याज वसूल नहीं करता। ऐसे ऋण प्रायः गरीब देशों को दिए जाते हैं।

International Economics | अन्तरराष्ट्रीय अर्थशास्त्र

अन्तरराष्ट्रीय अर्थशास्त्र विभिन्न राष्ट्रों के बीच आर्थिक सम्बन्धों व पारस्परिक निर्भरता से सम्बन्धित विषयों का अध्ययन करता है। यह अध्ययन प्रमुखतया साधनों, सेवाओं और वस्तुओं के अन्तरराष्ट्रीय प्रवाहों के घरेलू उपभोक्ताओं के कल्याण पर पड़ने वाले प्रभावों का विश्लेषण करने के लिए किया जाता है। इन अन्तरराष्ट्रीय प्रवाहों का नियमन करने हेतु, जो राष्ट्रीय नीतियाँ अपनाई जाती हैं, उनके प्रभाव, पूर्वानुमान और परीक्षण का भी अध्ययन किया जाता है। यह अर्थशास्त्र की एक पृथक शाखा है, जो देश के भीतर आर्थिक सम्बन्धों से भिन्न है। इसका विषय क्षेत्र काफी व्यापक है। इसमें मुख्य रूप से अन्तरराष्ट्रीय व्यापार नीतियाँ एवं प्रबन्ध वाणिज्यिक नीतियों, भुगतान शेष, विदेशी विनिमय, अन्तरराष्ट्रीय मौद्रिक प्रणालियों और संस्थाओं का अध्ययन किया जाता है।

International Finance Corporation (IFC) | अन्तरराष्ट्रीय वित्त निगम

अन्तरराष्ट्रीय वित्त निगम विश्व बैंक से सम्बद्ध एक संस्था है, जिसकी स्थापना 1956 में निम्न कारणों से हुई (i) विश्व बैंक केवल एक सदस्य देश की सरकार को अथवा उसकी गारन्टी पर ऋण देता है। यह निगम निजी क्षेत्र को बिना उस देश की सरकार की गारन्टी के ऋण नहीं देता है। (ii) विश्व बैंक जोखिम पूँजी निजी क्षेत्र को प्रदान नहीं करता। अतः यह निगम दोनों कमियों को दूर

करने हेतु स्थापित किया गया। इसके मुख्य उद्देश्य निम्नलिखित हैं- (i) निगम का निजी निवेशकों के साथ मिलकर उत्पादकीय निजी उपक्रम की स्थापना सुधार और प्रसार के वित्त प्रबन्धन में सहायता करना (ii) घरेलू और विदेशी निजी पूँजी निवेश के अवसरों व अनुभवी प्रबन्धन को जुटाना है तथा (iii) सदस्य देशों में घरेलू और विदेशी पूँजी उत्पादकीय निवेश में प्रवाहित करने के लिए प्रोत्साहन देना तथा स्थितियाँ निर्मित करने हेतु प्रेरणा देना है। भारत इसका सदस्य है। भारत में इसके निवेश शक्ति, लोहा और इस्पात, मोटर, उद्योग, रसायन और पेट्रो-रसायन तथा सामान्य निर्माण जैसे उद्योगों में किए गए हैं। इसके द्वारा अत्यधिक गरीब देशों को बहुत कम सहायता दी गई है। इस प्रकार IFC निजी क्षेत्र को बिना गारण्टी ऋण देता है, पूँजी व प्रबन्ध का समन्वय करता है। तथा पूँजीवादी देशों को विकासशील देशों में विनियोग करने हेतु प्रेरित करता है।

International Gold Pool | अन्तरराष्ट्रीय स्वर्ण संगठन

इस संगठन की स्थापना 1961 में कई केन्द्रीय बैंकों के द्वारा लंदन के बाजार में स्वर्ण मूल्य को स्थिर रखने के उद्देश्य से हुई थी। इसमें निम्नांकित देशों ने भाग लिया- अमेरिका, बेल्जियम, इटली, नीदरलैण्ड्स, स्विट्जरलैण्ड, पश्चिमी जर्मनी तथा इंग्लैण्ड। फ्रांस ने 1967 के पश्चात इसमें सक्रिय भाग लिया।

International Labour Organisation (ILO) | अन्तरराष्ट्रीय श्रम संगठन

सामन्तवादी शोषण, औद्योगिक क्रांन्ति और प्रथम विश्व युद्ध से उत्पन्न परिस्थितियों ने श्रम शक्ति को झकझोर दिया। 1919 के प्रारम्भ में 32 राष्ट्रों ने वरसई संधि पर हस्ताक्षर कर श्रमिकों को उत्पन्न असंतोष के समाधान के प्रावधान किए तथा एक ऐसे संगठन की स्थापना का सुझाव दिया जो राष्ट्र संघ के सहयोग से श्रम समस्याओं के निराकरण हेतु प्रयास करें। इस प्रकार 1919 में इसकी शुरुआत हुई किन्तु एक विशिष्ट संगठन के रूप में संयुक्त राष्ट्र संघ के अधीन 1946 में अन्तरराष्ट्रीय श्रम संगठन की स्थापना हुई। इस संगठन के उद्देश्य रखे गए- (i) काम करने योग्य प्रत्येक श्रमिक के लिए रोजगार की व्यवस्था हो, (ii) प्रत्येक श्रमिक को काम करने के योग्य काम मिले, (iii) श्रमिकों की आय में वृद्धि कर उनके जीवन स्तर को ऊँचा उठाना (iv) श्रमिक गतिशीलता में वृद्धि करना, (v) श्रमिकों की सामाजिक सुरक्षा का प्रबन्ध करना, (vi) सामूहिक सौदे (Collective Bargaining) के अधिकार को सम्मान व प्रोत्साहन देना (vii) श्रमिकों की शिक्षा, प्रशिक्षण व उत्पादन क्षमता में वृद्धि करना (viii) श्रमिक आवास, चिकित्सा, मनोरंजन, समान मजदूरी, बाल कल्याण, काम करने की दशाओं में सुधार व प्रसूति संरक्षण आदि की पर्याप्त व्यवस्था करना। श्रम संगठन के प्रयासों से श्रम कल्याण और सामाजिक सुरक्षा के कई महत्वपूर्ण कार्य किए गए। यह बेहतर जीवन स्तर, कार्यदशाओं, वेतन दशाओं एवं पर्याप्त रोजगार अवसरों को प्रोत्साहन देता है। इसका कार्यालय लंदन में है तथा मुख्यालय जेनेवा में है।

International Liquidity | अन्तरराष्ट्रीय तरलता

इसका आशय विभिन्न देशों की अन्तरराष्ट्रीय लेन-देन की क्षमता से है। प्रत्येक देश अपने लेन-देन व ऋण दायित्वों के निबटारे के लिए अपने पास स्वर्ण, विदेशी मुद्रा का संग्रह रखते हैं, ताकि वे दूसरे देशों को अपनी देनदारियों के बदले में सोने या विदेशी मुद्रा का उपयोग कर सकें। किसी देश के समक्ष यदि अन्तरराष्ट्रीय तरलता की समस्या हो तो वह अन्तरराष्ट्रीय मुद्रा कोष (IMF) की सहायता से अपना भुगतान संतुलन ठीक कर सकता है। इस प्रकार देशों की मौद्रिक संस्थाओं के पास भुगतान संतुलन घाटे को पूरा करने हेतु उपलब्ध संसाधन अन्तरराष्ट्रीय तरलता कहलाते हैं। SDR अन्तराष्ट्रीय तरलता का एक प्रमुख साधन है।

International Monetary Fund (IMF) | अन्तरराष्ट्रीय मुद्रा कोष

अन्तरराष्ट्रीय मुद्रा कोष (IMF) एक अन्तरराष्ट्रीय मौद्रिक संस्था है। जुलाई 1944 के ब्रिटन-वुड्स समझौते के अनुसार 44 देशों ने इस कोष की स्थापना 27 सितम्बर 1945 में की थी। इसका प्रमुख उद्देश्य था कि 1920 और 1930 के दशकों में जैसे आर्थिक संकट आए, उनसे कैसे निबटा जाए। 1930 की विश्वव्यापी मंदी ने सम्पूर्ण विश्व को झकझोर दिया तथा स्वर्णमान का त्याग करने के लिए मजबूर कर दिया। फलस्वरूप राष्ट्रवादी नीतियाँ अपनाई गईं जिसमें व्यापार प्रतिबन्ध, विनिमय नियंत्रण का सहारा लिया गया। इसके द्वारा अन्तरराष्ट्रीय मौद्रिक सहयोग, अन्तरराष्ट्रीय व्यापार के विस्तार, आय एवं रोजगार वृद्धि, विनिमय स्थिरता, भुगतान हेतु बहुद्देशीय प्रणाली की स्थापना, सदस्य देशों को संरक्षण तथा भुगतान संतुलन आदि से सम्बन्धित उद्देश्य निर्धारित किए गए। यह अपने सदस्य देशों को अल्पकालीन ऋण प्रदान करता है। प्रशुल्क और व्यापार प्रतिबन्धों को घटाता है। अपने सदस्य देशों को मौद्रिक व राजकोषीय नीतियों के सम्बन्ध में तकनीकी सलाह देता है। इस प्रकार इसने एक कोष, नियंत्रक वित्तीय और निरीक्षणात्मक कार्य सम्पन्न कर अपने सदस्यों को लाभ पहुंचाया है। फिर भी कोष को अपने उद्देश्यों व कार्यों को पूरा करने के लिए अभी और अधिक प्रयास की आवश्यकता है, क्योंकि कोष के अधिकांश निर्णय विकसित देशों के पक्ष में होते हैं तथा विकासशील देशों की उपेक्षा होती है। यह IBRD की पूरक संस्था है।

International Trade | अन्तरराष्ट्रीय व्यापार

अन्तरराष्ट्रीय व्यापार दो देशों या राष्ट्रों के बीच होने वाला व्यापार है। यह एक पृथक अध्ययन है जो किसी भी प्रकार से अन्तर क्षेत्रीय व्यापार के समान नहीं है। किन्डल बर्गर के अनुसार "अन्तरराष्ट्रीय व्यापार को एक पृथक विषय माना जाता है। परम्परा के कारण, वास्तविक विश्व में अन्तरराष्ट्रीय आर्थिक प्रश्नों द्वारा प्रस्तुत की गई, अत्यावश्यक और महत्वपूर्ण समस्याओं के कारण क्योंकि यह घरेलू व्यापार से भिन्न नियमों का अनुसरण करता है और क्योंकि इसका अध्ययन समस्त अर्थशास्त्र के हमारे ज्ञान को प्रकाशमय तथा समृद्ध करता है। इस प्रकार अन्तरराष्ट्रीय व्यापार के अन्तर्गत व्यापार विभिन्नताओं, सिद्धान्तों, तुलनात्मक लागतों, संतुलन लाभों, शर्तों, संरक्षणों, प्रशुल्कों तथा साधन कीमतों का अध्ययन किया जाता है।

Investment | विनियोग

उपलब्ध वास्तविक पूँजीगत परिसंपत्तियों जैसे मशीनरी, भवन, प्लांट उपकरण आदि के स्टॉक में होने वाली वृद्धि शुद्ध विनियोग कहलाती है जो फर्म के उत्पादन व्यय को बताती है। कुल विनियोग में पूँजी की प्रतिस्थापन्न लागत भी सम्मिलित होती है।

Investment Banks | निवेश बैंक

वे वित्तीय संस्थाएँ जो उद्योगों को मध्यम व दीर्घकालीन ऋण या वित्त प्रदान करती हैं, निवेश बैंक कहलाती हैं।

Inventory Control | स्कन्ध नियंत्रण

स्कन्ध नियंत्रण कच्चे माल के स्टॉक व निर्मित माल के नियंत्रण या नियमन को कहते हैं। कुशल व्यावसायिक प्रबन्ध हेतु स्कन्ध नियंत्रण बहुत महत्वपूर्ण होता है।

Investment Grant | विनियोग अनुदान

विनियोग वृद्धि हेतु सरकार द्वारा सहायता प्राप्त क्षेत्रों में विभिन्न व्यापारिक संगठनों की स्थापना हेतु दिए जाने वाले अनुदान को विनियोग अनुदान कहा जाता है।

Investment Function | निवेश फलन

निवेश या विनियोग फलन यह बताता है कि विनियोग का स्तर कैसे निर्धारित होता है। निवेश ब्याज दर तथा पूँजी की सीमान्त दक्षता के उपभोग पर निर्भर करता है। पूँजी की सीमान्त दक्षता दी हुई होने पर यदि ब्याज की दर कम है तो निवेश अधिक होगा और ब्याज की दर अधिक होने पर निवेश कम होगा। पूँजी की सीमान्त दक्षता (MEC) आशाओं की दी हुई स्थिति एवं उपभोग पर निर्भर करती है। जितना उपभोग अधिक होगा, उतनी ही ब्याज की दर दी हुई होने पर पूँजी की सीमान्त दक्षता अधिक होगी तथा विनियोग भी अधिक होगा।

Investment Multiplier and Under Developed Countries | विनियोग गुणक और अल्पविकसित देश

अल्पविकसित देशों में विनियोग गुणक की सीमाएँ होती हैं, क्योंकि विकसित, विकासशील और अल्पविकसित अर्थव्यवस्थाओं में आधारभूत अन्तर होता है। विकसित अर्थव्यवस्थाओं में आय की अधिकता की तुलना में सीमान्त उपभोग क्षमता (MEC) कम होती है। फलस्वरूप समग्र मांग क्षमता में कमी के कारण विकासशील देशों में आय की कमी होती है तथा सीमान्त उपभोग क्षमता अधिक होती है। जबकि बेरोजगारी का आधारभूत कारण उत्पादकीय साधनों की कमी होता है। जब तक साधनों का पूर्ण रूप से दोहन नहीं होगा, उत्पादन वक्र बेलोचदार रहेगा। यही कारण है कि गुणक सिद्धान्त की कार्यक्षमता सीमित हो जाती है। विनियोग गुणक केन्ज ने प्रस्तुत किया, जो आय व विनियोग के परिवर्तन अनुपातों को बताता है।

$$\text{अर्थात् गुणक (K)} = \frac{\textit{समग्र आय में परिवर्तन } (\Delta Y)}{\textit{विनियोग में परिवर्तन } (\Delta 1)} \text{ या } K = \frac{1}{\textit{सीमान्त बचत प्रवृति}}$$

Invisible Hand | अदृश्य हाथ

अदृश्य हाथ की अवधारणा एक कपोल कल्पित विचार है, जिसका बहुत पहले ही खण्डन हो चुका है। इस शब्द का उपयोग सर्वप्रथम अर्थशास्त्र के जनक एडम-स्मिथ ने किया था। उनका विचार था कि समाज का सम्पूर्ण कल्याण किसी अदृश्य हाथ या रहस्यमय दैवी शक्ति द्वारा होता है, जबकि प्रत्येक व्यक्ति अहस्तक्षेप नीति के अन्तर्गत अपने लाभ व विकास के लिए संघर्ष करता है। स्मिथ के अनुसार एक अदृश्य हाथ किसी लालच के बिना व्यक्ति के विकास को प्रोत्साहित एवं प्रेरित करता है। इस मुहावरे का उपयोग अब केवल एक कल्पना से अधिक कुछ नहीं है। इसकी सम्बद्धता व स्वीकृति काफी समय पहले ही समाप्त हो चुकी है।

Invisible Trade | अदृश्य व्यापार

सेवाओं (Services) के व्यापार को अदृश्य व्यापार कहते हैं। बीमा, बैंक, जहाजरानी आदि सेवाओं का व्यापार अदृश्य व्यापार कहलाता है। अदृश्य व्यापार भुगतान संतुलन की एक प्रमुख मद है। अत: सेवाएँ, हस्तांतरण भुगतान और प्राप्तियाँ अदृश्य मदें कहलाती हैं। सेवाओं के लेन-देन में यात्रा तथा परिवहन, विदेशी निवेशों पर आय तथा भुगतान शामिल किए जाते हैं तथा हस्तान्तरण भुगतानों में

उपहारों, पेन्शनों, निजी प्रेषणों, विदेशियों द्वारा विदेशी व्यक्तियों तथा सरकारों से प्राप्त दान व उपहारों को सम्मिलित किया जाता है। इस प्रकार यह भुगतान शेष का भाग है, व्यापार शेष का नहीं।

Invoice | बीजक

यह एक ऐसा प्रपत्र होता है जो वस्तुओं और सेवाओं के आपूर्तिकर्ता द्वारा तैयार किया जाता है और क्रेता को सौदे का विवरण देने के लिए प्रेरित करता है इसमें क्रेता और विक्रेता के नाम और पते, बेची गई वस्तुओं का विवरण एवं विक्रय संबंधी शर्तों का विवरण होता है। इसे भुगतान का मांग पत्र भी कहते हैं।

Involuntary Unemployment | अनैच्छिक बेरोजगारी

केन्ज के विश्लेषण में, अनैच्छिक बेरोजगारी पूँजीवादी अर्थव्यवस्था से सम्बन्ध रखती है, जहां अधिकांश श्रमिक मजदूरी के लिए काम करते हैं तथा जहाँ उत्पादन अपने उपभोग के लिए होने के बजाय विनिमय के लिए अधिक होता है। अर्द्धविकसित अर्थव्यवस्थाओं का संगठित क्षेत्र इस सीमा में आता है। किन्तु जब देश की कुल कार्यशील जनसंख्या के सम्बन्ध में विचार किया जाता है तो इस क्षेत्र में अनैच्छिक बेरोजगारी के स्थान पर छिपी हुई बेरोजगारी मिलती है।

Iron Law of Wages or Subsistence Theory of Wages | मजदूरी का लौह सिद्धान्त या मजदूरी का जीवन निर्वाह सिद्धान्त

इस सिद्धान्त का निर्माण फ्रांस के प्रकृतिवादियों द्वारा किया गया। तत्पश्चात रिकार्डो ने इसका समर्थन किया। आगे चलकर लसाले (Lassale) ने इसे लौह सिद्धान्त का नाम दिया। कार्ल मार्क्स ने इसे अपने शोषण के सिद्धान्त का आधार बनाया। इस सिद्धान्त के अनुसार श्रमिकों की मजदूरी उनके जीवन निर्वाह व्यय के बराबर होनी चाहिए, जिससे कि वे जिन्दा रह सकें। मजदूरी न तो इससे अधिक दी जाए और न इससे कम। इस कठोरता के कारण ही इसे मजदूरी का लौह सिद्धान्त कहा गया। इस प्रकार की मजदूरी को प्राकृतिक मजदूरी (Natural Wage) भी कहा जाता है।

ISO-Cost Curves | समलागत वक्र

दिए हुए दो साधनों के संयोग से फर्म के उत्पादन की संभावनाओं को प्रकट करने वाले सममात्रा वक्रों का अध्ययन कर लेने के बाद हम साधनों की कीमतों पर आते हैं, जिन्हें सम-लागत वक्र कहते हैं। इन वक्रों को व्यय रेखाएँ (Outlay Lines), आगत कीमत रेखाएँ (Input Price Lines), साधन लागत रेखाएँ (Factor Cost Lines) तथा स्थिर व्यय रेखाएँ (Constant Outlay Lines) भी कहते हैं। अर्थात यह रेखा या वक्र रेखा दो उत्पत्ति साधनों के ऐसे विभिन्न संयोगों को बताती है, जिनका एक उत्पादक साधनों की दी हुई कीमतों पर एक निश्चित व्यय राशि के साथ उपयोग कर सकता है।

ISO Quants/ISO Product Curve | सममात्रा वक्र/समोत्पाद वक्र

सममात्रा वक्र (ISO Quant) वह है जिस पर श्रम और पूँजी के विभिन्न संयोग समान उत्पादन प्रकट करते हैं। एक समोत्पाद वक्र (ISO Product Curve) वह होता है जिस पर उत्पादन की अधिकतम प्राप्ति योग्य दर स्थिर होती है। इसे उत्पादन उदासीनता वक्र (Production Indifference Curve) या स्थिर उत्पादन वक्र भी कहते हैं। जिस प्रकार एक उदासीनता वक्र किन्हीं

दो वस्तुओं की सम-उपयोगिता को व्यक्त करते हैं, ठीक उसी प्रकार एक सममात्रा वक्र उत्पादन के दो साधनों के ऐसे विभिन्न संयोगों को प्रकट करता है, जो उत्पादक को समय की प्रति इकाई उत्पादन के समान स्तर को बताता है।

IS-LM Model | निवेश-बचत तथा मुद्रा मांग व आपूर्ति सिद्धान्त

यह सिद्धान्त मुद्रा, ब्याज और आय को वस्तु तथा मुद्रा बाजारों के हिक्स-हैनसन के सामान्य संतुलन के ढाँचे में सम्मिलित करता है। इसे IS-LM सिद्धान्त कहते हैं। IS यानी निवेश और बचत को कहते हैं, जो वस्तु बाजार के संतुलन को व्यक्त करता है। दूसरी ओर LM शब्द मुद्रा की मांग (L) और मुद्रा की आपूर्ति (M) की समानता को बताता है, जो मुद्रा बाजार के संतुलन को बताता है। वस्तु बाजार और मुद्रा बाजार के सामान्य संतुलन के विश्लेषण के अन्तर्गत मौद्रिक और राजकोषीय नीतियों की प्रभावशीलता को समझने के लिए IS और LM वक्रों को व्युत्पन्न कर उनकी ढाल का अध्ययन किया जाता है।

Issue | निर्गम

निवेश हेतु जब लोगों की एक निश्चित समय और निश्चित श्रेणी हेतु निश्चित कीमत पर अंश (Shares) बॉण्ड या स्कन्ध (Stock) का निश्चित निर्गम किया जाता है तो इसे निर्गम (Issue) कहते हैं। निर्गम अंशधारियों को सीधे ही दिए जा सकते हैं या ब्रोकर या दलाल के माध्यम से सम मूल्य (At Par) निर्गमित किए जा सकते हैं।

Issuing House | निर्गम गृह

यह एक वित्तीय संस्था होती है, जो एक पब्लिक लिमिटेड कम्पनी की तरफ से अंशों (Shares) के सार्वजनिक निर्गमों की व्यवस्था करती है। यह गृह निर्गमित अंशों को खरीदकर ऊँची कीमतों पर बेचने का कार्य भी करता है।

J

J – Curve Effect | जे-वक्र प्रभाव

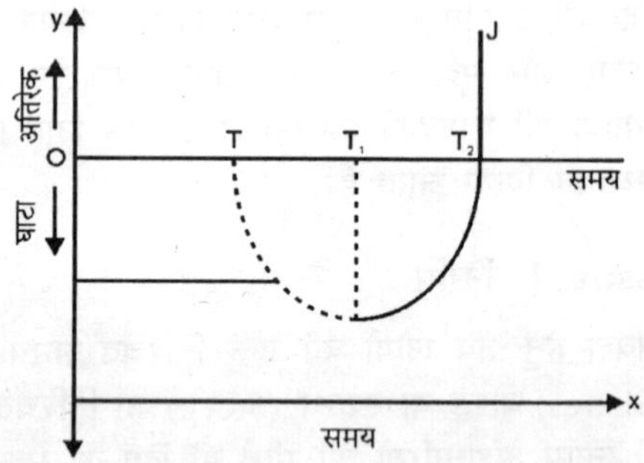

जे-वक्र चूंकि अंग्रेजी के 'जे' आकार का होता है, इसलिए इसे जे-वक्र कहा जाता है। यह जे-वक्र बताता है कि अवमूल्यन का किसी समयावधि में भुगतान शेष पर क्या प्रभाव पड़ता है? अर्थशास्त्रियों के अनुसार पहले अल्पकाल में अवमूल्यन भुगतान शेष घाटे को और अधिक बढ़ाता है तथा दीर्घकाल में इसे लाभदायक बनाता है। ऐसा इसलिए होता है, क्योंकि आरम्भ में निर्यात तथा आयात की मांग तथा पूर्ति की लोच कम हो सकती है, क्योंकि अवमूल्यन के शीघ्र पश्चात निर्यात अधिक करना होगा तथा आयात के लिए अधिक भुगतान करना पड़ेगा। ऐसा करने में कुछ समय लगता है। अतः आरंभ में घाटा और फिर सुधार के कारण जे-वक्र प्रभाव होता है। चित्रानुसार समय को क्षैतिज अक्ष पर तथा घाटा व अतिरेक को अनुलम्ब अक्ष पर दिखाया गया है। T समय पर अवमूल्यन किया जाता है। आरम्भ में वक्र जे का घुमाव बड़ा है जो भुगतान शेष में अधिक घाटे को दर्शाता है। यह समय T_1 के पश्चात ही ऊपर की ओर बढ़ना शुरू होता है तथा भुगतान शेष का घाटा कम होने लगता है। समय T_2 पर भुगतान शेष संतुलन में है, किन्तु इसके बाद अतिरेक (Surplus) पैदा होता है।

Jelly Capital or Soft Capital | आसान पूँजी

यह वह पूँजी होती है जब यह माना जाता है कि पूँजी-श्रम अनुपात में तुरन्त परिवर्तन किया जा सकता है।

Jeon | जिओन

यह उत्तरी व दक्षिणी कोरिया दोनों की सहायक मुद्रा इकाई है। 100 जिओन का मूल्य 1 वॉन (Won) के बराबर होता है।

Job Analysis | रोजगार विश्लेषण

समंक संकलन के लिए कार्य का विश्लेषण करने में सावधानीपूर्वक अध्ययन की आवश्यकता होती है। कार्य के सभी पक्षों का अध्ययन करने हेतु कार्य की व्याख्या व वर्णन पर ध्यान दिया जाता है, जिसमें कार्य का नाम पद, संकेतांक, साधन, औजार, मशीनों, माल, काम की दशाओं, निरीक्षण, दायित्व एवं कर्तव्यों का विश्लेषण किया जाता है। यह विश्लेषण, लिखित, वर्णित, कार्यप्रश्नावली निरीक्षण तथा साक्षात्कार के रूप में हो सकता है। अतः क्षमता में वृद्धि या रोजगार मूल्यांकन की दृष्टि से किसी विशिष्ट तथ्य का अध्ययन रोजगार या व्यवसाय विश्लेषण कहलाता है।

Job Card | रोजगार पहचान पत्र

यह वह कार्ड होता है जो कार्यरत व्यक्ति के काम का सूची पत्र होता है, जिसमें रोजगार प्रारम्भ करने व कार्य सम्बन्धी पहचान व परिचय होता है।

Job Centres | रोजगार केन्द्र

ये वे केन्द्र होते हैं, जहां काम करने वालों को काम मिलता है। अर्थात उन लोगों को काम मिलता है जो या तो काम से वंचित हैं या जो उपयुक्त व अच्छा पारिश्रमिक देने वाले काम के इन्तजार में हैं। रोजगार केन्द्र समय-समय पर विभिन्न प्रकार के खाली पदों का प्रकाशन व प्रदर्शन करते हैं, जो योग्यता व आवश्यक अनुभव तथा वेतन व भत्तों की जानकारी भी देते हैं। ऐसे रोजगार केन्द्र प्रायः शहरी क्षेत्रों में केन्द्रित होते हैं, ताकि खाली पदों की विस्तृत जानकारी मिल सके तथा उपयुक्त व्यक्ति उन पदों के लिए अपना आवेदन पत्र प्रस्तुत कर सकें। भारत में यह कार्य रोजगार कार्यालयों द्वारा किया जाता है।

Job Classification | रोजगार वर्गीकरण

भिन्न-भिन्न प्रकार के रोजगारों को वर्गीकृत कर उनसे सम्बन्धित कर्तव्यों, दायित्वों तथा रोजगार की विशेषताओं की प्रक्रिया को स्पष्ट किया जाता है। इसके अन्तर्गत कामगार का वेतन निर्धारण किया जाता है व रोजगार को अलग-अलग समूहों में बाँटा जाता है।

Job Cluster | रोजगार समूह

ये रोजगार समूह श्रम बाजार में अलग-अलग व्यवसाय या काम के अनुसार बनाए जाते हैं, जो परस्पर इतने सम्बद्ध होते हैं कि उनकी एक सी विशेषताएँ और एक सी मजदूरी होती है क्योंकि कार्य स्थल पर प्रयुक्त तकनीक, उत्पादन का प्रशासनिक संगठन सामाजिक रीति-रिवाजों के अनुसार रोजगार के भिन्न-भिन्न समूह बन जाते हैं। उनके वेतन व मजदूरियाँ भी भिन्न-भिन्न होती हैं।

Job Content | रोजगार तथ्य

एक रोजगार में विशेष कार्य पद्धति की आवश्यकता होती है, जैसे भौतिक पर्यावरण व अन्य कार्य दशाएँ। इसके साथ अन्य तत्वों को भी ध्यान में रखना पड़ता है, जो उस व्यवसाय के लिए आवश्यक हों।

Job Depth | रोजगार की गहराई या गंभीरता

रोजगार की गंभीरता नियंत्रण की वह मात्रा होती है, जिसमें एक व्यक्ति अपने रोजगार को बदल व प्रभावित कर सके तथा रोजगार के आस-पास के वातावरण को बदल सके।

Job Description | रोजगार का विवरण या व्याख्या

रोजगार का विवरण एक लिखित सूची होती है, जिसमें एक रोजगारकर्ता को क्या करना है, कैसे करना है, तथा क्यों करना है, आदि का विवरण होता है। इसमें रोजगार से सम्बन्धित सभी जानकारी, वातावरण तथा कार्य की दशाओं का हवाला होता है। साथ ही रोजगार के लिए क्या योग्यता व क्या वेतन व अन्य शर्तें होंगी का विवरण होता है। इनकी पूर्ति करने वाले को उस पद के योग्य समझा जाता है।

Job Duplication | रोजगार का दोहरापन

रोजगार का दोहरापन तब होता है जब एक व्यक्ति एक से अधिक रोजगार हेतु एक ही समय में रोजगार हेतु आवेदन करता है ताकि वह किसी एक ही रोजगार से प्राप्त आय पर निर्भर न रहे। ऐसा प्रायः अल्पविकसित देशों के अनौपचारिक क्षेत्रों में पाया जाता है।

Job Enrichment | रोजगार की समृद्धि

हर्जबर्ग द्वारा विकसित कार्य विधि, जिसमें व्यक्ति की निर्णय शक्ति को बढ़ाया जाता है, ताकि वह अपने कार्यों और परिणामों का चयन कर सके। इसमें अपनी कार्यक्षमता में सुधार और मानवीय संतुष्टि को विकसित करने की आवश्यकता होती है। साथ ही अपने रोजगार को व्यक्तिगत उपलब्धियों, पहचान, ललकारने व जिम्मेदारी निभाने आदि की क्षमता विकसित कर समृद्ध बनाया जा सकता है, ताकि व्यक्ति को आगे बढ़ने व विकास करने के अधिक अवसर प्राप्त हो सकें।

Job Evaluation | रोजगार का मूल्यांकन

किसी फर्म या उद्योग में रोजगार के सापेक्षिक मूल्य निर्धारण का कार्य रोजगार मूल्यांकन कहलाता है। अर्थात उस रोजगार में उचित मजदूरी क्या होनी चाहिए। यह एक प्रक्रिया है कि किसी रोजगार के विश्लेषण और मूल्यांकन से उसका महत्व और विश्वास बढ़ता है। यह संतुलन मजदूरी ढाँचे का आधार बनता है। यह एक ऐसी प्रक्रिया है, जिसमें रोजगार के विभिन्न तत्वों जैसे विभिन्न कौशल, प्राप्त ज्ञान, जिम्मेदारी तथा भौतिक कार्य दशाएँ आदि रोजगार को प्राप्त करने का आधार बनते हैं। इस प्रक्रिया का सम्बन्ध बाजार दरों, जो प्रमुख रोजगारों के लिए निर्धारित हैं, से होता है। रोजगार मूल्यांकन एक आत्म चेतना सम्बन्धी (Subjective) प्रक्रिया है, जिसकी सफलता बाजार की आज्ञा की अनुरूपता पर निर्भर करती है।

Job Grading | रोजगार श्रेणीकरण

रोजगार श्रेणीकरण प्रत्येक प्रकार के रोजगार का वर्गीकरण एवं विश्लेषण होता है, जिनका निर्वाह एक संगठन में होता है। वास्तव में यह रोजगार मूल्यांकन का एक भाग है। किसी भी संगठन में रोजगार का मूल्य निर्धारण बताता है कि दूसरे उद्योगों में कार्यरत लोगों के मूल्यों से कैसे तुलना की जाती है। तब किसी विशेष आधार पर उनका समूहकरण किया जाता है। अर्थात रोजगार का प्रकार और उसके पारिश्रमिक के रूप में रोजगार का समूहकरण किया जाता है।

Job Longevity | रोजगार का विस्तार

यह धारणा किसी रोजगार में व्यतीत समयावधि या विस्तार को बताती है, जो एक व्यक्ति के रोजगार संतुष्टि में किसने अधिक योगदान दिया है, निर्धारित करता है। जैसे– किसी रोजगार में पांच वर्ष की अवधि के पश्चात संगठनात्मक वातावरण जैसे वेतन, ऊपरी लाभ तथा अपने सहयोगियों के साथ सम्बन्ध व निरीक्षक आदि से रोजगार का कार्यव्यवहार अधिक महत्वपूर्ण होता है।

Job Search Channels | रोजगार खोज के स्रोत

रोजगार खोज के स्रोत के अन्तर्गत उन विधियों पर विचार किया जाता है, जिनके द्वारा रोजगार के स्रोतों या अवसरों को खोजा जाता है तथा प्राप्त किया जाता है। इन विधियों को औपचारिक और अनौपचारिक दो भागों में विभाजित किया जाता है। औपचारिक विधियों के अन्तर्गत सार्वजनिक

रोजगार सेवाएँ आती हैं तथा रोजगार संस्थाएँ व व्यापारिक संघ के कार्यक्रम आते हैं। अनौपचारिक में अभ्युदेशक (Referrals) एवं आवेदन पत्र के माध्यम से रोजगार के अवसर खोजे जाते हैं और पाए जाते हैं।

Job Specification | रोजगार की विशिष्टता

रोजगार की विशिष्टता के अन्तर्गत किसी विशेष रोजगार के लिए शिक्षा, अनुभव, प्रशिक्षण, प्रोत्साहन, भौतिक आवश्यकताएँ, अनुकूलन, मानसिक और दृश्यमांग, भावनात्मक आवश्यकताएँ आदि आवश्यक तथ्य सम्मिलित किए जाते हैं।

Job Splitting | रोजगार विदारण या फटन

यह उस प्रयोग को बताता है जहाँ दो व्यक्ति एक ही रोजगार पर एक ही मजदूरी पर कार्य करते हैं।

Jobber | मध्यस्थ/आढ़तिया/सटोरिया

वह व्यक्ति जो हमेशा अंशों की खरीद फरोख्त की मंशा रखता है तथा जो अंशों व प्रतिभूतियों के क्रय-विक्रय का एक बाज़ार बना लेता है, उसे सटोरिया कहा जाता है। सटोरिये की होशियारी इसी में है कि वह अंशों व प्रतिभूतियों की खरीद कम मूल्यों पर करे और उन्हें अधिक मूल्यों पर बेचे। इन दोनों के मूल्यों का अन्तर ही सटोरिये का लाभ होता है। यदि सटोरिये को किसी समय विशेष पर अंशों व प्रतिभूतियों का मूल्य कम होता प्रतीत होता है तो वह अपने विश्लेषण व भविष्यवाणी के अनुसार यह संभावना लेकर चलता है कि कुछ समय के पश्चात इनकी कीमतें बढ़ेंगी तो वह इनका संग्रह व क्रय करेगा और जब इनकी कीमतें बढ़ेंगी तब बेचेगा। ऐसे व्यक्ति को सटोरिया कहते हैं।

Jobber's Turn | आढ़तिए का झुकाव

आढ़तिए का झुकाव दो वस्तुओं के प्रचलित मूल्यों या स्कन्ध विनिमय (Stock Exchange) में प्रतिभूतियों के प्रचलित मूल्यों के अन्तर को बताता है। अर्थात क्रय मूल्य और विक्रय मूल्य। आढ़तिया स्कन्ध ब्रोकर को अपनी प्रतिभूतियों व अंशों को प्रचलित मूल्यों से ऊँचे मूल्यों पर बेचने व प्रचलित मूल्यों से नीचे मूल्यों पर क्रय या खरीदने का आदेश देता है। अर्थात आढ़तिए का झुकाव प्राय: ऐसा ही देखने को मिलता है।

Jobless Growth | रोजगार रहित वृद्धि

उत्पादन की वह वृद्धि, जो मशीनों के श्रेष्ठ उपयोग व नवीनीकरण के कारण संभव होती है, जबकि रोजगार में कोई वृद्धि नहीं हो तो इसे रोजगारहीन वृद्धि कहते हैं।

Joint Costs | संयुक्त लागतें

जब संयुक्त उत्पादन करते समय दो या दो से अधिक वस्तुएँ उत्पादित करने की लागतें संयुक्त रूप से लगती हैं तो इन लागतों को एक से दूसरे उत्पादन में बाँटना या विभाजित (Split) करना संभव नहीं होता है। ऐसी लागतों को संयुक्त लागतें कहते हैं।

Joint Demand | संयुक्त मांग

संयुक्त मांग का अभिप्राय किसी वस्तु की एक या अधिक अलग-अलग मात्रा से आवश्यकता की संतुष्टि होती है। अर्थात जिनका एक साथ उपभोग करने से आवश्यकता की पूर्ति होती है तो ऐसी

वस्तुओं की मांग को संयुक्त मांग कहते हैं जैसे- पेन और स्याही, गाड़ी और पेट्रोल आदि। संयुक्त मांग पूरक वस्तुओं में उत्पन्न होती है।

Joint Product | संयुक्त उत्पादन

संयुक्त मांग की भाँति जहां दो या दो से अधिक वस्तुओं का उत्पादन एक साथ होता है तो इसे संयुक्त उत्पादन कहते हैं। अर्थात संयुक्त उत्पादन वह होता है जब एक वस्तु के उत्पादन के साथ दूसरी वस्तु का उत्पादन स्वतः ही हो जाता है। इस प्रकार दो या दो से अधिक वस्तुओं का एक साथ उत्पादन संयुक्त उत्पादन कहलाता है। जैसे चमड़ा और पशुमांस, ऊन और भेड़ का मांस आदि का संयुक्त उत्पादन होता है।

Joint Profit | संयुक्त लाभ

वह लाभ जो प्रतिस्पर्धी फर्मों के छोटे समूह के द्वारा प्राप्त किया जाता है, संयुक्त लाभ कहलाता है। फर्में छोटे समूह में उन नीतियों से अधिक प्रेरित हो सकती हैं, जो समूह के उत्पादन को अधिकतम करेंगी। अर्थात समूह एक फर्म के रूप में व्यवहार करेगा या एक एकाधिकारी की तरह कार्य करेगा ताकि उसे अधिकतम लाभ हो। प्रतिस्पर्धी फर्मों की कार्यवाही से संयुक्त लाभ का आकार प्रभावित होता है तथा प्रतिस्पर्धा परस्पर विभाजन को भी प्रभावित करती है।

Joint Sector | संयुक्त क्षेत्र

भारत में संयुक्त क्षेत्र की धारणा 1956 की औद्योगिक नीति पत्र के द्वारा प्रारम्भ हुई। सैद्धान्तिक रूप से यह सार्वजनिक व निजी क्षेत्र के सह-अस्तित्व को बताती है। अर्थात जब एक उद्योग में सार्वजनिक व निजी उद्यम एक साथ कार्य करें तो इसे संयुक्त क्षेत्र कहते हैं। 1956 में 12 उद्योगों में यह नीति लागू की गई थी, जिनमें राज्य व निजी क्षेत्रों ने मिलकर नई इकाइयों की स्थापना की तथा पूर्व में स्थापित इकाइयों का विस्तार किया।

Joint Stock Company | संयुक्त स्कन्ध कम्पनी

यह एक ऐसी फर्म होती है जिसमें निम्नांकित विशेषताएँ पाई जाती हैं- (i) पूँजी का अंशदान कई अंशधारी मिलकर करते हैं। (ii) यह एक कृत्रिम व्यक्ति की भाँति होती है, जिसकी एक अलग कानूनी सत्ता होती है। (iii) एक स्वैच्छिक संस्था होती है, जिसमें सभी अंशधारियों का उद्देश्य लाभ कमाने का होता है। (iv) इसके पास विधिक अनुमति होती है। (v) इसकी सतत प्रकृति होती है तथा इसकी सामान्य मोहर (Seal) होती है। (vi) अंशधारियों का दायित्व सीमित होता है। तथा (vii) फर्म का प्रबन्ध चुने हुए प्रतिनिधियों के द्वारा होता है, जिनसे निदेशक मंडल का निर्माण होता है। अतः इसमें पूँजी को छोटे मूल्यों वाले अंशों (Shares) में बाँट दिया जाता है, ताकि निवेशक अपनी इच्छानुसार छोटा या बड़ा निवेश कर सकें। लाभ का वितरण अंशों के अनुपात में होता है।

Joint Supply | संयुक्त आपूर्ति

यह वह दशा होती है, जिसमें एक वस्तु की आपूर्ति के साथ दूसरी वस्तु की आपूर्ति समाहित रहती है। जैसे- मांस और चमड़ा। यदि मांस की आपूर्ति बढ़ती है तो इसके साथ चमड़े की आपूर्ति भी बढ़ेगी। इस प्रकार एक ही कच्चे माल से दो या अधिक वस्तुओं का एक साथ उत्पादन संयुक्त आपूर्ति कहलाता है।

Joint Venture | संयुक्त उपक्रम

यह वह स्थिति होती है, जहां एक आर्थिक क्रिया में दोनों सार्वजनिक व निजी उपक्रम एक साथ काम करते हैं। ऐसी स्थिति प्राय: अर्द्धविकसित देशों में पाई जाती है जहां पूँजी का भारी अभाव होता है निजी क्षेत्र में। सरकारी कोष की आवश्यकता प्राय: औद्योगिक व बैंकिंग सेवाओं के विकास में पड़ती है। इसलिए संयुक्त उपक्रम का साथ-साथ चलना आवश्यक हो जाता है।

Journal | पत्रिका

यह शब्द फ्रेंच शब्द फोर (Four) से बना है, जिसका अर्थ होता है दिन (Day) इसलिए पत्रिका का अभिप्राय प्रतिदिन होने वाले व्यावसायिक लेन-देन से होता है। पत्रिका वास्तविक इन्द्राज (Entry) की पुस्तिका होती है क्योंकि लेन-देन का ब्यौरा सबसे पहले इस पत्रिका में लिखा जाता है। उसके बाद इसका इन्द्राज किसी उपयुक्त समय पर लेजर या लेखा बही में होता है।

Juglar Cycle | जुग्लर चक्र

इस चक्र को बड़ा चक्र भी कहते हैं। एक परिभाषा के अनुसार यह क्रमिक संकटों के बीच व्यापार क्रिया का उतार-चढ़ाव होता है। 1862 में फ्रांसीसी अर्थशास्त्री क्लीमेंट जुग्लर ने यह बताया था कि समृद्धि, संकट तथा परिसमापन की अवधियाँ हमेशा एक ही क्रम में एक दूसरे के बाद आती हैं। पश्चिमी अर्थशास्त्रियों के अनुसार जुग्लर चक्र की अवधि औसतन साढ़े नौ वर्ष की होती है।

Just Price | उचित मूल्य

मध्यकालीन आर्थिक विचारक सन्त थॉमस एक्विनास ने मूल्य के न्यायपूर्ण होने पर अधिक बल दिया था। उनका उचित मूल्य का सिद्धान्त बहुत प्रसिद्ध है। उनके अनुसार मूल्य उतना ही हो, जितना न्यायपूर्ण है। ये मिलावट व घटियापन को बुरा मानते हैं। बाइबिल के अनुसार जो व्यक्ति सस्ता खरीदकर लाभ कमाने के लिए महँगा बेचते हैं, उन्हें ईश्वर के मंदिर से बहिष्कृत कर दिया जाता है। उचित मूल्य वही है जो लागत के बराबर है। वस्तु मूल्य में बढ़ोतरी तभी उचित होगी यदि वस्तु के गुणों में सुधार हो या वस्तु प्राप्ति में यातायात लागत लगी हो। व्यापार यदि अनैतिक तरीके से हो तो वह अनुचित है तथा किसी घटिया वस्तु को अच्छी बताकर बेचना भी अनुचित कहा जाएगा।

K

Kaldor's Cycle | कालडर चक्र

निकोलस कालडर ने बचत और निवेश की केन्ज की शब्दावली के आधार पर व्यापार चक्र का निर्माण किया। उसके अनुसार चक्र दबावों का प्रभाव है, जो अर्थव्यवस्था की नियोजित बचत और निवेश को समानता की ओर ले जाता है। वास्तव में नियोजित बचत और निवेश का अन्तर इस व्यापार चक्र का कारण है। किन्तु ऐसा व्यापार चक्र तभी आता है, जब बचत और निवेश असमान या अरेखीय हो।

Kalecki's Theory | केलेकी का सिद्धान्त

केन्ज का निष्कर्ष था कि उपभोग का प्रारम्भिक बिन्दु ही विनियोग है। उनके अनुसार विनियोग पर होने वाला प्रारम्भिक व्यय ही गुणक प्रभाव का परिणाम होता है। अर्थात विनियोग का आय प्रभाव उपभोग की क्षमता पर निर्भर करता है। केलेकी ने केन्ज के इस मत में सुधार करते हुए बताया कि व्यापारिक गतिविधियों में गुणक से अधिक त्वरक (Accelerator) एक बड़ा झूम (Swing) है। केलेकी के अनुसार विनियोग में परिवर्तन का तत्काल प्रभाव आय वृद्धि का परिणाम नहीं होता। इसमें समय लगता है। अगर विनियोग समय दर समय एक निश्चित प्रतिशत में बढ़ता है तो विनियोग की प्रथम खुराक से दूसरी खुराक का प्रभाव अधिक होता है। यह क्रमिक प्रभाव जारी रहता है, चाहे विनियोग निरन्तर व समान न भी हो। आर्थिक समृद्धि तेजी (Boom) की ओर बढ़ती रहेगी। किन्तु समय अन्तराल इसे अवश्य प्रभावित करता है। आय के कम होने के साथ उपभोग भी कम होगा। केलेकी के अनुसार क्रमिक विनियोग की खुराक से दिए हुए समय में आय में कमी होने लगेगी, जिसका परिणाम चक्रीय प्रभाव के रूप में सामने आएगा और अन्त में यह विनियोग में कमी का कारण बनेगा।

Kennedy Round | कैनेडी दौर

सन् 1947 से गैट के अन्तर्गत विश्व व्यापार वार्ताओं के 7 दौर (Round) या सम्मेलन आयोजित किए गए। छठा दौर, जिसे केनेडी दौर कहा जाता है, जेनेवा में आयोजित हुआ था। (1963 से 1967 तक) मई 1964 में जेनेवा में व्यापार वार्ताओं के कैनेडी दौर का प्रारम्भ हुआ, जो 30 जून 1967 को पूरा हुआ। कैनेडी दौर में कई देश कृषि मदों पर 25% की औसत शुल्क कटौती करने तथा इन्हें सामान्य प्रशुल्कों से संरक्षित करने के लिए सहमत हो गए, किन्तु डेयरी वस्तुओं पर कोई प्रगति नहीं हुई। व्यापार की गैर प्रशुल्क बाधाएँ दूर नहीं हुईं और विकासशील देशों की समस्याओं की ओर बहुत कम ध्यान दिया गया। कैनेडी दौर के अंत तक बड़े व्यापारिक देशों का भारित औसत प्रशुल्क सभी औद्योगिक वस्तुओं पर 7.7 प्रतिशत, पूर्ण एवं निर्मित वस्तुओं पर 9.8 प्रतिशत, अर्द्धनिर्मित वस्तुओं पर 8 प्रतिशत और कच्चे माल पर 2 प्रतिशत तक कम हो गया। इस प्रकार कैनेडी दौर में औद्योगिक प्रशुल्क में 50% तक कटौती व 30% तक औसतन सकल प्रशुल्क कटौती के समझौते किए गए।

Key Industry | प्रमुख उद्योग

वे प्रमुख उद्योग, जो दूसरे उद्योगों के लिए तथा सम्पूर्ण अर्थव्यवस्था के लिए महत्वपूर्ण होते हैं, प्रमुख उद्योग कहलाते हैं।

Key Rates | प्रमुख दरें

प्रमुख दरें आन्तरिक श्रम बाजार के प्रमुख व्यवसायों की मजदूरी दरें होती हैं जो बाहरी बाजार से सम्बन्ध स्थापित करने हेतु महत्वपूर्ण बिन्दु के रूप में कार्य करती हैं। प्रत्येक व्यवसाय से सम्बन्धित दरें, जो फर्म की मजदूरी दरों के लिए भी विशिष्ट होती हैं, इनका सम्बन्ध प्रायः प्रमुख दरों से होता है तथा इनके साथ ही चलती हैं।

Keynes Effect | केन्ज प्रभाव

मौद्रिक मजदूरी और ब्याज दरों में कटौती करके निवेश तथा रोजगार बढ़ाने की प्रक्रिया को 'केन्ज प्रभाव' कहते हैं। केन्ज का मत है कि जब मजदूरी और कीमतें गिरती हैं तो मौद्रिक आय भी घट जाती है। अर्थात वास्तविक आय बढ़ जाती है। इसलिए लेन-देन व सतर्कता उद्देश्यों के लिए लोगों को कम मुद्रा की जरूरत होगी। यदि मान लिया जाए कि मुद्रा की आपूर्ति में कोई परिवर्तन नहीं होता, तो लोगों के पास आवश्यकता से अधिक मुद्रा तरल रूप में होगी। इससे सट्टा उद्देश्यों के लिए मुद्रा की मांग बढ़ जाएगी। इसलिए लोग अतिरिक्त मुद्रा को प्रतिभूतियों तथा बाँड खरीदने में निवेश करेंगे। ऐसी परिसम्पत्तियों की मांग बढ़ने से उनकी कीमतें बढ़ जाएँगी। फलस्वरूप ब्याज की दरें घट जाएँगी। घटती ब्याज दरें आगे निवेश, राष्ट्रीय आय और रोजगार में वृद्धि करेंगी। किन्तु केन्ज यह नहीं मानते थे कि लचीली मजदूरी एवं कीमत नीति से पूर्ण रोजगार की अवस्था आ सकती है। इससे केवल अल्परोजगार संतुलन की स्थिति आ सकती है। पेटिनकिन, शेपीरो व हैनसन आदि ने केन्ज प्रभाव की आलोचना की है।

Keynesian Economics | केन्ज का अर्थशास्त्र

केन्ज के अर्थशास्त्र को निम्नांकित विशेषताओं के आधार पर समझ सकते हैं- (i) केन्ज के अर्थशास्त्र का मूल आधार समष्टि विश्लेषण (Macro Analysis) है। (ii) केन्ज का समष्टि विश्लेषण दीर्घकालीन न होकर अल्पकालीन है। (iii) केन्ज के सभी सिद्धान्त मुद्रा प्रणाली पर आश्रित अर्थव्यवस्था के सिद्धान्त हैं (iv) केन्ज के अर्थशास्त्र में उपभोग को सबसे अधिक महत्व दिया गया है। (v) केन्ज का अर्थशास्त्र उद्देश्यपूर्ण अर्थशास्त्र है। (vi) केन्ज के अर्थशास्त्र में आर्थिक नियंत्रणों का निर्देश दिया गया है। (vii) केन्ज का अर्थशास्त्र आगमन प्रणाली पर आधारित है, तथा (viii) केन्ज के अर्थशास्त्र को मंदी का अर्थशास्त्र कहा जाता है।

Keynesian Economics and Developing Countries | केन्ज का अर्थशास्त्र और विकासशील देश

केन्ज के आर्थिक सिद्धान्तों की एक आलोचना यह की जाती है कि इनके सिद्धान्त पिछड़े और विकासशील देशों में लागू नहीं होते। जैसा कि शुम्पीटर ने कहा है- "व्यावहारिक कीन्सवाद एक ऐसा पौधा है जो कि विदेशी भूमि में नहीं लग सकता क्योंकि यह वहां नष्ट हो जाता है।" इसके कई कारण हैं जैसे- (i) विकसित देशों में बेरोजगारी व्यापार चक्रों के कारण उत्पन्न मंदी के कारण होती है, जबकि विकासशील देशों में यह उद्योगों की कमी के कारण होती है। (ii) केन्ज के सिद्धान्त अल्पकालीन हैं, जबकि विकासशील देशों की समस्याएँ दीर्घकालीन हैं। (iii) केन्ज के

सिद्धान्त वहां लागू होते हैं, जहां अर्थव्यवस्था में अधिक से अधिक मशीनीकरण हो, पूँजी गहन तकनीक और पूँजी की गतिशीलता हो, संगठित श्रम व मुद्रा बाजार हो, किन्तु विकासशील देशों में ऐसा नहीं है। (iv) केन्ज के कई सिद्धान्त विकासशील देशों के लिए हानिकारक हो सकते हैं जैसे अधिक उपभोग का सिद्धान्त। (v) संचय से पूँजी निर्माण होता है, किन्तु अल्पविकसित देशों में पूँजी की कमी होती है। (vi) केन्ज का सिद्धान्त निर्माणी उद्योगों पर आधारित है। अविकसित देशों में कृषि, मछली पकड़ना व पशुपालन आदि जिनका विकास कठिन होता है। किन्तु यह कहना सही नहीं है कि केन्ज के आर्थिक सिद्धान्त अल्पविकसित देशों में लागू नहीं होते। कई क्षेत्रों में केन्ज के सिद्धान्त वहां भी लाभप्रद सिद्ध हो सकते हैं।

Keynesian Revolution | केन्ज की क्रांति

केन्ज की पुस्तक 'सामान्य सिद्धान्त' ने आर्थिक जगत में एक नवीन क्रांति का सूत्रपात किया। केन्ज की पुस्तक The General Theory of Employment, Interest and Money 1936 में प्रकाशित हुई। इसका प्रथम भाग सामान्य सिद्धान्त, प्रतिष्ठित अर्थशास्त्र की आलोचना और प्रभावी मांग से सम्बन्धित है। दूसरा भाग रोजगार, उत्पादन, आय-व्यय तथा बचत से सम्बन्धित है। तीसरा भाग उपभोग के विश्लेषण को तथा चौथा भाग पूँजी की उत्पादकता एवं ब्याज के सिद्धान्त को बताता है। पाँचवें भाग में मूल्य तथा मजदूरी का वर्णन है। छठे भाग में व्यापार चक्र, वणिकवाद की समीक्षा और सामाजिक दर्शन आदि का वर्णन है। इस प्रकार यह पुस्तक एक विशाल अन्तदृष्टि को प्रदर्शित करती है। यह आर्थिक क्रिया का दर्शन है, जो केवल तर्क पर आश्रित नहीं है।

Keynesian School | केन्जियन विचारधारा

केन्ज कैम्ब्रिज विश्वविद्यालय से 1905 में स्नातक उपाधि प्राप्त कर 1909 में कैम्ब्रिज के किंग्ज कॉलेज में प्राध्यापक बने। यहां से उनका वास्तविक कार्य प्रारम्भ हुआ और उन्होंने अर्थशास्त्र तथा गणित आदि की समस्याओं पर चिंतन आरम्भ किया। केन्ज के विचारों पर मार्शल, माल्थस, रोबर्टसन, हॉबसन, विकसैल व वालरस आदि का प्रभाव पड़ा। मार्शल इनके गुरु थे। मार्शल ने इन्हें शताब्दी का सबसे महान अर्थशास्त्री कहा। कैम्ब्रिज के अर्थशास्त्री केन्जियन विचारधारा में आते हैं, जिन्होंने निम्नांकित सिद्धान्तों का पूर्ण या आंशिक समर्थन किया (i) मौद्रिक नीति की तुलना में राजकोषीय नीति अर्थव्यवस्था में अधिक प्रभावशाली रहती है। (ii) स्फीति की दर को सीमित रखने में आय की नीति का योगदान महत्वपूर्ण होता है। (iii) यदि नीतिगत औजारों का साधारण नियमों की अपेक्षा निर्णयात्मक उपयोग किया जाए तो अधिक स्थाई समष्टिगत वातावरण की उपलब्धि संभव हो सकती है। (iv) भुगतान संतुलन के लक्ष्य को प्राप्त करने में विनिमय दरें अधिक महत्वपूर्ण औजार सिद्ध हो सकती हैं, तथा (v) रोजगार का एक संभावित स्तर प्राप्त करने में तथा बेरोजगारी को काबू में रखने के लिए करों की महत्वपूर्ण भूमिका होती है।

Keynesian Theories | केन्ज के सिद्धान्त

केन्ज ने अर्थशास्त्र में निम्नांकित सिद्धान्तों का प्रतिपादन किया, जिन्होंने केन्ज को एक महान अर्थशास्त्री बना दिया। (i) केन्ज ने रोजगार और उत्पादन वृद्धि हेतु प्रभावशील मांग (Effective Demand) का सिद्धान्त प्रतिपादित किया। (ii) उपभोग को, जो कि प्रभावशील मांग का एक घटक है, केन्ज ने अत्यधिक महत्व दिया। इसमें आय तथा उपभोग प्रवृत्ति अत्यधिक महत्वपूर्ण है। (iii) केन्ज का विनियोग और रोजगार सम्बन्धी गुणक सिद्धान्त बहुत महत्वपूर्ण है। (iv) केन्ज का रोजगार सिद्धान्त अर्थशास्त्र का अत्यधिक महत्वपूर्ण सिद्धान्त है। (v) पूँजी की सीमान्त दक्षता या उत्पादकता का सिद्धान्त भी बहुत महत्वपूर्ण है। (vi) केन्ज का बचत तथा विनियोग का सिद्धान्त भी अर्थशास्त्र

का प्रमुख सिद्धान्त है। (vii) केन्ज का ब्याज का तरलता पसंदगी सिद्धान्त भी बहुत महत्वपूर्ण है। (viii) केन्ज का व्यापार चक्र मूल्य सम्बन्धी विचार भी बहुत उपयोगी और महत्वपूर्ण है।

Keynesian Theory of Unemployment | केन्ज का बेरोजगारी सिद्धान्त

केन्ज ने चक्रीय बेरोजगारी (Cyclical Unemployment) पर अधिक ध्यान दिया है, जो मंदी के दौरान होती है। ये बेरोजगारी प्रभावशील मांग के अभाव में होती है तथा विकसित देशों में पाई जाती है। केन्ज ने चिरकालिक (Chronic) बेरोजगारी व छिपी हुई बेरोजगारी पर भी अपने विचार प्रकट किए हैं, जो प्रायः अल्पविकसित देशों में पाई जाती है। ये पूँजीगत साधनों के अभाव व आर्थिक विकास की कमी के कारण पाई जाती है। केन्ज की आलोचना इस बात को लेकर की जाती है कि केन्ज केवल चक्रीय व अनैच्छिक बेरोजगारी पर ही विचार प्रकट करते हैं, जो पूँजीवादी विकसित अर्थव्यवस्थाओं में ही पाई जाती है। अन्य प्रकार की बेरोजगारी जैसे संघर्षात्मक (Frictional) व प्रौद्योगिकीय (Technological) बेरोजगारी को उन्होंने छोड़ दिया है, जो पूँजीवादी अर्थव्यवस्थाओं में पाई जाती है। इस प्रकार केन्ज बेरोजगारी की समस्या को पूर्ण रूप से हल नहीं कर सके।

Kina | काईना

न्यू गिनी की मानक मौद्रिक इकाई का नाम है काईना। एक काईना 100 टिया (Teea) के बराबर होता है।

Kinked Demand Curve | किंकित मांग वक्र

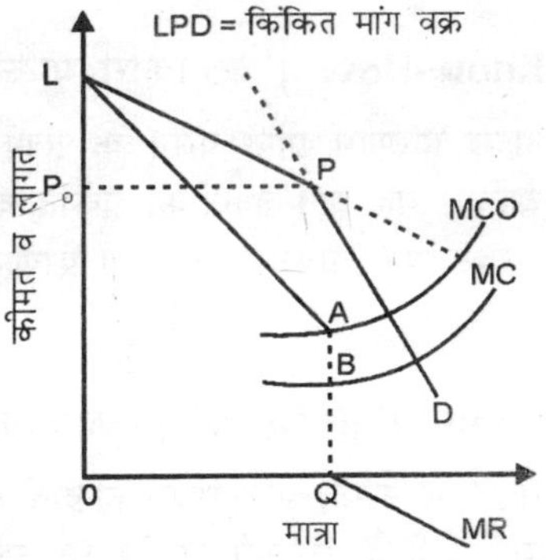

प्रो. स्विजी ने 1939 में एकाधिकारात्मक बाजारों में अक्सर पाई जाने वाली कीमत स्थिरता की व्याख्या करने के लिए किंकित मांग वक्र का उपयोग किया है। स्विजी यह मानते हैं कि एकाधिकारात्मक फर्म अपनी कीमत को कम करती है, तो उसके प्रतिद्वंद्वी अपने ग्राहकों को खोने के भय से अपनी कीमत में उतनी कटौती करने के लिए प्रतिक्रिया करेंगे। इसलिए मांग वक्र का यह भाग कम लोचदार होता है। दूसरी ओर यदि एकाधिकारात्मक फर्म अपनी कीमत बढ़ाती है तो उसके प्रतिद्वंद्वी उसका अनुसरण न करते हुए अपनी कीमतों में परिवर्तन नहीं करेंगे। इस प्रकार उस वस्तु की मांगी गई मात्रा में काफी गिरावट आएगी। इसलिए मांग वक्र का वह हिस्सा सापेक्षतया लोचदार होता है। इन दोनों स्थितियों में एकाधिकारात्मक फर्म के मांग वक्र में वर्तमान कीमत पर किंक या मुड़ाव होता है, जो कीमत स्थिरता को दर्शाता है। चित्रानुसार LPD किंकित मांग वक्र है। OP_0 वर्तमान कीमत है। OQ मात्रा के लिए वर्तमान कीमत OP_0 के अनुरूप P से प्रारम्भ करके इससे ऊपर कीमत में कोई भी वृद्धि मात्रा में कमी कर देगी क्योंकि प्रतिद्वंद्वी इस कीमत वृद्धि का अनुसरण नहीं करेंगे। इसीलिए किंकित मांग वक्र का LP भाग लोचदार है और MR वक्र का LA भाग धनात्मक है। अतः कुल आगम व लाभ कम हो जाएगा। इसी प्रकार विक्रेता यदि P से नीचे कीमत ले जाता है तो प्रतिद्वंद्वी भी कीमत घटा देंगे। तब विक्रय बढ़ने के बाद भी लाभ घट जाएगा क्योंकि P के नीचे किंकित मांग वक्र का PD भाग कम लोचदार है तथा MR का Q से नीचे का भाग ऋणात्मक है। अतः कीमत घटने या बढ़ने दोनों ही स्थितियों में विक्रेता को हानि होती है। अतः विक्रेता वर्तमान कीमत OP_0 पर ही स्थिर कीमत रखेगा।

Knife-edge Balance | छुरी-धार संतुलन

विकास सिद्धान्त में स्थिर आर्थिक विकास में सबसे बड़ी बाधा विकास की अभीष्ट या आवश्यक वृद्धि दर (Warranted Growth Rate) का अस्थिर होना है। अर्थात अर्थव्यवस्था में आय की पूर्णरोजगार संतुलन दशा को बनाए रखने के लिए हैरड के अनुसार विकास की वास्तविक वृद्धि दर (G), विकास की अभीष्ट या आवश्यक वृद्धि दर (G_w) तथा विकास की प्राकृतिक वृद्धि दर (G_n) तीनों आपस में बराबर होनी चाहिए अर्थात $G = G_w = G_n$ इन तीनों में यदि विचलन (Divergence) होता है तो इसे हैरड 'छुरी धार संतुलन' (Knife-edge Balance) कहते हैं, जिसे उनकी दृष्टि में सहजता से प्राप्त करना संभव नहीं है। इन वृद्धि दरों के बीच विचलन होना स्वाभाविक है और यही विचलन अर्थव्यवस्था में दीर्घकालीन स्फीति, दीर्घकालीन मंदी और दीर्घकालीन गतिहीनता की दशाएँ उत्पन्न करता है।

Knight's Theory of Profit | नाईट का लाभ सिद्धान्त

प्रो. नाईट लाभ को उन जोखिमों और अनिश्चितताओं का पुरस्कार मानते हैं जिनका बीमा नहीं हो सकता। कुछ विशिष्ट जोखिम ऐसे होते हैं, जिनका बीमा या हिसाब नहीं हो सकता। अनिश्चितता मौजूद होने के कारण उनके घटित होने की संभावना का सांख्यिकीय माप नहीं हो सकता। इस प्रकार के जोखिम कीमतों, मांग व आपूर्ति आदि में होने वाले परिवर्तनों से सम्बन्ध रखते हैं। कोई भी बीमा कम्पनी इस प्रकार की जोखिमों से होने वाली प्रत्याशित हानि का हिसाब नहीं लगा सकती। इसलिए ये जोखिमें बीमा-अयोग्य होती हैं। नाईट के अनुसार लाभ ऐसी ही बीमा-अयोग्य जोखिमों और अनिश्चितताओं को झेलने का पुरस्कार होता है। अर्थात यह अन्तर यथार्थ (Ex-post) तथा प्रत्याशित (Ex-ante) आमदनियों में अनिश्चितता से उत्पन्न होता है।

Know-How | जानकारी या ज्ञान

अच्छे परिणाम प्राप्त करने के लिए फर्मों व उद्योगों को अर्थशास्त्र का व्यावहारिक ज्ञान होना चाहिए। यह ज्ञान तकनीकी प्रकृति का या अन्य प्रकार का हो सकता है। यह ज्ञान संगठनात्मक, व्यावसायिक, प्रबन्धात्मक तथा प्रेरणात्मक भी हो सकता है, जिसका निजीकरण व पेटेन्ट आदि न हो सके।

Kondratieff Cycle | कोन्द्रातीफ चक्र

1925 में रूसी अर्थशास्त्री कोन्द्रातीफ इस निष्कर्ष पर पहुँचे कि व्यापारिक चक्रों की अति दीर्घ तरंगें होती हैं, जिनकी अवधि 50 वर्ष से अधिक होती है और जो छः जुग्लर चक्रों की बनी होती हैं। बहुत ही लम्बे चक्र को कोन्द्रातीफ तरंगें या चक्र कहते हैं।

Kopek or Copek | कोपेक

यह एक रूसी मुद्रा का नाम है। यह रूबल का सौवाँ भाग होती है।

Karuna | करूना

यह चेकोस्लोवाकिया की मुद्रा इकाई का नाम है।

Krona | क्रोना

यह स्वीडन व आईसलैण्ड की मुद्रा इकाई का नाम है।

Krone | क्रोन

यह डेनमार्क व नॉर्वे की मुद्रा इकाई का नाम है।

Kuznets Cycle | कुजनेट्स चक्र

प्रसिद्ध अमेरिकी अर्थशास्त्री प्रो. साइमन कुजनेट्स ने 16–22 वर्ष के दीर्घकालीन उतार–चढ़ाव (secular swing) नामक एक प्रकार के चक्रों की स्थापना की जिसे इस तरह प्रस्तुत किया गया है कि उसने 7–11 वर्ष के चक्र को अपेक्षाकृत महत्वहीन बना दिया है। इसे कुजनेट्स चक्र कहते हैं।

Kwacha | क्वाचा

यह अंगोला की मुद्रा इकाई का नाम है।

Kyat | क्यात

यह बर्मा की मुद्रा इकाई का नाम है।

Kyoto Protocol | क्योटो मसविदा

1997 में एक अन्तरराष्ट्रीय समझौते पर हस्ताक्षर किए गए, जिसका उद्देश्य हरित गृह से प्रवाहित गैसों की भूमण्डलीय उष्णता को कम करने के लिए रोकना था।

L

Labour | श्रम

साधारण शब्दों में श्रम का अभिप्राय उस चेष्टा, या मेहनत से होता है जो कि किसी कार्य को करने हेतु की जाती है। यह चेष्टा मनुष्य करे या पशु सदैव 'श्रम' कहलाती है। अर्थशास्त्र में श्रम की परिभाषा देते हुए प्रो. एस.ई. थॉमस कहते हैं- ''श्रम मनुष्य का वह शारीरिक या मानसिक प्रयत्न है, जो प्रतिफल की आशा में किया जाता है।'' मार्शल के अनुसार श्रम का अर्थ मनुष्य के आर्थिक कार्यों से है चाहे वे शारीरिक हों या मानसिक। पीगू के अनुसार वह परिश्रम या सेवा, जिसे द्रव्य में मापा जा सकता है, श्रम कहलाता है। इस प्रकार श्रम शारीरिक और मानसिक चेष्टा है, जिसका उद्देश्य लाभ कमाना होता है और वह अमूर्त रूप में मानवीय चेष्टा तथा मूर्त रूप में श्रमिक या मजदूर होता है।

Labour Economics | श्रम अर्थशास्त्र

आर्थिक दृष्टि से श्रम का अध्ययन करने वाले शास्त्र को 'श्रम अर्थशास्त्र' कहते हैं। श्रम अर्थशास्त्र में श्रम का अध्ययन इसलिए किया जाता है, क्योंकि 'श्रम' ही सृष्टि का मूल है, समस्त सम्पत्ति का स्रोत है। प्रकृति के बाद यही उत्पादन के लिए साधन प्रदान करता है तथा उसे सम्पत्ति में बदलता है अत: प्रत्येक देश के आर्थिक विकास में श्रम की एक महत्वपूर्ण भूमिका होती है। श्रम अर्थशास्त्र में श्रम से सम्बद्ध सभी पक्षों जैसे-मजदूरी, श्रम समस्याओं, जीवन स्तर, कार्यक्षमता, ऋणग्रस्तता, कार्य दशाओं, श्रमिक भर्ती, प्रशिक्षण, बेरोजगारी, अंशभागिता, श्रमिक संघों, प्रबन्ध, श्रम नीतियों, बोनस, श्रमिक सुरक्षा, शिक्षा, स्वास्थ्य, आवास व श्रम कल्याण से सम्बन्धित पक्षों का अध्ययन किया जाता है।

Labour Force | श्रम शक्ति

श्रम शक्ति में श्रमिकों की वह कुल संख्या सम्मिलित होती है, जो देश में प्राथमिक क्षेत्र (कृषि, पशुपालन, मछली पालन, शिकार व बागान आदि), द्वितीयक क्षेत्र (खनन, घरेलू उद्योग, विनिर्माण व भवन निर्माण आदि।) तथा तृतीयक क्षेत्र (व्यापार, परिवहन, संग्रह व संचार, सार्वजनिक प्रशासन, सुरक्षा व अन्य सेवाएँ आदि) के लिए उपलब्ध होती है। अर्थात श्रम शक्ति में वे लोग शामिल होते हैं, जो वर्तमान समय में कहीं कर्मचारी या श्रमिक के रूप में काम कर रहे हैं, अथवा जो स्वयं के कार्यों में संलग्न हैं, तथा जो बेरोजगार हैं। अत: श्रम शक्ति में रोजगार प्राप्त एवं बेरोजगार दोनों प्रकार के व्यक्ति शामिल माने जाते हैं। अन्तरराष्ट्रीय परिभाषा के अनुसार 15-64 वर्ष के आयु-समूह के व्यक्तियों में से अधिकांश व्यक्ति देश की श्रम शक्ति में शामिल होते हैं। वर्तमान में वर्ष में 183 दिन या 6 माह व अधिक अवधि के लिए आर्थिक दृष्टि से उत्पादक कार्य में भाग लेने वालों को मुख्य श्रमिक (Main Worker) तथा उपरोक्त अवधि से कम काम करने वालों को सीमान्त श्रमिक (Marginal Worker) माना जाता है। श्रम शक्ति पर ही देश का विकास निर्भर करता है।

Labour Absenteeism | श्रमिक अनुपस्थितता

श्रमिक अनुपस्थितता से अभिप्राय काम या नियम कर्तव्य पर उपस्थित न होने से है। अर्थात श्रमिकों का अकारण, जानबूझकर बिना अग्रिम सूचना दिए हुए, काम पर न आना अनुपस्थितता कहलाती है। यानी अवकाश का आवेदन पत्र स्वीकृत हुए बिना काम पर अनुपस्थित रहना। अवकाश व हड़ताल पर रहने वाले श्रमिकों को इसमें सम्मिलित नहीं किया जाता है।

Labour Intensive Industry | श्रम गहन उद्योग

वह उद्योग, जिसमें उत्पादन के अन्य साधनों की तुलना में श्रम शक्ति का अधिक उपयोग होता हो, वह उद्योग श्रम गहन उद्योग कहलाएगा। जैसे पूँजी की तुलना में श्रम का अधिक उपयोग करना।

Labour Intensive Technique | श्रम गहन तकनीक

श्रम गहन तकनीक उसे कहा जाता है, जब उत्पादक के द्वारा उत्पादन प्रक्रिया में प्रयुक्त होने वाले अन्य उत्पादन के साधनों की तुलना में श्रम का अधिकाधिक उपयोग हो। अल्पविकसित और विकासशील अर्थव्यवस्थाओं में, जहां श्रमिकों का बाहुल्य होता है, श्रम गहन तकनीक को ही अधिक उपयुक्त समझा जाता है। पूँजी के अभाव में यही तकनीक अपनाई जाती है।

Labour Market | श्रम बाजार

श्रम बाजार का सम्बन्ध उस स्थान से होता है, जहां कुछ विशेष कार्य करने हेतु श्रमिकों को किराए पर या मजदूरी पर आपूर्ति की जाती है। वहां यह भी तय होता है कि किस काम के लिए कितनी मजदूरी होगी। यहां बाजार शब्द का अर्थ वस्तु बाजार से भिन्न होता है। यहां बाजार का तात्पर्य उस **स्थान** या जगह से होता है, जहां श्रमिकों की खरीद-फरोख्त होती है। ये बाजार स्थानीय, आन्तरिक **व बाह्य** आदि रूपों में हो सकते हैं।

Labour Mobility | श्रमिक गतिशीलता

श्रमिक गतिशीलता का अभिप्राय श्रमिकों के एक स्थान से दूसरे स्थान पर एक फर्म से दूसरी फर्म में, एक उद्योग से दूसरे उद्योग में तथा एक क्षेत्र से दूसरे क्षेत्र में आने व जाने की श्रमिक गतिशीलता से है। श्रमिक गतिशीलता स्थान, जलवायु, वातावरण, ज्ञान, काम की दशाएँ, मजदूरी, सुरक्षा व अन्य तत्वों से प्रभावित होती है। अल्पविकसित देशों में यह गतिशीलता सामाजिक रीति-रिवाजों, अशिक्षा व अकुशलता के कारण सीमित होती है। इस प्रकार एक क्षेत्र से दूसरे क्षेत्र के बीच श्रम का आवागमन भौगोलिक या 'क्षैतिज गतिशीलता' कहलाती है तथा व्यावसायिक आवागमन 'ऊर्ध्वाकार गतिशीलता' कहलाती है।

Labour Speciality | श्रमिक विशिष्टता

श्रमिक विशिष्टता का अभिप्राय श्रमिक की उस अवस्था से होता है जब एक श्रमिक किसी उद्योग विशेष के लिए विशिष्ट हो जाता है। अर्थात वह श्रमिक केवल उसी उद्योग में कार्य कर सकता है, जिसके लिए वह विशिष्ट है। वह अन्य उद्योगों में काम नहीं कर सकता। चाहे दूसरे उद्योगों में उसे अधिक मजदूरी क्यों नहीं मिलती हो। दूसरे शब्दों में उद्योग के अन्दर व बाहर उस श्रमिक की कोई गतिशीलता नहीं होगी।

Labour Supply | श्रमिक आपूर्ति

श्रम आपूर्ति का अभिप्राय अपने श्रम या सामर्थ्य की पूर्ति से होता है, जो जनसंख्या काम करने के लिए इच्छुक है। श्रमिक आपूर्ति निम्नांकित तत्वों पर निर्भर करती है- (i) जनसंख्या का आकार (ii) जनसंख्या का वह अनुपात, जो काम करने के योग्य है तथा काम करने का इच्छुक है तथा (iii) काम के घण्टे, जो प्रत्येक व्यक्ति काम कर सकता है।

Labour Surplus Economy | श्रम अतिरेक अर्थव्यवस्था

यह विकासशील देशों में बेरोजगारी से सम्बन्धित एक आर्थिक सिद्धान्त है, जिसे आर्थर लेविस ने 1954 व 1958 में प्रस्तुत किया तथा 1964 में फेई (Fei) तथा रेनिस (Ranis) ने इसे नए रूप में प्रस्तुत किया। यह सिद्धान्त कृषि व औद्योगिक क्षेत्रों में विभेद करता है तथा उनके बीच श्रम के आवागमन की समस्या को स्पष्ट करता है। इस सिद्धान्त के अनुसार कृषि क्षेत्र, जो जीवन निर्वाह स्तर का है, उसमें श्रमिकों का अतिरेक है जो धीरे-धीरे आधुनिक औद्योगिक क्षेत्र की ओर गतिशील होता है। उद्योगों में श्रमिकों की खपत पूँजी एकत्रीकरण लाभ के स्तर व विनिवेश पर निर्भर करती है। लेविस प्रारम्भ में औद्योगिक मजदूरी स्तर को स्थिर मानते हैं, जो कृषि क्षेत्र में जीवन निर्वाह स्तर के बराबर होती है। पूर्ण रोजगार की स्थिति तब आती है जब कृषि क्षेत्र का अतिरेक श्रम औद्योगिक क्षेत्र में खप जाए। इस प्रकार यह सिद्धान्त ग्रामीण शहरों में श्रम स्थानान्तरण की समस्या पर बल देता है। किन्तु इसमें दो तथ्यों को भुला दिया गया है, प्रथम ग्रामीण क्षेत्रों में बहुत कम बेरोजगारी होती है, जो औद्योगिक क्षेत्रों में बढ़ जाती है तथा दूसरा औद्योगिक मजदूरी जो स्थिर न रहकर ग्रामीण क्षेत्रों की अपेक्षा निरन्तर बढ़ती जाती है।

Labour Theory of Surplus Value | श्रम का अतिरेक मूल्य सिद्धान्त

श्रम मूल्य सिद्धान्त को आधार मानते हुए मार्क्स ने इस सिद्धान्त का प्रतिपादन किया है, जिसके अनुसार मार्क्स ने पूँजीवाद में श्रमिक शोषण की व्याख्या की है। चूंकि पूँजीवादी अर्थव्यवस्था में उत्पादन के साधनों पर पूँजीपतियों का एकाधिकार होता है और उनके द्वारा उत्पादित वस्तु का मूल्य उसमें लगे हुए श्रम मूल्य के बराबर होता है। किन्तु पूँजीवाद में श्रमिक को जो मूल्य दिया जाता है वह उत्पादित वस्तु के मूल्य से कम दिया जाता है जो उसके जीवन निर्वाह योग्य होता है। माना कि किसी कारखाने में मजदूरों ने 8 घण्टे में एक वस्तु बनाई तो वस्तु का असली मूल्य 8 घण्टे के श्रम के बराबर होना चाहिए किन्तु मजदूरों को खाने पीने की जो वस्तुएँ दी जाती हैं उनके निर्माण में 6 घण्टे के बराबर श्रम लगता है तो इसका अभिप्राय यह है कि उद्योगपति को 8-6 = 2 श्रम घण्टों की बचत हुई। यही बचत मार्क्स के अनुसार मूल्य अतिरेक है, जिसे उन्होंने MEHRWERTH कहा है। मजदूर प्रथम 6 घण्टों की तो अपनी असली मजदूरी पाता है किन्तु बाद के 2 घण्टों के लिए उसे कुछ नहीं मिलता है। यह बेगार (Surplus Labour) या शोषण (Exploitation) है।

Labour Theory of Value | श्रम मूल्य सिद्धान्त

इस सिद्धान्त के बारे में सर्वप्रथम एडम स्मिथ ने बताया। बाद में रिकार्डो, माल्थस तथा मिल आदि ने इसे संशोधित किया। अंत में कार्ल मार्क्स ने इसे प्रस्तुत करते हुए बताया कि श्रम मूल्य का कारण एवं माप ही नहीं उसका उपादान (Substance) भी है। अर्थात मूल्य का एक मात्र आधार वस्तु के निर्माण में लगा उसका श्रम है। उपयोग मूल्य व विनिमय मूल्य दोनों का आधार श्रम ही है। श्रम की समानता विनिमय मूल्य को निर्धारित करती है। वस्तु मूल्यों में इसलिए अन्तर होता है, क्योंकि उनमें लगे श्रम की मात्रा भिन्न-भिन्न होती है। श्रम की मात्रा काम के घण्टों द्वारा मापी जा

सकती है। अतः विनिमय की प्राकृातक तथा स्थाई दर वस्तु के निर्माण में लगे श्रम के अनुपात में होती है।

Labour Turnover | श्रम परिवर्तन

श्रम परिवर्तन से अभिप्राय औद्योगिक व्यवसायों में कर्मचारियों या श्रमिकों में परिवर्तन की गति से है। श्रम जांच समिति के अनुसार "श्रम परिवर्तन किसी कारखाने के श्रमिकों की संख्या में होने वाले परिवर्तन की दर को कहा जाता है।" अर्थात यह पुराने श्रमिकों द्वारा किसी कारखाने की सेवा को छोड़ने तथा नवीन श्रमिकों द्वारा प्रवेश की दर का माप है। यह श्रम परिवर्तन प्राकृतिक कारणों से, श्रमिकों द्वारा या मालिकों द्वारा काम छोड़ने या छुड़ाने से, प्रवासी प्रवृत्ति, श्रमाधिक्य, बदली प्रथा तथा अन्य कारणों से होता है। इस दर को निम्न सूत्र से ज्ञात किया जाता है–

$$\text{श्रम परिवर्तन दर} = \frac{\textit{कार्य छोड़ने वाले या हटाए गए श्रमिकों की संख्या}}{\textit{कुल रोजगार संख्या}} \times 100$$

Labour Union | श्रम संघ

सिडनी एवं बीट्रा के अनुसार "श्रमिक संघ वास्तव में मजदूरी पर निर्वाह करने वाले श्रमिकों की कार्यदशाओं में सुधार हेतु बनाए गए स्थाई संगठन होते हैं।" इन संघों के दो प्रमुख उद्देश्य हैं– (i) जो कुछ प्राप्त हो चुका है, उसे बनाए रखना तथा (ii) और अधिक सुधार हेतु प्रयास करना। श्रम संघों का प्रमुख उद्देश्य पूँजीवादी व्यवस्था के स्थान पर 'औद्योगिक प्रजातंत्र' की स्थापना करना है। ये श्रमिकों की सौदा शक्ति को बढ़ाते हैं, ताकि ये मिलकर अपनी समस्याओं को स्वयं हल करने में समर्थ हो सकें। अतः पारस्परिक प्रतियोगिता की भावना का उन्मूलन करने एवं बन्धुत्व की भावना प्रोत्साहित करने के उद्देश्य से ही श्रमिक संघों का जन्म हुआ है, जो प्रायः श्रमिकों के हितों की रक्षा एवं संवृद्धि के लिए कार्य करते हैं।

Laffer Curve | लेफर वक्र

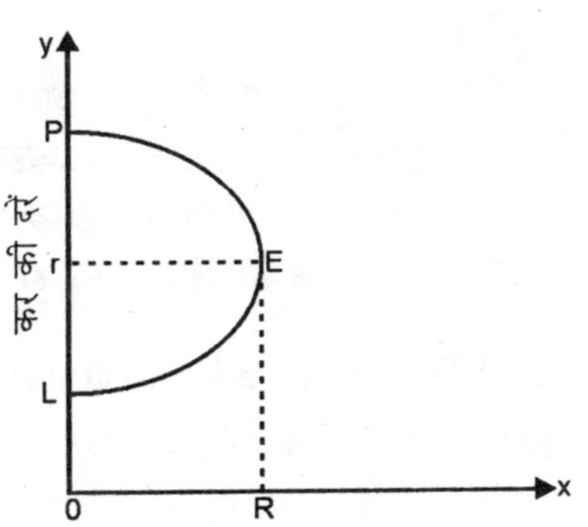

अमेरिकी अर्थशास्त्री प्रो. आर्थर लेफर (A. Laffer) ने लेफर वक्र का प्रतिपादन किया, जिसने इस वक्र के द्वारा यह बताने का प्रयास किया कि कर की अधिकतम दर कितनी होनी चाहिए। इनके अनुसार एक कर की दर इतनी होनी चाहिए, जिस पर कर से प्राप्त राजस्व अधिकतम हो। इससे नीचे व ऊपर कर की दर होने पर कर राजस्व कम हो जाता है। चित्र में क्षैतिज अक्ष पर कर राजस्व और लम्बवत अक्ष पर कर की दरें मापी गई हैं। Or कर की दर पर OR राजस्व प्राप्त होता है, जो सर्वाधिक है। E बिन्दु पर OP से अधिक व कम कर दर होने पर कर राजस्व कम हो जाता है। इस प्रकार LP वक्र लेफर वक्र हैं तथा Or कर की दर होने पर E बिन्दु पर सर्वाधिक राजस्व प्राप्त होता है। अर्थशास्त्र के प्रामाणिक शब्दकोशों में ऐसा ही चित्र देखने को मिलता है। इसे सीधा भी किया जा सकता है।

Laissez Faire | अहस्तक्षेप नीति

यह फ्रेंच भाषा का शब्द है जिसका उपयोग 18वीं शताब्दी में फ्रांस में हुआ। इसके बाद एडम स्थिम, जॉन लॉक, डेविड रिकार्डो जे. एस. मिल तथा अन्य प्रतिष्ठित अर्थशास्त्रियों ने किया। यह सिद्धान्त सरकारी हस्तक्षेप के विरुद्ध है। इसके अनुसार व्यक्ति की आर्थिक क्रियाओं में सरकार को कम से कम हस्तक्षेप करना चाहिए। अर्थात अहस्तक्षेप की नीति अपनानी चाहिए। यदि व्यक्ति को बिना बाहरी हस्तक्षेप के अपने स्वहित के अनुरूप उत्पादन करने, क्रय-विक्रय करने, ऋण लेने व देने की स्वतंत्रता दे दी जाए, तो यह व्यक्ति के लिए लाभप्रद होता है।

Land | भूमि

भूमि उत्पादन का एक आवश्यक साधन है तथा कृषि का प्रमुख स्रोत है। आर्थिक दृष्टि से भूमि पृथ्वी की ऊपरी सतह को ही नहीं कहते बल्कि भूमि सतह के नीचे स्थित प्रकृति के निशुल्क उपहारों जैसे- खनिज, तेल, कोयला, सोना, चांदी, लोहा, व अन्य धातु, उर्वरता व गैस आदि सभी को सम्मिलित किया जाता है। इस प्रकार भूमि स्थान एवं विशिष्ट संसाधन दोनों का स्रोत है।

Land Cellings | भूमि जोत सीमा

जब सरकार भूमि के न्यायोचित वितरण के लिए भूमि की अधिकतम जोत सीमा निर्धारित कर देती है या कानून बनाकर कृषि भूमि रखने की अधिकतम जोत सीमा तय कर देती है तो इसे भूमि जोत सीमा कहते हैं। यह भूमि सुधार का एक अहम तरीका है। इससे अतिरिक्त भूमि प्राप्त कर उसे भूमिहीनों में बांटा जा सकता है।

Land Lord | भू-स्वामी

एक भू-सम्पत्ति, मकान, दुकान या औद्योगिक परिसर के मालिक को भू-स्वामी कहा जाता है, जो इनके उपयोग के बदले में उनसे लगान या भाड़ा या किराया वसूल करता है तथा इनके उपयोग की अनुमति देता है।

Land Tax or Land Revenue or Land Rent | भूमि कर या भूराजस्व कर या लगान

एक ऐसा कर जो भूमि के मूल्य, आकार व जोत की किस्म पर निर्भर करता है, भूमिकर कहलाता है। इसे भूराजस्व या लगान भी कहते हैं। कुछ अर्थशास्त्री इस कर के अतिरिक्त कृषि कर (Agriculture Tax) लगाने का सुझाव देते हैं, ताकि कृषि उत्पादन में वृद्धि हेतु प्रोत्साहन मिल सके व कृषि उत्पादन से अतिरेक प्राप्त हो सके।

Land Tenure and Land Reforms | भू-धारण एवं भूमि सुधार

विकासशील देशों के ग्रामीण क्षेत्रों में आर्थिक समृद्धि में वृद्धि की संभावनाएँ पैदा करने के लिए कृषि क्षेत्र में संस्थागत सुधारों को व व्यवस्थाओं को समय-समय पर लागू किया गया है, उनमें से भूमि सुधार एक व्यवस्था है। भूमि सुधारों में काश्तकारी सुधारों के अतिरिक्त, भूजोतों का सीमा निर्धारण, चकबन्दी, सहकारी कृषि, भूमिहीनों में अतिरिक्त भूमि का वितरण आदि कई प्रकार के कार्यक्रमों को शामिल किया गया है, जिनके फलस्वरूप कृषि उत्पादन में वृद्धि होती है तथा इसके साथ सामाजिक, आर्थिक वातावरण तैयार होता है। इस प्रकार भूमि सुधारों का काम कृषि के ढाँचे व संगठन में आवश्यक परिवर्तन करना है। कृषि का सामंती ढाँचा समाप्त कर किसानों को भूमि का

मालिक बनाना है। भू-जोतों को लाभप्रद बनाना है। कृषि की वैज्ञानिक विधियों व उन्नत खाद-बीजों के द्वारा कृषि उपज को बढ़ाना है, ताकि कृषि अर्थव्यवस्था अधिकाधिक उत्पादक, कुशल और न्यायसंगत बन सके।

Large Scale Production | बड़े पैमाने का उत्पादन

औद्योगिक विकास की दृष्टि से बड़े पैमाने के उत्पादन का अत्यधिक महत्व है। बड़े पैमाने के उत्पादन में उत्पादन के पैमाने का विस्तार होता है जिसका उद्देश्य औसत लागतों को घटाना तथा लाभ को बढ़ाना होता है। बड़े पैमाने के उत्पादन से उद्योग को पैमाने की आन्तरिक और बाह्य बचतें प्राप्त होती हैं।

Laspeyer's Index | लास्पेयर सूचकांक

यह एक भारित (Weighted) सूचकांक है, जिसके अन्तर्गत आधार वर्ष की उत्पादित वस्तुओं की मात्रा के मूल्यों को लिया जाता है तथा चालू वर्ष के मूल्यों को लिया जाता है। इसे निम्न सूत्र से समझ सकते हैं।

सूत्र $Po_1 = \frac{\sum P_1 Q_0}{\sum P_0 Q_0} \times 100$

जहा $P_0 =$ आधार वर्ष का मूल्य, $Q_0 =$ आधार वर्ष का भार व मात्रा $P_1 =$ वर्तमान या चालू वर्ष का मूल्य है।

Lateral Integration | पाार्श्व एकीकरण

जब किसी उद्योग में किसी फर्म का विस्तार उसी उद्योग में कार्यरत फर्म के अधिग्रहण द्वारा किया जाता है तो इसे पार्श्व एकीकरण कहते हैं। यह एकीकरण अलग-अलग उत्पादन करने वाली, किन्तु समान विपणन कौशल व समान विक्रय पद्धतियाँ अपनाने वाली फर्मों के लिए लाभकारी होता है।

Lausanne School | लासने विचारधारा

यह आर्थिक विचारों की वह विचारधारा है, जो स्विट्जरलैण्ड के लासने विश्वविद्यालय से सम्बन्धित है। यह बाजार अर्थव्यवस्था की अन्तः निर्भरता को दिखाने में गणितीय विधियों के उपयोग पर बल देती है।

Latin American Free Trade Association (LAFTA) | लेटिन अमेरिकी स्वतंत्र व्यापार संघ (लाफ्टा)

इसकी स्थापना 1960 में मान्टवीडियो में की गई। इसमें सात देशों (**अर्जेन्टीना**, ब्राजील, चिली, मैक्सिको, पराग्वे, पेरु तथा उरुग्वे) ने भाग लिया तथा अपनी स्वीकृति दी। किन्तु 1981 **में इस** संघ को समाप्त कर ALADI की स्थापना की गई।

Law of Constant Cost | स्थिर लागत का नियम

इस नियम के अनुसार जब उत्पादन में श्रम और पूँजी की अतिरिक्त इकाइयों का उपयोग होता है तो औसत और सीमान्त लागत व सीमान्त प्रतिफल स्थिर रहते हैं।

Law of Constant Returns | स्थिर प्रतिफल का नियम

इस नियम के अनुसार यदि उत्पादन में परिवर्तनशील साधन की मात्रा में परिवर्तन किया जाता है तो औसत उत्पादकता व सीमान्त उत्पादकता में कोई परिवर्तन नहीं होता है और कुल उत्पादन की वृद्धि दर भी स्थिर रहती है। उत्पादन या प्रतिफल की यह अवस्था घटते और बढ़ते प्रतिफल के बीच की अवस्था होती है।

Law of Demand | मांग का नियम

यह सर्वमान्य नियम है कि अन्य बातें समान रहने पर मांगी गई मात्रा और उसकी कीमत में विपरीत सम्बन्ध होता है। अर्थात जब कीमत बढ़ती है तो मांग घटती है और जब कीमत घटती है तो मांग बढ़ती है। इसे ही मांग का नियम कहते हैं। इसका सूत्र है-

$P = \frac{1}{Q}$ *यहां* P = *कीमत व* Q = *मात्रा है।*

Law of Diminishing Cost | घटती लागत का नियम

जब उत्पादन में बढ़ते प्रतिफल प्राप्त होते हैं तो यह अवस्था घटती लागतों की होती है, क्योंकि जब सीमान्त प्रतिफल बढ़ते हैं तो सीमान्त लागतें घटती हैं। अधिकतम सीमान्त उत्पादन पर न्यूनतम सीमान्त लागतें होती हैं। इसके बाद ज्यों-ज्यों सीमान्त उत्पादन कम होता है, सीमान्त लागतें बढ़ती जाती हैं।

Law of Diminishing Marginal Utility | घटती सीमान्त उपभोगिता का नियम

इस नियम के अनुसार "अन्य बातों के समान रहने पर उपभोक्ता द्वारा उपभोग की जाने वाली वस्तु की इकाइयों की मात्रा जैसे-जैसे बढ़ती है, वैसे-वैसे उस वस्तु से प्राप्त सीमान्त उपयोगिता घटती जाती है।" इस नियम को गोसेन का प्रथम नियम भी कहते हैं।

Law of Diminishing Returns | घटते प्रतिफल का नियम

इस नियम के अनुसार "उत्पत्ति के अन्य साधनों को स्थिर रखते हुए जब एक साधन की मात्रा में समान मात्रा में वृद्धि की जाती है तो एक सीमा के बाद उत्पादन में घटती हुई दर से वृद्धि होती है। अर्थात सीमान्त उत्पादकता घटती हुई प्राप्त होती है, क्योंकि साधनों के अपूर्ण स्थानापत्र होने के कारण जब अल्पकाल में स्थिर साधनों का अधिक उपयोग किया जाता है तो उत्पादन में घटते प्रतिफल प्राप्त होते हैं। इसे ही घटते प्रतिफल का नियम कहते हैं।"

Law of Equi Marginal Productivity | सम-सीमान्त उत्पादकता नियम

यह नियम बताता है कि उत्पादन के साधनों के बीच स्थिर प्रतिस्थापनता की दर के कारण विभिन्न साधनों की सीमान्त उत्पादकता समान रहती है। यह नियम उत्पादन के क्षेत्र में लागू होता है तथा कुल उत्पादन व लाभ को बढ़ाने में सहायक है।

Law of Equi Marginal Utility | सम-सीमान्त उपयोगिता नियम

इस नियम को गोसेन का दूसरा नियम भी कहते हैं। इस नियम के अनुसार- "अन्य बातें समान रहने पर उपभोक्ता अपनी दी हुई आय को व्यय करके अधिकतम कुल संतुष्टि तब प्राप्त करता है, जब वह अपने व्यय को विभिन्न वस्तुओं x, y, z, के क्रय में इस प्रकार बाँटे कि प्रत्येक उपयोग में

व्यय की अन्तिम इकाई से प्राप्त होने वाली सीमान्त उपयोगिता समान हो जाए।'' इसका सूत्र इस प्रकार है-

$$EMU = \frac{MUx}{Px} = \frac{MUy}{Py} = \frac{MUz}{Pz} = etc.$$

जहां EMU = सम-सीमान्त उपयोगिता

MUx = x वस्तु की सीमान्त उपयोगिता

Px = x वस्तु की कीमत

इसी प्रकार y व z तक सभी वस्तुओं की सीमान्त उपयोगिताएँ व उनकी कीमत का अनुपात परस्पर बराबर होता है।

Law of Increasing Cost | बढ़ती लागत का नियम

यह स्थिति घटते प्रतिफल की विपरीत स्थिति है। जब एक उच्चतम सीमा के बाद (जहां सीमान्त लागत न्यूनतम होती है) सीमान्त प्रतिफल घटने लगते हैं और सीमान्त लागत बढ़ने लगती है। इसे ही बढ़ती लागत का नियम कहते हैं। यह नियम औद्योगिक क्षेत्रों के लिए अधिक लाभदायक है।

Law of Substitution | प्रतिस्थापन का नियम

यह सम-सीमान्त उपयोगिता नियम का आधार है। इस नियम के अनुसार ''उपभोक्ता अपनी संतुष्टि को अधिकतम करने के लिए कम उपयोगिता वाली वस्तु को अधिक उपयोगिता वाली वस्तु द्वारा प्रतिस्थापित करता है। मार्शल के अनुसार'' एक व्यक्ति अपनी आय को विभिन्न उपयोगों में इस प्रकार बाँटता है कि प्रत्येक उपयोग में सीमान्त उपयोग समान हो जाए।

Law of Supply | आपूर्ति का नियम

अन्य बातें समान रहने पर, कीमत परिवर्तन के कारण आपूर्ति में होने वाले परिवर्तन को आपूर्ति का नियम कहते हैं। इस नियम के अनुसार जब कीमतें बढ़ती हैं तो आपूर्ति भी बढ़ती है और जब कीमतें घटती हैं तो आपूर्ति भी घटती है। अर्थात कीमत और आपूर्ति में सीधा सम्बन्ध होता है। यद्यपि इनके बीच कोई गणितीय सम्बन्ध नहीं होता है।

Law of Variable Proportions | परिवर्तनशील अनुपातों का नियम

यह नियम बताता है कि ''अल्पकाल में दी हुई तकनीकी दशाओं के साथ एवं अन्य दशाओं के अपरिवर्तित रहने पर दिए गए स्थिर साधनों के साथ जब कुल उत्पादन में वृद्धि के लिए उत्पादन फलन में एक परिवर्तनशील साधन की मात्रा को बढ़ाया जाता है तो आरम्भ में कुल उत्पादन बढ़ती हुई दर से बढ़ता है। इसे बढ़ते प्रतिफल की अवस्था कहते हैं। इसके पश्चात परिवर्तनशील साधनों में की गई वृद्धि से उत्पादन कुछ घटती हुई दर से बढ़कर अधिकतम हो जाता है तथा सीमान्त उत्पादन शून्य हो जाता है इसे उत्पादन की द्वितीय अवस्था कहते हैं या घटते प्रतिफल की अवस्था कहते हैं। इसके बाद भी यदि परिवर्तनशील साधनों में वृद्धि की जाती है तो कुल उत्पादन घट जाता है तथा सीमान्त उत्पादन ऋणात्मक हो जाता है। इसे ऋणात्मक प्रतिफल की अवस्था कहते हैं।''

Lay-Off | छुट्टी करना

इसका अभिप्राय प्रबन्धकों द्वारा थोपी गई बेरोजगारी की अवधि से है, यह एक ऐसी औद्योगिक घटना है, जिसमें प्रबन्धन अपने श्रमिकों को काम पर न आने के लिए आदेशित करता है। इसका

प्रमुख कारण समय पर कच्चे माल का उपलब्ध न होना तथा अंतिम वस्तु की अपर्याप्त मांग है। इसके कारण नियोजन एवं कर्मचारियों के सम्बन्धों पर बुरा असर पड़ता है।

Lead Bank Scheme | अग्रणी बैंक योजना

सन् 1968 में गठित गाडगिल समिति की सिफारिशों के आधार पर 1969 से अग्रणी बैंक योजना लागू की गई, जिसे आबंटित जिले में साख आवश्यकताओं का सर्वेक्षण करने, शाखा बैंकिंग का विकास करने तथा साख सुविधाओं का विस्तार करने का दायित्व सौंपा गया। यह योजना सभी क्षेत्रों एवं समाज के सभी वर्गों की विकास आवश्यकताओं को प्राथमिकता के साथ पूरा करती है।

Leakages | रिसाव

इस शब्द का उपयोग गुणक की कार्यक्षमता के संदर्भ में किया जाता है। यह रिसाव आय के चक्रीय प्रवाह में से होने वाली क्रय शक्ति की हानि को बताता है। रिसाव तब होता है जब आय व मुद्रा प्रवाह में कोई अवरोध आ जाता है। जैसे आय का एक भाग बचत व कर के रूप में चक्रीय प्रवाह से अलग हो जाता है। इस रिसाव से तभी बचा जा सकता है जबकि इस रिसाव के बराबर नियोजित राशि चक्रीय प्रवाह में पहुँचाई जाए।

Lease | पट्टा

यह एक प्रकार की संविदा या समझौता है जो एक निश्चित अवधि के लिए धारक को किसी सम्पत्ति पर स्वामित्व का अधिकार देता है। इसके दो पक्ष होते हैं प्रदाता (Lessor) तथा पट्टेदार (Lessee) इसके अन्तर्गत सम्पत्ति का स्वामी या प्रदाता आपसी सहमत्ति से तय की गई राशि के भुगतान के बाद दूसरे पक्ष अर्थात पट्टेदार को संविदा वाली सम्पति के उपयोग की अनुमति देता है। ऐसी संविदाएँ शहरी सम्पत्तियों के सम्बन्ध में अधिक होती हैं।

Least Cost Combination | न्यूनतम लागत संयोग

उत्पादन की दृष्टि से न्यूनतम लागत संयोग बताता है कि साहसी को उत्पादन के साधनों के कुशल संयोग को अपनाना चाहिए, जो सीमान्त उत्पादकता और साधनों की कीमतों पर निर्भर करता है।

Legal Monopoly | वैध या कानूनी एकाधिकार

यदि कोई निजी फर्म जिसे सरकार किसी बाजार विशेष में कार्य करने के लिए अधिकृत करती है तथा इसके बदले में सरकार उस पर प्रामाणिकता तथा वस्तु की मात्रा व किस्म व भौगोलिक कार्य क्षेत्र व कीमतें व दरें, जो वसूल की जाती हैं, के बारे में कानून लगाने की आकांक्षा रखे तो इसे वैध या कानूनी एकाधिकार कहते हैं।

Least Squares Method | न्यूनतम वर्ग विधि

यह एक अनुमान विधि है जिसका उपयोग गणितीय समीकरण में आँकड़े प्रतिस्थापित करने के लिए होता है। यदि स्वतंत्र चर के विभिन्न मूल्यों जैसे (x_1, x_2, x_z आदि) के सापेक्ष आश्रित चर जैसे- (y_1, y_2, y_z आदि) के सम्बन्ध में आँकड़े उपलब्ध हों तो इन मूल्यों को निम्नांकित समीकरण में प्रतिस्थापित किया जा सकता है- $x = my+c$

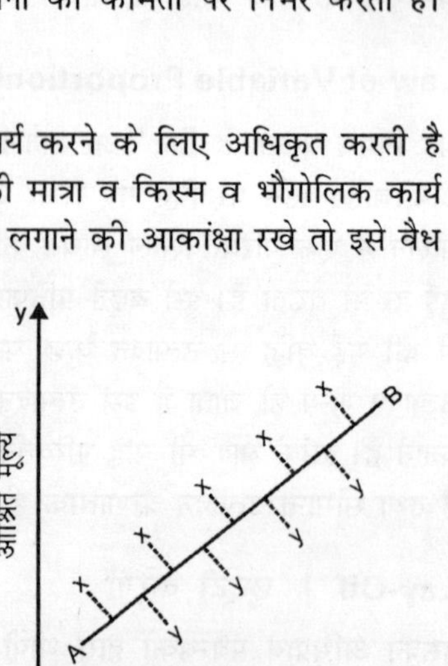

जहां m तथा c स्थिरांक हैं। न्यूनतम वर्ग विधि ग्राफ पर छितरे हुए बिन्दुओं के बीच खींची जा सकने वाली श्रेष्ठ सीधी रेखा है। m तथा c का मूल्य चयनित करके तथा x_1, x_2 आदि मूल्यों का उपयोग करके अनुमानित मूल्य y_1, y_2 आदि ज्ञात किए जाते हैं M तथा C के वे मूल्य सर्वश्रेष्ठ होते हैं, जिनके लिए वर्गों का योग यानी $(y_1-y_1)^2 + (y_2-y_z)^2 +$ न्यूनतम हो। चित्र में सभी x अवलोकित मूल्य प्रदर्शित करते हैं। AB रेखा इस प्रकार खींची जाती है कि x की सभी दूरियों का योग न्यूनतम हो। यदि हमें दीर्घकालीन प्रवृत्तियों के बारे में अनुमान लगाना हो तो आर्थिक विश्लेषण में इस विधि का उपयोग किया जा सकता है।

Ledger | लेखा बही या खाता बही

हिसाब-किताब रखने की पुस्तक या बही को लेखा बही कहा जाता है, जिसमें क्रेता या विक्रेता अपने माल के क्रय-विक्रय या आय-व्यय का लेखा-जोखा रखता है।

Legal Tender Money | विधि ग्राह्य मुद्रा

विधि ग्राह्य या वैध मुद्रा सरकार द्वारा आधिकारिक या कानूनी रूप से स्वीकृत या मान्य मुद्रा होती है। इसका उपयोग घरेलू मुद्रा में देनदारियों के भुगतान के लिए किया जाता है। इसे ऋणदाता या लेनदार भुगतान में लेने से मना नहीं कर सकता। करेंसी नोट तथा सिक्के विधि ग्राह्य मुद्रा हैं। विधि ग्राह्य मुद्रा दो प्रकार की होती है- (i) सीमित विधि ग्राह्य मुद्रा (Limited Legal Tender Money) तथा (ii) असीमित विधि ग्राह्य मुद्रा (Unlimited Legal Tender Money) । सीमित विधि ग्राह्य मुद्रा एक सीमित मात्रा में ही स्वीकार्य होती है। कम मूल्य के सहायक सिक्के (आजकल 50 पैसे या इससे कम के सिक्के) सीमित विधि ग्राह्य मुद्रा है, जबकि विभिन्न मूल्यों के प्रामाणिक सिक्के व करेंसी नोट असीमित विधि ग्राह्य मुद्रा है।

Lender of Last Resort | अंतिम ऋणदाता

बेजहोट की पुस्तक 'Lombart Street' 1873 के प्रकाशन के बाद केन्द्रीय बैंक का अंतिम ऋणदाता के रूप में कार्य पहचाना गया। केन्द्रीय बैंक व्यापारिक बैंकों को उनकी प्रार्थना पर अधिकतर बिलों की पुनर्कटौती के रूप में अल्पकालीन वित्त प्रदान करता है किन्तु इसके दुरुपयोग को रोकने के लिए ब्याज की दर अधिक रखी जाती है। यह बैंक अंतिम ऋणदाता के रूप में केवल परिस्थिति विशेष में ही यह सहायता देता है, ताकि व्यापार, कृषि व उद्योग हेतु साख की व्यवस्था हो सके। इससे साख का ढाँचा लचीला व तरल बना रहता है।

Leontief Model | लियोनटिफ का सिद्धान्त

1941 में आदा-प्रदा विश्लेषण (Input-Output Analysis) करने के लिए लियोनटिफ को नोबेल पुरस्कार प्रदान किया गया। लियोनटिफ के अनुसार यह सिद्धान्त एक निश्चित समयावधि में अर्थव्यवस्था के सभी क्षेत्रों के मध्य वस्तुओं और सेवाओं के प्रवाह पर प्रकाश डालता है।

Lerner Index | लर्नर सूचकांक

यह एकाधिकार शक्ति (Monopoly Power) के एक सूचक के रूप में होते हैं, जिसका अभिप्राय यह है कि कीमत व सीमान्त लागत दोनों बराबर होते हैं।

अर्थात P = MC/P जहाँ P = कीमत व MC = सीमान्त लागत

Letter of Credit | साख पत्र

साख पत्र भुगतान करने की एक विधि है, जिसका उपयोग प्रायः विदेशी व्यापार के वित्त पोषण हेतु किया जाता है। इसके अन्तर्गत एक बैंक विदेश में स्थित दूसरे बैंक को किसी व्यक्ति विशेष को भुगतान करने का अधिकार देता है। साख-पत्र हस्तान्तरणीय होता है। इनका उपयोग निर्यातकों द्वारा वस्तुओं का निर्यात होने से पूर्व भुगतान के सत्यापन हेतु होता है। भुगतान देने वाला बैंक जब साख-पत्र को स्वीकार कर लेता है, तभी इसे वैध माना जाता है।

Leverage Effect | लीवर क्रिया प्रभाव

यह प्रभाव गुणक (Multiplier) एवं त्वरक (Accelerator) के संयुक्त प्रभाव को बताता है, क्योंकि गुणक व त्वरक दोनों परस्पर क्रिया व प्रतिक्रिया करते हैं। गुणक जहां निवेश से उत्पन्न आय वृद्धि पर प्रतिक्रिया करता है तो त्वरक विनियोग पर उपभोग की प्रतिक्रिया को बताता है। प्रारंभिक निवेश में परिवर्तन का आय पर पूर्ण प्रभाव तथा त्वरक एवं गुणक प्रभावों को संयुक्त रूप से मापा जा सकता है, इसे ही लीवर क्रिया प्रभाव के नाम से जाना जाता है।

Liability | दायित्व

दायित्व तुलन पत्र (Balance Sheet) का एक घटक तत्व है, जो एक व्यावसायिक की दूसरे व्यावसायिक के प्रति देनदारियों को सूचित करता है। एक फर्म या कम्पनी के दायित्व में अंश पूँजी ऋणियों के बैंक ऋण तथा अंशों पर देय लाभांश को शामिल किया जाता है। बैंकों का प्रमुख दायित्व उसके ग्राहकों की जमाएँ होती हैं।

Licence | आज्ञा या अधिकार पत्र

यह एक ऐसा आज्ञा या अधिकार पत्र होता है, जो किसी कार्य विशेष को करने के लिए सरकार से प्राप्त किया जाता है। इसमें उस कार्य को करने की आज्ञा या अधिकार प्रदान किया जाता है। जैसे गाड़ी चलाने का व शराब बेचने आदि का अधिकार पत्र।

Life Cycle Hypothesis | जीवन चक्र परिकल्पना

उपभोग फलन (Consumption Function) से सम्बन्धित इस परिकल्पना का प्रतिपादन मोदीगलियानी, ब्रमबर्ग तथा एण्डों द्वारा किया गया। इसके अनुसार उपभोग फलन उपभोक्ता की चालू आय की तुलना में उसके सम्पूर्ण जीवन की आय से अधिक प्रभावित होता है। इस परिकल्पना को जीवन चक्र परिकल्पना इसलिए कहते हैं, क्योंकि उपभोग फलन पर उपभोक्ता की सम्पूर्ण जीवन की आय का प्रभाव पड़ता है।

Life Insurance | जीवन बीमा

यह बीमा कम्पनी द्वारा किया जाने वाला बीमा होता है, जो जीवन के खतरे या जोखिम (Risk) की सुरक्षा के लिए किया जाता है। इसके अन्तर्गत बीमाधारक या बीमित व्यक्ति की मृत्यु पर उसके द्वारा चुकाई गई राशि व बीमा प्रावधानों के अन्तर्गत दी जाने वाली राशि का भुगतान उसके द्वारा नामित व्यक्ति को किया जाता है। इस बीमे का भुगतान या देय प्रीमियम की किस्त वार्षिक अर्द्धवार्षिक, त्रैमासिक या मासिक रूप से दी जा सकती है। ये बीमे कई प्रकार के हो सकते हैं।

Limited Coinage | सीमित टंकण

सीमित टंकण मुद्रा इकाई की एक ढलाई की प्रणाली है। इसमें जनता द्वारा मुद्रा की ढलाई न होकर सरकार के द्वारा सिक्कों की ढलाई होती है, जिसे जनता को स्वीकार करना पड़ता है।

Limited Liability | सीमित दायित्व

सीमित दायित्व कानून द्वारा अधिकृत उस व्यवस्था को बताता है, जिसमें अंशधारक अपने अंश के लिए भुगतान की गई राशि से अधिक व्यवसाय में घाटा नहीं उठा सकता। संयुक्त स्कन्ध समितियाँ सीमित दायित्व वाली होती हैं, जो निवेशक को अनेक कम्पनियों की अंशधारिता लेकर कम से कम खतरा उठाने का अवसर प्रदान करती हैं।

Lien | रहन या गिरवी

अन्य लोगों की वस्तुओं को अपने पास रखने के अधिकार को रहन या गिरवी रखना कहते हैं, जिसमें एक व्यक्ति दूसरे व्यक्ति की चीज को अपने पास तब तक रख सकता है, जब तक कि दूसरा व्यक्ति अपने ऋण या दावे से उऋण नहीं हो जाता या चुकता नहीं कर देता। जैसे एक होटल वाला अपने यहां ठहरने वाले का सामान तब तक रहन रख सकता है, जब तक कि वह होटल व्यय के सभी बिलों का भुगतान नहीं कर देता।

Limit Pricing | सीमा कीमत निर्धारण

प्रो. बेन (Bain) ने 1959 में एक अल्पाधिकार उद्योग में नई फर्मों के प्रवेश को रोकने के लिए सीमा कीमत निर्धारण के सिद्धान्त का प्रतिपादन किया। कपट संधि में मिलकर फर्मों के एक समूह द्वारा सीमा कीमत का निर्धारण किया जाता है, जो उच्चतम सामान्य कीमत होती है। यह वह कीमत है जो स्थापित (Established) फर्में उद्योग में किसी अन्य फर्म के प्रवेश को प्रेरित किए बिना वसूल कर सकती हैं। यह कीमत अल्पकाल में लाभ अधिकतमीकरण कीमत से कम हो सकती है और समूह के बाहर और अन्दर फर्मों की सापेक्ष लागतों व उद्योगों में मांग की स्थितियों पर निर्भर करती है। बेन सीमा कीमत को प्रतियोगी कीमत से ऊपर अधिकतम कीमत मानता है, जो स्थापित फर्मों द्वारा निश्चित होती है। ऐसी कीमत नई फर्मों के प्रवेश को रोकती है।

Limping Standard | लंगड़ाता मान

जब द्विधातुमान (Bimetallic Standard) में एक साथ दो धातुओं के सिक्कों की ढलाई न होकर एक धातु की ही स्वतंत्र सिक्का ढलाई होती है तो यह लंगड़ाता द्विधातुमान कहलाता है, क्योंकि सोने व चांदी के टकसाली अनुपात (Mint Ratio) तथा बाजार अनुपात (Market Ratio) में लम्बे समय तक समानता का पाया जाना मुश्किल होता है। इसलिए व्यवहार में द्विधातुमान एक धातु मान (Monometallism) में बदल जाता है और सस्ती धातु ही चलन में रह जाती है।

Linear Equation or Relationship | रेखीय समीकरण या सम्बन्ध

रेखीय समीकरण वह कहलाता है, जिसमें अज्ञात मूल्यों की अधिकतम घात एक होती है। यह समीकरण रेखीय सम्बन्ध को प्रदर्शित करता है तथा ग्राफ में एक सीधी रेखा बनाता है। जैसे- $y = a+bx$ एक रेखीय समीकरण है, जो रेखीय सम्बन्ध बताता है। यदि इस समीकरण में a तथा b के मूल्य रखकर ग्राफ पेपर पर खींचा जाए तो हमें एक सीधी रेखा प्राप्त होगी।

Linear Programming | रेखीय प्रायोजना

रेखीय प्रायोजना एक गणितीय विधि है, जिसका प्रतिपादन सर्वप्रथम रूस के अर्थशास्त्री केन्टोरविच ने 1939 में किया। इसे आगे चलकर अमेरिकी अर्थशास्त्री प्रो. डेन्जिग ने विकसित किया। रेखीय फलन असमानताओं का अनुकूलतम हल निकालने की एक गणितीय पद्धति है। इसमें परिवर्तनशील तत्वों वाले रेखीय फलन को अधिकतम या न्यूनतम किया जाता है, जिनके सम्बन्ध में रेखीय असंतुलनों के कारण कुछ बाधाएँ आती हों।

Liquid Asset | तरल सम्पत्ति

तरल सम्पत्ति उसे कहते हैं जो नकद रूप में होती है या उसे कहते हैं जो न्यूनतम हानि पर अति अल्पकाल में नकदी में बदली जा सके। नकदी व बैंक जमाएँ, काल मनी, ट्रेजरी बिल तथा डाकघर बचतों को तरल सम्पत्ति कहते हैं।

Liquidation | परिसमापन

किसी पंजीकृत कम्पनी को समाप्त करने की प्रक्रिया को परिसमापन कहते हैं। किसी कम्पनी के दिवालिया घोषित हो जाने के कारण उसके ऋणों का निस्तारण किया जाता है। ऋण निस्तारण के अन्तर्गत बकाया ऋणों की देनदारी एवं अवशेष राशि को, यदि है तो मालिकों के बीच बांटने के लिए परिसम्पत्तियों को नकदी में बदलने का कार्य किया जाता है।

Liquidity | तरलता

ऐसी परिसम्पत्तियों को, जिन्हें सहजता से नकद मुद्रा में बदला जा सकता है, उन्हें तरल सम्पत्ति कहते हैं, क्योंकि इसमें तरलता का गुण है। किन्तु भूमि में तरलता का गुण नहीं है, क्योंकि इसे तरलता में बदलने के लिए काफी समय लगता है।

Liquidity Preference | तरलता पसंदगी

जब हम मुद्रा को धन, स्टॉक, बाण्ड या सम्पत्ति के रूप में रखने के बजाय नकद रूप में रखते हैं या रखने की इच्छा रखते हैं तो इसे तरलता पसंदगी कहते हैं। मुद्रा को तरल रूप में रखने के प्रो. केन्ज ने तीन उद्देश्य बताए हैं- (i) सौदा या लेन-देन का उद्देश्य (ii) सुरक्षा या दूरदर्शिता उद्देश्य तथा (iii) सट्टा उद्देश्य।

Liquidity-Money Curve (LM Curve) | तरलता मुद्रा वक्र

यह वक्र आय तथा ब्याज दर के उन सभी संयोगों का बिन्दु पथ है, जिन पर मुद्रा की पूर्ति (M) तथा मुद्रा की मांग (L) आपस में बराबर होते हैं। यह वक्र विभिन्न आय स्तरों पर ब्याज की उन दरों को बताता है जो मुद्रा बाजार को संतुलन में रखने के लिए आवश्यक हो। यह वक्र बाएँ से दाएँ ऊपर की ओर बढ़ता हुआ होता है क्योंकि स्थिर मुद्रा आपूर्ति के साथ आय बढ़ने पर लेन-देन के लिए नकदी की मांग बढ़ती है फलस्वरूप ब्याज की दर भी बढ़ती है। इसके विपरीत कम आय स्तरों पर लेन-देन के लिए नकदी की मांग घटती है। फलस्वरूप ब्याज की दर भी घटती है। ब्याज दर के कम होने से सट्टा उद्देश्य के लिए भी नकद मुद्रा की मांग बढ़ती है, इसीलिए ब्याज दर एक न्यूनतम स्तर से नीचे नहीं गिर पाती।

Liquidity Preference Theory of Interest | ब्याज का तरलता पसंदगी सिद्धान्त

केन्ज के मतानुसार ब्याज की दर मुद्रा संग्रह का पुरस्कार नहीं होती, बल्कि एक निश्चित अवधि के लिए मुद्रा की तरलता को त्यागने का पुरस्कार है। यह वह कीमत है जो नकदी की प्राप्य मात्रा के साथ नकदी के रूप में सम्पत्ति रखने की इच्छा का संतुलन बनाए रखती है। अर्थात मुद्रा की मांग और पूर्ति का संतुलन ब्याज दर का निर्धारण करता है। केन्ज ने मुद्रा की आपूर्ति को स्थिर माना है तथा मुद्रा की मांग के तीन उद्देश्य बताए हैं- (i) लेन-देन उद्देश्य (Transaction Motive) (ii) सतर्कता उद्देश्य (Precautionary Motive) तथा (iii) सट्टा उद्देश्य (Speculative Motive)। यहाँ कुल तरल मुद्रा को M से प्रकट किया गया है। लेन-देन व सतर्कता उद्देश्यों को मिलाकर M_1 से और सट्टा उद्देश्य के लिए रखी गई मुद्रा को M_2 से, तो $M = M_1 + M_2$ होगा क्योंकि $M_1 = L_1$ (y) और $M_2 = L_2$ (r) इसलिए मुद्रा का कुल मांग फलन M = L (y, r) होता है।

Liquidity Ratio | तरलता अनुपात

बैंकिंग नियमों के अनुसार व्यापारिक बैंकों को अपनी कुल जमाओं का एक निश्चित अनुपात तरल रूप में अपने पास रखना पड़ता है इसे ही तरलता अनुपात कहते हैं। अर्थात नकदी एवं नकदी स्थानापन्नों के कुल देनदारियों से अनुपात को तरलता अनुपात कहा जाता है, जो बैंकों के लिए हमेशा बनाए रखना आवश्यक होता है।

Liquidity Trap | तरलता जाल

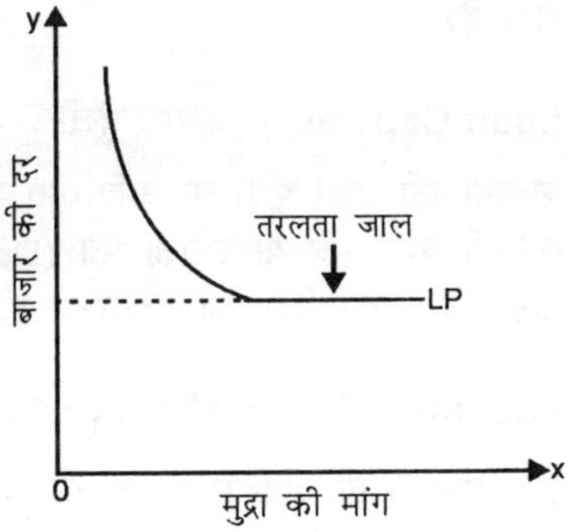

तरलता जाल वह अवस्था है, जिसमें सट्टे के लिए मुद्रा की मांग पूर्णतः लोचदार (Perfectly Elastic) हो जाती है। इसे पूर्ण तरलता पसंदगी की दशा कहते हैं। इस तरलता जाल का प्रतिपादन प्रो. केन्ज के द्वारा किया गया है। चित्र के अनुसार तरलता जाल न्यूनतम ब्याज दर पर प्राप्त होता है। इसे व्यक्ति बॉण्ड आदि में निवेश करने की अपेक्षा धन को अपने पास नकदी में रखना पसंद करता है। न्यूनतम ब्याज दर पर हानि की आशंका व्यक्तियों को आगे प्रतिभूतियाँ खरीदने से रोकती है। इसका विकल्प अतिरिक्त नकदी को निष्क्रिय सम्पत्ति के रूप में रखना होता है। चित्रानुसार तरलता पसंदगी वक्र के पूर्णतया लोचदार भाग को जो LP है, तरलता जाल कहते हैं इसमें वक्र का अन्तिम भाग उस ब्याज दर पर क्षैतिज अक्ष के समानान्तर हो जाता है। क्योंकि यह ब्याज की दर न्यूनतम है, जिस पर व्यक्ति मुद्रा को निवेश करने की अपेक्षा अपने पास नकदी में रखना पसंद करेंगे। x अक्ष पर मुद्रा की सट्टा मांग व y अक्ष पर ब्याज की दर को दर्शाया गया है।

List Closed | बन्द सूची

इसका उपयोग स्टॉक विनिमय बाजार में होता है। इसका उपयोग तब होता है जबकि समय सीमा समाप्त होने के कारण या प्रस्तुत सभी अंशों का विक्रय हो जाने से नए अंश निर्गमों के लिए आवेदन बंद हो जाते हैं तो इसे बन्द सूची कहते हैं।

List Price | सूची मूल्य

कोई भी बिक्री कटौती दिए जाने से पहले वस्तु का उद्धरित किया गया वास्तविक सूची पत्र सूची मूल्य कहलाता है।

Listed Company | सूचीबद्ध कम्पनी

जब किसी कम्पनी के अंश स्टॉक विनिमय बाजार में सूचीबद्ध होते हैं, तब उस कम्पनी को सूचीबद्ध कम्पनी कहते हैं।

Listed Security | सूचीबद्ध प्रतिभूति

यह वह प्रतिभूति होती है जिसे स्टॉक एक्सचेन्ज में आधिकारिक रूप से उद्धरित किया जाता है और जिसका स्टॉक एक्सचेन्ज में क्रय-विक्रय किया जा सकता है।

Lira | लीरा

यह इटली की मानक मुद्रा इकाई है।

Loan | उधार या ऋण

उधार वह राशि है जो किसी व्यक्ति या फर्म या कम्पनी या संस्था या सरकार द्वारा एक निश्चित समयावधि (जो प्राय: एक वर्ष) के लिए समझौते द्वारा निर्धारित ब्याज दर पर उधार ली जाती है। व्यक्ति प्राय: अल्प या मध्य कालीन ऋण लेते हैं, जबकि सरकार प्राय: दीर्घकालीन उधार या ऋण लेती है।

Loan Capital | उधार पूँजी

कम्पनी की अंश पूँजी के अतिरिक्त शेष पूँजी उधार पूँजी कहलाती है। एक सार्वजनिक लिमिटेड कम्पनी ऋण पत्र या प्रतिज्ञा पत्र (Debenture) जारी करके जनता से कानूनी तौर पर ऋण प्राप्त करती है, जिसकी ब्याज दर स्थिर होती है।

Loanable Funds Theory of Interest | ब्याज का उधार देय कोष सिद्धान्त

इस सिद्धान्त के अनुसार ब्याज की दर ऋण की वह कीमत है, जो ऋणयोग्य या उधार देय कोषों की मांग तथा पूर्ति के संतुलन द्वारा निर्धारित होती है। उधारदेय कोषों की मांग के स्रोत हैं- (i) व्यावसायिक फर्में (ii) संचय (iii) घरेलू क्षेत्र तथा (iv) सरकार 1 उधारदेय कोषों की पूर्ति के स्रोत हैं (i) बचत (ii) बैंक साख (iii) अपसंचय और (iv) अपनिवेश। इस सिद्धान्त को 'नव परम्परावादी ब्याज का सिद्धान्त' भी कहते हैं, जिसके अनुसार ब्याज की दर उधार देय कोषों के उपयोग के लिए दी जाने वाली कीमत है। इसका निर्धारण उधार देय कोषों की मांग और पूर्ति के बीच संतुलन द्वारा होता है।

Local Government | स्थानीय सरकार

कुछ देशों जैसे फ्रांस, इंग्लैण्ड, भारत आदि में स्थानीय सरकारों को केन्द्रीय सरकारों से प्रशासकीय शक्तियाँ प्राप्त होती हैं। इनका वित्त प्रबन्ध भी केन्द्रीय सरकार करती है या स्वयं स्थानीय सरकार अपनी स्वयं वित्त व्यवस्था करों या अन्य स्रोतों से सरकार द्वारा प्रदत्त शक्ति से कर लेती हैं। स्थानीय सरकारें अपनी नीतियों के बारे में स्वयं निर्णय कर सकती है व स्वयं कार्यान्वित कर सकती हैं या

केन्द्र द्वारा निर्देशित नीतिगों पर अमल कर सकती हैं। स्थानीय सरकार के कई स्तर हो सकते हैं तथा इनके कार्य एक दूसरे से जुड़े होते हैं।

Local Monopoly | स्थानीय एकाधिकार

जब तक एकाधिकार किसी भौगोलिक क्षेत्र के अन्दर ही प्रचलित रहता है, तब इसे स्थानीय एकाधिकार कहते हैं। जैसे- जब एक व्यक्ति या एक व्यापारिक संस्था एक क्षेत्र विशेष में किसी वस्तु विशेष की अकेली आपूर्तिकर्ता बन जाती है, तब उसका स्वरूप स्थानीय एकाधिकार जैसा हो जाता है।

Localisation of Industry | उद्योगों का स्थानीयकरण

कुछ विशिष्ट क्षेत्रों में कुछ खास उद्योगों के आकर्षित होने, विकसित होने तथा केन्द्रित होने की प्रवृत्ति को उद्योगों के स्थानीयकरण के नाम से जाना जाता है। अधिकतर उद्योग वहां अधिक स्थापित या केन्द्रित हो जाते हैं, जहां उनकी उत्पादन की लागतें न्यूनतम हों। जब एक ही उद्योग की कई फर्में एक दूसरी के निकट स्थापित हों तो उन्हें बाह्य बचतों का लाभ प्राप्त होता है। उद्योगों के स्थानीयकरण के लिए आर्थिक व राजनीतिक कारण अधिक जिम्मेदार होते हैं।

Lock-Out | तालाबंदी

किसी फर्म या उद्योग में तालाबंदी वह स्थिति है, जब फर्म या उद्योग के प्रबन्धक श्रमिकों को तब तक कार्य करने की अनुमति नहीं देता जब तक वे प्रबन्ध की शर्तों को स्वीकार नहीं कर लेते। श्रम संघों पर दबाव बनाने के लिए अनिश्चितकाल हेतु प्रबन्ध द्वारा कार्य को बंद किया जाना तालाबंदी कहलाता है। इसे नियोजकों द्वारा अपनाया जाता है। यह श्रमिक हड़ताल की भाँति है।

Logistic Growth Curve | लॉजिस्टिक वृद्धि वक्र

लॉजिस्टिक वक्र जिसका उपयोग प्राय: किसी चर (Variable) की विकास प्रक्रिया को बताता है। इसका गणितीय समीकरण इस प्रकार है-

$$y = \frac{B}{(1 + Ae^{1} - K^{1})}$$

जहां A, B तथा K स्थिरांक हैं। यह वक्र धीमी गति से प्रारम्भ होता है तथा बाद में बढ़ता हुआ पुन: क्षैतिज (Levels Out) हो जाता है।

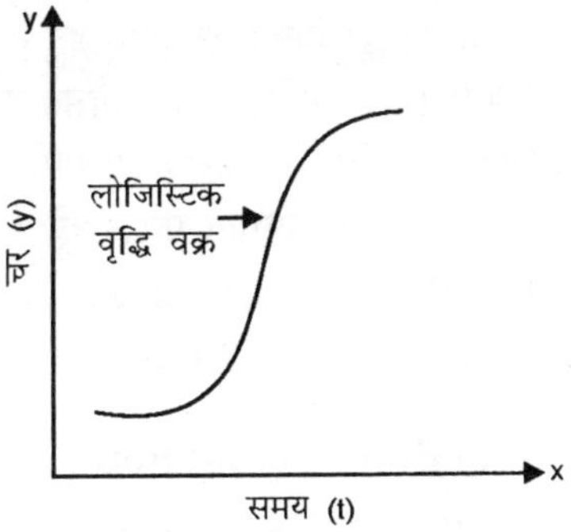

Long Position | लोंग पोजीशन

इस दशा में एक सट्टेबाज अपनी क्षमता से अधिक अंश व वस्तुएँ खरीद लेता है। यह एक तेजड़िए सट्टेबाज की दशा है जो अपने अंशों व वस्तुओं को ऊँचे भावों पर बेचने की आशा करता है, ताकि समय आने पर उन्हें बेचकर लाभ कमा सके।

Longs | लोंग्ज

निश्चित ब्याज वाली दीर्घकालीन प्रतिभूतियों, खासकर स्वर्ण प्रतिभूतियों को लोंग्ज कहा जाता है, जिन्हें सट्टेबाज स्टॉक विनिमय बाजार में अपनी स्थिति को मजबूत व स्थाई बनाने के लिए खरीदते हैं।

Long Rate | दीर्घ दर

यह वह ब्याज दर होती है जो लम्बी अवधि की प्रतिभूतियों पर प्राप्त होती है। अतः इसका भुगतान दीर्घकालीन उधारी पर होता है।

Long Run | दीर्घकाल

यह उत्पादन की वह अवधि है, जिसमें सभी उत्पादन के साधन स्थिर न रहकर परिवर्तनशील हो जाते हैं। सभी फर्में दीर्घकाल में अपने उत्पादन का पैमाना बदल लेती हैं, ताकि बढ़ती हुई मांग के अनुरूप पूर्ति का पूर्ण समायोजन कर सकें।

Long Run Average Cost | दीर्घकालीन औसत लागत

दीर्घकाल इतना लम्बा होता है कि इसमें कोई स्थिर लागतें नहीं होतीं, बल्कि सभी लागतें परिवर्तनशील हो जाती हैं। अतः दीर्घकाल में केवल कुल औसत लागत (TAC) तथा कुल सीमान्त लागत (TMC) ही रह जाती हैं। यदि सभी अल्पकालीन औसत लागत रेखाओं (SAC) के न्यूनतम बिन्दुओं पर स्पर्श करती हुई यदि एक रेखा खींची जाए तो दीर्घकालीन औसत लागत (LAC) रेखा प्राप्त हो जाती है। इसे लिफाफा वक्र (Envelope Curve) भी कहते हैं, क्योंकि यह सभी अल्पकालीन औसत लागत वक्रों को अपने में ढंक लेती है। ये सर्वश्रेष्ठ संभावनाओं की योजना बनाने में सहायक होती है, इसलिए इसे योजना रेखा (Planning Curve) भी कहते हैं। दीर्घकालीन औसत लागत रेखा 'U' आकार की होती है।

Long Run Consumption Function | दीर्घकालीन उपभोग फलन

यह 50 वर्ष के ऊपर की अवधि के उपभोग व आय के मध्य कार्य सम्बन्धों को बताते हैं। इसके अन्तर्गत उपभोग व आय के दशकीय औसतों का अध्ययन किया जाता है, ताकि व्यापार चक्रों के प्रभावों को दूर किया जा सके। इन अध्ययनों से ज्ञात होता है कि- (i) सीमान्त उपभोग प्रवृत्ति इकाई से कम (<1) होती है, (ii) औसत उपभोग प्रवृत्ति इकाई से कम (<1) होती है। तथा (iii) सीमान्त उपभोग प्रवृत्ति व औसत उपभोग प्रवृत्ति बराबर होती है। यह निष्कर्ष केन्ज की शुद्ध आय परिकल्पना, जो उपभोग फलन के स्वरूप के सम्बन्ध में की गई है, के विपरीत है। वे, एक सरल रेखीय फलन (Straight Line Function) है जो केन्द्र बिन्दु से चलती है, का सुझाव देते हैं वह है $C = by$, जहां C = उपभोग, y = आय तथा b स्थिरांक है।

Long Run Interest Rate | दीर्घकालीन ब्याज दर

दस वर्ष या अधिक अवधि की सरकारी प्रतिभूतियों के पूर्ण होने पर दी जाने वाली ब्याज दर को दीर्घकालीन ब्याज दर कहते हैं।

Long Run Marginal Cost | दीर्घकालीन सीमान्त लागत

दीर्घकाल में एक इकाई के उत्पादन से कुल लागत में जो वृद्धि होती है, उसे दीर्घकालीन सीमान्त लागत कहते हैं। दीर्घकालीन सीमान्त लागत रेखा भी 'U' आकार की होती है। दीर्घकाल में स्थिर व परिवर्तनशील लागतों का अन्तर समाप्त हो जाता है अर्थात कुल परिवर्तनशील लागत तथा कुल लागत एक ही हो जाती हैं। अतः दीर्घकाल में सीमान्त लागत (MC) को परिवर्तनशील लागत (VC) को शब्दों में परिभाषित नहीं किया जा सकता।

Long Run Phillips Curve | दीर्घकालीन फिलिप्स वक्र

फिलिप्स ने बेरोजगारी की दर व नकद मजदूरी के परिवर्तन की वार्षिक दर में विलोम सम्बन्ध यू.के.के सम्बन्ध में 1861 से 1913 तक की अवधि के लिए दर्शाया था। यद्यपि अनुभवों के आधार पर पता चलता है कि फिलिप्स वक्र का सम्बन्ध केवल अल्पकाल में ही लागू होता है। फिलिप्स वक्र दीर्घकाल में ऊपर-नीचे घूमता हुआ या घुंघराले किस्म का पाया गया है। इससे यह निष्कर्ष निकाला गया कि दीर्घकाल में मुद्रास्फीति व बेरोजगारी में या तो सम्बन्ध होता नहीं है या बहुत कमजोर किस्म का होता है।

Long Term Capital | दीर्घकालीन पूँजी

वह पूँजी जो वित्तीय यानी मौद्रिक रूप में कर्ज पर उधार ली जाती है और जिसका भुगतान परिपक्वता पर किया जाता है, सामान्यत: यह अवधि दस वर्ष से अधिक होती है और जो कम्पनी के बंद होने पर लौटाई जाती है।

Long Term Demand | दीर्घकालीन मांग

दीर्घकालीन मांग वह होती है, जिसकी मांग दीर्घकाल तक होती रहे। ऐसी मांग में परिवर्तन दीर्घावधि में भी संभव होता है। जैसे सामान्य वस्तुओं (Generic Goods) की मांग दीर्घकालीन होती है। उपभोगीय, उत्पादकीय व टिकाऊ और गैर टिकाऊ वस्तुओं की मांग दीर्घकालीन होती है, जबकि उनकी विभिन्न किस्मों व ब्राण्डों की मांग अल्पकालीन हो सकती है।

Long Term Unemployment | दीर्घकालीन बेरोजगारी

एक वर्ष से अधिक बेरोजगारी को दीर्घकालीन बेरोजगारी कहते हैं। दीर्घकालीन बेरोजगारी अल्पकालीन बेरोजगारी से अधिक गंभीर समस्या का कारण बन जाती है क्योंकि इस तथ्य के प्रमाण मिलते हैं कि जितनी लम्बी अवधि तक कोई बेरोजगार रहेगा उसे रोजगार मिलने की संभावना उतनी ही कम हो जाती है। इसलिए बेरोजगारी दूर करने हेतु पुनर्प्रशिक्षण (Retraining) व पुनर्वास (Relocation) का सुझाव दिया जाता है।

Lorenz Curve | लोरेन्ज वक्र

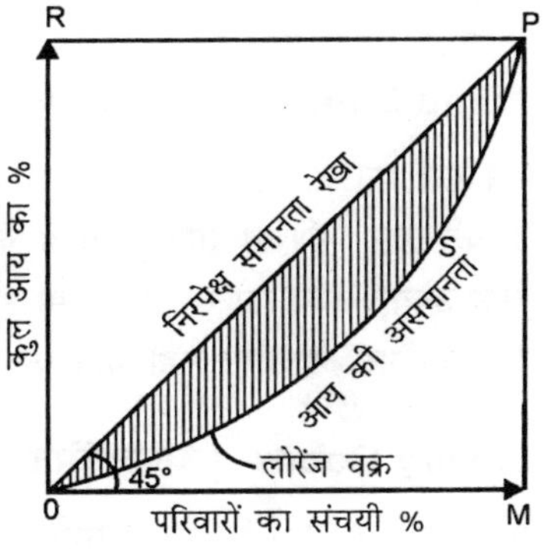

लोरेन्ज वक्र ग्राफिक दृष्टि से एक आवृत्ति वितरण में असमानता के अंश को बताता है। यह ग्राफ पेपर पर खींचा गया वक्र है, जो सांख्यिकीय जनसंख्या के संचयी अनुपात को दिखाता है। यह वक्र सामान्यत: आय वितरण को दिखाता है जिसका उपयोग आय वितरण को प्रदर्शित करने के लिए किया जाता है, जो गरीब लोगों के संचयी प्रतिशत एवं राष्ट्रीय आय में उनके संचयी भाग को दिखाता है। चित्रानुसार OR अक्ष पर परिवारों की आय का संचयी प्रतिशत व OM अक्ष पर जनसंख्या या परिवारों का संचयी प्रतिशत दिखाया गया है। OP पूर्ण समानता रेखा है। OMP पूर्ण असमानता रेखा है। OSP लोरेंज वक्र है जो आय की असमानता का सूचक है व्यय की असमानता का भी OP व OSP का क्षेत्रफल मिनी अनुपात या संकेन्द्रण अनुपात है। जो आय की असमानता का माप है। जब OSP वक्र दाईं ओर खिसकता है तो असमानता बढ़ती है और जब यह बाईं ओर OP की तरफ खिसकता है तो असमानता घटती है।

Losch's Theory | लोसेक का सिद्धान्त

लोसेक के सिद्धान्त को स्थानीय मांग वक्र (Spatial Demand Curve) भी कहते हैं। यह वस्तु की कीमत व वस्तु की मात्रा की बजाय विक्रेता के स्थान व क्रेता के आमना-सामना करने पर ध्यान देता है। सामान्य मांग वक्र में हम कीमत व वस्तु की मांग व मात्रा के मध्य सम्बन्ध स्थापित करते हैं और क्रेता और विक्रेता के मध्य भौगोलिक दूरियों को भुला देते हैं। किन्तु वास्तविक जीवन में हम देखते हैं कि उपभोक्ता अपने निकट के विक्रेता में अधिक रुचि लेता है, बजाय दूर रहने वाले विक्रेता में क्योंकि दूर रहने वाला विक्रेता अपनी वस्तु की कीमत में समय, प्रयास और यातायात लागतें भी जोड़ता है। अत: वस्तु की कीमत में उपभोक्ता के विक्रेता तक पहुँचने की लागत भी जोड़ी जानी चाहिए। व्यक्तिगत मांग वक्र बाजार की सीमा में आने वाली जनसंख्या पर निर्भर करता है। हम प्रत्येक वस्तु को उसकी कीमत से गुणा करके तथा जनसंख्या घनत्व के सूचक के द्वारा विक्रेता के लिए बाजार मांग प्राप्त कर सकते हैं।

Loss | हानि

हानि व्यावसायिक कार्यों का वह परिणाम होती है, जहां व्यय आय से अधिक हो जाता है। व्यावसायिक हानियाँ आंतरिक कारणों व बाह्य कारणों से हो सकती हैं। आन्तरिक कारणों में बाजार मांग की तुलना में उत्पादन में कमी व बाह्य कारणों में बकाया बिलों के भुगतान की असमर्थता व ऋणों का पुनर्भुगतान आदि हैं। हानि का प्रभाव व्यावसायिक की पूँजी पर पड़ता है। यदि हानि इतनी बढ़ जाए कि व्यवसाय की परिसम्पत्तियों से देनदारियाँ अधिक हो जाएं तो व्यवसायी दिवालिया हो जाता है, तब उसे या तो व्यवसाय बंद कर देना पड़ता है या उद्योग में और नई पूँजी लगानी पड़ती है।

Loss Leader Pricing | हानि नेतृत्व कीमत

जब किसी वस्तु को बहुत कम कीमत या शून्य लाभ के साथ बेच दिया जाता है तो इसे हानि नेतृत्व कीमत कहते हैं। इसका उद्देश्य स्टोर में लोगों को आकर्षित करना है ताकि ऐसे अन्य उत्पादों, जिनमें लाभ मार्जिन अधिक है, को बेचा जा सके। अत: यह रणनीति किसी विशिष्ट उत्पाद की बिक्री में होने वाली हानि को निष्प्रभावी कर देती है।

Lump-Sum Tax | एकमुश्त कर

इस कर का आय स्तर से कोई सम्बन्ध नहीं होता है तथा यह आज्ञा सूचक प्रकृति का होता है। इसकी एक निश्चित राशि होती हैं जैसे- यदि 1000 रुपये का कर सभी वर्गों के वेतनभोगियों पर चाहे उनका आय का स्तर कुछ भी हो लगाया जाए तो ऐसे कर को एकमुश्त कर कहते हैं। यह कर समानता पर आधारित नहीं होने के कारण इसे अव्यावहारिक माना जाता है।

Luxury Goods | विलासिता वस्तुएं

एक वस्तु या सेवा जिसका उपभोग एक दी हुई कीमत पर आय में होने वाली आनुपातिक वृद्धि से अधिक हो तो इसे विलासिता कहते हैं। विलासिता वस्तुओं के लिए मांग की आय लोच इकाई से अधिक होती है। विलासी वस्तुएँ वे होती हैं, जिन पर गरीबों की तुलना में, धनाढ्य व्यक्ति अपनी आय का अधिक अनुपात में व्यय करते हैं।

Luxury Taxes | विलासिता कर

अल्प विकसित देशों में करों में वृद्धि द्वारा सरकारी कोषों में वृद्धि करना एक समस्या है क्योंकि इन देशों में कई लोग स्वरोजगार वाले हैं और इनका भुगतान वस्तुओं में होता है। इनसे आयकर वसूल करना संभव नहीं होता। तब ऐसे लोग, जो विलासी वस्तुओं का उपभोग करते हैं, उन पर कर लगाने का प्रयास किया जाता है। लोग इस कर से बचने की चेष्टा करते हैं, जिससे भ्रष्टाचार को बढ़ावा मिलता है। तब सीमा कर (Customs Duty) लगाया जाता है। खासकर जब विलासी वस्तुओं का आयात किया जाता है। जैसे विदेशी कारों पर सीमा शुल्क 300 प्रतिशत तक लगाया जाता है। सीमा शुल्क में भी कर वंचन होता है। तब लोगों के विलासी उपभोग पर नजर रखते हुए उन पर विलासिता कर लगाया जाता है। सामान्यतः बहुत कम विकसित देशों में विलासिता कर लगाने का प्रयास किया जाता है।

M

M_1 | (मुद्रा-1) एम-1

भारत में मुद्रा पूर्ति के चार माप हैं। इनमें प्रथम माप एम-1 है, जो भारतीय रिजर्व बैंक द्वारा 1977 में किए गए वर्गीकरण का एक भाग है। यह अप्रेल 1977 में चालू किया गया। मार्च 1968 तक रिजर्व बैंक द्वारा मुद्रा पूर्ति का केवल एक माप M या M_1 प्रचलित था, जिसे जनता के पास करेंसी और मांग जमा द्वारा परिभाषित किया जाता था। यह मुद्रा आपूर्ति का संकुचित दृष्टिकोण था। अप्रेल 1968 से रिजर्व बैंक ने मुद्रा पूर्ति का एक अन्य माप प्रकाशित किया, जिसे उसने कुल मौद्रिक संसाधन कहा। इसमें M_1 जमा जनता द्वारा रखे बैंकों के समय खाते शामिल थे। M_1 को 1977 में नए रूप में परिभाषित किया गया। (i) इसमें जनता के पास करेंसी व बैंकों के पास नकदी को छोड़कर चलन में सभी वर्ग के सिक्के और नोट शामिल होते हैं। (ii) इसमें बैंक जमा को छोड़कर व्यापारिक बैंक और सहकारी बैंकों के मांग जमा आते हैं। (iii) रिजर्व बैंक के पास "अन्य जमा" जिनमें विश्व बैंक, अन्तरराष्ट्रीय मुद्रा कोष, और बैंकों को छोड़कर IDBI, IFCI आदि अर्द्धवित्तीय संस्थाओं और विदेशी केन्द्रीय बैंकों के चालू खाते शामिल होते हैं। यह संकुचित मुद्रा है।

M_2 | (मुद्रा-2) एम-2

भारतीय मुद्रा पूर्ति का दूसरा माप एम-2 है। इसमें M_1 जमा, डाकघर बचत जमा बैंक खाते शामिल हैं, क्योंकि भारत में अधिकतर ग्रामीण और शहरी लोग बैंक जमा की तुलना में सुरक्षा के दृष्टिकोण से डाकघर जमाओं को अधिक महत्व देते हैं।

M_3 | (मुद्रा-3) एम-3

भारत में मुद्रा पूर्ति का तीसरा माप M_3 है। इसमें M_1 जमा अन्तः बैंक समय जमा या सावधि जमा को छोड़कर व्यापारिक और सहकारी बैंकों की सावधि जमा शामिल होती हैं। यह महत्वपूर्ण माप है।

M_4 | (मुद्रा-4) एम-4

भारत में मुद्रा पूर्ति के चौथे माप में M_3 जमा डाकघर के कुल जमा, जिसमें सावधि जमा और मांग जमा शामिल होते हैं। यह मुद्रा पूर्ति का सबसे विस्तृत माप है।

Macro Economic Policy | समष्टि आर्थिक नीति

आर्थिक नीति निर्धारण में समष्टि अर्थशास्त्र अत्यन्त उपयोगी है। अल्पविकसित अर्थव्यवस्थाओं की सरकारों को अनेक राष्ट्रीय समस्याओं का सामना करना पड़ता है जैसे- अतिजनसंख्या, बेरोजगारी, गरीबी, मुद्रास्फीति, भुगतान शेष अल्प उत्पादन आदि। इन सरकारों का प्रमुख दायित्व यह है कि अति जनसंख्या, सामान्य कीमतों, सामान्य व्यापार, बेकारी, गरीबी व सामान्य उत्पादन आदि का

नियमन और नियंत्रण करे। जैसा कि टिन्बर्गन ने कहा है–"अपने समय की बड़ी समस्याओं को हल करने में योगदान देने के लिए समष्टि आर्थिक सिद्धान्तों से कार्यकरण नितान्त आवश्यक हैं।" इस प्रकार हम कुछ जटिल आर्थिक समस्याओं को हल करने में समष्टि आर्थिक नीतियों का उपयोग करते हैं।

Macro Economics | समष्टि अर्थशास्त्र

समष्टि अर्थशास्त्र समूहों (Aggregates) या समग्र अर्थशास्त्र से सम्बन्ध रखने वाले औसतों का अध्ययन है। जैसे कुल रोजगार, बेरोजगारी, राष्ट्रीय आय, राष्ट्रीय उत्पादन, कुल निवेश, कुल उपयोग, कुल बचत, कुल मांग, कुल आपूर्ति और सामान्य कीमत स्तर, मजदूरी स्तर, ब्याज दरें तथा लागतें आदि इसके अन्तर्गत आते हैं। यह विभिन्न समूहों के आपसी सम्बन्धों, उनके निर्धारण और उनमें होने वाले उतार-चढ़ावों की जांच करता है। इसे आय व रोजगार सिद्धान्त या केवल आय विश्लेषण भी कहते हैं।

Mail Order Business | डाक आदेशित व्यवसाय

यह फुटकर (Retail) व्यापार की एक प्रणाली है, जिसमें दुकानों के स्थान पर डाक प्रणाली द्वारा व्यापार का संचालन किया जाता है। इसमें सूची पत्र का उपयोग होता है, जिसके द्वारा ग्राहकों को विक्रय वस्तु, इसकी किस्म एवं उसके मूल्य सम्बन्धी सभी जरूरी सूचनाएँ दी जाती हैं।

Malthusian Theory of Population | माल्थस का जनसंख्या सिद्धान्त

माल्थस की पुस्तक "जनसंख्या सिद्धान्त पर निबन्ध एवं समाज के भावी उत्थान पर इसका प्रभाव" 1798 में प्रकाशित हुई। इस पुस्तक में माल्थस ने अपना जनसंख्या सिद्धान्त प्रस्तुत किया। जिसे उन्होंने अग्रलिखित खण्डों में विभाजित किया– (i) मनुष्य का जीवन अनाज पर निर्भर होता है। (ii) मनुष्य में काम शक्ति तीव्र होती है, फलस्वरूप जनसंख्या अनाज की अपेक्षा तीव्र गति से बढ़ती है अर्थात जनसंख्या ज्यामितिक क्रम (Geometrical Progression) में बढ़ती है, जैसे– 1, 2, 4, 8, 16, 32 आदि जबकि अनाज की वृद्धि गणितीय कम में होती है जैसे– 1, 2, 3, 4, 5, 6 आदि। इसलिए जनसंख्या 25 वर्षों में बढ़कर दुगुनी हो जाती है। (iii) यदि मनुष्य स्वयं निषेधात्मक उपायों द्वारा जनसंख्या कम नहीं करता है तो प्रकृति अपनी आपदाओं से स्वयं उसे कम कर देगी। (iv) माल्थस ने जनसंख्या नियंत्रण के लिए आत्म संयम को श्रेष्ठ उपाय माना। माल्थस का सिद्धान्त विवादास्पद रहा, खासकर दूसरा भाग। किन्तु फिर भी माल्थस के सिद्धान्त को अच्छा माना जाता है, क्योंकि माल्थस ने सर्वप्रथम जनसंख्या शास्त्र की नींव डाली। माल्थस का यह मानना कि जनसंख्या अनाजों की अपेक्षा तेजी से बढ़ती है, सही है। परिवार नियोजन की लोकप्रियता माल्थस के सिद्धान्त की विजय है।

Managed Currency | प्रबन्धित मुद्रा

प्रबन्धित मुद्रा विनिमय दर समायोजन की उस विधि को बताती है, जिसमें मुद्रा मूल्य में होने वाले परिवर्तन बाजार शक्तियों पर निर्भर करते हैं तथा मौद्रिक अधिकारी अपने उद्देश्यों की पूर्ति हेतु विनिमय दरों को स्थिर रखने हेतु हस्तक्षेप की नीति अपनाते हैं। इसे ही प्रबन्धित मुद्रा कहते हैं।

Managed Floating Exchange Rate | प्रबन्धित तरण विनिमय दर

तरण या तैरती (Floating) विनिमय दर प्रणाली मुक्त रूप से लोचदार प्रणाली न होकर प्रबन्धित तरण विनिमय दर प्रणाली है। यह सरकार के हस्तक्षेप के बिना नहीं चल सकती क्योंकि सरकारें

समय-समय पर इसमें हस्तक्षेप करती रहती हैं, इसलिए इसे प्रबंधित या गंदी (Dirty) तैरती प्रणाली भी कहा जाता है। 1977 में सरकारों का अत्यधिक हस्तक्षेप बढ़ जाने के कारण इसे मैली (Filthy) तैरती प्रणाली भी कहा गया। जब सरकारें बिल्कुल हस्तक्षेप न करें, तो यह स्वच्छ (Clean) तैरती प्रणाली कहलाती है, किन्तु इसकी संभावना कम होती है। इस प्रकार यह एक ऐसी प्रणाली है, जिसमें किसी देश की विनिमय दर को कीलन (Pagged) न करके मौद्रिक अधिकारी इसे बाजार पर न छोड़कर प्रबंधित करने का प्रयास करते है। ऐसा विनिमय दरों में आंशिक परिवर्तन और अपनी समाष्टि आर्थिक नीतियों के द्वारा करते हैं।

Managed Trade | प्रबन्धित व्यापार

अन्तरराष्ट्रीय व्यापार का संचालन सरकारी निकायों की बातचीत द्वारा निर्धारित योजनाओं के अनुसार होता है। यह नियोजित अर्थव्यवस्थाओं के लिए एक प्राकृतिक प्रवृत्ति होती है किन्तु बाजार अर्थव्यवस्थाओं के लिए यह ठीक नहीं होती। जबकि सरकार बाजार अर्थव्यवस्थाओं में, जो व्यापार सरकारी अनुमति के अनुरूप नहीं है, उससे बचने के लिए अपनी शक्ति का उपयोग कर सकती है। जिन निर्यातों के लिए सरकार वचनबद्ध होती है, उन्हें पूरा करने के लिए निजी फर्मों का उपयोग साधनों के अभाव में नहीं हो पाता या उन आयातों को स्वीकार करना जिन्हें खरीदने के लिए सरकार वचनबद्ध है।

Management | प्रबन्ध

पूर्व निर्धारित नीतियों या योजनाओं के अनुसार दूसरों से कार्य कराने की अधिशासी क्रिया को प्रबन्ध कहते हैं। यह मानवीय क्रियाओं को निर्देशित करने की एक कला है जिसके द्वारा विशिष्ट उद्देश्यों की पूर्ति के लिए भौतिक एवं मानवीय साधनों के साथ संगठनात्मक संरचना के कर्मचारियों को जोड़ा जाता है। प्रबन्ध के तीन कार्य हैं- (i) नीति निर्धारण एवं नियोजन (ii) योजनाओं का सम्पादन एवं क्रियान्वयन तथा (iii) योजनाओं पर प्रशासनिक नियंत्रण।

Management Consultant | प्रबन्ध सलाहकार

प्रबन्ध सलाहकार या परामर्शदाता एक स्वतंत्र व्यापारिक विशेषज्ञ होता है, जो किसी व्यापारिक संस्थाओं द्वारा मांगे जाने पर उनकी समस्याओं के समाधान हेतु अपनी सेवाएँ या राय देता है, जिन्हें व्यापारिक संस्थान के कर्मचारी व अधिकारी हल नहीं कर सकते। ये सेवाएँ अंशकालीन व उचित भुगतान पर दी जाती हैं।

Managerial Economics | प्रबन्धकीय अर्थशास्त्र

"प्रबन्धकीय अर्थशास्त्र व्यावसायिक व्यवहार के साथ प्रबन्ध द्वारा निर्णय करने व अग्रिम नियोजन के लिए आर्थिक सिद्धान्तों का समन्वय है"। अर्थात यह सामान्य अर्थशास्त्र का वह भाग है, जो व्यावसायिक फर्मों की समस्याओं को हल करने व उचित निर्णय करने में प्रबन्धकीय सहायता करता है। इसके अन्तर्गत मांग विश्लेषण व पूर्वानुमानों, लागत व उत्पादन विश्लेषणों, मूल्य सम्बन्धी नीतिगत निर्णयों, लाभ व पूँजी के प्रबन्ध सम्बन्धी कार्य किए जाते हैं।

Manufacturing Process | निर्माण प्रक्रिया

निर्माण प्रक्रिया के अन्तर्गत निर्माण, परिवर्तन, मरम्मत संगठन, निर्देशन व नियंत्रण आदि आते हैं। ये सभी मूलतः साहसी के कार्यों के अतिरिक्त होते हैं।

Managerial Revolution | प्रबन्धकीय क्रांति

यह विचार ग्रेलब्रेथ के विचारों से सम्बन्धित है, जिसके अनुसार आर्थिक शक्ति पूँजी से तकनीकी विशेषज्ञों के पास चली गई है अर्थात सीमान्त श्रेणी के पास। इसका कारण प्रबन्धकों की प्रतिष्ठापूर्ण बेलोचदार पूर्ति है, जिसका सम्बन्ध पूँजी से भी होता है।

Managing Director | प्रबन्ध निदेशक

एक प्रबन्ध निदेशक सार्वजनिक सीमित दायित्व कम्पनी के दिन-प्रतिदिन के प्रबन्ध के लिए उत्तरदायी होता है। कम्पनी के अध्यक्ष के बाद प्रबन्ध निदेशक का पद होता है तथा इसे मुख्य कार्यकारी अधिकारी भी कहा जाता है।

Man Power Policy | जन शक्ति नीति

मुख्यतः जनशक्ति नीति के दो रूप होते हैं- प्रथम-जो वर्तमान मांग और पूर्ति की विशेषताओं को स्वीकार करते हैं तथा जिसका उद्देश्य श्रमिकों से सलाह-मशविश करके कार्य की दशाओं व नियुक्ति हेतु श्रमिकों और रोजगार के बीच अच्छे संयोग बनाने का है। इसके अतिरिक्त श्रमिकों की गतिशीलता में वृद्धि करना आदि भी है। द्वितीय-स्वरूप में श्रमिकों की पूर्ति को बदलने का प्रयास किया जाता है, जो उनकी योग्यता और कौशल को बढ़ाकर प्रभावित किया जा सकता है। रोजगार के अवसर पैदा करके बेरोजगारों को व मांग के प्रारूप को प्रभावित कर सकते हैं।

Margin | सुरक्षित अंश

कीमत और प्रति इकाई लागत के अन्तर के प्रतिशत मूल्य को सुरक्षित अंश या मूल्य अन्तर कहते हैं। किसी आर्थिक चर में होने वाला छोटा सा परिवर्तन व परिवर्तन का प्रभाव सुरक्षित अंश या मार्जिन को बताता है।

Marginal Analysis | सीमान्त विश्लेषण

सीमान्त विश्लेषण का उपयोग अर्थशास्त्र की सभी शाखाओं में होता है। जैसे-उपभोग में सीमान्त विश्लेषण वस्तु की अतिरिक्त इकाई की उपयोगिता से सम्बन्धित है। गणितीय दृष्टि से सीमान्त मूल्य चलन-कलन व समाकलन के उपयोग द्वारा प्राप्त किया जाता है। जैसे कुल उपयोगिता फलन का पहला अवकलन सीमान्त उपयोगिता है।

Marginal Cost | सीमान्त लागत

उत्पादन की एक अतिरिक्त इकाई के उत्पादन के फलस्वरूप कुल लागत में होने वाले परिवर्तन को सीमान्त लागत कहते हैं। सूत्र रूप में $Mc_n = Tc_n - Tc_{(n-1)}$ अर्थात् उत्पादन की n वीं इकाई के उत्पादन की सीमान्त लागत प्राप्त करने के लिए n इकाइयों की कुल लागत में से (n–1) इकाइयों की उत्पादन लागत को घटाया जाता है।

Marginal Cost Pricing | सीमान्त लागत मूल्य

सीमान्त लागत मूल्य में फर्म का संतुलन वहां होता है, जहां सीमान्त लागत औसत आगम वक्र को काटती है और फर्म द्वारा उत्पादन की अन्तिम इकाई को उत्पादित करने में हुई अतिरिक्त लागत के बराबर वस्तु की कीमत रखी जाती है।

Marginal Demand Price | सीमान्त मांग मूल्य

मार्शल के अनुसार यह वह मूल्य है, जिसे एक व्यक्ति वस्तु की एक अतिरिक्त इकाई प्राप्त करने के लिए देता है। मार्शल के उपयोगिता ह्रास नियम के अनुसार वस्तु की आपूर्ति बढ़ने पर उसकी उपयोगिता घटती है और इसी तरह वस्तु की आपूर्ति बढ़ने पर उसकी सीमान्त मांग कीमत घटती है।

Marginal Disutility of Labour | श्रम की सीमान्त अनुपयोगिता

एक अतिरिक्त कार्य करने के फलस्वरूप संतुष्टि में होने वाली कमी को श्रम की सीमान्त अनुपयोगिता कहते हैं।

Marginal Efficiency of Capital (MEC) | पूँजी की सीमान्त उत्पादकता

केन्ज द्वारा प्रतिपादित पूँजी की सीमान्त उत्पादकता की धारणा तीन घटकों पर आधारित है– (i) पूँजी परिसम्पत्ति की लागत (ii) पूँजी से प्राप्त प्रतिफल की प्रत्याशित दर, तथा (iii) ब्याज की बाजार दर। यही तीनों घटक निवेश निर्णय में ध्यान में रखे जाते हैं। कुरिहारा के अनुसार "यह अतिरिक्त पूँजीगत वस्तुओं की संभावित प्राप्ति और उनकी पूर्ति कीमत के बीच का अनुपात है।" अर्थात MEC पूँजी परिसम्पत्ति की एक अतिरिक्त इकाई से प्रत्याशित इसकी लागत के ऊपर प्रतिफल की उच्चतम दर को कहते हैं। जैसे–यदि पूँजी परिसम्पत्ति की पूर्ति कीमत 20,000 रु. है और इसकी वार्षिक प्राप्ति 2,000 रु. है तो इस परिसम्पत्ति की सीमान्त उत्पादकता

$$= \frac{2000}{20{,}000} x \frac{100}{1} = 10\% \text{ है।}$$

MEC का वक्र नीचे गिरता हुआ होता है, क्योंकि विनियोग के बढ़ने पर MEC भी घटती जाती है।

Marginal Firm | सीमान्त फर्म

सीमान्त फर्म वह फर्म होती है, जो अपने व्यवसाय को जारी रखने के लिए आवश्यक न्यूनतम लाभ के बराबर ही लाभ कमाती है। औसत लागत के बढ़ने व औसत आय अर्थात कीमत के घटने पर यह फर्म उत्पादन छोड़कर चली जाती है।

Marginal Income | सीमान्त आय

किसी व्यक्ति को किसी समय में भुगतान के रूप में आय में होने वाली अंतिम वृद्धि को सीमान्त आय कहते हैं। यह विचार प्रगतिशील करों के लिए बहुत महत्वपूर्ण है, क्योंकि ऐसा कर सीमान्त आय पर अधिक पड़ता है।

Marginal Land | सीमान्त भूमि

रिकार्डो ने अपने लगान सिद्धान्त में सीमान्त भूमि शब्द का उपयोग किया है। रिकार्डो के लगान सिद्धान्त में सीमान्त भूमि को 'लगान रहित भूमि' माना गया है। रिकार्डो के अनुसार सीमान्त भूमि वह होती है जिस पर कोई अतिरेक अथवा लाभ उत्पन्न नहीं होता। सीमान्त भूमि के उत्पादन से प्राप्त आगम उस पर लगे व्यय के बराबर होने से वह भूमि लगान रहित व सीमान्त कहलाती है।

Marginal Physical Product (MPP) | सीमान्त भौतिक उत्पाद

एक साधन की मात्रा में परिवर्तन करने से कुल उत्पादन में होने वाले परिवर्तन को सीमान्त भौतिक उत्पादन अथवा सीमान्त उत्पादन कहते हैं। अर्थात अन्य साधनों को स्थिर रखकर एक अतिरिक्त साधन की मात्रा का उपयोग करने पर प्राप्त उत्पादन सीमान्त भौतिक उत्पाद (MPP) कहलाता है। सूत्र रूप में $Mp_n = Tp_n - Tp\ (n-1)$ जहां $Mp_n = n$ वीं इकाई का सीमान्त उत्पाद $Tp_n = n$ इकाइयों का कुल उत्पाद $Tp_{(n-1)} = (n-1)$ इकाइयों का उत्पाद।

Marginal Productivity Theory | सीमान्त उत्पादकता सिद्धान्त

उत्पादन के साधनों के पुरस्कार वितरण का यह एक महत्वपूर्ण सिद्धान्त है। यह वितरण का नव-परम्परावादी सिद्धान्त है। इस सिद्धान्त के अनुसार एक उत्पादन के साधन का पुरस्कार उसके द्वारा किए गए सीमान्त उत्पादन के बराबर होता है। सीमान्त उत्पादन, जिसे सीमान्त भौतिक उत्पादन भी कहते हैं, कुल उत्पादन में होने वाली वह वृद्धि है, जो साधन की एक अतिरिक्त इकाई लगाने से होती है, जबकि अन्य साधन स्थिर रहें। इस सिद्धान्त का प्रतिपादन 19वीं शताब्दी में क्लार्क, वालरस व विक्सरीड आदि ने किया किन्तु बाद में प्रो. हिक्स व श्रीमती जॉन बोबिन्सन ने इसे विकसित किया। इसे आधुनिक सीमान्त उत्पादकता सिद्धान्त कहा गया। सूत्र रूप में VMP = MPP x प्रति इकाई मूल्य। उत्पत्ति का प्रत्येक साधन उसकी सीमान्त आगम उत्पादकता(MRP) के आधार पर पुरस्कार प्राप्त करता है। अर्थात MRP = MPP x MR, जहां MRP = सीमान्त आगम उत्पादकता, MPP = सीमान्त भौतिक उत्पादकता, MR = सीमान्त आय।

Marginal Propensity to Consume (MPC) | सीमान्त उपभोग प्रवृत्ति

आय में सूक्ष्म परिवर्तन के फलस्वरूप उपभोग में होने वाले आनुपातिक परिवर्तन को सीमान्त उपभोग प्रवृत्ति (MPC) कहते हैं। अर्थात आय की सीमान्त वृद्धि (Δy) के फलस्वरूप होने वाली उपभोग की सीमान्त वृद्धि (Δc) को सीमान्त उपभोग प्रवृत्ति कहते हैं।

$$\text{सूत्र रूप में } MPC = \frac{\Delta C}{\Delta Y} = \text{सी.उ.प्र.} = \frac{\text{कुल उपभोग में परिवर्तन}}{\text{कुल आय में परिवर्तन}}$$

केन्ज के उपभोग के मनोवैज्ञानिक नियम की तीन प्रस्थापनाएँ (Propositions) हैं-(i) जब आय बढ़ती है तो उपभोग भी बढ़ता है, किन्तु आय की तुलना में कम (ii) आय में हुई समस्त वृद्धि उपभोग पर खर्च न होकर इसका कुछ भाग बचत में चला जाता है। (iii) उपभोग प्रवृत्ति सदैव इकाई से कम (<1) होती है।

Marginal Propensity to Invest | सीमान्त निवेश प्रवृत्ति

निवेश में परिवर्तन का आय में परिवर्तन से अनुपात को सीमान्त निवेश प्रवृत्ति कहते हैं। अर्थात

$$\frac{\Delta 1}{\Delta y}$$

यदि निवेश में परिवर्तन ($\Delta 1$) = 2 लाख रु. है और आय में परिवर्तन (Δy) = 10 लाख रु. है तो सीमान्त निवेश

प्रवृत्ति $\frac{2}{10} = 0.2$ होगी।

Marginal Propensity to Import (MPI) | आयात की सीमान्त प्रवृत्ति

राष्ट्रीय आय (N1) में होने वाली वृद्धि के फलस्वरूप आयातों में होने वाली वृद्धि की दर को आयात की सीमान्त प्रवृत्ति (MPI) कहां गया है।

Marginal Propensity to Save (MPS) | सीमान्त बचत प्रवृत्ति

आय में होने वाली आनुपातिक वृद्धि के कारण बचत में होने वाली आनुपातिक वृद्धि को सीमान्त बचत प्रवृत्ति (MPS) कहते हैं। आय में होने वाली वृद्धि का विभाजन दो भागों में होता है- उपभोग तथा बचत में। अर्थात् $\Delta Y = \Delta C + AS$

सूत्र रूप में- दोनों पक्षों को DY द्वारा भाग देने पर-

$$\frac{\Delta Y}{\Delta Y} = \frac{\Delta C}{\Delta Y} + \frac{\Delta S}{\Delta Y} \text{ या } 1 = MPC + MPS$$

या MPS = 1–MPC

सीमान्त उपभोग प्रवृत्ति (MPC) तथा सीमान्त बचत प्रवृत्ति (MPS) का योग सदैव इकाई के बराबर होता है। यदि MPC ज्ञात है तो इकाई में से MPC घटाकर MPS ज्ञात हो सकती है।

Marginal Propensity to Tax | सीमान्त कर प्रवृत्ति

आय में एक इकाई के परिवर्तन के फलस्वरूप कर राजस्व में होने वाले परिवर्तन को सीमान्त कर प्रवृत्ति (MPT) कहते हैं।

Marginal Rate of Substitution | सीमान्त प्रतिस्थापन दर

सीमान्त प्रतिस्थापन दर (MRS) समान अधिमान वाली x और y वस्तुओं की कई इकाइयों के विनिमय की दर है। x वस्तु की y वस्तु के लिए स्थानापन्नता की दर (MRS) वस्तु y की वह मात्रा है जिसका वस्तु x की हर अतिरिक्त इकाई को प्राप्त करने के लिए त्याग किया जाता है। अर्थात MRS xy वस्तु x के निश्चित परिवर्तन से वस्तु y में होने वाले परिवर्तन का अनुपात है। सूत्र रूप में

$$MRS_{xy} = \frac{-\Delta Y}{+\Delta X} = -\frac{\Delta Y}{\Delta X}$$

सीमान्त प्रतिस्थापन दर की प्रवृत्ति घटती हुई होती है, इसीलिए उदासीनता वक्र मूल बिन्दु की ओर उन्नतोदर होता है।

Marginal Rate of Tax | कर की सीमान्त दर

आय में होने वाली प्रति इकाई वृद्धि के लिए कर की दर को उस सीमा तक बढ़ाया जा सकता है, जहां तक कर की दर बढ़कर अधिकतम नहीं हो जाए। कर की यह अधिकतम दर ही कर की सीमान्त दर कहलाती है।

Marginal Rate of Technical Substitution (MRTS) | तकनीकी स्थानापन्न की सीमान्त दर

(MRTS) तकनीकी स्थानापन्न की सीमान्त दर उत्पादन (Production Function) पर आधारित है, जहां दो साधनों को परिवर्तीय अनुपातों में इस तरह से स्थानापन्न किया जाता है कि उत्पादन के स्थिर स्तर का उत्पादन किया जा सके। दो साधनों श्रम (L) और पूँजी (C) में तकनीकी स्थानापन्नता

की सीमान्त दर ($MRTS_{LC}$) वह है जिस पर उत्पादन की मात्रा में परिवर्तन किए बिना वस्तु x के उत्पादन में C के स्थान पर L को स्थानापन्न किया जा सकता है। अर्थात पूँजी के लिए श्रम की तकनीकी स्थानापन्नता की सीमान्त दर एक बिन्दु पर सम-मात्रा वक्र की ढाल है।

इसलिए सममात्रा वक्र की ढाल $= MRTS_{LC} = \dfrac{-\Delta C}{\Delta L}$

इसे इस प्रकार भी व्यक्त किया जा सकता है कि यह श्रम के सीमान्त भौतिक उत्पादन (MPP_L) का पूँजी के सीमान्त भौतिक (MPP_C) उत्पाद से अनुपात है।

या $MRTS_{LC} = \dfrac{MP_L}{MP_C}$

Marginal Rate of Transformation (MRT) | रूपान्तरण की सीमान्त दर

उत्पादन संभावना वक्र की ढाल को प्रदर्शित करने वाली दर को रूपान्तरण की सीमान्त दर (MRT) कहते हैं, जो यह बताती है कि किसी एक वस्तु की अतिरिक्त इकाई का उत्पादन करने के लिए दूसरी वस्तु के उत्पादन को घटाना होगा।

Marginal Revenue | सीमान्त आय या आगम

वस्तु की एक अतिरिक्त इकाई को बेचने से कुल आय में होने वाली वृद्धि को सीमान्त आय (MR) कहते हैं।

सूत्र रूप में–

$MR_n = TR_n - TR_{(n-1)}$

जहाँ किसी समय में किसी दी हुई वस्तु की nवीं इकाई का सीमान्त आगम n इकाइयों की बिक्री से प्राप्त कुल आय (TR) तथा (n-1) इकाइयों की बिक्री से प्राप्त कुल आय के बीच के अन्तर के बराबर होता है। सीमान्त आगम (MR) सदैव औसत आगम (AR) के नीचे (या कम) होता है। सीमान्त आय मांग की कीमत लोच का सूचक होता है। जब MR धनात्मक होती है, तो मांग की कीमत लोच (Price Elasticity of Demand) इकाई से अधिक (>1) होती है। जब MR शून्य होती है, तो मांग की कीमत लोच इकाई के बराबर होती है (यानी $ep = 1$)। जब MR ऋणात्मक होती है, तब मांग की कीमत लोच इकाई से कम ($ep < 1$) होती है।

Marginal Revenue Product (MRP) | सीमान्त आय उत्पाद

उत्पादन के साधन की एक अतिरिक्त इकाई के उपयोग से जो अतिरिक्त उत्पादन प्राप्त होता है, उसके विक्रय से फर्म की कुल आय में जो वृद्धि होती है उसे सीमान्त आय उत्पाद (MRP) कहते हैं।

सूत्र रूप में– सीमान्त आय उत्पाद = (सीमान्त भौतिक उत्पाद) × (सीमान्त आय)

अर्थात $MRP = MPP \times MR$ होता है।

Marginal Social Cost | सीमान्त सामाजिक लागत

पीगू के अनुसार उत्पादन में एक अतिरिक्त इकाई की वृद्धि करने पर समाज को जो कष्ट होता है उसे सीमान्त सामाजिक लागत कहते हैं। पीगू का विचार था कि बाह्य कारणों से एक फर्म के मालिक के लिए वास्तविक लागत उस फर्म से जुड़े लोगों की कुल लागतों से कम हो सकती है, जैसे पर्यावरणीय प्रदूषण के कारण लोगों को अतिरिक्त कष्ट झेलने पड़ते हैं।

Marginal Utility | सीमान्त उपयोगिता

वस्तु की एक अतिरिक्त इकाई के उपभोग से कुल उपयोगिता में जो वृद्धि होती है, उसे सीमान्त उपयोगिता कहते हैं। जैसे दो केलों की कुल उपयोगिता (10 + 5) = 15 यूटिल है। तीसरे केले का उपभोग करने से उपभोक्ता को कुल 18 यूटिल प्राप्त होते हैं तो तीसरे केले की सीमान्त उपयोगिता (18–15) यूटिल होगी। सूत्र रूप में–

$M_{U_n} = T_{U_n} - T_{U_{(n-1)}}$

जहाँ M_{U_n} = उपभोग की n वीं इकाई की सीमान्त उपयोगिता

T_{U_n} = इकाइयों के उपभोग से प्राप्त कुल उपयोगिता

$T_{U_{(n-1)}} = (n-1)$ इकाइयों के उपभोग से प्राप्त कुल उपयोगिता

Marginal Utility of Income | आय की सीमान्त उपयोगिता

आय की एक अतिरिक्त इकाई प्राप्त होने से व्यक्ति को जो अतिरिक्त उपयोगिता प्राप्त होती है, उसे आय की सीमान्त उपयोगिता कहते हैं। आय में भी घटती हुई सीमान्त उपयोगिता का नियम लागू होता है, क्योंकि एक गरीब व्यक्ति के लिए आय की सीमान्त उपयोगिता अधिक होती है और धनी व्यक्तियों के लिए कम।

Marginal Utility of Money | मुद्रा की सीमान्त उपयोगिता

मुद्रा की एक अतिरिक्त इकाई के प्राप्त होने से व्यक्ति की कुल उपयोगिता में जो अन्तर पड़ता है उसे मुद्रा की सीमान्त उपयोगिता कहते हैं। मुद्रा की सीमान्त उपयोगिता भी घटती हुई होती है। जैसे एक धनी व्यक्ति के लिए मुद्रा की सीमान्त उपयोगिता कम होती है, जबकि गरीब व्यक्ति के लिए अधिक।

Market Price | बाजार कीमत

बाजार कीमत वह होती है, जिसका निर्धारण बाजार काल या अतिअल्पकाल में मांग और पूर्ति के संतुलन द्वारा होता है। बाजार काल वह होता है, जिसमें पूर्ति निश्चित स्टॉक तक ही सीमित होती है। उस स्टॉक में वृद्धि करना संभव नहीं होता है। विनाशी वस्तुएँ जैसे- हरी सब्जी, मछली, दूध, अण्डे आदि का बाजार एक दिन या दो दिन का होता है, क्योंकि इनकी आपूर्ति समय विशेष के लिए ही उपलब्ध होती है, उसे अतिअल्पकाल में बढाया नहीं जा सकता। इन वस्तुओं को उसी दिन बेचना पड़ता है अन्यथा ये खराब हो जाती हैं। ऐसी स्थिति में इनका कीमत संतुलन लचीला हो जाता है।

Market | बाजार

लिप्से व क्रिस्टल के अनुसार- ''हम बाजार की परिभाषा एक क्षेत्र के रूप में करते हैं, जहाँ क्रेता व विक्रेता एक निश्चित वस्तु विनिमय का कार्य सम्पन्न करते हैं। इसके लिए यह जरूरी है कि क्रेता व विक्रेता परस्पर सम्पर्क बनाए रखें तथा सम्पूर्ण बाजार में कोई सार्थक लेन-देन कर सकें।'' अलग-अलग बाजारों का रूप प्रतियोगिता, क्रेता और विक्रेता, मूल्य एवं उत्पादन संरचना के अनुसार अलग-अलग होता है। बाजार का स्वरूप समय-समय पर बदलता रहता है। बाजार सामान्य रूप से स्थानीय, प्रान्तीय, राष्ट्रीय व अन्तरराष्ट्रीय भी होते हैं। बाजार का वर्गीकरण इस प्रकार है-

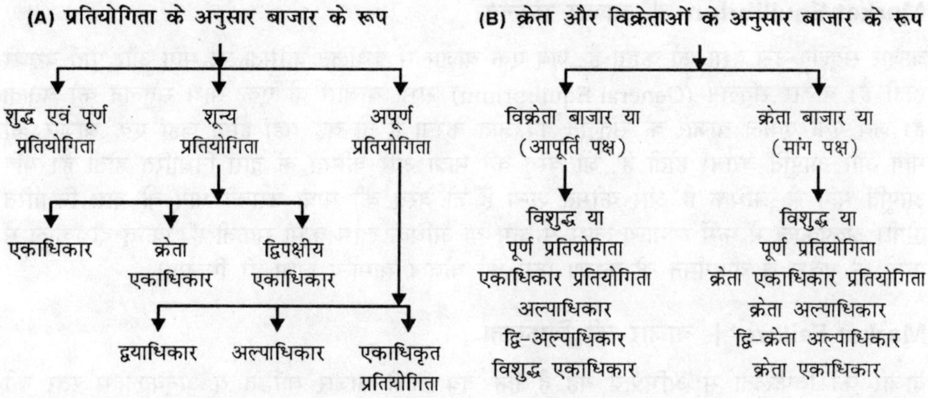

Market Demand | बाजार मांग

एक वस्तु की बाजार मांग एक मांग अनुसूची और मांग वक्र पर दर्शाई जाती है। वे वस्तु की विभिन्न कीमतों पर सभी उपभोक्ताओं द्वारा मांगी गई विभिन्न मात्राओं के कुल जोड़ को दर्शाते हैं, क्योंकि एक बाजार में एक वस्तु का एक ही उपभोक्ता न होकर बहुत से उपभोक्ता होते हैं। जैसे A, B, C तीन उपभोक्ता हैं, जिनकी किसी वस्तु की मांग 10, 20, 30 इकाइयां हैं तो इन तीनों की कुल मांग $(10 + 20 + 30) = 60$ इकाई हुई। इसी तरह सभी उपभोक्ता की किसी वस्तु की मांगी गई कुल मात्रा को बाजार मांग कहा जाएगा।

Market Differences | बाजार अन्तरण

प्रत्येक बाजार में क्रेताओं और विक्रेताओं के मध्य प्रतियोगिता की श्रेणी के अनुसार व्यक्तिगत बाजारों में अन्तर पाया जाता है। इसे ही बाजार अंतरण कहते हैं।

Market Discipline | बाजार अनुशासन

फर्म या उद्योग द्वारा वस्तु उत्पादन करना व उसे उपभोक्ताओं को बेचने की क्षमता इनके लाभ को निर्धारित करने में महत्वपूर्ण भूमिका निभाती है। अनुशासित मूल्य व उत्पादन तंत्र फर्मों की कार्य प्रणाली को सफल बना सकता है। यदि फर्म का अनुशासन या बाजार का अनुशासन भंग हो जाता है तो हानि की संभावनाएँ हो जाती हैं और फर्मों को अपना उत्पादन बंद करना पड़ सकता है, क्योंकि दीर्घकाल तक कोई फर्म हानि नहीं उठा सकती।

Market Economy | बाजार अर्थव्यवस्था

बाजार अर्थव्यवस्था को स्वतंत्र अर्थव्यवस्था या पूँजीवादी अर्थव्यवस्था भी कहते हैं। इसमें अधिकांश वस्तुओं और सेवाओं का आबंटन बाजारों के द्वारा होता है, जो नियोजित अर्थव्यवस्था से एकदम अलग है। नियोजित अर्थव्यवस्था में अधिकांश या लगभग सभी वस्तुओं और सेवाओं का आबंटन का निर्णय केन्द्रीय अधिकारियों द्वारा होता है। बाजार अर्थव्यवस्था में कीमतों का निर्धारण वस्तुओं और सेवाओं के संतुलन द्वारा होता है। बाजार अर्थव्यवस्था निजी लाभ पर चलती है तथा बढ़ती हुई कीमतें लाभ को प्रोत्साहित करती हैं तथा बिना लाभ वाली क्रियाओं को हतोत्साहित करती हैं। किन्तु आजकल अधिकांश अर्थव्यवस्थाएँ मिश्रित अर्थव्यवस्थाएँ होती है, जिनमें बाजार अर्थव्यवस्था व नियोजित अर्थव्यवस्था अथवा निजी व सार्वजनिक क्षेत्र **साथ**-साथ चलते हैं।

Market Equilibrium | बाजार संतुलन

बाजार संतुलन उस दशा को कहते हैं, जब एक बाजार में प्रचलित कीमतों पर मांग और पूर्ति बराबर होती है। बाजार संतुलन (General Equilibrium) सभी बाजारों के एक साथ संतुलन को बताता है। जब एक एकल बाजार के संतुलन को ज्ञात करना है तो वह वहां होगा जहां एक बाजार की मांग और आपूर्ति बराबर होती है, जो वस्तु की मात्रा और कीमत के द्वारा निर्धारित होती है। यदि आपूर्ति मांग से अधिक है और कीमत शून्य है तो वस्तु की मात्रा उसकी मांग के द्वारा निर्धारित होगी। अल्पकाल में फर्में सामान्य लाभ से कम या अधिक लाभ कमा सकती हैं, किन्तु दीर्घकाल में फर्मों के प्रवेश व बहिर्गमन के कारण फर्म को केवल सामान्य लाभ ही मिलेगा।

Market Failure | बाजार की विफलता

बाजार की विफलता से अभिप्राय यह है कि जब निजी बाजार वांछित व अनुकूलतम स्तर की वस्तुओं की आपूर्ति करने में विफल या नाकाम रहते हैं तो इस व्यवस्था को बाजार की विफलता या विफल बाजार कहते हैं।

Market Forces | बाजार शक्तियाँ

बाजार में काम करने वाली मांग और पूर्ति की शक्तियों को बाजार शक्ति कहा जाता है, क्योंकि बाजार का संतुलन मांग और पूर्ति के कटाव बिन्दु द्वारा निर्धारित होता है। यही शक्तियाँ कमी या वृद्धि के लिए जिम्मेदार होती हैं, जो लाभों व साधनों के आबंटन को भी प्रभावित करती हैं।

Market Leader | बाजार नेता या नेतृत्व

एक उद्योग की सभी फर्मों में से कोई एक फर्म अपने अधिकतम उत्पादन अथवा न्यूनतम उत्पादन लागत के कारण अन्य फर्मों के बीच प्रधान फर्म या अगुआ फर्म या नेता फर्म का दर्जा प्राप्त कर लेती है तथा अन्य सभी फर्में उसी फर्म की उत्पादन व कीमत नीति का अनुसरण करती हैं। इसीलिए ऐसी फर्म को नेता फर्म कहा जाता है। यह स्थिति अल्पाधिकारी बाजार में पाई जाती है।

Market Mechanism | बाजार संयंत्र

वस्तु की संतुलन कीमत निर्धारण में मांग और पूर्ति की स्वतंत्र पारस्परिक क्रिया शक्ति को बाजार संयंत्र कहा जाता है। मांग और आपूर्ति जहाँ बराबर होती है, वहीं बाजार में कीमत निर्धारण होता है। यह संयंत्र अतिरेक पूर्ति या अतिरेक मांग में स्वतः समायोजन करती है। यह संयंत्र साधनों का पुनर्आबंटन इस प्रकार करता है कि कीमतों में कमी–वृद्धि पुनः संतुलन की स्थिति में आ जाती है।

Market Penetration | बाजार भेदन या अंत:प्रवेश

किसी उद्योग में उपलब्ध सभी ब्राण्डों की कुल बिक्री में एक विशिष्ट ब्राण्ड की कुल बिक्री का अनुपात अधिक बढ़ जाता है तो इसे बाजार भेदन या अन्त:प्रवेश कहा जाता है। जैसे नहाने के साबुनों की कुल मांग में यदि अकेले लक्स साबुन का अनुपात 40% है तो लक्स का बाजार भेदन 40% कहा जाएगा, क्योंकि साबुन की कुल मांग का 40% भाग लक्स साबुन द्वारा पूरा किया जाता है।

Market Performance | बाजार की कार्यदक्षता

किसी बाजार में एक फर्म या उद्योग की कार्यदक्षता की माप के लिए कुछ विशेष मापदण्ड होते हैं, जो इस प्रकार हैं–

(i) उत्पादन के दुर्लभ साधनों को रोजगार देना, ताकि वे उच्चतम संभावित वास्तविक आय का निर्माण कर सकें।
(ii) उत्पादन के साधनों को पूर्ण रोजगार प्राप्त हो।
(iii) वस्तुओं और सेवाओं के विस्तार एवं सुधार का प्रवाह वृद्धि एवं प्रगतिशील हो।
(iv) आय के वितरण में समानता हो।

Market Risk | बाजार जोखिम

वह व्यापारी बाजार में जोखिम उठाने को तैयार होता है, जिसकी बाजार में थोड़ी या बहुत कुछ अच्छी स्थिति होती है और उसमें कीमत स्तर में होने वाले परिवर्तनों की जोखिम उठाने की शक्ति हो। जिस व्यापारी के पास वस्तुओं का, प्रतिभूतियों का व मुद्राओं का स्टॉक हो तथा उन्हें भविष्य में बेचकर लाभ कमाना चाहता है, किन्तु यदि इनकी कीमतें गिर जाती हैं तो उसे बहुत नुकसान हो जाने की जोखिम हो जाएगी। ऐसे विक्रेता नीची कीमतों पर अपनी वस्तुओं को नहीं बेचेंगे, यदि उन्हें भविष्य में कीमतें बढ़ने की आशा हो। इस प्रकार की बाजार जोखिमों को कम भी किया जा सकता है, यदि दूसरी पार्टी इसमें अपना सहयोग प्रदान करे।

Market Schedule | बाजार अनुसूची

बाजार अनुसूची एक प्रकार से बाजार मांग अनुसूची होती है। एक तालिका, जो यह बताती है कि एक दी हुई समयावधि में अलग-अलग कीमतों पर बाजार में क्रेताओं के द्वारा किस वस्तु की कितनी-कितनी मांग की जाएगी। सभी क्रेताओं द्वारा बाजार में मांगी गई कुल मात्रा के योग को प्रदर्शित करने वाली तालिका को बाजार अनुसूची कहते हैं।

Market Structure | बाजार ढाँचा या संरचना

बाजार ढाँचे से तात्पर्य यह है कि एक बाजार की आर्थिक दृष्टि से क्या महत्वपूर्ण विशेषताएँ हों जो फर्म या उद्योग के पूर्ति सम्बन्धी व्यवहार को प्रभावित कर सकें। एक बाजार में निम्नांकित महत्वपूर्ण तत्व होते हैं- (i) संकेन्द्रण व संकेन्द्रण अनुपात (ii) वस्तु विभेद (iii) नई फर्मों के प्रवेश में बाधाएँ (iv) बाजार मांग की वृद्धि दर (v) बाजार मांग की कीमत लोच तथा (vi) अल्पकाल में स्थिर व परिवर्तनशील लागतों का अनुपात आदि।

Market Value | बाजार मूल्य

किसी वस्तु का बाजार मूल्य वह कीमत होती है, जिस पर किसी समय विशेष पर खुले बाजार में वस्तु का विक्रय किया जा सकता है। एक अंश (Share) का बाजार मूल्य उसके निर्गम मूल्य से कम या अधिक हो सकता है।

Marketable Security | विपणन योग्य प्रतिभूति

यह वह प्रतिभूति होती है, जिसे बिना किसी समस्या के स्टॉक बाजार में बेचा और खरीदा जा सकता है। अर्थात ऐसी प्रतिभूति को ही क्रय-विक्रय के लिए उपयुक्त बाजार मिलता है।

Market Segmentation | बाजार विभाजन या पृथक्करण

कीमत विभेद की नीति के अन्तर्गत विक्रेता वस्तु की मांग या पूर्ति की लोच के अनुसार सम्पूर्ण बाजार के क्रेताओं को समूहों व उपसमूहों में बांटकर बाजार का विभाजन या पृथक्करण करने

में सफल हो जाता है तो इसे बाजार विभाजन (Partition) पृथक्करण (Segregation) करना कहते हैं।

Mark-up Pricing | चिह्नित कीमत निर्धारण

किसी उत्पादन की वह विक्रय कीमत जो उसकी निर्माण लागत या क्रय कीमत से अधिक हो चिह्नित कीमत निर्धारण कहलाती है। यह किसी फर्म की ऊपरी लागत को निकालने की कीमत होती है तथा कुछ लाभ देने वाली भी होती है।

Marshall Plan | मार्शल योजना

अमेरिकी राज्य के सचिव मार्शल द्वारा द्वितीय विश्व युद्ध के बाद यूरोपीय देशों की अर्थव्यवस्थाओं के पुनरुद्धार व सहायता के लिए जो योजना प्रस्तुत की गई उसे मार्शल योजना के नाम से पुकारा जाता है। इस योजना से उन यूरोपीय देशों का पुनरुद्धार हुआ, जो द्वितीय विश्व युद्ध के कारण अत्यधिक प्रभावित हुए थे।

Marshall-Lerner Criterion | मार्शल-लर्नर मानदण्ड

मार्शल-लर्नर मानदण्ड अवमूल्यन के द्वारा भुगतान संतुलन की स्थिति में सुधार हेतु प्रस्तुत किया गया है। इस मानदण्ड के अनुसार निर्यातों के लिए विदेशी मांग की लोच तथा स्वयं की आयातों की मांग की लोच इकाई के बराबर $(\eta_x + \eta_m) > 1$ होनी चाहिए।

जहाँ η_x = देश के निर्यातों के लिए स्वयं की मांग की लोच

η_m = देश में आयातों के लिए स्वयं की मांग की लोच

यदि $(\eta_x + \eta_m) = 1$ इकाई के बराबर हो तो अवमूल्यन के पश्चात प्रतिकूल भुगतान संतुलन में कोई सुधार नहीं होगा, और यदि $(\eta_x + \eta_m) < 1$, इकाई से कम हो तो अवमूल्यन के बाद भुगतान संतुलन की प्रतिकूलता और अधिक बढ़ जाएगी।

Marshallian Economics | मार्शल का अर्थशास्त्र

मार्शल व उसके अनुयायियों का अर्थशास्त्र नव परम्परादी अर्थशास्त्र (Neo Classical Economics 1842–1924) से सम्बन्धित है। मार्शल के अर्थशास्त्र के मुख्य तत्व इस प्रकार हैं- (i) मार्शल प्रथम अर्थशास्त्री थे, जिन्होंने 19वीं शताब्दी के अन्त में अर्थशास्त्र को बदनामी से बचा कर एक आदर का स्थान दिया। उनके अनुसार धन साध्य (End) नहीं बल्कि साधन (Means) है, जिसकी सहायता से मानव कल्याण में वृद्धि की जा सकती है। अत: मार्शल ने अर्थशास्त्र को सामाजिक उन्नति का एक यंत्र (An Engine of Social Betterment) बनाकर इसे आदर का स्थान दिया। (ii) मार्शल के अनुसार अर्थशास्त्र में सामाजिक (Social), सामान्य (Normal) तथा वास्तविक (Real) मनुष्य की आर्थिक क्रियाओं का अध्ययन किया जाता है। अत: मार्शल के अनुसार अर्थशास्त्र एक सामाजिक विज्ञान है। (iii) मार्शल का अर्थशास्त्र मनुष्य के जीवन के साधारण व्यवसाय, खाना-कमाना या उपभोग, उत्पादन, विनिमय और वितरण से सम्बन्धित है। इसके अतिरिक्त मार्शल ने अपने अर्थशास्त्र में निम्न तथ्यों का समावेश भी किया है, जैसे- कीमत निर्धारण में मांग और पूर्ति विश्लेषण, अर्थशास्त्र में 'सीमान्त' तथा प्रतिस्थापन (Margin and Substitution) शब्दों का उपयोग, अर्थशास्त्र में समय तत्व अर्थात अल्प व दीर्घकाल का उल्लेख आन्तरिक एवं बाह्य मितव्ययताएँ, उपभोक्ता की बचत, सामान्य लाभ, आभास लगान, मांग व पूर्ति की लोच, अबन्ध नीति तथा एकाधिकारी प्रभाव आदि की विशद व्याख्या की है। मार्शल के उत्तराधिकारी ए.सी. पीगू थे।

Marxism | मार्क्सवाद

कार्ल मार्क्स के विचारों को मार्क्सवाद कहा जाता है। यह केवल आर्थिक सिद्धान्तों की व्यवस्था मात्र नहीं है। यह एक संगठित विचारधारा है, जिसका अपना दर्शन, अपना समाजशास्त्र, तर्कशास्त्र, नीतिशास्त्र एवं अर्थशास्त्र है। बर्ट्रेंड-रसल, शुम्पीटर आदि के अनुसार मार्क्सवाद एक आधुनिक धर्म ही है, क्योंकि इसमें धर्म के समान ही निष्ठा, आग्रह, आचरण, शस्त्र एवं गुरु हैं। मार्क्सवाद, समाजवादी विचारधारा रूपी विशाल वृक्ष की एक शाखा है। कार्ल मार्क्स ने व्यवस्थित तथा काल्पनिक समाजवादी चिंतन को संगठित करके वैज्ञानिक समाजवाद की नींव रखी। इनकी प्रसिद्ध पुस्तक *Das Capital* विश्व के उच्चकोटि के ग्रन्थों में गिनी जाती है। जिसे मार्क्सवाद कहा जाता है, वह इंग्लैण्ड की प्रतिष्ठित आर्थिक विचारधारा, जर्मनी के प्रतिष्ठित दर्शनशास्त्र एवं फ्रांस के समाजवादी विचारों का संशोधित मिश्रण है। मार्क्सवाद का दर्शन द्वन्द्वात्मक भौतिकवाद (Dialectical Materialism) है। जीड एवं रिस्ट के अनुसार- ''मार्क्सवाद प्रतिष्ठित सिद्धान्त के तने पर लगी हुई एक कलम है।'' इसमें पूँजी की भी तारीफ की गई है। यह इतिहास के प्राकृतिक या वैज्ञानिक नियमों पर आधारित है। वर्ग संघर्ष इसका प्राकृतिक नियम है। इसी के प्रभाव से प्रारम्भिक साम्यवाद से पूँजीवादी व्यवस्था का विकास हुआ और इसी के प्रभाव से समाजवाद भी विकसित हो रहा है। मार्क्सवाद की सफलता का कारण उसके सिद्धान्तों की सच्चाई नहीं है, बल्कि उसके द्वारा दिया गया आशा का संदेश ही अधिक है। शोषण, बेकारी, गरीबी, दासता आदि से मुक्ति की आशा ही मार्क्सवाद के प्रति लोगों को आकृष्ट करती है। मार्क्सवाद ने समाजवादी विचार को जो स्थायित्व एवं वैज्ञानिक मोड़ दिया है, वह अविस्मरणीय है।

Mass Production | अति उत्पादन

अति उत्पादन उस अवस्था को कहते हैं, जिसमें किसी प्रमाणित वस्तु का बड़ी मात्रा में उत्पादन किया जाता है। अति उत्पादन बड़े पैमाने की उत्पादन प्रक्रिया में पूँजीगत साधनों के गहन उपयोग का फल होता है।

Mathematical Economics | गणितीय अर्थशास्त्र

गणितीय अर्थशास्त्र का अभिप्राय अर्थशास्त्र में गणितीय विश्लेषण की विधियों का उपयोग करने से है। आर्थिक चरों में गणितीय विधियों का उपयोग इन आर्थिक चरों के मध्य सम्बन्धों को ज्ञात करने हेतु किया जाता है।

Maturity | परिपक्वता

परिपक्वता वह अवधि या तारीख होती है जब एक स्टॉक पुनर्भुगतान के योग्य हो जाता है या जब ऋणपत्र जैसे लिखित बंधपत्र भुगतान के योग्य हो जाते हैं।

Maximum Social Advantage Theory | अधिकतम सामाजिक लाभ सिद्धान्त

सार्वजनिक वित्त के क्षेत्र में अधिकतम सामाजिक लाभ के सिद्धान्त का महत्व बहुत अधिक है, क्योंकि इसमें कराधान से होने वाली हानि और सार्वजनिक व्यय से प्राप्त होने वाले लाभों पर एक साथ विचार किया जाता है। इसका प्रतिपादन प्रो. डाल्टन ने किया है। डाल्टन के अनुसार- ''प्रत्येक दिशा में सार्वजनिक व्यय इतनी दूरी तक ले जाया जाना चाहिए कि प्रत्येक दिशा में थोड़ी मात्रा में वृद्धि से समुदाय को जो लाभ प्राप्त होता है, वह कराधान में होने वाली तदनुरूप हानि, अथवा सार्वजनिक आय के किसी अन्य स्रोत से होने वाली प्राप्तियों की हानि के प्रति संतुलित या बराबर

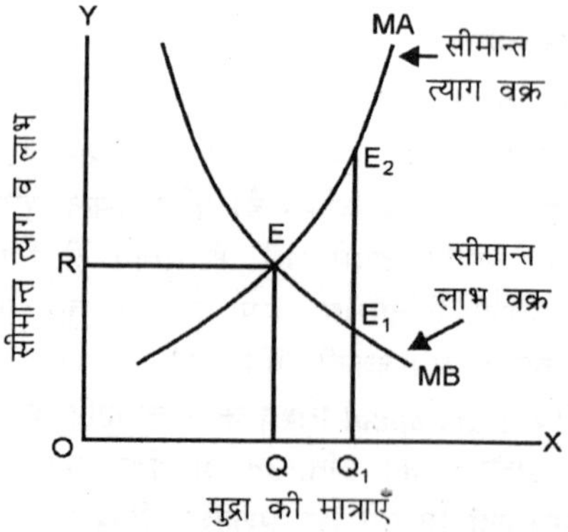

हो जाए। इससे सार्वजनिक व्यय व सार्वजनिक आय दोनों का आदर्श योग प्राप्त होता है।'' चित्रानुसार OX अक्ष पर मुद्रा की मात्रा तथा OY अक्ष पर सीमान्त त्याग व सीमान्त लाभ दर्शाया गया है। MB वक्र मुद्रा की मात्राओं के व्यय से प्राप्त सीमान्त उपयोगिता को या सीमान्त लाभ को बताता है जबकि MA वक्र कर व अन्य राजस्व के रूप में मुद्रा की मात्रा के बढ़ने के साथ-साथ अनुपयोगिता या सीमान्त त्याग को दर्शाता है। दोनों वक्र एक दूसरे को E बिन्दु पर काटते हैं वहाँ सीमान्त लाभ व सीमान्त त्याग दोनों बराबर है। अतः अधिकतम सामाजिक लाभ OQ कर राजस्व व OR सीमान्त त्याग व लाभ के बिन्दु पर होता है। OQ से अधिक कर राजस्व OQ_1 इकट्ठा किया जाएगा तो समाज को Q_1E_1 सीमान्त लाभ मिलता है और सीमान्त त्याग Q_1E_2 करना पड़ता है, जिससे शुद्ध हानि E_1E_2 होती है। इसी प्रकार OQ से कम राजस्व इकट्ठा करने पर अतिरिक्त लाभ से वंचित हो जाते हैं, जो OQ पर मिलता है। अतः OQ कर की मात्रा व OR सार्वजनिक व्यय की मात्रा अधिकतम सामाजिक कल्याण को दर्शाती है।

Maximin Theory | मेक्सीमिन या अधिअल्प सिद्धान्त

यह न्यायोचित वितरण का सिद्धान्त है, जिसका प्रतिपादन जॉन राल्स (1921-2002) ने किया। इस सिद्धान्त के अनुसार सबसे बदहाल लोगों (जिनकी उपयोगिता न्यूनतम है) की उपयोगिता को अधिकतम करना है। इसका प्रतिनिधित्व अधिअल्प सिद्धान्त या जॉन राल्स (John Rawls) सिद्धान्त 'सामाजिक कल्याण फलन' (Social Welfare Function) के द्वारा किया गया। अर्थात $w = \min\{U^n\}$

Mean | समान्तर माध्य या औसत

समान्तर माध्य केन्द्रीय प्रवृत्ति ज्ञान करने का एक माप है। समान्तर माध्य या औसत कुल मूल्यों में उसकी संख्याओं का भाग देने से प्राप्त होता है। जैसे 100 छात्रों को 5,000 अंक मिले तो अंकों का औसत

$\frac{5000}{100} = 50$ अंक होगा। इसे गणितीय माध्य भी कहते हैं।

Mechanisation | यंत्रीकरण

जब किसी उत्पादन प्रक्रिया में आधुनिक उपकरणों, मशीनों व पूँजीगत साधनों का उपयोग होता है तो यह उस उद्योग का यंत्रीकरण कहलाता है। यंत्रीकरण के उपयोग से उद्योग का उत्पादन बड़े पैमाने पर होगा तथा लागतें न्यूनतम होंगी।

Median | मध्यका

मध्यका भी एक सांख्यिकी माध्य है, जो किसी श्रेणी के दो भागों में इस प्रकार विभक्त करती है कि उसका एक भाग मध्यका से अधिक मूल्यों को तथा दूसरा भाग मध्यका से कम मूल्यों को

बताती है। मध्यका ज्ञात करने के लिए दी गई श्रेणी को बढ़ते या घटते क्रम में व्यवस्थित किया जाता है। इस प्रकार मध्यका किसी श्रेणी (Series) में बीच के मद का मूल्य (Value of the Central Item) होता है। जैसे माना कि 5 मद इस प्रकार है- 1, 2, 4, 5, 6। इसमें बीच की मद 4 है, जो मध्यका कहलाएगी।

Medium of Exchange | विनिमय का माध्यम

यह मुद्रा का एक महत्वपूर्ण कार्य है। अर्थात मुद्रा विनिमय का एक माध्यम होता है जो वस्तुओं और सेवाओं के विनिमय को संभव बनाता है। इसके कारण वस्तु विनिमय प्रणाली के दोषों को दूर करने में मदद मिली है।

Merchantilism | वणिकवाद

पश्चिमी यूरोप में 17वीं और 18वीं शताब्दी में विचारों की एक ऐसी धारा जिसे वणिकवादी तथा उनके विचारों को वणिकवाद के नाम से पुकारा गया। यह नाम ब्रिटेन में प्रचलित हुआ। फ्रांस में इसे कोलबर्टवाद, जर्मनी में कैमर्लिवाद के नाम से पुकारा गया। चूंकि वणिकवाद एक सीमा तक उद्योग और व्यापार पर प्रतिबन्ध का पक्षपाती था, इसलिए इसे प्रतिबंधित आर्थिक व्यवस्था भी कहा गया। इस विचारधारा के प्रमुख विचारक जॉन लौक, हाब्स, डेबिड ह्यूम, विलियम पेटी, जेम्स स्टुअर्ट, कॉलबर्ट, जोशिया चाइल्ड आदि थे। वणिकवादियों ने सोने-चांदी को बहुत अधिक महत्व दिया, विदेशी व्यापार और अनुकूल व्यापार संतुलन को महत्व दिया। इन्होंने जल यातायात व जनसंख्या विस्तार को भी महत्व दिया। इन्होंने अर्थशास्त्र का सैद्धान्तिक विवेचन किया तथा कृषि, मजदूरी, ब्याज, लगान, लाभ, मुद्रा व मूल्य सम्बन्धी महत्वपूर्ण विचार दिए। ये राष्ट्रवादी थे तथा अपने देश को सम्पन्न व सशक्त बनाना चाहते थे। इसके कुछ दोष भी थे, जैसे इन्होंने उपभोक्ता की अपेक्षा उत्पादकों के हितों को महत्व दिया। इनके कारण साम्राज्यवाद को बढ़ावा मिला तथा इसने समाज को अधिक अर्थ-लोलुप बनाया। किन्तु 20वीं शताब्दी में यह नव-वणिकवाद के रूप में उभरा।

Merger | विलय

विलय शब्द का उपयोग दो या दो से अधिक फर्मों को मिलाकर एक नई कम्पनी बनाने के लिए किया जाता है। यह विलय व्यावसायिक एकाधिकार स्थापित करने हेतु किया जाता है ताकि विस्तृत क्षेत्र पर नियंत्रण स्थापित किया जा सके तथा प्रतियोगिता को समाप्त या कम करके अधिक से अधिक लाभ कमाया जा सके।

Merit Goods | गुणवता वस्तुएँ

ये वस्तुएँ गुणवता वाली वस्तुएँ होती हैं तथा समाज के लिए अति आवश्यक एवं उपयोगी होती हैं। इसीलिए सरकार इन वस्तुओं के मूल्यों पर बिना ध्यान दिए उपभोक्ताओं को उचित मूल्यों पर उपलब्ध कराती है। आवश्यकता पड़ने पर सरकार या सरकारी एजेन्सियों के माध्यम से अनुदानित या शून्य कीमत पर उपभोक्ताओं को उपलब्ध कराती है। जैसे- शिक्षा, स्वास्थ्य सेवा, सार्वजनिक उद्यान व सार्वजनिक पुस्तकालय आदि।

Methodology | पद्धतिशास्त्र

सामान्य अर्थों में पद्धतिशास्त्र उसे कहते हैं, जो तथ्यों के संकलन-विश्लेषण की विधियों से सम्बन्धित होता है तथा जिसका उपयोग किसी विशिष्ट विषय में होता है। पद्धतिशास्त्र का उपयोग

तात्विक सिद्धान्त के लिए किया जाता है। अब्राहम कपालन के अनुसार- ''मेरी दृष्टि में पद्धतिशास्त्र का तात्पर्य स्वयं पद्धतियों की अपेक्षा पद्धतियों के वर्णन, विश्लेषण तथा उनके मूल्यांकन से है।'' आजकल वैज्ञानिक अन्वेषण को निर्देशित करने वाले सिद्धान्तों के व्यवस्थित एवं तार्किक अध्ययन को पद्धतिशास्त्र कहा जाता है। इसका मन्तव्य किसी विषय से सम्बन्धित गवेषणा की प्रचलित विधियों का दार्शनिक मूल्यांकन करना है। इस प्रकार पद्धतिशास्त्र का सम्बन्ध वास्तविक ज्ञान की रचना से न होकर उस कार्य पद्धति के अध्ययन से होता है, जिसके द्वारा प्रत्यात्मक, तार्किक ज्ञान तथा शोध-विधियों का निर्माण करना होता है।

Methods of Note Issue | नोट-निर्गम की विधियाँ

भारत में नोट-निर्गम के दो सिद्धान्त हैं- (i) करेंसी सिद्धान्त - जो सुरक्षा को आधार मानकर इस बात पर बल देता है कि मुद्रा में जनता का सर्वाधिक विश्वास होना चाहिए। (ii) बैंकिंग सिद्धान्त - जिसका आधार लोच (Elasticity) होता है। अर्थात मुद्रा की निकासी देश की आवश्यकताओं के अनुसार होनी चाहिए। यह सिद्धान्त करेंसी सिद्धान्त की अपेक्षा अधिक सार्थक एवं उपयोगी है। बैंकिंग सिद्धान्त पर आधारित नोट निर्गम की निम्नांकित चार विधियाँ हैं-

(i) अधिकतम प्रत्ययी निर्गम प्रणाली (Maximum Fiduciary Issue System): जिसमें सरकार नोट निर्गम की अधिकतम सीमा निर्धारित कर देती है और उस सीमा तक केन्द्रीय बैंक बिना किसी धातु को रिजर्व में रखे नोट जारी कर सकता है।

(ii) स्थिर प्रत्ययी निर्गम प्रणाली (Fixed Fiduciary Issue System): इसके अन्तर्गत नोटों की एक स्थिर मात्रा कानून द्वारा निर्धारित कर दी जाती है, जिस सीमा तक नोट छापने के लिए कोई रिजर्व नहीं रखा जाता। इस प्रणाली को 1939 में अधिकतम प्रत्ययी प्रणाली को समाप्त कर अपनाया गया। एक सीमा से अधिक नोट छापने पर शत-प्रतिशत धातु रिजर्व में रखनी पड़ती है।

(iii) आनुपातिक रिजर्व प्रणाली (Proportional Reserve System): इस प्रणाली में नोट निर्गम के एक निर्धारित मात्रा के पीछे धात्विक रिजर्व रखना पड़ता है तथा शेष राशि के पीछे स्वीकृत प्रतिभूतियाँ रखी जाती हैं। यह 1927 से 1956 के बीच अपनाई गई।

(iv) न्यूनतम रिजर्व प्रणाली (Minimum Reserve System): इसमें नोट निर्गम हेतु विदेशी विनिमय रिजर्व की मात्रा 400 करोड़ रु. व सोने या अन्य धातु की मात्रा 115 करोड़ रु. रख कर आवश्यकतानुसार नोट छापने की व्यवस्था की गई। भारत के लिए यह प्रणाली काफी लचीली व उपयोगी रही।

Micro Dynamics or The Cobweb Model | व्यष्टि प्रावैगिकी या मकड़जाल सिद्धान्त

–देखें मकड़जाल सिद्धान्त

Micro Economics | व्यष्टि अर्थशास्त्र

व्यक्ति और व्यक्तियों के छोटे समूहों की आर्थिक क्रियाओं का अध्ययन व्यष्टि अर्थशास्त्र कहलाता है। प्रो. बोल्डिंग के अनुसार- ''विशेष फर्मों, विशेष परिवारों, व्यक्तिगत कीमतों, मजदूरी, आय, व्यक्तिगत उद्यमों तथा विशेष वस्तुओं का अध्ययन व्यष्टि अर्थशास्त्र में शामिल किया जाता है।'' मारिस डॉब्ब के अनुसार व्यष्टि अर्थशास्त्र अर्थव्यवस्था का सूक्ष्मतम (Microscopic) अध्ययन है। सूक्ष्म अर्थशास्त्र का क्षेत्र इस प्रकार है-

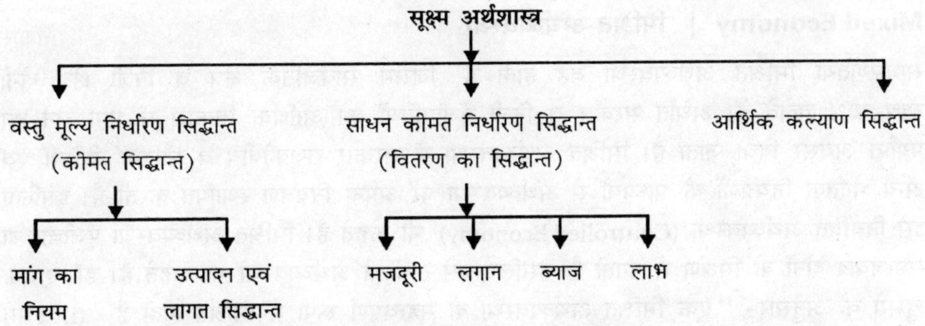

Mid Market Price | मध्य बाजार कीमत

वह मध्य बिन्दु, जिसके बीच वह न्यूनतम कीमत जिस पर बाजार निर्माता (Market Maker) अपनी प्रतिभूतियों को बेचने को तैयार रहते हैं और वह उच्चतम कीमत जिस पर बाजार-निर्माता अपनी प्रतिभूतियों को क्रय करने को तैयार होते हैं।

Minimax | न्यूनाधिक

निर्णय सिद्धान्त (Decision Theory) का उद्देश्य अधिकतम हानि को न्यूनतम करने का होता है।

Minimum Wage | न्यूनतम मजदूरी

न्यूनतम मजदूरी, मजदूरी की वह दर होती है जिससे कम दर पर मजदूर से मजदूरी कराना गैर कानूनी होता है। न्यूनतम मजदूरी दर वैधानिक होती है ताकि श्रम के शोषण को रोका जा सके तथा आर्थिक दृष्टि से उपेक्षित कार्यशील श्रमिकों की मदद की जा सके। जो श्रमिक बेकारी के शिकार हो जाते हैं, उन्हें न्यूनतम मजदूरी देकर रोजगार दिया जा सकता है।

Minority Shareholder | अल्पसंख्यक अंशधारक

वह अंशधारक जिसके पास किसी कम्पनी के मत देने योग्य अंश न्यूनतम होते हैं उसे अल्पसंख्यक अंशधारक कहते हैं। वास्तव में अतिसंख्यक अंशधारक यदि संगठित हो जाएँ तो अतिसंख्यकों को मतों में पीछे छोड़ सकते हैं, किन्तु सामान्यतः कोई भी अतिसंख्यक अंशधारक नहीं होता है।

Mint | टकसाल

सिक्कों को ढालने वाले कारखाने को टकसाल कहते हैं।

Mint par of Exchange | विनिमय की टकसाली समता

यह वह विनिमय दर होती है, जो स्वर्णमान पर आधारित दो देशों की मुद्राओं में निहित वास्तविक स्वर्ण की तुलना द्वारा निर्धारित होती है।

Misery Index | दुखद या दुर्भाग्य सूचकांक

एक अर्थव्यवस्था की सम्पूर्ण प्रगति का सूचकांक जिसका निर्माण 'बेरोजगारी दर' तथा स्फीति दर को जोड़कर किया जाता है। यह सूचकांक इस मान्यता पर आधारित होते हैं कि बेरोज़गारी और स्फीति किसी देश की आर्थिक और सामाजिक दोनों की लागतों को बढ़ाते हैं। अतः यदि यह सूचकांक बढ़ता है तो यह अर्थव्यवस्था में गिरावट को दर्शाएगा। इसीलिए इस सूचकांक को दुखद सूचकांक कहा जाता है।

Mixed Economy | मिश्रित अर्थव्यवस्था

साधारणतया मिश्रित अर्थव्यवस्था वह होती है, जिसमें सार्वजनिक क्षेत्र व निजी क्षेत्र दोनों साथ-साथ चलते हैं। अर्थात सरकार व निजी पूँजीपतियों को आर्थिक विकास में भाग लेने का पर्याप्त अवसर दिया जाता है। मिश्रित अर्थव्यवस्था में सरकार राजकोषीय व मौद्रिक नीतियों एवं अन्य भौतिक नियंत्रणों के माध्यमों से अर्थव्यवस्था पर अपना नियंत्रण स्थापित करती है। इसलिए इसे नियंत्रित अर्थव्यवस्था (Controlled Economy) भी कहते हैं। मिश्रित अर्थव्यवस्था पूँजीवाद व समाजवाद दोनों के मिश्रण से बनती है। इसलिए इसे लचीली अर्थव्यवस्था भी कहते हैं। डॉ. ए.एम. खुसरो के अनुसार- ''एक मिश्रित अर्थव्यवस्था दो महत्वपूर्ण रूपों में मिश्रित होती है- (i) इसमें उत्पादन के सार्वजनिक व निजी साधनों (पूँजी व श्रम) का मिश्रण होता है; (ii) इसमें वस्तुओं व सेवाओं के बाजारों (स्वतंत्र व नियंत्रित) का मिश्रण होता है।'' इस प्रकार मिश्रित अर्थव्यवस्था का अपना कोई सुनिश्चित स्वरूप नहीं होता, यह परिवर्तनशील होती है और आवश्यकता के अनुसार बदलती रहती है।

Mode | बहुलक या भूयिष्ठक

बहुलक या भूयिष्ठक एक श्रेणी में सबसे ज्यादा पाई जाने वाली मद होती है, जो एक श्रेणी में अन्य मदों की तुलना में अधिक बार आती है। वाघ (Waugh) के अनुसार- ''बहुलक वह मूल्य है जो सबसे ज्यादा बार आता है।'' क्रोक्सटन काउडेन व क्लाइन के शब्दों में- ''एक वितरण में बहुलक उस बिन्दु पर पाया जाता है, जिसके इर्द-गिर्द मदों का सर्वाधिक संकेन्द्रण पाया जाता है।'' उदाहरण के लिए जब हम कहते हैं कि अमुक गांव में अधिकतर खेत 5 हैक्टेयर आकार के हैं, अर्थात उनका बहुलक आकार (Modal Size) 5 हैक्टेयर है, तो इसका तात्पर्य यह होगा कि इस गांव में अधिकतर खेतों का आकार 5 हैक्टेयर है और थोड़े से खेत इससे अधिक या कम आकार के हैं।

Model | सिद्धान्त

एक सिद्धान्त सरलीकृत मान्यताओं के अन्तर्गत सह-सम्बन्धों का संगठित समूह होता है, जिसका कार्य आर्थिक व्यवस्था की कार्यप्रणाली की व्याख्या करना होता है, चाहे वह इकाई एक परिवार हो या एक उद्योग हो या एक अर्थव्यवस्था हो। आर्थिक सिद्धान्त आर्थिक चरों (Variables) के अन्तर्सम्बन्धों की व्याख्या करते हैं और विभिन्न चरों के बीच आकस्मिक सम्बन्ध स्थापित करते हैं।

Monetarism | मुद्रावाद

मुद्रावादी विचारकों का मानना है कि आर्थिक प्रणाली में अस्थिरता का मुख्य कारण मौद्रिक प्रणाली में अस्थिरता है। मुद्रावादी स्फीति को नियंत्रित करने और आर्थिक क्रियाओं को नियंत्रित करने के लिए मुद्रा पूर्ति में स्थिरता को आवश्यक मानते हैं। मुद्रावाद का यह विचार कार्ल ब्रूनर ने 1968 में दिया था।

Monetarists | मुद्रावादी

अर्थशास्त्रियों का वह समूह जिन्हें मुद्रावादी कहा जाता है उनके बुद्धिवादी नेता अमेरिका के नोबेल पुरस्कार विजेता मिल्टन फ्रीडमेन हैं। इन अर्थशास्त्रियों का मानना है कि मुद्रा आपूर्ति एक प्रमुख आर्थिक तत्व है, जो आर्थिक चरों को प्रभावित करता है। इनका विश्वास है कि एक ओर मुद्रा आपूर्ति और दूसरी ओर आय, रोजगार और कीमत स्तर के बीच गहरा सम्बन्ध है।

Monetary Control | मौद्रिक नियंत्रण

देश के मौद्रिक अधिकारियों और संस्थाओं के द्वारा मुद्रा की मात्रा को घटाने या बढ़ाने सम्बन्धी नियंत्रण के प्रयासों को मौद्रिक नियंत्रण कहते हैं। मुद्रा के मात्रात्मक नियंत्रण में केन्द्रीय बैंक सभी व्यापारिक बैंकों को मुद्रा की मात्रा को सीमा में रखने का निर्देश जारी करता है। इसमें बैंक दर, खुले बाजार की क्रियाएँ, नकद रिजर्व अनुपात, वैधानिक तरलता अनुपात, न्यूनतम मार्जिन आवश्यकताएँ व नैतिक दबाव आदि उपायों द्वारा मुद्रा व साख की पूर्ति को सीमित किया जाता है।

Monetary Policy | मौद्रिक नीति

मौद्रिक नीति के अन्तर्गत मुद्रा की पूर्ति, ब्याज व ऋण आदि को नियमित करने का प्रयास किया जाता है। इनमें भी मौद्रिक नीति का विशेष सम्बन्ध मुद्रा की पूर्ति से तथा साख नीति का सम्बन्ध साख की आपूर्ति से करने पर अधिक बल दिया जाता है। इसके अतिरिक्त विभिन्न आर्थिक क्षेत्रों जैसे- कृषि, उद्योग, निर्यात आदि के लिए भी मौद्रिक नीतियाँ बनाई जाती हैं। मौद्रिक नीति का प्रमुख उद्देश्य दीर्घकालीन मूल्य स्थिरता व अधिकतम उत्पादन करना है। विकास की दर को बढ़ाना है। मुद्रास्फीति पर नियंत्रण रखना है। आय व धन के वितरण की असमानता को दूर करना है। इसके अलावा रोजगार के अवसरों को बढ़ाना, पूर्ण रोजगार प्राप्त करना तथा भुगतान असंतुलन को ठीक करना है।

Monetary Reforms | मौद्रिक सुधार

जब किसी देश में अति स्फीति व अन्य नीतिगत कारणों से नई मुद्रा चलन में डाली जाती है तो इसे मौद्रिक सुधार कहा जाता है।

Monetary Standards or Monetary Systems | मौद्रिक मान या मौद्रिक प्रणालियाँ

प्रो. के.पी. केन्ट के अनुसार- मौद्रिक मान के क्षेत्र में केवल उसके मूल्य का मापक (Standard of Value) ही शामिल नहीं होता है। अत: एक मौद्रिक मान को एक मौद्रिक व्यवस्था या प्रणाली के रूप में परिभाषित किया जा सकता है, जो मूल्य के एक विशिष्ट मान पर आधारित होती है। अर्थात चलन के निर्गम एवं मुद्रा की आपूर्ति को नियमित करने के उद्देश्य से एक देश में अपनाए गए नियन्त्रणात्मक उपाय एवं नीतियाँ मौद्रिक मान या मौद्रिक प्रणालियाँ कहलाती हैं- जैसे वस्तु विनिमय मान, धातु मान व पत्र मुद्रा मान आदि।

Monetary Theory | मौद्रिक सिद्धान्त

मौद्रिक सिद्धान्त के अन्तर्गत उस आर्थिक विचारधारा का अध्ययन किया जाता है, जिसमें आर्थिक विकास व आर्थिक स्थिरता को सुनिश्चित करने के लिए एवं अर्थव्यवस्था मौद्रिक स्थिरता हेतु स्फीति व बेरोजगारी के प्रतिकूल प्रभावों को नियमित करने के लिए मौद्रिक नीतियाँ अपनाई जाती हैं, जैसे- मुद्रा, बैंकिंग बीमा, व्यापार व विनिमय दर आदि।

Monetary Union | मौद्रिक संघ

जब एक या दो देश अपनी मुद्राओं के बीच विनिमय दर को बनाए रखने के लिए कोई समझौता या संधि करते हैं, तो इसे मौद्रिक संघ कहा जाता है।

Money | मुद्रा

प्रो. वाकर के अनुसार- ''मुद्रा वह है जो मुद्रा का कार्य करे।'' प्रो. हार्टले विदर्स के अनुसार- ''मुद्रा वह पदार्थ है, जिसकी सहायता से हम वस्तुओं का क्रय-विक्रय करते हैं।'' प्रो. रोबर्टसन के अनुसार- ''मुद्रा वह वस्तु है जो वस्तुओं के भुगतान में अथवा कई प्रकार के व्यावसायिक दायित्वों को पूरा करने में व्यापक रूप से स्वीकार की जाती है।'' नैप व हाट्रे के अनुसार- ''कोई भी वस्तु राज्य द्वारा मुद्रा घोषित होने पर मुद्रा होती है।'' इस प्रकार अधिकांश उद्देश्यों की दृष्टि से मुद्रा वह वस्तु है जो विनिमय के माध्यम के रूप में सामान्यतया स्वीकृत होती है और साथ में यह मूल्य के मापक व मूल्य के संग्रह का भी काम करती है। इसके अतिरिक्त मुद्रा साख का आधार है। राष्ट्रीय आय के वितरण का आधार है। अतः मुद्रा वह धुरी है, जिसके चारों ओर आर्थिक विज्ञान चक्कर काटता है।

Money Illusion | मुद्रा भ्रम

जब मौद्रिक आय और कीमत स्तर एक ही अनुपात में बढ़ते हैं तो लोगों की स्थिति न तो खराब होती है और न अच्छी, बल्कि स्थिर रहती है। ऐसी स्थिति में यदि कोई व्यक्ति यह सोचे कि उसकी मौद्रिक आय बढ़ने के कारण उसकी स्थिति अच्छी हो गई है और वह बढ़ते हुए कीमत स्तर पर कोई ध्यान न दे तो इसे मुद्रा भ्रम या मौद्रिक भ्रम कहते हैं। यह भ्रम तब उत्पन्न होता है, जब व्यक्ति अपनी वास्तविक आय में होने वाली कमी पर ध्यान नहीं देता है और उसकी बढ़ी हुई मौद्रिक वास्तविक आय बढ़े हुए कीमत स्तर के बराबर हो जाती है।

Money in Circulation | चलन में मुद्रा

चलन मुद्रा का तात्पर्य उस मुद्रा से होता है जो चालू सौदों के भुगतान के लिए काम में आताी है या मुद्रा बाजार में उधार दी जाती है। इसे M_1 के रूप में परिभाषित किया जाता है। इसके अन्तर्गत करेंसी नोट एवं सिक्के तथा बैंकों के पास निजी क्षेत्र के चालू खातों की जमा राशि शामिल की जाती है।

Money Lender | महाजन

व्यापक दृष्टिकोण से महाजन वह व्यक्ति होता है जो अपने प्रमुख धन्धे के रूप में मुद्रा उधार देता है तथा ऋण देता है। उसका उद्देश्य ऋणी की आवश्यक उपभोगीय आवश्यकताओं को पूरा करना, वित्तीय सहायता देना, कृषि कार्यों के लिए धन उपलब्ध कराना आदि होता है। महाजन के द्वारा ऋणी व्यक्ति को ऋण उसकी व्यक्तिगत धरोहर के अनुसार ब्याज पर दिया जाता है।

Money Market | मुद्रा बाजार

मुद्रा बाजार अल्पकालीन वित्तीय लेन-देन करने वाली वित्तीय संस्थाओं के समूह को कहते हैं, जो एक वर्ष या इससे कम अवधि में परिपक्व होने वाले अल्पकालीन ऋण प्रपत्रों के शीघ्र और विश्वसनीय प्रपत्रों के स्थानान्तरण की सुविधा प्रदान करता है और इन प्रपत्रों का उपयोग उपभोक्ताओं, व्यवसाय, कृषि और सरकार की आवश्यकताओं को पूरा करने को वित्त उपलब्ध कराने के लिए किया जाता है। इस प्रकार मुद्रा बाजार एक बाजार नहीं अपितु उन सभी रूपों और संस्थाओं को दिया गया एक सामूहिक नाम है जो निकट मुद्रा की विभिन्न श्रेणियों से लेन-देन करते हैं। अतः यह एक साथ समूहित बाजारों का एक जालतंत्र है जो उन वित्तीय प्रपत्रों में लेन-देन करते हैं जो अर्थव्यवस्था में एक समान कार्य करते हैं और धारकों के दृष्टिकोण से कुछ हद तक

स्थानापन्न करते हैं। इसके अन्तर्गत मांग और सूचना बाजार, वाणिज्यिक बिल बाजार, वाणिज्यिक कागज बाजार, राजकोषीय बिल बाजार, अन्तर बैंक बाजार और जमा प्रमाण पत्र बाजार शामिल होते हैं। यह एक थोक बाजार है, जहां वित्तीय परिसम्पत्तियों अथवा प्रपत्रों का बड़ी संख्या में लेन-देन किया जाता है। मुद्रा बाजार प्रत्यक्ष, विनिमेय अथवा ग्राहकों के मुद्रा बाजार और खुले अथवा अवैयक्तिक मुद्रा बाजार में विभाजित होता है। इसकी प्रमुख संस्थाएँ केन्द्रीय बैंक, व्यापारिक बैंक, गैर बैंक वित्तीय मध्यस्थ, बट्टा गृह और बिलों के दलाल तथा स्वीकृति गृह हैं, जो परस्पर एक दूसरे से सम्बन्धित होते हैं।

Money Multiplier | मुद्रा गुणक

मुद्रा गुणक वह दर है, जिस दर से मुद्रा की आपूर्ति में वृद्धि होती है और इस वृद्धि से राष्ट्रीय आय में वृद्धि होती है। IS (विनियोग-बचत वक्र) तथा LM (तरलता-मुद्रा वक्र) सिद्धान्त के अनुसार मुद्रा की आपूर्ति में वृद्धि होने से LM वक्र में परिवर्तन हो जाता है और राष्ट्रीय आय में भी वृद्धि हो जाती है। अधिकांश आर्थिक सिद्धान्तों के अनुसार मुद्रा में होने वाली वृद्धि उत्पादन पर अस्थाई प्रभाव डालती है तथा अंतिम रूप से कीमत स्तर को प्रभावित करती है।

Money Supply | मुद्रा आपूर्ति

किसी देश में मुद्रा आपूर्ति का अर्थ है- 'चलन की कुल मुद्रा का स्टॉक।' 1967-68 में भारतीय रिजर्व बैंक ने केवल मुद्रा आपूर्ति का एक माप 'M' बताया अर्थात करेंसी व मांग जमाएँ। 1967-68 में मुद्रा आपूर्ति का व्यापक माप प्रकाशित करना शुरू किया गया, जिसे 'समग्र मौद्रिक संसाधन' (Aggregate Monetary Resources (AMR) कहा गया। अप्रेल 1977 से रिजर्व बैंक ने मुद्रा आपूर्ति के चार माप बताए जैसे-

(i) M or $M_1 = C + DD - OD$ अर्थात् M or M_1 = करेंसी + मांग जमाएँ-अन्य जमाएँ।

(ii) $M_2 = M_1 +$ बचत जमाएँ अर्थात डाकघर बचत बैंक।

(iii) M_3 = (AMR) M_1 + बैंकों की शुद्ध सावधि जमाएँ।

(iv) $M_4 = M_3$ + डाकघर बचतें - NS(S)

जहां C = करेंसी, DD = शुद्ध मांग जमाएँ बैंकों के पास, OD = अन्य जमाएँ

इस प्रकार मुद्रा आपूर्ति में मुद्रा के स्टॉक के उस भाग को सम्मिलित किया जाता है, जो लोगों द्वारा खर्च योग्य आय के रूप में रखा जाता है। केन्द्रीय सरकार के पास रखे नकद कोष, केन्द्रीय बैंक एवं व्यापारिक बैंकों के पास रखे नकद कोष मुद्रा आपूर्ति में शामिल नहीं किए जाते हैं, क्योंकि ये कोष चलन में नहीं होते। अतः मुद्रा आपूर्ति में चलन मुद्रा अर्थात् कागजी नोट एवं सिक्के तथा मांग जमाएँ अर्थात चेक द्वारा निकाली जाने वाली मांग जमाएँ शामिल होती हैं।

Money Wage | मौद्रिक मजदूरी

मौद्रिक मजदूरी या नकद मजदूरी वह राशि होती है जो एक कार्य करने वाला मजदूर अपने नियोजकों से प्राप्त करता है। अर्थात मौद्रिक मजदूरी वह होती है, जो एक श्रमिक को उसके द्वारा दी गई सेवाओं के बदले में पूर्व समझौते के अनुसार नियोजकों द्वारा भुगतान की जाती है।

Monopolistic Competition | एकाधिकारात्मक प्रतियोगिता

एकाधिकारात्मक या एकाधिकृत प्रतियोगिता का विचार हावर्ड विश्वविद्यालय के प्रो. चेम्बरलेन द्वारा 1933 में प्रस्तुत किया गया। उनके अनुसार एकाधिकारात्मक प्रतियोगिता एक ऐसा बाजार होता है,

जिसमें एक विभेदीकृत वस्तु उत्पादन की फर्में होती हैं। बहुत ही समान वस्तुओं का उत्पादन करने वाली फर्मों में पूर्ण नहीं पर तीव्र प्रतियोगिता होती है। कोई विक्रेता अन्य विक्रेताओं की कीमत-उत्पादन नीतियों पर विशेष प्रभाव नहीं डाल सकता है और न ही दूसरों के कार्यों का उस पर कोई प्रभाव पड़ता है। इस प्रकार एकाधिकारात्मक प्रतियोगिता उन अनेक विक्रेताओं में प्रतियोगिता का निर्देश करती है, जो पूर्ण स्थानापन्नों का तो नहीं पर निकट स्थानापन्नों का उत्पादन करते हैं।

Monopoly | एकाधिकार

एकाधिकार दो प्रकार का होता है- (i) साधारण या अपूर्ण एकाधिकार तथा (ii) विशुद्ध एकाधिकार या पूर्ण एकाधिकार। साधारण एकाधिकार वह होता है जिसमें वस्तु का एक ही विक्रेता होता है तथा अन्य विक्रेताओं के प्रवेश पर रुकावट होती है। वस्तु का कोई निकट स्थानापन्न नहीं होता। मांग की प्रतिलोच बहुत कम होती है। फर्म ही उद्योग होती है। अन्य फर्में समान वस्तु का उत्पादन नहीं करतीं। वस्तु का मांग वक्र अपेक्षाकृत स्थिर होता है व ढाल नीचे दाएँ झुका हुआ होता है। एकाधिकारी वस्तु की अधिक मात्रा ऊँची कीमत की अपेक्षा कम कीमत पर बेच सकता है। एकाधिकारी कीमत या आपूर्ति दोनों में से किसी एक की मात्रा तय कर सकता है। उसका उद्देश्य लाभ को अधिकतम करने का होता है।

विशुद्ध एकाधिकार वह होता है, जिसमें एकाधिकारी वस्तु की प्रतिलोच शून्य होती है। वस्तु का कोई स्थानापन्न नहीं होता, न ही कोई प्रतिद्वन्द्वी होता है। उसकी उत्पादन व कीमत नीति अन्य उद्योगों में फर्मों को प्रभावित नहीं करती, न ही दूसरे उसको प्रभावित करते हैं। एकाधिकारी फर्म की औसत आय वक्र (AR) की लोच इकाई के बराबर होती है तथा औसत लागत वक्र की लोच भी इकाई के बराबर होती है। विशुद्ध एकाधिकारी हमेशा सब उपभोक्ताओं की पूरी आय लेना चाहता है। विशुद्ध एकाधिकार केवल सैद्धान्तिक संभावना होती है। इसलिए प्राय: साधारण एकाधिकार के अन्तर्गत ही उत्पादन व कीमत निर्धारण होता है।

Monopoly Power | एकाधिकार शक्ति

एकाधिकार में एकाधिकारी अपनी उच्च सौदेबाजी की शक्ति द्वारा अधिक एकधिकार लाभ कमाने की क्षमता रखता है। वह अपने हित के लिए बाजार से लाभ कमाने की अच्छी स्थिति में होता है। वह अपने वास्तविक और संभावित प्रतियोगियों पर प्रतिबन्ध लगाकर लाभ कमा सकता है। इस प्रकार एकाधिकारी शक्ति का अभिप्राय एक एकाधिकारी द्वारा अपनी कीमत व उत्पादन नीतियों से अपने प्रतियोगियों पर प्रतिबन्ध लगाना है। इस शक्ति को दो प्रकार से मापा जा सकता है- (i) सीमान्त लागत और कीमत में अन्तर द्वारा तथा (ii) एकाधिकार अति सामान्य लाभों व पूर्ण प्रतियोगिता अतिसामान्य लाभों के अन्तर द्वारा। इन दोनों में जितना अधिक अन्तर होगा, एकाधिकार शक्ति उतनी ही अधिक होगी।

Monopoly Profit | एकाधिकार लाभ

कुल आगम (TR) के कुल लागत (TC) पर अतिरेक को एकाधिकार लाभ कहा जाता है। एकाधिकारी अपने उद्योग में दूसरी फर्मों के प्रवेश को रोकने की क्षमता के कारण तथा अपनी उत्पादन या कीमत नीति के कारण एकाधिकार लाभ कमाता है।

Monopoly Regulation and Control | एकाधिकार नियमन एवं नियंत्रण

निम्नांकित उपायों के द्वारा एकाधिकार का नियमन किया जा सकता है- (i) संभावित प्रतिद्वंद्वियों का भय (ii) सरकारी नियमन का भय (iii) राष्ट्रीयकरण का भय (iv) जनता की प्रतिक्रिया का भय (v) बहिष्कार का भय (vi) स्थानापन्नों का भय तथा (vii) मांग की लोचों का अन्तर आदि। सरकार एकाधिकार के विरुद्ध कानून और प्रतिबंधक व्यापार प्रणाली कानून द्वारा एकाधिकार पर नियंत्रण लगा सकती है।

Monopolies and Restrictive Trade Practices Act (MRTP) | एकाधिकार एवं प्रतिबन्धित व्यापार व्यवहार अधिनियम

यह अधिनियम 1 जून 1970 को एकाधिकार का नियमन करने, आर्थिक शक्ति के केन्द्रीयकरण को तथा एकाधिकारिक व्यापारिक अवैध व अनुचित गतिविधियों को प्रतिबन्धित व नियंत्रित करने के लिए लागू किया गया। अवांछित आर्थिक शक्ति के केन्द्रीयकरण से बचाव के लिए इनका अधिग्रहण करने हेतु अधिनियम में प्रावधान किए गए। MRTP आयोग एक अर्द्ध न्यायिक निकाय है, जिसके पास कुछ मामलों में सिविल कोर्ट के अधिकार होते हैं।

Monopsony | एक क्रेताधिकार

एक क्रेताधिकार बाजार की वह स्थिति होती है, जिसमें किसी वस्तु या सेवा का कोई एक क्रेता हो तथा यह उस स्थिति में लागू होता है, जहां वस्तु के खरीदने में एकाधिकार का तत्व हो। जैसे- जहाँ किसी वस्तु के उपभोक्ता संगठित होते हैं, या जहाँ कोई समाजवादी सरकार आयातों को नियमित करती है, या जहाँ कोई व्यक्ति संयोगवश किसी ऐसी वस्तु में रुचि रखता है, जिसकी किसी और को जरूरत नहीं होती या जहाँ किसी अलग-थलग इलाके में कोई अकेली बड़ी फैक्ट्री श्रेणीकृत श्रम की एकमात्र क्रेता हो, वहाँ एक क्रेताधिकार होता है। प्रो. लाईभास्की के अनुसार- ''एक क्रेताधिकार उस एकमात्र क्रेता की स्थिति है जो उस उत्पादन के लिए अन्य क्रेताओं से प्रतियोगिता नहीं रखता जिसे वह खरीदना चाहता है, और यह ऐसी स्थिति है जिसमें अन्य क्रेताओं का बाजार में प्रवेश असंभव है।''

Moral Suasion | नैतिक दबाव

नैतिक दबाव केन्द्रीय बैंक द्वारा उपयोग में लाया जाने वाला साख नियंत्रण का उपाय है, जिसके द्वारा केन्द्रीय बैंक व्यापारिक बैंकों को स्फीतिक साख विस्तार पर रोक लगाने के लिए नैतिक दबाव डालता है तथा मंदी के समय साख विस्तार पर दबाव डालता है। इस उपाय की सफलता केन्द्रीय बैंक के व्यवहार पर निर्भर करती है।

Mortgage | गिरवी या बंधक

यह एक ऐसा बंध पत्र होता है, जिसके द्वारा ऋण स्वीकृत किए जाते हैं। इसके एवज में कोई सम्पत्ति धरोहर के रूप में ऋण दाता के पास गिरवी रखी जाती है। इस ऋण पर ब्याज चुकाना होता है और जब ऋण की अदायगी हो जाती है, तब सम्पत्ति का पूर्ण स्वामित्व ऋण लेने वाले व्यक्ति के पास पूरी तरह से वापस कर दिया जाता है। किन्तु ऋण अदायगी न करने पर ऋणदाता बन्धक सम्पत्ति को बेचकर अपने द्वारा दिए गए ऋण की भरपाई कर लेता है।

Multilateral Trade | बहुपक्षीय व्यापार

बहुपक्षीय व्यापार अनेक देशों के बीच व्यापार को बताता है, जिनका कि आयात और निर्यात उनके बीच संतुलन की स्थिति में नहीं है। ये देश अपने कुल विदेशी भुगतान और कुल विदेशी प्राप्तियों को व्यापार के द्वारा संतुलित कर सकते हैं। ऐसा व्यापार तुलनात्मक लाभ के आधार पर सम्पादित होता है। जैसे कोई देश सस्ते बाजार से वस्तुएँ क्रय कर महँगे बाजार में बेचकर अपने प्रतिकूल व्यापार शेष को ठीक कर सकता है।

Multi-Metallism | बहुधातुवाद

बहुधातुवाद के अन्तर्गत दो धातुओं से अधिक धातुओं के सिक्के प्रमाणित सिक्कों के रूप में उपयोग में लाए जाते हैं। सभी सिक्के असीमित विधि ग्राह्य (Unlimited Legal Tenders) होते हैं तथा सभी सिक्के स्वतंत्र होते हैं। इनकी ढलाई की पारस्परिक दर सभी धातुओं व सिक्कों के बीच स्थिर होती है। क्रेता या ऋणी किसी भी धातु के सिक्कों में भुगतान करने के लिए स्वतंत्र होते हैं। किन्तु सिक्कों में इस धातुमान का उपयोग बहुत कठिन होता है। ढलाई समता दर को बनाए रखना काफी कठिन होता है। यही कारण है कि इस धातुमान को किसी देश ने नहीं अपनाया, जबकि यह कहा जाता है कि इस धातुमान में कीमत स्तर की स्थिरता अधिक होती है।

Multinational Company | बहुराष्ट्रीय कम्पनी

बहुराष्ट्रीय कम्पनी बड़े पैमाने पर उत्पादन करने वाली कम्पनी होती है, जिसका उत्पादन का आधार अनेक देशों तक फैला हुआ होता है और इसके उत्पादन का एक बड़ा भाग विदेशों में ही उत्पादित किया जाता है। वर्तमान समय में बढ़ते व्यापार और पैमाने की बढ़ती बचतों ने एसी कम्पनियों को काफी प्रोत्साहन दिया है।

Multiple Exchange Rates Systems | बहुविनिमय दर प्रणाली

यह विनिमय दर की एक ऐसी प्रणाली है, जिसमें देश विभिन्न वस्तुओं के आयात-निर्यात के लिए भिन्न-भिन्न विनिमय दरें अपनाते हैं। एक देश कुछ वस्तुओं के साथ नियंत्रित विनिमय दरें तथा अन्य देशों के साथ मुक्त विनिमय दरें अपनाता है। विनिमय दरों में उतार-चढ़ाव नहीं होते हैं, किन्तु अनेक नियंत्रित विनिमय दरें तथा उनकी श्रेणियाँ हो सकती हैं। कुछ देशों के साथ पूर्णतया मुक्त तथा तैरती विनिमय दरें भी संभव हो सकती हैं। बहुविनिमय दरों का प्रमुख उद्देश्य भुगतान शेष घाटे को ठीक करने के लिए निर्यात अधिक व आयात कम करके अधिकतम विदेशी मुद्रा प्राप्त करना होता है।

Multiple Taxation System | बहुकर प्रणाली

यह वह कर प्रणाली है, जिसके अन्तर्गत अनेक वस्तुओं पर विभिन्न कर लगाए जाते हैं। यह कर प्रणाली वर्तमान में बहुत उपयोगी कर प्रणाली है, क्योंकि अलग-अलग लगाए गए कर अलग-अलग उद्देश्यों की पूर्ति करते हैं। यह कर प्रणाली कर वंचन को नियंत्रित करने में सहायक है। इससे सरकारी आय में भी वृद्धि होती है।

Multiplier | गुणक

केन्ज का गुणक निवेश गुणक है, जिसे केन्ज ने काहन के रोजगार गुणक से प्राप्त किया है। केन्ज अपने गुणक सिद्धान्त को अपने रोजगार सिद्धान्त का अभिन्न अंग मानता है। केन्ज के अनुसार

गुणक ''उपभोग प्रवृत्ति के दिए हुए होने पर समस्त रोजगार एवं आय और निवेश के बीच यथार्थ सम्बन्ध स्थापित करता है। यह हमें बताता है कि जब निवेश में कोई वृद्धि की जाएगी, तो आय में जो वृद्धि होगी, वह निवेश में की गई वृद्धि की K गुणा होगी।'' अर्थात

$$K = \frac{\Delta Y}{\Delta I}$$

जहां ΔI निवेश में परिवर्तन, ΔY आय में परिवर्तन और K = गुणक है।

सीमान्त उपभोग प्रवृत्ति जितनी अधिक होगी गुणक का मूल्य भी उतना ही अधिक होगा। सीमान्त उपभोग प्रवृत्ति MPC हमेशा शून्य से अधिक और एक से कम होती है इसलिए गुणक का मूल्य हमेशा एक और अनन्त के मध्य होता है। यदि गुणक एक है तो इसका मतलब समस्त बढ़ी हुई आय की बचत कर ली गई है और व्यय कुछ नहीं होता है, क्योंकि MPC शून्य है। अनन्त गुणक का तात्पर्य है कि MPC एक के बराबर है और आय में हुई समस्त वृद्धि उपभोग पर व्यय की जाती है। इसीलिए गुणक गुणांक एक और अनन्त (∞) के बीच रहता है। MPS से भी गुणक निकाला जा सकता है, जो MPS का व्युत्क्रम होता है अर्थात

$$K = \frac{1}{MPS} \text{ या } \frac{1}{1-MPC}।$$

Multiplier Accelerator Interaction | गुणक-त्वरक पारस्परिक क्रिया

गुणक-त्वरक की पारस्परिक क्रिया का सूत्र इस प्रकार है-

$$KS = \Delta Y = \frac{1}{1-C-V}\,\Delta Ia$$

जहां KS = अतिगुणक, ΔY = आय में वृद्धि, C = सीमान्त उपभोग प्रवृत्ति, V = सीमान्त निवेश प्रवृत्ति, और S = सीमान्त बचत प्रवृत्ति (S = 1-C) हैं। सामान्य रूप में अतिगुणक

$$\Delta Y = \frac{1}{1-C-V}\,\Delta Ia = KS\Delta Ia$$

माना कि C = 0.5, V = 0.4 और स्वायत्त निवेश में 100 करोड़ रु. की वृद्धि होती है तो समस्त आय में वृद्धि

$$\Delta Y = \frac{1}{1-0.5-04} \times 100 = \frac{1}{0.1} \times 100 = 10 \times 100 = 1000$$

इसका तात्पर्य यह है कि निवेश में 100 करोड़ रु. की वृद्धि ने आय को बढ़ाकर 1000 करोड़ रु. कर दिया जबकि गुणक ने इसे बढ़ाकर 200 करोड़ रु. ही किया होता यदि K का मूल्य 2 होता क्योंकि MPC = 0.5 है। किन्तु गुणक ने त्वरक के साथ मिलकर (KS = 10) आय को 1000 करोड़ रु. पर बढ़ा दिया, जो साधारण गुणक द्वारा की गई वृद्धि से बहुत अधिक है।

N

Narrow Market | संकुचित बाजार

इस शब्द का उपयोग स्टॉक विनिमय बाजार के सम्बन्ध में किया जाता है, जब इस बाजार में प्रतिभूतियों की पूर्ति कम हो जाती है। अर्थात बाजार में प्रतिभूतियों की मात्रा सीमित हो जाती है तो बाजार की स्थिति को संकुचित बाजार कहा जाता है।

National Bank for Agriculture and Development (NABARD) | राष्ट्रीय कृषि एवं ग्रामीण बैंक (नाबार्ड)

कृषि व ग्रामीण विकास के लिए नियुक्त जांच समिति 1981 के सुझावों पर अमल करते हुए 12 जुलाई 1982 को इस बैंक की स्थापना की गई। इस बैंक के ARDC व भारतीय रिजर्व बैंक के कृषि साख सम्बन्धी सभी कार्य अपने हाथ में लेते हुए निम्न कार्य हैं-

(i) यह कृषि, लघु उद्योगों, कारीगरों, कुटीर व ग्रामीण उद्योगों, दस्तकारियों व अन्य सहायक आर्थिक क्रियाओं के लिए सभी प्रकार के उत्पादन व विनियोग हेतु पुनर्वित्त की सुविधा प्रदान करता है।

(ii) यह ऋण की आवश्यकताओं की पूर्ति के लिए इसे धनराशि भारत सरकार, विश्व बैंक व अन्य बहुपक्षीय व द्विपक्षीय एजेन्सियों से प्राप्त होती है, जिससे यह अल्पकालीन ऋण प्रदान करता है।

(iii) यह राज्य सहकारी बैंकों, प्रादेशिक ग्रामीण बैंकों व अन्य वित्तीय संस्थाओं को अल्पकालीन, मध्यमकालीन व दीर्घकालीन ऋण प्रदान करता है।

(iv) यह लघु व ग्रामीण उद्योगों के विकास के लिए भारत सरकार, योजना आयोग और राज्य सरकारों के बीच समन्वय स्थापित करता है।

(v) यह परियोजनाओं के क्रियान्वयन, मूल्यांकन व शोध सम्बन्धी कार्य करता है तथा प्रादेशिक ग्रामीण बैंकों व सहकारी बैंकों की जांच के लिए जिम्मेदार होता है। इस बैंक ने लाखों परियोजनाएँ स्वीकृत की हैं, जैसे लघु सिंचाई, भूमि विकास, कृषि यंत्रीकरण, बागान, फलों के उद्यान, मुर्गीपालन, सूअरपालन, मछली पालन, डेयरी विकास, भण्डारण व एकीकृत ग्रामीण विकास सम्बन्धी कई कार्य नाबार्ड ने किए हैं।

National Debt | राष्ट्रीय ऋण

राष्ट्रीय ऋण वे होते हैं जो एक सरकार अपने देशवासियों और विदेशी ऋणदाताओं से प्राप्त करती है। आन्तरिक ऋण राष्ट्रीय ऋण पत्रों, अन्य बचत योजनाओं, ट्रेजरी बिल व सरकारी बॉण्ड आदि के रूप में प्राप्त होते हैं तथा बाह्य ऋण विदेशी ऋणदाताओं से प्राप्त होते हैं।

National Economics Goals | राष्ट्रीय आर्थिक लक्ष्य

राष्ट्रीय आर्थिक लक्ष्यों से अभिप्राय उच्च एवं स्थिर रोजगार स्तर, एक संतोषजनक वृद्धि दर, उपयुक्त कीमत स्तर व अन्तरराष्ट्रीय भुगतान संतुलन आदि लक्ष्यों से होता है।

National Income | राष्ट्रीय आय

एक वर्ष में एक देश में उत्पादित अन्तिम वस्तुओं और सेवाओं के मौद्रिक मूल्य को राष्ट्रीय आय कहते हैं। अर्थात एक देश के निवासियों द्वारा अर्जित साधन आय को राष्ट्रीय आय कहते हैं। इस प्रकार राष्ट्रीय आय, घरेलू साधन आय एवं विदेशों से अर्जित शुद्ध साधन आय के योग को राष्ट्रीय आय कहते हैं।

राष्ट्रीय आय = घरेलू साधन आय + विदेशी शुद्ध साधन आय

साधन लागत पर शुद्ध राष्ट्रीय उत्पाद को राष्ट्रीय आय कहते हैं। अर्थात (i) बाजार कीमत पर सकल राष्ट्रीय उत्पाद (GNP) = बाजार कीमत पर सकल राष्ट्रीय उत्पाद - घिसावट। (ii) साधन लागत पर शुद्ध राष्ट्रीय उत्पाद (NNP) = बाजार कीमत पर शुद्ध राष्ट्रीय उत्पाद - अप्रत्यक्ष कर + अनुदान। इसे ही राष्ट्रीय आय (NI) कहा जाता है।

National Plan | राष्ट्रीय योजना

किसी देश के समग्र विकास हेतु एक निश्चित अवधि के लिए बनाई गई योजना को राष्ट्रीय योजना कहा जाता है। यह एक व्यापक कार्य योजना होती है, जिसमें देश के सभी क्षेत्रों का प्रतिनिधित्व होता है। भारत की पंचवर्षीय योजनाएँ राष्ट्रीय योजनाएँ हैं, जिनके द्वारा देश का सर्वांगीण विकास सुनिश्चित किया जाता है।

National Wealth | राष्ट्रीय धन

एक देश के समग्र धन को राष्ट्रीय धन कहा जाता है, जिसमें सभी प्रकार की वस्तुओं, सेवाओं व सम्पत्तियों के मौद्रिक मूल्यों को जोड़ा जाता है। इसमें देश की वास्तविक पूँजी व अधिग्रहीत पूँजी के मूल्यों को जोड़ा जाता है। देश के सभी प्राकृतिक साधन जैसे- वन, खनिज, संचार एवं परिवहन आदि राष्ट्रीय धन के अन्तर्गत आते हैं।

Nationalised Industries | राष्ट्रीयकृत उद्योग

वे उद्योग जिनका स्वामित्व एवं प्रबन्ध सरकार के नियंत्रण में होता है राष्ट्रीयकृत उद्योग कहलाते हैं। जो उद्योग राष्ट्रीय महत्व के होते हैं, उन्हें सरकार अपने नियंत्रण में ले लेती है। जैसे- भारतीय रेल उद्योग व सुरक्षा उद्योग आदि।

Nationalisation | राष्ट्रीयकरण

जब देश की सरकार निजी क्षेत्र की फर्मों या उद्योगों या संगठनों को क्षतिपूर्ति द्वारा या बिना क्षतिपूर्ति के अपने नियंत्रण में ले लेती है तो इस प्रक्रिया को राष्ट्रीयकरण कहते हैं।

Natural Economy | प्राकृतिक अर्थव्यवस्था

वस्तु विनिमय प्रणाली (Barter System) पर आधारित अर्थव्यवस्था या मुद्रा विहीन विनिमय (Non Money Exchange) अर्थव्यवस्था को प्राकृतिक अर्थव्यवस्था कहा जाता है, जिसमें वस्तु के बदले वस्तु का विनिमय होता है मुद्रा के बदले में नहीं।

Natural Increase | प्राकृतिक वृद्धि

जब अशोधित (Crude) जन्मदर (Birth Rate) अशोधित मृत्यु दर (Death Rate) से अधिक हो जाती है तथा इसके फलस्वरूप जनसंख्या में होने वाली वृद्धि को प्राकृतिक वृद्धि के नाम से जाना जाता है।

Natural Monopoly | प्राकृतिक एकाधिकार

विश्व में या किसी देश में प्राकृतिक उपहारों या साधनों के कारण उत्पन्न लाभकारी स्थिति को प्राकृतिक एकाधिकार कहा जाता है। जैसे देश में प्राकृतिक जल संसाधन, उपजाऊ, मिट्टी, कीमती खनिज व कीमती तेल व गैस आदि के भंडार उस देश को प्राकृतिक एकाधिकार की स्थिति प्रदान करते हैं।

Natural Order | प्राकृतिक व्यवस्था या विधान

यह विचार प्रकृतिवादियों (Physiocrates) की देन है। उनके अनुसार प्राकृतिक व्यवस्था या विधान वह विधान है जो भगवान ने मनुष्य जाति के आनंद के लिए बनाया है। यह दैवी आदेश है तथा इसे समझना प्रथम कर्तव्य है और अपने जीवन को इसके अनुकूल बनाना दूसरा। यह मानव समाज भी इसी प्रकार के प्राकृतिक नियमों से संचालित होता है, जैसे जड़ नियम जड़ जगत तथा पशुजगत को संचालित करते हैं। प्राकृतिक अधिकार तभी उत्पन्न होता है जब न्याय और श्रम प्रतिष्ठित होते हैं। इस प्रकार प्राकृतिक विधान अहस्तक्षेप नीति पर आधारित है। प्रभुत्व, सत्ता, सम्पत्ति व नियम इसके आधार स्तम्भ है।

Natural Price | प्राकृतिक कीमत

इस शब्द का उपयोग एडम स्मिथ ने वस्तु के मूल्य को समझाने के लिए किया, जिसके चारों ओर बाजार मूल्य (Market Price) घटता-बढ़ता रहता है। संक्षेप में प्राकृतिक कीमत वस्तु का दीर्घकालीन संतुलन मूल्य होता है, जो उत्पादन लागत पर निर्भर करता है।

Natural Rate of Interest | ब्याज की प्राकृतिक दर

स्वीडन के अर्थशास्त्री प्रो. विकसेल ने सर्वप्रथम प्राकृतिक ब्याज दर व बाजार ब्याज दर के मध्य सम्बन्धों को स्पष्ट किया। उन्होंने प्राकृतिक ब्याज दर को साधारण दर, सामान्य दर तथा वास्तविक दर भी कहा है। उनके अनुसार अर्थव्यवस्था में जैसे-जैसे पूँजी की मात्रा बढ़ती है, ब्याज की प्राकृतिक दर घटती जाती है। उद्योग में प्रयुक्त पूँजी पर मिलने वाला वास्तविक लाभ ही ब्याज की प्राकृतिक दर होती है।

Natural Rate of Growth | वृद्धि की प्राकृतिक दर

प्रो. हेरड द्वारा अपने विकास सिद्धान्त में जिन तीन विकास दरों का उपयोग किया गया है, उनमें से एक प्राकृतिक दर भी है। विकास की प्राकृतिक दर वह अधिकतम विकास की दर है, जिसे एक देश अपने उपलब्ध प्राकृतिक साधनों के द्वारा प्राप्त कर सकता है। इसे इन्होंने Gn कहा है। यह दर प्राकृतिक दशाओं तथा घटकों द्वारा निर्धारित होती है। इसके निर्धारण में श्रम शक्ति, प्राकृतिक संसाधन तकनीकी ज्ञान आदि शामिल किए जाते हैं। यह वह उच्चतम दर होती है, जिसके बाद उत्पादन वृद्धि ठीक नहीं होती, क्योंकि यही 'पूर्ण रोजगार सीमा' होती है।

Natural Rate of Unemployment | बेरोजगारी की प्राकृतिक दर

बेरोजगारी की प्राकृतिक दर एक ऐसी न्यूनतम बेरोजगारी की दर होती है, जिसे समग्र मांग वृद्धि के द्वारा भी समाप्त नहीं किया जा सकता। इस दर में संघर्षात्मक (Frictional) बेरोजगारी एवं श्रम शक्ति (Labour Force) दोनों सम्मिलित होती हैं। यह दर अर्थव्यवस्था में बनी रहती है। इसे समाप्त करने का कोई प्रयास किया जाता है तो वह स्फीतिकारक होता है।

Natural Resources | प्राकृतिक संसाधन

आर्थिक विकास में प्राकृतिक संसाधनों का एक विशेष स्थान होता है। अन्य बातों के समान रहने पर उस देश का आर्थिक विकास अधिक तेज गति से हो सकता है, जिसके पास प्राकृतिक साधन जैसे- भूमि, जल, खनिज, तेल व गैस के स्रोत प्रचुर मात्रा में उपलब्ध हों। इनका उचित उपयोग करके वह देश विकसित देशों की श्रेणी में आ सकता है।

National Selection Hypothesis | प्राकृतिक चुनाव अवधारणा या परिकल्पना

इस तर्क के अनुसार प्रतियोगी उत्पादन या पूँजी बाजार फर्मों की ओर से लाभ अधिकतमीकरण का वादा करते हैं। ऐसी दशा में जो फर्में लाभ को अधिकतम करने में विफल रहती हैं, वे उद्योग में नहीं टिक पाती हैं।

Natural Wastage | प्राकृतिक क्षय

जब किसी देश की कार्यशील शक्ति (Working Force) घटने लगती है तो इसे प्राकृतिक क्षय कहते हैं। प्राकृतिक क्षय श्रमिकों के द्वारा ऐच्छिक अवकाश लेने, ऐच्छिक सेवानिवृत्ति लेने, बीमार होने, कार्य से अनुपस्थित रहने तथा अन्य धन्धे की तलाश में कार्य से हट जाने के कारण होती है।

Near Money | समीप या सदृश्य मुद्रा

समीप या सदृश्य मुद्रा वह होती है, जो मूल्य संचय के रूप में कार्य करती है, किन्तु इसे आसानी से नकदी में नहीं बदला जा सकता। इसका उपयोग विनिमय के माध्यम के रूप में किया जा सकता है। विनिमय पत्र, अवधि जमाएँ, सिक्कों पत्रमुद्रा व मांग जमाओं को सदृश्य मुद्रा में शामिल किया जाता है।

Necessity | आवश्यकता

ऐसी आवश्यक आवश्यकता वाली वस्तुएँ जिनकी मांग की आय लोच इकाई से कम ($ei < 1$) होती है तथा जैसे-जैसे आय बढ़ती है इन वस्तुओं पर इस आय का कम से कम भाग खर्च किया जाता है। प्राय: नमक व अनाज आदि की कीमत बढ़ने या घटने पर इनकी मांग अधिक घटती बढ़ती नहीं है, क्योंकि ये जीवन के लिए आवश्यक हैं। इसीलिए कीमत में परिवर्तन होने पर भी इनकी जितनी मात्रा जरूरी है, वह खरीदनी पड़ेगी।

Negative Income Tax | ऋणात्मक आय कर

आय कर की वह प्रणाली जिसमें सभी पारिवारिक इकाइयाँ जिनकी आय जीवन निर्वाह योग्य आय से अधिक है वे प्रगतिशील आय कर चुकाएँगे। जबकि अन्य पारिवारिक इकाइयाँ जिनके जीवन निर्वाह योग्य आय स्तर को बढ़ाने के लिए सरकार पर्याप्त अनुदान देती है, अनुदान इस मामले में ऋणात्मक आय कर कहलाएगा।

Negotiable Instrument | विनिमय साध्य प्रपत्र

उन परिसम्पत्तियों को विनिमय साध्य प्रपत्र कहा जा सकता है, जिनको ऋणों के भुगतान के लिए स्थानान्तरित किया जा सकता है। विनिमय बिल, धारित बाण्ड तथा वचन पत्र आदि विनिमय साध्य प्रपत्रों में शामिल किए जाते हैं।

Negative Real Interest Rate | ऋणात्मक वास्तविक ब्याज दर

यह ब्याज की वह दर होती है जो मुद्रा स्फीति की दर से कम होती है। जैसे- मुद्रा 8 प्रतिशत वार्षिक ब्याज दर पर उधार दी जाती है, और मुद्रा का मूल्य 12 प्रतिशत वार्षिक की दर से घट रहा है तो ऋणदाता को 4 प्रतिशत वार्षिक की हानि होगी, क्योंकि मुद्रा का वास्तविक मूल्य ब्याज दर से 4 प्रतिशत अधिक घटा है। इसे ही ऋणात्मक वास्तविक ब्याज दर कहा जाता है।

Negotiations | सौदा या बातचीत

यह सौदा प्रक्रिया को बताता है जिसमें क्रेता और विक्रेता व्यापार कीमतों की शर्तों और दशाओं, यात्रा, किस्म, प्रकार, भुगतान का समय, परिवहन व भुगतान के लिए सहमत होते हैं। सौदा निर्माता या पूर्तिकर्ता के बीच हो सकता है। निर्माता व मध्यस्थ के बीच और खुदरा व्यापारी व ग्राहकों के बीच भी सौदा हो सकता है।

Neo-classical Economics | नव-प्रतिष्ठित अर्थशास्त्र

नव-प्रतिष्ठित अर्थशास्त्र आर्थिक सिद्धान्त का वह भाग है जिसमें 19वीं शताब्दी के सीमान्तवादी अर्थशास्त्रियों की सामान्य विचारधारा, विधियों व तकनीक का उपयोग करते हैं। नव-प्रतिष्ठित शब्द सीमान्तवादी क्रांति के जन्मदाताओं पर एक विस्तार एवं सुधार के रूप में लिया गया है। नव-प्रतिष्ठित अर्थशास्त्री जे.एम. क्लार्क, एजवर्थ, फिशर, मार्शल, पीगू, वालरस, विकसेल आदि ने सीमान्त विश्लेषण (Marginal Analysis) (सीमान्त उपयोगिता एवं सीमान्त उत्पादकता) का उपयोग वस्तुओं व सेवाओं व प्रतियोगी बाजारों में उत्पादन के साधनों के कीमत निर्धारण में किया है। इन्होंने इस तथ्य पर बल दिया कि वस्तुओं व उत्पादन के साधनों की बाजार कीमतें उनकी सीमितता से सम्बन्धित हैं। उन्होंने इस संभावना का अध्ययन किया कि बाजार कीमतें मांग व पूर्ति की समानता, जो सभी बाजारों में होती है, पर निर्भर करती हैं। पूर्ण प्रतियोगी अर्थव्यवस्था के संतुलन का विचार, जो कि वालरस ने दिया, नव-प्रतिष्ठित प्रणाली का केन्द्र बन गया।

Neo-classical Growth Theory | नव-प्रतिष्ठित वृद्धि सिद्धान्त

नव-प्रतिष्ठित आर्थिक वृद्धि सिद्धान्त संतुलन वृद्धि (Equilibrium Growth) की धारणा से सम्बन्धित है। इसमें उत्पादन, जनसंख्या, पूँजी स्टॉक, बचत, निवेश और तकनीकी उन्नति जैसे सभी चर या तो स्थिर घातांकीय दर (Exponential Rate) से बढ़ते हैं या स्थिर रहते हैं। यह मॉडल स्थिर अवस्था वृद्धि (Steady State Growth) के विश्लेषण से संबंधित है, जो हैरड-डोमर मॉडल की मूल मान्यताओं पर आधारित है। इनका सिद्धान्त सतत आर्थिक वृद्धि की विशेषताओं का विश्लेषण करता है। इनके अनुसार स्थिर पूँजी अनुपात (V) तथा परिवर्तित बचत-आय अनुपात (S) के साथ-साथ आय वितरण के माध्यम से सतत आर्थिक वृद्धि कायम की जा सकती है। जब तक $S/V = n + M$ शर्त को संतुष्ट करने हेतु बचत आय अनुपात (S) मजदूरी अर्जकों की बचत प्रवृत्ति

(SW = 0) से कम नहीं है तथा लाभ अर्जकों की बचत प्रवृत्ति (SP = 1) से अधिक नहीं है, तब तक स्थिर अवस्था वृद्धि बनी रहेगी। यहां (n+M) वास्तविक दर है। SP = लाभ कमाने वालों की बचत प्रवृत्ति है। SV = इच्छित वृद्धि दर है। इन्होंने उत्पादन फलन में पूँजी और श्रम के बीच प्रतिस्थापन पर बल दिया।

Neo-classical School | नव-प्रतिष्ठित विचारधारा

प्रतिष्ठित विचारधारा के विचारों की पुनर्स्थापना एवं पुनर्व्याख्या करने वाली विचारधारा को नव-प्रतिष्ठित विचारधारा कहा जाता है। इस विचारधारा के मुख्य विचारक मार्शल, पीगू, वालरस, एजवर्थ, मीड आदि हैं।

Neo-Malthusianism | नवमाल्थसवाद

यह माल्थस के अनुयायियों द्वारा चलाया गया एक आन्दोलन है, जो माल्थस के आध्यात्मिक उत्तराधिकारी हैं, किन्तु इन्होंने माल्थस के विपरीत विचार प्रस्तुत किए। जहां माल्थस ने जनसंख्या को नियंत्रित करने हेतु ब्रह्मचर्य और देर से विवाह करने का सुझाव दिया था, वहीं नवमाल्थसवादियों ने नियोजित पितृत्व और जन्मदर रोकने के कृत्रिम उपायों को महत्व दिया है।

Net Barter Terms of Trade | शुद्ध वस्तु विनिमय व्यापार शर्तें

जब व्यापार की शुद्ध वस्तु विनिमय व्यापार शर्तें (TC) व्यापार की सकल वस्तु विनियम व्यापार शर्तों के बराबर होती हैं तो देश का व्यापार शेष संतुलन में होता है। यह वस्तुओं के निर्यात से कुल प्राप्तियों को वस्तुओं के आयात से कुल भुगतानों की समानता को दर्शाता है।

Net Book Value | शुद्ध खाता मूल्य

यह स्थिर परिसम्पत्तियों के मूल्य की सूची होती है, जिसका उपयोग लेखा बही में होता है। शुद्ध खाता मूल्य परिसम्पत्तियों के क्रय हेतु देने के लिए इसके वास्तविक क्रय मूल्य या लागत से मूल्य ह्रास (Depreciation) की उचित मात्रा घटा दी जाती है। यह मूल्य, जो मुद्रा स्फीति या अन्य परिवर्तनों से परिसम्पत्ति का क्रय मूल्य प्रभावित होता है, के कारण बाजार मूल्य से भिन्न हो सकता है।

Net Domestic Product (NDP) | विशुद्ध घरेलू उत्पाद

सकल घरेलू उत्पाद (GDP) में से घिसावट व्यय (Depreciation) या प्रतिस्थापन व्यय घटा दिया जाए तो शेष विशुद्ध घरेलू उत्पाद बचता है। सूत्र रूप में-

NDP = GDP – D

जहां NDP = विशुद्ध घरेलू उत्पाद, GDP = सकल घरेलू उत्पाद, D = घिसावट या प्रतिस्थापन व्यय।

Net Exports | विशुद्ध निर्यात

विशुद्ध निर्यात वह होता है, जब आयातों की तुलना में निर्यात अधिक हो। चाहे कुल या वस्तुओं और सेवाओं की श्रेणी में हो। ऋणात्मक निर्यात तब होगा जब निर्यातों से आयातों की मात्रा अधिक हो।

Net Investment | विशुद्ध निवेश

पूँजी की मात्रा में शुद्ध वृद्धि को विशुद्ध निवेश कहते हैं। यह कुल निवेश में से पूँजीगत उपभोग को घटाने पर प्राप्त होता है। विशुद्ध निवेश की माप कठिन होती है, जबकि सकल निवेश को आसानी से मापा जा सकता है।

Net-Income | विशुद्ध आय

प्राप्तियों (Revenue) और लाभों (Gains) में से व्यय (Expenses) व हानियों (Losses) को घटाने पर विशुद्ध आय प्राप्त होती है।

Net-National Product (NNP) | विशुद्ध राष्ट्रीय उत्पाद

अर्थव्यवस्था में कुल उत्पादन के एक भाग का उत्पादन प्रक्रिया के दौरान पूँजी उपकरणों की घिसावट एवं टूट-फूट में व्यय हो जाता है। कुछ स्थिर संयंत्र घिस जाते हैं, कुछ मशीनें खराब हो जाती हैं तथा कुछ नई तकनीकों के अस्तित्व में आने से उत्पादन प्रक्रिया से बाहर हो जाती हैं। अतः इन मशीनों की टूट-फूट की मरम्मत तथा प्रतिस्थापन के लिए जो राशि रखी जाती है, उसे पूँजी उपयोग भत्ता या 'मूल्यह्रास' या घिसावट व्यय (D) कहा जाता है। इस प्रकार सकल राष्ट्रीय उत्पाद (GNP) में से वार्षिक मूल्य ह्रास को घटाने पर विशुद्ध राष्ट्रीय उत्पाद (NNP) प्राप्त होता है।

सूत्र रूप में NNP = GNP–D

Net Present Value Index | विशुद्ध वर्तमान मूल्य सूचकांक

एक निवेश प्रस्ताव का विशुद्ध वर्तमान मूल्य सूचकांक सभी नकद प्रवाहों के अनुमानित वार्षिक कुल वर्तमान मूल्य व प्रारम्भिक निवेश के अन्तर के बराबर होता है। अर्थात

$$\text{N.P.V. Index} = \frac{\textit{सभी नकद प्रवाहों का कुल वर्तमान मूल्य}}{\textit{प्रारम्भिक निवेश}}$$

यह सूचकांक जितना अधिक होगा, उतनी ही वह परियोजना लाभकारी होगी।

Net Profit Percentage | विशुद्ध लाभ प्रतिशत

विशुद्ध लाभ प्रतिशत को शुद्ध आय अनुपात भी कहते हैं। यह प्रत्येक विक्रय राशि से प्राप्त शुद्ध लाभ का प्रतिशत है अर्थात

$$\frac{\textit{विशुद्ध लाभ}}{\textit{विशुद्ध विक्रय}}$$

Net Reproduction Rate | शुद्ध प्रजनन दर

प्रति परिवार लड़कियों की औसत संख्या को शुद्ध प्रजनन दर कहा जाता है। यदि प्रति परिवार लड़कियों का औसत इकाई के बराबर है, तब शुद्ध प्रजनन दर भी इकाई के बराबर होती है। यदि शुद्ध प्रजनन दर इकाई से अधिक है, तो जनसंख्या बढ़ती है। किन्तु इसके इकाई से कम होने पर जनसंख्या घटती है। इसके इकाई के बराबर रहने पर जनसंख्या स्थिर रहती है।

Net Sales | विशुद्ध विक्रय

कुल विक्रय (Gross Sales) में से प्रतिफलों (Returns) तथा दिए हुए समय में 'भत्तों को घटाने पर विशुद्ध विक्रय की मात्रा प्राप्त होती है।

Net Saving | विशुद्ध बचत

कुल बचत (Total Saving) में से घिसावट या टूट-फूट के लिए चुकाए गए भत्तों को घटाने पर विशुद्ध बचत प्राप्त होती है। सूत्र रूप में-

विशुद्ध बचत = कुल बचत - घिसावट।

Net Sum | शुद्ध योग

स्वीकृत भत्तों को जोड़ने तथा सभी कटौतियों को घटाने पर जो राशि शेष रहती है, उसे शुद्ध योग कहते हैं।

New Deal | नया सौदा

अमेरिकी राष्ट्रपति रूजवेल्ट की अध्यक्षता में 1930 में अपनाई गई कतिपय नीतियों को 'नया सौदा' के नाम से जाना जाता है। इन नीतियों का उपयोग आर्थिक पुनरूद्धार (Economic Recovery) को प्रोत्साहित करने, जो तीसा की महान मंदी के कारण अर्थव्यवस्था छिन्न-भिन्न हो गई थी, के लिए किया गया था। इन नीतियों में कीमत स्थिरता लाना राष्ट्रीय पुनरुद्धार प्रशासन द्वारा सामूहिक सौदा शक्ति का विस्तार करना, वेगनर अधिनियम के द्वारा और प्रतिभूति एवं विनिमय आयोग, संघीय जमा बीमा निगम, सामाजिक सुरक्षा व सार्वजनिक निर्माण कार्यक्रमों द्वारा वित्तीय स्थिरता को प्रोत्साहन देने का प्रयास किया गया।

New Economic Policy | नई आर्थिक नीति

इस शब्द का उपयोग 1920 में रूस में आर्थिक प्रणाली के कार्यकरण को समझने के लिए किया गया।

New Economics | नया अर्थशास्त्र

आर्थिक विचारों का एक अंग जिसका उदय प्रो. केन्ज द्वारा हुआ नया अर्थशास्त्र कहलाता है, जिसने अर्थशास्त्र का विस्तार व परिवर्तन नए ढंग से किया था। केन्ज के विश्लेषणात्मक औजारों और विधियों का उपयोग अब सभी अर्थशास्त्रियों द्वारा व्यावहारिक रूप से किया जाता है। नया अर्थशास्त्र बताता है कि एक अर्थव्यवस्था किसी भी रोजगार स्तर पर तथा सरकारी मौद्रिक व राजकोषीय नीतियों के द्वारा संतुलन में हो सकती है। किन्तु इसके लिए पूर्ण रोजगार तथा स्थिर आर्थिक न्यूनतम ब्याज दरों पर चलने की आवश्यकता होती है।

New International Economic Order (NIEO) | नई अन्तरराष्ट्रीय आर्थिक व्यवस्था

NIEO की स्थापना के पीछे मूल कारण विकसित देशों के द्वारा अल्पविकसित देशों के प्रति व्यापार, वित्तीय, तकनीकी तथा दूसरी नीतियों के पालन से संबंधित असंतोष है। विकसित देशों ने अल्पविकसित देशों का उत्पीड़न किया, भेद किया, आय का निष्कासन किया, उन्नत तकनीकों से वंचित रखा, विकास के मार्ग में बाधा डाली, धन और आय में विषमताएँ पैदा कीं तथा गरीबी और

बेरोजगारी को बढ़ावा दिया। अतः अल्पविकसित देशों ने नई अन्तरराष्ट्रीय आर्थिक व्यवस्था की मांग की, जो विकसित तथा विकासशील देशों के बीच बढ़ती खाई को पाटे, वर्तमान और भविष्य के लिए आर्थिक और सामाजिक विकास तथा शांति और न्याय सुनिश्चित करते हुए निष्पक्षता, प्रभुसत्ता और सम्पन्नता के लिए कार्य करे, असमानताओं को व अन्यायों को मिटाए। इन्हीं बातों को मद्देनजर रखते हुए दिसम्बर 1974 में संयुक्त राष्ट्र महसभा ने NIEO को स्वीकृति प्रदान की इसके उद्देश्य इस प्रकार रखे गए–

(i) अन्तरराष्ट्रीय व्यापार शर्तों को सुधारना
(ii) अल्पविकसित देशों की आवश्यकतानुसार प्रौद्योगिकी स्थानांतरित करना
(iii) बहुराष्ट्रीय कंपनियों की गतिविधियों का नियमन व नियंत्रण करना
(iv) अन्तरराष्ट्रीय मुद्रा प्रणाली तथा विशेष सहायता कार्यक्रमों में सुधार करना तथा
(v) पारस्परिक निर्भरता तथा सहयोग को बढ़ाना।

New York Stock Exchange Market | न्यूयार्क का स्टॉक (स्कन्ध) विनिमय बाजार

अमेरिका में जो मुख्य स्टॉक विनिमय बाजार है, उसे न्यूयार्क स्टॉक विनिमय बाजार कहते हैं, जिसकी प्रतिभूतियों की सूची बहुत बड़ी है।

Nikki Index | निकाई सूचकांक

यह जापानी अंश (Share) कीमतों का प्रधान सूचकांक है।

Neutral Money | तटस्थ मुद्रा

तटस्थ मुद्रा उसे कहते हैं जिसके कार्य उदासीन होते हैं अर्थात ऐसी मुद्रा जो ऐसे कोई गत्यात्मक (Dynamic) कार्य सम्पादित नहीं करती, जिससे कि अर्थव्यवस्था प्रभावित हो। यह मुद्रा ऐसे कार्य सम्पादित करती है, जो आर्थिक संरचना में बिना कोई परिवर्तन किए सभी कार्य मुद्रा द्वारा सम्पन्न करती है।

Neutral Rate of Interest | ब्याज की तटस्थ दर

ब्याज की तटस्थ दर का प्रतिपादन सर्वप्रथम प्रो. केन्ज ने प्रस्तुत किया। उनके अनुसार यह एक ऐसी ब्याज दर है, जिसके कारण कोई बचत नहीं होती और निवेश वास्तविक बचतों के बराबर हो जाता है। इसीलिए इस दर को ब्याज की तटस्थ दर कहते हैं।

No Loss No Profit Policy | न हानि, न लाभ नीति

लुइस, डार्बिन व हेंडर्सन जैसे अर्थशास्त्रियों ने न लाभ, न हानि नीति की सिफारिश की। उनका मानना है कि सार्वजनिक उद्यम सार्वजनिक हित के लिए हैं, न कि लाभ कमाने के लिए। लुइस के अनुसार सार्वजनिक उद्यमों की कीमत-निर्धारण नीति ऐसी होनी चाहिए कि वे न तो हानि उठाएँ और न ही अपने पूँजीगत प्रभारों के बाद लाभ कमाएँ। यह नीति सार्वजनिक उद्यमों के आवश्यकता से अधिक तथा आवश्यकता से कम फैलाव को रोकती है तथा स्फीति व अवस्फीति से बचाती है। सार्वजनिक उद्यमों को अपनी वस्तुओं और सेवाओं की कीमत इस प्रकार निर्धारित करनी चाहिए कि वे कई वर्षों तक लाभ-अलाभ (Break-ever) की स्थिति में बने रहें और उन्हें न तो हानि हो और न ही लाभ। अर्थात उद्यम के उत्पादन अथवा सेवा की कीमत उसकी कुल लागत निकालने के लिए पर्याप्त हो।

Nominal Income | नकद आय

नकद आय का भुगतान व प्राप्तियाँ मुद्रा में होती हैं। जैसे किसी व्यक्ति को 5 हजार रु. मासिक वेतन दिया जाता है, तो उसकी नकद आय या मजदूरी 5 हजार रु. मासिक हुई।

Nominal Price | नकद कीमत

बाजार में सृजित प्रतिभूतियों की दी जाने वाली कीमत को नकद कीमत कहते हैं। प्रतिभूतियों की पुनर्खरीद भी नकद कीमत पर होती है। यह कीमत बाजार कीमत से भिन्न होती है, जो बाजार में प्रतिभूतियों के क्रय-विक्रय हेतु प्रचलित होती है।

Nominal Value or Face Value | नकद मूल्य या अंकित मूल्य

नकद मूल्य शब्द का उपयोग अंशों (Shares) के उस मूल्य को प्रदर्शित करता है, जिस मूल्य पर उन अंशों का निर्गम होता है। इसे अंकित मूल्य भी कहा जाता है। सिक्के का वह मूल्य जिस पर सिक्का वास्तव में प्रचलित रहता है तथा लेनदारियों व देनदारियों को पूरा करने में स्वीकार किया जाता है। जिस सिक्के पर जो मूल्य टंकित किया जाता है, वही उसका अंकित मूल्य होता है। प्रतिभूतियों में अंकित समता मूल्य (Par Value) उसका अंकित मूल्य होता है।

Non-Durable Goods | गैर टिकाऊ वस्तुएँ

गैर टिकाऊ वस्तुएँ वे होती हैं जो चालू मांग पर बेची जाती हैं और जो चालू दशाओं पर निर्भर करती हैं। विनाशी वस्तुएँ इसी श्रेणी में आती हैं। जैसे- दूध, दही, मांस, अंडा, मछली, हरी सब्जियाँ आदि। ये वस्तुएँ अधिक समय तक नहीं टिक सकतीं। ये कुछ घंटों या एक दो दिन तक रह सकती हैं। उसके बाद नष्ट हो जाती हैं। अथवा ये ऐसी वस्तुएँ होती है, जिनकी अतिअल्पकाल में पूर्ति नहीं बढ़ाई जा सकती।

Non-Government Organisation (NGO) | गैर-सरकारी संगठन

ये किसी सामान्य उद्देश्य के लिए गठित एक साथ काम करने वाले लोगों के स्वतंत्र व ऐच्छिक संगठन होते हैं, जिनका कोई सरकारी कार्यालय नहीं होता और न ही इनका उद्देश्य लाभ कमाना होता है। यह विधि द्वारा निर्मित समूह होता है। ये समाज के कल्याणार्थ निर्लाभ की भावना से कार्य करते हैं।

Non-Pecuniary Goals | गैर आर्थिक लक्ष्य

गैर आर्थिक लक्ष्य वे होते हैं जो व्यक्तियों या संगठनों के द्वारा अनुसरण किए जाते हैं तथा जिनका प्रत्यक्ष माप मुद्रा इकाइयों में नहीं होता है। प्रतिष्ठा, शक्ति, व्यावसायिक दक्षता एवं स्तर आदि ऐसे ही लक्ष्य हैं, जिनका सम्बन्ध फर्म के प्रबन्धकीय सिद्धान्तों से होता है।

Non-Price Competition | गैर-कीमत प्रतियोगिता

गैर-कीमत प्रतियोगिता से अभिप्राय एक एकाधिकारात्मक प्रतियोगी फर्म के उन प्रयत्नों से है, जिनसे वह अपनी वस्तु की बिक्री और लाभों को कीमत में कटौती किए बिना बढ़ाती है। ये प्रयत्न हैं- वस्तु विभेद और विक्रय व्यय। एकाधिकारात्मक प्रतियोगी अपनी वस्तु की भौतिक विशेषताओं को परिवर्तित कर या विज्ञापन और प्रोत्साहन पर अधिक व्यय कर, बिक्री के पश्चात रिपेयरिंग, खराब वस्तुओं को बदलना, छूट व उपहार आदि उपायों से अपनी वस्तु के विक्रय व लाभ में वृद्धि कर सकता है। इसे ही गैर-कीमत प्रतियोगिता के नाम से प्रो. चेम्बलिन ने समझाया है।

Non-Renewable Resources | गैर-नवीनीकृत साधन

ये विचार उन सभी साधनों पर लागू होता है, जिनकी पूर्ति सीमित होती है तथा जिन्हें बदला नहीं जा सकता, केवल पुनर्चक्रीकरण (Recycling) होता है। ऐसे सीमित साधन जैसे- तेल, गैस, कोयला और टिन, मर्करी व एल्यूमीनियम जैसी धातु आदि हैं।

Non-Rivals Consumption | गैर प्रतिद्वन्द्वी उपभोग

जब किसी वस्तु के उपभोक्ता का उपभोग किसी दूसरे उपभोक्ता के उपभोग को प्रभावित न कर सके, इस प्रकार के वस्तु उपभोग को गैर प्रतिद्वन्द्वी उपभोग कहते हैं। इस प्रकार की वस्तु के उपभोग की अवसर लागत नहीं होती है। ऐसी वस्तुएँ प्राय: सार्वजनिक वस्तुएँ (Public Goods) होती हैं। जैसे- टी.वी. टावर। इसके उपभोग को कोई एक व्यक्ति प्रभावित नहीं कर सकता और न ही उसकी उपलब्धता दूसरे व्यक्ति के लिए घटा सकता है।

Non-Satiation | गैर-तृप्ति या परिपूर्ति

यह मान्यता कि उपभोक्ता को अतिरिक्त उपभोग करने से लाभ होता है, किसी वस्तु की मांग सीमित हो सकती है। किन्तु किसी वस्तु से उसे उपभोग करने पर अधिक तृप्ति या संतुष्टि मिल सकती है, जैसे एक जली भुनी चपाती खाने के बाद आलू का पराँठा खाने से उपभोक्ता को अधिक संतुष्टि मिलेगी। इसे गैर तृप्ति कहते हैं।

Non-Tariff Barriers | गैर-प्रशुल्क बाधाएँ

प्रशुल्कों के अतिरिक्त अन्तरराष्ट्रीय व्यापार में आने वाली आर्थिक बाधाओं को गैर-प्रशुल्क बाधाएँ कहते हैं। इसके अन्तर्गत निषेध (Prohibitions), अभ्यंश (Quotas), उत्पीड़क (Oppressive) एवं विलंबिता (Diloctory) प्रक्रिया, आयातों के लिए मार्गों का अभिलेखीकरण, नियमन तथा स्वास्थ्य व सुरक्षा सम्बन्धी, आयात लागतों को पूर्व में जमा कराना, लाइसेन्स व विशेष विदेशी मुद्रा आबंटन तथा विदेशी निर्यातकों के साथ निर्यात समझौते आते हैं।

Non-Tradables | गैर व्यापारिकता

जिन वस्तुओं और सेवाओं का अन्तरराष्ट्रीय व्यापार नहीं हो, उन्हें गैर व्यापारिक कहते हैं।

Normative Economics | आदर्श अर्थशास्त्र

आदर्श विज्ञान अर्थशास्त्र में क्या होना चाहिए? (What ought to be?) से संबंध रखता है। अत: आदर्शात्मक विज्ञान के रूप में अर्थशास्त्र आर्थिक कार्यों की या घटनाओं की अच्छाई तथा बुराई को बताता है। अर्थात नैतिक निर्णय (Value or Moral Judgements) देता है। नैतिक निर्णय मनुष्यों की भावनाओं तथा दृष्टिकोणों पर निर्भर करते हैं इसलिए आदर्शात्मक कथनों (Nomative Statements) में मतभेदों की अधिक संभावना रहती है और आदर्शात्मक कथनों के मतभेदों को तथ्यों का सहारा लेकर दूर नहीं किया जा सकता।

Normal Goods | सामान्य वस्तुएँ

वे वस्तुएँ जिनके लिए आय प्रभाव धनात्मक होता है, सामान्य वस्तुएँ कहलाती हैं। उपभोक्ता की आय में वृद्धि से सामान्य वस्तुओं की मांग बढ़ती है और आय के घटने पर मांग भी घट जाती है।

Normal Price | सामान्य कीमत

सामान्य कीमत दीर्घकालीन कीमत होती है, जो दीर्घकाल में मांग और आपूर्ति के साम्य द्वारा निर्धारित होती है। इसे संतुलन कीमत (Equilibrium Price) भी कहते हैं। बाजार कीमत के विपरीत सामान्य कीमत स्थिर होती है। बाजार कीमत सामान्य कीमत के इर्द-गिर्द घूमती है।

Normal Profit | सामान्य लाभ

सामान्य लाभ वह लाभ होता है जो किसी फर्म को उद्योग में बनाए रखने के लिए आवश्यक होता है। सामान्य लाभ दीर्घकाल में अवश्य प्राप्त होना चाहिए। क्योंकि दीर्घकाल में न तो कोई फर्म असामान्य लाभ कमा सकती है न ही घाटा उठा सकती है। अत: उसे अपने उत्पादन को जारी रखने के लिए सामान्य लाभ तो मिलना ही चाहिए। यही उद्यमी की अवसर लागत है, जो उद्यमी की हस्तान्तरण आय के बराबर है। यदि फर्म को दीर्घकाल में सामान्य लाभ नहीं मिलेगा, तो वह उत्पादन बंद कर देगी और हानि से बचने के लिए उद्योग को छोड़कर चली जाएगी।

Notional Demand | प्रभावी मांग या कल्पित मांग

देखें-प्रभावशील मांग (Effective Demand)।

O

Objective | उद्देश्य

वे सभी अन्तिम लक्ष्य या उद्देय कहलाते हैं जिनसे सभी उद्यमों के कार्य निर्देशित होते हैं।

Obsolescence | अप्रचलन

अप्रचलन शब्द अप्रचलित होने की क्रिया या शर्त को प्रकट करता है। यह उन तकनीकी सुधारों या अन्वेषणों को बताता है, जिनके द्वारा बाजार की दशाओं को अधिक बेहतर ढंग से पूरा करने हेतु सस्ता एवं अच्छा उत्पादन संभव हो जाता है। यह पुरानी मशीनों के उपयोग को अयोग्य बना देता है। अप्रचलित तकनीक के उपयोग से भौतिक परिसम्पत्तियों के मूल्य ह्रास के कारण हानि होती है। अत: यह नई तकनीक के उपयोग को प्रोत्साहित करता है।

Occam's Razor | ओकेम का उस्तरा

वह नियम जो यह बताता है कि वह आर्थिक सिद्धान्त सबसे अच्छा होता है जो वास्तविकता को अत्यधिक सही ढंग से प्रस्तुत करता है।

Occupational Disease | व्यावसायिक रोग

किसी धन्धे में खतरे या दुर्घटना की जोखिम को व्यावसायिक रोग या अवरोध कहा जाता है। जैसे कोयला या अन्य गहरी खदानों में काम करने वाले श्रमिकों को फेफड़े का रोग होने का खतरा रहता है, फलस्वरूप वे 'अधिक मजदूरी' की या खतरे की मजदूरी की मांग करते हैं।

Occupational Mobility | व्यावसायिक गतिशीलता

व्यावसायिक गतिशीलता से तात्पर्य एक व्यवसाय से दूसरे व्यवसाय में साधनों की गतिशीलता से होता है। जैसे श्रम को एक व्यवसाय से दूसरे व्यवसाय में स्थानान्तरित किया जा सकता है, किन्तु जब एक श्रमिक ऊँची मजदूरी पर दूसरे व्यवसाय में जाता है तो इसे श्रम की गतिशीलता कहा जाएगा।

Occupational Pension | व्यावसायिक सेवावृत्ति

व्यावसायिक सेवावृत्ति वह होती है जो नियोजकों द्वारा सेवानिवृत्त कर्मचारियों को दी जाती है। सेवावृत्ति दो प्रकार की होती है–

(i) अंशदान सेवावृत्ति प्रणाली – इसके अन्तर्गत कर्मचारी अपने वेतन का एक भाग नियोजकों के पास कटौती के रूप में जमा कराते हैं तथा उसमें नियोजक द्वारा अपनी ओर से कुछ राशि मिलाकर सेवानिवृत्ति पर कर्मचारी को सेवावृत्ति के रूप में दी जाती है।

(ii) अंशदान रहित सेवावृत्ति प्रणाली – इसमें सम्पूर्ण सेवावृत्ति की राशि नियोजक द्वारा सेवावृत्ति के रूप में दी जाती है। इसमें कर्मचारी का अंशदान शामिल नहीं होता है। इस प्रकार सेवावृत्ति

कर्मचारी व नियोजक या केवल नियोजक के पास जमा कोष पर निर्भर करती है। पूर्व घोषित लाभ योजनाओं की राशि निश्चित होती है, जिनका कर्मचारी को नकद भुगतान होता है।

Occupational Wage Differentials | व्यावसायिक मजदूरी अंतरण

श्रमिक समूहों के औसत मजदूरी स्तर की विभिन्नता उस व्यवसाय के अनुसार वर्गीकृत की जाती है, जिसमें वे काम करते हैं। प्रतियोगी श्रम बाजारों में मजदूरी अन्तरण के बारे में एडम स्मिथ ने बताया कि प्रतियोगिता के दौरान दीर्घकाल में किसी भी व्यवसाय में मिलने वाला शुद्ध लाभ समान रहता है। मजदूरी अन्तरण विभिन्न व्यवसायों में पांच कारणों से पाया जाता है–

(i) अलग-अलग व्यवसायों के बीच भिन्न-भिन्न लागतों को कारण मजदूरी की दरों की भिन्नता होती है। ये लागतें जो प्रशिक्षण आदि पर लगती हैं, ये लागतें जितनी अधिक होंगी, मजदूरों को आकर्षित करने हेतु उतनी ही अधिक मजदूरी देनी होगी।

(ii) किसी धन्धे में अन्दरूनी स्वीकृति व अस्वीकृति पर भी मजदूरी भिन्नता पाई जाती है।

(iii) धन्धे के सामाजिक स्तर पर भी मजदूरी भिन्नता होती है।

(iv) मजदूरी भिन्नता वेतन के स्तर पर भी होती है।

(v) मजदूरी उन धन्धों में अधिक होगी, जो मौसमी प्रकृति के होते हैं। जैसे भवन निर्माण कार्य आदि या काम की प्रकृति भिन्न-भिन्न होती है, तो भी मजदूरी अन्तरण होगा।

Occupational Wage Structure | व्यावसायिक मजदूरी ढाँचा

अलग-अलग श्रमिक समूहों का मजदूरियों का ढाँचा उन व्यवसायियों के द्वारा चलाए जाने वाले व्यवसायों की प्रकृति पर निर्भर करता है, जिनमें मजदूर काम करते हैं।

Octroi | चुंगी

चुंगी उन वस्तुओं पर वसूल की जाती है, जो नगर निगमों व जिला परिषदों द्वारा उस समय लगाई जाती है जब वस्तुएँ उनके द्वारा प्रशासित क्षेत्र में प्रवेश करती हैं। इससे एक स्थान से दूसरे स्थान पर वस्तुओं का स्वतंत्र आवागमन पर नियंत्रण होता है।

Odd Lot | विषम भाग

अंशों और स्टॉक राशि का वह भाग जो स्टॉक बाजार में 100 की प्रामाणिक व्यापार इकाई से कम रह जाता था विषम भाग कहलाता था। प्रतिभूतियों व अंशों की अनियमित संख्या या विषम संख्या कारोबारियों के लिए असुविधाजनक होती थी तथा इनके लिए ऊँची कीमत भी देनी पड़तीं थी। अब स्टॉक बाजार में शेयरों का कारोबार इलेक्ट्रोनिक फॉर्म में ही होता है इसलिए अब मनचाही संख्या में शेयर खरीदे या बेचे जा सकते हैं।

Off Shore Marketing | समुद्री सीमा पार विपणन

एक ऐसा विपणन क्षेत्र (Marketing Area) जो स्वदेशी नियमन सीमा के पार या सीमा पार होता है, उसे 'समुद्री सीमा पार' विपणन कहते हैं।

Off-the-Job Training | व्यवसाय प्रशिक्षणोपरान्त

व्यवसाय प्रशिक्षणोपरान्त कई प्रकार की तकनीकों को पूरा किया जाता है जैसे- कक्षाकक्ष भाषण, फिल्में, प्रदर्शन, घटनाओं का अध्ययन तथा अन्य प्रक्रियात्मक कार्यक्रम निर्देशन आदि।

Offer Curve or Reciprocal Demand Curve | देय वक्र या अर्पण वक्र या पारस्परिक मांग वक्र

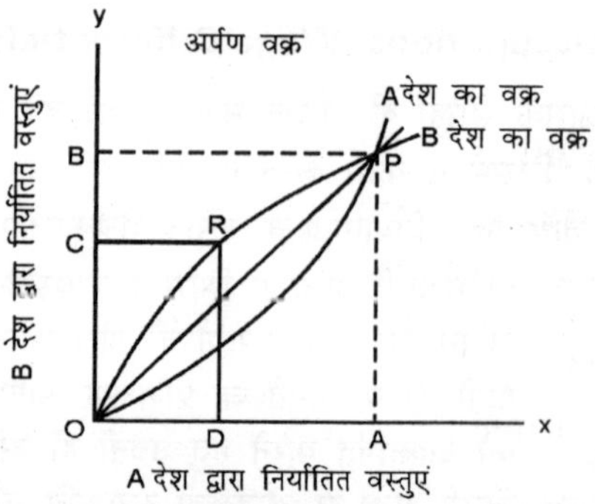

अन्तरराष्ट्रीय अर्थशास्त्र में विश्लेषण का एक और महत्वपूर्ण औजार अर्पण वक्र है। इसे मिल, एजवर्थ तथा मीड द्वारा प्रतिपादित पारस्परिक मांग वक्र भी कहते हैं। अर्पण वक्र किसी देश की सापेक्ष वस्तु कीमत को निर्धारित करता है जिस पर व्यापार होता है। यह उस देश की निर्यात योग्य वस्तु की उन विभिन्न मात्राओं को प्रदर्शित करता है, जिन्हें वह देश विभिन्न अन्तरराष्ट्रीय कीमतों पर आयात योग्य वस्तु से विनिमय करने को तैयार है। चित्रानुसार B देश की निर्यात वस्तुओं को y अक्ष पर तथा A देश की निर्यात वस्तुओं को x अक्ष पर दिखाया गया है। चित्र में R बिन्दु B देश के वक्र पर B देश OC वस्तुएँ अर्पण करने को तैयार है A देश की OD वस्तुओं के लिए किन्तु दोनों A तथा B देश P बिन्दु पर मांगी गई मात्रा के बराबर पूर्ति करने को तैयार है। P बिन्दु पर ही दोनों देशों की व्यापार शर्तें संतुलित होती हैं, जहां A तथा B देश के अर्पण वक्र एक-दूसरे को काटते हैं। B देश OB वस्तुओं को A देश की OA वस्तुओं के लिए विनिमय करके संतुलन व्यापार की स्थिति में है।

अत: B देश के लिए व्यापार की शर्तें $\frac{OA}{OB}$ तथा A देश के लिए व्यापार की शर्तें $\frac{OB}{OA}$ होंगी।

Offer by Prospectus | विवरणिका द्वारा देयता या प्रस्ताव

जब एक कंपनी अपने नए अंश व ऋणपत्र निर्गम करती है तो इसकी सूचना वह आम लोगों तक एक विवरणिका द्वारा पहुंचाती है। विवरणिका उस कम्पनी की वित्तीय स्थिति पर आधारित होती है।

Offer for the Sale | बिक्री हेतु देयता या प्रस्ताव

किसी कम्पनी द्वारा जनता को एक वित्तीय मध्यस्थ के माध्यम से नए अशों व प्रतिभूतियों को निर्गम की बिक्री की सूचना को बिक्री हेतु प्रस्ताव कहा जाता है, जिसमें वित्तीय मध्यस्थ कम्पनी के सभी अंशों व प्रतिभूतियों को खरीद लेता है तथा उसे जनता को अपनी लागत एवं कमीशन को पूरा करने हेतु ऊँची कीमत पर बेचता है।

Offer Price | देय या अर्पण मूल्य

यह अर्पण मूल्य अंश बाजार (Share Market) से सम्बन्धित है। अर्पण मूल्य वह होता है, जिस पर स्टॉक बाजार के कारोबार करने वाले किसी विशेष स्टॉक को बेचने के लिए तैयार हो जाते हैं।

Official List | आधिकारिक सूची

स्टॉक विनिमय बाजार द्वारा प्रतिदिन सायं 5:30 बजे एक आधिकारिक सूची प्रकाशित की जाती है जो स्टॉक बाजार की सम्बद्ध प्रतिभूतियों व अंशों के लेन-देन की कीमतों से सम्बन्धित आधिकारिक सूचना होती है। इसे ही आधिकारिक सूची कहा जाता है।

Official Rate of Exchange | आधिकारिक विनिमय दर

यह वह दर होती है जो सरकार द्वारा अपनी मुद्रा को आबंटित की जाती है तथा मौद्रिक अधिकारी व्यवसाय करने के लिए तैयार होते हैं। इस दर का उपयोग अपने लाभ के अनुरूप बाजार दर को बदलने के लिए किया जाता है।

Official Receiver | आधिकारिक प्रतिग्राहक

जब कोई व्यक्ति या संस्थान अपने बकाया ऋणों का भुगतान करने में असमर्थ रहता है तब ऐसे ऋणों के निस्तारण हेतु न्यायालय का सहारा लिया जाता है। ऐसी स्थिति में ऋणों के निस्तारण हेतु एक अधिकारी की नियुक्ति न्यायालय द्वारा की जाती है जिसे 'आधिकारिक प्रतिग्राहक' कहा जाता है। यह अधिकारी ऋणी व्यक्ति या संस्थान की देनदारियों को पूरा करने हेतु उनकी सभी परिसम्पत्तियों को अधिग्रहीत कर लेता है और ऋणों को चुकता करने का प्रयास करता है।

Official Strike | आधिकारिक हड़ताल

जब श्रमिक व श्रमिक संघ अपने कार्यों को रोककर हड़ताल पर उतर आते हैं, जो नियमानुसार लिखित प्रावधानों के अनुसार मान्य होती है तो इसे 'आधिकारिक हड़ताल' कहा जाता है। ऐसी हड़ताल करने से पूर्व श्रमिकों या श्रमिक संघों को एक निश्चित व नियमानुसार प्रक्रिया से गुजरना आवश्यक होता है।

Ohlin's Theory of Relative Price Difference | ओहलिन का सापेक्ष कीमत अंतर सिद्धान्त

ओहलिन के अनुसार अन्तरराष्ट्रीय व्यापार का तात्कालिक कारण यह होता है कि कुछ वस्तुएँ अन्य प्रदेशों से अधिक सस्ती खरीदी जा सकती हैं, जबकि उसी प्रदेश में उन वस्तुओं का उत्पादन ऊँची कीमतों पर ही संभव होता है। इस प्रकार प्रदेशों के बीच व्यापार का प्रमुख कारण वस्तुओं की कीमतों का सापेक्ष अन्तर रहता है।

Oil Crisis | तेल संकट

तेल संकट तब उत्पन्न होता है, जब तेल की आपूर्ति में अचानक कमी हो जाए और तेल मूल्यों में भारी वृद्धि हो जाए। जो अर्थव्यवस्थाएँ अपनी ऊर्जा आवश्यकता पर आधारित होती हैं, तेल की कमी के कारण उनका वास्तविक उत्पादन घटने लगेगा। जो अर्थव्यवस्थाएँ तेल आयात पर निर्भर करती हैं उनका भुगतान संतुलन तेल कीमतों में वृद्धि के कारण प्रतिकूल हो जाता है। 1973–74 में पेट्रोल निर्यातक देशों के संगठन द्वारा तेल की कीमतें बढ़ा दी गईं तथा जो देश इजराइल के समर्थक थे, उन देशों को तेल न देने की धमकी दी गई। 1973 के अरब–इजराइल युद्ध के समय भारी तेल संकट की स्थिति उत्पन्न हो गई थी, जिसे तेल संकट कहा गया।

Oil Facility | तेल सुविधा

सन् 1975 में तेल सुविधा प्रारम्भ की गई। इस सुविधा हेतु अन्तरराष्ट्रीय मुद्रा कोष ने BOP में अतिरेक वाले राष्ट्रों से BOP में घाटे वाले राष्ट्रों को उधार देने हेतु ऋण लिए। यह सुविधा उन राष्ट्रों को दी गई, जिनके भुगतान संतुलन में तेल की ऊँची कीमतों के कारण भारी घाटा हो रहा था। इस सुविधा हेतु कोष ने 16 विकसित राष्ट्रों व स्विट्जरलैण्ड से 1974–75 में SDR उधार लेने के समझौते किए थे। मई 1983 तक इस सुविधा हेतु प्राप्त पूरे ऋणों का पुनर्भुगतान हो चुका था।

Okun's Law | ओकुन का नियम

प्रो. आर्थर ओकुन ने नए सकल राष्ट्रीय उत्पाद (GNP) में चक्रीय परिवर्तन एवं बेरोजगारी के बीच एक आनुभविक सम्बन्ध स्पष्ट करते हुए बताया कि नियमित विकास के ऊपर 2.5% की वार्षिक वृद्धि दर बेरोजगारी में 1.0% की कमी कर देती है। यही ओकुन का नियम है।

Old Age Pension | वृद्धावस्था सेवावृत्ति

यह सेवावृत्ति एक निश्चित आय वर्ग वाले वृद्ध व्यक्तियों को सरकार द्वारा मासिक वृत्ति के रूप में दी जाने वाली राशि है। राष्ट्रीय आय के लेखे में ऐसी राशि को हस्तान्तरण भुगतान कहा जाता है।

Oligopoly | अल्पाधिकार

अल्पाधिकार बाजार की वह स्थिति होती है, जिसमें समरूप या विभेदीकृत वस्तुएँ बेचने वाली थोड़ी सी फर्में होती हैं। इसीलिए इसे अल्प के बीच प्रतियोगिता भी कहते हैं। थोड़ी सी फर्में होने से किसी एक विक्रेता की कार्यवाही दूसरे विक्रेताओं की कार्यवाही को प्रभावित कर सकती है। अल्पाधिकार भी पूर्ण या शुद्ध तथा अपूर्ण दो प्रकार का होता है। पूर्ण व शुद्ध अल्पाधिकारी जैसे- सीमेन्ट, स्टील, जस्ता, आदि तथा अपूर्ण अल्पाधिकारी जैसे- कार, सिगरेट, टी.वी., टायर आदि में पाया जाता है। इसकी निम्न विशेषताएँ हैं- (i) परस्पर निर्भरता (ii) विज्ञापन (iii) प्रतियोगिता (iv) फर्मों के प्रवेश पर प्रतिबन्ध (v) एकरूपता का अभाव (vi) अनिश्चित मांग वक्र (vii) कीमत निर्धारण में अनिश्चितता व (viii) कीमत दृढ़ता व कीमत नेतृत्व आदि।

Oligopsony | क्रेता अल्पाधिकार

क्रेता अल्पाधिकार बाजार की वह दशा होती है, जब बाजार विशेष में थोड़े से क्रेता होते हैं। उन क्रेताओं में से प्रत्येक क्रेता का आकार ऐसा होता है कि उनके द्वारा मांग में की गई वृद्धि या कमी कीमतों को निश्चित रूप से प्रभावित करेगी तथा कोई भी अकेला क्रेता अपनी नीतियों के निर्धारण में प्रतिद्वन्द्वियों की प्रतिक्रियाओं की अवहेलना नहीं कर सकता।

Ombudsman | लोकपाल

इस शब्द का उपयोग सबसे पहले स्वीडन में किया गया जिसका अभिप्राय होता है 'जनता का वक्ता'। अर्थात लोकपाल वह अधिकारी होता है, जो सरकारी विभागों के कुशासन के फलस्वरूप उत्पन्न अत्याचार व अन्याय से पीड़ित लोगों की शिकायतों की सुनवाई करता है।

On-the-Job Training | व्यवसाय पर प्रशिक्षण

यह प्रशिक्षण औपचारिक या अनौपचारिक हो सकता है, जो कार्य स्थल पर दिया जाता है। नियोजकों द्वारा व्यवसाय पर दिया जाने वाला प्रशिक्षण औपचारिक कार्यक्रम अप्रेन्टिसशिप से भिन्न होता है। इसमें करो और सीखो (Learning by Doing) तथा निरीक्षण या निरूपण (Observation) का कार्य किया जाता है। यह प्रशिक्षण विशिष्ट या सामान्य प्रकार का हो सकता है, जबकि अधिकतर प्रशिक्षण इन दोनों का मिला-जुला स्वरूप होता है।

One Sector Growth Model | एक क्षेत्रीय विकास सिद्धान्त

यह सिद्धान्त विकास सिद्धान्त में उपयोग में लाया जाता है, जहां एकल समरूप वस्तु का उत्पादन होता है, जो उपभोग व विनियोग दोनों में समान रूप से उपयोगी होता है। इस सिद्धान्त का उदाहरण हैरड-डोमर मॉडल है।

One Way Price | एक तरफा कीमत

एकतरफा या एकमार्गीय कीमत वह होती है, जो परम्परागत क्रय और विक्रय कीमतों पर आधारित न होकर किसी विशिष्ट प्रतिभूति के लिए स्टॉक व्यवसायी द्वारा स्टॉक के दलाल को संदर्भित होती है। स्टॉक का व्यवसायी इस कीमत पर या तो स्टॉक के दलाल को बेचता है या फिर उससे खरीदता है अर्थात वह दोनों तरफ से कार्य नहीं कर सकता।

(OPEC) Organisation of the Petroleum Exporting Countries | पेट्रोलियम निर्यातक देशों का संगठन

सर्वप्रथम 1960 में बगदाद में पेट्रोलियम निर्यातक देशों के संगठन की स्थापना की गई। इसका उद्देश्य तेल निर्यातक देशों के हितों को संरक्षित करने के उद्देश्य से पेट्रोलियम के उत्पादन एवं कीमतों को नियंत्रित करना था। इस समय OPEC के 11 सदस्य देश विश्व पेट्रोलियम उत्पादन के 75 प्रतिशत भाग का उत्पादन करते हैं।

Open Economy | खुली अर्थव्यवस्था

एक ऐसी अर्थव्यवस्था, जिसमें दूसरे देशों के साथ विदेशी व्यापार स्वतंत्र या बिना किसी बाधा के होता है और विदेशी व्यापार में किसी प्रकार का सरकारी हस्तक्षेप नहीं होता है, खुली अर्थव्यवस्था कहलाती है। परम्परावादी अर्थशास्त्री खुली अर्थव्यवस्था के समर्थक थे। प्रो. रिकार्डो का तुलनात्मक लागत लाभ सिद्धान्त भी खुली अर्थव्यवस्था की मान्यता पर आधारित था।

Open Gate Policy | खुला द्वार नीति

खुला द्वार नीति उसे कहते हैं, जो विदेशी व्यापार के लिए अपनाई जाती है। इसमें एक देश सभी अन्य देशों के साथ समानता के आधार पर व्यापार करता है।

Open Market | खुला बाजार

खुला बाजार उसे कहते हैं, जहां कीमतों का निर्धारण सरकारी हस्तक्षेप के बिना मांग और पूर्ति की शक्तियों के द्वारा होता है। खुला बाजार एक स्वतंत्र व अनियंत्रित बाजार होता है।

Open Market Operation | खुले बाजार की क्रियाएँ

खुले बाजार की क्रियाएँ केन्द्रीय बैंक के द्वारा लागू की जाने वाली साख नियंत्रण की परिमाणात्मक रीतियों में से एक हैं, जिनके द्वारा केन्द्रीय बैंक सरकारी प्रतिभूतियों का क्रय-विक्रय करके साख प्रसार व साख संकुचन की स्थितियों पर नियंत्रण करता है। देश में मुद्रा प्रसार या मुद्रास्फीति को नियंत्रित करने हेतु अपनी परिमाणात्मक विधियों से साख के प्रसार को रोकता है और इसे रोकने हेतु वह बाजार में सरकारी प्रतिभूतियों को बेचकर अर्थव्यवस्था से अतिरिक्त साख को वापस खींच लेता है। इसके विपरीत जब अर्थव्यवस्था में साख का विस्तार करना हो तो वह बाजार में जाकर सरकारी प्रतिभूतियों को खरीदता है तथा अर्थव्यवस्था में साख की मात्रा को नियंत्रित करता है।

Open Shop | खुली दुकान

खुली दुकान उस स्थान को कहते हैं जहां रोजगार पाने के लिए श्रमसंघ का सदस्य बनने की आवश्यकता नहीं होती, अर्थात 'खुली दुकान गैर संघ दुकान' होती है।

Open and Supressed Inflation | खुली व दबी हुई स्फीति

जब अर्थव्यवस्था में आय के बढ़ने के साथ उपभोग भी बढ़ता जाता है और उस पर कोई नियंत्रण नहीं रहता है तो इससे खुली स्फीति उत्पन्न होती है। किन्तु जब उपभोग की वृद्धि पर नियंत्रण लगा दिया जाता है, तो यह दबी हुई स्फीति कहलाती है।

Opening Prices | प्रारंभिक कीमतें

ये वे कीमतें होती हैं जो स्टॉक विनियम बाजार में व्यापारियों द्वारा अपना व्यवसाय प्रारंभ करते समय प्रातःकाल में घोषित की जाती हैं।

Operating Budget | परिचालन बजट

यह एक अल्पकालीन बजट होता है, जिसमें कोई पूँजीगत व्यय सम्मिलित नहीं होता है। इसीलिए इसे परिचलन बजट कहते हैं।

Operating Cost | परिचालन लागत

परिचालन लागत शब्द परिवर्तनशील लागत के स्थान पर काम आने वाला वैकल्पिक शब्द है। इसे परिवर्तनशील लागत भी कह सकते हैं।

Operating Income | परिचालन आय

यह वह आय होती है, जो किसी फर्म के सामान्य व्यवसाय से प्राप्त होती है। इस आय में भवन व भूमि विक्रय जैसी परिसम्पत्तियों के विशेष मद सम्मिलित नहीं होते हैं। ऐसी फर्म केवल इसी कार्य में संलग्न न हो, तब तक वे इन पूँजीगत परिसम्पत्तियों के क्रय-विक्रय का कार्य नहीं करेंगी।

Operating Profit | परिचालन लाभ

यह वह लाभ होता है, जो भविष्य में फर्म के विस्तार हेतु साधन लगाए बिना प्राप्त होता है।

Operating Ratio | परिचालन अनुपात

जब किन्हीं दो साधनों जैसे श्रम व पूँजी आदि की व्यावसायिक क्षमता का मूल्यांकन करने हेतु तुलना की जाती है तो इसे परिचालन अनुपात कहते हैं।

Operational Research | प्रायोजिक अनुसंधान

यह अनुसंधान या शोध की वह गणितीय विधि है जिसका उपयोग व्यापार की दशाओं को प्रोत्साहित करने हेतु किया जाता है। ताकि प्रबन्धन की लागतों को घटाने तथा क्रियान्वयन क्षमता को बढ़ाने सम्बन्धी निर्णय करने में मदद मिल सके।

Opportunity Cost | अवसर लागत

अवसर लागत को तीन रूपों में व्यक्त किया जाता है, जैसे-

(i) अवसर लागत वास्तविक लागत के रूप में- अवसर लागत या हस्तान्तरण आय (Transfer Earnings) को त्यागा गया विकल्प (Alternative Forgone) या वैकल्पिक लागत (Alternative Cost) भी कहा जाता है, क्योंकि समाज की दृष्टि से एक वस्तु के उत्पादन का अर्थ

है दूसरी वस्तु के उत्पादन के अवसरों या दूसरे विकल्पों का त्याग करना। किसी वस्तु के उत्पादन की वास्तविक लागत वह वस्तु है, जिसका त्याग किया जाता है। अर्थात वस्तु y की एक इकाई की वास्तविक उत्पादन लागत या अवसर लागत, दूसरी वस्तु x की त्यागी गई मात्रा के बराबर होती है।

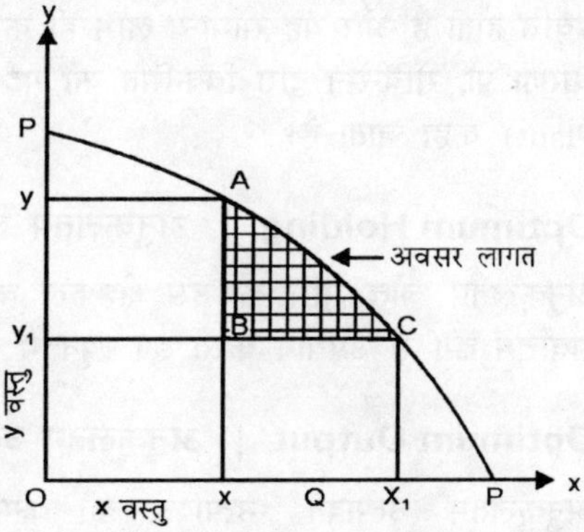

(ii) द्रव्य के रूप में अवसर लागत–किसी वस्तु y की उत्पादन लागत द्रव्य की वह मात्रा है जो कि उत्पत्ति के साधनों को दूसरे वैकल्पिक उपयोगों से हटाकर y के उत्पादन में लगाने के लिए आवश्यक है। अर्थात अवसर लागत वैकल्पिक वस्तुओं के बाजार मूल्यों व विभिन्न उपयोगों में साधनों की भौतिक उत्पादकता और उनकी कीमतों पर निर्भर करती है।

(iii) हस्तान्तरण आय हस्तान्तरण मूल्य के रूप में– अवसर लगात को हस्तान्तरण आय या हस्तान्तरण मूल्य भी कहते हैं, क्योंकि उत्पत्ति के साधनों को उद्योग विशेष में बनाए रखने के लिए कम से कम इतना द्रव्य अवश्य मिलना चाहिए जितना कि उन्हें वैकल्पिक उपयोगों में मिल सकता है। अन्यथा वे साधन दूसरे उपयोगों में हस्तान्तरित हो जाएँगे। चित्र के अनुसार PP उत्पादन संभावना वक्र है। x-अक्ष पर x वस्तु तथा y अक्ष पर y वस्तु को दिखाया गया है। x वस्तु की अतिरिक्त मात्रा BC का उत्पादन करने के लिए समाज को y वस्तु की AB मात्रा के उत्पादन करने के अवसर का त्याग करना पड़ेगा। अत: x वस्तु की BC मात्रा की अवसर लागत दूसरी वस्तु की AB मात्रा है, जिसके उत्पादन के अवसर का समाज को त्याग करना पड़ता है।

Optimisation | अधिकतमीकरण

अधिकतमीकरण व्यष्टि अर्थशास्त्र की प्रमुख धारणा है। उपभोक्ता अपनी उपयोगिता से प्राप्त संतुष्टि को सभी आय बन्धनों के भीतर अधिकतम करना चाहता है। ऐसे ही उत्पादक भी अपनी लागतों को न्यूनतम व लाभ को अपने काम में ली जाने वाली तकनीक व विधि सम्बन्धी बन्धनों के भीतर अधिकतम करना चाहता है। इस प्रकार उपभोक्ता व उत्पादक के इस प्रयास को अधिकतमीकरण कहते हैं।

Optimum | अनुकूलतम

दी हुई परिस्थितियों में 'सर्वोत्तम सम्भव दशा' को अनुकूलतम द्वारा प्रदर्शित किया जाता है। किसी विशिष्ट आर्थिक इकाई या चर द्वारा प्राप्त किया जाने वाला सर्वोत्तम स्तर ही अनुकूलतम कहलाता है।

Optimum Firm | अनुकूलतम या इष्टतम फर्म

एक उद्योग में किसी एक समयावधि में एक विशेष आकार की फर्म होती है जो अन्य फर्मों की अपेक्षा अधिक दक्षता से कार्य करती है। यह फर्म दीर्घकालीन न्यूनतम औसत लागत पर अपनी वस्तुओं का उत्पादन करती है। इसकी न तो अपने उत्पादन को बढ़ाने और न ही कम करने की

प्रवृत्ति होती है और यह सामान्य लाभ ही कमाती है। इसे इष्टतम या अनुकूलतम फर्म कहते हैं। यह धारणा प्रो. रोबिन्सन द्वारा विकसित की गई है। ऐसी फर्म को ही अनुकूलतम उद्यम (Optimum Plant) कहा जाता है।

Optimum Holding | अनुकूलतम जोत

अनुकूलतम जोत भूमि के उस क्षेत्रफल को कहते हैं, जिसको एक कृषक अपने स्वामित्व में सर्वोत्तम ढंग से उपयोग करते हुए न्यूनतम लागत पर अधिकतम उत्पादन प्राप्त करता है।

Optimum Output | अनुकूलतम उत्पादन

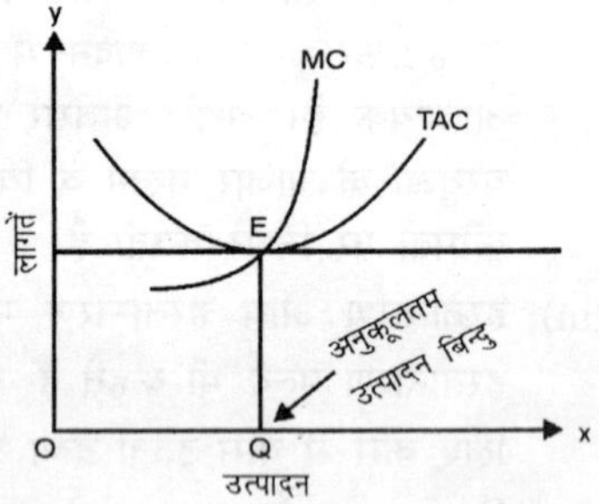

अनुकूलतम उत्पादन, उत्पादन की क्षमता (Capacity Output) को बताता है। यह उत्पादन का वह स्तर होता है जहां फर्म की औसत कुल लागत (TAC) न्यूनतम हो जाती है, जैसे कि पूर्ण प्रतियोगिता की दशा में फर्म का दीर्घकालीन संतुलन फर्म के अनुकूलतम उत्पादन स्तर पर प्राप्त होता है चित्रानुसार OQ उत्पादन स्तर अनुकूलतम उत्पादन स्तर को बताता है जहां सीमान्त लागत और कुल औसत लागत वक्र MC = TAC, E बिन्दु पर परस्पर बराबर होती है। OX अक्ष पर उत्पादन तथा OY अक्ष पर लागतों को दिखाया गया है।

Optimum Population | अनुकूलतम जनसंख्या

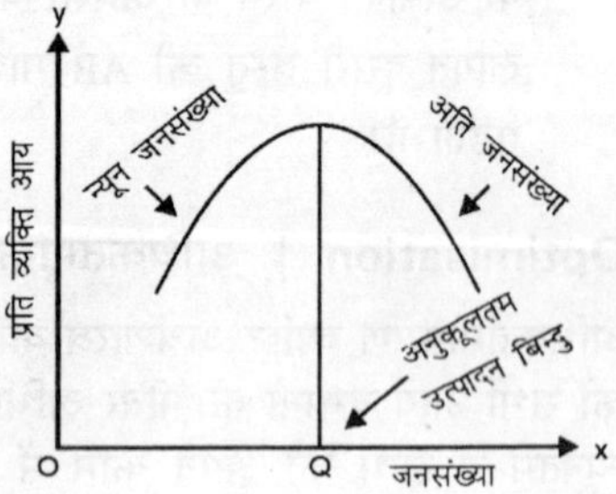

अनुकूलतम जनसंख्या सिद्धान्त का प्रतिपादक केनन, कार-सौण्डर्स, डाल्टन, रोबिन्स आदि अर्थशास्त्रियों को माना जाता है। डाल्टन के अनुसार- ''अनुकूलतम जनसंख्या वह है, जो प्रति व्यक्ति अधिकतम आय प्रदान करती है।'' रोबिन्स के अनुसार- ''अनुकूलतम जनसंख्या वह है, जिससे अधिकतम उत्पादन संभव होता है।'' केनन व हिक्स आदि प्रतिव्यक्ति वास्तविक आय को ही अनुकूलतम जनसंख्या का सूचक मानते हैं। चित्रानुसार स्पष्ट है कि OQ अनुकूलतम जनसंख्या है। इससे पूर्व उत्पत्ति वृद्धि नियम के कारण 'न्यून जनसंख्या' रहती है तथा इसके बाद उत्पत्ति ह्रास नियम लागू होने के कारण 'अति जनसंख्या' होती है। इस प्रकार अनुकूलतम जनसंख्या OQ वह जनसंख्या है, जहां पर उत्पादन की वृद्धि समाप्त हो जाती है और उत्पत्ति ह्रास नियम प्रारंभ हो जाता है।

Optimum Tariff | अनुकूलतम प्रशुल्क

यदि प्रशुल्क लगाने से एक देश को लाभ होता है, तो यह अनुकूलतम प्रशुल्क कहलाएगा। इस प्रशुल्क से यदि व्यापार में अधिकतम लाभ हो जाता है, तो वह अनुकूलतम प्रशुल्क होगा। अनुकूलतम प्रशुल्क वह कर होता है, जो विपक्षी देश के अर्पण वक्र (Offer Curve) को उस बिन्दु पर काटता है, जहां प्रशुल्क लगाने वाले देश का उच्चतम सामुदायिक उदासीनता वक्र स्पर्श करता है।

Ordinal Utility | क्रमवाचक उपयोगिता

प्रो. हिक्स ने मार्शल के गणनावाचक उपयोगिता दृष्टिकोण के दोषों को दूर करते हुए उदासीनता वक्र विश्लेषण में क्रमवाचक उपयोगिता दृष्टिकोण को प्रस्तुत किया है। इसके अनुसार उपभोक्ता द्वारा प्राप्त संतुष्टि के अन्तर को मात्रात्मक रूप में व्यक्त किए बिना उपभोक्ता को उपलब्ध वैकल्पिक संयोगों की क्रमानुसार तुलना की जाती है जैसे प्रथम, द्वितीय, तृतीय आदि। अर्थात क्रमवाचक अर्थ में उपयोगिता को संतुष्टि के स्तर के आधार पर देखा जाता है, न कि संतुष्टि की मात्रा के आधार पर।

Ordinary Share | सामान्य शेयर या अंश

सामान्य शेयर या अंश जिन्हें प्रतिभूति या (Equity) कहते हैं। इन्हें स्टॉक विनिमय बाजार में खरीदा और बेचा जा सकता है। इन अंशों या प्रतिभूतियों पर लाभांश प्राप्त होता है, जिसकी मात्रा व्यवसाय के लाभांश पर निर्भर करती है, घटती-बढ़ती रहती है। ऐसे अंशधारकों को अंशों के अनुपात में व्यवसाय में मत देने का अधिकार होता है।

Organisation | संगठन

आधुनिक जटिल अर्थव्यवस्था में साधन और उत्पादन के मध्य तालमेल बिठाने के लिए एक प्रभावशाली संगठन की आवश्यकता होती है। संगठन उत्पादन का एक महत्वपूर्ण साधन है जो उत्पादन के अन्य साधनों (भूमि, श्रम, पूँजी आदि) के बीच उचित संयोग स्थापित करता है, ताकि अनुकूलतम उत्पादन प्राप्त हो सके।

Organisation for Economic Cooperation and Development | आर्थिक सहयोग एवं विकास संगठन

इस संगठन की स्थापना 1961 में पेरिस में की गई, जिसका उद्देश्य सदस्य देशों की कल्याणवादी नीतियों के बीच समन्वय स्थापित करना एवं उन्हें अपनी कल्याणवादी नीतियों को प्रोत्साहन देने हेतु प्रेरित करना था।

Organisation of European Economic Cooperation (OEEC) | यूरोपियन आर्थिक सहयोग संगठन

इस संगठन की स्थापना 1948 में हुई। इसका उद्देश्य दूसरे विश्व युद्ध के बाद यूरोप की कमजोर अर्थव्यवस्था का पुनर्निर्माण करना था। 1961 में इसे आर्थिक सहयोग एवं विकास संगठन (OECD) में मिला दिया गया।

Organised Labour | संगठित श्रमिक

श्रम शक्ति का वह भाग जो श्रम संघों से सम्बद्ध होता है, संगठित श्रमिक कहलाते हैं। श्रमिक संघ प्रायः श्रमिकों के वेतन, काम के घण्टे और कार्य की दशाओं को लेकर नियोजकों से वार्ता करते हैं, ताकि श्रमिकों की स्थिति में सुधार हो सके और उनकी मालिकों के साथ सौदा शक्ति मजबूत हो सके। श्रमिक संघ अपने श्रमिकों को सलाह देते हैं व उनकी ओर से अनुशासन, बीमारी की छुट्टियों से सम्बन्धित विवादों के निबटाने हेतु प्रतिनिधित्व करते हैं। संगठित श्रमिक राजनीति में भी भाग ले सकते हैं, ताकि वे अपने अधिकारों व हितों की रक्षा भली प्रकार कर सकें।

Organised Sector | संगठित क्षेत्र

भारतीय अर्थव्यवस्था मुख्य रूप से दो भागों में विभाजित है- प्रथम संगठित क्षेत्र और द्वितीय असंगठित क्षेत्र। संगठित क्षेत्र के अन्तर्गत भारतीय औद्योगिक क्षेत्र आता है तथा असंगठित क्षेत्र में भारतीय कृषि आती है। संगठित क्षेत्र वह होता है, जिनका शुमार सरकारी आँकड़ों में होता है। इनमें उद्योग, फर्में जिनका संगठन कंपनियों के रूप में होता है तथा जिनका भुगतान बैंकों के माध्यम से होता है। इनकी आय, आयकर योग्य होती है। इनका विक्रय वेट अधिकारियों तथा रोजगार राष्ट्रीय बीमा अधिकारियों की जानकारी में होता है। विकसित अर्थव्यवस्थाओं में संगठित क्षेत्र की बहुलता होती है। अर्द्धविकसित देशों में संगठित क्षेत्र सीमित होता है।

Out Lay | परिव्यय

परिव्यय उस कुल मुद्रा राशि को कहते हैं, जिसे किसी विशिष्ट परियोजना या उद्देश्य को पूरा करने के लिए व्यय किया जाता है।

Out of Pocket Costs | जेब के बाहर की लागतें

ये ऐसी लागतें होती हैं जिन्हें स्पष्ट लागतें (Explicit Costs) भुगतान की गई लागतें (Paidout Costs) या व्यय लागतें (Expenditure Costs) या परिव्यय लागतें (Outlay Costs) भी कहते हैं। ये ऐसी लागतें हैं जो कि एक उत्पादक स्पष्ट रूप से विभिन्न साधनों को खरीदने में व्यय करता है। इनमें उत्पादन लागतें जैसे मजदूरी, ब्याज, किराया, कच्चे माल की लागत व घिसाई व्यय आदि, विक्रय लागतें (विज्ञापन व प्रचार), अन्य लागतें (कर व बीमा व्यय) आदि शामिल होती हैं।

Output | उत्पादन

उत्पादन आर्थिक संगठन की विभिन्न उत्पादन प्रक्रियाओं का परिणाम है। यह एक फर्म के उत्पादन के साधनों द्वारा एक निश्चित समय में किया गया कुल उत्पादन होता है।

Out-put Budgeting | उत्पादन के आय-व्यय का वार्षिक अनुमान

उत्पादन के आय-व्यय का वार्षिक अनुमान उत्पादन के वार्षिक आय-व्यय अनुमान लेखे की प्रणाली है, जो उत्पादन के अनुसार लागतों को वर्गीकृत करती है, न कि खरीदे गए साधनों के रूप में।

Outside Broker | बाहरी दलाल

बाहरी दलाल उसे कहते हैं जो स्टॉक विनिमय बाजार का सदस्य नहीं होता है। किन्तु वह अंश व स्टॉक व्यापारियों के संघ का सदस्य होता है, जिसके आधार पर उसे स्टॉक विनिमय बाजार में व्यापार करने की स्वीकृति दी जाती है।

Outside Money | बाह्य मुद्रा

बाह्य मुद्रा, आन्तरिक मुद्रा की विपरीत स्थिति को बताती है। बाह्य मुद्रा निजी क्षेत्र के बाहर से आती है। इस मुद्रा को 'व्यवस्था के बहिर्जात (सरकारी) इकाई के ऋण पर आधारित' मुद्रा के रूप में परिभाषित किया जाता है। इस प्रकार यह सरकार द्वारा जारी मुद्रा, स्वर्ण विदेशी मुद्रा और सरकारी प्रतिभूतियाँ होती हैं। यह एक देनदार के रूप में सरकार की देयताएँ और लेनदार के रूप में निजी क्षेत्र के दावे होते हैं।

Outstanding Expenses | बकाया व्यय

वे खर्चे जो किए गए हैं, किन्तु जिनका भुगतान बाकी है, बकाया है और अभी तक नहीं चुकाया गया है, बकाया व्यय कहलाता है।

Out Turn | आउट टर्न

बजट प्रस्तावों में आउट टर्न शब्द का उपयोग होता है, जिसके द्वारा बजट अनुमानों से संबंधित गत बजट में लगाए गए करों से मिलने वाली वास्तविक प्राप्तियों को प्रदर्शित किया जाता है।

Over Capitalisation | अति पूँजीकरण

जब किसी कम्पनी की कुल पूँजी परिसम्पत्तियां उसकी शुद्ध परिसम्पत्तियों से अधिक हो जाती हैं तो इसे अति पूँजीकरण कहा जाता है। यह लाभ नहीं कमाने वाली कंपनी के लिए प्रयुक्त होता है, जो भारी मात्रा में ऐसी पूँजी निर्गमित करती है, जो कम लाभ कमाती है।

Over-Draft | अधिविकर्ष या अति आहरण

जब बैंक अपने किसी खातेदार को उसके खाते में जमा रकम से अधिक राशि उधार देता है तो इसे अति आहरण कहा जाता है। बैंक सामान्य रूप से यह सुविधा अपने उन्हीं ग्राहकों को देता है, जिनके भुगतान एवं प्राप्ति के बीच में एक समयान्तराल होता है।

Over-full Employment | अतिपूर्ण रोजगार

अतिपूर्ण रोजगार की स्थिति अर्थव्यवस्था में व्याप्त स्फीतिक दशाओं के कारण होती है। पूर्ण रोजगार की स्थिति के बाद यदि श्रम की मांग, श्रम की पूर्ति से अधिक हो जाती है तब अर्थव्यवस्था में मजदूरी एवं कीमत स्फीति उत्पन्न होती है, जो अतिपूर्ण रोजगार का अंतिम परिणाम है।

Over-head Cost | ऊपरी लागत

यह स्थिर लागत (Fixed Cost) के लिए प्रयुक्त होने वाला वैकल्पिक शब्द है। (देखें स्थिर लागत)

Overheated Economy | अतिउष्ण अर्थव्यवस्था

जो अर्थव्यवस्था स्फीतिकारी स्थितियों से घिरी हुई होती है, उसे अति उष्ण अर्थव्यवस्था कहा जाता है।

Over Investment | अति निवेश

अति निवेश व्यापार चक्र में उत्कर्ष व समृद्धि की अवस्था को बताता है, जिसमें पूँजीगत वस्तुओं के निर्माण उद्योग उपभोक्ता वस्तुओं के निर्माण उद्योगों से अधिक तीव्रगति से विकसित होते हैं।

Over-night Money | एक रात की मुद्रा

एक रात की मुद्रा वह होती है जो केन्द्रीय बैंक के निर्देशों एवं **मानकों** के अनुसार तुलन पत्र या कैश बुक खाते को सन्तुलित करने के लिए व्यापारिक बैंकों से एक रात के लिए मुद्रा उधार लेता है।

Over-Population | अति जनसंख्या

अतिजनसंख्या की स्थिति तब उत्पन्न होती है जब जनसंख्या वृद्धि अनुकूलतम जनसंख्या स्तर से अधिक हो जाती है। फलस्वरूप अर्थव्यवस्था में आवश्यक वस्तुओं और सेवाओं-जैसे अनाज, मकान, स्वास्थ्य, शिक्षा आदि का अभाव उत्पन्न हो जाता है।

(देखें अनुकूलतम जनसंख्या)

Over-Production | अति उत्पादन

अतिउत्पादन की स्थिति वह होती है जब सामान्यतः पूर्ति की तुलना में वस्तुओं की मांग कम पड़ जाती है तथा बाजार में वस्तु स्टॉक बढ़ जाता है, लोग बेरोजगार हो जाते हैं तथा कीमत गिर जाती है।

Over-Subscription | अति अधिदान

प्रायः एक कम्पनी के द्वारा एक निश्चित राशि के लिए शेयरों का या अंशों का विज्ञापन या निर्गम होता है, किन्तु जब इन अंशों को खरीदने वाले लोग बिक्री हेतु प्रस्तावित अंशों से अधिक अंशों की मांग करते हैं, तो इसे अति अधिदान कहते हैं।

Over Time | निश्चित समय से अधिक कार्य करना

किसी भी फर्म या उद्योग या संस्था में निश्चित समय से अधिक कार्य करना ओवर टाइम कहलाता है। इस अतिरिक्त कार्य के लिए सम्बन्धित कर्मचारी सामान्य दर से अधिक दर पर भुगतान प्राप्त करता है।

Over-Trading | अति व्यापार

जब किसी फर्म के पास वर्तमान व्यवसाय को चलाने के लिए आवश्यक कार्यशील पूँजी नहीं होती है तो इस स्थिति को अति व्यापार कहा जाता है।

Over-Valued Currency | अधिमूल्यित मुद्रा

यह मुद्रा मूल्य की वह दशा होती है जिसमें घरेलू मुद्रा की क्रय शक्ति विदेशी मुद्रा की तुलना में बढ़ जाती है। मुद्रा का यह अधिमूल्यन (Overvaluation) आयातों को सस्ता एवं निर्यातों को महँगा कर देता है। फलस्वरूप भुगतान संतुलन और अधिक प्रतिकूल हो जाता है।

Ownership | स्वामित्व

अपनी परिसम्पत्तियों का उपयोग करने का पूर्ण अधिकार जिसके पास होता है, उसे उन साधनों का स्वामी या उन साधनों पर स्वामित्व कहते है। साधनों के स्वामी को यह अधिकार होता है कि वह जैसे चाहे अपने साधनों का उपयोग करे। उसके इस अधिकार को कानून के अलावा कोई नहीं छीन सकता। राज्य उन साधनों के उपयोग के बदले में साधनों के स्वामी से कर वसूल कर सकता है तथा साधनों के उपयोग को नियमित व नियंत्रित कर सकता है। भूमि और भवन का उपयोग अनुमति के बाद ही किया जा सकता है तथा उनका किराया भी वसूल कर सकता है। राज्य इनका सार्वजनिक उपयोग हेतु अधिग्रहण भी कर सकता है।

Ozone Layer | ओजोन परत

भूमण्डलीय स्तर के प्रदूषण में ओजोन परत के ह्रास (Ozone Depletion) का महत्वपूर्ण स्थान है। ओजोन की परत के क्षय होने से सूर्य के अल्ट्रावायलेट रेडियेशन में वृद्धि हो जाती है, जिससे चर्म-कैन्सर, आंखों में केटेरेक्ट आदि बीमारियाँ हो जाती हैं। अतः अल्ट्रावायलेट रेडियेशन के बढ़ने से स्वास्थ्य हानि होने का भय रहता है। इससे पौधों को भी हानि होती है। अतः ओजोन परत को क्षय से बचाना चाहिए, ताकि इससे होने वाली हानियों से बचा जा सके।

P

Packing | बांधने के लिए प्रयुक्त पदार्थ

प्रक्रियाओं का वह समूह जो चित्रकारी और उत्पादित वस्तुओं को बांधने के लिए लकड़ी, लोहे, कागज आदि के डिब्बे तथा उन्हें लपेटने, बाँधने व ढंकने के लिए कागज, प्लास्टिक व कपड़े आदि के पदार्थों के उत्पादन में संलग्न पदार्थों को 'बांधने के लिए प्रयुक्त पदार्थ' कहते हैं।

Paid up Capital | प्रदत्त पूँजी

वह वास्तविक पूँजी की मात्रा जो अंशधारक देने की प्रतिज्ञा करते हैं उसे प्रदत्त पूँजी कहते हैं। प्रदत्त पूँजी कम्पनी द्वारा निर्गमित पूँजी का वह भाग होती है, जिसका अंशधारकों द्वारा भुगतान किया जाता है।

Panic | आतंक या भय

इस शब्द का उपयोग तब किया जाता है, जब वित्तीय मामलों में या देश के स्टॉक बाजार में मंदीकाल में और अधिक मंदी का भय उत्पन्न हो जाए, तो इसे आतंक या भय कहते हैं।

Paper Bid | कागजी बोली

कागजी बोली उसे कहते हैं, जिसमें एक कम्पनी दूसरी कम्पनी के अंशों (Shares) को अधिग्रहीत (Takeover) करते समय बदले में अपने अंशों को भुगतान स्वरूप देने को तैयार हो जाती है।

Paper Currency Standard | पत्र मुद्रामान

पत्र मुद्रामान को प्रबन्धित मुद्रामान (Managed Currency Standard) अथवा चलन विनिमय मान (Currency Exchange Standard) अथवा साख मान (Credit Standard) अथवा चलनमान (Currency Standard) अथवा प्रादिष्ट मुद्रामान (Fiat Money Standard) भी कहते हैं। यह मान देश की केन्द्रीय सरकार द्वारा प्रतिभूतित एवं केन्द्रीय बैंक द्वारा प्रचलित होता है। इस मान में देश की प्रामाणिक मुद्रा कागज की बनी होती है। छोटे-छोटे भुगतानों को पूरा करने के लिए घटिया धातुओं के बने सांकेतिक सिक्के, जो सीमित विधि ग्राह्य होते हैं, उपयोग में आते हैं। प्रामाणिक मुद्रा धातु की भी बनी हो सकती है, जैसे भारतीय रुपया। किन्तु इसका आंतरिक मूल्य अंकित मूल्य से कम होता है। इस मान में मुद्रा अपरिवर्तनीय होती है। यह मान तब तक चलता है जब तक लोगों का सरकार एवं केन्द्रीय बैंक में विश्वास बना रहता है। यह मान लोचदार, मितव्ययी व संकट का साथी है। किन्तु इसमें मुद्रा प्रसार का भय सदा बना रहता है।

Paper Gold | कागजी स्वर्ण

विशेष आहरण अधिकार (SDR) (Special Drawing Rights) अन्तरराष्ट्रीय मुद्रा कोष में विधि ग्राह्य अथवा कागजी स्वर्ण के रूप में जाना जाता है। विशेष आहरण की योजना 1967

में बनाई गई थी, किन्तु 1970 में मुद्रा कोष ने इसे कार्यान्वित किया। अन्तरराष्ट्रीय तरलता की पूर्ति करने के लिए इसे लागू किया गया। विशेष आहरण अधिकार स्वयं में अन्तंरराष्ट्रीय मुद्रा नहीं है, यह मात्र कूपन की भाँति होते हैं जो अन्तरराष्ट्रीय भुगतान करने के लिए SDR के धारकों द्वारा मुद्राओं के बदले विनिमय में दिए जाते हैं। SDR में धारकों के सुनिश्चित एवं चुनौती-रहित उपयोग निहित होते हैं।

Paper Money | पत्र मुद्रा

पत्र मुद्रा को 'पत्र सिक्का' भी कहते हैं। यह कागज पर छपी होती है। इसका उपयोग सर्वप्रथम चीन में 19वीं सदी में हुआ। वर्तमान में सभी देशों में पत्र मुद्रा प्रचलन में है। इसमें सरकार अथवा मुद्रा अधिकारी द्वारा इस पर अंकित मूल्य के भुगतान का वचन दिया जाता है। दो या दो से अधिक रुपए मूल्य के बैंक नोट हमारे देश की पत्र मुद्राएँ हैं। एक रुपए के कागज के नोट की स्थिति कागजी सिक्के की है। अत: यह करेन्सी नोट या चलन मुद्रा है। इसमें भुगतान सम्बन्धी कोई वचन या प्रतिज्ञा नहीं होती है। इसे भारत सरकार का वित्त मंत्रालय जारी करता है।

Paper Profit | कागजी लाभ

जब किसी अंश (Share) सम्पत्ति आदि के मूल्य में बिना बिक्री के वृद्धि हो जाती है, तो इसे कागजी लाभ कहा जाता है। अर्थात यह केवल हिसाबी लाभ होता है, जो वास्तव में परिसम्पत्ति के विक्रय पर मिलता है। तब कागजी लाभ प्राप्त लाभ में बदल जाता है।

Paper Standard | कागजी मान

कागजी मान उस मौद्रिक प्रणाली को कहा जाता है, जिसमें सरकार अथवा देश के केन्द्रीय बैंक या दोनों के द्वारा जारी किए गए कागजी नोट असीमित विधि ग्राह्य (Unlimited Legal Tender) के रूप में प्रचलन में होते हैं। साथ में सिक्के भी टोकन सिक्कों के रूप में चलते रहते हैं। ये सभी अपरिवर्तनीय होते हैं। इसे प्रबंधित मान (Managed Currency Standard) या प्रादिष्ट मान (Fiat Standard) भी कहा जाता है। आजकल सभी देशों में यही चलता है।

Par Value | सम मूल्य

अंशों (Shares) व बन्धक प्रमाण पत्रों (Bonds) पर अंकित या प्रदर्शित मूल्य सम मूल्य कहलाता है। कई बार नए अंशों का मूल्य सम मूल्य से कम अधिक हो सकता है। अर्थात नए अंशों का निर्गमन 'प्रीमियम' (सम मूल्य से अधिक मूल्य पर) या 'कटौती' (सम मूल्य से कम मूल्य) पर हो सकता है।

Paradox of Thrift | कंजूसी का विरोधाभास

परम्परावादी अर्थशास्त्री बचत अर्थात खर्च न करने की क्रिया को एक वरदान स्वरूप समझते थे। उनका मानना था कि जो कुछ बचत होती है, वह स्वत: ही विनियोजित हो जाती है। व्यक्तिगत बचत में सभी लोगों द्वारा की गई वृद्धि राष्ट्रीय बचत में वृद्धि करती है। किन्तु प्रो. केन्ज इस विचार से पूर्णत: सहमत नहीं थे। केन्ज के अनुसार बचत एक 'निजी वरदान' है, किन्तु एक 'सामाजिक अभिशाप' है। उनके अनुसार यदि सम्पूर्ण समुदाय अधिक बचाने का फैसला करता है तो आय के स्तर में कमी हो जाएगी। फलस्वरूप समुदाय कम बचत कर पाएगा। यही कंजूसी का विरोधाभास है।

Paradox of Value | मूल्य का विरोधाभास

'जल' जो प्राणिमात्र का जीवन समझा जाता है पर उसका मूल्य कम है, किन्तु 'हीरा' जो प्राणिमात्र के लिए इतना उपयोगी नहीं है पर उसका मूल्य अधिक है। इसे ही मूल्य का विरोधाभास कहा जाता है। इसे समझने के लिए सीमान्त उपयोगिता और कुल उपयोगिता में अन्तर को समझना होगा। वस्तु की कीमत सीमान्त उपयोगिता एवं उसकी पूर्ति द्वारा निर्धारित होती है, कुल उपयोगिता द्वारा नहीं। पानी की पूर्ति चूंकि असीमित है, जिसके कारण इसकी सीमान्त उपयोगिता कम होती है इसीलिए पानी कम कीमत पर मिल जाता है। वहीं हीरे की आपूर्ति सीमित है, इसीलिए इसकी सीमान्त उपयोगिता अधिक होने से इसकी कीमत भी अधिक होती है। किन्तु एक प्यास के कारण मरने वाले के लिए पानी हीरे से भी कीमती हो जाता है, यही विरोधाभास है।

Parallel Economy | समानान्तर अर्थव्यवस्था

समानान्तर अर्थव्यवस्था को काली अर्थव्यवस्था (Black Economy) भी कहा जाता है। समानान्तर अर्थव्यवस्था के मुख्य तीन घटक हैं- (i) काले धन का निर्माण और उसका विलासिता की वस्तुओं पर व्यय (ii) गैर कानूनी व गैर हिसाबी सम्पत्ति का निर्माण व विनियोग तथा (iii) कालाबाजारी द्वारा अर्जित आय। ये तीनों घटक मिलकर समानान्तर अर्थव्यवस्था का निर्माण करते हैं।

Parallel Money Market | समानान्तर मुद्रा बाजार

अल्पकालीन प्रतिभूति बाजार, जिसमें विनिमय बिल, कोषागार बिल एवं बन्धक पत्र, जिनका सम्बन्ध कटौती बाजार से होता है, को छोड़कर शेष अल्पकालीन प्रतिभूति बाजार को समानान्तर मुद्रा बाजार कहते हैं।

Parameter | स्थिर राशि

बीजगणितीय समीकरण में प्रयुक्त एक विशिष्ट स्थिर राशि को, स्थिर राशि कहा जाता है। जैसे बीजगणितीय समीकरण $x = 5y + 6$ में 5 तथा 6 अंक स्थिर राशि अंक हैं।

Parato Optimum | पेरेटो अनुकूलतम या इष्टतम

कल्याण मापदण्डों तथा समाज कल्याण फलन के रूप में कल्याण अर्थशास्त्र के पुनः प्रस्थापन के प्रयास लगभग व्यर्थ सिद्ध हुए हैं। इसलिए आधुनिक कल्याण अर्थशास्त्र के प्रमुख अर्थशास्त्रियों जैसे- हिक्स, लर्नर, लैंग तथा अन्य ने पेरेटो के अर्थ में कल्याण अनुकूलतम की कुछ दशाएँ निर्धारित की हैं। पेरेटो अनुकूलतम के अनुसार समाज कल्याण उस समय अधिकतम होता है, जब किसी दूसरे व्यक्ति को पहले से बुरी स्थिति में लाए बिना किसी भी व्यक्ति की स्थिति पहले से अच्छी बनाना संभव न हो। इसे ही पेरेटो अनुकूलतम कहा जाता है।

Parity Mint | टकसाली समता

स्वर्णमान में देश को किसी से पूछताछ करने की आवश्यकता नहीं होती। इसके कोषागार को दो साधारण काम करने होंगे- (i) सारे स्वर्ण को खरीदने के लिए दी हुई कीमत पर सहमत होना तथा (ii) उसी कीमत पर सभी ग्राहकों को स्वर्ण बेचने के लिए तैयार रहना। इसे ही टकसाली समता कहा जाता है।

Partial Elasticity | आंशिक लोच

इसमें यह मानकर चला जाता है कि अन्य सभी चीजें अपरिवर्तित रहती हैं, केवल कीमत में परिवर्तन होता है।

Participating Preference Share | भागीदारी वरीयता अंश

ये वे अंश हैं, जो सामान्य अंशधारकों को उनका निर्धारित लाभांश चुकाने के बाद कम्पनी के बचे हुए लाभ में इन अंशों के धारकों को भागादीरी के लिए अधिकृत करते हैं। यह पूर्व घोषित लाभांश के अतिरिक्त होता है, जो भागीदारी वरीयता अंश धारक कम्पनी के लाभ के बदले में पहले ही ले चुके होते हैं।

Participation Certificate | भागीदारी प्रमाण पत्र

यह व्यापारिक बैंकों द्वारा अग्रिमों पर दिया जाने वाला एक विशिष्ट अधिकार पूर्ण प्रमाण पत्र होता है हस्तान्तरण अनुबन्धों के अनुसार बड़े अग्रिमों के संदर्भ में भागीदारी प्रमाण पत्र धारक को बैंकर का अधिकार हस्तान्तरित कर दिया जाता है। प्रायः अल्पकालीन कोषों को आकर्षित करने हेतु बैंकों द्वारा यह उपाय काम में लाया जाता है।

Participation Rate | भागीदारी दर

कुल जनसंख्या में आर्थिक रूप में सक्रिय लोगों के अनुपात को दर्शाने वाली दर को भागीदारी दर कहते हैं। यह दर कुल जनसंख्या का वह भाग है, जो कार्यशील है तथा जो अर्थव्यवस्था की श्रम शक्ति का एक भाग है।

Partnership | साझेदारी

जिस व्यवसाय में एक से अधिक स्वामी हों तो उन्हें साझेदार और इस व्यवस्था को साझेदारी कहते हैं। प्रत्येक साझेदार अपने ऋणों के लिए उतरदायी होते हैं। जरूरी नहीं कि सभी साझेदार एक जैसे हों। व्यावसायिक साझेदारी में यह सामान्य बात है कि वरिष्ठ साझेदार को कनिष्ठ साझेदार की अपेक्षाकृत लाभांश का बड़ा हिस्सा मिलता है। वरिष्ठ साझेदार का अंशदान उसकी पूँजी, अनुभव व साख होता है। साझेदार भी दो तरह के होते हैं सक्रिय व निष्क्रिय साझेदार। जो साझेदार व्यवसाय के लिए पूँजी, अनुभव व जिम्मा लेते हैं, वे सक्रिय साझेदार कहलाते हैं, जबकि दूसरे निष्क्रिय।

Part-Time Work | अंशकालिक कार्य करना

किसी देश में किसी व्यवसाय में निर्दिष्ट समय के बजाय कम समय के लिए किसी श्रमिक या कर्मचारी से अंशकालिक कार्य करवाया जाता है तो यह अंशकालिक कार्य करना (Part Time Work) कहलाता है। यह तभी संभव होता है, जब नियोक्ता व श्रमिक दोनों चाहते हों क्योंकि नियोक्ता हमेशा अंशकालिक कार्य कराने की बजाय पूर्णकालिक समय में ही कार्य कराना पसंद करते हैं। नियोक्ता अंशकालिक श्रम भी करवा सकते हैं, क्योंकि इसमें श्रमिकों को अधिक सुविधाएँ व विधिक सुरक्षा भी नहीं देनी पड़ती, अपेक्षाकृत पूर्णकालिक श्रमिकों के। अंशकालिक श्रमिकों को सामाजिक सुरक्षा की सुविधा भी कम देनी पड़ती है। श्रमिक भी अंशकालिक काम करना चाहते हैं। जैसे- अभिभावकों के साथ युवा बच्चे, पार्ट-टाइम विद्यार्थी या स्वैच्छिक श्रमिक आदि।

Par Value | सम मूल्य

दिया हुआ मूल्य या वित्तीय प्रतिभूति पर अंकित मूल्य (Face Value) को सम मूल्य कहते हैं।

Partial Equilibrium Analysis | आंशिक संतुलन विश्लेषण

जब अर्थव्यवस्था के किसी एक भाग की संतुलन स्थिति का अध्ययन किया जाता है तो इसे आंशिक संतुलन विश्लेषण कहा जाता है। यह सरलीकरण की एक प्रक्रिया है, जिसके द्वारा कुछ चरों व सम्बन्धों को समग्र से अलग कर दिया जाता है तथा समग्र के कुछ चयनित चरों का ही एक समय विशेष में अध्ययन किया जाता है। अर्थात अन्य चरों को स्थिर रखते हुए एक या दो चरों में परिवर्तन का अध्ययन करना आंशिक संतुलन विश्लेषण कहलाता है।

Patent | विशिष्ट अधिकार पत्र

विशिष्ट अधिकार पत्र सरकार द्वारा प्रदान किया जाता है, जो किसी खोजकर्ता को अपनी विशिष्ट खोज उत्पादित करने या विक्रय के लिए दिया जाता है। मौलिक रचना, व्यवहार एवं खोजों को प्रोत्साहित करते हुए ये विशिष्ट अधिकार पत्र दिए जाते हैं, उसके स्वामी के नाम रजिस्टर्ड या पंजीकृत होते हैं।

Pattern of Trade | व्यापार की पद्धति

जब विभिन्न देशों के बीच व्यापार की दिशा एवं संरचना का अध्ययन किया जाता है तो इसे व्यापार की पद्धति कहा जाता है। व्यापार की दिशा का अभिप्राय व्यापार वस्तुओं के अंतिम पड़ाव से होता है तथा व्यापार संरचना का अभिप्राय आयात एवं निर्यात की जाने वाली वस्तुओं से होता है।

Pawn Broker | बन्धक दलाल

बन्धक या गिरवी दलाल एक लाइसेन्सशुदा महाजन होता है, जो उधार के बदले सुरक्षा के लिए किसी वस्तु को गिरवी रख लेता है। यदि पूर्व निश्चित अवधि में उधारी की अदायगी नहीं होती है तो इस बन्धक दलाल को उस वस्तु को बेचकर अपनी उधारी वसूल करने का अधिकार होता है।

Pay as You Earn | जैसा कमाओ वैसा दो

यह कर भुगतान की एक विधि है, जिसके अन्तर्गत सेवायोजक कर्मचारियों या श्रमिकों के वेतन या मजदूरी भुगतान में से स्रोत पर ही देय आयकर आसान व समान किस्तों में काट लेता है, क्योंकि देय आयकर को एकत्रित करने की जिम्मेदारी सेवायोजकों की होती है।

Pay Back Time | पुनर्भुगतान अवधि

वह अवधि, जिसके अन्तर्गत किए गए व्यय से उत्पन्न आय द्वारा व्यय की गई राशि वसूल कर ली जाती है, उसे पुनर्भुगतान अवधि कहा जाता है। व्यय या विनियोग के वे कार्य अच्छे समझे जाते हैं, जिनकी पुनर्भुगतान अवधि कम होती है।

Pay-Roll Tax | वेतन सूची कर

यह कर किसी संस्थान में काम करने वाले व्यक्तियों की संख्या के आधार पर लगाया जाता है। रोजगार के वितरण और स्तर को नियंत्रित करने के लिए सरकार इस कर का उपयोग करती है।

Payee | प्राप्तकर्ता

प्राप्तकर्ता उसे कहते हैं, जिसे भुगतान किया जाने वाला है। बैंक या अन्य वित्तीय प्रपत्रों का भुगतान प्राप्तकर्ता को ही दिया जाता है।

Payment by Results | परिणाम के अनुसार भुगतान

इसे प्रोत्साहन भुगतान प्रणाली (Incentive Payment Systems) भी कहते हैं। यह भुगतान की एक ऐसी प्रणाली होती है, जिसके अनुसार श्रमिकों द्वारा किए गए उत्पादन की मात्रा को देखते हुए भुगतान किया जाता है।

Peak | शीर्ष या चोटी

व्यापार चक्र की सबसे अधिक ऊँचाई को शीर्ष या चोटी कहा जाता है। यह तेजी और मंदी के मध्य एक बिन्दु होता है। वर्तमान क्षमता के उच्चतम श्रेणी के उपयोग का बिन्दु होता है। इस बिंदु पर श्रम का अभाव होने लगता है। कच्चे माल की कमी होने लगती है। बढ़ते आकार के साथ कमियां नजर आने लगती हैं। उत्पादन बढ़ाना कठिन हो जाता है। अनुउपयोगी साधन कम होने लगते हैं।

Peak Period Labour Demand | शीर्ष अवधि में श्रमिक मांग

शीर्षस्थ बिन्दु पर या चोटी पर श्रमिकों की मांग का अभिप्राय यह है कि कृषि क्षेत्र में शीर्षावधि वह होती है जब फसलें कटने का समय आता है, ऐसे समय में श्रमिक रोजगार जो कि चक्रीय प्रकृति का होता है, श्रमिकों की मांग एकाएक बढ़ जाती है और फसलों के कटने के बाद पुनः घट जाती है।

Pecuniary External Economy | बाह्य आर्थिक अर्थव्यवस्था

यह उस दशा को बताती है कि जहां एक फर्म का लाभ अपने साधनों व उत्पादन पर निर्भर न करके बाह्य फर्मों के साधनों व उत्पादन पर निर्भर करता है।

Pegging of Exchanges | विनिमय बन्धन

यह विनिमय की वह दशा होती है, जिसमें किसी विकासशील देश की मुद्रा को किसी दूसरे देश की महत्वपूर्ण मुद्रा जैसे डालर आदि के साथ जोड़ दिया जाता है। इसे विनिमय बन्धन कहते हैं अर्थात जब एक औद्योगिक देश अपनी मुद्रा को मुद्राओं की टोकरी के साथ जोड़ देते हैं।

Penetration Pricing | प्रवेश कीमतें

जब कोई फर्म प्रथम बार किसी बाजार में प्रवेश करती है, अपना उत्पादन प्रारम्भ करती है तब फर्म जानबूझ कर अपने उत्पादन की कीमत कम रखती है। इस आशा के साथ कि बाजार में पहली बार प्रवेश किया है। इसका उद्देश्य यह होता है कि धीरे-धीरे अपनी कीमतों में वृद्धि की जाएगी। मांग कीमत लोच से प्रभावित होगी और वस्तु विभेद ऐसा होगा कि उपभोक्ता कम कीमतों के कारण अधिक क्रय करने के लिए आकर्षित होंगे।

Pension | सेवावृत्ति

सेवावृत्ति वह भुगतान होता है जिसे व्यक्ति सेवानिवृत्त होने के बाद मृत्युपर्यन्त नियमित रूप से प्राप्त करता है।

Percapita Income | प्रतिव्यक्ति आय

यदि किसी देश की कुल आय को कुल जनसंख्या से भाग दिया जाए तो हमें प्रति व्यक्ति औसत आय प्राप्त हो जाती है।

Perfect Competition | पूर्ण प्रतियोगिता

जोन रोबिन्सन के अनुसार– ''पूर्ण प्रतियोगिता तब पाई जाती है जब प्रत्येक उत्पादक की उत्पादन के लिए मांग पूर्णतया सापेक्ष हो। इसके अन्तर्गत विक्रेताओं की संख्या अधिक होती है, जिससे किसी भी एक विक्रेता का उत्पादन वस्तु के कुल उत्पादन में एक बहुत तुच्छ भाग होता है और सभी क्रेता विभिन्न प्रतियोगी विक्रेताओं के बीच चुनाव करने के सम्बन्ध में समान दृष्टि रखते हैं, जिससे बाजार पूर्ण हो जाता है।'' इसे शुद्ध प्रतियोगिता (Pure Competition) भी कहते हैं, किन्तु इनकी विशेषताएँ भिन्न हो जाती हैं। चेम्बरलेन के अनुसार– ''विशुद्ध प्रतियोगिता का अर्थ है ऐसी प्रतियोगिता जिसमें एकाधिकार के तत्वों का मिश्रण नहीं है।'' पूर्ण व शुद्ध प्रतियोगिता की विशेषताएँ– (i) असंख्य क्रेता और विक्रेता (ii) फर्मों को प्रवेश व बहिर्गमन की स्वतंत्रता (iii) समरूप वस्तुएँ (iv) कृत्रिम बन्धनों का अभाव (v) लाभ अधिकतमीकरण का उद्देश्य (vi) बाजार का पूरा ज्ञान (vii) यातायात लागतों का अभाव। इनमें प्रथम पांच विशेषताएँ विशुद्ध प्रतियोगिता से सम्बन्धित हैं।

Perfect Market | पूर्ण बाजार

पूर्ण प्रतियोगिता वाले बाजार को पूर्ण बाजार कहा जाता है। (देखें– पूर्ण प्रतियोगिता)

Perfect Monopoly | पूर्ण एकाधिकार

पूर्ण एकाधिकारी बाजार वह होता है, जिसमें एक वस्तु का एक ही विक्रेता होता है तथा अन्य विक्रेताओं के प्रवेश पर रुकावट होती है। वस्तु का कोई निकट स्थानापन्न नहीं होता है। हर अन्य वस्तु के साथ मांग की प्रति या आड़ी लोच बहुत कम होती है। एकाधिकारी फर्म स्वयं उद्योग होती है और एकाधिकारी का मांग वक्र उद्योग का मांग वक्र होता है व ढाल दाहिनी ओर नीचे गिरता हुआ होता है। एकाधिकारी अपने लाभ को अधिकतम करने के लिए कीमत निश्चित कर सकता है, किन्तु कीमत व उत्पादन में से किसी एक की मात्रा ही निश्चित कर सकता है। व्यवहार में साधारण या अपूर्ण एकाधिकार ही पाया जाता है। विशुद्ध प्रतियोगिता बाजार व विशुद्ध एकाधिकार बाजार वास्तव में काल्पनिक बाजार ही होते हैं।

Perfect Oligopoly | पूर्ण अल्पाधिकार

पूर्ण अल्पाधिकार बाजार वह होता है जिसमें समरूप या विभेदीकृत वस्तुओं की फर्में थोड़ी सी होती हैं, अर्थात चार-पांच फर्में। इसीलिए इसे अल्प के बीच प्रतियोगिता (Competion among the few) भी कहते हैं। बाजार में थोड़ी सी फर्में होने पर, किसी एक विक्रेता की कार्यवाही दूसरे विक्रेताओं को प्रभावित कर सकती है। जब अल्पाधिकारी समरूप या विभेदित वस्तु उत्पादन करता है तो प्रथम को विशुद्ध या पूर्ण तथा दूसरे को अपूर्ण अल्पाधिकारी कहा जाता है। पूर्ण अल्पाधिकार मुख्य रूप से एल्युमीनियम, सीमेन्ट, ताँबा, जस्ता, स्टील आदि औद्योगिक वस्तुओं में तथा अपूर्ण अल्पाधिकार कार, सिगरेट, रबड़, टायर, टी.वी, आदि उद्योगों में पाया जाता है।

Perfect Substitution | पूर्ण स्थानापन्न

जब एक वस्तु उपयोग में दूसरी वस्तु से अलग न हो तो दोनों वस्तुएँ पूर्ण स्थानापन्न कहलाती हैं। इन दोनों वस्तुओं की कीमत भी समान होती है। इन दोनों वस्तुओं की स्थानापन्नता की लोच अनन्त (Infinite) होती है। यदि कीमतों में जरा सा भी अन्तर होगा तो उन दोनों में से जिसकी कीमत कम होगी उपभोक्ता उसे ही खरीदेगा। दोनों वस्तुओं का तटस्थता वक्र (Indifference Curve) सरल रेखा (Straight Line) में होगा। वस्तुएँ कुछ उपयोगों में ही पूर्ण स्थानापन्न होती हैं, सभी उपयोगों में नहीं।

Permanent Income Hypothesis | स्थाई आय परिकल्पना

स्थाई आय परिकल्पना का सम्बन्ध मिल्टन फ्रीडमेन द्वारा प्रस्तुत उपभोग फलन से सम्बन्धित है। इस परिकल्पना के अनुसार उपभोग प्रत्याशित आय व चालू आय दोनों का फलन होता है। चालू आय (Y) में दो प्रकार की आय सम्मिलित होती है। स्थाई आय (Y_P) एवं अस्थाई आय (Y_1) अर्थात $Y = (Y_P + Y_1)$ । स्थाई आय वह होती है जो घरेलू लोग दीर्घकाल तक प्राप्त करते हैं जबकि अस्थाई आय वह होती है जो घरेलू लोग अप्रत्याशित रूप से प्राप्त करते हैं तथा दूसरी बार प्राप्त करने की आशा नहीं रखते। प्रो. फ्रीडमेन के अनुसार स्थाई उपभोग (C_P) स्थाई होता है जबकि स्थाई आय (Y_P) एक आनुपातिक फलन होता है। सूत्र रूप में $C_P = K(Y_P)$, जहां K स्थिर है और वह औसत उपभोग प्रवृत्ति (APC) तथा सीमान्त उपभोग प्रवृत्ति (MPC) के बराबर होता है।

Permission to Deal = | व्यवसाय की अनुमति

जब कोई कम्पनी जो सार्वजनिक सीमित दायित्व वाली एक कम्पनी के अंशों (Shares) में व्यवसाय करने हेतु स्टॉक विनिमय बाजार से स्वीकृति के लिए अपनी विवरणिका प्रकाशित करती है। इसमें उस कम्पनी के प्रस्तावित व्यापार, अनुभव और निवेशकों की योग्यताओं का विवरण होता है। इस प्रकार व्यवसाय हेतु मांगी गई अनुमति व्यवसाय की अनुमति कहलाती है।

Personal Income | वैयक्तिक आय

वैयक्तिक आय Personal Income (PI) का माप राष्ट्रीय आय (NI) के माप से भिन्न है। इसमें उन मदों का समावेश भी होता है, जिनका आर्थिक क्रिया से कोई सम्बन्ध नहीं होता। अतः राष्ट्रीय आय में से उन मदों को घटा दिया जाता है, जो व्यक्तियों को प्राप्त नहीं होते। चाहे उसके लिए उन्होंने कोई आर्थिक क्रिया की हो या नहीं। अतः सूत्र रूप में–

$$PI = NI - CT - UDP - ESSC - SSCE + Tr + BTr + r + r^1$$

जहां वैयक्तिक आय (PI) = राष्ट्रीय आय (NI) – कम्पनी लाभकर (CT) – अवितरित लाभ (UDP) – नियोक्ता द्वारा सामाजिक बीमा सुरक्षा अंशदान (ESSC) – कर्मचारी द्वारा सामाजिक बीमा सुरक्षा अंशदान (SSCE) + सरकारी हस्तान्तरण भुगतान (Tr) + व्यावसायिक हस्तान्तरण भुगतान (BTr) + सरकार द्वारा किया गया ब्याज का भुगतान (r) + उपभोक्ताओं द्वारा किया गया ब्याज का भुगतान (r^1)। इसी प्रकार देश में निजी आय (Private Income) में से निजी कंपनियों की बचतों तथा निगम कर घटाने से भी वैयक्तिक आय प्राप्त होती है। अर्थात $PI = P_rI - C_s - CT)$

जहां PrI निजी आय, C_S = कम्पनी बचतें, CT = कम्पनी कर।

Personal Disposable Income | खर्च योग्य आय

खर्च योग्य या प्रयोज्य आय से अभिप्राय उस वास्तविक आय से है, जो व्यक्तियों व परिवारों द्वारा उपभोग पर व्यय की जाती है। वैयक्तिक आय पूरे तौर पर उपभोग पर खर्च नहीं की जा सकती, क्योंकि वह आय-कर देने से पहले की आय होती है। इसलिए प्रयोज्य आय को ज्ञात करने के लिए वैयक्तिक आय में से प्रत्यक्ष कर घटा दिए जाते हैं। अतः प्रयोज्य आय (PDI) = वैयक्तिक आय (PI) - प्रत्यक्षकर (DT) अर्थात PDI = PI – DT । किन्तु आय का कुछ भाग बचा लिया जाता है, इसलिए प्रयोज्य आय (PDI) = उपभोग व्यय (CE) + बचत (S) होती है अर्थात PDI = CE+S

Personal Loan | व्यक्तिगत ऋण

व्यक्तिगत ऋण या उधार वह राशि होती है जो बैंक या अन्य वित्तीय संस्थाओं द्वारा ग्राहकों को निजी रूप से दी जाती है तथा एक निश्चित अवधि और मासिक किस्तों में ब्याज पर दिया जाता है।

Personal Management | व्यक्तिगत प्रबन्ध

स्टाफ का एक भाग जिनका सम्बन्ध भर्ती, प्रशिक्षण, पदोन्नति, तथा सेवानिवृत्ति से होता है, व्यक्तिगत प्रबन्ध कहलाता है। वर्तमान में ऐसे प्रबन्ध का महत्व बढ़ता जा रहा है, क्योंकि आधुनिक विकसित विधियों, व मशीनीकरण का उपयोग बढ़ने से उच्च योग्यताधारी, तकनीकी व प्रशिक्षित स्टॉफ का ही चयन व नियुक्ति होती है, ताकि संगठन की सफलता को सुनिश्चित किया जा सके।

Personal Wealth | व्यक्तिगत सम्पति

व्यक्तिगत सम्पत्ति उसे कहते हैं जो किसी व्यक्ति विशेष से सम्बन्धित होती है। अन्य फर्मों व संस्थाओं की अपेक्षा व्यक्तिगत सम्पत्ति पर ऊँचा कर लगाया जाता है। व्यक्तिगत सम्पत्ति सामाजिक सम्पत्ति से अलग होती है।

Petro Currency | पेट्रो चलन मुद्रा

किसी देश की चलन मुद्रा प्रमुखतया तेल निर्यातों पर निर्भर करती है। पेट्रो चलन मुद्रा की विनिमय दर तेल की विश्वव्यापी कीमतों से प्रभावित होती है।

Petro Dollars | पेट्रो डॉलर्स

तेल निर्यातक देशों का भुगतान संतुलन अतिरेक जो विदेशों में विनियोजित होता है उसका भुगतान अमेरिकी डॉलर में किया जाता है तो इसे पेट्रो डॉलर कहते हैं।

Phillips Curve | फिलिप्स वक्र

इंग्लैण्ड के अर्थशास्त्री ए.डब्ल्यू. फिलिप्स ने सर्वप्रथम इस वक्र का प्रतिपादन किया, इसलिए इसे फिलिप्स वक्र कहा जाता है। इस वक्र के अनुसार बेरोजगारी की दर व मौद्रिक मजदूरी दर के बीच विपरीत सम्बन्ध होता है। इंग्लैण्ड के आँकड़ों पर आधारित यह अनुभवजन्य निष्कर्ष प्रस्तुत किया गया कि जब बेरोजगारी बढ़ने की दर अधिक होती है तो मौद्रिक मजदूरी दरों के बढ़ने की दर नीची होती है, क्योंकि जब श्रम के लिए मांग कम होती है और बेरोजगारी अधिक बढ़ जाती है तो श्रमिक चालू दरों से कम दर पर काम करने को तैयार हो जाते हैं। इसके विपरीत जब बेरोजगारी कम होती है तो मौद्रिक मजदूरी दरों में वृद्धि की दर ऊँची होती है, क्योंकि जब श्रम के लिए अधिक मांग होती है और बेरोजगार बहुत कम होते हैं। हमें यह आशा रखनी चाहिए कि मालिक बहुत

जल्दी-जल्दी मजदूरी दरों में वृद्धि करेंगे। चित्रानुसार x अक्ष पर बेरोजगारी व y अक्ष पर मौद्रिक या स्फीतिक मजदूरी को दिखाया गया है SR वक्र अल्पकालीन फिलिप्स वक्र है, जो बेरोजगारी और मौद्रिक मजदूरी दरों में विपरीत सम्बन्धों को बताता है तथा LM दीर्घकालीन फिलिप्स वक्र है, जो यह बताता है कि दीर्घकाल में मौद्रिक मजदूरी दरों में चाहे जितनी कमी या वृद्धि हो जाए, इसका प्रभाव बेरोजगारी पर नहीं पड़ेगा।

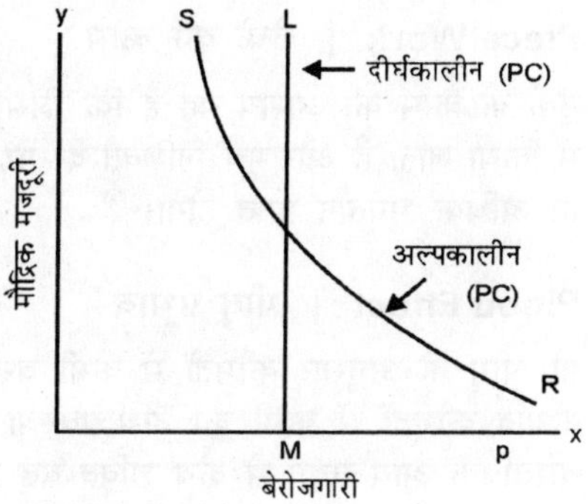

Physical Capital | भौतिक पूँजी

भौतिक पूँजी उसे कहते हैं जो भौतिक वस्तुओं के रूप में होती है। यह स्थिर पूँजी, स्टॉक **पूँजी** व चालू काम के रूप में होती है। यह वित्तीय और मानवीय पूँजी से भिन्न होती है। वित्तीय पूँजी में फर्मों की नकदी व शुद्ध व्यापारिक साख जो ग्राहकों के पास है, सम्मिलित की जाती है। मानवीय पूँजी में तकनीकी ज्ञान व श्रम शक्ति के कौशल को सम्मिलित किया जाता है। जो अर्थव्यवस्थाएँ युद्धों व प्राकृतिक आपदाओं के बाद अपना पुनर्निर्माण करती हैं, उनका अनुभव बताता है कि भौतिक पूँजी की अपेक्षा उत्पादकता की दीर्घकालीन वृद्धि में मानवीय पूँजी का महत्व अधिक होता है।

Physical Control | भौतिक नियंत्रण

कीमत स्तर को नियंत्रित करने के मौद्रिक व राजकोषीय मौद्रिक नियंत्रणों के विकल्प के रूप में भौतिक नियंत्रण अपनाए जाते हैं। ये गैर मौद्रिक नियंत्रण होते हैं, जिनमें मुख्य रूप से कीमत नियंत्रण हेतु राशनिंग, पूर्ति बढ़ाने हेतु उत्पादन बढ़ाना या आयात बढ़ाना या निर्यात घटाना तथा लागतों में कमी करने के लिए मौद्रिक मजदूरी को नियंत्रित करना शामिल है।

Physiocracy | प्रकृतिवाद

अठारहवीं सदी में फ्रांस में विकसित विचारधारा को प्रकृतिवाद कहा जाता है। इस विचारधारा के अनुसार वास्तविक संपत्ति का सृजन कृषि द्वारा ही हो सकता है। प्रो. केने की आर्थिक सारणी से यह प्रकट होता है कि समाज में सम्पत्ति का परिभ्रमण किस प्रकार से होता है। प्रो. केने, मिराबू व जैक्स तरगो आदि प्रकृतिवाद के महत्वपूर्ण विचारक हैं। प्राकृतिक विधान का सिद्धान्त, विशुद्ध उत्पादन का सिद्धान्त, समाज में सम्पत्ति का परिभ्रमण सिद्धान्त, मूल्य सिद्धान्त तथा अर्थनीति सम्बन्धी विचार इनके प्रमुख विचार एवं सिद्धान्त हैं। इस प्रकार प्रकृतिवादी कृषि को सर्वोपरि महत्व देते हैं। ये मुक्त अर्थव्यवस्था के प्रतिपादक थे। इनका दृष्टिकोण वैज्ञानिक था और इनके विचार दार्शनिक थे। ये प्रकृति को ही एक मात्र उत्पादक साधन मानते थे। ये केवल भूमि के स्वामियों पर कर लगाने के पक्ष में थे। इनका लगान सिद्धान्त, मुक्त अर्थव्यवस्था का सिद्धान्त व आर्थिक नियमों सम्बन्धी विचार किसी न किसी रूप में आज भी विद्यमान है। फिर भी जिस प्रकार सितारों की चमक सूर्य के आगे फीकी पड़ जाती है, उसी प्रकार एडम स्मिथ और उनके अनुयायियों के उदय के साथ प्रकृतिवाद भी इतिहास के पन्नों में खो गया।

Piece Work | ठेके का काम

ठेके के काम का आशय यह है कि जिसका भुगतान व्यक्ति को काम की मात्रा के अनुसार टुकड़ों में किया जाता है और पूर्व निश्चित दर पर किया जाता है। जो ठेकेदार ज्यादा काम करेगा उसे उतना ही अधिक भुगतान प्राप्त होगा।

Pigou Effect | पीगू प्रभाव

प्रो. पीगू के अनुसार कीमतों में कमी वस्तुओं और सेवाओं पर होने वाले व्यय को बढ़ा देती है। अर्थात कीमतों में कमी का अर्थव्यवस्था पर धनात्मक प्रभाव होता है, क्योंकि इससे व्यक्ति की वास्तविक आय बढ़ने से क्रय शक्ति बढ़ जाती है, फलस्वरूप समग्र प्रभावी मांग भी बढ़ जाती है। यद्यपि यह विचार केन्ज के विचारों के विपरीत है, जिनके अनुसार पीगू का विचार स्फीतिकारी नीतियों को बढ़ावा देता है, जिससे आगे चलकर बेरोजगारी बढ़ती है।

Pilot Production | नियामक या नमूना उत्पादन

नियामक या नमूना उत्पादन वह होता है जो पूर्ण क्षमता के साथ उत्पादन प्रारम्भ करने से पहले नमूने के तौर पर सूक्ष्म रूप से प्रारम्भ किया जाता है, ताकि यह सुनिश्चित किया जा सके कि आगे चलकर उत्पादन के मार्ग में कोई तकनीकी समस्या या कमी न रह जाए। यदि प्रारम्भ में ही उस कमी का पता चल जाए तो उसे पूर्ण क्षमता के साथ उत्पादन शुरू करने से पहले ही दूर किया जा सके। यह एक प्रकार से परीक्षण उत्पादन होता है।

Planned Economy | नियोजित अर्थव्यवस्था

नियोजित अर्थव्यवस्था वह होती है, जिसमें अर्थव्यवस्था की केन्द्रीय समस्याओं का निराकरण केन्द्रीय नियोजन सत्ता द्वारा किया जाता है। केन्द्रीय सत्ता द्वारा ही अर्थव्यवस्था के सभी क्षेत्रों से सम्बन्धित लक्ष्यों व उद्देश्यों को निर्धारित किया जाता है। केन्द्रीय सत्ता द्वारा ही एक दी हुई अवधि में इन लक्ष्यों को पूरा करने, नियमन व नियंत्रण करने का प्रयास किया जाता है। साधनों व आर्थिक शक्ति का संतुलित उपयोग एवं आबंटन करने तथा आर्थिक स्थिरता, साधनों का विदोहन, अधिक रोजगार, सुरक्षा तथा व्यापार चक्रों की समाप्ति आदि का कार्य केन्द्रीय नियोजित अर्थव्यवस्था में किए जाते हैं।

Planned Location of Industries | उद्योगों का नियोजित स्थापन

विभिन्न उद्योगों की स्थापना किस प्रकार होगी, इसका निर्णय भी नियोजित अर्थव्यवस्था के द्वारा किया जाता है। उद्योगों की स्थापना भौगोलिक, सामाजिक व राजनीतिक परिस्थितियों को ध्यान में रखते हुए आवश्यकता व प्राकृतिक साधनों की उपलब्धता के अनुसार की जाती है। सार्वजनिक क्षेत्र के उद्योगों की स्थापना सीधे सरकार द्वारा की जाती है, किन्तु निजी क्षेत्र के उद्योगों की स्थापना अनेक रियायतों जैसे- नीची ब्याज दर, उदार लाइसेंसिंग प्रक्रिया आदि देकर अप्रत्यक्ष रूप से की जाती है। उद्योगों के नियोजित स्थापन का उद्देश्य संतुलित क्षेत्रीय आर्थिक व सामाजिक विकास करना होता है।

Plastic Money | प्लास्टिक मुद्रा

वित्तीय संस्थाओं, बैंकों व अन्य कम्पनियों द्वारा जारी किए जाने वाले साख पत्रों (Credit Cards) को प्लास्टिक मुद्रा कहा जाता है। महानगरों में शॉपिग, होटल, हवाई यात्रा आदि के भुगतान में साख पत्रों का उपयोग बढ़ता जा रहा है।

Ploughed Back Profits | पुनर्रोपित लाभ

जब कोई व्यापारिक प्रतिष्ठान अपने समस्त लाभ को लाभांश के रूप में वितरित करने की बजाय उसके एक भाग को प्रतिष्ठान के संचालन के लिए पुनर्विनियोजित कर देता है तो इसे पुनर्रोपित लाभ कहा जाता है। व्यापारिक संगठन को इस पुनर्रोपित लाभ से अपनी पूँजी को बढ़ाने में मदद मिलती है।

Point Elasticity of Demand | मांग की बिन्दु लोच

मांग रेखा DC के किसी बिन्दु जैसे (N) बिन्दु पर मांग की लोच ज्ञात की जाए तो इसे मांग की बिन्दु लोच कहते हैं। माना कि चित्रानुसार DC सरल मांग वक्र है। इस मांग वक्र पर LMNP बिन्दु लिए गए हैं। इन सभी बिन्दुओं पर मांग की लोच को ज्ञात किया जा सकता है। माना कि N बिन्दु DC मांग वक्र के मध्य में है। अतः N बिन्दु पर मांग की बिन्दु लोच होगी

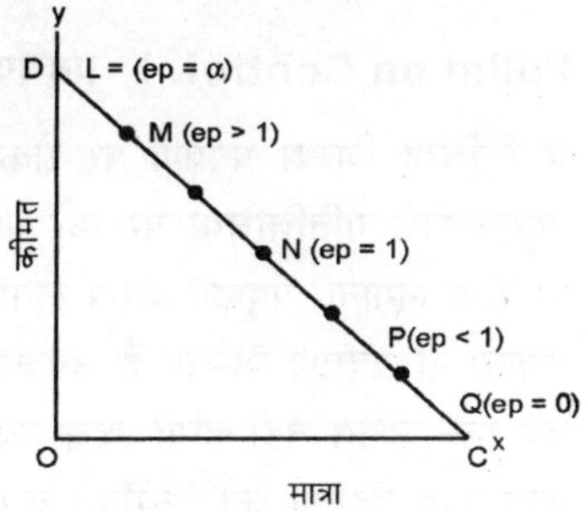

$$\textit{बिन्दु लोच} = \frac{NC\ (\textit{नीचे का भाग})}{ND\ (\textit{ऊपर का भाग})}$$

यदि मांग वक्र की कुल लम्बाई 6 से.मी. है तो

$$\text{बिन्दु लोच} = \frac{NC}{ND} \text{ या } \frac{3}{3} = 1$$

अर्थात N बिन्दु पर बिन्दु लोच इकाई के बराबर है।

Point of Sale | विक्रय बिन्दु

विक्रय बिन्दु वह होता है जहां क्रेता अपनी वस्तुएँ खरीदते हैं। इस दृष्टि से बाजार (Market) को विक्रय बिन्दु कहा जा सकता है।

Policy Mix | मिश्रित नीति

जब सरकार अपने आर्थिक लक्ष्यों की पूर्ति के लिए एक साथ कई प्रकार की नीतियों जैसे- मौद्रिक नीति, राजकोषीय नीति, औद्योगिक नीति, कीमत नीति, आयात-निर्यात नीति आदि का उपयोग एक साथ करती है, तो इसे मिश्रित नीति कहते हैं। ये नीतियाँ परस्पर विरोधी न होकर एक-दूसरे की पूरक होनी आवश्यक हैं।

Political Economy | राजनीतिक अर्थव्यवस्था

अठारहवीं तथा 19वीं शताब्दी की अर्थव्यवस्था को राजनीतिक अर्थव्यवस्था कहा जाता है, जिसका सम्बन्ध मूल रूप से सरकारी कोषों से होता था, जो आगे चलकर सम्पत्ति के उत्पादन एवं वितरण की पद्धति के रूप में सामने आया। मार्शल ने अपनी पुस्तक 'अर्थशास्त्र के सिद्धान्त' में इस शब्द का उपयोग किया है।

Politico-Economic Models | राजनीतिक-आर्थिक सिद्धान्त

राजनीतिक-आर्थिक सिद्धान्त वे हैं जो इस अध्ययन की सुविधा प्रदान करते हैं कि राज्य की अर्थव्यवस्था नीतियों को किस प्रकार प्रभावित करती है तथा राजनीतिक व्यवहार अर्थव्यवस्था को किस प्रकार प्रभावित करता है।

Poll Tax | प्रत्येक मुनष्य पर लगने वाला कर

पोल कर एक ऐसा कर है जो हर व्यक्ति पर उसकी व्यक्तिगत आय को ध्यान में रखे बिना एकमुश्त समान रूप से लगाया जाता है। यह कर अत्यधिक प्रतिगामी है, इसलिए इसका व्यावहारिक जीवन में उपयोग नहीं किया जाता है।

Pollution | प्रदूषण

हानिकारक तत्वों के द्वारा पर्यावरण को जब नुकसान पहुँचता है तो इसे पर्यावरण प्रदूषण कहा जाता है। यह प्रदूषण, गन्दा, विषैला, रेडियोधर्मी या रोगों का जनक हो सकता है। यह पानी, हवा व भूतल को प्रभावित कर सकता है। जो प्रदूषण आर्थिक क्रिया-कलापों से होता है, वह ऋणात्मक बाह्यताओं का प्रमुख स्रोत होता है।

Pollution Control | प्रदूषण नियंत्रण

वे विधियाँ जिनसे प्रदूषण पर रोक लगाई जाती है, प्रदूषण नियंत्रण कहलाता है। इन विधियों में प्रदूषणकारी गतिविधियों पर कर लगाना, मात्रात्मक अवरोध लगाना जैसे- प्रदूषणकारी गतिविधियों पर रोक लगाना, प्रदूषण प्रमाप लगाना आदि। इससे प्रदूषण में काफी कमी आएगी। जिन वस्तुओं के व्यापार से प्रदूषण फैलता है उनको प्रतिबंधित करना भी इसमें शामिल है। प्रदूषण पर रोक लगाना तब तक संभव नहीं होगा, जब तक उत्पादन की वैकल्पिक विधियाँ उपलब्ध न हों। दीर्घकाल के लिए यदि प्रदूषण को नियंत्रित करना है तो गैर प्रदूषणकारी तकनीकों की खोज करनी होगी।

Pooled Tender | एकीकृत निविदा

जब कोई परियोजना इतनी बड़ी होती है कि कोई अकेला संगठन उसे पूरा नहीं कर सकता, तब एक संयुक्त निविदा निकाली जाती है। इस संयुक्त निविदा के लिए कई आपूर्तिकर्ता दी हुई अवधि व दरों पर एक साथ उस परियोजना को पूरा करने के लिए आवेदन करते हैं तो इसे एकीकृत निविदा कहा जाता है।

Population Census | जनगणना

एक सरकारी सर्वेक्षण, जिसका सम्बन्ध जनसंख्या की विशेषताओं व संख्या व क्षेत्र से होता है, जनगणना कहलाती है। इस तरह की संगणनाएँ (Censuses) प्रायः सरकारी निकायों द्वारा की जाती हैं। संगणना की विधि प्रश्नावली विधि से होती है, जिसमें संगणक घर-घर जाकर प्रत्येक परिवार के मुखिया से परिवार में सदस्य संख्या, स्त्री-पुरुष, बच्चे, आयु, शैक्षणिक स्तर, वैवाहिक स्थिति, रोजगार, संसाधन आदि के बारे में सूचनाएँ एकत्रित करते हैं। यह संगणना हर दस वर्ष बाद की जाती है। भारत में नवीनतम जनगणना 2011 में ही हुई है। इस प्रकार की संगणना में आवास, गतिशीलता, भाषा, जाति-धर्म आदि के बारे में भी सूचनाएँ एकत्रित की जाती हैं।

Population Explosion | जनसंख्या विस्फोट

जनसंख्या विस्फोट जनसंख्या वृद्धि की वह अवस्था होती है, जब देश में जन्मदर निरन्तर घटती हुई मृत्युदर से अधिक बनी रहती है। जनसंख्या विस्फोट से अनेक समस्याएँ उत्पन्न हो जाती हैं, जैसे गरीबी, बेरोजगारी, रोटी, कपड़ा और मकान की समस्या आदि। इस समय चीन और भारत में जनसंख्या विस्फोट की स्थिति देखने को मिलती है।

Population Pyramid | जनसंख्या का शुन्डाकार स्तम्भ

जनसंख्या का शुन्डाकार या त्रिकोणीय आकृति वाला चित्र या स्तम्भ वह होता है, जो जनसंख्या के विभिन्न आयु वर्ग में वितरण को दर्शाता है तथा उच्चतम आयु वर्ग में न्यूनतम जनसंख्या को बताता है, जबकि न्यून आयु वर्ग में अधिकतम जनसंख्या को दर्शाता है।

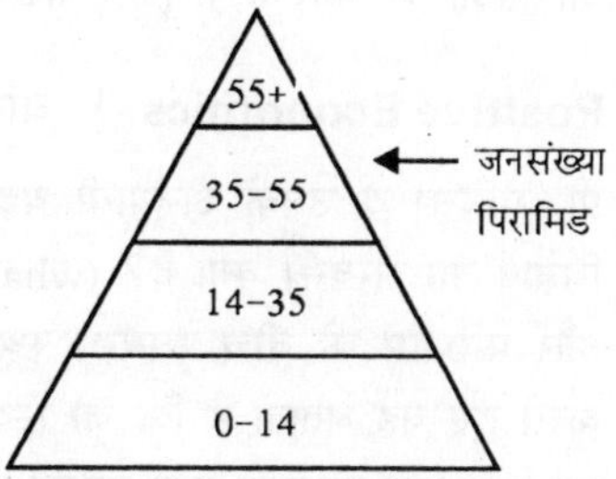

चित्रानुसार न्यूनतम आयु वर्ग में 0 से 14 वर्ष है उसके बाद 14 से 35 वर्ष है। उससे ऊपर 35 वर्ष से 55 वर्ष है तथा सबसे ऊपर 55 वर्ष या इससे ऊपर आयु वर्ग वाले हैं।

Population Trap | जनसंख्या जाल

जनसंख्या की वह स्थिति जहां जीवन स्तर में वृद्धि की कोई संभावना नहीं होती है, क्योंकि जनसंख्या में इतनी तेज गति से वृद्धि होती है कि सारी बचतें वर्तमान पूँजी–श्रम अनुपात को बनाए रखने के लिए अनावश्यक हो जाती हैं। ऐसी स्थिति प्रायः कम विकसित देशों में पाई जाती है। यदि इस जनसंख्या जाल से बचना है तो बचतों में वृद्धि करनी होगी या जनसंख्या वृद्धि में कमी करनी होगी।

Portable Pension | वहनीय सेवावृत्ति

वह व्यावसायिक (Occupational) सेवावृत्ति जो व्यक्ति को बिना पेन्शन अधिकारों को खोए अपना नियोक्ता परिवर्तित कर सके। सेवावृत्ति दो प्रकार से सम्भव हो सकती है, जब कोई श्रमिक या कर्मचारी किसी फर्म या संस्था को छोड़ता है। इसका पहला तरीका यह है कि कर्मचारी की जो भी पेन्शन की जमा राशि है उसे पूर्व नियोक्ता के पास जमा रहने दे जब तक कि कर्मचारी की आयु सेवावृत्ति योग्य न हो जाए। दूसरा तरीका यह है कि पूर्व नियोक्ता कर्मचारी की जमा राशि नए नियोक्ता को भिजवा दे या व्यक्तिगत सेवावृत्ति प्रणाली में जमा करवा दे, जो किसी बीमा कम्पनी द्वारा संचालित हो।

Portfolio | पोर्टफोलियो

एक विनियोजक के पास रखी गई प्रतिभूतियों की सूची या बस्ते को पोर्टफोलियो कहा जाता है। एक अच्छा पोर्टफोलियो वह होता है, जिसमें विनियोग का फैलाव पर्याप्त रूप से हो।

Portfolio Choice | पोर्टफोलियो चुनाव

विनियोजक की पूँजी का विभिन्न विनियोगों में फैलाव पोर्टफोलियो चुनाव कहलाता है, ताकि जोखिम की संभावना को कम किया जा सके। विनियोग का फैलाव कंपनियों की आर्थिक स्थिति व भविष्य पर निर्भर करता है। इसी से पोर्टफोलियो चुनाव करने पर लाभ अधिकतम हो सकता है।

Positive Checks | नैसर्गिक प्रतिबन्ध

प्रो. माल्थस ने अपने जनसंख्या सिद्धान्त में जनसंख्या नियंत्रण हेतु दो प्रकार के प्रतिबन्धों का सुझाव दिया था। (i) नैसर्गिक प्रतिबन्ध, तथा (ii) निवारक प्रतिबन्ध। इन प्रतिबन्धों का उद्देश्य जनसंख्या स्तर को जीवन निर्वाह स्तर पर बनाए रखना था। जहां तक नैसर्गिक प्रतिबन्धों का प्रश्न है ये प्रतिबन्ध प्रकृति द्वारा लगाए जाते हैं। इन प्रतिबन्धों के फलस्वरूप मृत्यु दर में वृद्धि के कारण

जनसंख्या वृद्धि पर रोक लगती है जैसे- युद्ध, महामारी, अकाल, सूखा व भूकम्प आदि प्राकृतिक आपदाओं के कारण मृत्यु दर बढ़ जाती है और जनसंख्या कम हो जाती है।

Positive Economics | वास्तविक अर्थशास्त्र

प्रो. रोबिन्स व उनके अनुयायी यह मानते हैं कि अर्थशास्त्र एक वास्तविक विज्ञान है। वास्तविक विज्ञान का सम्बन्ध क्या है? (what is) से होता है। वास्तविक विज्ञान के रूप में अर्थशास्त्र कारण और परिणाम के बीच सम्बन्ध स्थापित करता है अर्थात अर्थशास्त्र आर्थिक घटनाओं की व्याख्या करते हुए यह बताता है कि जो स्थितियाँ जैसी है वह क्यों है? यह आर्थिक कार्यों की अच्छाई तथा बुराई के बारे में कुछ नहीं कहता है, केवल उनके कारणों और परिणामों को बताता है ताकि राज्य या सरकार नैतिक निर्णयों का उचित चुनाव कर सके। प्रो. बोल्डिग के अनुसार- ''अर्थशास्त्री चुनावों का अध्ययन करता है, उनका मूल्यांकन नहीं करता।''

Potential Entrant | समर्थ प्रवेशक

बाजार की वे अनुकूल परिस्थितियाँ जो किसी उत्पादन या व्यवसायी को वर्तमान बाजार में प्रवेश हेतु आकर्षित करती हैं और जो समर्थ प्रवेशक होते हैं वे बाजार में प्रवेश पाकर अपने लाभ को अधिकतम करने में सफल हो जाते हैं। जैसा कि अल्पाधिकारी बाजार में होता है, जहां अत्यधिक लाभ से प्रेरित होकर समर्थ या क्षमतावान प्रवेशक उद्योग में आकर उत्पादन करने के लिए आकर्षित हो जाते हैं।

Pound | पाउण्ड

पाउण्ड इंग्लैण्ड की मुद्रा इकाई का नाम है, जिसे प्रायः पाउण्ड स्टरलिंग भी कहते हैं। साइप्रस, मिस्र, लेबनान तथा सीरिया की मुद्रा इकाई भी पाउण्ड ही है।

Poverty | गरीबी

गरीबी की स्थिति वह होती है जब व्यक्ति उपभोग का एक पर्याप्त स्तर प्राप्त करने में असमर्थ रहता है। देश, काल और समय के अनुसार यह स्तर भिन्न-भिन्न होता है। अर्थशास्त्री दो प्रकार की गरीबी बताते हैं- सापेक्ष व निरपेक्ष गरीबी। न्यूनतम आवश्यक उपभोग से नीचे के स्तर पर जीने वाले लोगों की गरीबी को निरपेक्ष गरीबी कहा जाता है तथा जिनके पास उतना भी नहीं है जितना औसत व्यक्ति के पास होता है, उसे सापेक्ष गरीबी कहते हैं। यदि गरीबी के निरपेक्ष स्तर को माना जाता है तो तकनीकी प्रगति ही उन्हें गरीबी रेखा से ऊपर उठा सकती है और यदि सापेक्ष गरीबी है तो इसे स्वयं गरीब ही हटाएँगे। भारत में ग्रामीण क्षेत्रों में जो व्यक्ति प्रतिदिन 2400 और शहरी क्षेत्रों में 2100 कैलोरी से कम उपभोग करते हैं या 1991-92 की कीमतों पर प्रतिव्यक्ति प्रतिमाह व्यय ग्रामीण क्षेत्रों में 181.50 रु. तथा शहरी क्षेत्रों में 209.50 रु. से कम है, वे निर्धन माने गए हैं।

Poverty Line | गरीबी रेखा

गरीबी रेखा घरेलू क्षेत्र के लिए एक न्यूनतम वार्षिक आय स्तर को बताती है। ऐसे व्यक्ति जो आय के इस न्यूनतम स्तर से नीचे की वार्षिक आय प्राप्त करते हैं, उन्हें गरीब (Poor) कहा जाता है। गरीबी रेखा का अनुमान ग्रामीण एवं शहरी जनसंख्या के लिए अलग-अलग किया जाता है। गरीबी रेखा का अनुमान निम्न तीन घटकों के आधार पर लगाया जाता है- (i) उपभोग का न्यूनतम निर्वाह

स्तर (ii) अनुमानित न्यूनतम आवश्यक पौष्टिक भोजन, तथा (iii) प्रतिव्यक्ति मासिक उपभोग व्यय। देखें गरीबी (Poverty)।

Poverty Trap | गरीबी जाल

गरीबी जाल वह स्थिति होती है, जब गरीबी और गरीबी का कारण बन जाती है। अर्थात गरीबी, गरीबी के जाल में फंस जाती है। गरीबी जाल व्यक्तिगत स्तर, परिवार स्तर तथा राष्ट्रीय स्तर का हो सकता है। जैसे व्यक्तिगत स्तर पर गरीबी जाल की स्थिति वह होगी जब एक गरीब व्यक्ति अपनी गरीबी के कारण बेरोजगारी लाभों को प्राप्त करने में असमर्थ रहता है, क्योंकि उसकी आय का निम्न स्तर उसे इस लाभ से वंचित कर देता है। फलस्वरूप उसका आय स्तर और कम हो जाता है। इसी प्रकार राष्ट्रीय स्तर पर अर्द्धविकसित देशों में, जहां उपलब्ध साधनों से केवल जनसंख्या का जीवन निर्वाह होता है व आवश्यक आवश्यकताएँ ही पूरी होती हैं तथा विनियोग के लिए साधनों का अभाव आर्थिक विकास में प्रमुख बाधा बन जाते हैं।

Precautionary Motive | दूरदर्शिता उद्देश्य

प्रो. केन्ज द्वारा तरलता पसंदगी सिद्धान्त में बताए गए तीन उद्देश्यों में से एक उद्देश्य दूरदर्शिता उद्देश्य है। इसके अनुसार दूरदर्शिता या भविष्य के कार्यों को करने के उद्देश्य के लिए रखी जाने वाली नकद मुद्रा व्यक्तियों की अप्रत्याशित व आकस्मिक आवश्यकताओं जैसे बेरोजगारी, बीमारी व दुर्घटना आदि को पूरा करने के लिए रखी जाती है, जो आय स्तर के एक फलन के रूप में होती है।

Premium | प्रीमियम, लाभ या बट्टा राशि

अंशों (Shares) के बाजार मूल्य और अंकित मूल्य के अंतर को प्रीमियम कहा जाता है। अर्थात अंशों की बाजार व प्रचलित कीमत एवं निर्गमन मूल्य के बीच के अन्तर को प्रीमियम कहते हैं।

Present Value | वर्तमान मूल्य

किसी भावी व्यय का चालू मूल्य वर्तमान मूल्य कहलाता है। वर्तमान मूल्य का उपयोग लागत लेखांकन एवं लागत लाभ विश्लेषण में एक समय विशेष के लिए संचालित निवेशों या परियोजनाओं के मूल्यांकन में होता है।

Preventive Checks | निवारक प्रतिबन्ध

माल्थस ने अपने जनसंख्या सिद्धान्त नैसर्गिक प्रतिबन्धों के साथ निवारक प्रतिबन्धों का भी सुझाव दिया था ताकि जनसंख्या वृद्धि को रोका जा सके। ये निवारक प्रतिबन्ध भी जन्म दर को घटाकर जनसंख्या नियंत्रण में मददगार सिद्ध हो सकते हैं। निवारक प्रतिबन्ध वे होते हैं जो व्यक्तियों द्वारा स्वयं लगाए जाते हैं- जैसे देरी से विवाह करना, वैवाहिक जीवन में संयम को अपनाना आदि। इन प्रतिबन्धों से और परिवार नियोजन के कृत्रिम साधनों को अपना कर परिवार सीमित करने में सहायता मिलती है।

Price | कीमत

किसी वस्तु के मूल्य को जब मुद्रा में आँका जाता है तो इसे कीमत कहते हैं। अर्थात कीमत वह राशि होती है जो एक वस्तु की प्रत्येक इकाई को खरीदने के लिए दी जाती है या विक्रय के बदले

में ली जाती है। स्वतंत्र बाजार में वस्तुओं की कीमतें उनकी मांग और आपूर्ति की शक्तियों के द्वारा निर्धारित होती हैं।

Price Consumption Curve (PCC) | कीमत उपभोग वक्र

कीमत उपभोग वक्र यह बताता है कि वस्तु x की कीमत में परिवर्तन किस प्रकार से उपभोक्ता के लिए उसकी मांग को परिवर्तित या प्रभावित करता है, जबकि दूसरी वस्तु y की कीमत तथा उपभोक्ता की मौद्रिक आय समान या स्थिर रहती है। अर्थात कीमत उपभोग वक्र कीमत प्रभाव के मार्ग को बताता है। इस प्रकार उपभोक्ता द्वारा x वस्तु की मांगी गई विभिन्न मात्राओं व कीमत के साम्य से प्राप्त बिन्दुओं से गुजरने वाली रेखा को या वक्र को कीमत उपभोग वक्र कहते हैं। इसके आधार पर परम्परागत मांग वक्र भी खींचा जा सकता है।

Price Control | कीमत नियंत्रण

जब सरकार वस्तुओं की आपूर्ति की तुलना में बढ़ते हुए कीमत स्तर को रोकने का प्रयास करती है तो इसे कीमत नियंत्रण कहा जाता है। जब बाजार में सीमित आपूर्ति वाली वस्तुओं की कीमतें बहुत ज्यादा बढ़ जाती हैं तो सरकार उन वस्तुओं की अधिकतम कीमतें निर्धारित कर देती है, जिससे उपभोक्ताओं की रक्षा हो सके।

Price Determination | कीमत निर्धारण

कीमत निर्धारण प्राय: प्रतियोगी बाजार में वस्तुओं की मांग और आपूर्ति की पारस्परिक शक्तियों के साम्य पर निर्भर करता है तथा एकाधिकारी बाजार में एकाधिकारी की शक्ति पर।

Price Discrimination | कीमत विभेद

कीमत विभेद एक ऐसी क्रिया है, जिसके द्वारा एक एकाधिकारी दो भिन्न-भिन्न बाजारों के अलग-अलग उपभोक्ताओं से एक ही वस्तु की अलग-अलग कीमत वसूल करता है। इस प्रकार का कीमत विभेद दो शर्तों पर निर्भर करता है। (i) दो बाजार अलग-अलग होने चाहिए तथा (ii) प्रत्येक बाजार में मांग की लोच भी अलग-अलग होनी चाहिए। जिस बाजार में मांग की लोच कम होगी, एकाधिकारी उस बाजार में वस्तु की कम मात्रा अधिक कीमत पर बेचेगा तथा जिस बाजार में मांग की लोच अधिक होगी उस बाजार में एकाधिकारी वस्तु की अधिक मात्रा कम कीमत पर बेचेगा। इसे ही कीमत विभेद कहते हैं। यह कीमत विभेद कई कारणों से हो सकता है।

Price-Earning Ratio | कीमत-प्राप्ति अनुपात

किसी अंश (Share) के उद्धर्णित या प्रचलित मूल्य का प्रतिशेयर नवीनतम मूल्य से अनुपात को कीमत-प्राप्ति अनुपात कहते हैं। यह उस मूल्य की माप है, जिसका शेयर पर दी जाने वाली आय के रूप में भुगतान किया जाता है। यह उपार्जित आय का व्युत्क्रम है।

Price Effect | कीमत प्रभाव

कीमत में परिवर्तन के फलस्वरूप उपभोक्ता द्वारा किसी वस्तु की मांगी गई मात्रा पर पड़ने वाले कुल प्रभाव को कीमत प्रभाव कहते हैं, जो प्रतिस्थापन प्रभाव और आय प्रभाव का योग होता है। कीमत प्रभाव को जानने के लिए यह माना जाता है कि (i) केवल एक वस्तु की कीमत में परिवर्तन होता है और दूसरी वस्तु की कीमत स्थिर रहती है। (ii) उपभोक्ता की आय स्थिर रहती है तथा (iii) आय में क्षतिपूरक परिवर्तन नहीं होता है।

Price Elasticity of Demand | मांग की कीमत लोच

श्रीमती जोन रोबिन्सन के अनुसार- ''मांग की कीमत लोच, कीमत में होने वाले सूक्ष्म परिवर्तन के परिणामस्वरूप खरीदी गई मात्रा के आनुपातिक परिवर्तन को कीमत में होने वाले आनुपातिक परिवर्तन से भाग देने पर प्राप्त होती है।'' संक्षेप में इसे निम्न सूत्र द्वारा बताया जाता है-

$$ep = \frac{\Delta D}{\Delta P} \times \frac{P}{D}$$

अथवा मांग की कीमत लोच = $\dfrac{\textit{मांग में आनुपातिक परिवर्तन}}{\textit{कीमत में आनुपातिक परिवर्तन}}$

जहां P = पूर्व कीमत, D = पूर्व मांग है।

Price Floor | कीमत तल या स्तर

वह न्यूनतम कीमत स्तर कीमत तल कहलाता है, जो किन्हीं वस्तुओं और सेवाओं के लिए सरकार द्वारा लागू किया जाता है।

Price Index | कीमत सूचकांक

होरेस सिक्राइस्ट के मतानुसार- ''सूचकांक एक ऐसा संख्यात्मक माप है, जिसके द्वारा समय, स्थान या अन्य विशेषता के आधार पर किसी चर मूल्य या सम्बन्धित चर मूल्यों के समूह में होने वाले परिवर्तनों को मापा जाता है।''

टोरो यामिनी के अनुसार- ''सूचकांकों का उद्देश्य जीवन निर्वाह स्तर, उत्पादन एवं कीमतों में होने वाले परिवर्तनों की माप है।'' कीमत सूचकांक का अभिप्राय किसी आधार वर्ष पर कीमतों के सामान्य स्तर को प्रदर्शित करने वाली संख्या कीमत सूचकांक कहलाती है। कीमत सूचकांकों में थोक एवं उपभोक्ता कीमत सूचकांक आते हैं। सूचकांक ज्ञात करने का सूत्र इस प्रकार है-

$$\frac{\sum p_1 q_1}{\sum p_0 q_0} \times 100$$

जहां p_0 = आधार वर्ष की कीमत p_1 = चालू वर्ष की कीमत Σ = कुल

q_0 = आधार वर्ष की मात्रा q_1 = चालू वर्ष की मात्रा

Price Instability | कीमत अस्थिरता

कीमतों में निरन्तर होने वाले उतार-चढ़ाव को कीमत अस्थिरता कहते हैं। कीमत अस्थिरता का मुख्य कारण ऊँचा आर्थिक लाभ कमाने के उद्देश्य से उत्पादन के संसाधनों का एक व्यवसाय से दूसरे व्यवसाय में स्थानान्तरण व अत्यधिक गतिशीलता है।

Price Leadership | कीमत नेतृत्व

जब एक उद्योग की फर्में किसी फर्म विशेष द्वारा निर्धारित कीमतों के आधार पर अपनी कीमतें निर्धारित करती हैं तब यह विशेष फर्म अगुआ फर्म या नेता फर्म कहलाती है। कीमत नेतृत्व दो प्रकार का होता है। (i) प्रधान फर्म तथा (ii) कम लागत फर्म कीमत नेतृत्व। प्रधान फर्म कीमत नेतृत्व तब होता है, जब कीमत निर्धारण की दृष्टि से प्रधान फर्म इतनी शक्तिशाली होती है कि अन्य फर्मों द्वारा उसका अनुकरण करना एक अनिवार्यता हो जाती है। कम लागत नेतृत्व तब होता

है जब अगुवा फर्म का अनुसरण केवल इसलिए किया जाता है, क्योंकि इसके द्वारा निर्धारित कीमत बाजार शक्तियों एवं उद्योग की अन्य फर्मों की आवश्यकताओं को प्रतिबिम्बित करती है।

Price Level | कीमत स्तर

कीमत स्तर से तात्पर्य अर्थव्यवस्था में सामान्य कीमत स्तर (General Price Level) से होता है। इसका सम्बन्ध उपभोक्ता वस्तुओं की कीमतों से होता है जिनका माप खुदरा कीमत सूचकांकों के द्वारा होता है या समाप्त वस्तुओं के उत्पादन से होता है। जिसमें विनियोग तथा सरकारी खरीद, जिसमें उपभोक्ता वस्तुएँ होती हैं, जिसका माप कुल घरेलू उत्पाद (GDP) के अस्फीयक (deflator) द्वारा होता है।

Price Mechanism | कीमत संयंत्र

कीमत संयंत्र उन बाजार शक्तियों की क्रियाशीलता को दर्शाता है जो अर्थव्यवस्था में संतुलन स्थापित करती हैं। बाजार अर्थव्यवस्था में मांग और आपूर्ति की शक्तियाँ अर्थव्यवस्था में स्वतःसंतुलन बनाए रखती हैं। इसमें सरकारी हस्तक्षेप की आवश्यकता नहीं होती है। इसमें कीमत निर्धारण की क्रिया भी स्वयं संचालित होती है। यदि कीमतों में उतार-चढ़ाव होता है तो मांग व आपूर्ति की शक्तियाँ इसे संतुलित कर देती हैं।

Price Push Inflation | कीमतजन्य स्फीति

कीमतजन्य स्फीति भी एक प्रकार की स्फीति है जैसे कि लागतजन्य (Cost Push) स्फीति होती है। कीमतजन्य स्फीति तब कही जाती है जब उद्यमियों द्वारा अनावश्यक रूप से अपने लाभों में वृद्धि करने के लिए उपभोक्ताओं से ऊँची कीमतें वसूल की जाती हैं। फलस्वरूप कीमतजन्य स्फीति फैल जाती है।

Price Reform | कीमत सुधार

केन्द्रीय नियोजन से बाजार अर्थव्यवस्था का परिवर्तन स्वेच्छा से कीमत नियन्त्रण से एक ऐसी प्रणाली की ओर जाना, जिसमें कीमतें अवसर लागत को प्रभावित करती हैं। यदि कीमत नियंत्रण प्रणाली के अन्तर्गत कीमतें इतनी कम निर्धारित की जाती हैं, जो अवसर लागत से सम्बन्धित होती हैं, जिससे मांग में अतिरिक्त वृद्धि होती है। कीमत सुधार तीव्र स्फीति जैसी कि पूर्व के रूस में अनुभव की गई थी, की कमियों को दूर करने में मदद करता है। कीमत सुधार की यह विशेषता है कि यह अधिक कुशलता से उत्पादन करने में मदद करता है व अभावों को दूर करता है।

Price Relative | मूल्यानुपात

मूल्यानुपात का उपयोग कीमत सूचकांक तैयार करते समय किया जाता है। सूचकांक बनाते समय जब वस्तु के चालू मूल्य (Current Prices) को उसके आधार वर्ष के मूल्य (Base Year Prices) द्वारा भाग दिया जाता है, तब मूल्यानुपात प्राप्त हो जाते हैं।

Price Revolution | कीमत क्रांति

पंद्रहवीं व 16वीं सदं. में खोजे गए नए देशों से अमेरिका में सोने व चांदी के प्रवाह को कीमत क्रांति का नाम दिया गया। तब कीमतों में चौगुनी वृद्धि हुई थी। फलस्वरूप यह पश्चिमी जगत में

पूँजीवाद के उदय व औद्योगिक क्रांति का प्रारम्भिक कारण बना। कीमतों की यह बेतहाशा वृद्धि सट्टे, पूँजी के एकत्रीकरण तथा नए उद्योगों की स्थापना के लिए प्रेरणा स्रोत सिद्ध हुई।

Price Ring | कीमत चक्र

कीमत चक्र एक गैर आधिकारिक समूह है, जिसके द्वारा व्यापारी पूर्व में की गई पारस्परिक बातचीत के आधार पर कीमतों को नियंत्रित करते हैं तथा व्यापारी कीमतों को नीचे रखने के उद्देश्य से किसी सार्वजनिक नीलामी में ऊँची बोली न लगाने का फैसला करते हैं, जिससे कि नीलामी में बाहरी व्यक्ति हतोत्साहित होकर न आ पाएँ।

Price Stability | कीमत स्थिरता

हमारे देश की मौद्रिक नीति का प्रमुख उद्देश्य कीमत स्तर में स्थिरता लाना है। मौद्रिक उपायों से कीमतों में होने वाले परिवर्तनों पर नियंत्रण लगाया जा सकता है। लेखे की इकाई के रूप में मुद्रा के मूल्य को स्थायित्व देना अति आवश्यक है, क्योंकि मुद्रा मूल्य का आधार और विनिमय का माध्यम है, जिसे स्थायित्व प्रदान करके ही कीमत स्थिरता स्थापित की जा सकती है।

Price Support | कीमत समर्थन

बाजार में गिरती हुई कीमतों से उत्पादकों की रक्षा के लिए जब सरकार स्वयं क्रेता के रूप में बाजार में आकर मूल्यों को नियंत्रित करने के लिए वस्तुओं का क्रय करती है तो उसे कीमत समर्थन कहा जाता है। सरकार उचित मूल्यों पर वस्तुओं की खरीद कर वस्तुओं की मांग और कीमत को प्रोत्साहित करती है। प्रायः कृषि उत्पादों के सम्बन्ध में सरकार कीमत समर्थन नीति का उपयोग करती है, क्योंकि वस्तुओं की मांग बेलोचदार होती है और फसलों की आपूर्ति बढ़ने से कृषक अपनी फसलों को कम मूल्यों पर बेचने को मजबूर हो जाते हैं। किसानों को हानि से बचाने के लिए सरकार स्वयं उचित मूल्यों पर इनकी उपज खरीद लेती है।

Price System | कीमत प्रणाली

कीमत प्रणाली पूँजीवादी स्वतंत्र अर्थव्यवस्था का महत्वपूर्ण साधन है। इस प्रणाली के अन्तर्गत पूँजीवादी अर्थव्यवस्था में साधनों का आबंटन एवं वस्तुओं और सेवाओं का वितरण क्रेताओं और विक्रेताओं की स्वतंत्र अंतः क्रियाओं द्वारा निर्धारित होता है। इस प्रणाली में अर्थव्यवस्था की क्या? कैसे? और किसके लिए? जैसी समस्याओं का समाधान स्वतः निकल आता है।

Price Taker | कीमत प्राप्तकर्ता

पूर्ण प्रतियोगिता के अन्तर्गत उद्योग की प्रत्येक फर्म कीमत प्राप्तकर्ता फर्म होती है, जो उद्योग के साम्य के द्वारा निर्धारित होती है। इस निर्धारित कीमत को फर्मों के द्वारा स्वीकार किया जाता है। अतः इन फर्मों को ही कीमत प्राप्तकर्ता कहते हैं। DD व SS मांग व पूर्ति वक्र के साम्य से P बिन्दु पर निर्धारित कीमत प्रत्येक फर्म को दी जाती है। जहां फर्मों की औसत आय व सीमान्त आय बराबर होती है।

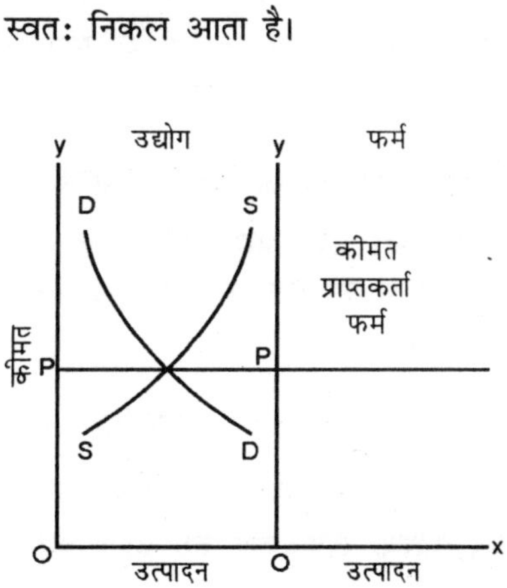

Price Theory | कीमत सिद्धान्त

कीमत सिद्धान्त अर्थशास्त्र की एक महत्वपूर्ण शाखा है, जिसका सम्बन्ध बाजार में संतुलन कीमत निर्धारण से है। इसके साथ ही इसका सम्बन्ध मांग और आपूर्ति की महत्वपूर्ण दशाओं में परिवर्तनों के प्रभावों का पूर्वानुमान लगाने से भी है।

Price War | कीमत युद्ध

कीमत युद्ध से तात्पर्य यह है कि जब विक्रेता अपने प्रतियोगियों को हानि पहुंचाने के लिए कीमतों में भारी कमी कर देते हैं। कीमत युद्ध में एक या एक से अधिक फर्में उन फर्मों से कम कीमतें वसूल करती हैं जो लाभ को अधिकतम करने में लगी होती हैं। कीमत युद्ध इसलिए भी अच्छा माना जाता है, क्योंकि इसका उद्देश्य उन प्रतियोगियों को सजा देना होता है, जो गुप्त संधि को तोड़ने का प्रयास करते हैं तथा उनकी वित्तीय स्थिति को कमजोर करते हैं। कीमत युद्ध के द्वारा ऐसे प्रतियोगियों को अपनी कीमतें घटाने के लिए या उद्योग को छोड़कर जाने के लिए मजबूर किया जाता है।

Primary Employment | प्राथमिक रोजगार

प्राथमिक रोजगार कृषि एवं खनन का शोषण करने वाले उद्योगों में पाया जाता है।

Primary Goods | प्राथमिक वस्तुएँ

ये वे वस्तुएँ होती हैं, जो आधारभूत अधिकारों, स्वतंत्रताओं, आय एवं धन सम्पत्ति से युक्त होती हैं तथा जो समाज में वितरण के लिए उपलब्ध होती हैं। प्रो. राल्स (Rawls) ने न्यायपूर्ण वितरण का विचार व्यक्तियों के बीच इन वस्तुओं के न्यायिक वितरण के सम्बन्ध में ही दिया था।

Primary Market | प्राथमिक बाजार

वे वस्तुएँ जो पहली बार बेची जाती हैं उस बाजार में नहीं बेची जातीं, जिसमें उनका व्यापार होता है क्योंकि यह द्वितीयक बाजार कहलाता है। जिसमें वस्तुएँ पहली बार बेची जाती हैं उसे प्राथमिक बाजार कहते हैं तथा जहां पर वस्तुएँ नई बनती हैं या जैसे- नया अंश (Share) बाजार में निर्गम होता है। स्टॉक विनिमय बाजार द्वितीयक बाजार होता है।

Primary Money | प्राथमिक मुद्रा

इसे आधार मुद्रा या उच्च शक्ति मुद्रा (High Powered Money) भी कहा जाता है तथा जिसका निर्गमन मौद्रिक अधिकारियों द्वारा होता है।

Primary Production | प्राथमिक उत्पादन

कच्चे माल एवं खाद्य वस्तुओं के उत्पादन को प्राथमिक उत्पादन कहा जाता है, न कि निर्मित वस्तुओं के उत्पादन को। प्रायः प्राथमिक उत्पादन का सम्बन्ध अर्थव्यवस्था के प्राथमिक क्षेत्र से होता है।

Primary Sector | प्राथमिक क्षेत्र

अर्थव्यवस्था का वह क्षेत्र जो प्राकृतिक साधनों का सीधा उपयोग करता है। इसके अन्तर्गत कृषि, वन, मत्स्य, खनन तथा तेल आदि क्षेत्र आते हैं। यह द्वितीयक क्षेत्र से भिन्न होता है, जो विनिर्माण

एवं अन्य वस्तुओं का उत्पादन करता है। तृतीय क्षेत्र सेवाक्षेत्र कहलाता है। अर्द्धविकसित देशों में प्राथमिक क्षेत्र बहुत महत्वपूर्ण क्षेत्र होता है तथा औद्योगिक देशों में इसका महत्व कम होता है।

Prime Cost | प्रमुख लागत

प्रमुख लागत, परिवर्तनशील लागत एवं प्रशासनिक लागत दोनों का योग होता है। प्रमुख लागत में वे सभी लागतें सम्मिलित होती हैं, जो अल्पकालीन व दीर्घकालीन उत्पादन के साथ-साथ बढ़ती हैं। व्यवसाय के बंद होने पर प्रमुख लागतें भी बंद हो जाती हैं।

Principles of Taxation | करारोपण या कराधान के सिद्धान्त

प्रो. एडम स्मिथ द्वारा कराधान के निम्न चार सिद्धान्त बताए गए हैं-

(i) समता सिद्धान्त (Canon of Equity): अर्थात प्रत्येक व्यक्ति को सरकारी व्यय में अपनी क्षमता के अनुसार योगदान देना चाहिए।

(ii) निश्चितता का सिद्धान्त (Canon of Certainty): अर्थात करदाता के लिए कर राशि, समय एवं कर भुगतान की विधि निश्चित होनी चाहिए ताकि वह अपनी आय और व्यय में उसके अनुसार समायोजन कर सके।

(iii) सुविधा का सिद्धान्त (Cannon of Convenience): अर्थात कराधान ऐसा हो कि करदाता को उसे भुगतान करने में कोई असुविधा न हो।

(iv) मितव्ययता का सिद्धान्त (Cannon of Economy): अर्थात करों को वसूल करने या एकत्रित करने की लागत न्यूनतम होनी चाहिए।

Priority Sectors | वरीयता क्षेत्र

नियोजित अर्थव्यवस्था में विकास की दृष्टि से अन्य क्षेत्रों की तुलना में वरीयता क्षेत्र को अधिक महत्वपूर्ण माना जाता है। बजट का निर्धारण करते समय वरीयता क्षेत्र के लिए अधिक धनराशि आबंटित की जाती है।

Private Banks | निजी बैंक

भारत में 1969 से पूर्व तक व्यापारिक बैंक निजी बैंकों के रूप में कम्पनी अधिनियिम 1947 के तहत कार्य कर रहे थे, किन्तु 1969 में इनका राष्ट्रीयकरण हो गया। निजी बैंक अराष्ट्रीयकृत बैंक होते हैं, जो संयुक्त स्कन्ध सिद्धान्त (Joint Stock Principles) के आधार पर कार्य करते हैं।

Private Enterprise | निजी उपक्रम

जहां किसी उपक्रम का प्रबन्ध निजी हाथों में होता है, वह उपक्रम निजी उपक्रम कहलाता है। इनकी स्थिति सार्वजनिक उपक्रमों के विपरीत होती है तथा इनका उद्देश्य अपने निजी लाभ को अधिकतम करना होता है।

Private Income | निजी आय

निजी आय व्यक्तियों द्वारा अर्जित वह आय होती है, जिसमें साधन लागत पर शुद्ध राष्ट्रीय उत्पाद, हस्तान्तरण आय तथा सार्वजनिक ऋणों पर ब्याज को जोड़ा जाता है और इसके योग में से सार्वजनिक प्रतिष्ठानों के लाभों को घटाया जाता है। अर्थात सूत्र रूप में-

निजी आय = साधन लागत पर NNP + हस्तान्तरण आय + सार्वजनिक ऋणों पर ब्याज – सार्वजनिक प्रतिष्ठानों के लाभ।

Private Sector | निजी क्षेत्र

जो क्षेत्र सरकार के स्वामित्व में नहीं होता है, उसे निजी क्षेत्र कहते हैं। इस क्षेत्र का स्वामित्व निजी हाथों में होता है। यह क्षेत्र प्रत्यक्ष रूप से सरकारी नियंत्रण में नहीं होता है तथा इस क्षेत्र में व्यक्तिगत एवं निगम क्षेत्र सम्मिलित होते हैं।

Privatisation | निजीकरण

राष्ट्रीयकरण की विपरीत स्थिति को निजीकरण कहते हैं। इसके अन्तर्गत जब सरकारी अधिकार वाले सार्वजनिक उद्योगों का राष्ट्रीयकरण समाप्त कर दिया जाता है और उनका विनिवेश किया जाता है तो उसे निजीकरण कहते हैं। आर्थिक सुधार और उदारीकरण के लिए भारत सरकार ने निजीकरण को अपनाया है।

Probability | सम्भावना

सम्भावना किसी घटना के घटित होने को बताती है। अनुकूल घटनाओं के समान सम्भावना वाली सम्पूर्ण घटनाओं के साथ अनुपात को ही सम्भावना कहते हैं। सम्भावना एक प्रकार की संख्या होती है, जिसकी शून्य और इकाई के मध्य सीमाएँ होती हैं। सूत्र रूप में–

$$\text{घटना के घटित होने की संभावना} = \frac{\textit{अनुकूल घटनाओं की संख्या}}{\textit{कुल घटनाओं की संख्या}}$$

उदाहरण के लिए 52 पत्तों की ताश की गड्डी में एक रानी खींचने की संभावना $\frac{4}{52}$ यानी $\frac{1}{13}$ होगी।

Producer's Goods | उत्पादक वस्तुएँ

जो वस्तुएँ उपभोक्ता वस्तुओं के उत्पादन हेतु उपयोग में लाई जाती हैं, उन्हें उत्पादक वस्तुएँ कहते हैं। उत्पादक वस्तुएँ इस प्रकार मानवीय आवश्यकताओं को अप्रत्यक्ष रूप से संतुष्ट करने में मदद करती हैं।

Producer's Surplus | उत्पादक अतिरेक

उत्पादक को अपनी वस्तुओं और सेवाओं की वर्तमान आपूर्ति को बनाए रखने के लिए प्रेरक आवश्यक भुगतान के ऊपर मिलने वाले कुल अतिरेक को उत्पादक अतिरेक कहा जाता है। यह उत्पादक को मिलने वाली वह अतिरिक्त आय है जो वस्तुओं और सेवाओं की आपूर्ति करते रहने पर मिलने वाली आवश्यक आय से अधिक होती है, इसे ही उत्पादक अतिरेक कहते हैं। जैसे उपभोक्ता की बचत या अतिरेक का लाभ उपभोक्ता को मिलता है, वैसे ही उत्पादक के अतिरेक का लाभ उत्पादक को प्राप्त होता है।

Producer's Sovereignty | उत्पादक की सम्प्रभुता

उत्पादक से अभिप्राय अर्थव्यवस्था में बड़े उत्पादकों के प्रभुत्व तथा इनकी प्रमुख सार्वजनिक वस्तुओं की मांग को पूरा करने की योग्यता से होता है। प्रो. केनेथ गालब्रेथ ने अपनी पुस्तक 'अर्थशास्त्र एवं सार्वजनिक उद्देश्य' (1974) में उत्पादक की सम्प्रभुता की तकनीक को समझाया है।

Producer's Equilibrium | उत्पादक का संतुलन

प्रत्येक उत्पादक संतुलन की स्थिति को पाना चाहता है। संतुलन का अभिप्राय अनुकूलतम साधन संयोग, जो न्यूनतम लागत संयोग पर उत्पादन के साधनों के उपयोग से होता है। दो या दो से अधिक संयोगों में से उत्पादक उस संयोग को चुनेगा, जो अनुकूलतम हो। प्रत्येक विवेकशील उत्पादक अपने उत्पादन व उत्पादन के विक्रय से अपने लाभों को अधिकतम करने का प्रयास करता है। जब उसे यह स्थिति प्राप्त हो जाती है तो वह संतुलन की स्थिति में होता है।

Product Differentiation | उत्पाद विभेदीकरण

उत्पाद विभेदीकरण एकाधिकारी एवं अल्पाधिकारी प्रतियोगिता की प्रमुख विशेषता है तथा गैर कीमत प्रतियोगिता का एक रूप है। उत्पाद विभेदीकरण का अभिप्राय बाजार में प्रत्येक व्यक्तिगत फर्म का उत्पादन अन्य फर्मों के उत्पादन से भिन्न होने से है। एकाधिकारी व अल्पाधिकारी बाजारों में फर्में निकट स्थानापन्न वस्तुएँ बनाती हैं। फलस्वरूप विभेदीकृत वस्तुओं की आड़ी लोच बहुत अधिक होती है। वस्तु विभेद दो प्रकार से हो सकता है– प्रथम वस्तु के गुण एवं विशेषताओं में अंतर करके तथा दूसरे वस्तु की विक्रय की दशाओं में अन्तर करके।

Production | उत्पादन

उत्पादन अर्थव्यवस्था का एक महत्वपूर्ण कार्य है। उपलब्ध साधनों व कच्चे माल का किसी वस्तु के रूप में रूपान्तरण करना उत्पादन कहलाता है। उत्पादन भौतिक वस्तुओं और सेवाओं का होता है, अथवा पदार्थों में उपयोगिता का सृजन करके मानवीय आवश्यकताओं की संतुष्टि का प्रयास उत्पादन कहलाता है। दूसरे शब्दों में वे सभी आर्थिक क्रियाएँ, जो हमारी आवश्यकता पूर्ति हेतु वस्तुओं और सेवाओं का सृजन करती हैं, उन्हें उत्पादन कहा जाता है।

Production Cycle | उत्पादन चक्र

उत्पादन चक्र उत्पादन की वह प्रक्रिया होती है जिसके अन्तर्गत कच्चे माल को अंतिम उत्पादन का रूप दिया जाता है। एक उत्पादन चक्र की अवधि पूर्ति की लोच का निर्धारण करती है।

Production Function | उत्पादन फलन

उत्पादन फलन आगतों (Inputs) व निर्गतों की मात्राओं के फलनात्मक (Functional) सम्बन्धों को बताता है। यह बताता है कि समय की एक निश्चित अवधि व तकनीक के साथ आगतों के परिवर्तन से निर्गतों में किस प्रकार और कितनी मात्रा में परिवर्तन होता है। प्रो. स्टिगलर के अनुसार– ''उत्पादन फलन उत्पादकीय सेवाओं की आगत की दरों व वस्तु के उत्पादन की दरों के बीच संबंध को दिया गया नाम है। यह अर्थशास्त्री के तकनीकी ज्ञान का सारांश है। समीकरण के रूप में इसे इस प्रकार व्यक्त किया जा सकता है– $Q = f(L, M, N, C, T)$ जहां Q = वस्तु उत्पादन L = श्रम M = प्रबन्ध N = प्राकृतिक साधन या भूमि C = पूँजी, T = दी हुई प्रौद्योगिकी तथा f = फलनात्मक

सम्बन्ध। उत्पादन फलन अल्पकालीन व दीर्घकालीन दो प्रकार के, यानी स्थिर व लचीले हो सकते हैं।

Production Possibility Curve (PPC) | उत्पादन संभावना वक्र

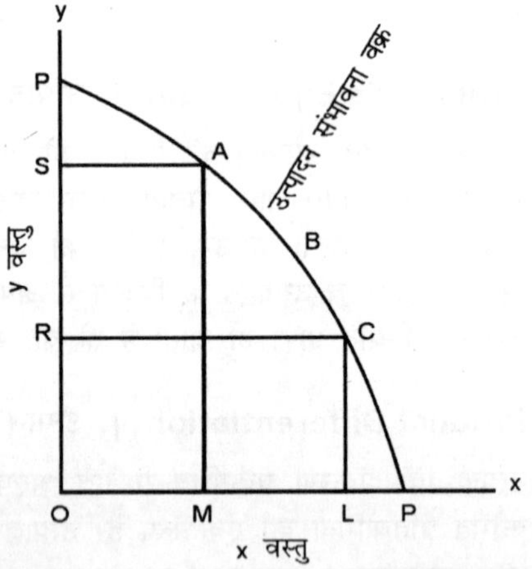

एक उत्पादन-संभावना वक्र दो वस्तुओं x तथा y के उन सभी संयोगों को बताता है, जिसका अधिकतम उत्पादन एक समाज के लिए संभव है, जबकि साधनों की मात्रा स्थिर है और उनका पूर्ण उपयोग हो रहा है तथा उत्पादन की तकनीकी स्थिति दी हुई है। चित्र के अनुसार PP वक्र पर बिन्दु A बताता है कि x वस्तु की अधिकतम मात्रा OM तथा y वस्तु की अधिकतम मात्रा OS का उत्पादन किया जा सकता है। इसी प्रकार उत्पादन संभावना वक्र के अन्य बिन्दु A, B तथा C दोनों वस्तुओं x तथा y की अधिकतम मात्राओं को बताते हैं जिनका कि एक समाज उत्पादन कर सकता है। PP वक्र उत्पादन संभावना वक्र है। A, B तथा C बिन्दु X व Y के उत्पादन की विभिन्न संभावनाओं को बताते हैं। C बिन्दु पर x वस्तु की OL तथा y वस्तु की OR मात्रा के उत्पादन की संभावना को बताता है। इस प्रकार एक उत्पादन संभावना वक्र चुनावों की सूची को बताता है।

Productive Bargaining | उत्पादकीय सौदेबाजी

श्रमिकों और सेवायोजकों के बीच उत्पादकता वृद्धि की शर्त के साथ ऊँची मजदूरी की सौदेबाजी उत्पादकीय सौदेबाजी कहलाती है। इसमें उत्पादन वृद्धि की शर्त पर उत्पादक श्रमिकों को ऊँची मजदूरी व अन्य सुविधाएँ देने के लिए तैयार हो जाता है।

Productive Potential | उत्पादन क्षमता

उत्पादन क्षमता से अभिप्राय उत्पादन संभावना की उस उच्चतम क्षमता से होता है, जिसे दी हुई तकनीक के द्वारा साधनों के (श्रम व पूँजी आदि) एक समूह की उत्पादन क्षमता का अधिकतम उपयोग करके प्राप्त किया जा सकता है।

Productivity | उत्पादकता

किसी साधन की उत्पादकता उसकी उत्पादन क्षमता का वह माप है जिसके द्वारा उत्पादन प्रक्रिया में साधन आगतों को उत्पादन में परिवर्तित किया जाता है। इस प्रकार उत्पादकता उत्पादन के साधनों व उत्पादन की मात्रा के बीच सम्बन्धों को बताती है।

Profit | लाभ

लाभ वह राशि होती है, जो उत्पादन की प्रक्रिया में प्रयुक्त सभी साधन सेवाओं का भुगतान करने के बाद शेष रहती है। वाकर के अनुसार- ''लाभ दूसरों की अपेक्षा अधिक श्रेष्ठ योग्यता वाले उद्यमी के उत्पादन कार्य का निश्चित प्रतिफल है।'' हॉले के अनुसार- ''लाभ जोखिम का पुरस्कार है।'' क्लार्क, नाइट तथा शुम्पीटर के अनुसार- ''लाभ वह आय है जो प्रावैगिक जगत में अन्तर्निहित

परिवर्तन, अनिश्चितता और संघर्ष से उत्पन्न होती है और प्रतियोगी शक्तियों का विलंबित कार्यकरण, जिसे समाप्त करने का प्रयत्न करता है। इस प्रकार लाभ पूर्णतया पांच प्रावैगिक परिवर्तनों जैसे- जनसंख्या, पूँजी, उत्पादन की तकनीक, व्यापार संगठन के रूप में तथा लोगों की आवश्यकताओं में परिवर्तनों का परिणाम होता है। लाभ पूर्व निर्धारित नहीं होता है। यह ऋणात्मक भी हो सकता है।''

Profit Function | लाभ फलन

लाभ फलन का अभिप्राय लाभ तथा उत्पादन और विज्ञापन, जैसे अन्य चरों के मध्य सम्बन्धों से होता है, जो लाभ के आकार को प्रभावित करते हैं।

Profit Margin | लाभ अभ्यंतर

लाभ अभ्यंतर का अभिप्राय प्रति इकाई उत्पादन लाभ से होता है, जो कीमत के प्रतिशत के रूप में व्यक्त किया जाता है। अर्थात एक उत्पादक शुद्ध लाभ के रूप में जो राशि प्राप्त करता है, उसे लाभ अभ्यंतर कहा जाता है। मुद्रास्फीति काल में इसमें वृद्धि हो जाती है तथा कीमतें कम होने की दशा में यह कम हो जाता है।

Profit Maximisation | लाभ अधिकतमीकरण

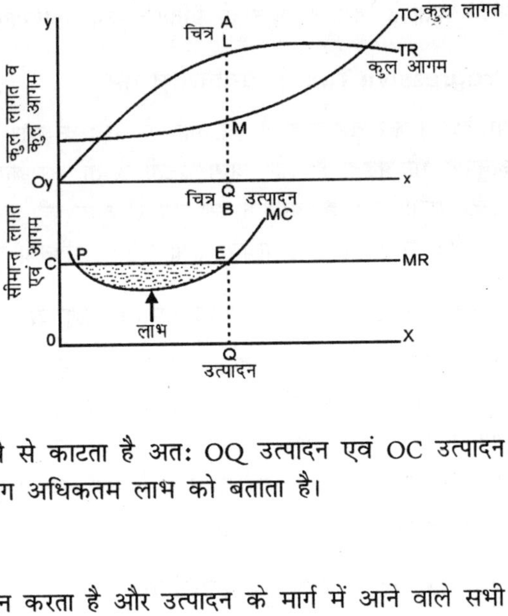

एक दिए गए समय में एक फर्म की कुल लागत व कुल आगम के मध्य अधिकतम संभव अंतर को लाभ अधिकतमीकरण कहते हैं अथवा एक फर्म का लाभ तब अधिकतम होता है, जब सीमान्त लागत (MC) तथा सीमान्त आय (MR) परस्पर बराबर हों तथा सीमान्त लागत वक्र सीमान्त आगम वक्र को नीचे से काटे। चित्र A में OQ उत्पादन पर LM कुल लागत व कुल आगम के अधिकतम अन्तर को बताता है यही उत्पादक की अधिकतम लाभ की स्थिति है। चित्र B में E बिन्दु पर MR = MC है तथा MC वक्र MR वक्र को नीचे से काटता है अतः OQ उत्पादन एवं OC उत्पादन लागत एवं आगम पर PE का छायांकित भाग अधिकतम लाभ को बताता है।

Profit Motive | लाभ उद्देश्य

उद्यमी लाभ के उद्देश्य को लेकर ही उत्पादन करता है और उत्पादन के मार्ग में आने वाले सभी जोखिमों को झेलने के लिए तैयार हो जाता है। दूसरे शब्दों में उत्पादक को उत्पादन लागत से उत्पादन आय अधिक प्राप्त होनी चाहिए ताकि उसे लाभ प्राप्त हो सके।

Profit-Push Inflation | लाभ जनित स्फीति

लागत जनित स्फीति की भाँति लाभ जनित स्फीति भी स्फीति का एक प्रकार है। इसका उदय पूँजीपतियों की स्फीतिक प्रक्रियाओं से होता है क्योंकि पूँजीपतियों के पास राष्ट्रीय आय का एक

बड़ा भाग होता है। अल्पाधिकारिक उत्पादकों द्वारा कीमतों में वृद्धि की जाती है, जिनके पास कीमतों में लचीलेपन की पर्याप्त शक्ति होती है, खास तौर से अल्पकाल में। कीमत वृद्धि के कारण लागतें, ब्याज व लाभ आदि बढ़ जाते हैं। फलस्वरूप लाभ जनित स्फीति का उदय होता है।

Profit Sharing | लाभ विभाजन

एक व्यावसायिक फर्म अपने द्वारा अर्जित लाभ का एक भाग अपने कर्मचारियों में बांट देती है, जो एक प्रेरणादायक कार्य है, क्योंकि इससे श्रमिकों को अधिक मेहनत करने एवं अधिक उत्पादन करने के लिए प्रोत्साहन मिलता है। श्रमिकों व प्रबन्धकों के मध्य अच्छे सम्बन्ध स्थापित होते हैं। इस दृष्टि से लाभ विभाजन की योजना को बहुत अच्छा माना जाता है।

Profit Tax | लाभकर

यह कर फर्म के लाभ पर लगाया जाने वाला कर है। कुछ अर्थशास्त्री इस कर का इसलिए विरोध करते हैं कि इस कर से व्यवसाय की सफलता प्रभावित होती है तथा यह फर्म की व्यावसायिक विफलता के लिए किसी प्रकार की क्षतिपूर्ति नहीं करता है।

Profitability | लाभप्रदता

किसी व्यावसायिक परियोजना में लागतों के ऊपर प्राप्त होने वाली आय की मात्रा को लाभप्रदत्ता कहा जाता है। इसे उत्पादन के प्रतिशत रूप में दिखाया जाता है।

Progressive Tax | प्रगतिशील कर

प्रगतिशील कर वह होता है जो आय में वृद्धि के साथ बढ़ता है। अर्थात आय बढ़ती है तो कर का अनुपात भी बढ़ता है और आय घटती है तो कर का अनुपात भी घटता है। प्रगतिशील कर को अच्छा माना जाता है, क्योंकि इस कर से आय की असमानताएँ कम होती हैं, क्योंकि इस कर का भार धनी व्यक्तियों पर अधिक तथा गरीब व्यक्तियों पर कम पड़ता है।

Prohibitive Tariff | प्रतिबन्धात्मक प्रशुल्क

इस कर का उपयोग शिशु उद्योगों को संरक्षण देने के लिए किया जाता है। शिशु उद्योगों को संरक्षण देने के लिए प्रशुल्क की दरों को इतना बढ़ा दिया जाता है कि आयातित वस्तुएँ इतनी महँगी हो जाती हैं कि उनका आयात धीरे-धीरे कम हो जाता है, घरेलू उद्योगों का उत्पादन बाजार में बिकने लगता है तथा प्रतियोगिता की दृष्टि से विदेशी आयात निष्प्रभावी हो जाता है। इसीलिए ऐसे प्रशुल्क को प्रतिबन्धात्मक प्रशुल्क कहा जाता है।

Proletariat | निर्धनतम श्रमजीवी

निर्धनतम श्रमजीवी वर्ग समाज का एक ऐसा वर्ग होता है, जिसके पास सम्पत्ति नहीं के बराबर होती है। इस वर्ग की यह विशेषता होती है कि इन्हें अपना पेट पालने के लिए मजदूरी पर काम कर अपनी सेवाओं को या श्रम को बेचना आवश्यक होता है। मार्क्सवादियों ने इस वर्ग को शोषित वर्ग के नाम से पुकारा है। उनके अनुसार यह वर्ग सामाजिक क्रांति के द्वारा पूँजीवाद का अंत करके एक मार्क्सवादी समाज का निर्माण करेगा।

Promissory Note | वचन पत्र

व्यवहार प्राधिकार अधिनियम (Negotiable Instrument Act) के अन्तर्गत ऋणदाता को एक वचन पत्र निश्चित मुद्रा व समय में भुगतान के लिए दिया जाता है, जिसमें वचन पत्र में उल्लेखित, आदेश व धारक को ऋण के भुगतान करने का वचन दिया जाता है। विनिमय बिल की भाँति इसमें स्वीकृति की आवश्यकता नहीं होती। यह स्वयं ऋणदाता के द्वारा प्राप्त कर लिया जाता है।

Propensity to Consume | उपभोग प्रवृत्ति

उपभोग प्रवृत्ति या उपभोग फलन आय एवं उपभोग के मध्य सम्बन्धों को बताती है। इसके अनुसार आय में होने वाले परिवर्तनों के कारण उपभोग में किस प्रकार परिवर्तन होते हैं, इसका पता चलता है। उपभोग प्रवृत्ति दो प्रकार की होती है। (i) औसत उपभोग प्रवृत्ति (APC) तथा सीमान्त उपभोग प्रवृत्ति (MPC)। देखें (औसत उपभोग प्रवृत्ति एवं सीमान्त उपभोग प्रवृत्ति)।

Propensity to Import | आयात प्रवृत्ति

आयात प्रवृत्ति आयातों और आयातों के स्तर के मध्य सम्बन्धों को बताती है। किसी देश का समग्र आयात उस देश की राष्ट्रीय आय के स्तर पर निर्भर करता है। आयात प्रवृत्ति भी दो प्रकार की होती है- (i) औसत आयात प्रवृत्ति तथा (ii) सीमान्त आयात प्रवृत्ति।

$$\text{औसत आयात प्रवृत्ति (API)} = \frac{\textit{आयात का कुल मूल्य}}{\textit{राष्ट्रीय आय}}$$

$$\text{सीमान्त आयात प्रवृत्ति (MPI)} = \frac{\textit{आयातों में वृद्धि}}{\textit{राष्ट्रीय आय में वृद्धि}}$$

Propensity to Save | बचत प्रवृत्ति

बचत प्रवृत्ति उपभोक्ता की आय और बचत के मध्य सम्बन्धों को बताती है। बचत आय का वह भाग होती है जो व्यय न की जाकर बचा ली जाती है। बचत प्रवृत्ति भी दो प्रकार की होती है- (i) औसत बचत प्रवृत्ति (APS) तथा (ii) सीमान्त बचत प्रवृत्ति (MPS)। देखें औसत बचत प्रवृत्ति तथा सीमान्त बचत प्रवृत्ति।

Property | सम्पत्ति

(i) इंग्लैण्ड के विधिक शब्दों में भूमि व भवनों को वास्तविक सम्पत्ति माना जाता है। सम्पत्ति देश के पूँजीगत स्टॉक के महत्वपूर्ण भाग का निर्माण करती है। (ii) साधनों के निजी वैयक्तिक या संगठनों के स्वामित्व को सम्पत्ति कहते हैं। उपरोक्त अर्थों में इसके अन्तर्गत प्रतिभूतियों तथा बौद्धिक सम्पत्ति जैसे पेटेन्ट आदि को भी सम्मिलित किया जाता है। सम्पत्ति आय वह होती है, जो साधनों से प्राप्त होती है।

Property Developer | सम्पत्ति विस्तारक

कोई व्यक्ति या संस्था या फर्म जो सम्पत्ति की खरीद-फरोख्त, सम्पत्ति के उपयोग में परिवर्तन, सुधार या नई सम्पत्ति के निर्माण के उद्देश्य से करते हैं, सम्पत्ति विस्तारक कहलाते हैं। सम्पत्ति का विस्तार करना एक जोखिम का कार्य होता है, क्योंकि कुछ तो सम्पत्ति बाजार की कीमत वृद्धि का

दायित्व व कुछ परियोजनाओं के उपयोग में परिवर्तन तथा नए भवनों के बारे में स्वीकृति की अनिश्चितता की जोखिम बनी रहती है।

Property Income | सम्पत्ति आय

किसी भी सम्पत्ति के स्वामित्व से प्राप्त आय को सम्पत्ति आय कहते हैं। इसके अन्तर्गत किराया, लगान, लाभांश तथा ब्याज आदि से प्राप्त आय को सम्मिलित किया जाता है। यह अनार्जित आय होती है। यह रोजगार से प्राप्त आय से भिन्न होती है। स्वरोजगार से प्राप्त आय अर्जित व सम्पत्ति आय का मिश्रण होती है।

Property Income from Abroad | विदेशों से प्राप्त सम्पत्ति आय

प्रवासियों के द्वारा किराया, लाभांश व ब्याज आदि जो विदेशों से प्राप्त होता है, किसी देश की विदेशों से प्राप्त सम्पत्ति आय कहलाती है। यह सम्पत्ति आय प्रवासियों के द्वारा अप्रवासियों को चुकाई गई आय को घटाने के बाद प्राप्त होती है।

Property Market | सम्पत्ति बाजार

वह प्रणाली जिसके द्वारा भूमि व भवनों की सम्पत्ति को बेचा या खरीदा जाता है, सम्पत्ति बाजार कहलाता है। इस बाजार के लिए कोई केन्द्रीय संस्थान नहीं होता, जो किसी अनौपचारिक कार्यप्रणाली के अन्तर्गत सम्पत्ति के प्रतिनिधि के रूप में या अन्य विशिष्ट मध्यवृत्ति के रूप में कार्य करता हो।

Property Rights | सम्पत्ति अधिकार

ये अधिकार स्वीकृति द्वारा साधनों के उपयोग से संबंधित होते हैं। अर्थात वस्तुओं और सेवाओं का उपयोग स्वीकृति द्वारा होता है। किसी भी· सम्पत्ति का स्वामित्व निम्नांकित अधिकारों से संबंधित होता है- साधन का उपयोग, उसके स्वरूप में परिवर्तन व गुणों में परिवर्तन तथा विक्रय के द्वारा अधिकारों का हस्तान्तरण आदि। किसी सम्पत्ति का स्वामित्व बन्धन मुक्त नहीं होता क्योंकि कुछ प्रतिबन्ध कानून या निजी समझौतों के द्वारा लगाए जाते हैं।

Property Tax | सम्पत्ति कर

सम्पत्ति कर वह होता है जो भूमि एवं भवनों के स्वामित्व पर लगाया जाता है। नगरपालिका, नगरपरिषद एवं नगर निगम इस प्रकार के कर लगाते हैं। यह स्थानीय निकायों व सरकार की आय का प्रमुख स्रोत होता है।

Proportionate Tax | आनुपातिक कर

आनुपातिक कर वह होता है, जो आय के स्तर को ध्यान में रखे बिना सभी आय वर्ग के लोगों पर समान या आनुपातिक दर से लगाया जाता है। अर्थात आय के सभी स्तरों पर कर की दर समान रहती है। यह कर अमीरों की अपेक्षा गरीब लोगों पर अधिक भार डालता है। इसीलिए प्रगतिशील कर की तुलना में इसे अच्छा नहीं माना जाता।

Prospectus | विवरणिका

(i) जब कोई शिक्षण संस्था अपने अधीन संचालित शैक्षिक पाठ्यक्रमों का प्रकाशन विद्यार्थियों के लिए करती है तो इसे विवरणिका कहते हैं। (ii) जब कोई कंपनी स्टॉक विनिमय बाजार में अपने

शेयरों का पहला सार्वजनिक निर्गम देना चाहती है तब उस कंपनी को एक प्रपत्र प्रकाशित करना पड़ता है, जिसमें कंपनी की वर्तमान दशा एवं भावी विकास की संभावनाओं को प्रकट किया जाता है। इसी प्रपत्र को भी विवरणिका कहते हैं।

Protective Duty | संरक्षणात्मक कर

संरक्षण कर या प्रतिबन्धात्मक प्रशुल्क वह होता है जो सरकार द्वारा घरेलू उद्योगों को विदेशी वस्तुओं से संरक्षण देने के लिए लगाया जाता है। देखें- प्रतिबन्धात्मक प्रशुल्क।

Public Debt | सार्वजनिक ऋण

सार्वजनिक ऋण वह होता है, जो सरकार द्वारा लिया जाता है। अर्थात सार्वजनिक ऋणों में राष्ट्रीय ऋण, स्थानीय ऋण तथा सार्वजनिक निगमों द्वारा लिए गए ऋण सम्मिलित होते हैं। इसे आंतरिक ऋण भी कहते हैं जबकि विदेशी सरकारों, संस्थाओं व नागरिकों द्वारा लिए गए ऋणों को बाह्य ऋण कहते हैं।

Public Enterprise | सार्वजनिक उपक्रम

सार्वजनिक उपक्रम वह होता है, जिसमें सरकार स्वयं वस्तुओं और सेवाओं के उत्पादन व विक्रय सम्बन्धी कार्य करती है। ऐसे उपक्रम का सम्पूर्ण स्वामित्व एवं नियंत्रण सरकार के हाथों में होता है। ऐसे उपक्रमों का मूल उद्देश्य लाभ कमाना न होकर सामाजिक कल्याण होता है।

Public Expenditure | सार्वजनिक व्यय

केन्द्र, राज्यों व स्थानीय सरकारों के समस्त व्यय, जो नागरिकों की सुरक्षा, विकास एवं कल्याण की वृद्धि के लिए किया जाता है, उसे सार्वजनिक व्यय कहा जाता है। यह दो प्रकार से होता है। (A) राजस्व व्यय (Revenue Expenditure) इसे चालू व्यय भी कहते हैं। यह सरकार की चालू आवश्यकताओं को पूरा करने के लिए किया जाता है, न कि स्थाई परिसम्पत्तियों के निर्माण में। यह व्यय भी दो प्रकार का होता है- विकास व्यय और गैर विकास व्यय। (B) पूँजीगत व्यय (Capital Expenditure) यह व्यय परिसम्पत्तियों के निर्माण व आर्थिक विकास हेतु किया जाता है। यह भी दो प्रकार का होता है- विकासमूलक पूँजीगत व्यय और गैर-विकास मूलक पूँजीगत व्यय।

Public Finance | लोक वित्त या राजस्व

सार्वजनिक वित्त अर्थशास्त्र की वह शाखा है जो सार्वजनिक संस्थाओं की आय तथा व्यय से संबंधित है। यह सरकार की वित्तीय क्रियाओं, सिद्धान्तों एवं विधियों का अध्ययन है। इसके अन्तर्गत यह देखा जाता है कि सार्वजनिक संस्थाएँ किस प्रकार से आय प्राप्त करती हैं तथा किस प्रकार से इसे व्यय करती हैं और किस प्रकार आय तथा व्यय में सामंजस्य स्थापित करती हैं। इस प्रकार लोक-वित्त या सार्वजनिक वित्त या राजस्व सरकार के आर्थिक व्यवहार का क्रमानुसार तथा वर्णनात्मक अध्ययन है, जिसके अन्तर्गत निम्नांकित विषयों का अध्ययन किया जाता है- (i) सार्वजनिक आय (Public Revenue), (ii) सार्वजनिक व्यय (Public Expenditure) (iii) सार्वजनिक ऋण (Public Debt), (iv) वित्तीय प्रशासन (Financial Administration) तथा (v) संघीय वित्त व्यवस्था (Federal Finance)। इस प्रकार सरकार के आय-व्यय के अलावा राजस्व के क्षेत्र में लेखा परीक्षण तथा वित्तीय नियंत्रण का भी समावेश होता है।

Public Goods | सार्वजनिक वस्तुएँ

ऐसी वस्तुएँ जिनका सम्बन्ध समस्त समाज या समुदाय से होता है सार्वजनिक वस्तुएँ कहलाती हैं। इन वस्तुओं के उपयोग से किसी को वंचित नहीं किया जा सकता। सार्वजनिक वस्तुओं व सेवाओं के अन्तर्गत सड़क, विद्युत, पुलिस, राष्ट्रीय सुरक्षा आदि आते हैं। जो वस्तु एक से अधिक व्यक्तियों द्वारा किसी समय में उपयोग में लाई जाती हो, उसे भी सार्वजनिक वस्तु कहते हैं।

Public Issue | सार्वजनिक निर्गम

एक कंपनी द्वारा पूर्व निश्चित कीमत पर विज्ञापित सामान्य जनता को अपने नवीन अंशों (Shares) को सीधे देने के प्रस्ताव को सार्वजनिक निर्गम कहा जाता है।

Public Procurement | सार्वजनिक प्राप्ति या खरीद

सभी सरकारी स्तरों पर सार्वजनिक क्षेत्र के द्वारा वस्तुओं और सेवाओं की खरीद या प्राप्ति को सार्वजनिक खरीद या प्राप्ति कहा जाता है। इसके अन्तर्गत सुरक्षा, कानून और व्यवस्था, शिक्षा, स्वास्थ्य तथा अन्य सार्वजनिक सेवाओं को सम्मिलित किया जा सकता है।

Public Revenue | सार्वजनिक आय या राजस्व

विस्तृत रूप में सार्वजनिक राजस्व को सार्वजनिक प्राप्तियाँ (Public Receipts) कहते हैं। डाल्टन के अनुसार सार्वजनिक प्राप्तियों में सार्वजनिक राजस्व के अलावा सार्वजनिक ऋण तथा सार्वजनिक परिसम्पत्तियों की बिक्री से प्राप्त राशियों को, जैसे युद्ध स्टोर्स की बिक्री की राशियों को शामिल किया जाता है। डाल्टन ने सार्वजनिक आय के बारह रूप बताए हैं- (i) कर राजस्व (ii) भेंट व हर्जाने (iii) अनिवार्य ऋण (iv) मुद्रा में चुकाए जाने वाले जुर्माने (v) भू-राजस्व (vi) सार्वजनिक उपक्रमों से प्राप्त राशियाँ (vii) सेवाओं का शुल्क (viii) सार्वजनिक ऋण (ix) एकाधिकारी कीमतों से आय (x) विशेष निर्धारणों से प्राप्त आय (xi) नवीन मुद्रा निर्गम (xii) स्वैच्छिक भेंट से प्राप्त आय। इन स्रोतों को मुख्य चार भागों में बाँटकर सार्वजनिक प्राप्तियों का अध्ययन किया जाता है- (i) कर (Taxes) (ii) व्यावसायिक राजस्व (Commercial Revenues) (iii) प्रशासनिक राजस्व (Administrative Revenues) तथा (iv) अनुदान व भेंट (Grants and Gifts)।

Public Sector | सार्वजनिक क्षेत्र

सार्वजनिक क्षेत्र का अभिप्राय उस क्षेत्र से होता है, जिसका स्वामित्व, प्रबन्धन, संचालन एवं नियंत्रण सरकार या सावर्जनिक सत्ता के हाथों में होता है। इस क्षेत्र में प्रत्यक्ष सरकारी उपक्रम, राष्ट्रीयकृत उद्योग, बैंक व सार्वजनिक निगम आदि को सम्मिलित किया जाता है। इस क्षेत्र में सरकार स्वयं उद्यमी के रूप में आकर काम करती है।

Public Utility | सार्वजनिक उपयोगिता

कोई कंपनी, फर्म व उद्यम जो कुछ आवश्यक वस्तुओं व सेवाओं के एकमात्र प्रमुख आपूर्तिकर्ता होते हैं, परिणामस्वरूप इन पर सरकारी नियंत्रण भी होता है। जैसे- जल आपूर्ति, विद्युत आपूर्ति, गैस तथा संचार सेवाओं की आपूर्ति इसके अन्तर्गत आती हैं। इन वस्तुओं और सेवाओं पर सरकार प्रत्यक्ष स्वामित्व व राष्ट्रीयकरण के द्वारा नियंत्रण स्थापित कर सकती है।

Public Works | सार्वजनिक निर्माण

सार्वजनिक निर्माण सार्वजनिक विनियोग परियोजनाओं से सम्बन्धित होता है। इसके अन्तर्गत, पुल, सड़क, स्कूल, अस्पताल आदि आते हैं। बेरोजगारी के समय सार्वजनिक निर्माण के कार्य अधिक से अधिक करवा कर सरकार जनता को रोजगार देने का प्रयास करती है।

Pump Priming Spending | समुद्दीपन व्यय

समुद्दीपन व्यय वह सरकारी व्यय होता है, जो सरकार के द्वारा आर्थिक क्रियाओं को प्रोत्साहित करने तथा अर्थव्यवस्था को स्वयंस्फूर्त करने के लिए अस्थाई रूप से किया जाता है। प्रो. कीन्ज ने अर्थव्यवस्था में व्याप्त मंदी एवं बेरोजगारी को दूर करने के लिए इस प्रकार के व्यय का सुझाव दिया था क्योंकि इस प्रकार के व्यय से अर्थव्यवस्था का पुनरुत्थान करने में सहायता मिलती है तथा अर्थव्यवस्था बिना सरकारी व्यय के आर्थिक विकास की ओर अग्रसर हो सकती है।

Punter | शेयर नाविक

शेयर नाविक स्टॉक विनिमय बाजार का एक ऐसा सट्टेबाज होता है, जो जल्दी-जल्दी सौदे करके त्वरित लाभ कमाने का प्रयास करता है।

Purchase Tax | क्रय कर

क्रय कर एक अप्रत्यक्ष कर (Indirect Tax) होता है इसे एक मुश्तकर (Advalorem Tax) भी कहते हैं। यह कर विभिन्न प्रकार की वस्तुओं के थोक मूल्यों (Wholesale Prices) पर भिन्न-भिन्न प्रतिशत दरों के अनुसार लगाया जाता है।

Purchasing Power Parity Theory | क्रयशक्ति समता सिद्धान्त

अपरिवर्तनशील कागजी मुद्रा (Inconvertible Paper Money) वाले देशों के बीच विनिमय दर निर्धारित करने के लिए प्रो. गुस्ताव कैसल, जो स्वीडन के प्रसिद्ध अर्थशास्त्री हैं, ने 1920 में इस सिद्धान्त को विकसित किया था। इस सिद्धान्त के अनुसार दो अपरिवर्तनशील कागजी मुद्राओं के बीच विनिमय दर, उनकी क्रय शक्तियों की समता द्वारा निर्धारित होती है। प्रो. कुरिहारा के अनुसार- ''स्वायत्त कागजी मानों (Autonomus Paper Standard) की प्रणाली में एक चलन मुद्रा (Currency) का बाह्य मूल्य अंततः और आवश्यक रूप से दूसरी चलन मुद्रा के सापेक्ष उस चलन मुद्रा की घरेलू क्रय शक्ति पर निर्भर करता है।'' अर्थात दो देशों के बीच विनिमय दर को उनके सापेक्ष कीमत स्तर पर निर्धारित करते हैं। जैसे- माना कि अमेरिका व भारत में X वस्तु का मूल्य क्रमशः 1 डॉलर व 50 रुपया है। तब डॉलर व अमेरिका के बीच, विनिमय दर 1 डॉलर = 50 रुपया होगी। यह दर दोनों देशों में अपनी-अपनी मुद्राओं की सापेक्षिक आंतरिक क्रय शक्ति के द्वारा निर्धारित होती है।

Pure Competition | शुद्ध प्रतियोगिता

निम्नांकित तीन विशेषताएँ मिलकर बाजार के विक्रेता पक्ष को पूर्ण बनाती हैं, इसे ही **शुद्ध प्रतियोगिता** कहते हैं। अमेरिकी अर्थशास्त्री प्रो. चैम्बरलिन इसे पूर्ण प्रतियोगिता से भिन्न समझते हैं। यद्यपि यह भिन्नता निरपेक्ष न होकर सापेक्ष एवं केवल आंशिक होती है।

शुद्ध प्रतियोगिता की प्रमुख विशेषताएँ-

(i) असंख्य क्रेता एवं विक्रेता (ii) समरूप उत्पादन तथा (iii) फर्मों का स्वतंत्र प्रवेश एवं बहिर्गमन।

चैम्बरलिन के अनुसार जब बाजार का क्रेता पक्ष भी मजबूत बन जाता है, तो बाजार शुद्ध प्रतियोगी से पूर्ण प्रतियोगी हो जाता है तथा निम्न विशेषताओं का समावेश हो जाता है- (i) बाजार का पूर्ण ज्ञान (ii) साधनों की गतिशीलता तथा (iii) परिवहन व विक्रय लागतों का अभाव (iv) पूर्णतः लोचदार मांग वक्र व (v) क्रेताओं और विक्रेताओं का स्वतंत्र व्यवहार। (देखें-पूर्ण प्रतियोगिता)।

Pure Interest | शुद्ध ब्याज

शुद्ध ब्याज कुल ब्याज (Gross Interest) का एक अंग है। जो केवल पूँजी या ऋण के लिए पुरस्कार के रूप में चुकाया जाता है।

Pure Profit | शुद्ध लाभ

कुल आगम में से स्पष्ट लागतों (Explicit Costs) तथा अस्पष्ट लागतों (Implicit Costs) दोनों को घटाने के पश्चात् जो शेष बचता है, उसे 'आर्थिक लाभ' (Economic Profit) या 'शुद्ध लाभ' कहते हैं।

Pyramid Selling | विक्रय शुन्डाकार स्तम्भ

शुंडाकार विक्रय स्तम्भ उस विक्रय प्रणाली को बताता है, जिसमें लोग अपने उत्पाद को बेचने के अधिकार को खरीद लेते हैं। इस अधिकार के अनुसार पुनर्बिक्री किसी दूसरे व्यक्ति को ऊँची कीमत पर की जाती है। फलस्वरूप लाभार्जन होता है। उत्पाद के विक्रय को त्वरित रूप से आगे बढ़ाने के लिए भागीदारों का एक समूह बन जाता है, जिससे विक्रय शुन्डाकार स्तम्भ का निर्माण होता है।

Peril Point | संकट बिन्दु

यह वह बिन्दु है, जिसके पश्चात प्रशुल्क (Tariff) दरों में कमी करना घरेलू अर्थव्यवस्था के लिए घातक हो जाता है, इसीलिए इसे संकट बिन्दु कहते हैं।

Physical Planning | भौतिक नियोजन

भौतिक नियोजन का सम्बन्ध पदार्थों, मशीनों व मनुष्यों से होता है। इसीलिए इसे भौतिक नियोजन कहते हैं। इस प्रकार के भौतिक नियोजन में विकास एवं उत्पादन के लक्ष्य अर्थव्यवस्था में उपलब्ध संसाधनों एवं आवश्यकताओं के अनुसार होते हैं। इस नियोजन में साधनों का आबंटन एवं उत्पादन की मात्रा का निर्धारण इस प्रकार से होता है कि आय एवं रोजगार के स्तर को अधिकतम किया जा सके तथा अर्थव्यवस्था द्रुत गति से आगे बढ़ सके।

Q

Q Theory | क्यू सिद्धान्त

यह विनियोग से सम्बन्धित एक सिद्धान्त है, जिसका प्रतिपादन प्रो. जे. टोबिन्स ने किया था। इस सिद्धान्त में इस तथ्य पर बल दिया गया है कि जब संसाधन पुनर्स्थापन लागत (Replacement Cost) पर उपलब्ध हों तो विनियोग की दर अधिक ऊँची होगी। संसाधनों की पुनर्स्थापन लागत व साधन मूल्य के अनुपात को 'q' सिद्धान्त कहा जाता है। जब एक फर्म के साधनों का मूल्य फर्म के भावी लाभ की आशा व संसाधन पुनर्स्थापन लागत के बराबर हो तो विनियोग में वृद्धि होती है। इस प्रकार जब 'q' इकाई से अधिक (>1) हो तो फर्म भविष्य में अपने विस्तार की आशा रखेगी। यदि 'q' इकाई से कम (<1) हो तो फर्म अपने विनियोग को घटा देगी।

Qualitative Credit Controls | गुणात्मक साख नियंत्रण

बैंक साख को नियंत्रित एवं नियमित करने के लिए देश का केन्द्रीय बैंक दो प्रकार के उपायों का उपयोग करता है- प्रथम गुणात्मक साख नियंत्रण उपायों को चयनात्मक साख नियंत्रण उपाय (Selective Credit Controls) भी कहते हैं। इन उपायों का उद्देश्य बैंक साख व अग्रिमों को नियंत्रित करते हुए विशेष वांछित दिशाओं की ओर प्रवाहित करना होता है। अर्थात इन नियंत्रणों का उद्देश्य साख के गुण या उपयोग को सीमा निर्धारण, साख नियमन, साख राशनिंग, नैतिक दबाव, प्रचार तथा प्रत्यक्ष कार्यवाही जैसे नियंत्रणों द्वारा नियमित व नियंत्रित करना है।

Quality Control | किस्म नियंत्रण

जब उद्योग में बड़े पैमाने का उत्पादन होता है तो वहाँ वस्तु की किस्म या गुण नियंत्रण को सुनिश्चित करना अति आवश्यक हो जाता है। इसे सांख्यिकी भाषा में गुण नियंत्रण पद्धति भी कहते हैं। इस पद्धति में उत्पादित वस्तु के स्टॉक में से पूर्वाग्रह रहित होकर न्यादर्श (Samples) लेकर उनकी गहन जांच होती है तथा जो परिणाम आते हैं, उनके आधार पर यह तय किया जाता है कि उत्पादित वस्तु के गुण उत्पादन योग्य हैं अथवा नहीं।

Quality Costs | किस्म लागतें

कई कार्यों में मुद्रा का विस्तार अस्पष्ट लागतों (Explicit Costs) के आधार पर होता है। इनको फर्म के द्वारा सार्वजनिक लेखा प्रतिवेदनों में संधारित किया जाता है। जैसे आय व लाभ विवरण आदि।

Quality Ladder | किस्म सीढ़ी

यह उत्पादन की वृद्धि का सिद्धान्त है, जिससे फर्में अपने उत्पादन की किस्म में सीढ़ी दर सीढ़ी सुधार करती हैं। इस तरीके से उत्पादन को अधिक विश्वसनीय बनाने एवं विशिष्टता व डिजाइन में

सुधार किए जाते हैं। वस्तु उत्पादन को सस्ता, सुन्दर और टिकाऊ बनाकर उपभोक्ताओं को अधिकाधिक संतुष्टि प्रदान करने का प्रयास किया जाता है। इस प्रकार किस्म सुधार सीढ़ी घरेलू उत्पादन वृद्धि की चाबी का काम करती है।

Quality Standards | किस्म प्रमाप

यह वस्तुओं की किस्म का न्यूनतम प्रमाप होता है, जो सरकार, निकायों व व्यापारिक संगठनों के द्वारा निर्धारित होता है। इन प्रमापों के द्वारा उपभोक्ताओं को वस्तु की किस्म व टिकाऊपन का विश्वास दिलाया जाता है तथा संरक्षण दिया जाता है। संकट के समय सुरक्षा प्रदान की जाती है।

(Quangos) Quasi Autonomous Non Government Organisations | अर्द्ध या आभास स्वचालित गैर सरकारी संगठन

ये ऐसे संगठन होते हैं, जो सरकार द्वारा अपने आंशिक दायित्वों से बचने के लिए निर्मित किए जाते हैं। ये मंडल (Boards), आयोग (Commissions), प्राधिकरण (Authorities) तथा एजेन्सीज के रूप में होते हैं तथा सरकार के सामान्य विभागीय ढाँचे के बाहर कार्य करते हैं।

Quantitative Credit Controls | परिमाणात्मक साख नियंत्रण

व्यापारिक बैंकों की साख विस्तार एवं साख संकुचन की गतिविधियों को नियमित एवं नियंत्रित करने हेतु देश का केन्द्रीय बैंक गुणात्मक साख नियंत्रण की भांति परिमाणात्मक साख नियंत्रण विधियाँ अपनाता है। इसका उद्देश्य साख की मात्रा को नियंत्रित करना होता है। इन विधियों से केन्द्रीय बैंक ऋण एवं अग्रिमों की मात्रा को नियमित करता है। इन विधियों में बैंक दर, परिवर्तनशील नकद जमा अनुपात (CRR), वैधानिक तरलता अनुपात (SLR), खुले बाजार की क्रियाएँ (OMO) तथा साख मॉनिटरिंग व्यवस्था (CMA) प्रमुख हैं।

Quantitative Economics | परिमाणात्मक अर्थशास्त्र

परिमाणात्मक अर्थशास्त्र एक वैकल्पिक शब्द है, जो समष्टि अर्थशास्त्र (Macro Economics) के लिए प्रयुक्त होता है।

Quantitative Import Restrictions Quotas | परिमाणात्मक आयात प्रतिबन्ध अभ्यंश

ये प्रतिबन्ध एक निश्चित समयावधि में आयात की जाने वाली भौतिक वस्तुओं की मात्रा पर प्रत्यक्ष रूप से लगाए जाते हैं। परिमाणात्मक प्रतिबन्ध अपनाने वाले देश प्रायः लाइसेंसिंग व अभ्यंश प्रणाली का उपयोग करते हैं। आयात लाइसेंसिंग विभिन्न प्रकार की अभ्यंश प्रणालियों को लागू करने की विधि है। इस प्रणाली के अन्तर्गत आयात की जाने वाली वस्तु की मात्रा अभ्यंश प्रणाली के आधार पर निर्धारित की जाती है, तब आयात की जाने वाली वस्तुओं की विशिष्ट मात्राओं के लिए सरकार द्वारा आयात लाइसेंस जारी किए जाते हैं। आयात अभ्यंश का उद्देश्य विदेशी प्रतियोगिता से घरेलू उद्योगों का संरक्षण तथा भुगतान शेष में असंतुलन को ठीक करने के लिए आयात का प्रतिबन्ध और नियमन करना है। आयात अभ्यंश पांच प्रकार के होते हैं– प्रशुल्क अभ्यंश, एकपक्षीय अभ्यंश, बहुपक्षीय अभ्यंश, मिश्रित अभ्यंश तथा आयात लाइसेंसिंग।

Quantity Discounts | परिमाण बट्टा

यह कीमतों में कमी के रूप में होता है, जो वस्तुओं की मात्रा की खरीद से सम्बन्धित होता है।

Quantity Index | परिमाण सूचकांक

किसी आधार तिथि (Base Date) पर उत्पादित वस्तु मूल्य एवं चालू तिथि (Current Date) पर उत्पादित वस्तु मूल्यों के परिवर्तन को बताने वाले सूचकांकों को परिमाण या मात्रा सूचकांक कहा जाता है।

Quantity Relative | परिमाणानुपात या मात्रानुपात

यह चालू वर्ष व आधार वर्ष में बेची गई या उपयोग में लाई गई वस्तुओं की मात्रा के अनुपात को बताता है। सूत्र रूप में–

$$\text{(QR) मात्रानुपात} = \frac{q_1}{q_2} \times 100 \text{ अर्थात } \frac{\text{चालू वर्ष की मात्रा}}{\text{आधार वर्ष की मात्रा}} \times 100$$

Quantity Theory of Money | मुद्रा परिमाण सिद्धान्त

प्रतिष्ठित अर्थशास्त्रियों ने कीमत स्तर के परिवर्तनों के लिए मुद्रा की मात्रा में होने वाले परिवर्तनों को प्रमुख कारण माना था। अर्थात जिस अनुपात में मुद्रा की मात्रा में परिवर्तन होता है उसी अनुपात में कीमत स्तर में परिवर्तन होता है। यदि मुद्रा की मात्रा पहले से दुगुनी हो जाती है तो कीमत स्तर भी पहले से बढ़कर दुगुना हो जाएगा और मुद्रा मूल्य घटकर आधा हो जाएगा। इसके विपरीत यदि मुद्रा की मात्रा पहले से घटकर आधी हो जाती है तो कीमत स्तर भी पहले से घटकर आधा हो जाएगा तथा मुद्रा मूल्य बढ़कर दुगुना हो जायेगा। इस सिद्धान्त का प्रतिपादन डेविड ह्यूम ने 1952 में किया। रिकार्डो व मिल आदि अर्थशास्त्रियों ने इसका समर्थन किया। किन्तु 1911 में प्रो. इरविंग फिशर ने सौदों के लेन–देन के दृष्टिकोण का विस्तृत विवेचन कर मुद्रा परिमाण सिद्धान्त को काफी लोकप्रिय बना दिया। मुद्रा परिमाण सिद्धान्त के दो रूप हैं– (i) सौदों का दृष्टिकोण (Transaction Approach) तथा (ii) नकद शेष दृष्टिकोण (Cash Balance Approach) प्रथम इरविंग फिशर व द्वितीय कैम्ब्रिज विचारधारा से जुड़ा हुआ है।

Quasi Money | अर्द्ध या आभास मुद्रा

अर्द्ध या आभास मुद्रा को निकट मुद्रा (Near Money) भी कहा जाता है। यह वह मुद्रा होती है, जो वैधानिक रूप से मुद्रा नहीं होती, परन्तु समस्त व्यापारिक उद्देश्यों की पूर्ति के लिए इसका उपयोग होता है तथा इसे मुद्रा के रूप में स्वीकार किया जाता है। इसके अन्तर्गत बिल, बॉण्ड, ऋणपत्र व चेक आदि सम्मिलित किए जाते हैं।

Quasi Rent | अर्द्ध या आभास लगान

आभास लगान का विचार सर्वप्रथम मार्शल द्वारा प्रतिपादित किया गया, जिसके अनुसार मनुष्य द्वारा निर्मित मशीनों तथा अन्य यंत्रों की पूर्ति अल्पकाल में स्थिर या बेलोचदार होती है तथा दीर्घकाल में परिवर्तनशील या लोचदार। चूंकि इन पूँजीगत साधनों की पूर्ति भूमि की भाँति दीर्घकाल में स्थिर नहीं होती, इसलिए उनसे प्राप्त आय को लगान नहीं कहा जा सकता, किन्तु अल्पकाल में इन साधनों की पूर्ति स्थिर होने से इन साधनों की आय लगान की भाँति होती है, जिसे मार्शल ने आभास लगान कहा है। इस प्रकार आभास लगान अल्पकालीन लागत के ऊपर एक प्रकार की अल्पकालीन बचत है। सूत्र रूप में इसे इस प्रकार समझ सकते हैं–

आभास लगान = कुल आय (TR) – कुल परिवर्तनशील लागत AVC

अथवा आभास लगान = (उत्पादन × औसत कीमत) – (उत्पादन × कुल परिवर्तनशील लागत)

अथवा आभास लगान = उत्पादन × (AR – AVC)

Queen's Award for Industry | उद्योग के लिए रानी का उपहार

यह वह उपहार है जो इंग्लैण्ड की महारानी के द्वारा उद्योग व कृषि क्षेत्र में मार्गदर्शक एवं विशिष्ट सेवाएँ देने पर लोगों को दिया जाता है। इस उपहार का प्रारम्भ 1966 में उत्पादन में विशिष्ट सुधारों द्वारा उत्पादन की तकनीक में परिवर्तन के उद्देश्य से हुआ था। जो उद्योग या फर्में दूसरे उद्योग या फर्मों की अपेक्षा अधिक विशिष्ट कार्य कर स्वयं को तकनीक या निर्यातों में महारत हासिल करते हैं, उन्हें यह उपहार देकर सम्मानित किया जाता है। यह उपहार महारानी के जन्मदिन पर दिया जाता है। उपहार विजेता फर्में अपने उपहार का प्रदर्शन एलबम या अपनी वस्तुओं पर या पैकिंग के सामान पर या स्टेशनरी आइटम पर कर सकती हैं।

Questionaire | प्रश्नावली

सर्वेक्षण या शोध से जुड़े प्रत्यक्ष या अप्रत्यक्ष प्रश्नों की सूची को प्रश्नावली कहा जाता है। किसी भी शोध से सम्बन्धित प्राथमिक समंकों (Datas) को एकत्रित करने हेतु शोधकर्ता द्वारा पहले से ही प्रश्नावली तैयार कर ली जाती है, जिसे उत्तरदाताओं को जो उसके शोध क्षेत्र में आते हैं, देकर भरवाई जाती है तथा शोध से सम्बन्धित प्रश्नों का उत्तर देकर शोधकार्य में उत्तरदाता अपना सहयोग प्रदान करते हैं।

Quick Assets | त्वरित परिसम्पत्तियाँ

त्वरित परिसम्पत्तियाँ ऐसी परिसम्पत्तियां होती हैं जिनकी प्रकृति तरल परिसम्पत्तियों जैसी होती है और जिन्हें सरलता से नकदी में बदला जा सकता है।

Quick Assets-Ratio | त्वरित परिसम्पत्ति अनुपात

तरल परिसंपत्तियों व चालू दायित्व या देनदारियों के बीच अनुपात को त्वरित परिसम्पत्ति अनुपात कहते हैं। सीमित अर्थों में यह तरल परिसम्पत्तियों व चालू देनदारियों के बीच अनुपात है। तरल परिसम्पत्तियों में नकदी, अल्पकालीन निवेश जिसकी प्राप्ति शीघ्रता से हो, जहां ऋणों के डूबने की आशंका हो। इसमें स्टॉक को सम्मिलित नहीं किया जाता, इसकी शीघ्र प्राप्ति नहीं हो सकती।

Quota | अभ्यंश

जब आयातों पर मात्रात्मक प्रतिबन्ध लगाए जाते हैं तो इसे अभ्यंश विधि कहते हैं। इसके अन्तर्गत आयातित वस्तु की मात्रा को नियंत्रित करने हेतु वैधानिक प्रतिबन्ध लगाया जाता है। यह घरेलू उद्योगों को विदेशी उद्योगों से प्रतियोगिता में संरक्षण देने का सबसे प्रभावशाली उपाय माना जाता है। यद्यपि प्रशुल्क नीति भी घरेलू उद्योगों को संरक्षण देने के लिए अपनाई जाती है, किन्तु दोनों उपायों के प्रभाव अलग-अलग होते हैं- अभ्यंश आयातित वस्तु की पूर्ति को प्रत्यक्ष रूप से कम करता है और अप्रत्यक्ष रूप में उसके मूल्य को बढ़ाता है, जबकि प्रशुल्क प्रत्यक्ष रूप में आयातित वस्तु की कीमत में वृद्धि करता है और अप्रत्यक्ष रूप में वस्तु की आपूर्ति को कम करता है।

Quoted Company | उद्धर्णित कम्पनी

उद्धर्णित कम्पनी वह होती है, जिसके अंशों (Shares) के मूल्य स्टॉक विनिमय बाजार में सूचीबद्ध होते हैं।

Quoted Price | उद्धर्णित कीमत

किसी अंश (Share) के बाजार मूल्य या आधिकारिक चालू कीमत को उद्धर्णित कीमत कहते हैं। उद्धर्णित कीमतों को स्टॉक विनिमय बाजार में निवेशकों की सामान्य जानकारी के लिए अखबारों में प्रकाशित भी किया जाता है।

R

Radcliffe Report | रेडक्लिफ प्रतिवेदन

लॉर्ड रेडक्लिफ की अध्यक्षता में 1959 में मौद्रिक प्रणाली की क्रियाशीलता पर गठित समिति द्वारा जो प्रतिवेदन प्रकाशित हुआ, उसे 'रेडक्लिफ प्रतिवेदन' के नाम से जाना जाता है। इस प्रतिवेदन का यह निष्कर्ष था कि मौद्रिक नीति के अन्तर्गत मुद्रा की मात्रा की अपेक्षा मौद्रिक प्रणाली की तरलता के नियमन को प्राथमिकता देनी चाहिए। इस प्रतिवेदन पर यह विचार व्यक्त किया गया कि मुद्रा पूर्ति में होने वाला परिवर्तन व्यय के स्तर पर बहुत कम प्रभाव डालता है क्योंकि ऋणी अर्द्ध-मुद्रा विकल्पों को अपना लेते हैं। अतः किराए के क्रय प्रतिबन्धों के द्वारा साख पर प्रत्यक्ष नियंत्रणों को अधिक महत्व दिया गया।

Radical Economics | अतिवादी या आमूल परिवर्तनवादी अर्थशास्त्र

अतिवादी या आमूल परिवर्तनवादी अर्थशास्त्र उसे कहा जाता है, जिसमें इसके नाम का उपयोग समाजवादी और मार्क्सवादी लेखन परम्परा में अर्थव्यवस्था में आमूलचूल परिवर्तन के लिए अति आशान्वित होने के कारण अतिवादी अर्थशास्त्र के रूप में किया गया। इस अर्थशास्त्र की विशेषताएँ हैं- (i) अतिवादी अर्थशास्त्र मुख्य रूप से मार्क्सवाद पर आधारित है, किन्तु इसमें अराजकतावाद और उदारवाद से सम्बन्धित विचारों पर भी ध्यान दिया गया है। (ii) इस प्रकार के साधनों व विचारों के कारण इसे 'नवजीवन' (The New Life) भी कहा जाता है। (iii) इस समय यह माना गया कि आर्थिक व सामाजिक समस्याओं का मूल कारण पूँजीवाद है, अतः इसको समाप्त किया जाना चाहिए, क्योंकि रूढ़िवादी आर्थिक सिद्धान्त आर्थिक व सामाजिक वास्तविकताओं को समझने के लिए पर्याप्त नहीं है। (iv) आय की असमानता, पूँजी व शक्ति को महत्वपूर्ण माना गया (v) रूढ़िवादी अर्थशास्त्रियों को अवैज्ञानिक माना गया, क्योंकि वैज्ञानिक विचारों से युक्त दृष्टिकोण से स्फीति व बेरोजगारी के कारणों को खोजकर समस्या का समाधान हो सकता है।

Ramsey Pricing | रामसे कीमत निर्धारण

जब फर्में दिए हुए लाभ के लक्ष्य को प्राप्त कर लेती हैं तो इस प्रकार की कीमत निर्धारण नीति से आर्थिक कल्याण अधिकतम होता है। यदि सभी फर्में स्थिर पैमाने के प्रतिफल पर उत्पादन करती हैं तो रामसे कीमत निर्धारण सीमान्त लागत कीमत निर्धारण को कम करता है। यदि फर्में बढ़ते पैमाने के प्रतिफल पर उत्पादन करती हैं तो रामसे कीमत निर्धारण सीमान्त लागत से अधिक होगी तथा सीमान्त लागत का मांग की लोच से विपरीत सम्बन्ध होगा। रामसे कीमत निर्धारण सार्वजनिक क्षेत्र के एकाधिकार के संदर्भ में कार्य करता है तथा निजी क्षेत्र को नियमित करने के लिए जहाँ प्राकृतिक एकाधिकार पाया जाता है। रामसे कीमत निर्धारण का संबंध मूलतः अनुकूलतम वस्तु करों के लिए रामसे नियम से होता है।

Random Numbers | दैव संख्या

संख्याओं का ऐसा समूह जो व्यवस्थित प्रारूप में नहीं होता हैं या अव्यवस्थित रूप से वितरित होता हैं। इन संख्याओं का निर्माण कम्प्यूटर प्रोग्राम से हो सकता है या दैव संख्या की सारणी (Table of Random Numbers) से निर्मित कर सकते हैं, जिसे (Table of Random Digits) कहते हैं। इसका उपयोग अधिकतर दैव प्रतिचयन में (Random Sample) जनसंख्या के निरीक्षण (Observation) हेतु कर सकते हैं।

Random Sampling | दैव प्रतिचयन या दैव निदर्शन या दैव प्रतिदर्श

वह प्रक्रिया है जिसमें एक समूह या समग्र में से एक प्रतिनिधि दैव या प्रतिदर्श को चुना जाता है। दैव निदर्शन में समग्र की प्रत्येक संख्या में चुने जाने की बराबर संभावना होती है। दैव निदर्शन दैव संख्या की सारणी (Table of Random) से प्राप्त कर सकते हैं।

Range | सीमा विस्तार या दूरी

किसी चर के निरीक्षित या संभावित सबसे बड़े व सबसे छोटे मूल्यों के अन्तर को सीमा विस्तार या दूरी कहते हैं। प्रतिदर्श के सीमा विस्तार को फैलाव, अपकिरण या छितराव का अच्छा माप नहीं कह सकते, परन्तु इसका उपयोग दो निरीक्षणों में हो सकता है।

Ratchet Effect | अनिवर्ती प्रभाव

जब लोगों की आय बढ़ती है तब आय में वृद्धि के अनुपात में उनका उपभोग भी बढता है, किन्तु इसके विपरीत जब लोगों की आय घटती है तो उपभोग में कमी नहीं होती है तथा उपभोग का पूर्व स्तर ही बना रहता है। ऐसा प्राय: अल्पकाल में होता है। इसे ही 'अनिवर्ती प्रभाव' कहा जाता है। अनिवर्ती प्रभाव के कारण समृद्धिकाल में औसत उपभोग प्रवृत्ति (APC) स्थिर बनी रहती है, जबकि प्रतिसार (Recession) काल में औसत उपभोग प्रवृत्ति में वृद्धि हो जाती है।

Rate of Exchange | विनिमय दर

देखें – Exchange Rate।

Rate of Interest | ब्याज की दर

देखें – Interest Rate।

Rate of Return | प्रतिफल की दर

पूँजी को विनियोग करने पर उस पर मिलने वाले संभावित लाभ को प्रतिफल की दर कहा जाता है, जो विनियोग से प्राप्त संभावित लाभ के पूँजी लागत से अनुपात पर निर्भर होती है।

Rate Rebates | छूट दर

जब अल्प आय वाले लोग ऋणों का भुगतान करते हैं तो ब्याज की दर में यदि कुछ कटौती की जाती है या कुछ छूट दी जाती है तो इसे छूट दर कहा जाता है। इस छूट का आकार भुगतान करने वाले की आय पर निर्भर करता है।

Rate of Technical Substitution | तकनीकी प्रतिस्थापन दर

यदि कोई उत्पादक x वस्तु का उत्पादन बढ़ाना चाहता है तो उसे y वस्तु के उत्पादन को कम करना पड़ेगा। यदि x वस्तु की एक इकाई बढ़ाने के लिए y वस्तु की दो इकाइयाँ कम उत्पादित की जाती हैं तो तकनीकी प्रतिस्थापन की दर 2 होगी। इस प्रकार उत्पादक जैसे-जैसे x वस्तु के उत्पादन की इकाइयाँ बढ़ाता जाएगा वैसे-वैसे y वस्तु से सम्बन्धित तकनीकी प्रतिस्थापन की दर कम होती जाएगी।

Rational Behaviour | विवेकशील व्यवहार

उपभोक्ता व्यवहार के अन्तर्गत यह मान कर चला जाता है कि उपभोक्ता अपनी आवश्यकताओं की पूर्ति के लिए जो भी व्यय करेगा वह एक विवेकशील उपभोक्ता के रूप में करेगा, ताकि उसे उस व्यय से अधिकतम संतुष्टि प्राप्त हो सके अथवा उसके द्वारा व्यय की गई मुद्रा इकाइयों से उसे अधिकतम कुल उपयोगिता मिल सके। इसे ही उपभोक्ता का विवेकशील व्यवहार कहा जाता है।

Rationalisation | विवेकीकरण

जब कोई उत्पादक अपने उद्योग-धन्धे को अधिकतम संभव क्षमता एवं न्यूनतम अपव्यय के साथ पुनर्गठित एवं संचालित करने का प्रयास करता है तो इसे उत्पादक का विवेकीकरण कहा जाता है। विवेकीकरण के अन्तर्गत उत्पादक अतिरिक्त क्षमता वाले उद्योगों का पुनर्संगठन करता है तथा अल्प क्षमता वाले उद्योगों को बंद कर देता है।

Rationing | राशनिंग

जब किसी अर्थव्यवस्था में किसी वस्तु की आपूर्ति सीमित होती है तो उस वस्तु का वितरण समाज में सभी उपभोक्ताओं तक पहुँचाने की क्रिया को राशनिंग कहते हैं। वस्तु की सीमित आपूर्ति उपभोक्ताओं में समान मूल्य और समान मात्रा में बाँटने के सरकारी प्रयास को राशनिंग प्रणाली कहा जाता है जिसके द्वारा सार्वजनिक वितरण प्रणाली को चुस्त बनाकर सामाजिक कल्याण के उद्देश्य को सुनिश्चित किया जाता है। इस प्रणाली का उपयोग युद्ध काल में वस्तुओं के क्रय को सीमित करने हेतु भी किया जा सकता है।

Rationing of Credit | साख की राशनिंग

साख की राशनिंग हेतु केन्द्रीय बैंक एक विशेष बैंक या बैंकिंग प्रणाली के लिए साख की मात्राओं को सीमित करने का प्रयास करता है। इस प्रणाली का उपयोग विभिन्न देशों के केन्द्रीय बैंकों के द्वारा किया जाता है। साख नियंत्रण की इस प्रणाली में बैंकों के साख प्रसार की स्वतंत्रता पर अंकुश लगाया जाता है। इस प्रणाली का प्रजातांत्रिक देशों में सीमित उपयोग ही संभव हो सकता है।

Rawlsian Justice | राल्स का न्याय

राल्स के न्याय का सम्बन्ध सामाजिक न्याय से है और विशेषकर न्यायपूर्ण वितरण से है। राल्स हार्वर्ड विश्वविद्यालय में दर्शनशास्त्र के प्रोफेसर हैं। इन्होंने अपनी पुस्तक (A Theory of Justice) में यह बताने का प्रयास किया है कि एक न्यायपूर्ण समाज वह होता है जिसे लोग पसंद करते हैं, या न्यायपूर्ण व्यवस्था वह होती है जिसे लोग चुनते हैं, यदि वे अपने स्वयं के व्यक्तिगत हितों से प्रभावित न हों।

Reaganomics | रीगन का अर्थशास्त्र

अमेरिका के राष्ट्रपति रोनाल्ड रीगन (1911–2004) ने कठोर मौद्रिक नीति, जो मुद्रास्फीति को हतोत्साहित कर सके और राजस्व का उपयोग वास्तविक विकास के लिए हो और आर्थिक नीतियां प्रस्तुत कीं, उन्हें रीगन का अर्थशास्त्र कहा गया। इसे 1981 के आर्थिक पुनर्भरण अधिनियम (1981 Economic Recovery Act) (ERA) के नाम से भी जाना जाता है। इसकी निम्न विशेषताएँ हैं-

(i) आर्थिक विकास को प्रोत्साहित करने हेतु करों में कटौती की जाए (ii) अर्थव्यवस्था में सरकारी हस्तक्षेप को कम करने के नियम को बदला जाए (iii) मुद्रा स्फीति को नियंत्रित करने के लिए एक कठोर मौद्रिक नीति बनाई जाए।

Real Balance Effect | वास्तविक शेष प्रभाव

देखें - पीगू प्रभाव (Pigou Effect)

Real Cost | वास्तविक लागत

देखें - अवसर लागत (Opportunity Cost)

Real Expenditure | वास्तविक व्यय

वास्तविक व्यय वास्तव में क्रय की गई वस्तुओं और सेवाओं से सम्बन्धित होता है, न कि उन वस्तुओं को खरीदने में किए जाने वाले मौद्रिक व्यय पर। जैसे- इस वर्ष x वस्तु की 100 इकाइयों का मूल्य 200 रु. है, जबकि गत वर्ष में x वस्तु की 100 इकाइयों का मूल्य 100 रु था तो क्रेता का वास्तविक व्यय घटकर आधा हो जाता है और क्रेता पिछले वर्ष में क्रय की गई वस्तुओं की तुलना में x वस्तु की आधी इकाइयाँ ही क्रय कर सकता है।

Real Income | वास्तविक आय

वास्तविक आय का संबंध मौद्रिक आय की क्रय शक्ति से होता है। मुद्रा स्फीति के समय स्थिर मौद्रिक आय की दशा में वास्तविक आय कम हो जाती है। इसके विपरीत अवस्फीति के समय स्थिर मौद्रिक आय की तुलना में व्यक्ति की वास्तविक आय बढ़ जाती है। मौद्रिक आय और वास्तविक आय का अन्तर मजदूरी निर्धारण के आधार का काम करता है।

Real Investment | वास्तविक विनियोग

पूँजी की नवीन इकाइयों, मशीनों व कारखाने का वास्तविक उत्पादन ही वास्तविक विनियोग कहलाता है। इस प्रकार का विनियोग अंशों, स्टॉक आदि के क्रय से अलग होता है।

Real Money Flows | वास्तविक मुद्रा प्रवाह

अर्थव्यवस्था में वस्तुओं और सेवाओं के एक बिन्दु से दूसरे बिन्दु तक होने वाले प्रवाह को अर्थव्यवस्था का वास्तविक प्रवाह कहा जाता है, किन्तु जब उसे मुद्रा के रूप में व्यक्त किया जाता है तब इसे एक अर्थव्यवस्था का मुद्रा प्रवाह कहा जाता है। मुद्रा प्रवाह हमेशा वास्तविक प्रवाह की विपरीत दिशा में होता है।

Real Variable | वास्तविक चर

गैर मौद्रिक आर्थिक चर (Non-Monetary Economic Variable) को ही वास्तविक चर (Real Variable) कहते हैं । विभिन्न वस्तुओं और सेवाओं के मूल्यों को उनके मूल्यों में न मापकर जब उनके आकार (Volume) में मापा जाता है तो इसे वास्तविक चर कहा जाता है।

Real Wage | वास्तविक मजदूरी

वास्तविक मजदूरी (Real Wage) और नकद मजदूरी (Nominal Wage) में अन्तर होता है। नकद मजदूरी का भुगतान मुद्रा के रूप में किया जाता है जबकि वास्तविक मजदूरी में नकद मजदूरी के अतिरिक्त मुद्रा की क्रय शक्ति, सहायक अर्जित आय (Subsidiary Earnings) कार्य दशाएँ तथा कार्य की भावी संभावनाएँ आदि सम्मिलित होते हैं।

Real Wage Resistance | वास्तविक मजदूरी बाधक

इस विश्लेषण का उपयोग जॉन हिक्स के द्वारा 1904 में किया गया। इसके अन्तर्गत उन्होंने यह स्पष्ट किया कि मजदूरों के जीवन स्तर में कटौती से उनमें काम के प्रति असंतुष्टि या अनिच्छा पैदा होती है। कीमत वृद्धि के कारण कीमत वृद्धि जनित मजदूरी की वृद्धि होती है, जिससे मजदूरों के जीवन स्तर में वृद्धि होती है।

Realised Profit | प्राप्त लाभ

जब किसी परिसम्पत्ति के मूल्य में वृद्धि होती है और इस मूल्य वृद्धि के लाभ को नकदी में बदलने के लिए जब इस परिसम्पत्ति को बाजार में बेचा जाता है तो प्राप्त नकदी को प्राप्त लाभ कहते हैं।

Rebate | छूट

छूट कीमत में दी जाने वाली वह रियायत है, जो उपभोक्ता व उत्पादक को वस्तु या सेवा को खरीदते समय दी जाती है। छूट का मुख्य कारण बड़ी मात्रा में खरीद करना व त्वरित भुगतान होता है। उत्पादन की कीमतों में छूट रियायतों का प्रत्यक्ष प्रभाव होता है।

Receipts and Payments Account | प्राप्ति व भुगतान लेखा

प्राप्ति एवं भुगतान लेखा या खाता जिसमें जमा और नामे (Credit and Debit) अर्थात लेनदारियाँ और देनदारियाँ होती हैं, जिनकी खाते में प्रविष्टि दोहरी प्रविष्टि (Double Entry) प्रणाली के द्वारा होती है। यह एक प्रकार से नकद पुस्तिका (Cash Book) का सारांश (Summary) होता है। इसे खाते में सभी प्रकार के खाते जैसे – व्यक्तिगत, वास्तविक और नकद शामिल होते हैं। ऐसे खाते समय विशेष के लिए, जैसे एक माह या एक वर्ष के लिए होते हैं।

Receiver | रिसीवर

कम्पनी के कार्यों की देखरेख व संचालन हेतु न्यायालय द्वारा नियुक्त व्यक्ति या अधिकारी को रिसीवर कहा जाता है। जब सुरक्षित प्रतिभूतिधारकों को उनका देय ब्याज नहीं दिया जाता है तो वे न्यायालय का सहारा लेते हैं। तब न्यायालय इस कार्य के फैसले में कम्पनी के निदेशक को न बुलाकर उसके स्थान पर एक रिसीवर नियुक्त करता है। इस प्रक्रिया से निदेशक मण्डल के अधिकारों में कमी होती है।

Recession | प्रतिसार या सुस्ती

प्रतिसार का सम्बन्ध व्यापार चक्रों के उतार-चढ़ाव से होता है। अर्थव्यवस्था में जब समृद्धि के बाद के शिखर (Peak) से जो थोड़ी अवधि का होता है, नीचे की ओर गति होती है तो सुस्ती शुरू हो जाती है। इस अवस्था में स्टॉक बाजार में परिसमापन (Liquidation), बैंकिंग प्रणाली में तनाव तथा कीमतों में कमी का दौर शुरू होता है। फलस्वरूप, लागतें कीमतों से अधिक बढ़ने के कारण लाभ घटने लगते हैं। फर्में बन्द होने के कगार पर आ जाती हैं। फर्मों का उत्पादन घट जाता है, वे अपने संचित स्टॉक को बेचने का प्रयास करती हैं। उद्यमी व व्यवसायी सतर्क हो जाते हैं और अति आशावाद निराशावाद में बदल जाता है, जिसका अंत पतन या गर्त (Trough) में होता है।

Recessionary Gap | प्रतिसारक अंतराल

पूर्ण रोजगार तथा समग्र मांग में कमी के कारण उत्पादन में होने वाली कमी को प्रतिसारक या सुस्ती-कारक अंतराल कहते हैं।

Reciprocal Demand | पारस्परिक मांग

जब कोई देश अपनी वस्तु के बदले दूसरे देश की वस्तु की मांग करता है, तो इसे पारस्परिक मांग कहते हैं। इस तथ्य का प्रतिपादन प्रो. जे.एस. मिल के द्वारा किया गया, जिसने यह बताया कि किस प्रकार वास्तविक व्यापार शर्तों के अनुसार दो बंद अर्थव्यवस्थाओं के बीच संतुलित कीमत अनुपात का दो वस्तुओं की पारस्परिक मांग के द्वारा निर्धारण होता है। इसे मिल ने अन्तरराष्ट्रीय मांग समीकरण कहा है।

Reciprocity | पारस्परिक अदला-बदली

पारस्परिक अदला-बदली का सम्बन्ध प्रशुल्क दरों में परस्पर दी जाने वाली रियायतों से होता है, जो रियायतें इस तथ्य के मद्देनजर दी जाती हैं कि ये रियायतें किसी अन्य देश को नहीं दी जाएंगी। अन्तरराष्ट्रीय व्यापार में 'परम अनुग्रह राष्ट्र धारा' इसका एक उदाहरण है।

Recovery | पुनरुत्थान

व्यापार चक्रों के अन्तर्गत पुनरुत्थान अवस्था वह होती है, जिसके अन्तर्गत अर्थव्यवस्था अवसाद की स्थिति से पुनरुत्थान की ओर गति करती हुई सम्पन्नता (Prosperity) की ओर अग्रसर होती है। यह मोड़ की उस अवस्था को बताती है, जिसमें संकुचन लाने वाली शक्तियाँ अन्ततः विस्तार की शक्तियों पर विजय पा लेती हैं। इस अवस्था में मांग बढ़ती है, फलस्वरूप निवेश और रोजगार बढ़ता है। उद्योगों का पुनरुत्थान प्रारम्भ हो जाता है। प्रारम्भ में अर्थव्यवस्था की जो अप्रयुक्त क्षमता होती है उसका उपयोग होने लगता है। धीरे-धीरे लागतें बढ़ती हैं, कीमतें बढ़ती हैं, लाभ बढ़ते हैं और निवेश बढ़ते हैं। साख विस्तार होता है और अन्ततः यह पुनरुत्थान की अवस्था समृद्धि की अवस्था में बदल जाती है।

Recruitment | भर्ती

भर्ती वह प्रक्रिया है, जिसके द्वारा काम करने के इच्छुक व्यक्तियों का पता लगाया जाता है तथा सेवा-नियोजन हेतु प्रार्थनापत्र देने के लिए उन्हें प्रोत्साहित किया जाता है। भर्ती के निम्न स्रोत हैं-

(i) संगठन के अंदर से ही उपलब्ध श्रमिक या कर्मचारी प्राप्त करना, जिनके लिए रिक्त स्थान पदोन्नति के रूप में हैं। (ii) भूतपूर्व कर्मचारी जो कार्य कम होने से छंटनी में आ गए थे, किन्तु अब वापस काम पर आने के इच्छुक हैं। (iii) वर्तमान कर्मचारियों के नाते-रिश्तेदार (iv) काम की तलाश में खड़े लोग (v) स्कूल, कॉलेज व तकनीकी संस्थाएँ (vi) रोजगार कार्यालय (vii) विज्ञापन तथा (viii) श्रमिक संघ आदि।

Redeemable Security | भुगतान योग्य प्रतिभूति

यह वह प्रतिभूति या बंधपत्र होता है, जिसका किसी विशिष्ट तिथि या किसी दुर्घटना के समय नकदी में पुनर्भुगतान किया जाता है। इसकी अवधि अल्पकाल (1 से 5 वर्ष), मध्यावधि (5-15 वर्ष) तथा दीर्घावधि (15 से अधिक वर्ष) की होती है।

Redemption Date | भुगतान तिथि

यह भुगतान की वह तिथि होती है, जिस पर प्रतिभूति व बन्धक पत्र आदि का पुनर्भुगतान करना होता है। इस प्रकार की तिथि भुगतान योग्य प्रतिभूति व बन्धक पत्रों पर मुद्रित होती है। इसके अंकित मूल्य या इससे ऊँचे मूल्य का पुनर्भुगतान कर दिया जाता है।

Redemption Yield | भुगतान प्राप्ति

भुगतान प्राप्ति से आशय उस राशि से होता है जो पुनर्भुगतान के समय प्रतिभूतियों के बदले में प्राप्त होती है।

Re-deployment of Labour | श्रम का पुनर्नियोजन

यह एक ऐसी प्रक्रिया होती है जिसके अन्तर्गत श्रम की मांग को प्रभावित करने वाली परिवर्तनशील दशाओं में विभिन्न व्यवसायों में श्रमिकों का पुनर्वितरण किया जाता है। यदि किसी उद्योग में कार्यरत अतिरिक्त श्रम शक्ति को दूसरे उद्योगों में स्थानांतरित किया जाता है, जहां श्रम की मांग अधिक हो, तब इसे श्रम का पुनर्नियोजन कहते हैं।

Re-discounting | पुनर्कटौती

पुनर्कटौती का कार्य केन्द्रीय बैंक के द्वारा क़िया जाता है। जब व्यावसायिक बैंक ऐसे विनिमय पत्रों या बिलों पर पहले से ही अपने ग्राहकों को कटौती की सुविधा दे चुके हैं, उन पर केन्द्रीय बैंक के सामने कुछ नकद कोष प्राप्त करने हेतु प्रस्तुत करते हैं। अर्थात् एक बार कटौती किए गए विनिमय पत्रों पर पुनः कटौती की सुविधा देना पुनर्कटौती कहलाता है।

Re-distribution of Income | आय का पुनर्वितरण

अर्थव्यवस्था में आय की असमानता को कम करने या समाप्त करने के लिए सरकार द्वारा आय के पुनर्वितरण की प्रक्रिया चलाई जाती है, जैसे सरकार प्रगतिशील करारोपण (Progressive Taxation) के द्वारा धनिक वर्गों पर अधिक कर लगाकर और गरीब वर्गों पर कम कर लगाकर या उन्हें करारोपण से मुक्त रखकर अमीर और गरीब के बीच की खाई को कुछ पाट सकती है तथा गरीबों का कल्याण कर सकती है। ऐसे कई उपाय हो सकते हैं, जिनसे समाज में कल्याणकारी कार्यों में आय का पुनविर्तरण किया जा सकता है।

Re-Export | पुनर्निर्यात

पुनर्निर्यात ऐसी वस्तुओं का किया जाता है जो एक देश में आयात होती है और उन्हें आंशिक या बिना परिवर्तित किए पुनः किसी दूसरे देश को निर्यात कर दिया जाता है। ऐसी वस्तुओं को आयात करने वाला देश इन वस्तुओं को आयात शुल्क से मुक्त रखता है।

Reference Price | संदर्भ कीमत

संदर्भ कीमत उसे कहा जाता है, जिससे कम कीमत पर यूरोपीय आर्थिक समुदाय के सदस्य देश फलों, सब्जियों व मछली आदि उत्पादकों का आयात नहीं कर सकते। यह कीमत यूरोप के कृषकों की मदद करती है, जहां कृषि लागतें अमेरिका की तुलना में ऊँची हैं।

Reflation | संस्फीति

आर्थिक मंदी की दशा में अर्थव्यवस्था को पुनः संतुलन में लाने के लिए जब नियंत्रित रूप से मुद्रा की मात्रा में वृद्धि की जाती है तो उसे संस्फीति या प्रत्यवस्फीति कहा जाता है। अर्थात जब मुद्रा प्रसार का उद्देश्य पूर्ण रोजगार की अवस्था उत्पन्न करना होता है, तब उसे संस्फीति कहा जाता है। स्फीति व संस्फीति की प्रकृति एक जैसी होती है क्योंकि दोनों में ही कीमतें बढ़ती हैं, किन्तु संस्फीति एक आदर्श स्थिति होती है, जो देश की आर्थिक स्थिरता में सहायक होती है तथा प्रत्येक देश की सरकार की आर्थिक नीति का लक्ष्य भी होता है।

Regional Development Grant | क्षेत्रीय विकास अनुदान

विशिष्ट विकास क्षेत्रों में स्थापित फर्मों को सरकार के द्वारा जब विशेष अनुदान दिया जाता है तो इसे क्षेत्रीय विकास अनुदान कहा जाता है। देश का संतुलित आर्थिक विकास सरकार का प्रमुख उद्देश्य होता है। इसीलिए सरकार द्वारा नए भवनों, उद्यमों एवं मशीनों के निर्माण हेतु प्रोत्साहन स्वरूप लागतों का एक भाग अनुदान के रूप में दिया जाता है। इस प्रकार सरकार के द्वारा पिछड़े क्षेत्रों के विकास के लिए विशेष विकास अनुदान दिया जाता है, ताकि इन क्षेत्रों का तीव्र गति से विकास हो सके।

Regional Economics | क्षेत्रीय अर्थशास्त्र

क्षेत्रीय अर्थशास्त्र आर्थिक विश्लेषण की एक विशेष शाखा होती है, जो आर्थिक क्रियाओं के स्थानीय वितरण और स्थानीय विभिन्नताओं से सम्बन्धित आर्थिक स्तर में प्रगति के प्रयास करती है। इनका अध्ययन व्यष्टि व समष्टि अर्थशास्त्र में भी किया जाता है।

Regional Multiplier | क्षेत्रीय गुणक

जब किसी क्षेत्र का सम्बन्ध एक ही क्षेत्रीय उद्योग से होता है, ऐसी स्थिति में यदि उस उद्योग में किसी कारणवश मांग घट जाती है तब उस क्षेत्र में क्षेत्रीय गुणक के फलस्वरूप आय व रोजगार भी घटने लगता है तथा गुणक रूप में कम आय, कम मांग, कम उत्पादन व कम रोजगार का दूषित चक्र शुरू हो जाता है, जिसे क्षेत्रीय गुणक कहा जाता है।

Regional Policy | क्षेत्रीय नीति

सरकार अपनी क्षेत्रीय नीति के अनुसार क्षेत्रीय अर्थव्यवस्था के संतुलित विकास के लक्ष्य निर्धारित करती है, ताकि आय एवं रोजगार की क्षेत्रीय असमानताओं को कम किया जा सके तथा समग्र आर्थिक विकास के लक्ष्य को पूरा कर सके।

Regional Problem | क्षेत्रीय समस्या

हर क्षेत्र की अपनी समस्या होती है। इसे सरकार अपनी क्षेत्रीय नीतियों के द्वारा हल करने का प्रयास करती है। क्षेत्रीय समस्या विशेषत: आय और रोजगार सृजन की होती है, जिसके कारण देश में असंतुलित क्षेत्रीय विकास होता है। इस समस्या को हल करने के लिए सरकार संतुलित क्षेत्रीय विकास की नीति अपनाती है।

Regional Rural Banks | क्षेत्रीय ग्रामीण बैंक

सन् 1975 में देश में क्षेत्रीय ग्रामीण बैंक अधिनियम 1976 के प्रावधानों के अनुसार क्षेत्रीय ग्रामीण बैंकों की स्थापना की गई। इन बैंकों की स्थापना का उद्देश्य ग्रामीण अर्थव्यवस्था का विकास, सहकारी साख का विस्तार, बैंकिंग सेवाओं का विस्तार, समाज के कमजोर वर्गों को कम ब्याज पर ऋण देना तथा संस्थागत साख सुविधाएँ उपलब्ध कराना है। ये ग्रामीण बैंक ग्रामीण बचतों को संग्रहीत करने व उसका ग्रामीण क्षेत्रों में उत्पादन वृद्धि हेतु उपयोग करने का कार्य भी करते हैं।

Regressive Tax | प्रतिगामी कर

प्रतिगामी कर वे होते हैं, जिनकी दर आय की वृद्धि दर के साथ घटती है। प्रतिगामी करों का भार अमीर लोगों की अपेक्षा गरीब लोगों पर अधिक पड़ता है। ये कर आर्थिक असमानता को बढ़ावा देते हैं। ये कर प्रगतिशील करों से एकदम विपरीत होते हैं।

Regulation | नियमन

सरकार जब धन के समान वितरण व आर्थिक कल्याण को सुनिश्चित करने हेतु उत्पादन व वितरण का नियमन करती है तो इसे नियमन कहा जाता है। सरकार आर्थिक विकास हेतु एकाधिकार प्रवृत्तियों पर नियमन द्वारा ही नियंत्रण स्थापित करती है।

Relative Income Hypothesis | सापेक्षिक आय परिकल्पना

इस परिकल्पना का प्रतिपादन जेम्स ड्यूजनबरी ने अल्पकालीन और दीर्घकालीन उपभोग फलनों में सम्बन्ध स्थापित करने के लिए किया। यह परिकल्पना दो मान्यताओं पर आधारित है- (i) उपभोक्ताओं का व्यवहार स्वतंत्र न होकर एक-दूसरे पर आश्रित होता है। (ii) उपभोगीय सम्बन्ध अपरिवर्तनशील होते हैं। प्रथम मान्यता के अनुसार ड्यूजनबरी ने बताया कि एक उपभोक्ता द्वारा उपभोग की गई आय का अनुपात उसकी निरपेक्ष आय पर निर्भर न होकर उसकी सापेक्षिक आय या कुल आय में उसके प्रतिशत भाग पर निर्भर करता है। दूसरी मान्यता के अनुसार आय में चक्रीय कमी के बावजूद उपभोक्ता का स्तर अपरिवर्तनीय रहता है, क्योंकि उपभोक्ता अपने वर्तमान उपभोग के स्तर को पिछले उपभोग स्तर से ऊँचा रखने का प्रयास करता है।

Relative Price Effect | सापेक्षिक कीमत प्रभाव

जब किसी एक वस्तु की कीमत में परिवर्तन होता है और दूसरी वस्तुओं की कीमतें स्थिर रहती हैं तो सोवियत अर्थशास्त्री स्लट्स्की ने इसे सापेक्षिक कीमत प्रभाव कहा है। यह सापेक्षिक कीमत प्रभाव दो प्रभावों का योग होता है। अर्थात सापेक्षिक कीमत प्रभाव = आय प्रभाव + प्रतिस्थापन प्रभाव। (देखें आय प्रभाव व प्रतिस्थापन प्रभाव)।

Remuneration | पारिश्रमिक या वेतन

एक लिखित व वैध संविदा के अनुसार सेवायोजकों द्वारा श्रमिकों या कर्मचारियों को उनकी सेवा के बदले किए जाने वाले भुगतान को पारिश्रमिक, मजदूरी या वेतन कहा जाता है। किसी मजदूर या कर्मचारी को दिए जाने वाले भुगतान को सामान्यतः मजदूरी या वेतन कहा जाता है, जिसमें मूल वेतन व अन्य भत्ते जैसे महँगाई भत्ता, मकान किराया व गैर आर्थिक लाभ, जो मौद्रिक भुगतान से जुड़े होते हैं, सम्मिलित होते हैं।

Rent | लगान

अर्थशास्त्र में लगान मार्शल के शब्दों में– "वह आय होती है जो भूमि तथा प्रकृति के अन्य निशुल्क उपहारों के स्वामित्व से प्राप्त होती है।" यह प्रकृति की उदारता या दुर्लभता के कारण प्राप्त उत्पादन की लागत से ऊपर का आधिक्य होता है। आधुनिक अर्थशास्त्री लगान शब्द का उपयोग आर्थिक आधिक्य (Economic Surplus) के अर्थ में करते हैं, जिसका आशय उत्पादन के एक साधन की उस अतिरिक्त आय से होता है, जो उसे उसके वर्तमान उपयोग में रखने के लिए न्यूनतम आवश्यक राशि से अधिक है। इस प्रकार आर्थिक लगान वह तत्व है, जो अकेली भूमि की विशेषता नहीं है बल्कि उत्पादन के साधनों को प्राप्त होता है। इस प्रकार आर्थिक लगान किसी भी उत्पादन के साधन की अतिरेक आय, जो उसके वर्तमान उपयोग में साधन की आय और दूसरे सर्वश्रेष्ठ विकल्प में प्राप्त आय का अन्तर होता है। अर्थात आर्थिक लगान = वास्तविक आय–हस्तान्तरण आय।

Rent Control | लगान नियंत्रण

लगान के स्तर को प्रभावित करने के लिए सरकार द्वारा लगाए गए नियमों व सरकारी हस्तक्षेप को लगान का नियंत्रण कहा जाता है। जैसे आवासीय भवनों की कमी की दशा में लगान या किराया बढ़ने पर उसे नियमित करने के लिए सरकार लगान या किराया नियंत्रण की नीति अपनाती है।

Rent Freeze | लगान स्थिरता

जब एक निर्दिष्ट अवधि में लगान को बढ़ने से रोक दिया जाता है, तो इस स्थिति को लगान स्थिरता की स्थिति कहा जाता है। इसे कभी–कभी मजदूरी स्थिरता या ठहराव के लिए भी उपयोग में लाया जाता है।

Rent of Ability or Specificity | योग्यता या विशिष्टता का लगान

अर्थशास्त्रियों के अनुसार लगान योग्यता या विशिष्टता के कारण भी उत्पन्न होता है। आधुनिक लगान सिद्धान्त के अनुसार लगान योग्यता या विशिष्टता का परिणाम है। अर्थात लगान साधन की सीमितता या बेलोचदार पूर्ति के कारण उत्पन्न होता है। अर्थात किसी साधन को लगान तब प्राप्त होगा, जब उसकी पूर्ति पूर्णतया लोचदार से कम हो। आधुनिक सिद्धान्त के अनुसार साधन की वास्तविक कीमत में से उसकी अवसर लागत को घटा देने पर लगान प्राप्त होता है। अर्थात साधन अगर विशिष्ट है तो उसे अधिक लगान प्राप्त होगा, क्योंकि उसकी पूर्ति बेलोचदार है और उसका कोई वैकल्पिक उपयोग नहीं होने से उसकी स्थानान्तरण आय कुछ नहीं होगी तथा उसकी समस्त वास्तविक आय लगान होगी। किन्तु ऐसा अल्पकाल में ही हो सकता है, दीर्घकाल में नहीं।

Repressed Inflation | दमित स्फीति

दमित स्फीति अर्थव्यवस्था की वह स्थिति होती है जब अर्थव्यवस्था में समग्र वस्तुओं और सेवाओं की मांग समग्र वस्तुओं और सेवाओं की आपूर्ति से अधिक हो जाती है, किन्तु मांग में वृद्धि के कारण कीमतों में होने वाली वृद्धि को रोका जाता है। इस कीमत वृद्धि को सरकार कीमत नियंत्रण, राशनिंग तथा अन्य भौतिक नियंत्रणों के द्वारा रोकने का प्रयास करती है। इन प्रयासों से स्फीति का दमन मात्र होता है, समाप्ति नहीं। फलस्वरूप वर्तमान मांग को भविष्य के लिए स्थगित भी किया जा सकता है। या मांग को उन वस्तुओं की ओर मोड़ दिया जाता है, जिनकी कीमतें अनियंत्रित हैं। दमित स्फीति को युद्धकाल में नियंत्रित किया जाता है।

Replacement Cost | प्रतिस्थापन लागत

प्रतिस्थापन लागत वह कहलाती है जब किसी वस्तु को बहुत पहले खरीद लिया था, किन्तु उसकी कीमत को वर्तमान में चुकाया जाता है।

Representative Firm | प्रतिनिधि फर्म

मार्शल ने एक ऐसी प्रतिनिधि फर्म की कल्पना की, जिसकी न्यूनतम औसत लागतें, दीर्घकालीन सामान्य कीमत को निर्धारित करें, ताकि सभी फर्में केवल सामान्य लाभ ही अर्जित कर सकें। मार्शल के अनुसार प्रतिनिधि फर्म वह होती है जो नई नहीं होती है, जो व्यापार में जमने के लिए संघर्ष नहीं कर रही है और न ही ऐसी फर्म है जिसका व्यापार बहुत फैला हुआ है और न ही बड़ी-बड़ी कर्मशालाएँ हैं। अतः प्रतिनिधि फर्म वह होती है जो ''काफी लम्बे समय से व्यापार में रही हो और जो बहुत कुछ सफलता प्राप्त कर चुकी हो तथा जिसका सामान्य योग्यता से संबंध हो और जिसे आन्तरिक व बाह्य किफायतें प्राप्त हों, जिसका कुल उत्पादन की मात्रा से संबंध हो।'' अर्थात एक प्रतिनिधि फर्म ऐसी दीर्घकालीन औसत फर्म होती है, जिसे हम व्यापक सर्वेक्षण के बाद चुनकर आसानी से पहचान सकते हैं।

Required Rate of Return | प्रतिफल की वांछित दर

प्रतिफल की वांछित दर प्रतिफल की वह न्यूतनम दर होती है, जो निवेश करने वाले व्यवसाय के लिए स्वीकार्य हो।

Research and Development (R&D) | शोध एवं विकास

'शोध एवं विकास', जिसे संक्षेप में आर एण्ड डी भी कहा जाता है। यह एक व्यावसायिक प्रक्रिया है, जो उत्पाद को नवीनीकृत करने का कार्य करती है। यह प्रक्रिया आधुनिक कम्पनियों के सफल क्रियाकलापों के लिए एक आवश्यक घटक तत्व है।

Reserve Allocation | आरक्षित आबंटन

जब सरकार या अन्य कोई संस्था आर्थिक और सामाजिक न्याय के लिए उपलब्ध सीमित संसाधनों का उपयोग समानता के आधार पर करते हैं तो यह आरक्षित आबंटन कहलाता है।

Reserve Army | आरक्षित सेना

सर्वप्रथम कार्ल मार्क्स ने अपनी पुस्तक दास-कैपिटल में इस शब्द का उपयोग किया था। इसका तात्पर्य उन लोगों से है, जो पूँजीवादी अर्थव्यवस्था में श्रम के स्थान पर पूँजी के उपयोग के कारण

बेरोजगार हो जाते हैं। पूँजीवादी शोषण के विरुद्ध यह आरक्षित सेना लड़ती है तथा पूँजीवाद के पतन में सहायक होती है।

Reserve Assest | आरक्षित परिसम्पत्ति

आरक्षित परिसम्पत्ति वह होती है जो व्यापारिक व वित्तीय संस्थाओं द्वारा मुद्रा की मांग को पूरा करने के लिए आरक्षित रखी जाती है। अपने ग्राहकों का विश्वास हासिल करने के लिए कुछ वित्तीय संस्थाओं द्वारा परिसम्पत्तियों को तरल रूप में रखा जाता है, ताकि ग्राहकों की मांग होने पर उसे पूरा किया जा सके। इसे ही आरक्षित परिसम्पत्ति कहते हैं।

Reserve Asset Ratio | आरक्षित परिसम्पत्ति अनुपात

बैंकों के ग्राह्य उत्तरदायित्वों से बैंकों की आरक्षित परिसंपत्तियों का अनुपात आरक्षित परिसम्पत्ति अनुपात कहलाता है। इन आरक्षित परिसम्पत्तियों से बैंक अपने ग्राहकों की सामान्य एवं असामान्य मांगों को पूरा करने का प्रयास करते हैं।

Reserve Bank of India | भारतीय रिजर्व बैंक

भारत के केन्द्रीय बैंक का नाम भारतीय रिजर्व बैंक है। इसकी स्थापना 1935 में हुई तथा 1 जनवरी 1949 को इसका राष्ट्रीयकरण किया गया। इसका मुख्य कार्यालय मुम्बई में है। यह बैंक केन्द्रीय बैंक के सभी कार्यो को पूरा करता है। (देखें केन्द्रीय बैंक (Cetral Bank)

Reserve Currency | आरक्षित मुद्रा

इसे विदेशी मुद्रा भी कहते हैं, जिसे एक देश स्वर्ण एवं विशेष आहरण अधिकार (SDR) के साथ अन्तरराष्ट्रीय मुद्रा कोष के एक घटक के रूप में अपने पास रखता है। यह मुद्रा स्थिर एवं स्वतंत्र रूप से परिवर्तनीय विनिमय दर व विश्व बाजार में सामान्य स्वीकृति जैसी विशेषताओं वाली होती है।

Reserve Price | आरक्षित कीमत

आरक्षित कीमत वह होती है, जिससे कम कीमत लेने पर विक्रेता तैयार नहीं होता है। यह कीमत निम्न तत्वों पर निर्भर करती है। (i) उत्पादन की भावी लागत (ii) वस्तु का टिकाऊपन (iii) विक्रेता की तरलता पसंदगी तथा (iv) विक्रेता की भावी प्रत्याशाएँ।

Reserve Fund | आरक्षित कोष

शेयर कम्पनियाँ अपने समस्त लाभांश को शेयर धारकों में वितरित न करके उसका कुछ भाग अपने पास आरक्षित कोष में रखती हैं, ताकि अप्रत्याशित आपात स्थितियों से निबटने तथा भविष्य में अपनी आर्थिक स्थिति को मजबूत करने में मदद मिल सके। इसीलिए अवितरित नकद मुद्रा को इस आरक्षित कोष में जमा रखा जाता है।

Resource Allocation | साधन आबंटन

सम्पूर्ण अर्थव्यवस्था में फर्मों व उद्योगों में उत्पादन क्रियाओं के संचालन के लिए साधनों का आबंटन किया जाता है। अलग-अलग आर्थिक प्रणालियों में अलग-अलग प्रकार से साधनों का वितरण किया जाता है। जैसे स्वतंत्र या पूँजीवादी अर्थव्यवस्थाओं में साधनों का आबंटन कीमत

रचनातंत्र (Price Mechanism) के द्वारा होता है, जबकि नियंत्रित व समाजवादी मिश्रित अर्थव्यवस्थाओं में आर्थिक नियोजन पूर्व निश्चित उद्देश्यों के आधार पर होता है। साम्यवादी अर्थव्यवस्थाओं में सरकारी आदेशों के अनुसार साधन आबंटन होता है।

Restraints of Trade | व्यापार प्रतिबंध

व्यापारिक प्रतिस्पर्धा को समाप्त करने के लिए प्रत्येक देश आपूर्तिकर्ताओं के बीच कुछ व्यापारिक प्रतिबन्धों का उपयोग करते हैं। जैसे-सर्वमान्य मूल्य, उत्पादन अभ्यंश, पारस्परिक टेन्डर एवं गठबन्धन, निषेधक लेन-देन तथा बाजार परावर्तन आदि। यह उपाय आम-जनता के हितों को ध्यान में रखते हुए काम में लिए जाते हैं।

Restrictive Labour Practice | प्रतिबन्धात्मक श्रम उपाय

प्रतिबन्धात्मक श्रम उपाय वे उपाय हैं, जिनसे श्रम व पूँजी के अनुकूलतम उपयोग तथा उत्पादन अधिकतमीकरण व लागत न्यूनतमीकरण के लक्ष्यों पर विपरीत प्रभाव पड़ता है तथा इनके मार्ग को बाधित करते हैं। उत्पादक हमेशा ऐसे प्रतिबंधात्मक उपायों को समाप्त करने के प्रयास करते हैं।

Retail Banking | खुदरा अधिकोषण

खुदरा अधिकोषण का लेन-देन सामान्य जनता के साथ होता है। खुदरा बैंक व्यक्तिगत एवं छोटे व्यवसायियों से जमाएँ प्राप्त करते हैं तथा उन्हें ऋण प्रदान करते हैं। दोनों ही क्षेत्रों में कार्य छोटे पैमाने पर होता है। खुदरा अधिकोषण थोक अधिकोषण से भिन्न होता है, क्योंकि थोक बैंक बड़े पैमाने पर वित्तीय संस्थाओं से लेन-देन का कार्य करते हैं।

Retail Price Index | खुदरा कीमत सूचकांक

देखें - उपभोक्ता मूल्य सूचकांक (Consumer Price Index)

Retail Sales | खुदरा बिक्री

कुल उपभोग व्यय का एक भाग जो फुटकर या खुदरा तरीकों से किया जाता है, अर्थात दुकानों से क्रय करके। छोटे स्तर पर दुकानों आदि से की जाने वाली बिक्री को खुदरा बिक्री कहते हैं। इसमें उपभोक्ता व्यय के कई भागों जैसे किराया, बन्धक ब्याज, सार्वजनिक उपयोग व्यय एवं बीमा आदि पर होने वाले व्यय को शामिल नहीं किया जाता है।

Retail Trade | खुदरा व्यापार

व्यापार दो रूपों में होता है- खुदरा तथा थोक व्यापार (Retail and Wholesale Trade)। खुदरा व्यापार में फुटकर विक्रेता उपभोक्ता को अंतिम रूप से निर्मित वस्तुएँ स्थानान्तरित करते हैं। अत: फुटकर विक्रेताओं और उपभोक्ताओं के बीच होने वाले व्यापार को फुटकर व्यापार कहा जाता है।

Retained Earning | रोकी गई आय

रोकी गई आय अर्जित लाभ का वह भाग होती है जो अंशधारियों के बीच वितरित न की जाकर स्थिर परिसंपत्तियों जैसे-उपकरण व मशीन आदि क्रय करके वर्तमान स्थिर पूँजी में मात्रात्मक व गुणात्मक सुधार करने हेतु उपयोग में लाई जाती है, इसे ही रोकी गई आय कहते हैं।

Returns to Scale | पैमाने के प्रतिफल

''यदि एक विशिष्ट पैमाना रेखा पर साधनों की मात्राओं को परिवर्तित किया जाता है तो उत्पादन में परिवर्तन होगा। साधनों में इस प्रकार के परिवर्तनों के परिणामस्वरूप उत्पादन की प्रतिक्रिया को पैमाने के प्रतिफल कहा जाता है।'' अर्थात जब एक पैमाने की रेखा पर साधनों में कोई आनुपातिक वृद्धि की जाती है तो उत्पादन में किस अनुपात में वृद्धि होगी, यह पैमाने के प्रतिफलों द्वारा जाना जाता है। ये प्रतिफल तीन प्रकार के होते हैं- (i) पैमाने के बढ़ते प्रतिफल (Increasing Returns to Scale) (ii) पैमाने के स्थिर प्रतिफल (Constant Returns to Scale) (iii) पैमाने के घटते प्रतिफल (Decreasing Returns to Scale)। (देखें पैमाने के बढ़ते, स्थिर व घटते प्रतिफल)।

Revaluation | पुनर्मूल्यन

अवमूल्यन की विपरीत दशा को पुनर्मूल्यन कहा जाता है। पुनर्मूल्यन का अभिप्राय दो देशों के बीच स्थिर विनिमय दर में वृद्धि से होता है। जब आधिकारिक रूप से मान्य स्तर पर दो मुद्राओं के सापेक्ष मूल्यों को स्थिर कर दिया जाता है और इनमें से किसी एक मुद्रा का मूल्य बढ़ जाता है तो इसे पुनर्मूल्यन कहा जाता है। अर्थात किसी देश की मुद्रा का मूल्य दूसरे देश की मुद्रा की तुलना में बढ़ जाता है तो इसे उस देश की मुद्रा का पुनर्मूल्यन कहा जाता है। इससे जिस देश की मुद्रा का मूल्य बढ़ा है, उसके लिए घरेलू वस्तुओं की तुलना में विदेशी वस्तुएँ सस्ती हो जाएँगी। इससे आयातों में वृद्धि होगी। घरेलू वस्तुएँ विदेशों में महँगी होने से निर्यात घटेंगे। इस प्रकार किसी देश के लिए मुद्रा का पुनर्मूल्यन व्यापार संतुलन की दृष्टि से बुरा साबित होगा। यद्यपि इससे मुद्रा स्फीति में कमी जरूर होगी।

Revealed Preference Hypothesis | प्रकट अधिमान परिकल्पना

प्रकट अधिमान परिकल्पना का प्रतिपादन 1938 में पाल ए. सेम्युलसन के द्वारा किया गया। यह परिकल्पना इस मान्यता पर आधारित है कि ''चुनाव (Choice) अधिमान (Preference) प्रकट (Revealed) करता है'' तथा यह परिकल्पना सबल क्रमबद्धता (Strong Ordering), उपभोक्ताओं की रुचियाँ (Tastes), अधिमान परिकल्पना (Preference Hypothesis), सामंजस्य तथा संक्रमकता (Consistency and Transitivity) तथा व्यक्ति को वस्तु क्रय करने के लिए प्रोत्साहित करने की मान्यताओं पर आधारित है।

Revealed Preference Theory | प्रकट अधिमान सिद्धान्त

इस सिद्धान्त का प्रतिपादन पाल ए. सेम्युलसन ने कीमत प्रभाव की व्याख्या करने के उद्देश्य से किया था। कीमत प्रभाव बाजार में विभिन्न कीमत-आय दशाओं में उपभोक्ता के वास्तविक व्यवहार में उसकी मांग को प्रकट करता है। पूर्व में दिए गए मांग के सिद्धान्त मनोवैज्ञानिक व आत्मचिंतन वाले थे, किन्तु प्रकट अधिमान सिद्धान्त मांग का व्यवहारवादी विश्लेषण प्रस्तुत करता है। यह एक सरल विचार पर आधारित है। जब एक उपभोक्ता वस्तुओं के किसी एक विशेष संयोग को खरीदने का निर्णय करता है, तो ऐसा वह दो कारणों से करेगा- (i) या तो उपभोक्ता इस विशेष संयोग को दूसरे संयोगों की तुलना में अधिक पसंद करता है अथवा (ii) यह विशेष संयोग दूसरे संयोगों की तुलना में अधिक सस्ता है। माना कि संयोग A संयोग B की तुलना में अधिक महँगा है और उपभोक्ता संयोग A को अधिक पसंद करता है। ऐसी स्थिति में हम कह सकते हैं कि B की तुलना में A को 'प्रकट' रूप में पसंद किया गया है, अथवा A की तुलना में B को 'प्रकट' रूप से निम्न कोटि का समझा गया है। इसे ही प्रकट अधिमान सिद्धान्त कहते हैं।

Revolving Credit | भ्रमणीय साख

यह ऐसी बैंक साख होती है, जिसका निरस्तीकरण का बैंक को नोटिस मिलने से पहले ही स्वतः नवीनीकरण हो जाता है। इस प्रकार यह साख जितनी अवधि के लिए स्वीकृत हुई थी, उसमें स्वतः वृद्धि हो जाती है। इसीलिए इसे भ्रमणीय साख कहा जाता है।

Ricordian Theory of Rent | रिकार्डो का लगान सिद्धान्त

रिकार्डो द्वारा प्रतिपादित लगान सिद्धान्त को लगान का प्रतिष्ठित सिद्धान्त (Classical Theory of Rent) भी कहा जाता है। रिकार्डो के अनुसार केवल भूमि ही लगान प्राप्त कर सकती है, अन्य साधन नहीं। ''लगान भूमि की उपज का वह भाग है जो भूमि के स्वामी को भूमि के मूल तथा अविनाशी शक्तियों के उपयोग के लिए दिया जाता है।'' रिकार्डो ने बताया कि लगान प्रकृति की उदारता के कारण नहीं, बल्कि उसकी कर्पणता व सीमितता के कारण प्राप्त होता है। अधिक उपजाऊ खेतों की मात्रा के सीमित होने के कारण लोगों को कम उपजाऊ खेतों पर खेती करने के लिए बाध्य होना पड़ता है। इसके फलस्वरूप अधिक उपजाऊ खेतों पर एक प्रकार का आधिक्य प्राप्त होता है, जिसे उन खेतों या भूमियों का लगान कह सकते हैं। इस प्रकार लगान एक प्रकार का सापेक्षिक लाभ या भेदात्मक बचत है जो विस्तृत खेती, गहरी खेती व भूमि की स्थितियों में अंतर के कारण प्राप्त होता है। रिकार्डो के अनुसार लगान एक अनार्जित आय (Unearned Income) है, जो मूल्य को प्रभावित नहीं करता, बल्कि स्वयं मूल्य के द्वारा प्रभावित होता है।

Ricardo Model | रिकार्डो सिद्धान्त

देखें – तुलनात्मक लागत लाभ सिद्धान्त (Comparative Cost Advantage Principle)

Ring | व्यापारिक संघ

व्यापारिक संघ किसी व्यापार या उद्योग में कई व्यापारियों का एक संगठन होता है, जिसका निर्माण संयुक्त कार्य प्रणाली के द्वारा सामूहिक विधि से दी हुई कीमत पर कार्य करने हेतु होता है। वे यह निर्णय करते हैं कि सार्वजनिक कार्यों में वे एक-दूसरे से स्पर्धा नहीं करेंगे।

Ringgit | रिंगिट

मलेशिया की मुद्रा का नाम है।

Risk | जोखिम

किसी प्रतिफल या उपलब्धि का लाभ हानि के रूप में मात्रात्मक माप करने में जोखिम रहती है। गणितीय संभावनाओं द्वारा उपलब्धियों की भविष्यवाणी की जा सकती है। जोखिम में संभावित हानि हो सकती है, जिसका पूर्वाभास होने पर उसके विरुद्ध बीमा कराया जा सकता है, चाहे स्वयं फर्म द्वारा या बीमा कंपनी द्वारा कराया जाए।

Risk Capital | जोखिम पूँजी

किसी उद्यम में निवेशित पूँजी उच्च श्रेणी की जोखिम पर विनियोजित की जाती है। किन्तु उद्यमी का उद्देश्य इस जोखिम पूँजी से भारी वित्तीय लाभ कमाने की संभावना होती है। इसीलिए इसे जोखिम पूँजी कहते हैं।

Risky Shift | जोखिम का बदलाव

ऐसा देखा गया है कि लोग एक समूह के प्रभाव में बड़ी से बड़ी जोखिम उठाने को तैयार हो जाते हैं, किन्तु अकेले में नहीं। इसे ही जोखिम का बदलाव कहते हैं।

Right Issue | अधिकार निर्गम

जब अंशों का नवीन निर्गम होता है, जिसके अन्तर्गत पुराने अंशधारियों को सीधे नए अंश दिए जाते हैं, ताकि अन्तर्निहित लागतों, विज्ञापनों व निर्देशिका की छपाई लागतों से बचा जा सके और लागतों को न्यूनतम किया जा सके। इसलिए इस पद्धति को अधिकार निर्गम पद्धति कहा जाता है।

Ridge Lines | कूटक या रिज रेखाएँ या मेड़ रेखाएँ

उत्पादन के आर्थिक क्षेत्र की सीमाओं को बताने वाली रेखाओं को रिज रेखाएँ कहते हैं अर्थात साधन X तथा Y के सभी विवेकपूर्ण संयोग दोनों रिज रेखाओं के बीच में होंगे। सम-उत्पाद रेखाओं के केवल वे भाग जो कि दोनों रिज रेखाओं के बीच में होते हैं, वे ही उत्पादन के लिए उपयुक्त होंगे।

Rigid Price | कठोर कीमत या स्थिर कीमत

देखें - प्रशासनिक कीमत (Administrative Price)।

Royal Economic Society | शाही आर्थिक समाज

यह एक आर्थिक संगठन है, जिसकी स्थापना 1890 में इंग्लैण्ड में हुई थी। इस संगठन के तीन हजार से अधिक सदस्य हैं। इनमें से 60 प्रतिशत बाहर के हैं। यह संगठन आर्थिक जीवन में विज्ञान के अध्ययन, सरकारी सेवाओं, बैंकिंग, उद्योग तथा सार्वजनिक कार्यों को प्रोत्साहन देने के लिए बना था।

Royalty | रॉयल्टी

रॉयल्टी एक ऐसा भुगतान है जो किसी आविष्कारक, लेखक या रचनाकार को उसके पेटेन्ट या कॉपीराइट कार्य हेतु अथवा भूस्वामी को उसकी भूमि के गर्भ से खनिज आदि उत्खनन करने के लिए दिया जाता है।

Ruble | रुबल

रुबल रूस की मुद्रा का नाम है।

Rule of the Game | खेल के नियम

ये खेल के नियम स्वर्णमान (Gold Standard) से सम्बन्धित हैं। इन खेल के नियमों को स्वर्णमान के सफल संचालन की प्रमुख दशाएँ अथवा स्वर्णमान की कार्यप्रणाली के नाम से जाना जाता है। वास्तव में स्वर्णमान की स्वयं संचालकता कई दशाओं पर निर्भर करती है और इन दशाओं को ही 'खेल के नियम' कहा जाता है। ये नियम इस प्रकार हैं- (i) मुक्त व्यापार नीति का पालन (ii) स्वर्ण का स्वतंत्र आयात-निर्यात (iii) मुद्रा चलन में स्वर्ण कोषों के अनुरूप परिवर्तन (iv) प्रतियोगी एवं लोचदार अर्थव्यवस्था तथा (v) स्वर्ण कोषों की पर्याप्तता आदि।

Rule of Thumb | अँगूठे का नियम

यह साधारण तरीका या प्रक्रिया जो आर्थिक प्रतिनिधि के द्वारा निर्णय का आधार प्रदान करता है। यह कहा जा सकता है कि अपूर्ण सूचना एवं अनिश्चितता की दशाओं में कामचलाऊ (Rough and Ready) नियमों के उपयोग को नकारा नहीं जा सकता। ऐसे नियमों को अँगूठे का नियम कहा जाता है। देखें- पूर्ण लागत कीमत (Full Cost Pricing) या औसत लागत कीमत (Average Cost Pricing)।

Run Away Inflation | दौड़ती स्फीति

इसे द्रुत स्फीति (Galloping Inflation) भी कहते हैं। अथवा इसे अतिस्फीति (Hpyer inflation) भी कहते हैं। ऐसी स्फीति में कीमतें 20 से 200 प्रतिशत प्रतिवर्ष की दर से बढ़ती हैं। ऐसी स्फीति से मौद्रिक प्रणाली विफल हो जाती है क्योंकि इससे मुद्रा की क्रय शक्ति में निरन्तर गिरावट होती है। देखें अतिस्फीति (Hyper Inflation) ।

Rupee | रुपैया

रुपैया भारत, मालदीव, मॉरीशस, नेपाल, पाकिस्तान, शिशली तथा श्रीलंका की मुद्रा इकाई का नाम है।

Rupiah | रुपिहा

यह इन्डोनेशिया की मुद्रा इकाई का नाम है।

S

Sacking | रोजगार से हटना

किसी रोजगार से कोई श्रमिक या कर्मचारी अपनी गलती के कारण हट जाता है, इसे रोजगार से हटना कहते हैं। यह अक्सर श्रम परिवर्तन के एक कारण के रूप में देखने को मिलता है। किसी श्रमिक या कर्मचारी को किसी दुर्व्यवहार के कारण भी नियोजकों द्वारा रोजगार से निकाल दिया जाता है।

Saddle Point | पल्याण बिन्दु

किन्हीं दो खिलाड़ियों या दो फर्मों के मध्य जीत की या लाभ कमाने की मात्रा समान और गारन्टीशुदा होती है। वे इससे अधिक नहीं जीत सकते या इससे अधिक लाभ नहीं कमा सकते। क्योंकि प्रत्येक आधारक (Pay off Matrix) में एक पल्याण बिन्दु होता है, जो पंक्ति-न्यून तथा कालम-अधिक दोनों में रहता है। यह दोनों का संतुलन बिन्दु होता है। इस प्रकार द्वि-व्यक्ति स्थिर-राशि खेल उस समय पूर्ण निश्चित होता है, जब उसमें विशुद्ध तरकीब (Pure Strategy) से प्राप्त पल्याण बिन्दु हो। द्वयधिकार (Duopoly) स्थिति का निश्चित हल पूर्ण रूप से विशुद्ध तरकीब पर ही आधारित है, जिसमें फर्म यह सोचती है कि उसके सामने मौजूद कई तरकीबों में से उसके लिए कौन सी अधिक लाभदायक है।

Safe Custody | सुरक्षित संरक्षता

बैंकों द्वारा अपने ग्राहकों को दी जाने वाली सुविधाओं में से एक सुविधा सुरक्षित संरक्षता है, जिसके अन्तर्गत बैंकों के ग्राहकों को अपनी बहुमूल्य वस्तुएँ विशिष्ट स्ट्रांग रूप में सुरक्षित रखने की लॉकर सुविधा उपलब्ध की जाती है।

Saftey Margin | सुरक्षित अन्तर या सीमा

यह सुरक्षित सीमा फर्म की उस स्थिति को बताती है कि एक फर्म हानि होने से पूर्व किस सीमा तक अपनी बिक्री में कमी कर सकती है।

Salary | वेतन

वेतन किसी श्रमिक या कर्मचारी को मिलने वाले मासिक पारिश्रमिक को कहते हैं। मजदूरी का भुगतान साप्ताहिक भी हो सकता है किन्तु वेतन का भुगतान दक्ष व वरिष्ठ कर्मचारियों को मासिक रूप से किया जाता है। वेतन के अन्तर्गत महंगाई भत्ता, मकान किराया आदि सम्मिलित किया जाता है।

Sale | बिक्री

बिक्री एक समझौता होता है जिसके अन्तर्गत एक विक्रेता अपनी वस्तुओं और सेवाओं को किसी कीमत पर क्रेता को हस्तान्तरित करना या देना स्वीकार करता है।

Sales Maximisation Hypothesis | विक्रय अधिकतमीकरण परिकल्पना

इस सिद्धान्त का प्रतिपादन सर्वप्रथम प्रो. डब्ल्यू बमोल (W. Baumol) के द्वारा किया गया। इस सिद्धान्त के अनुसार फर्में अपना लाभ अधिकतम करने की बजाय अपने विक्रय को अधिकतम करना पसंद करती हैं। यह तभी संभव होता है जब फर्में अपने लाभ का त्याग करने के लिए कीमतों में कमी करती हैं तथा विक्रय की नवीनतम तकनीकों को अपनाती हैं, ताकि जितना अधिक विक्रय होगा, उतना ही अधिक समग्र शुद्ध लाभ होगा। किन्तु एकाधिकार के अन्तर्गत एक एकाधिकारी अपने समग्र उत्पादन में कमी करके अपने विक्रय को इस उद्देश्य के साथ घटाता है कि उस विशेष उत्पाद की कीमत में दिखावे के तौर पर कमी हो तथा अपने कुल एकाधिकारी लाभ में वृद्धि हो जाए।

Sales Promotion | विक्रय प्रोत्साहन

विक्रय प्रोत्साहन से अभिप्राय व्यवसायियों तथा व्यापारियों की उन सभी विभिन्न प्रकार की विधियों से होता है, जिनके द्वारा वे अपनी बिक्री को बढ़ाते हैं तथा अपनी वस्तु की ओर उपभोक्ताओं को आकर्षित करते हैं। इस उद्देश्य की पूर्ति के लिए व्यापारी कई प्रकार की विधियों को अपनाते हैं। जैसे- आकर्षित करने वाले आकर्षक विज्ञापन तथा आकर्षक विक्रय विधियाँ। आधुनिक विक्रेता अपना विक्रय बढ़ाने हेतु लाखों रुपये खर्च करते हैं तथा अपनी वस्तु के बाजार को विस्तृत करने का प्रयास करते हैं।

Sales Ledger | विक्रय बही खाता

विक्रय बही खाता विक्रेता की अपनी वस्तु से सम्बन्धित बिक्री के हिसाब की पुस्तिका होती है, जिसमें विक्रेता अपने विक्रय का हिसाब रखता है।

Sales Tax | बिक्री कर

बिक्री कर वह होता है जो सरकार के द्वारा व्यापारियों पर उनकी वस्तुओं और सेवाओं की बिक्री पर लगाया जाता है। भारत में बिक्री कर राज्य सरकार के द्वारा लगाया जाता है।

Salesmanship | विक्रय कार्य

जब कोई विक्रेता अपनी वस्तु को बेचने के लिए ग्राहकों को आकर्षित करने के लिए विभिन्न कार्य या विधियों का उपयोग करता है, तो इसे विक्रय कार्य कहा जाता है।

Sampling Theory | निदर्शन सिद्धान्त

समग्र एवं समग्र में से लिए गए प्रतिदर्शी के मध्य सम्बन्धों का अध्ययन निदर्शन या प्रतिदर्श सिद्धान्त के अन्तर्गत किया जाता है। समग्र का अभिप्राय किसी अनुसंधान हेतु ली गई सभी इकाइयों से होता है जिनमें सामान्य विशेषताएँ होती हैं। निदर्शन दो प्रकार का हो सकता है- अदैव निदर्शन व दैव निदर्शन (Non Random Sampling and Random Sampling)।

Saturation Point or Point of Satiety | पूर्णतृप्ति बिन्दु

उपयोगिता विश्लेषण में पूर्णतृप्ति का बिन्दु वहाँ होता है जहाँ कुल उपयोगिता अधिकतम और सीमान्त उपयोगिता शून्य हो। चित्र में बिन्दु A पर कुल उपयोगिता (Total Utility) अधिकतम है तथा बिन्दु B पर सीमान्त उपयोगिता (Marginal Utility) शून्य है। बिन्दु B को ही पूर्ण तृप्ति बिन्दु कहा जाता है। इसे तृप्ति का नियम (Law of Satiety) भी कहा जाता है।

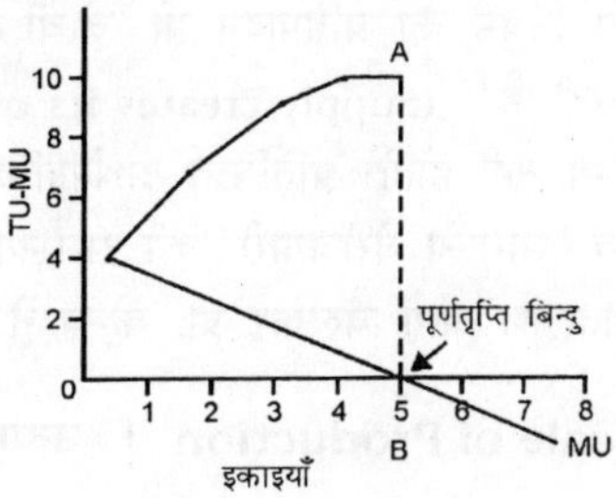

Save as You Earn | जैसा कमाओ वैसा बचाओ

व्यापारिक बैंक एवं अन्य वित्तीय संस्थाएँ बचतों को बढ़ाने के लिए अनेक योजनाएँ चलाती हैं। इस हेतु ये लोगों के घर-घर जाकर उन्हें विनियोग व बचत के लिए प्रोत्साहित करती हैं, ताकि वे अपनी आय में से प्रतिदिन या महीने के हिसाब से बचत कर सकें। वित्तीय अधिकारी एक निश्चित अवधि व अन्तराल के बाद घर-घर जाकर उन बचतों को एकत्रित करते हैं। यही बचत आगे चलकर पुनः विनियोग, पुनः आय व पुनः बचतों का निर्माण करती है। इसीलिए यह कहा जाता है कि जैसा कमाओ वैसा बचाओ।

Saving | बचत

कुल आय (ΔY) = C (उपभोग) +S (बचत) अर्थात आय का वह भाग जो उपभोग पर खर्च न कर बचत के रूप में भविष्य के लिए बचा लिया जाता है उसे ही बचत कहते हैं। यह आय के आकार, बचत प्रवृत्ति और ब्याज की दर पर निर्भर करती है।

Saving Bank | बचत बैंक

ये वे बैंक होते हैं, जो देश में बचतों की वृद्धि को प्रोत्साहित करते हैं। वर्तमान में सभी बैंक अपने व्यावसायिक कार्यों के साथ बचत खाते खोलने की सुविधा प्रदान करते हैं। ये अपनी चालू व स्थाई जमाओं के साथ बचतों को बढ़ाने व पूँजी निर्माण के उद्देश्य से भी कार्य करते हैं।

Saving Function | बचत फलन

प्रतिष्ठित अर्थशास्त्रियों के अनुसार बचत ब्याज की दर का फलन है। अर्थात् $S = f(r)$ जहां $S =$ बचत $f =$ फलन तथा $r =$ ब्याज की दर है। ब्याज की दर जितनी अधिक होगी, प्राप्त आय में से बचत की मात्रा उतनी ही ज्यादा होगी और ब्याज की दर जितनी कम होगी, प्राप्त आय में से बचत की मात्रा उतनी ही कम होगी। दूसरी ओर प्रो. केन्ज बचत को आय का फलन मानते हैं। अर्थात $S = f(y)$ जहां $y =$ आय है। इसके अनुसार आय का स्तर जितना ज्यादा होगा, बचत की मात्रा भी उतनी ही ज्यादा होगी।

Saving Ratio | बचत अनुपात

कितनी आय की मात्रा पर कितनी मात्रा में बचत होती है, इसे बचत अनुपात कहते हैं। आय बढ़ने पर बचत अनुपात भी बढ़ता है तथा आय के घटने पर बचत अनुपात भी घटता है।

Say's Law | 'से' का नियम

इस नियम का प्रतिपादन प्रो. जे.बी.से. ने किया जिसके अनुसार "पूर्ति अपनी मांग स्वयं उत्पन्न करती है" (Supply creates its own demand)। इसके कारण अर्थव्यवस्था में मांग की कोई कमी नहीं होती। प्रतिष्ठित अर्थशास्त्रियों का विचार था कि अर्थव्यवस्था में कभी 'अति-उत्पादन' एवं 'सामान्य बेरोजगारी' की समस्याएँ उत्पन्न नहीं होतीं। इसे ही प्रतिष्ठित रोजगार सिद्धान्त कहा जाता है। आगे चलकर प्रो. केन्ज ने इस सिद्धान्त की आलोचना की।

Scale of Production | उत्पादन का पैमाना

किसी भी उद्योग में उत्पादन के विस्तार की क्षमता को उत्पादन का पैमाना कहा जाता है। उत्पादन का पैमाना जिसके अनुसार फर्में उत्पादन करती हैं, छोटा या बड़ा हो सकता है। बड़े पैमाने का उत्पादन होता है तो आन्तरिक और बाह्य बचतें प्राप्त होती हैं, जो छोटे पैमाने के उत्पादन में नहीं होतीं।

Scarce Currency | दुर्लभ मुद्रा

दुर्लभ मुद्रा को कठोर मुद्रा (Hard Money) भी कहते हैं। देखें - कठोर मुद्रा (Hard Money)।

Scarce Resources | दुर्लभ संसाधन

ऐसे संसाधन जिनकी आपूर्ति मांग की तुलना में अति सीमित होती है, जैसे - भूमि, पूँजी, मशीनरी व कुशल श्रम आदि दुर्लभ साधनों के अन्तर्गत आते हैं।

Scarcity | दुर्लभता

जब किसी साधन की पूर्ति मांग की तुलना में कम होती है तो उस साधन को दुर्लभ कहा जाता है और उसकी प्राप्यता दुर्लभ होती है। उपलब्ध साधनों के वैकल्पिक उपयोगों के मध्य आवश्यक चयन को पूरा करने वाले साधनों की पूर्ति की तुलना में मांग बढ़ जाने पर दुर्लभता की स्थिति उत्पन्न हो जाती है।

Scarcity Rent | दुर्लभता लगान

दुर्लभता लगान भूमि के प्रयोग के लिए दी गई कीमत है जबकि भूमि की पूर्ति मांग की तुलना में सीमित होती है। दुर्लभता लगान का सिद्धान्त यह मान लेता है कि भूमि एक रूप तथा सीमित होती है। भूमि की पूर्ति पूर्णतया बेलोचदार होने के कारण भूमि के प्रयोग के लिए कुछ कीमत या लगान देना पड़ता है। इसे ही दुर्लभता लगान कहते हैं। स्टोनियर एवं हेग के अनुसार- "दुर्लभता लगान समरूप भूमि की दुर्लभता या सीमितता के कारण उत्पन्न होता है।" मार्शल के अनुसार "एक अर्थ में सभी लगान दुर्लभता लगान हैं और सभी लगान भेदात्मक लगान हैं।"

Scheduled Banks | अनुसूचित बैंक

भारतीय बैंकों को दो प्रमुख भागों में बांटा गया है- (i) अनुसूचित बैंक तथा (ii) गैर अनुसूचित बैंक। भारतीय रिजर्व बैंक की विशेष अनुसूची में अंकित बैंकों को अनुसूचित बैंक कहा जाता है, जो भारतीय रिजर्व बैंक की सभी प्रकार की पूर्वनिर्धारित शर्तों को पूरा करते हैं।

Scope of Economics | अर्थशास्त्र का क्षेत्र

अर्थशास्त्र के क्षेत्र में प्रो. केन्ज ने तीन प्रमुख घटकों को सम्मिलित किया है- (i) अर्थशास्त्र की विषय सामग्री (Subject Matter of Economics) (ii) अर्थशास्त्र की प्रकृति (Nature of Economics) तथा (iii) अर्थशास्त्र की सीमाएँ (Limitations of Economics)। अत: अर्थशास्त्र का क्षेत्र बहुत व्यापक है इसे संक्षेप में इस प्रकार व्यक्त कर सकते हैं-

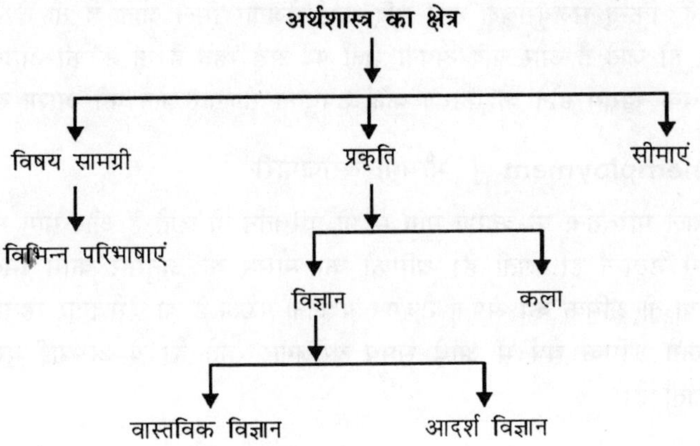

Script Issue | अंशदारी प्रमाणपत्र निर्गम

अंशदारी प्रमाणपत्र निर्गम (Shareholder Certificate Issue) पुराने अंशधारकों को दिया जाने वाला वह निर्गम है जो कोषों के पूँजीकरण द्वारा संभव होता है। इसे पुरस्कार निर्गम (Bonus Issue) भी कहते हैं। इस निर्गम में कोई भुगतान सम्मिलित नहीं होता है। यह अधिकार निर्गम (Right Issue) से अलग प्रकार का होता है, क्योंकि इसमें नई पूँजी का निर्माण नहीं होता है।

Special Drawing Rights (SDR) | विशेष आहरण अधिकार

दिसम्बर 1971 तक (IMF) अन्तरराष्ट्रीय मुद्रा कोष की हिसाबी मुद्रा अमेरिकी डॉलर थी, किन्तु दिसम्बर 1971 में विशेष आहरण अधिकार (SDR) मुद्रा कोष की नई हिसाबी मुद्रा बन गई और मुद्राकोष के सभी लेन-देन SDR में होने लगे। अन्तरराष्ट्रीय मौद्रिक क्षेत्र में SDR स्वर्णमुद्रा की भूमिका निभाता है। इसी कारण इसे कागजी स्वर्ण (Paper Gold) भी कहते हैं। 1 जनवरी 1981 से अपनाई गई पद्धति में SDR का मूल्य 5 बड़े निर्यातक देशों की मुद्राओं की पिटारी (Basket of Currencies) के आधार पर निर्धारित होता है। SDRs विश्व जमाओं के स्टॉक को बढ़ाने के लिए शर्तरहित जमा परिसम्पत्तियों के रूप में निर्मित किए गए थे, ताकि अन्तरराष्ट्रीय तरलता की समस्या हल की जा सके। SDR व्यवस्था में भागीदारों को उनके कोष अभ्यंशों के अनुपात में आबंटित किए जाते हैं। इस हेतु मुद्राकोष द्वारा एक विशेष आहरण लेखा भी स्थापित किया गया है। 1978 में मुद्राकोष के समझौता नियमों में दूसरा संशोधन होने के बाद से SDR लेखा की अन्तरराष्ट्रीय इकाई बन गई। इस व्यवस्था से अनेक विकासशील देशों को यह सहायता मिली है कि वे अपनी बाह्य आर्थिक स्थितियों को स्थिर बनाएँ और अन्तरराष्ट्रीय मौद्रिक लेन-देन में उत्पन्न होने वाली अस्थिरता से अपनी अर्थव्यवस्था की रक्षा कर सकें। इसके तीन प्रमुख उपयोग हैं- (i) इसका निर्देशानुसार लेन-देन होता है। (ii) मुद्रा कोष के साथ होने वाले सभी लेन-देन SDRs में होते हैं तथा (iii) SDRs का उपयोग सहमति से किए जाने वाले लेन देनों में होता है।

Search Unemployment | बेरोजगारी तलाश

वह बेरोजगारी जिसमें श्रमिक व कर्मचारी बेरोजगारी की दशा में बाजार में स्वीकार्य रोजगार की तलाश करता है, जबकि रोजगार में रहते हुए श्रमिक या कर्मचारी पहले से अच्छा रोजगार तलाश करने में कामयाब हो सकता है। बेरोजगारी की दशा में एक बेरोजगार के लिए अच्छा रोजगार ढूँढ़ना काफी कठिन होता है। बेरोजगार लोग एक रोजगार विशेष और वेतन विशेष पर कार्य करने की तलाश में रहते हैं, किन्तु मजबूरीवश उन्हें यदि कोई रोजगार मिल जाता है तो वे अपनी शर्तों को छोड़ने को तैयार हो जाते हैं और यदि अपनी शर्तों पर अड़े रहते हैं तो उनकी आय व तरलता की स्थिति और अधिक खराब होने के कारण कोई उपयुक्त रोजगार पाने की आशा छोड़ बैठते हैं।

Seasonal Unemployment | मौसमी बेरोजगारी

मौसम में होने वाले परिवर्तनों के कारण मांग में भी परिवर्तन हो जाते हैं और मांग में कमी होने पर मौसमी बेरोजगारी उत्पन्न हो जाती है। श्रमिकों को मौसम के अनुसार काम मिलता है। मौसम बदलने के बाद या तो श्रमिक को अपना रोजगार बदलना पड़ता है या बेरोजगार रहना पड़ता है। जैसे कृषि कार्य में लगे श्रमिक वर्ष में आधे समय बेरोजगार रहते हैं। ये अस्थाई बेरोजगारी मौसमी बेरोजगारी कहलाती है।

Second-best Theory | द्वितीयक सर्वश्रेष्ठ सिद्धान्त

जब पेरोटो इष्टतमता की सभी दशाएँ प्राप्त हो जाती हैं तो इसे प्रथम श्रेष्ठ (First Best) हल कहा जाता है। किन्तु एकाधिकार, बहिर्भाव तथा अविभाज्यताएँ, जिनकी बाधाओं के कारण पेरेटो इष्टतमता की स्थिति प्राप्त नहीं होती है, द्वितीयक सर्वश्रेष्ठ हल की खोज करते हुए लिप्से (Lipsey) और लंकेस्टर (Lancaster) ने यह बताया कि द्वितीय श्रेष्ठ हल शेष अर्थव्यवस्था में प्रतियोगी व्यवहार को सम्मिलित नहीं करता है। द्वितीयक सर्वश्रेष्ठ सिद्धान्त यह बताता है कि यदि संस्थानिक संसाधनों के कारण पेरेटो इष्टतमता की एक या एक से अधिक प्रथम कोटि की दशाएँ संतुष्ट नहीं की जा सकतीं तो सामान्य रूप में पेरोटो की शेष दशाएँ संतुष्ट करना न तो आवश्यक है और न ही वांछनीय है।

Secondary Market | द्वितीयक बाजार

द्वितीयक बाजार मुद्रा बाजार के उस भाग को कहते हैं, जिसमें पूर्व में निर्गमित अंशों व प्रतिभूतियों के विनिमय एवं विपणन का कार्य होता है। इस प्रकार का कार्य संगठित स्टॉक विनिमय या प्राथमिक बाजार के बाहर किया जाता है। द्वितीयक बाजार में कार्य करना काफी जोखिम भरा होता है।

Secondary Mortgage | द्वितीयक बंधक

किसी सम्पत्ति को जब ऋण लेने के लिए एक बार बंधक बनाया जा चुका है और पुनः ऋण हेतु दूसरी बार बंधक बनाया जाता है तो इसे द्वितीयक बंधक कहा जाता है। द्वितीयक बंधक बनाने में पूर्व बन्धक की अपेक्षा ऊँची ब्याज दर के कारण अधिक जोखिम होती है।

Secondary Production | द्वितीयक उत्पादन

द्वितीयक उत्पादन कच्चे माल को विनिर्मित वस्तु में बदलने की क्रिया को कहते हैं।

Sector | क्षेत्र

प्राय: अर्थव्यवस्था के दो क्षेत्र होते हैं प्रथम सार्वजनिक और द्वितीय निजी क्षेत्र (Public and Private Sector)। तीन क्षेत्र भी हो सकते हैं जैसे- प्राथमिक क्षेत्र, जिसमें कृषि क्षेत्र आता है और द्वितीय क्षेत्र, जिसमें औद्योगिक क्षेत्र आता है तथा तृतीय क्षेत्र, जिसमें सेवा क्षेत्र आता है।

Secured Creditor | सुरक्षित ऋणदाता

ऐसा ऋणदाता, जिसके पास ऋण की सुरक्षा के लिए कोई वस्तु गिरवी रखी जाती है, उसे सुरक्षित ऋणदाता कहा जाता है।

Security | प्रतिभूति

अंश (Share), बन्धक (Bond) व सरकारी स्टॉक को प्रतिभूति कहते हैं। इनको स्टॉक विनिमय बाजार व द्वितीयक बाजार में बेचा जा सकता है। इनमें ब्याज या लाभांश आय के रूप में निहित होता है, जिस पर धारक का अधिकार होता है।

Selective Credit Control | चयनात्मक साख नियंत्रण

चयनात्मक साख नियंत्रण विधियों को गुणात्मक या विशिष्ट विधियाँ भी कहा जाता है। प्रो. चैंडलर के अनुसार- ''चयनात्मक विधियाँ वे उपाय होते हैं जो साख के आबंटन को कम से कम उस सीमा तक प्रभावित करते हैं कि चुने हुए उद्देश्यों के लिए उपयोग में आने वाली साख तो कम हो जाए तथा सब उद्देश्यों के लिए साख की पूर्ति घटाने और साख की लागत बढ़ाने की जरूरत न पड़े।'' इसके अन्तर्गत निम्न विधियाँ शामिल हैं- (i) साख मुद्रा की राशनिंग (ii) उपभोक्ता साख का नियमन (iii) प्रतिभूति ऋणों का सीमा निर्धारण (iv) नैतिक दबाव (v) प्रचार तथा (vi) सीधी कार्यवाही।

Selective Employment Tax (S.E.T.) | चयनित रोजगार कर

किसी राष्ट्र की संघीय सरकार जब अपने उद्यमियों या नियोजकों पर, जो कुछ विशिष्ट उद्योगों के स्वामी होते हैं, कर लगाती है तो इसे चयनित रोजगार कर कहा जाता है। प्रारम्भ में यह सभी नियोजकों पर लगाया जाता है, किन्तु बाद में पूरी राशि कुछ को वापस लौटा दी जाती है और कुछ को सम्पूर्ण राशि से अधिक राशि लौटा दी जाती है। इस प्रकार यह कर कुछ चयनित या विशिष्ट नियोजकों पर ही लगाया जाता है। इंग्लैण्ड में 1966 में यह कर लगाया गया, किन्तु विवादग्रस्त होने के कारण 1973 में इसे समाप्त कर दिया गया।

Self Assessment Tax | स्वनिर्धारण कर

करों का स्वनिर्धारण कर भुगतान की एक विधि है, जिसके अनुसार एक करदाता अपनी समस्त आय सम्बन्धी व सभी भत्तों आदि का एवं कटौतियों का विवरण आयकर विभाग के समक्ष प्रस्तुत करता है। आयकर अधिकारी उस विवरण को जांच कर देखते हैं कि कर भुगतान की गणना ठीक प्रकार से की गई है या नहीं। इस कर पद्धति का दोष यह है कि इस कर भुगतान विधि में करदाता को कर प्रणाली का पूरा ज्ञान व गणितीय योग्यता होनी चाहिए। बड़ी-बड़ी कम्पनियों का कर रिटर्न भरने का कार्य जानकार लेखाकारों द्वारा किया जाता है, किन्तु कुछ व्यक्ति एवं व्यवसायी, जो अधिक जानकारी नहीं रखते, वे अनभिज्ञ होते हैं, जबकि कर अधिकारी जानकार होते हैं।

Self Employment | स्वरोजगार

स्वरोजगार की प्रकृति सवेतन रोजगार की नहीं होती है, किन्तु यह पूर्णकालिक आधार पर लाभप्रद रोजगार होता है। ये स्वरोजगार प्राप्त परिवारों को गरीबी रेखा से ऊपर उठाने के लिए पर्याप्त आय का स्रोत होता है। स्वरोजगार में उत्पादन के साधन या तो स्वयं के होते हैं या पट्टे पर प्राप्त किए जाते हैं। (On Lease) या फिर उधार (Hire) लिए जाते हैं।

Self Financing Ratio | स्व-वित्त अनुपात

किसी एक वित्त वर्ष के दौरान किसी संस्थान का कुल विनियोजित कोषों में स्वयं का या निजी विनियोजित कोषों का अनुपात स्व-वित्त अनुपात कहा जाता है। उदाहरण के लिए यदि एक व्यवसायी अपने व्यवसाय में 2 लाख रुपये के कुल विनियोजन में 1 लाख रुपया स्वयं विनियोजित करता है, तो स्व-वित्त अनुपात 1:1 होगा।

Self Sufficiency | आत्मनिर्भरता

कोई देश तब आत्मनिर्भर कहा जाता है, जब वह किसी दूसरे देश से बिना किसी वस्तु या सेवा का आयात किए अपनी सभी आवश्यकताओं को पूरा करने में स्वयं समर्थ हो जाए। जब कोई देश आत्मनिर्भर हो जाता है तो वह देश शेष विश्व के साथ एक स्वतंत्र इकाई के रूप में जाना जाता है।

Self Service Centre | स्वसेवा केन्द्र

जब ग्राहक अपनी आवश्यकता की वस्तुओं या सेवाओं का चयन बिना किसी विक्रय सहायक की सहायता के विभिन्न स्वसेवा केन्द्रों से करते हों तथा उनका भुगतान निकासी स्थान पर करते हों तो ऐसे केन्द्रों को स्व-सेवा केन्द्र कहा जाता है।

Seller's Market | विक्रेता बाजार

विक्रेता बाजार वह होता है, जहां वस्तुओं और सेवाओं की मांग पूर्ति से अधिक होती है तथा विक्रेताओं में कीमत वृद्धि की प्रतियोगिता के कारण लाभ प्राप्त होता है।

Selling Cost | विक्रय लागत

विज्ञापन एवं विक्रय कला पर होने वाले व्यय को विक्रय लागत कहते हैं। यह एकाधिकारात्मक (Monopolitic) प्रतियोगी बाजार की एक विशेषता है। इस बाजार में अपने विभेदीकृत उत्पादन को बेचने के लिए विक्रेता अपनी वस्तु या सेवा का अधिक से अधिक विज्ञापन व विक्रय कला के द्वारा ग्राहकों को प्रभावित एवं आकर्षित करते हैं।

Sensitive Market | संवेदनशील बाजार

जब आर्थिक एवं राजनीतिक घटनाओं के कारण स्टॉक विनिमय बाजार में कीमतों में उतार-चढ़ाव आते हैं, तब इस बाजार को संवेदनशील बाजार कहते हैं। थोड़े से अनुमानों और अफवाहों के कारण ऐसा बाजार शीघ्र प्रभावित हो जाता है।

Service Industry | सेवा उद्योग

वे उद्योग जो भौतिक वस्तुओं अथवा स्पर्शीय वस्तुओं का उत्पादन करने की बजाय अभौतिक या अस्पर्शीय वस्तुओं का उत्पादन करते हैं। बैंकिंग एवं बीमा उद्योग ऐसे ही उद्योगों की श्रेणी में आते हैं।

Settlement | निबटारा या निस्तारण

सम्पत्ति और भुगतान आदि के लिए वैधानिक स्वत्वाधिकार के स्थानान्तरण व व्यापारिक सौदा समस्त आवश्यक वैधानिक औपचारिकताओं को ध्यान में रखते हुए पूरा कर लिया जाता है तो इसे उस कार्य का निबटारा या निस्तारण कहते हैं।

Severance Payment | अलगाव भुगतान

यह एक ऐसा भुगतान है जो एक व्यावसायिक, औद्योगिक या किसी अन्य प्रतिष्ठान द्वारा अपने स्थाई कर्मचारियों की छँटनी करने की क्षतिपूर्ति के रूप में प्रदान किया जाता है।

Shadow Price | छाया कीमत

छाया कीमत एक वस्तु की वह आकलित कीमत होती है, जो उस वस्तु के उत्पादन में उपयोग में लाए गए संसाधनों की अवसर लागत पर आधारित होती है। छाया कीमत पूर्ण समाजवादी अर्थव्यवस्था में उत्पन्न होती है।

Share | अंश

एक सीमित (Limited) कंपनी के अनेक पूँजीगत भागों में से एक भाग अंश इकाई का होता है। स्टॉक विनिमय बाजार में अंशों का क्रय-विक्रय का कार्य होता है।

Share Capital | अंश पूँजी

यह वह पूँजी होती है, जिसे एक शेयर कम्पनी द्वारा अपने शेयर निर्गत करके बढ़ाई जाती है। शेयर कम्पनी किसी सीमा तक इस पूँजी में वृद्धि करेगी, इसकी वैधानिक सीमा निर्धारित होती है। अधिकतम अंशपूँजी की इस सीमा को अधिकृत पूँजी कहते हैं।

Share Certificate | अंश प्रमाण पत्र

यह एक ऐसा प्रमाण पत्र होता है जो कम्पनी के द्वारा एक व्यक्ति के अंशों के स्वामित्व को सत्यापित करने के लिए दिया जाता है। यदि वह व्यक्ति अपनी अंशधारिता स्वामित्व को बेच देता है तो कंपनी द्वारा अंश प्रमाण पत्र से उसका नाम हटा दिया जाता है और उन अंशों को नए क्रेता के नाम से हस्तान्तरित कर दिया जाता है।

Share Holder | अंशधारक

अंशधारक वह व्यक्ति होता है जो एक कंपनी विशेष में कुछ अंशों का स्वामी होता है। इस प्रकार इन अंशों के स्वामित्व वाले व्यक्ति को अंशधारक कहते हैं।

Share Index | अंश सूचकांक

अंश सूचकांक अंशों के एक विशिष्ट समूह की कीमतों पर आधारित होता है तथा इसे समस्त अंश बाजार के उतार-चढ़ाव के लिए एक प्रतिनिधि एवं मार्गदर्शक के रूप में देखा जाता है। इस प्रकार अंश सूचकांक एक अंश समूह व अंश मूल्यों का ज्ञान कराता है।

Shifting of Tax | कर विवर्तन

यह वह प्रक्रिया है जिसमें कर एक व्यक्ति से दूसरे व्यक्ति पर खिसका दिया जाता है। वस्तुओं की कीमतों में परिवर्तन के द्वारा कर को खिसकाया जा सकता है। कर को खिसकाने के लिए वस्तु का

विनिमय होना जरूरी होता है। उदाहरण के लिए माना कि सरकार चीनी के उत्पादन पर कर लगाती है और कर राशि सरकार चीनी के उत्पादक से वसूल कर लेती है। इस चीनी के कर का प्रभाव (impact) उसके उत्पादक पर हुआ, किन्तु इस कर को लागत में जोड़कर चीनी के विक्रय मूल्य को बढ़ा दिया जाता है। इस प्रकार चीनी पर लगे उत्पाद शुल्क को उपभोक्ता से वसूल कर लिया जाता है। इसे कर विवर्तन कहा जाता है।

Short Run | अल्पकाल

एक उत्पादक के लिए अल्पकाल उत्पादन की वह अवधि होती है, जिसमें उत्पादन के साधनों को परिवर्तित करना संभव नहीं होता है। इस प्रकार अल्पकाल में अपरिवर्तनीय साधनों को स्थिर साधन भी कहते हैं।

Short Selling | अल्प विक्रय

यह सट्टे से सम्बन्धित वह प्रक्रिया है, जिसके अन्तर्गत विक्रेता उससे अधिक बेचने का प्रयास करता है जितना उसके पास होता है। ऐसा व्यवहार इसलिए किया जाता है ताकि कम आपूर्ति को वह सौंपने की तिथि के लिए कम कीमत पर शेष अवधि में खरीद लेगा और लाभ प्राप्त करेगा।

Short Term | अल्प कार्यावधि

यह किसी संगठन की वह कार्यावधि होती है, जिसमें कच्चे माल की कमी व मांग की कमी से उत्पन्न बाधाओं के कारण श्रमिक निर्धारित घण्टों से कम घण्टे ही कार्य कर पाते हैं। इसे ही अल्प कार्यावधि कहा जाता है।

Shut Down Price | उत्पादन बंद कीमत

उत्पादन बंद कीमत वह कीमत होती है, जो उत्पादन की औसत परिवर्तनशील लागत (AVC) के बराबर या इससे कम हो। चित्रानुसार OP कीमत (AVC) के बराबर है। यह कीमत उत्पादन बंद करने की कीमत है। इससे कम अर्थात OP_1 कीमत जो (AVC) से भी कम है, उत्पादक इस कीमत पर कभी उत्पादन नहीं करेगा, क्योंकि इस कीमत पर उत्पादक की न तो स्थिर लागत निकलती है और न ही परिवर्तनशील लागत निकलती है। अतः OP कीमत ही उत्पादन बंद कीमत होगी। इसे शून्य लाभ बिन्दु (Zero Profit Point) या सामान्य लाभ बिन्दु (Normal Profit Point) भी कहते हैं।

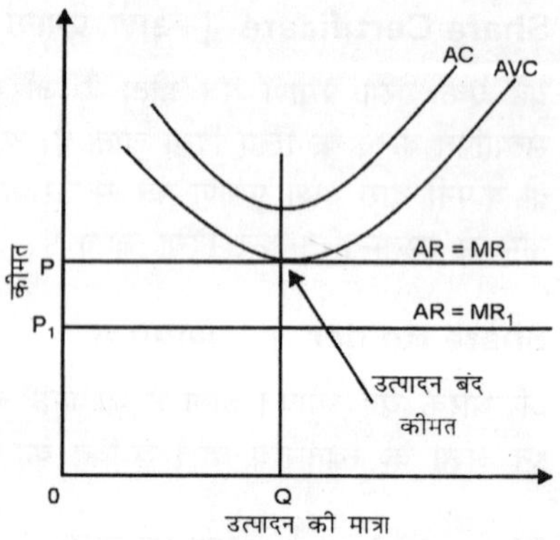

Sick Industries | बीमार उद्योग

ऐसे उद्योग जिनमें आवश्यकता से अधिक फर्में होती हैं, इनमें से अधिकांश फर्में बहुत कम मात्रा में व्यवसाय करती हैं तथा उद्योग में तब तक ही बनी रहती हैं जब तक कि उनकी पूरी पूँजी खत्म न हो जाए। जैसे ही ऐसी अलाभकारी फर्में उद्योग को छोड़कर जाती हैं तो नई फर्में उद्योग में प्रवेश करती हैं जो लाभ कमाने की स्थिति में होती हैं। इससे उद्योग में चाहे फर्मों की संख्या वही रहे या इससे भी अधिक हो जाए।

Side Payments | पार्श्व भुगतान

सामान्य उद्देश्यों के लिए गठित समूहों में जब एक व्यक्ति और समूह के बीच आपसी विनिमय को बढ़ावा देने के लिए प्रयास करते हैं तो इसे पार्श्व भुगतान कहा जाता है जिसके अन्तर्गत एक गुट बंधी संगठन (Cartel) में व्यक्तियों को संयुक्त लाभ को अधिकतम करने हेतु प्रोत्साहित किया जाता है। ऊँचा लाभ कमाने वाले कम लाभ कमाने वालों को संगठन या समूह में बनाए रखने के लिए प्रोत्साहन स्वरूप पार्श्व भुगतान करते हैं।

Silver Standard | रजतमान

द्विधातुमान (Bimetallism) अथवा स्वर्णमान (Gold Standard) के पूर्व संसार के सभी भागों में रजतमान प्रचलन में था। भारत में रजतमान का चलन 1893 तक तथा चीन में 1935 तक रहा। इस चलन मान की कमियों के कारण धीरे-धीरे सभी देशों में इसका चलन समाप्त हो गया। रजत मान में चांदी (Silver) के सिक्के प्रचलन में थे।

Sight Discount | दृश्य कटौती

ऐसे विनिमय बिल या बिक्री योग्य प्रपत्र, जिसे प्रस्तुत करने पर देखते ही कटौती कर दी जाती है उसे दृश्य या दर्शनी कटौती कहते हैं।

Simple Interest | साधारण ब्याज

जब दिए गए ऋण राशि के मूलधन पर वार्षिक निर्धारित दर से ब्याज लिया जाता है तो इसे साधारण ब्याज कहते हैं। यह चक्रवृद्धि ब्याज से अलग होता है, क्योंकि चक्रवृद्धि ब्याज में पूर्व वर्ष का ब्याज मूलधन में जोड़ दिया जाता है।

Single Tax System | एकल कर प्रणाली

इस एकल कर प्रणाली के अन्तर्गत आय एकल कर प्रणाली द्वारा ही सम्पूर्ण कर एकत्रित किया जाता है।

Sinking Fund | ऋण परिशोधन कोष

इस कोष का निर्माण किसी विशिष्ट प्रयोजन हेतु नियमित किस्तों के द्वारा किया जाता है। सार्वजनिक ऋण के भुगतान हेतु यह कोष सबसे अधिक लाभदायक उपाय है, जो सार्वजनिक ऋणों के भुगतान के लिए पर्याप्त एवं उपयोगी है।

Sit Down Strike | काम बंद हड़ताल

ऐसे श्रमिक या कर्मचारी जो काम रोककर कार्य स्थल पर कार्य अवधि में उपस्थित रहते हैं। इसे काम बंद हड़ताल कहा जाता है। ऐसी हड़ताल अल्पकालीन या सांकेतिक होती है।

Skewness | विषमता

समरूपता की विपरीत स्थिति को विषमता कहते हैं। विषमता समरूपता से अलगाव की मात्रा का माप करती है। आवृत्ति वितरण (Frequency Distribution) में यह समरूपता के अभाव को बताती है। विषमता धनात्मक (Positive) तथा ऋणात्मक (Negative) दोनों हो सकती है। यदि विषमता धनात्मक है तो यह वक्र को बाएँ से दाएँ झुका हुआ बना देती है, अर्थात जिसमें $A > B > C$ होता है।

इसी प्रकार यदि विषमता ऋणात्मक है तो यह वक्र को दाएँ से बाएँ झुका हुआ बना देती है, अर्थात $A < B < C$ जिसमें होता है।

Slack | मंदता या शिथिलता

साधनों के अनुपयोग (Unused) तथा न्यून या निम्न उपयोग (Unclear Used) को मंदता या शिथिलता कहा जाता है। संगठनात्मक शिथिलता तब आती है जब फर्मों व सरकारी निकायों में आवश्यकता से अधिक श्रमिक या कर्मचारी, औजार व भवन आदि होते हैं। फलस्वरूप मांग में परिवर्तन के साथ अधिकांश संगठनों में शिथिलता आ जाती है। शिथिलता और अतिरिक्त क्षमता (Spare Capacity) में अंतर करना बहुत कठिन होता है।

Sleeping Partner | सुप्त हिस्सेदार

वह हिस्सेदार जो फर्म में पूँजी का अपना हिस्सा पूरा दे देता है, किन्तु फर्म के कार्यों तथा उसके संचालन में सक्रिय भाग न लेकर निष्क्रिय बना रहता है, तब उसे अकार्यशील या सुप्त हिस्सेदार समझा जाता है।

Sluice-Gate Price Policy | निकासी द्वार कीमत नीति

यूरोपीय आर्थिक समुदाय ने अपने सदस्य देशों में अण्डे व सूअरों के गोश्त उत्पादकों के हितों को इन वस्तुओं के सस्ते आयातों से रक्षा करने हेतु इस नीति को अपनाया था, जिसके अन्तर्गत ऐसी वस्तुओं के आयातों पर संरक्षण प्रदान करने के लिए शुल्क लगाए गए ताकि आयातित वस्तु की स्पर्धात्मक क्षमता को कम किया जा सके तथा सदस्य देशों के उत्पादन को प्रोत्साहन मिल सके।

Slump | अवसाद या गिरावट

व्यापार चक्रों के कारण अर्थव्यवस्था में आने वाले अवसाद या गिरावट की स्थिति को अवसाद या गिरावट कहते हैं। इस स्थिति में अर्थव्यवस्था के उत्पादन, आय, बचत व रोजगार आदि सभी क्षेत्रों में गिरावट दिखाई देती है।

(देखें - (Depression) अवसाद)।

Slump Flation | अवसादजनित स्फीति

कभी-कभी अर्थव्यवस्था में ऐसी असामान्य घटना घटित होती है, जब स्फीति और अवसाद दोनों के लक्षण साथ-साथ प्रकट होते हैं। ऐसी स्थिति में एक ओर आर्थिक क्रियाएँ संकुचित होती हैं तो दूसरी ओर कीमत स्तर भी बढ़ता रहता है। इसे ही अवसाद-स्फीति कहते हैं।

Slutsky's Substitution Effect | स्लट्स्की का प्रतिस्थापन प्रभाव

स्लट्स्की के अनुसार प्रतिस्थापन प्रभाव को ज्ञात करने के लिए उपभोक्ता की आय उस मात्रा से परिवर्तित की जानी चाहिए, जिससे कि वस्तुओं के प्रारंभिक संयोग को उपभोक्ता खरीद सके। स्लट्स्की के प्रतिस्थापन प्रभाव को संलग्न चित्र से समझ सकते हैं। यहां उपभोक्ता की मौद्रिक आय व वस्तुओं की कीमतें दी हुई हैं और कीमत रेखा LM है। उपभोक्ता की संतुलन स्थिति बिन्दु R पर है। इस बिन्दु पर उपभोक्ता के पास X वस्तु की OA तथा Y वस्तु की OC मात्रा का संयोग है। अब यह माना जाता है कि वस्तु X की कीमत घटती है तथा वस्तु Y की कीमत स्थिर रहती है। वस्तु X की कीमत घटने के कारण उपभोक्ता की वास्तविक आय बढ़ जाती है और उपभोक्ता एक

ऊँचे तटस्थता वक्र Ic_2 के बिन्दु S पर संतुलन में होगा। चित्रानुसार एक काल्पनिक कीमत रेखा EF खींची जाती है जो कि प्रारम्भिक संतुलन बिन्दु R से गुजरती है तथा नई कीमत रेखा LM_1 के समानान्तर होती है। LM_1 रेखा वस्तुओं के नए कीमत अनुपात को बताती है और चूंकि काल्पनिक कीमत रेखा EF समानान्तर है LM_1 के। इसलिए काल्पनिक कीमत रेखा EF रेखा भी नए कीमत अनुपात को बताएगी। चूंकि EF रेखा बिन्दु R से गुजरती है इसलिए उपभोक्ता वस्तुओं के प्रारम्भिक संयोग को खरीद सकेगा। अतः उपभोक्ता की आय को LE के बराबर घटाना पड़ेगा। अतः कीमतों में सापेक्षिक परिवर्तन के कारण उपभोक्ता अपनी खरीद को पुनः व्यवस्थित करेगा और वह सस्ती वस्तु X की अधिक मात्रा खरीदेगा। काल्पनिक कीमत रेखा EF पर एक ऊँचे तटस्थता वक्र Ic_2 के लिए बिन्दु S पर स्पर्श रेखा है। अतः उपभोक्ता अब बिन्दु S पर संतुलन की स्थिति में होगा। इस प्रकार स्लट्स्की प्रतिस्थापन प्रभाव बिन्दु R से काल्पनिक बिन्दु S तक होगा। अब X की AB तथा Y की CD वृद्धि व कमी होगी।

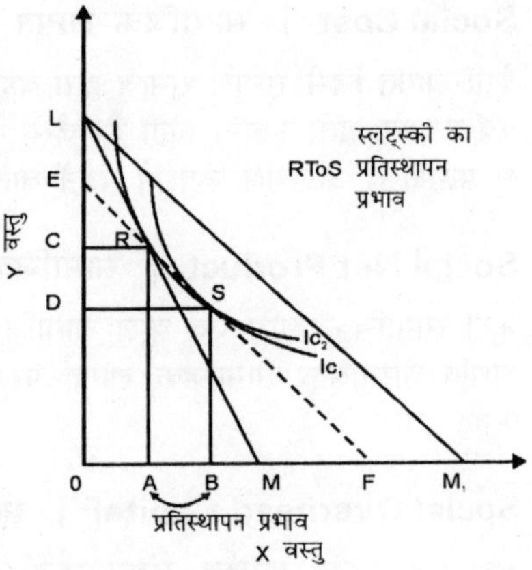

Slutsky Equation | स्लटस्की समीकरण

स्लट्स्की ने अपने समीकरण को बहुत ही सरलतापूर्वक समझाया है- जो इस प्रकार है-

कीमत प्रभाव = आय प्रभाव + प्रतिस्थापन प्रभाव

Smuggling | तस्करी

जब देश में वस्तुएँ छिपे रूप से लाई जाती हैं, ताकि आयात शुल्क से बचा जा सके, तब इसे तस्करी कहा जाता है, जो एक गैरकानूनी कृत्य है। ऐसे कृत्य करने वाले वस्तुओं के आयात की सूचना कस्टम अधिकारियों को नहीं देते हैं, न ही उनका कहीं बही खातों में इन्द्राज होता है। ऐसी वस्तुओं को चोरी छिपे ही बेच दिया जाता है।

Snake | स्नेक

यूरोपियन मौद्रिक प्रणाली को स्नेक कहा जाता है।

Social Benefit | सामाजिक लाभ

किसी व्यक्ति की आर्थिक क्रियाओं के द्वारा यदि समाज को लाभ होता है तो इसे सामाजिक लाभ कहा जाता है। सामाजिक लाभ से समाज के कल्याण में भी वृद्धि होती है।

Social Capital | सामाजिक पूँजी

यह एक ऐसा पूँजी स्टॉक होता है जिस पर पूरे समाज का अधिकार होता है। स्कूल, कॉलेज, भवन, अस्पताल, रेल, सड़क, बाग-बगीचे आदि जो सार्वजनिक महत्व के हैं सामाजिक पूँजी के अन्तर्गत शामिल किए जाते हैं। वह पूँजी जो ऐसी वस्तुओं और सेवाओं का उत्पादन करती है, जिन्हें बाजार में बेचा नहीं जाता।

Social Cost | सामाजिक लागत

ऐसी लागत जिसे सम्पूर्ण समाज द्वारा वहन किया जाता है तथा जो वस्तु या सेवा विशेष के उत्पादन एवं उपभोग द्वारा उत्पन्न होती है। जैसे- जल प्रदूषण, वायु प्रदूषण व भीड़-भाड़, शोर शराबा आदि से प्रत्यक्ष व अप्रत्यक्ष रूप से पड़ने वाली लागत या वित्तीय भार को सामाजिक लागत कहते हैं।

Social Net Product | सामाजिक शुद्ध उत्पाद

कुल सामाजिक लाभ एवं कुल सामाजिक लागत के अन्तर को सामाजिक शुद्ध उत्पाद कहते हैं। अर्थात वास्तविक सामाजिक लागत पर सामाजिक लाभ के अतिरेक को सामाजिक शुद्ध उत्पाद कहते हैं।

Social Overhead Capital | सामाजिक ऊपरी पूँजी

अस्पताल, स्कूल, कॉलेज, संचार, ऊर्जा, परिवहन आदि साधनों को सामाजिक ऊपरी पूँजी कहते हैं, जिनके द्वारा किसी एक व्यक्ति को लाभ पहुंचाने की बजाय सम्पूर्ण समाज को लाभ पहुँचाया जाता है। इसे आधारभूत संरचना भी कहा जाता है।

Social Security | सामाजिक सुरक्षा

सर विलियम बेवरिज के अनुसार- ''सामाजिक सुरक्षा का आशय एक ऐसी पद्धति से है जिसके द्वारा आवश्यकता, बीमारी, अज्ञानता, फिजूलखर्ची और बेकारी इन पाँचों दानवों पर विजय मिले।'' एक फ्रांसीसी लेखक के अनुसार- ''सामाजिक सुरक्षा से तात्पर्य यह है कि समाज के प्रतिनिधि के रूप में सरकार अपने समस्त नागरिकों के लिए न्यूनतम जीवन स्तर बनाए रखने के लिए उत्तरदायी है।'' इस प्रकार सामाजिक सुरक्षा किसी देश के नागरिकों का वह मानवीय अधिकार है, जिसके परिणामस्वरूप प्रत्येक व्यक्ति को सामाजिक जोखिमों से सुरक्षा प्रदान की जाती है। यह अत्यन्त व्यापक शब्द है। इसके अन्तर्गत (i) सामाजिक सहायता (ii) सामाजिक बीमा, तथा (iii) सामाजिक सेवा को सम्मिलित किया जाता है। प्रत्येक देश की सरकार को चाहिए कि वह अपनी सक्रिय पीढ़ी की बौद्धिक, मानसिक एवं शारीरिक शक्ति को विकसित करे, सुरक्षित रखे एवं निर्मित करे, अपनी भावी पीढ़ी के लिए मार्ग तैयार करे तथा जिस पीढ़ी को उत्पादक जीवन से मुक्ति मिल गई है, उसे सहारा दे, यही सामाजिक सुरक्षा है।

Social Security Benefits | सामाजिक सुरक्षा लाभ

सामाजिक सुरक्षा योजनाओं द्वारा निम्नांकित आकस्मिकताओं के लिए सामाजिक सुरक्षा लाभ प्रदान किए जाते हैं-

(i) बीमारी की अवधि में डाक्टरी देखभाल; (ii) रोजगार संबंधी दुर्घटना के कारण कार्य पर अनपुस्थिति के समय डाक्टरी देखभाल एवं नकद लाभ; (iii) बीमारी के समय नकद लाभ; (iv) प्रसूति संबंधी नकद लाभ एवं चिकित्सीय सुविधाएँ; (v) असमर्थता के समय पेंशन लाभ; (vi) वृद्धावस्था पेंशन लाभ; (vii) मृत्यु के समय किए जाने वाले व्ययों का भुगतान; (viii) उपार्जक सदस्य की मृत्यु पर उसकी पत्नी और बच्चों को नकद लाभ; (ix) बेरोजगारी भत्ता, तथा (x) बच्चों के पालनार्थ नकद भुगतान आदि।

Social Stratification | सामाजिक स्तरीकरण

किसी सामाजिक व्यवस्था में प्रभाव, प्रतिष्ठा, शक्ति, संपत्ति, सुविधाओं आदि की भिन्नता के आधार पर प्रस्थितियों एवं भूमिकाओं की अपेक्षाकृत एक स्थाई श्रेणीबद्धता को सामाजिक स्तर

कहते हैं। सामाजिक स्तर एक विशिष्ट प्रकार की सामाजिक विभेदीकरण व्यवस्था है, जिसमें सामाजिक पदों की ऊंच-नीच के आधार पर श्रेणीबद्धता होती है। इन सामाजिक पदों के धारक सामाजिक महत्व की दृष्टि से एक-दूसरे से उच्चता, निम्नता व समानता का व्यवहार करते हैं। इसका प्रमुख तत्व श्रेणीबद्ध संस्तरण है। यह संस्तरण असमानता व विषमता को जन्म देता है। जाति व्यवस्था, वर्ण-व्यवस्था तथा संपत्ति व्यवस्था आदि सामाजिक स्तर के प्रमुख रूप हैं।

Social Welfare | सामाजिक कल्याण

किसी समुदाय की व्याधियों, कष्टों व जरूरतमंद दशाओं में सुधार लाने की दिशा में निजी या सार्वजनिक संस्थाओं द्वारा किए गए व्यवस्थित प्रयासों को समाज कल्याण कहते हैं। समाज कल्याण का उद्देश्य जहां एक ओर कष्टकारी दशाओं में सुधार लाना होता है, वहीं दूसरी ओर इसके द्वारा व्यक्तियों को एक संतोषप्रद जीवन एवं स्वास्थ्य प्रदान करने का प्रयास किया जाता है। समाज कल्याण द्वारा सामाजिक सम्बन्धों का नियोजन इस तरह किया जाता है ताकि एक व्यक्ति की व्यक्तिगत क्षमताओं के विकास का समाजोत्थान की आवश्यकताओं के साथ समन्वय हो सके। इस शब्द का उपयोग अर्थशास्त्र में सर्वप्रथम पेरेटो ने किया था, उनके विचार में सामाजिक कल्याण समाज में रहने वाले व्यक्तियों के समग्र कल्याण पर निर्भर करता है।

Social Welfare Function | सामाजिक कल्याण फलन

सामाजिक कल्याण फलन का विचार बर्गसन के नेतृत्व में कल्याणवादी अर्थशास्त्रियों ने आर्थिक समस्याओं का अध्ययन व विश्लेषण करने के लिए प्रस्तुत किया। इनके अनुसार सामाजिक कल्याण फलन समाज के कल्याण का एक साधारण सूचकांक है, जो समस्त व्यक्तियों के संतुष्टि स्तरों के फलन के रूप में स्वीकार किया जाता है। यह व्यक्तियों की संतुष्टियों के विभिन्न संयोगों को बताता है, जिससे कल्याण का एक समान स्तर प्राप्त होता है। सूत्र रूप में सामाजिक कल्याण फलन या $w = f(U_1, U_2, U_3, \ldots U_n)$, जहां U_1 से U_n व्यक्ति के संतुष्टि सूचकांकों के विभिन्न स्तर है।

Socialism | समाजवाद

लाउक्स एवं व्हिटनी के अनुसार ''समाजवाद की प्रचलित परिभाषा में वह आन्दोलन आता है जो बड़े पैमाने के उत्पादन में प्रयुक्त होने वाले समस्त पूँजीगत माल के स्वामित्व व प्रबन्ध को व्यक्तियों की बजाय सम्पूर्ण समाज के हाथों में सौंपने का लक्ष्य रखता है, ताकि राष्ट्रीय आय में वृद्धि करके उसे अधिक समान रूप में बाँटा जा सके, लेकिन ध्यान रहे कि ऐसा करने में व्यक्तिगत आर्थिक प्रेरणा या व्यवसाय तथा उपभोक्ता के चुनाव की स्वतंत्रता नष्ट न हो जाए।'' समाजवाद के दो प्रमुख रूप हैं (i) लोकतांत्रिक समाजवाद तथा (ii) साम्यवाद। प्रथम रूप को बाजार समाजवाद , उदार समाजवाद, विकासवादी समाजवाद तथा केवल समाजवाद भी कहते हैं और दूसरे रूप को वैज्ञानिक या क्रांतिकारी समाजवाद भी कहते हैं। समाजवाद की निम्न विशेषताएँ हैं-

(i) उत्पादन के साधनों पर सरकारी स्वामित्व, जिसमें निजी प्रबन्ध एवं परिसम्पत्ति पर निजी स्वामित्व, निजी परिसम्पत्तियों का सार्वजनिक प्रबन्ध, निजी प्रबन्ध व परिसम्पत्तियों पर सार्वजनिक स्वामित्व तथा सार्वजनिक प्रबन्ध परिसम्पत्ति पर सार्वजनिक स्वामित्व आते हैं। सार्वजनिक प्रबन्ध परिसम्पत्ति पर सार्वजनिक स्वामित्व आते हैं। (ii) आर्थिक नियोजन (iii) आय का पुनर्वितरण (iv) शांतिपूर्ण व लोकतांत्रिक विकास (v) कल्याणकारी राज्य की स्थापना। इस प्रकार समाजवाद में केन्द्रीय नियोजन व सामाजिक समानता पर अधिक बल दिया जाता है।

Soft Currency | आसान या कोमल मुद्रा

आसान मुद्रा वह होती है, जिसमें भुगतान संतुलन में घाटे के कारण विनिमय दर में गिरावट होती रहती है। आसान मुद्रा आसानी से उपलब्ध होने के कारण इसे आसान मुद्रा कहते हैं। किन्तु कोई भी देश इसके अस्थिर मूल्य के कारण इसे विदेशी विनिमय कोष के रूप में अपने पास संग्रहीत नहीं रखना चाहता। ये देश 'कठोर मुद्रा' (Hard Money) को रखना पसंद करते हैं।

Sole Trader | एकाकी विक्रेता

यह एक ऐसा विक्रेता होता है, जो अपने व्यवसाय का एकमात्र विक्रेता होता है तथा उसका स्वयं स्वामी भी होता है। छोटे विक्रेता एवं दुकानदार एकाकी विक्रेता होते हैं।

Soft Loan | आसान ऋण

आसान ऋण वह होता है जो बिना ब्याज के या बहुत कम ब्याज पर उपलब्ध हो जाता है। अन्तरराष्ट्रीय विकास संघ (IDA) पिछड़े एवं विकासशील देशों को उनके आर्थिक विकास हेतु आसान ऋण प्रदान करता है।

Sole Proprietor | एकाकी स्वामी

एकाकी स्वामी अपने व्यवसाय का एकमात्र स्वामी होता है, जो अपने व्यवसाय का प्रबन्ध स्वयं करता है। वह स्वयं ही पूँजी का निवेश करता है तथा स्वयं ही व्यापारिक जोखिमें उठाता है।

Solow's Growth Model | सोलो का विकास सिद्धान्त

सोलो का विकास सिद्धान्त दीर्घकालीन सिद्धान्त है तथा रोजगार और पूर्ण प्रतियोगिता की मान्यताओं पर आधारित है, जो विकास की निरन्तर शर्तों को बनाए रखने का प्रयास करता है। इस सिद्धान्त को हैरड-डोमर सिद्धान्त पर एक सुधार माना जाता है, क्योंकि इसने संतुलित विकास के स्थायित्व को बताने में सफलता प्राप्त की है। इस सिद्धान्त के अनुसार दीर्घकालीन विकास की दर श्रम शक्ति के तकनीकी ज्ञान द्वारा निर्धारित होती है।

Solvency | ऋण चुकाने की क्षमता

व्यक्ति ऋण चुकाने में अयोग्य हो सकता है। किन्तु सरकार के लिए दिवालिया होने का कोई डर नहीं होता है। यदि सरकार कर राजस्व वांछित मात्रा में प्राप्त नहीं कर सकती या अपने बंध पत्र बेचकर रुपया उधार नहीं ले सकती परन्तु वह अपने केन्द्रीय बैंक के बड़ी मात्रा में बंधपत्र (Bonds) बेचकर रुपया प्राप्त कर सकती है। इसे वित्तीय छापाखाना विधि (Printing Press Method of Finance) भी कह सकते हैं, क्योंकि केन्द्रीय बैंक अपनी नई मुद्रा निर्मित करके बॉण्ड खरीद सकता है।

Specialization | विशिष्टीकरण

विशेष प्रकार की वस्तुओं और सेवाओं के निर्माण व विक्रय में दक्षता हासिल करना विशिष्टीकरण कहलाता है। जैसे एक डॉक्टर नाक, कान व गले का डॉक्टर है किन्तु एक डॉक्टर केवल नाक के इलाज में विशिष्टता रखता है वहीं एक डॉक्टर यदि नाक के दोनों नथुनों में से किसी एक नथुने के इलाज की विशिष्टता रखता है तो यह डॉक्टर नाक के विशिष्ट डाक्टर की तुलना में अतिविशिष्ट डॉक्टर कहलाएगा। अतः केवल एक कार्य विशेष में निपुणता या दक्षता हासिल करना

विशिष्टीकरण कहलाएगा। इसे श्रम विभाजन (Division of Labour) भी कहा जा सकता है। यह सभी स्तरों पर प्राप्त किया जा सकता है। यह विशेष कुशलता या कौशल आंशिक या पूर्ण रूप से हो सकता है। किसी भी फर्म, उद्योग या धन्धे में विशिष्ट श्रमिक या कर्मचारी हो सकते हैं, जिन्हें अपनी विशिष्टता के कारण अधिक मजदूरी या वेतन दिया जाता है। ये विशिष्टता क्षेत्रीय व राष्ट्रीय स्तर पर हो सकती है।

Specie-flow Mechanism | धातु-प्रवाह रचनातंत्र

यह स्वर्णमान प्रणाली में भुगतान संतुलन में समायोजन प्राप्त करने की एक प्रक्रिया है। जो दो मान्यताओं पर टिकी हुई है (i) दो देशों के मध्य स्वर्ण या स्वर्ण आधारित कागजी मुद्रा द्वारा मुद्रा आपूर्ति होती है तथा (ii) दो देशों के मध्य मुद्रा आपूर्ति में कमी कीमत स्तर में कमी करती है जबकि मुद्रा आपूर्ति की वृद्धि कीमत स्तर में वृद्धि करती है। इस प्रकार भुगतान संतुलन का घाटा या अतिरेक आन्तरिक कीमत परिवर्तन प्रक्रिया द्वारा स्वतः ही समायोजित हो जाता है।

Specie Point | धातु बिन्दु

देखें - Gold point (स्वर्ण बिन्दु)।

Specific Tax | विशिष्ट कर

किसी वस्तु पर उसकी मात्रा के अनुसार लगाए गए कर को विशिष्ट कर कहते हैं।

देखें - (Advalorem Tax - मूल्यानुसार कर)

Speculation | सट्टा

सट्टा व्यापार की वह प्रक्रिया है, जिसमें एक व्यापारी किसी वस्तु को एक समयावधि में कीमतों में कमी होने पर खरीदता है तथा उसी वस्तु को कीमतों में वृद्धि होने पर बेच देता है। इस प्रकार सट्टा एक समयावधि के मध्य वस्तुओं के क्रय-विक्रय में संभावित कीमत सट्टा होता है। इससे वस्तुओं की मात्रा व कीमत दोनों प्रभावित होते हैं।

Specultative Motive | सट्टा उद्देश्य

प्रो. केन्ज के अनुसार व्यक्ति अपनी तरलता पसंदगी (Liquidity Preference) के अनुसार मुद्रा को तीन प्रकार के उद्देश्यों की पूर्ति के लिए अपने पास तरल रूप में रखना चाहता है- इन तीन उद्देश्यों में से एक उद्देश्य सट्टा उद्देश्य है, जिसके लिए मुद्रा की मांग होती है। सट्टे के उद्देश्य के लिए मुद्रा की मांग का ब्याज की दर से गहरा सम्बन्ध है। यदि एक निवेशक यह सोचता है कि भविष्य में ब्याज की बाजार दर बढ़ेगी तो वह अपने पास नकद राशि रख सकता है ताकि वह कम कीमत पर बॉण्ड खरीद सके। इसके विपरीत यदि वह सोचता है कि भविष्य में बाजार में ब्याज दर कम हो जाएगी और बॉण्ड की कीमत बढ़ जाएगी तो वह आज बॉण्ड खरीद सकता है, ताकि भविष्य में उन्हें बेचकर लाभ कमा सके। इस प्रकार सट्टा उद्देश्य का ब्याज की दर से गहरा सम्बन्ध होता है।

Spot Goods | तात्कालिक वस्तुएँ

तात्कालिक वस्तुएँ वे होती हैं जिनका निस्तारण तुरन्त होता है। यद्यपि तात्कालिक वस्तुओं और भावी वस्तुओं के निस्तारण में सौदे से सम्बन्धित निस्तारण के समय के अतिरिक्त और कोई अंतर नहीं होता है।

Spot Market | तात्कालिक बाजार

तात्कालिक बाजार वे बाजार होते हैं, जिनमें वस्तुओं या माल की छुड़ाई या अर्पण या निस्तारण तत्काल प्रभाव से होता है, अर्थात वस्तुओं का व्यापार तात्कालिक अधिकार हस्तान्तरण के द्वारा होता है।

Spot Price | तात्कालिक कीमत

तात्कालिक कीमत वह कहलाती है, जिस पर बाजार में वस्तुओं का तत्काल प्रभाव से लेन-देन होता है। वस्तुओं की तुरन्त सुपुर्दगी तात्कालिक कीमत पर करनी होती है।

Stability | स्थिरता

अस्थिरता की विपरीत स्थिति को स्थिरता कहते हैं। अर्थव्यवस्था में कई कारणों से उच्चावचन की स्थिति बनी रहती है, उससे छुटकारा पाने के लिए स्थिरता की स्थिति प्राप्त करना आवश्यक होता है। यह स्थिति परिवर्तनशील आर्थिक चरों के प्रत्युत्तर में होती है। विकासशील देशों में आर्थिक स्थिरता मौद्रिक व राजकोषीय नीतियों के द्वारा स्थापित की जाती है।

Stable Equilibrium | स्थिर साम्य या संतुलन

एक अर्थव्यवस्था स्थिर साम्य में तब होती है, जब प्रारम्भ में कुछ परिवर्तनों से साम्य या संतुलन भंग हो जाए तो कुछ ऐसी शक्तियाँ क्रियाशील हो जाएँ जो अर्थव्यवस्था को पूर्व की स्थिति में लाने की प्रवृत्ति रखती हैं और फिर से संतुलन स्थापित कर दें। जैसे एक घड़े में रखी हुई गेंद स्थिर साम्य को बताती है। इसे निम्न चित्र द्वारा समझा जा सकता है। चित्र में DD मांग वक्र है तथा SS आपूर्ति वक्र है। दोनों एक-दूसरे को E बिन्दु पर काटते हैं जो संतुलन बिन्दु है। OP कीमत पर मात्रा OQ है। यदि कीमत बढ़कर OP_1 हो जाती है तो यहां मांग कम (P_1A) है तथा आपूर्ति (P_1B) है जो मांग से अधिक है, फलस्वरूप आपूर्ति के आधिक्य से कीमत घटकर OP हो जाएगी। इसी प्रकार OP_2 कीमत पर आपूर्ति कम P_2C तथा मांग अधिक P_2D है जो आपूर्ति से अधिक है अतः मांग के बढ़ने से कीमत पुनः बढ़कर OP हो जाएगी। इसे ही स्थिर साम्य कहते हैं।

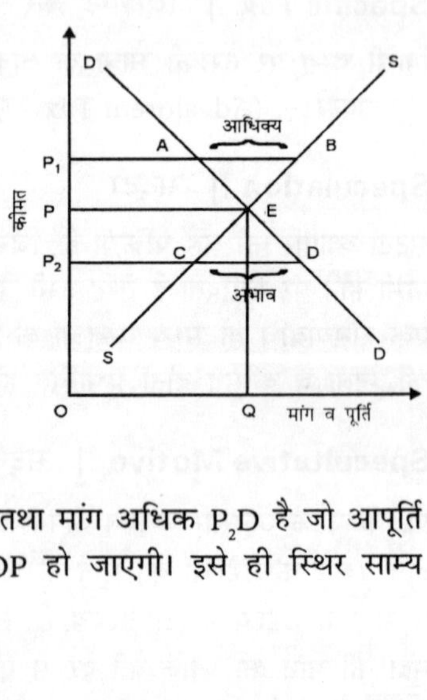

Stablisation Loans | स्थिरता ऋण

स्थिरता ऋण विदेशी विनिमय कोषों की पूर्ति करने के लिए लिए जाते हैं। ऐसे ऋण अधिकतर सरकार के द्वारा लिए जाते हैं, किन्तु कुछ मामलों में निजी बैंकों के द्वारा या जनता के द्वारा इनकी पूर्ति की जाती है।

Stabilisation Policy | स्थिरता नीति

स्थिरता नीति का उपयोग अर्थव्यवस्था में रोजगार व आय में होने वाले उच्चावचनों को कम करने के लिए किया जाता है। जहां तक संभव हो राष्ट्रीय आय को पूर्ण रोजगार स्तर पर बनाए रखने का प्रयास किया जाता है। स्थिरता नीति का उपयोग विशेषकर मांग प्रबन्धन के लिए किया जाता है।

Stag | स्टेग

स्टेग एक ऐसा सट्टेबाज व्यक्ति होता है जो सम मूल्य या निर्गम मूल्य पर बड़ी संख्या में अंश खरीदता है और स्टॉक विनिमय बाजार में उन्हें ऊँची कीमतों पर बेचता है, जब उनकी कीमतें बढ़ती हैं।

Stages of Growth | विकास की अवस्थाएँ

विकासवादी अर्थशास्त्री डब्ल्यू.डब्ल्यू रोस्टव ने अपनी पुस्तक ''आर्थिक विकास की प्रक्रिया' (The Process of Economic Growth) में आर्थिक विकास की निम्नांकित अवस्थाओं का उल्लेख किया है–

(i) परम्परागत समाज (The Traditional Society)
(ii) आत्म स्फूर्ति की पूर्वदशाएँ (The Pre Conditions of Take-off)
(iii) आत्मस्फूर्ति (The Take-off)
(iv) परिपक्वता की ओर अग्रसर (The Drive to Maturity)
(v) अत्यधिक उपभोग की अवस्था (The Age of High Mass Consumption)

Stagflation | निस्पंद स्फीति

स्थिरता और स्फीति से मिलकर निस्पंद स्फीति शब्द बना है, जो सामान्य बेरोजगारी और स्फीति का मिश्रित स्वरूप है। इसके अन्तर्गत स्फीति और शिथिलता (Inflation and Recession) साथ-साथ क्रियाशील होते हैं। निस्पंद स्फीति एक ऐसी अवस्था है, जिसमें आर्थिक क्रियाएँ शिथिल हो जाती हैं, किन्तु कीमत स्तर लगातार बढ़ता रहता है। इस अवस्था में मजदूरी और कीमत स्तर अधिक होने पर भी रोजगार कठिनाई से मिलता है।

Stagnation Thesis | स्थिरता की विचारधारा

इस विचारधारा का प्रतिपादन प्रो. ए. हेन्सन द्वारा किया गया, जिनका मत था कि जैसे-जैसे अर्थव्यवस्था विकसित होती है, उसमें स्थिरता की संभावनाएँ बढ़ती जाती हैं। अर्थात सम्पन्नता व विकास के साथ बचतें बढ़ती हैं। इसके बावजूद उत्पादकीय विनियोग की संभावनाएँ धीरे-धीरे कम हों जाती हैं। इसे ही स्थिरता की विचारधारा कहते हैं।

Stamp Duty | स्टाम्प शुल्क

यह एक प्रकार का शुल्क है, जिसकी अदायगी कानूनी एवं व्यावसायिक प्रपत्रों के माध्यम से होती है। यह एक प्रकार का अप्रत्यक्ष कर है, जो राज्य सरकारों द्वारा लगाया जाता है। स्टाम्प शुल्क एक मुश्त या विशिष्ट प्रकार का भी हो सकता है।

Standard Cost | प्रमाप या स्तर लागत

स्तर लागत की तकनीक का उपयोग वस्तुओं और सेवाओं के उत्पादन की कार्य क्षमता के स्तर को स्थापित करने के लिए विकसित हुआ है। ये स्तर अपने लक्ष्यों को आधार बनाकर वास्तविक लागतों की कार्यक्षमता की जांच के साथ तुलना करने के काम आते हैं।

Standard Deviation | प्रमाप विचलन

केवल औसत के ज्ञान से किसी श्रेणी (Series) की बनावट की जानकारी नहीं होती। जैसे माना कि ये तीन श्रेणियाँ हैं, जिनमें प्रत्येक का औसत 2 है। लेकिन इनकी बनावट में काफी अन्तर है- जैसे

श्रेणी (i) में 1, 2 व 3 संख्याएँ हैं, जिनका औसत 2 है। अत: इन तीनों में औसत 2 होते हुए भी इन श्रेणियों की बनावट में काफी अंतर है। श्रेणियों की बनावट के इन अंतरों की जानकारी विचलन के मापों के माध्यम से होती है। विचलन के मापों में प्राय: चतुर्थक विचलन (Quartile Deviation), माध्य विचलन (Mean Deviation) तथा प्रमाप विचलन (Standard Deviation) का विवेचन किया जाता है। जिस प्रकार औसतों में माध्य (Mean) श्रेष्ठ माना जाता है, उसी प्रकार विचलन के मापों में प्रमाप विचलन को उसकी गणितीय विशेषताओं के कारण श्रेष्ठ माना जाता है।

Standard of Living | रहन-सहन स्तर

किसी भी व्यक्ति के रहन-सहन का स्तर उसके उपभोग एवं आर्थिक कल्याण के वास्तविक स्तर से ज्ञात होता है। वास्तव में व्यक्ति के द्वारा आवश्यक, आरामदायक और विलासिता की वस्तुओं के उपभोग का स्तर उसके जीवन स्तर को निर्धारित करता है। जैसे-जैसे व्यक्ति आवश्यक वस्तुओं के उपभोग से ऊपर उठकर विलासी वस्तुओं के उपभोग को बढ़ाने लगता है, उसके रहन-सहन का स्तर भी बढ़ने लगता है। एक ऊँची आय वाला व्यक्ति अपने रहन-सहन के स्तर को बेहतर बना सकता है।

Standard of Value | मूल्य का आधार या माप

मुद्रा का एक महत्वपूर्ण कार्य मुद्रा का मान होता है। अर्थात मुद्रा इकाई में वस्तुओं और सेवाओं के मूल्य की माप की जाती है। इस प्रकार विनिमय के माध्यम के बाद मुद्रा का दूसरा महत्वपूर्ण कार्य मुद्रा मूल्य की मापक है।

State Cooperative Banks | राज्य सहकारी बैंक

राज्य सहकारी बैंकों की स्थापना राज्य स्तर पर होती है। हमारे देश के प्रत्येक राज्य या प्रान्त में राज्य सहकारी बैंक होता है। ये बैंक केन्द्रीय सहकारी बैंकों को जो जिला स्तर पर होते हैं मार्गदर्शन, ऋण एवं सहायता प्रदान करते हैं। राज्य सहकारी बैंक केन्द्रीय सहकारी बैंकों को उधार देते हैं तथा केन्द्रीय सहकारी बैंक प्राथमिक सहकारी समितियों को उधार देते हैं। यही सहकारिता का ढांचा है। प्राथमिक सहकारी समितियां ग्राम स्तर पर होती हैं। इन समितियों के सदस्य राज्य सहकारियों से हर स्तर पर जुड़ जाते हैं।

State Finance Corporations (SFC) | राज्य वित्त निगम

लघु एवं मध्यम श्रेणी के उद्योगों की वित्तीय आवश्यकताओं की पूर्ति के लिए भारत सरकार ने 1951 में राज्य वित्त निगम अधिनियम पास किया था। इस अधिनियम के अन्तर्गत राज्य वित्त निगमों की स्थापना अगस्त 1952 में हुई। ये निगम लघु एवं मध्यम आकार के उद्योगों को दीर्घकालीन साख प्रदान करते हैं। ये निजी उद्यमकर्ताओं, साझेदारी फर्मों एवं निजी सीमित दायित्व वाली कम्पनियों को भी साख प्रदान करते हैं। ये अधिक से अधिक 20 वर्षों के लिए ऋण देते हैं। प्रत्येक निगम की पूँजी में राज्य सरकार, भारतीय रिजर्व बैंक, व्यापारिक बैंक, अन्य वित्तीय संस्थाओं तथा जनता का हिस्सा होता है। ये बॉण्ड व ऋणपत्र बेचकर पूँजी प्राप्त कर सकते हैं तथा जनसाधारण से भी जमा प्राप्त कर सकते हैं। ये कंपनियों को प्रत्यक्ष ऋण व अग्रिम देते हैं। इनके अंश व ऋणपत्रों का अभिगोपन करते हैं, ऋणपत्रों की बिक्री पर गारन्टी देते हैं एवं ऋणपत्र स्वयं भी खरीदते हैं।

State Ownership | राज्य स्वामित्व

राज्य के स्वामित्व का घटक समाजवाद में पाया जाता है। इसके अन्तर्गत उत्पत्ति के साधनों पर सरकार का स्वामित्व होता है। सरकार द्वारा ही साधनों का प्रबन्धन एवं संचालन होता है। मिश्रित अर्थव्यवस्था में भी सार्वजनिक क्षेत्र में सरकारी स्वामित्व होता है अर्थात महत्वपूर्ण क्षेत्रों में सरकारी स्वामित्व और प्रबन्ध होता है।

State Planning | राज्य नियोजन

राज्य सरकार या केन्द्रीय नियोजन सत्ता द्वारा किए जाने वाले नियोजन को राज्य नियोजन कहा जाता है। इस प्रकार के नियोजन में अर्थव्यवस्था के सभी क्षेत्रों की आवश्यकताओं को ध्यान में रखते हुए लक्ष्य निर्धारित किए जाते हैं। ऐसे नियोजन का प्रमुख उद्देश्य सम्पूर्ण अर्थव्यवस्था में सर्वमान्य प्राथमिकताएँ लागू कर उनको पूरा करने का प्रयास किया जाता है।

Static Analysis | स्थिर विश्लेषण

देखें - Stable Equilibrium (स्थिर संतुलन)।

Statistical Methods | सांख्यिकीय विधियाँ

प्राचीनकाल में केवल राजकीय कार्यों में सांख्यिकीय विधियों का उपयोग होने से इन्हें राजनीतिक अंकगणित, राज्य विज्ञान या सम्राटों का विज्ञान कहा जाता था। किन्तु सभ्यता के विकास के साथ इन विधियों का उपयोग एवं महत्व बढ़ता गया और आजकल सभी विज्ञानों में इनका उपयोग होता है। अर्थशास्त्र में सांख्यिकीय विधियों का उपयोग ग्रेगोरी किंग, रोशर, जैवन्स, मार्शल, पेरेटो एजवर्थ, हिक्स तथा केन्ज आदि ने किया। इन विधियों के उपयोग ने अर्थशास्त्र में अर्थमिति (Econometrics) नामक एक नए विज्ञान को जन्म दिया है। टिपेट के अनुसार "एक दिन ऐसा भी हो सकता है कि विश्वविद्यालयों के अर्थशास्त्र विभाग कोरे सिद्धान्तवादियों के आधिपत्य में न रहकर सांख्यिकीय प्रयोगशालाओं के अधीन हो जाएँ।" सांख्यिकी विधियों का उपयोग खगोलशास्त्र, भूगर्भशास्त्र तथा भौतिकशास्त्र में तो पहले से ही हो रहा है। जीव विज्ञान में सहसम्बन्ध, गुण-सम्बन्ध व प्रतीपगमन आदि विधियों का उपयोग हो रहा है। आज अर्थव्यवस्था के प्रत्येक क्षेत्र जैसे- उपभोग, उत्पादन, विनिमय, वितरण, वाणिज्य, आर्थिक नियोजन, बैंक, बीमा सट्टा, सर्वेक्षण व शोध कार्यों में सांख्यिकी विधियों का भरपूर उपयोग हो रहा है।

Stationary State | स्थिर अवस्था

आर्थिक स्थैतिकी (Economic Statics) की अवस्था को सामान्यतः स्थिर अवस्था कहा जाता है। स्थिर अवस्था में प्रतिवर्ष घटनाओं की पुनरावृत्ति होती है। स्थिर अवस्था में उत्पादन, उपभोग, विनिमय तथा वितरण की सामान्य दशाएँ बिना किसी उत्थान के यथावत रहती हैं।

Statutory Liquidity Ratio (SLR) | वैधानिक तरलता अनुपात

व्यापारिक बैंक अपनी कुल जमाओं का जो भाग नकद कोष के रूप में अपने पास रखते हैं, उसे वैधानिक तरलता अनुपात (SLR) कहते हैं। भारतीय रिजर्व बैंक के पास साख को नियंत्रित करने का यह एक महत्वपूर्ण और प्रभावी उपाय है। इस अनुपात में परिवर्तन करके भारतीय रिजर्व बैंक साख के विस्तार और संकुचन को नियंत्रित करता है। जब इस अनुपात में वृद्धि की जाती है तो व्यापारिक बैंकों की साख विस्तार की क्षमता घटती है तथा इस अनुपात में कमी करने पर बैंकों की साख विस्तार की क्षमता बढ़ जाती है।

Sterling Area | स्टर्लिंग क्षेत्र

सन् 1914 तक इंग्लैण्ड का पाउण्ड स्टर्लिंग अन्तरराष्ट्रीय मौद्रिक क्षेत्र में प्रधान मुद्रा थी। पाउण्ड स्टर्लिंग में सारी देयताओं का भुगतान भली प्रकार से होता था। लंदन विश्व का अग्रणी मौद्रिक केन्द्र था, किन्तु स्टर्लिंग क्षेत्र का सम्बन्ध अन्य देशों के साथ ढीला रहा।

Stock | स्टॉक

किसी समय बिन्दु पर (Point of Time) भंडार या गोदाम में पड़े बिना बिके माल की मात्रा को स्टॉक कहते हैं।

Stock Appreciation | स्टॉक वृद्धि

स्टॉक वृद्धि बाजार कीमत में वृद्धि के कारण स्टॉक के मूल्य में होने वाली वृद्धि को कहते हैं। अर्थात कीमतों में वृद्धि के कारण स्टॉक का वास्तविक मूल्य बढ़ जाता है, इसे ही स्टॉक वृद्धि कहा जाता है।

Stock Broker | स्टॉक दलाल

स्टॉल दलाल वह व्यक्ति होता है, जो विनियोजक और स्टॉक जॉबर के मध्य बिचौलिये या कमीशन अभिकर्ता का कार्य करता है। यह व्यक्ति विनियोजक के प्रतिनिधि के रूप में डीलर से प्रतिभूतियाँ खरीदता है तथा विनियोजक को कुछ कमीशन देकर उन्हें बेचने का कार्य करता है।

Stock Control | स्टॉक नियंत्रण

स्टॉक नियंत्रण ऐसी प्रक्रिया है, जिसके द्वारा व्यवसाय का प्रभावी नियंत्रण एवं प्रबन्ध किया जाता है। इस प्रकार स्टॉक में कच्चे या निर्मित माल के स्टॉक में कमी या वृद्धि की स्थिति को नियंत्रित करने को स्टॉक नियंत्रण कहते हैं।

Stock Depreciation | स्टॉक ह्रास

बाजार में कीमतों में कमी के कारण स्टॉक के मूल्य में होने वाली कमी को ह्रास कहा जाता है। अर्थात बाजार में स्टॉक मूल्यों में होने वाली कमी को स्टॉक ह्रास कहते हैं।

Stock Exchange | स्टॉक विनिमय

अंश एवं प्रतिभूतियों के क्रय-विक्रय के स्थान को स्टॉक विनिमय बाजार कहते हैं। स्टॉक विनिमय बाजार के दलाल, जो स्टॉक विनिमय बाजार के पंजीकृत सदस्य होते हैं, बाजार के निर्धारण नियंत्रण नियमों के तहत अंश एवं प्रतिभूतियों का जो लेन-देन करते हैं, उसे स्टॉक विनिमय कहते हैं।

Stock Jobber | स्टॉक जॉबर

स्टॉक विनिमय का एक ऐसा सदस्य जो केवल स्टॉक दलालों के साथ ही लेन-देन करता है, न कि सामान्य जनता के साथ, उसे स्टॉक जॉबर कहते हैं। वह अंश या प्रतिभूति विशेष, जिसे वह जिस कीमत पर बेचता है और वह क्रय बोली जिस कीमत पर वह अंश या प्रतिभूतियों को खरीदने की आशा रखता है। इन दोनों कीमतों का अन्तर ही जॉबर का लाभ होता है।

Stock Pilling | स्टॉक लूट

ऐसी वस्तुओं का आवश्यकता से अधिक भंडारण एवं संग्रहण करना जिनका वर्तमान में कोई उपयोग नहीं है, इससे उस वस्तु का अभाव हो जाता है इस स्थिति को स्टॉक लूट कहते हैं। अर्थात आवश्यकता से अधिक किसी वस्तु को खरीद कर रख लेना व वस्तु की कमी पैदा कर देना ही स्टॉक लूट कहलाता है।

Stock Taking | स्टॉक सूचीकरण

कच्चे एवं निर्मित माल के स्टॉक, कार्य की प्रगति आदि की सूची बनाना किसी भी व्यवसाय का प्रमुख कार्य होता है। वित्तीय वर्ष के अंत में स्टॉक की सूची को व्यापार के लाभ-हानि खाते में जमा पक्ष में दिखाया जाता है।

Stock-Turnover Rate | स्टॉक लेन-देन दर

स्टॉक लेन-देन उस दर को बताता है, जिस पर कंपनी का उत्पादन बेचा जाता है। एक निश्चित समयावधि में विक्रय मूल्य में उस अवधि में रखे जाने वाले स्टॉक या लेन-देन को औसत मूल्य से भाग देकर ज्ञात कर सकते हैं। यह दर नाशवान वस्तुओं के लिए बहुत अधिक होती है।

Stock Watering | स्टॉक वाटरिंग

स्टॉक वाटरिंग वह अवस्था होती है, जिसमें एक कम्पनी अपने नए शेयर इतनी अधिक मात्रा में निर्गमित करती है कि निर्गमित की गई पूँजी कम्पनी की परिसम्पत्ति के मूल्यों से अधिक हो जाती है। कम्पनी के ऋणों का निस्तारण करने के बाद अंशधारकों को पूरा भुगतान प्राप्त नहीं होता है।

Store of Value | मूल्य का संचय

मूल्य का संचय मुद्रा का दूसरा प्रमुख कार्य है, अर्थात मुद्रा मूल्य संचय का आधार है। मुद्रा के द्वारा अब हर व्यक्ति मुद्रा के मूल्य को संचित करके रख सकता है, जबकि वस्तु विनिमय प्रणाली में मूल्य का संचय करना बहुत कठिन था। अब व्यक्ति मुद्रा को तरल रूप में अपने पास संचित रख सकता है, जिसका उपयोग किसी भी समय संभव हो सकता है।

Strong Ordering | मजबूत क्रम

प्रो. सेम्युलसन का प्रकट अधिमान सिद्धान्त (Revealed Preference Theory) मजबूत क्रम या अधिमान परिकल्पना के मजबूत स्वरूप (Strong Form of the Preference Hypothesis) पर आधारित है। अर्थात वह विभिन्न वैकल्पिक स्थितियों के प्रति तटस्थता के दृष्टिकोण को त्याग देता है। दूसरे शब्दों में यह एक-क्रिया प्रकट अधिमान मान्यता (The Single Act Revealed Preference) पर आधारित है। इसका तात्पर्य यह है कि एक दी हुई कीमत-आय स्थिति के अन्तर्गत उपभोक्ता केवल एक ही संयोग (Only One or Single Combination) को चुनता है।

Strike | हड़ताल

जब किसी फर्म, उद्योग या संस्थान में श्रमिक अपनी मांगों को लेकर जानबूझकर और सामूहिक रूप से काम का बहिष्कार कर देते हैं तो इसे हड़ताल कहते हैं। यद्यपि हड़ताल के माध्यम से श्रमिक अपनी कतिपय मांगें नियोक्ता से मनवाने में सफल हो सकते हैं। इससे औद्योगिक संघर्ष व विवादों का हल संभव हो जाता है, किन्तु इससे उत्पादन कार्य पर विपरीत प्रभाव पड़ता है।

Structural Inflation | संरचनात्मक स्फीति

जब किसी विशेष घटना के कारण मांग और आपूर्ति में परिवर्तन हो जाता है तो इससे कुछ चुनी हुई वस्तुओं की कीमतों में वृद्धि हो जाती है इसे ही संरचनात्मक स्फीति कहा जाता है।

Structural Unemployment | संरचनात्मक बेरोजगारी

संरचनात्मक बेरोजगारी का सम्बन्ध देश की आर्थिक संरचना से होता है। अर्थव्यवस्था में तेजी से बढ़ती हुई जनसंख्या और उसकी अगतिशीलता के कारण यदि श्रम की मांग श्रम की आपूर्ति से कम हो जाती है तो अर्थव्यवस्था में बेरोजगारी की स्थिति उत्पन्न हो जाती है। संरचनात्मक बेरोजगारी की प्रकृति दीर्घकालीन होती है। भारत में व्याप्त बेरोजगारी इसी श्रेणी में आती है।

Subsidiary Company | सहायक कम्पनी

सहायक कम्पनी का नियंत्रण दूसरी कम्पनी करती है, जो कम्पनी नियंत्रण करती है वह सहायक कम्पनी की अंश पूँजी के न्यूनतम 51 प्रतिशत भाग की मालिक होती है।

Subsidy | अनुदान

अनुदान का भुगतान सरकार के द्वारा किया जाता है, जिसका उद्देश्य कीमतों में कमी या उत्पादन में वृद्धि करने का होता है। जिन्हें अनुदान दिया जाता है, उनकी प्रतिस्पर्धात्मक शक्ति को प्रोत्साहन मिलता है। यह आय वितरण के आधार पर उत्पादकों व उपभोक्ताओं की आय में वृद्धि करने हेतु दिया जाता है, जो इस दृष्टि से सक्षम नहीं होते हैं। यह निर्यात अनुदान, कृषि अनुदान व अनाज अनुदान के रूप में दिया जाता है। वस्तुओं की कीमतें लागत से कम रहने पर सरकार उन्हें अनुदान देकर इस नुकसान से बचाती है।

Subsistence Theory of Wages | मजदूरी का निर्वाह सिद्धान्त

इस सिद्धान्त को लसाले ने लौह सिद्धान्त (Iron Law of Wages) कहा है। कार्ल मार्क्स ने इसे अपने शोषण के सिद्धान्त का आधार बनाया। इस सिद्धान्त के अनुसार श्रमिकों की मजदूरी उनके जीवन निर्वाह व्यय के बराबर होती है अर्थात श्रमिक को उतना ही पारिश्रमिक दिया जाता है जितना कि उनको जीवित रखने के लिए पर्याप्त हो। मजदूरी न इससे अधिक होगी और न कम। इस कठोरता के कारण ही इसे मजदूरी का लौह सिद्धान्त कहा गया है। इसे प्राकृतिक मजदूरी (Natural Wage) भी कहा जाता है। आलोचकों ने इसकी आलोचना इस आधार पर की है कि जीवन निर्वाह स्तर को ज्ञात करना संभव नहीं है।

Substitutes | स्थानापन्न

स्थानापन्न वस्तुएँ वे होती हैं, जो उपभोक्ता की समान आवश्यकताओं को पूरा करने में सक्षम होती हैं। उदाहरण के लिए चाय और कॉफी **स्थानापन्न वस्तुएँ हैं।**

Substitution Effect | प्रतिस्थापन प्रभाव

केवल सापेक्षिक कीमतों में परिवर्तन के परिणामस्वरूप किसी वस्तु के उपभोग या उसकी मांग में परिवर्तन को प्रतिस्थापन प्रभाव कहा जाता है, जबकि उपभोक्ता की वास्तविक आय स्थिर रहती है। इसे हिक्स व स्लट्स्की ने अलग-अलग रूपों में व्यक्त किया है। वास्तव में इन दोनों में अन्तर द्राव्यिक आय की उस मात्रा से संबंधित है, जो कीमत में परिवर्तन के परिणामस्वरूप उपभोक्ता की

वास्तविक आय में परिवर्तन को समाप्त करने के लिए आवश्यक है। हिक्स के अनुसार उपभोक्ता की मौद्रिक आय की उस मात्रा में परिवर्तन किया जाना चाहिए जिससे उसको प्रारम्भिक संतुष्टि स्तर, जो तटस्थता वक्र एक पर है, मिल सके अर्थात हिक्स उपभोक्ता को प्रारंभिक तटस्थता वक्र रेखा पर ही चलन की आज्ञा देते हैं जबकि स्लट्स्की के अनुसार उपभोक्ता की मौद्रिक आय में उस मात्रा में परिवर्तन किया जाना चाहिए, जिससे कि उपभोक्ता वस्तुओं के प्रारंभिक संयोग को खरीद सके और वे उपभोक्ता को एक ऊँचे तटस्थता वक्र पर अर्थात तटस्थता वक्र सं. 2 पर पहुंचने की आज्ञा देते हैं।

Sunk Cost | डूबी हुई लागत

डूबी हुई लागत उसे कहते हैं जो व्यापारिक गतिविधियों के स्तर पर प्रकृति में परिवर्तन के बावजूद प्रभावित व परिवर्तित नहीं होती है। गतिविधि का स्तर चाहे जो हो, ये लागतें यथावत रहेंगी। इन लागतों का सबसे महत्वपूर्ण उदाहरण गत व्यय के चुकारे से है, जैसे-घिसावट या ह्रास (Depreciation)।

Sun-Spot Theory | सूर्यधब्बा सिद्धान्त

प्रो. जेवेन्स ने इस सिद्धान्त का प्रतिपादन कर बताया कि सूर्य के धब्बों के कारण उत्पन्न होने वाले अनाज उत्पादन के उतार-चढ़ाव व्यापार चक्रों को उत्पन्न करते हैं। इनके अनुसार सूर्य के धब्बे मौसम को प्रभावित करते हैं और सम्पूर्ण अर्थव्यवस्था में अवसाद की स्थिति उत्पन्न हो जाती है।

Superior Goods | श्रेष्ठ वस्तुएँ

वस्तुओं की कीमतों के स्थिर रहने की दशा में आय में परिवर्तन के कारण मांग में होने वाले परिवर्तन को आय प्रभाव कहते हैं। सामान्य (Normal) एवं श्रेष्ठ वस्तुओं के सम्बन्ध में आय प्रभाव धनात्मक होता है अर्थात आय में वृद्धि होने पर उपभोक्ता x तथा y दोनों वस्तुओं के उपभोग को बढ़ाता है तथा आय में कमी होने पर उपभोक्ता इन दोनों वस्तुओं के उपभोग को घटाता है। श्रेष्ठ वस्तुओं को सामान्य वस्तुएँ भी कहते हैं।

देखें - Normal goods (सामान्य वस्तुएँ)

Super Markets in India | भारत में सुपर बाजार

भारत में सुपर बाजार की कल्पना अभी ताजी है। पिछले 25 वर्षों में ही भारत में ऐसे बाजारों का प्रचलन बढ़ा है। इसका प्रभाव भी देखने को मिला है। सरकार ने जब गरीब व मध्यम श्रेणी के लोगों की कठिनाइयों को वस्तुओं के क्रय करते समय अनुभव किया, तब ऐसे बाजारों की आवश्यकता महसूस की गई। बड़े-बड़े शहरों में ऐसे बाजारों की शुरुआत हुई। किन्तु इनके द्वारा न तो जनता को वांछित संतुष्टि मिली और न ही बढ़ते हुए कीमत स्तर को नियंत्रित किया जा सका। यह आवश्यकता अनुभव की गई की उत्पादन इकाइयों का गठन सहकारिता के आधार पर हो ताकि रोजमर्रा की चीजों जैसे- सब्जियाँ, घी, तेल, दालें, शक्कर, चाय, दूध व कपड़े आदि कम कीमतों पर उपलब्ध हो सकें। केवल खुदरा विक्रय संगठन बड़े-बड़े आकार में स्थापित कर देने से उपभोक्ताओं का संरक्षण नहीं हो सकता, जब तक कि इन पर सरकार का पूर्ण नियंत्रण न हो।

Super Normal Profit | असामान्य लाभ

जब कुल आगम (Total Revenue) कुल लागत (Total Cost) से अधिक हो तथा उसमें सामान्य लाभ (Normal Profit) भी सम्मिलित हो तो उसे असामान्य लाभ कहा जाता है।

Supplementary Cost | पूरक लागत

पूरक लागतों में कारखानों का किराया, भवन, पूँजी पर ब्याज, मशीनों पर व्यय तथा वेतन जो, स्थाई कर्मचारियों को दिया जाता है, सम्मिलित किया जाता है। उत्पादन के अल्प समय के लिए बन्द होने पर भी ये लागतें लगती रहती हैं। इन लागतों को स्थिर लागतें (Fixed Cost) भी कहा जाता है। देखें – Fixed Cost (स्थिर लागत)।

Supply Curve | पूर्ति वक्र

एक वस्तु की वह मात्रा जो विक्रेता एक निश्चित समय व कीमत पर बेचने के लिए तैयार होता है, उसे उस वस्तु की आपूर्ति कहते हैं। आपूर्ति को हमेशा समय और कीमत के संदर्भ में ही देखा जाता है।

आपूर्ति अनुसूची के अनुसार जो रेखा खींची जाती है उसे आपूर्ति रेखा या आपूर्ति वक्र कहते हैं। आपूर्ति रेखा या वक्र का ढाल धनात्मक होता है तथा यह बाएँ से दाएँ ऊपर की ओर चढ़ता हुआ होता है। इस प्रकार आपूर्ति वक्र कीमत और वस्तु की मात्रा के बीच सम्बन्धों को प्रकट करता है।

Supply Schedule | आपूर्ति अनुसूची या सारणी

पूर्ति अनुसूची एक वस्तु की उन विभिन्न मात्राओं का सूचीबद्ध प्रस्तुतीकरण है, जो एक फर्म अनेक वैकल्पिक कीमतों पर उत्पादन करने और बिक्री के लिए प्रस्तुत करने को तत्पर रहते हैं। आपूर्ति अनुसूची यह प्रकट करती है कि कीमत में वृद्धि के साथ पूर्ति भी बढ़ती है तथा कीमत में कमी के साथ पूर्ति भी घटती है।

Supply Side Economic | आपूर्ति पक्ष अर्थशास्त्र

यह एक नई शब्दावली है, जो 1970 के मध्य से अमेरिकी अर्थव्यवस्था में कीन्जीयन मांग पक्ष की विफलता से उत्पन्न गतिहीन स्फीति के कारण उपयोग में लाई गई। इसके मूल सिद्धान्त प्रतिष्ठित अर्थशास्त्रियों की कृतियों में पाए जाते हैं। जैसे – जे.बी.से के अनुसार, आपूर्ति स्वयं अपनी मांग उत्पन्न करती है। आधुनिक आपूर्ति पक्ष अर्थशास्त्र अर्थव्यवस्था में समग्र आपूर्ति बढ़ाने के लिए सभी प्रकार के प्रोत्साहनों पर बल देता है। उत्पादकों को निवेश, उत्पादन और रोजगार के लिए प्रोत्साहन आवश्यक है। इसी प्रकार व्यक्तियों को अधिक कार्य और बचतों को बढ़ाने हेतु प्रोत्साहित करना होता है। आपूर्ति पक्ष नीतियों का मुख्य उद्देश्य स्फीति को नियंत्रित करना, पूर्ण रोजगार प्राप्त करना तथा तीव्र आर्थिक विकास करना होता है। इसके लिए करों की दर, सरकारी व्यय में कटौती, मौद्रिक नीति, अधिक मूल्य ह्रास, कल्याण, लाभों में कटौती, श्रम संघों की शक्ति पर नियंत्रण, विनियमन और निजीकरण, मुक्त व्यापार तथा पूँजी की गतिशीलता से संबंधित नीतियों पर चलना पड़ता है। इसकी कतिपय आलोचनाओं व रीगनकाल में इसकी विफलता के कारण आपूर्तिपक्ष के अर्थशास्त्र को लगभग त्याग दिया गया है।

Supperssed Inflation | दमित स्फीति

दमित मुद्रास्फीति अर्थव्यवस्था में उस समय उत्पन्न होती है जब सरकारी कीमत नियंत्रण एवं राशनिंग की असरदार नीतियों के कारण आवश्यक वस्तुओं की कीमतों में वृद्धि पर रोक लगती है,

परन्तु इन नियंत्रणों में जरा सी ढील देने से कीमतें तुरन्त बढ़नी चालू हो जाती हैं। जहां खुली स्फीति में वस्तुओं की कीमतें स्पष्ट रूप से बढ़ती नजर आती हैं, दमित स्फीति में सरकारी राशन की दुकानों पर क्रेताओं की लम्बी कतारें प्रतीक्षा करते हुए देखी जा सकती हैं। दमित मुद्रास्फीति में खुली मुद्रास्फीति की तुलना में लोगों को अधिक कष्ट झेलने पड़ते हैं।

Surplus Unit | अतिरेक इकाई

प्रत्येक आर्थिक इकाई जिसकी परिसम्पत्तियाँ या लेनदारियाँ देनदारियों से अधिक हैं तथा इसलिए वह ऋण देना चाहती है, साख का विस्तार करना चाहती है, वित्तीय संसाधन क्रय करना चाहती है उसे अतिरेक इकाई कहा जाता है।

Surplus Value | अतिरिक्त मूल्य

मार्क्स के मतानुसार एक श्रमिक द्वारा अपने श्रम मूल्य से अधिक मूल्य का उत्पादन पूँजीपति के लिए किया जाता है किन्तु वस्तु का मूल्य जो श्रमिक के जीवन निर्वाह के लिए आवश्यक होता है सदैव श्रमिक द्वारा उत्पादित वस्तु के मूल्य से कम होता है। अतः श्रमिक द्वारा उत्पादित वस्तु के विक्रय मूल्य एवं श्रमिक को वास्तव में दी गई मजदूरी का अन्तर अतिरेक मूल्य कहलाता है। मार्क्स के अनुसार श्रमिक शोषण और वर्ग संघर्ष अतिरेक मूल्य का ही परिणाम है। यह एक प्रकार से पूँजीपतियों की अनार्जित आय है।

Surtax | अतिरिक्त कर

अतिरिक्त कर वह कर होता है जो ऊँची आमदनियों पर लगाया जाता है।

Survey Method | सर्वेक्षण विधि

सर्वेक्षण विधि का सामान्यतः वहां उपयोग होता है, जहां अल्पकालीन मांग का अनुमान लगाना हो। इस विधि के अन्तर्गत सर्वेक्षण आयोजित किए जाते हैं, जिसके अन्तर्गत भविष्य के क्रय और नियोजन संबंधी उपभोक्ताओं की क्षमताओं के बारे में सूचनाएँ एकत्रित की जाती हैं। सर्वेक्षण विधि के अन्तर्गत निम्नांकित घटकों को सम्मिलित किया जाता है- (i) प्रत्यक्ष साक्षात्कार द्वारा उपभोक्ताओं की योजनाओं का सर्वेक्षण (ii) विशेषज्ञों की राय एकत्रित करना तथा (iii) विक्रय अभिकर्ताओं की राय का एकत्रीकरण।

Swap Arrangement | अदल-बदल प्रबन्ध

यह दो देशों के मध्य द्विपक्षीय अल्पकालीन साख प्रबन्ध होता है, जिसके अन्तर्गत मुद्राओं के सट्टेबाजी पर आधारित पलायन व अन्तरराष्ट्रीय तरलता में वृद्धि के प्रयास किए जाते हैं, ताकि एक देश एक निश्चित अवधि के लिए अपने विदेशी कोषों में वृद्धि कर सके। इस अदला-बदली में दोनों ही देशों के विदेशी कोषों में वृद्धि के इस कार्य को अदल-बदल प्रबन्ध कहा जाता है।

Switching | परिवर्तन

इसके अन्तर्गत एक वर्ग की प्रतिभूतियों में विनियोजित कोष किसी दूसरे में बदल दिए जाते हैं। जैसे किसी शेयर में लगी रकम को निकालकर ऋण-पत्र खरीदने में लगा दिया जाए। इस प्रक्रिया को परिवर्तन कहा जाता है।

Syndicate | संघ

अनेक व्यवसायों के समूह को संघ कहते हैं, जो ऐच्छिक रूप से एक साथ कार्य करते हैं। संघों का निर्माण तब होता है, जब कोई व्यक्तिगत व्यवसायी संभावित जोखिमों को झेलने में स्वयं को असमर्थ पाता है।

Systematic Risk | व्यवस्थित जोखिम

अव्यवस्थाओं के कारण उत्पन्न जोखिमें जो सभी परियोजनाओं को प्रभावित करती हैं। इस प्रकार की जोखिमों को विविधिकरण के द्वारा कम नहीं किया जा सकता। यह अव्यवस्थित जोखिमों से भिन्न होती हैं, जहां अव्यवस्थाएँ जो विभिन्न परियोजनाओं को प्रभावित करती हैं स्वतंत्र होती हैं। इन अव्यवस्थाओं को परियोजनाओं के कुछ भागों में विभाजित करके कम किया जा सकता है। उदाहरण के लिए स्टॉक विनिमय बाजार में ये जोखिमें आंशिक रूप से व्यवस्थित होती हैं। कई बाजार स्तरीय तत्व, जो अधिकतर अंशों की कीमतों को प्रभावित करते हैं। इसी प्रकार प्रत्येक उद्योग व फर्में विभिन्न दैव (Random) अव्यवस्थाओं से प्रभावित होते हैं।

T

Take Over | अधिग्रहण

एक कंपनी द्वारा दूसरी कंपनी पर स्वामित्व स्थापित करना अधिग्रहण कहलाता है। 'एकीकरण' (Merger) और 'अधिग्रहण' में अन्तर होता है। अधिग्रहण जहां अधिग्रहणकर्ताओं द्वारा बलपूर्वक किया जाता है, वहीं एकीकरण अनिवार्य रूप से आपसी समझौते द्वारा होता है। स्वामित्व में ली गई कंपनी की अधिग्रहण में कोई सहमति नहीं ली जाती है।

Take Over Bid | अधिग्रहण बोली

यह एक प्रकार का प्रस्ताव है, जो किसी व्यक्ति या संगठन के द्वारा किसी कंपनी पर नियंत्रण प्राप्त करने हेतु बिना उस कंपनी की सहमति के उस कंपनी के अंशधारकों को दिया जाता है, जबकि एकीकरण अनिवार्य रूप से आपसी समझौते द्वारा सहमति को व्यक्त करता है।

Tangent | स्पर्शक

सामान्य रूप से वह रेखा जो किसी वक्र के किसी बिन्दु के उसी ढाल से होकर गुजरती है, उसे स्पर्शक रेखा कहते हैं।

Tangible Assets | मूर्त या भौतिक साधन

मशीनें, टी.वी., फ्रिज आदि भौतिक साधन हैं, जबकि किसी पेटेन्ट का मूल्य व फर्म की गुडविल आदि अभौतिक साधन होते हैं।

Tap Issue | टैप निर्गम

यह प्रतिभूतियों का ऐसा निर्गम होता है, जिसे बाजार में जाने या निविदा देने के बजाय ट्रेजरी सीधे सरकारी विभाग को निर्गत करती है।

Tap Stocks | टैप स्टॉक

ये ऐसी सरकारी प्रतिभूतियाँ होती हैं, जिनका निर्गम असीमित मात्रा में होता है और जो निर्गत प्राधिकरण के पास हर समय उपलब्ध होती हैं। ऐसी प्रतिभूतियाँ अल्पकालीन और दीर्घकालीन भी होती हैं।

Tare | टेअर

किसी वस्तु की पैकिंग या कन्टेनर के वजन को टेअर कहते हैं। इस वजन को वस्तु के कुल वजन में से घटा देने से वस्तु का शुद्ध वजन शेष रह जाता है।

Targets | लक्ष्य

लक्ष्य या नीतिगत लक्ष्य, जो किसी आर्थिक नीति के मात्रात्मक रूप में तय उद्देश्यों के रूप में होते हैं, जिन्हें प्राप्त करने का प्रयास किया जाता है। इस अवधारणा का प्रतिपादन डच अर्थशास्त्री जन टिनबरजन द्वारा 1950 में किया गया। आगे चलकर इन्हें तीन प्रकार से परिवर्तित किया गया- (i) लक्ष्यों का स्थान कल्याण फलन के अधिकतमीकरण से प्रतिस्थापित किया गया। (ii) जो साधन काम में लिए जाते हैं उनका फलन अधिकतम हो तथा (iii) नियंत्रणात्मक विधियों का उपयोग किया जाए।

Target Price | लक्ष्य कीमत

यह ऐसी कीमत होती है जो यूरोपीय आर्थिक समुदाय की साझा कृषि नीति के अन्तर्गत सम्मिलित अधिकांश वस्तुओं के लिए निर्धारित की जाती है, ताकि यह सुनिश्चित किया जा सके कि कीमतें एक निश्चित बिन्दु से नीचे न गिर सकें क्योंकि लक्ष्य कीमतें खरीद व बफर स्टॉक को प्रभावित करती हैं। यद्यपि यूरोपीय आर्थिक समुदाय के सदस्य देश उस लक्ष्य कीमतों की गारन्टी नहीं लेते हैं।

Tariff | प्रशुल्क

प्रशुल्क वस्तुओं के आयात और निर्यात पर लगाया गया एक कर या शुल्क होता है, जो वस्तुएँ राष्ट्रीय सीमा में प्रवेश करने पर लगाया जाता है। इसे आयात शुल्क या सीमा शुल्क भी कहा जाता है। ये प्रशुल्क कई प्रकार के हो सकते हैं जैसे- (i) उद्देश्यों के अनुसार- राजस्व प्रशुल्क व संरक्षण प्रशुल्क (ii) उत्पत्ति एवं स्थान के आधार पर- मूल्यानुसार प्रशुल्क, विशेष प्रशुल्क, मिश्रित प्रशुल्क व विसर्पी प्रशुल्क। (iii) देशानुसार विभेद के अनुसार - एक कॉलम व दोहरा कॉलम प्रशुल्क, सामान्य और परंपरागत प्रशुल्क, अधिकतम और न्यूनतम प्रशुल्क तथा बहुप्रशुल्क। (iv) प्रतिशोध के अनुसार- प्रतिशोधात्मक प्रशुल्क तथा प्रतिकारी शुल्क आदि। प्रशुल्क लगाने के कई कारण होते हैं जैसे- घरेलू उद्योगों को संरक्षण देना, सरकारी राजस्व में वृद्धि करना, घरेलू रोजगार में वृद्धि करना तथा भुगतान शेष के घाटे को कम करने हेतु प्रशुल्क लगाया जाता है।

Tastes | रुचियां या अभिरुचियाँ

पसंदगी (Preferences) शब्द का एक विकल्प जिसे रुचि कहते हैं। रुचियों में भिन्नता यह बताती है कि दो उपभोक्ता जो अपनी दर्शनीय विशेषताओं में समान होते हुए भी एक समान क्रय नहीं करते हैं, क्योंकि उनकी प्रत्येक वस्तु के लिए रुचि भिन्न-भिन्न होती है।

Taste Differences in Trade | व्यापार में रुचि भिन्नताएँ

दो देशों के व्यापार में साधनों व रुचि सम्बन्धी भिन्नताएँ पाए जाने की पूरी संभावना रहती है। दो देश जो गेहूँ व चावल का उत्पादन समानता से कर सकते हैं, किन्तु उपभोक्ताओं की दृष्टि से उन्हें अपनी पसंदगी व रुचि के अनुसार देखा जाता है या उनमें विभेद किया जाता है। उन देशों में गेहूँ चावल की अपेक्षा अधिक महँगा है जहाँ के लोग चावल से गेहूँ को अधिक पसंद करते हैं। इसके विपरीत जिन देशों के लोग गेहूँ की अपेक्षा चावल को अधिक पसंद करते हैं इन दो तरह के देशों के मध्य व्यापार होगा तो इनकी कीमतों में समानता लाने का प्रयास होगा तथा प्रत्येक देश अधिक संतुष्टि प्राप्त करना चाहेगा और दोनों देश अपनी वस्तु की पसंद के अनुसार विनिमय करेंगे। अर्थात जिन्हें गेहूँ पसंद है, वे चावल का निर्यात कर गेहूँ का आयात करेंगे और जिन्हें चावल पसंद है, वे गेहूँ का निर्यात कर चावल का आयात करेंगे। इसे ही व्यापार में रुचि की भिन्नता कहते हैं।

Tax | कर

एक करदाता द्वारा किए गए अनिवार्य भुगतान को कर कहते हैं। इस कर के बदले में करदाता सरकार से कुछ लाभ प्राप्त नहीं करता। कर जिस पर लगाया जाता है, संबंधित करदाता को उसका भुगतान करना होता है उससे बचने के प्रयास करना कर वंचन की श्रेणी में आता है अर्थात वह कर चोरी कहलाती है।

Taxation | कराधान

आधुनिक सरकारों को अपने व्यय की पूर्ति के लिए कई स्रोतों से धन जुटाना पड़ता है, जिनमें कर राजस्व का स्थान प्रमुख है। कर राजस्व प्राप्त करने के लिए सरकार प्रत्यक्ष, अप्रत्यक्ष तथा अन्य कर लगाकर कर राजस्व जुटाती है। कर राजस्व का सरकारी आय में ऊँचा अंश होने के कारण कराधान या करारोपण के नियमों व इसकी विभिन्न किस्मों व प्रभावों आदि का अध्ययन किया जाता है। योग्यता, निश्चितता, सुविधा, मितव्ययता, उत्पादकता, लोच, विविधता, सरलता, समन्वय तथा समीचीनता के नियमों के अनुसार कराधान किया जाता है। कराधान प्रगतिशील, प्रतिगामी, आनुपातिक व अवरोही प्रकृति का हो सकता है।

Tax Assessment | कर निर्धारण

प्रत्येक व्यक्ति या संस्था की आय 'परिसम्पत्तियों' उत्पादन तथा आयात व निर्यात को ध्यान में रखकर करों की दरों के अनुसार कर निर्धारण केन्द्र व राज्य सरकारों के अधिकारी करते हैं। करों का निर्धारण या तो कर नीतियों के अनुरूप निश्चित कर दरों के अनुसार प्रत्यक्ष या अप्रत्यक्ष करों का निर्धारण होता है या व्यक्ति या संस्था के द्वारा स्वकर निर्धारण होता है, जिसे वे आयकर अधिकारी के समक्ष प्रस्तुत करते हैं। चाहे वह आय कर हो, धन कर हो, कम्पनी कर हो, निगम कर हो, उत्पादन कर हो, बिक्री कर हो, सीमा कर या अन्य कोई कर हो।

Tax Avoidance | कर बचाव

ये उन वैधानिक उपायों की ओर ध्यान दिलाता है, जिसके द्वारा व्यक्ति या फर्म के कर दायित्वों को कम किया जा सकता है। इन उपायों के अनुसार कर योग्य आय को इस प्रकार समायोजित किया जा सकता है कि वैधानिक रूप से कर की देनदारियाँ कम हो जाती हैं। इसे कर बचाव कहते हैं।

Tax Base | कर आधार

कर हमेशा किसी न किसी आधार पर लगाया जाता है। व्यक्ति की आय, वस्तुओं और सेवाओं की कीमतें, आयात और निर्यात वस्तुओं की कीमत, उत्पादन की मात्रा आदि को आधार मानकर कराधान किया जाता है।

Tax Burden | कर भार

करों के भुगतान से समाज में विभिन्न व्यक्तियों व वर्गों पर मौद्रिक भार पड़ता है। समाज के लोगों पर कर का भार कम से कम पड़े, इसके लिए आवश्यक है कि करों की आमदनी इस प्रकार से प्राप्त की जानी चाहिए कि समाज के लोगों पर उसका प्रत्यक्ष भार वास्तविक भार कम से कम पड़े। इस हेतु ऐसी कर प्रणाली अपनाई जाए कि समाज के लोगों को करों के रूप में न्यूनतम त्याग करना पड़े। अतः आर्थिक प्रभावों से भी अधिक समानता के आधार पर कराधान के भार का वितरण करना चाहिए।

Tax Credit Scheme | कर साख प्रणाली

यह प्रणाली ऋणात्मक आय कर के बारे में बताती है, जिसमें ऐसे व्यक्ति जो एक निश्चित आय स्तर से कम आय अर्जित करते हैं, उन्हें सरकार के द्वारा भुगतान प्राप्त होता है। व्यक्ति की आमदनी निर्धारित सीमा से जितनी कम रह जाती है, ठीक उसी अनुपात में उसे मुद्रा राशि प्राप्त होती है।

Tax Evasion | कर चोरी या अपवंचन

कर विवर्तन की भांति ही कर चोरी में भी कर से बचने का प्रयास किया जाता है किन्तु कर की चोरी में सरकार को कर की राशि प्राप्त नहीं होती है। कर की चोरी एक गैर-कानूनी एवं समाज विरोधी कार्य होता है। कर चोरी के कारण देश में काले धन की समस्या उत्पन्न हो गई है।

Tax Haven | कर आश्रय

वह देश जो विदेशी नागरिकों को अपने देश में व्यापार करने पर करों में कमी के अवसर प्रदान करता है, तो यह कर आश्रय कहलाता है। इन कर आश्रयताओं के उपयोग से कर बचाव किया जा सकता है जबकि विदेशी वित्तीय मध्यवृत्तियों का उपयोग करके कर देयताओं में कमी की जा सकती है। इसके अतिरिक्त कर चोरी के लिए भी इसका उपयोग हो सकता है, जैसे आय को छिपाने के लिए बैंकों में गुप्त खाते खोल कर।

Tax Holiday | कर अवकाश

सीमित अवधि के लिए करों से मुक्ति देना या करों में विशेष कमी करना आदि को कर अवकाश कहा जाता है। ऐसा इसलिए किया जाता है ताकि विदेशी फर्में अपने देश में निवेश करने के लिए आकर्षित हो सकें या घरेलू फर्में किसी उद्योग में निवेश कर सकें या उस क्षेत्र में जिसे सरकार प्रोत्साहित करना चाहे। यह विधि राजस्व की दृष्टि से काफी महँगी साबित हो सकती है। यदि फर्में इसका लाभ उठाती हैं तो यह उपयोगी हो सकती है।

Tax Multiplier | कर गुणक

सरकार द्वारा करारोपण से प्राप्त करों की मात्रा में परिवर्तन के फलस्वरूप सकल राष्ट्रीय उत्पाद में होने वाले परिवर्तन को कर गुणक कहते हैं। आधारभूत सूत्र यह है कि सकल राष्ट्रीय उत्पाद करों में परिवर्तन की मात्रा के बराबर होता है।

Tax Incidence | करापात

इसे कर वाह्यता भी कहा जाता है। सेलिगमेन व डाल्टन के अनुसार करापात में इस प्रश्न पर विचार किया जाता है कि कर का मौद्रिक भार वास्तव में कौन वहन करता है। करापात उस व्यक्ति पर होता है, जो अंतिम रूप से उस कर को चुकाता है या जो उसका आर्थिक दायित्व वहन करता है। इस स्थिति में कर चुकाने वाले और कर-भार वहन करने वाले अलग-अलग व्यक्ति हो सकते हैं। जैसे बिक्री कर का भार दुकानदार पर न पड़कर कीमत वृद्धि के रूप में ग्राहकों पर पड़ता है। जब किसी व्यक्ति को अपने पास से या अपने लाभ में से कर के रूप में कुछ रकम चुकानी पड़ती है, तो वह राशि व्यक्ति के लिए करापात होती है।

Tax Refund | कर वापसी

पूर्व में किए गए अधिक कर भुगतान के कर अधिकारियों द्वारा करदाता को पुनर्भुगतान को कर वापसी कहते हैं। ऐसा इसलिए होता है कि क्योंकि कर निर्धारण में हुई किसी गलती के कारण या

तो निर्धारित कर राशि से कम कर कटौती करवाई है या वांछित कर राशि से अधिक कर कटौती हो गई है या कर निर्धारण के अनुसार कर वापसी बनती है तो कर अधिकारियों द्वारा चाहे गए कर से अधिक जमाकर को ब्याज सहित करदाता को लौटा दिया जाता है।

Tax Return | कर विवरणी या विवरण पत्र

करदाता कर अधिकारियों को कर कटौती का विवरण पत्र प्रस्तुत करता है तथा स्पष्ट करता है कि कर निर्धारण व कर कटौती संबंधी किसी तथ्य से कर विवरणी प्रभावित नहीं हो रही है। कर विवरणी करदाता द्वारा प्रस्तुत न करने पर अधिकारी इसकी मांग कर सकते हैं। करदाता कर विवरणी द्वारा अपनी कर वापसी का दावा कर सकता है या कर अधिकारी का कर जमा होने पर दण्डात्मक राशि के साथ कर की मांग कर सकते हैं।

Tax Shelter | कर संरक्षण

इंग्लैण्ड, भारत आदि देशों में जहां करदाता की आय के कुछ भाग को करों से संरक्षण देने का प्रबन्ध किया जाता है, कर संरक्षण कहलाता है। व्यक्तिगत बचत खातों में बचतकर्ता अपनी आय का कर योग्य भाग जमा करवाकर करमुक्त आय का आनंद ले सकते हैं।

Tax Shifting | कर विवर्तन

यह वह प्रक्रिया है जिसमें कर एक व्यक्ति से दूसरे व्यक्ति पर खिसका दिया जाता है। वस्तुओं की कीमतों में परिवर्तन के द्वारा कर को खिसकाया जा सकता है। कर विवर्तन के लिए वस्तु का विनिमय होना आवश्यक होता है। जैसे सरकार चीनी के उत्पादन पर कर लगाती है और उससे कर वसूल कर लेती है। कर का आघात उत्पादक पर हुआ, किन्तु इस कर को लागत में जोड़कर उसके विक्रय मूल्य में वृद्धि कर दी जाती है और इस प्रकार चीनी के मूल्य के साथ इस पर लगा उत्पाद शुल्क उपभोक्ता से वसूल कर लिया जाता है और इस पर लगे उत्पाद शुल्क का विवर्तन उपभोक्ता पर कर दिया जाता है। यह कर विवर्तन आगे या पीछे दोनों ओर हो सकता है।

Taxable Capacity | करदेय क्षमता

करदेय क्षमता का विचार लोगों की कर वहन करने की क्षमता से संबंधित है। एक व्यक्ति या समाज विशेष की कर देने की क्षमता करदेय क्षमता कहलाती है। यह क्षमता कर की उस मात्रा को बताती है, जिसके आगे वसूली करने पर उत्पादन कार्य एवं क्षमता पर विपरीत प्रभाव पड़ सकता है। सरकार प्रायः कर देय क्षमता के अनुसार ही कर लगाती है। धनी व्यक्ति पर उनकी ऊँची आय के अनुसार अधिक कर व गरीब व्यक्तियों पर उनकी कम आय के अनुसार कम कर लगाया जाता है, ताकि वे अपनी क्षमतानुसार कर दे सकें।

Taxable Income | करयोग्य आय

करयोग्य आय वह आय होती है जिस पर नियमानुसार कर लगाया जाता है। समग्र आय में से सभी प्रकार के व्ययों व भत्तों को घटाकर कर योग्य आय की गणना की जाती है।

Technical Rally | तकनीकी रैली

जब वस्तुओं और प्रतिभूतियों की कीमत बाजार में होने वाले उतार-चढ़ाव के कारणों के बजाय वर्तमान धारकों द्वारा प्रतिभूतियों के विक्रय हेतु तैयार न होने के कारण उनकी सीमित आपूर्ति होने

के कारण बढ़ती है। क्योंकि वस्तु और प्रतिभूतियों की कीमतों में अत्यधिक कमी होने के कारण लोग भविष्य में कीमत वृद्धि की आशा करते हैं।

Technological Change | तकनीकी परिवर्तन

किसी भी तकनीक में तकनीक की नई प्रक्रिया व उन्नयन को तकनीकी परिवर्तन कहा जाता है। जब उत्पादन के साधन व रीतियाँ विकसित होती हैं, तब इसे तकनीकी परिवर्तन कहते हैं। तकनीकी परिवर्तन से बेहतर उत्पादन होता है। यानी उत्पादन अधिकतमीकरण और लागत के न्यूनतमीकरण के रूप में देखने को मिलता है।

Technological Progress | तकनीकी प्रगति

प्रगति जिसमें निम्न विशेषताएँ पाई जाती हैं- (i) उत्पादन की विधियों में सुधार, प्रभावी प्रबन्ध अधिक विकसित विशिष्टीकरण, श्रम का अधिकतम उपयोग, संसाधनों, माल व उत्पादकीय प्रक्रियाओं में सुधार आदि; (ii) साधनों में गुणात्मक सुधार जिसमें कुशल श्रम व पूँजी; (iii) उत्पादन में गुणात्मक सुधार; तथा (iv) पूँजी-श्रम अनुपात में वृद्धि आदि को तकनीकी प्रगति कहा जाता है।

Technological Unemployment | तकनीकी बेरोजगारी

अर्थव्यवस्था में होने वाली तकनीकी परिवर्तनों के कारण जब श्रम के स्थान पर पूँजी का प्रतिस्थापन होने के कारण अर्थात् पूंजीगहन तकनीक के कारण जब बेरोजगारी उत्पन्न होती है तो उसे तकनीकी बेरोजगारी कहा जाता है। जैसे कृषि व उद्योगों में अत्यधिक यंत्रीकरण के कारण तकनीकी बेरोजगारी बढ़ी है।

Technology | प्रौद्योगिकी

अर्थव्यवस्था की एक प्रमुख समस्या कि उत्पादन कैसे किया जाए (How to Produce), का सम्बन्ध प्रौद्योगिकी से होता है अर्थात उत्पादन करने की विधियां, तरीका उत्पादन की तकनीक कहलाता है। बढ़िया मशीनरी, उत्पादन प्रक्रिया का ज्ञान व उत्पादन कुशलता से तकनीक का ज्ञान होता है। इस प्रकार प्रौद्योगिकी आवश्यक वस्तुओं के निर्माण व उपयोग की दक्षता, ज्ञान एवं कार्यविधि का अंग है। वर्तमान में आर्थिक विकास और विकसित तकनीक में गहरा सम्बन्ध है।

Technology Gap | प्रौद्योगिकी अन्तराल

दो देशों के बीच उत्पादन के लिए उपलब्ध प्रौद्योगिकी के अन्तर को प्रौद्योगिकी अंतराल कहते हैं। प्रौद्योगिकी अंतराल वैज्ञानिक ज्ञान, शिक्षा, प्रशिक्षण तथा श्रम शक्ति के प्रोत्साहन सम्बन्धी अन्तर के स्तर पर निर्भर करता है। साथ ही प्रौद्योगिकी अन्तराल संरचनात्मक ढांचे की उपलब्धता व किस्म जैसे विश्वसनीय शक्ति, आपूर्ति एवं संचार और बाजार के आकार पर भी निर्भर करता है।

Technology Transfer | प्रौद्योगिकी हस्तान्तरण

जिन देशों की प्रौद्योगिकी अधिक विकसित होती है तो ये प्रौद्योगिकी उन देशों को हस्तान्तरण होती रहती हैं, जिन देशों की प्रौद्योगिकी बहुत पुरानी और पिछड़ी हो। प्रौद्योगिकी हस्तान्तरण के अन्तर्गत, विदेशी प्रत्यक्ष निवेश, अधिक विकसित देशों से कुशल लोगों का हस्तान्तरण, कम विकसित देशों से श्रमिकों का प्रशिक्षण, पेटेन्ट्स का लाइसेन्स आदि को सम्मिलित किया जाता है। कम विकसित

देशों के लिए प्रौद्योगिकी हस्तान्तरण का महत्व बहुत अधिक होता है, किन्तु यह सभी देशों के लिए उपयोगी होता है।

Telegraphic Transfer | तार द्वारा हस्तान्तरण

बैंकों द्वारा मुद्रा का हस्तान्तरण आजकल तार द्वारा हो सकता है। अतः तार द्वारा धन का देश व विदेश में हस्तान्तरण शीघ्र हो जाता है।

Tender | निविदा

किसी वस्तु विशेष की एक निश्चित कीमत पर आपूर्ति करने हेतु किसी व्यापारी या व्यापारिक प्रतिष्ठान द्वारा दिया जाने वाला प्रस्ताव एवं लिखित आश्वासन निविदा कहलाता है। सरकारी संविदाओं हेतु मुहरबन्द निविदाएँ आमंत्रित की जाती हैं। ऐसी निविदाएँ पूर्व निर्धारित तिथि पर उपस्थित लोगों के सामने खोली जाती हैं और न्यूनतम निविदा को स्वीकार कर लिया जाता है।

Term Loan | सावधि ऋण

किसी बैंक या वित्तीय संस्था द्वारा किसी निश्चित अवधि के लिए दिया गया अल्पकालीन या दीर्घकालीन ऋण सावधि ऋण कहलाता है। ऐसे ऋणों का भुगतान किस्तों में होता है तथा राशि वापसी के पश्चात शेष रही राशि पर ब्याज वसूला जाता है।

Terms of Trade | व्यापार की शर्तें

ये शर्तें आयात और निर्यात के सम्बन्ध में होती हैं। व्यापार की शर्तें उस दर को बताती हैं जिस दर पर देश की वस्तुओं का दूसरे देश की वस्तुओं से विनिमय होता है। यह दर किसी देश के आयातों के रूप में उस देश के निर्यातों की क्रय शक्ति का माप है। जब किसी देश की निर्यात कीमतों की सापेक्षता में आयात कीमतें बढ़ती हैं तो कहा जाएगा कि उसकी व्यापार की शर्तें प्रतिकूल हो गई हैं। उस देश का व्यापार से लाभ कम हो जाएगा, क्योंकि यह निर्यातों की दी हुई मात्रा के बदले आयातों को पहले से कम मात्रा प्राप्त कर सकेगा। इसके विपरीत जब किसी देश की आयात कीमतों की सापेक्षता में उस देश की निर्यात कीमतें बढ़ती हैं तो कहा जाएगा कि उसकी व्यापार की शर्तें अच्छी हो गई हैं क्योंकि इससे व्यापार में लाभ होता है, क्योंकि यह निर्यात की दी हुई मात्रा के बदले आयातों की पहले से अधिक मात्रा प्राप्त कर सकेगा।

Tertiary Production | तृतीयक उत्पादन

अर्थव्यवस्था का तृतीय क्षेत्र सेवा क्षेत्र है, जो अभौतिक वस्तुओं के उत्पादन से सम्बन्धित होता है। जैसे शिक्षक, डॉक्टर व वकील आदि द्वारा दी जाने वाली सेवाएँ तथा बैंक, बीमा एवं जहाजरानी आदि की सेवाएँ तृतीयक उत्पादन क्षेत्र या सेवा क्षेत्र में आते हैं।

Take-off Stage | आत्मस्फूर्त अवस्था

प्रो. डब्ल्यू-डब्ल्यू रोस्टोव के द्वारा बताई गई आर्थिक विकास की पांच अवस्थाओं में से यह तीसरी अवस्था है। इस अवस्था में अर्थव्यवस्था तथा समाज स्वयं को इस तरह रूपान्तरित करता है कि आर्थिक विकास समग्र रूप में स्वयं संचालित बन जाता है। इस अवस्था को पाने की तीन शर्तें हैं- (i) शुद्ध विनियोग राष्ट्रीय आय का 10 प्रतिशत या इससे अधिक होना चाहिए। (ii) अग्रगामी क्षेत्र यानी प्राथमिक, द्वितीयक एवं व्युत्पन्न विकास क्षेत्रों का विकास होना चाहिए तथा (iii) उचित सामाजिक एवं सांस्कृतिक ढाँचा निर्मित होना चाहिए।

Theory of Distribution | वितरण के सिद्धान्त

अर्थशास्त्र में वितरण का सम्बन्ध आय के व्यक्तिगत वितरण तथा फलनात्मक वितरण से है। व्यक्तिगत वितरण का सम्बन्ध उन व्यक्तियों से है, जो किसी देश में विभिन्न व्यक्तियों में आय और सम्पत्ति के बँटवारे को शामिल करती है। व्यक्तिगत वितरण में राष्ट्रीय आय के वितरण के ढाँचे को तथा भिन्न-भिन्न वर्गों द्वारा राष्ट्रीय आय के जो हिस्से प्राप्त होते हैं, उनका अध्ययन किया जाता है। आय के व्यक्तिगत वितरण के अन्तर्गत हम आय एवं सम्पत्ति में असमानता की समस्या, इसके प्रभाव तथा उसको कम या दूर करने के उपायों का अध्ययन करते हैं। दूसरी ओर फलनात्मक वितरण या साधन हिस्सा वितरण उत्पादन के प्रत्येक साधन द्वारा कुल राष्ट्रीय आय के हिस्से की व्याख्या करता है। अर्थात इसका संबंध उत्पादन के साधनों को उनकी सेवाओं के लिए बाँटे जाने वाले पुरस्कार से होता है। लगान, मजदूरी, ब्याज और लाभ क्रमशः भूमि, श्रम, पूँजी और उद्यम की सेवाओं के पुरस्कार हैं। दोनों में स्पष्ट भिन्नताओं के बावजूद निकट का संबंध होता है। प्रो. कॉलडर ने वितरण के सिद्धान्तों को चार भागों में बाँटा है- (i) रिकार्डो का प्रतिष्ठित सिद्धान्त; (ii) मार्क्स-सिद्धान्त; (iii) नवपरम्परावादी या सीमान्तवादी सिद्धान्त; तथा (iv) केन्ज का सिद्धान्त।

Third Degree Price Discrimination | तृतीय श्रेणी कीमत विभेद

कीमत विभेद वह कहलाता है, जहां विक्रेता भिन्न-भिन्न प्रकार के ग्राहकों की पहचान करते हैं तथा उन्हें भिन्न-भिन्न प्रकार के समझौते के अवसर देते हैं। उदाहरण के लिए विद्यार्थी व सेवानिवृत्त लोगों को विशेष प्रकार की कीमतें दी जा सकती हैं। ऐसा विभेद तभी संभव होता है जब वस्तुओं या सेवाओं का पुनर्विक्रय (Resale) महंगा हो या असंभव हो। यदि पुनर्विक्रय लागत रहित है तो क्रेता उसे क्रय करेगा, जिसकी कीमत न्यूनतम हो।

Third World | तीसरी दुनिया

इस शब्द का उपयोग प्रायः विश्व के विकासशील देशों के लिए किया जाता है। जैसे- भारत, मिस्र, यूगोस्लाविया, इंडोनेशिया, मलेशिया, सहित एशिया, अफ्रीका और लेटिन अमेरिका के सभी विकासशील देश।

Threshold Agreement | प्रवेशमार्गी समझौता

यह रोजगार के लिए एक ऐसा समझौता होता है, जिसमें एक पूर्व निर्धारित स्तर से ऊपर निर्वाह लागत हो जाने पर मजदूरी में एक निर्धारित प्रतिशत वृद्धि करने के लिए नियोक्ता तैयार हो जाता है। इस प्रकार के समझौते स्फीति प्रेरक माने जाते हैं।

Threshold Price | प्रवेशमार्गी कीमत

यह वह कीमत होती है, जिस पर यूरोपीय आर्थिक समुदाय के बाहर के देशों से कृषि उत्पाद यूरोपीय आर्थिक समुदाय में आयात किए जाते हैं। यह कीमत साझा नीति के अनुसार निर्धारित की जाती है, जिसका उपयोग आयातित वस्तुओं के बाहरी शुल्क को निर्धारित करने में होता है।

Trough | गर्त

गर्त व्यापार चक्रों की वह प्रवृत्ति होती है, जिसे मंदी काल का न्यूनतम स्तर होने के कारण गर्त कहा जाता है। गर्त का यह न्यूनतम बिन्दु आगे चलकर पुनरुत्थान एवं समृद्धि की अवस्था तक पहुँच जाता है इसके पश्चात् शिखर पर चढ़ता है, सुस्ती एवं मंदी की अवस्था के द्वारा गिरता है और पुनः गर्त तक पहुंच जाता है।

Tied Aid | बँधी सहायता

भारत विकास संघ के देश जो गैर परियोजना सहायता देते हैं, उसका अधिकांश अंश बँधी सहायता के रूप में होता है। यह देश के अनुसार व वस्तु के अनुसार बँधी होती है। अर्थात इसके अन्तर्गत हम अमुक देश से अमुक प्रकार का सामान ही प्राप्त कर सकते हैं।

Tied Loan | बँधा ऋण

वह ऋण जो किन्हीं विशिष्ट शर्तों के आधार पर दिया जाता है, बँधा ऋण कहलाता है। जैसे यदि किसी देश के द्वारा किसी दूसरे देश को केवल सड़क निर्माण में उपयोग करने हेतु ऋण दिया जाता है तो इसे बँधा ऋण कहेंगे, क्योंकि इस ऋण का उपयोग किसी अन्य कार्य में नहीं किया जा सकता।

Tied Sales | बँधा विक्रय

बँधे विक्रय के अन्तर्गत क्रेताओं को प्रमुख उत्पाद या लाभकारी उत्पाद के साथ ऐसे उत्पाद को खरीदने के लिए कहा जाता है, जो अच्छी तरह नहीं बिकता है। अर्थात प्रमुख या लाभप्रद उत्पादन के साथ ऐसा सहायक उत्पाद या अल्प बिक्री उत्पादन को खरीदना आवश्यक हो जाता है। इसे बँधा विक्रय कहते हैं।

Tight Credit | दृढ़ या तंग साख

तंग या चुस्त साख की अवस्था तब आती है, जब ब्याज की दर ऊँची होती है। ऐसी दशा में साख प्राप्त करना काफी कठिन व महँगा होता है। इसीलिए इसे तंग साख कहते हैं।

Tight Fiscal Policy | दृढ़ या तंग राजकोषीय नीति

ऐसी राजकोषीय नीति जो प्रभावशील मांग के मार्ग में बाधा डालती है। इसके अन्तर्गत ऊँचे कर या निम्न सार्वजनिक व्यय सम्मिलित होते हैं।

Tight Monetary Policy | दृढ़ मौद्रिक नीति

एक प्रतिबन्धात्मक मौद्रिक नीति को दृढ़ मौद्रिक नीति कहते हैं। ऋणों को महँगा करके तथा इसकी उपलब्धि को कठिन बना कर प्रभावशील मांग के स्तर में बाधा उत्पन्न करने का प्रयास दृढ़ मौद्रिक नीति कहलाती है।

Till Money | गुल्लक मुद्रा

प्रत्येक व्यापारिक बैंक में अपने ग्राहकों की मुद्रा निकासी की मांग को पूरा करने हेतु एक नकद कोष रखा जाता है, इसे ही गुल्लक मुद्रा कहते हैं।

Time Deposit | सावधि जमा

सावधि जमाओं को स्थाई जमा भी कहा जाता है। ये जमाएँ एक निश्चित अवधि के लिए जमा करवाई जाती हैं तथा इस पर ब्याज भी अधिक मिलता है।

Time Preference Theory | समय अधिमान सिद्धान्त

इस सिद्धान्त का प्रतिपादन प्रो. फिशर द्वारा किया गया। जो ब्याज को समाज की वर्तमान आय को भविष्य की आय के अधिमान का सूचक मानते हैं। फिशर के अनुसार लोग भविष्य की तुलना में

वर्तमान को वरीयता प्रदान करते हैं। अर्थात वे चालू आय को भविष्य के लिए बचाते हैं। ऐसा करके वे वर्तमान का आनन्द नहीं ले पाते हैं। अतः समय के अधिमान को प्राप्त करने हेतु ब्याज दिया जाता है। इन अर्थों में ब्याज ही समय की कीमत है। इस प्रकार फिशर का यह निष्कर्ष है कि केवल समय अधिमान ही ब्याज के लिए उत्तरदायी होता है, क्योंकि जहां कोई वर्तमान तथा भविष्य के लिए उदासीन हो, ब्याज उत्पन्न नहीं हो सकता।

Time Series | काल श्रेणी

किसी काल या समय के क्रमिक बिन्दुओं के परस्पर उसी चर के मूल्यों की व्यवस्था को काल श्रेणी कहते हैं। इस श्रेणी का प्रमुख उद्देश्य भावी घटनाओं की गतिविधियों का सही तरीके से अनुमान लगाना होता है। इसकी सहायता से आर्थिक तथ्यों में होने वाले उतार-चढ़ावों की जानकारी की जा सकती है, उनका निर्वचन व मूल्यांकन भी किया जा सकता है।

Time Wage | समय मजदूरी

श्रमिक को जब मजदूरी उसके द्वारा काम में लगाए गए समय के अनुसार दी जाती है, तो इसे समय मजदूरी कहते हैं। नियोक्ता श्रमिक के काम पर आने व जाने के समय का अंकन करते हैं तथा उसकी कार्य अवधि के अनुसार मजदूरी का भुगतान करते हैं।

Time Work Wage | समय कार्य मजदूरी

यह श्रमिक द्वारा दिए गए कार्य को समय से पूर्व पूरा करने के लिए प्रेरणादायक भुगतान है। इस प्रकार के भुगतान से स्पर्धा की भावना को बल मिलता है। जब श्रमिक दिए गए कार्य को दिए गए समय से पूर्व ही पूरा कर लेता है तो उसे उसके द्वारा किए गए अतिरिक्त कार्य के अनुपात में अधिक मजदूरी का भुगतान किया जाता है। इसे ही समय कार्य मजदूरी कहते हैं।

Token Money | प्रतीक मुद्रा

प्रतीक मुद्रा छोटे भुगतानों में काम आती है। यह प्रामाणिक मुद्रा की सहायक मुद्रा होती है। प्रतीक मुद्रा के सिक्के पीतल, ताँबे या निकल आदि के होते हैं। सांकेतिक या प्रतीक मुद्रा की स्वतंत्र व निशुल्क ढलाई नहीं होती है। इस पर अंकित मूल्य इसके वास्तविक मूल्य से अधिक होता है। यह सीमित वैध मुद्रा होती है। भारतीय रुपया प्रामाणिक-सांकेतिक सिक्का है।

Total Cost | कुल लागत

कुल स्थिर लागत (Total Fixed Cost) तथा कुल परिवर्तनशील लागत (Total Variable Cost) का योग कुल लागत (Total Cost) होती है। अर्थात सूत्र रूप में-

$$TC = (TFC + TVC)$$

Total Revenue | कुल आय या आगम

किसी फर्म का कुल आगम वस्तु की एक इकाई की कीमत तथा कुल विक्रय की गई इकाइयों के गुणनफल द्वारा ज्ञात किया जा सकता है। सूत्र रूप में-

$$\text{कुलआगम} = \frac{\text{कुल बिक्री से प्राप्त राशि}}{\text{बिक्री इकाइयाँ}} \times \text{प्रति इकाई कीमत}$$

Trade | व्यापार

वस्तुओं और सेवाओं का नकद या साख के आधार पर किया गया विनिमय व्यापार कहलाता है। व्यापार दो प्रकार का होता है। आन्तरिक और बाह्य व्यापार। आन्तरिक या घरेलू व्यापार उसे कहते हैं, जो एक देश की सीमाओं के भीतर सीमित होता है तथा बाह्य या विदेशी व्यापार वह होता है, जो विभिन्न देशों के बीच होता है।

Trade Association | व्यापार संघ

व्यापार संघ व्यापार से जुड़े विशेष लोगों का समूह होता है जो अपने हितों की पूर्ति करने एवं सुरक्षा करने के उद्देश्य से संघ बनाते हैं। कभी-कभी राजनीतिक उद्देश्यों की पूर्ति के लिए भी एक गुट का निर्माण कर लेते हैं। इनका मुख्य उद्देश्य व्यापारिक हित साधना होता है।

Trade Barrier | व्यापार अवरोध

अन्तरराष्ट्रीय व्यापार के सुचारु एवं स्वतंत्र संचालन हेतु नियंत्रण लगाने की प्रक्रिया को व्यापार अवरोध कहा जाता है। जैसे- प्रशुल्क व अभ्यंश आदि के द्वारा व्यापार अवरोध लगाए जाते हैं।

देखें प्रशुल्क (Tariff) व अभ्यंश (Quota)

Trade Cycle | व्यापार चक्र

व्यापार चक्र पूँजीवादी अर्थव्यवस्था का अंग है। यह चक्रीय तेजी और मंदी से संबंधित होते हैं। व्यापार चक्र में कुल रोजगार, आय, उत्पादन तथा कीमत स्तर में तरंग की तरह उतार-चढ़ाव आते रहते हैं। प्रो. हेबर्लर के अनुसार- "व्यापार चक्र को सामान्य अर्थ में यूँ परिभाषित किया जा सकता है कि यह अच्छे तथा बुरे व्यापार की समृद्धि तथा मंदी की अवधियों का अदल-बदल है।" इस प्रकार व्यापार चक्र में कुल रोजगार, आय, उत्पादन तथा कीमत स्तरों में आवर्ती उतार-चढ़ाव होते हैं। व्यापार चक्र मुख्य रूप से पांच प्रकार के होते हैं- (i) अल्प किचिन चक्र या लघु चक्र-अवधि लगभग 40 माह। (ii) दीर्घ जुग्लर चक्र या दीर्घ चक्र-अवधि लगभग साढ़े नौ वर्ष। (iii) अतिदीर्घ कोन्द्रातीफ चक्र-अवधि लगभग 50 वर्ष। (iv) भवन संबंधी चक्र-अवधि लगभग 18 वर्ष तथा (v) कुजनेट्स चक्र-अवधि लगभग 16-22 वर्ष। व्यापार चक्र की चार अवस्थाएँ होती हैं- (i) विस्तार या समृद्धि या उत्कर्ष की अवस्था (Upswing), (ii) सुस्ती (Recession), (iii) संकुचन या मंदी या अपकर्ष (Down Swing) तथा (iv) पुनरुत्थान (Recovery)।

Trade Creation | व्यापार निर्माण या सृजन

यह सीमा शुल्क संघ (Custom Union) के सदस्य देशों के बीच नए व्यापार सृजन को बताता है।

Trade Deficit | व्यापार घाटा

किसी देश के जब निर्यात से आयात अधिक हो जाते हैं तो उस देश के व्यापार को व्यापार घाटे वाला देश कहते हैं।

Trade Gap | व्यापार अंतराल

वस्तुओं के आयात और निर्यात मूल्यों के अन्तर को व्यापार अंतराल कहते हैं। यह व्यापार शेष घाटा अथवा व्यापार अतिरेक के आकार को बताता है। देखें - व्यापार घाटा (Trade Deficit)।

Trade Investment | व्यापार निवेश

जब कोई व्यापारिक प्रतिष्ठान या व्यापारी अपने वित्तीय कोषों को किसी दूसरे व्यापारिक प्रतिष्ठान में विनियोजित करता है तथा अंशों का अधिग्रहण करता है, तो इसे व्यापार निवेश कहते हैं।

Trade Liberalization | व्यापार स्वतंत्रता या उदारता

अन्तरराष्ट्रीय व्यापार के क्षेत्र में अवरोधों को हटाने की प्रक्रिया को व्यापार स्वतंत्रता कहते हैं। इसके अन्तर्गत प्रशुल्क को हटाना या कम करना, आयात अभ्यंशों को समाप्त करना या विस्तृत करना, बहु-विनिमय दरों को समाप्त करना तथा आयातों या विदेशी विनिमय के आबंटन या इनके लिए आवेदन करते हेतु प्रक्रिया को सरल बनाने आदि कार्यों के लिए प्रशासनिक अनुमतियों की आवश्यकता को समाप्त करना शामिल होता है। व्यापार स्वतंत्रता की आवश्यकता इसलिए भी होती है कि कोई देश अपनी अर्थव्यवस्था को अन्तरराष्ट्रीय स्पर्धा व क्षमता के क्षेत्र में आगे बढ़ा सके।

Trade Mark | व्यापार का विशिष्ट चिह्न

जब जनता में वस्तु के आपूर्तिकर्ता का परिचय किसी प्रतिरूप (Symbol) या संकेत चिह्न (Logo) या नाम द्वारा कराया जाता है तो इसे व्यापार का विशिष्ट चिह्न कहा जाता है। कई देशों में इस चिह्न के पंजीकरण की व्यवस्था होती है जिसके द्वारा व्यापारी को उस व्यापार चिह्न के उपयोग की अनुमति मिल जाती है। इस चिह्न को निर्माताओं, वितरकों या आयातकों द्वारा पंजीकृत कराया जा सकता है। यह चिह्न बेचा जा सकता है और यह एक महत्वपूर्ण वाणिज्यिक संपत्ति होता है।

Trade Policy | व्यापार नीति

प्रत्येक देश की अपनी घरेलू व्यापार नीति तथा विदेशी व्यापार नीति होती है। व्यापार को घरेलू स्तर पर या अन्तरराष्ट्रीय स्तर पर बढ़ाने या घटाने हेतु नीतियाँ निर्धारित की जाती हैं, जिसके अनुसार व्यापार का नियमन, नियंत्रण व संचालन होता है। व्यापार नीतियाँ मुख्य रूप से दो प्रकार की होती हैं- उदारवादी नीति व कूटनीति। इसके अन्तर्गत आयात प्रतिस्थापन व निर्यात संवर्धन, प्रशुल्क कर व अभ्यंश भंडारण, परिवहन, वित्तीय प्रबन्ध व प्रोत्साहन सम्बन्धी नीतियाँ अपनाई जाती हैं।

Trade Related Intellectual Property Rights (TRIPS) | बौद्धिक संपत्ति अधिकारों के व्यापार संबंधी पक्ष का समझौता

यह विश्व व्यापार संगठन के उरुग्वे दौर (आठवां दौर) में किया गया समझौता है जो 1 जनवरी 1995 से लागू हुआ था। इस समझौते के अन्तर्गत 7 प्रकार के बौद्धिक संपत्ति अधिकारों के व्यापार संबंधी पक्ष का समझौता सम्मिलित किया गया है- (i) कॉपी राइट और तत्सम्बन्धी अधिकार, (ii) ट्रेडमार्क, (iii) भौगोलिक संकेत, (iv) औद्योगिक डिजाइन, (v) पेटेंट (सूक्ष्म जीवाणु और पौधों की विभिन्न जातियाँ), (vi) संगठित सर्किट, तथा (vii) व्यापारिक रहस्य। बौद्धिक संपत्ति के अधिकारों से संबंधित संविदात्मक लाइसेंसों के अप्रतियोगी कार्यों को रोकने का भी प्रावधान है। यह बौद्धिक संपत्ति अधिकारों के दुरुपयोग को रोकने के उद्देश्य से विभिन्न देशों की सरकारों के मध्य विचार-विमर्श को भी प्रेरित करता है। इसमें समझौते के कार्यान्वयन तथा विभिन्न देशों की सरकारों द्वारा इसके पालन हेतु एक काउन्सिल की स्थापना की व्यवस्था की गई है।

Trade-Related Investment Measures (TRIMS) | व्यापार सम्बन्धी विनियोग उपाय

यह समझौता शक्तिहीन है। इस समझौते के अनुच्छेद (iv) के अनुसार विकासशील देश इन प्रावधानों से अस्थाई रूप से हट सकते हैं। इसके अन्तर्गत विदेशी कंपनियों के नियंत्रण और उनके व्यापार संतुलन उपायों के नियमन के अधिकार कम नहीं किए गए हैं। इसके अतिरिक्त इसमें विदेशी निवेश के नियंत्रणों को भी हटाने की व्यवस्था है। इसमें प्रत्यक्ष विदेशी निवेश का उल्लेख नहीं है। यद्यपि विकासशील देशों में प्राथमिकता वाले क्षेत्रों में नियंत्रण का प्रयास किए जाने की व्यवस्था है। इसकी शर्तें घरेलू उद्योगों पर लागू नहीं होतीं। इसमें पक्षपातपूर्ण आयात प्रतिबन्धों का भी उल्लेख है। कुल मिलाकर इस समझौते से राष्ट्रीय सरकारों की निर्णयात्मक शक्ति कम होती है।

Trade Union | श्रम संघ

श्रम संघ श्रमिकों के ऐसे स्थाई संगठन को कहते हैं, जिसका उद्देश्य काम की दशाओं को बनाए रखना तथा उनमें आवश्यक सुधार करना होता है। वर्तमान कानून के अनुसार 'ट्रेड यूनियन' शब्द में मालिकों व मजदूरों दोनों के संगठन शामिल किए जाते हैं। आधुनिक युग में श्रम संघ औद्योगिक लोकतंत्र के आधार स्तम्भ माने जाते हैं। सभी प्रकार की अर्थव्यवस्थाओं में इनके महत्व को स्वीकार किया गया है। ये संघ दो प्रकार के कार्य करते हैं- (i) संघर्षात्मक कार्य - जिनमें सामूहिक सौदेबाजी एवं हड़ताल आदि साधनों का उपयोग करके श्रमिकों की मजदूरी बढ़ाने, काम के घण्टे कम करने, काम की दशाओं में सुधार करने, प्रबन्ध में हिस्सा दिलाने आदि का प्रयास करते हैं तथा श्रमिकों को शोषण से बचा कर सामाजिक सुरक्षा प्रदान करते हैं (ii) कल्याणकारी कार्य-जिनमें रचनात्मक कार्यों पर अधिक बल दिया जाता है, जैसे- शिक्षा, स्वास्थ्य, चिकित्सा व मनोरंजन आदि की सुविधा बढ़ाकर श्रमिकों की कार्यकुशलता में वृद्धि करते हैं। इस प्रकार ये आधुनिकीकरण के कार्यक्रमों में सहयोग देकर उत्पादकता बढ़ाने, लागतें घटाने व प्रतिस्पर्धात्मक शक्ति बढ़ाने में मदद देते हैं।

Trade War | व्यापार युद्ध

व्यापार युद्ध एक ऐसी दशा होती है जब कुछ देश एक-दूसरे के व्यापार को नुकसान पहुँचाने का प्रयास करते हैं। व्यापार युद्ध के प्रमुख हथियार हैं- प्रशुल्क, अभ्यंश प्रतिबंध, आयातों पर रोक, साख व अनुदान जो निर्यात के लिए दिए जाते हैं उन पर रोक, शत्रु देशों से व्यापार पर रोक, व्यापार युद्ध के दौरान जैसे को तैसा नीति पर चलकर विरोधी देशों से मुकाबला किया जाता है।

Trade-Weighted Index Number | व्यापार-भारित सूचकांक

भारित सूचकांक जो अन्य देशों के व्यापार में अपने देश के व्यापार के अंश के अनुपात को बताते हैं। ये भारित सूचकांक, जिनका उपयोग देश की प्रभावी विनिमय दर की गणना करने में होता है, जब अन्य देश में परिवर्तनशील विनिमय दर हो दूसरे देशों के साथ। सूचकांकों का भार आयातों निर्यातों दोनों पर आधारित होता है।

Trading Currency | व्यापार मुद्रा

अन्तरराष्ट्रीय व्यापार के लेन-देन में प्रयुक्त होने वाली मुद्रा को व्यापार मुद्रा कहते हैं, जिसका क्रेता और विक्रेता खुलकर उपयोग करते हैं। कभी-कभी तीसरे देश की मुद्रा में भी लेन-देन होता है न कि स्वयं के देश की मुद्रा में। अमेरिकी डॉलर और यूरो मुद्रा का उपयोग व्यापार मुद्रा या सवारी मुद्रा (Vehicle Currencies) के रूप में होता है।

Trading Account | व्यापार खाता

व्यापार खाता व्यापार में होने वाले लाभ–हानि का लेखा होता है। यह वर्ष के आरम्भ में स्टॉक, नई खरीद व विनिर्मित वस्तुओं को बताता है। इनके जोड़ में से वर्ष के अंत में अंतिम वस्तुओं के स्टॉक मूल्य को घटाया जाता है। यह मूल्य पुनः बिक्री की गई वस्तुओं की आय में से घटा कर सकल लाभ प्राप्त किया जाता है।

Training | प्रशिक्षण

कार्यशील लोगों के कौशल में सुधार की प्रक्रिया को प्रशिक्षण कहा जाता है। यह औपचारिक संस्थागत पाठ्यक्रमों द्वारा नियोक्ता या शैक्षणिक संस्थानों के द्वारा दिया जा सकता है। यह प्रशिक्षण रोजगार से पूर्व या रोजगार के दौरान दिया जाता है। प्रशिक्षण अंशकालीन या पूर्णकालिक हो सकता है। रोजगार के दौरान अनुभवी प्रशिक्षकों के मार्गदर्शन में प्रशिक्षण दिया जा सकता है। अधिकांश फर्में दोनों ही विधियों का उपयोग करती हैं। प्रशिक्षण से एक प्रकार की औपचारिक योग्यता में वृद्धि हो जाती है, किन्तु ऐसा करना आवश्यक नहीं है।

Transaction | लेन-देन

लेन–देन का आशय सामान्यतः आर्थिक संसर्ग या व्यावहारिक लेन–देन से होता है, जिसमें प्राप्तियों और भुगतान सम्बन्धी कार्य होता है।

Transaction Motive | लेन-देन उद्देश्य

व्यक्ति मुद्रा को तरल रूप में रखने हेतु मुद्रा की मांग तीन उद्देश्यों की पूर्ति के लिए करते हैं। उनमें से एक उद्देश्य लेन–देन उद्देश्य या मुद्रा की सौदा मांग का उद्देश्य है। यह मांग इसलिए उत्पन्न होती है क्योंकि व्यक्ति अपने दैनिक कार्यों को सम्पन्न करते हेतु अपने पास कुछ मुद्रा नकद रूप में रखना चाहता है, क्योंकि आय एवं व्यय के अंतराल को पूरा करने हेतु नकद मुद्रा की आवश्यकता होती है। केन्ज के अनुसार मुद्रा की यह मांग आय के प्रति लोचदार होती है और यह ब्याज की दर से अप्रभावित रहती है।

Transfer Cost | हस्तान्तरण लागत

हस्तान्तरण लागत वह होती है जो कच्चे माल को बाजार से निर्माण स्थल तक तथा निर्मित माल को निर्माण स्थल से बाजार तक लाने व ले जाने पर लगती है। इस लागत में माल की ढुलाई एवं यातायात लागत भी सम्मिलित होती है।

Transfer Deed | हस्तान्तरण दस्तावेज

सामान्यतः ऐसे दस्तावेज, जिनके द्वारा परिसंपत्तियों या प्रतिभूतियों का स्वामित्व वैधानिक रूप से विक्रेता से क्रेता को हस्तान्तरित किया जाता है, हस्तान्तरण दस्तावेज कहलाते हैं। ऐसे दस्तावेजों के हस्तान्तरण पर स्टाम्प शुल्क लगता है। यद्यपि इस पर कई प्रकार की छूटें भी दी जाती हैं, विशेषकर सरकारी प्रतिभूतियों पर।

Transfer Earnings | हस्तान्तरण उपार्जन

हस्तान्तरण उपार्जन उत्पादन के साधन की वह आय या कीमत होती है, जो उत्पादन के साधन को उद्योग में बनाए रखने के या उसे उद्योग में बने रहने की प्रेरणा देने के लिए दी जाती है।

उत्पत्ति के साधनों के भुगतान को समझाने के लिए आधुनिक अर्थशास्त्री हस्तान्तरण उपार्जन का नाम देते हैं।

Transfer Income | हस्तान्तरण आय

वह आय जो उत्पादन की चालू सेवाओं के भुगतान के काम नहीं आती है और न ही इसे राष्ट्रीय आय में प्रविष्ट किया जाता है। सेवानिवृत्ति पेन्शन या निजी उपहारों की प्राप्ति हस्तान्तरण आय के उदाहरण हैं। हस्तान्तरण आय तथा हस्तान्तरण भुगतान के भ्रम में नहीं पड़ना चाहिए।

Transfer Payments | हस्तान्तरण भुगतान

यह वह भुगतान है, जो सरकार के द्वारा लोगों को किया जाता है। इसमें भुगतान पाने वाला व्यक्ति कोई उत्पादकीय कार्य नहीं करता। वृद्धावस्था पेंशन, बेरोजगारी भत्ता, सहायता भुगतान आदि हस्तान्तरण भुगतान कहलाते हैं। इसकी गणना राष्ट्रीय लेखांकन की दृष्टि से व्यक्तिगत आय में होती है, किन्तु यह राष्ट्रीय आय का अंग नहीं होता है।

Transformation Curve | रूपान्तरण वक्र

देखें - Production Possibility Curve (उत्पादन संभावना वक्र)।

Transitional Economy | संक्रमणकालीन अर्थव्यवस्था

संक्रमणकालीन अर्थव्यवस्था वह होती है जो अपने आर्थिक संगठन के स्वरूप में परिवर्तन की प्रक्रिया में होती है। यह केन्द्रीय नियोजित अर्थव्यवस्था से बाजार आधारित अर्थव्यवस्था तक हो सकती है। जैसा कि पूर्व सोवियत संघ और पूर्वी यूरोप के देशों में हुआ। विकासशील अर्थव्यवस्थाएँ भी प्राय: ऐसी होती हैं। ये अर्थव्यवस्थाएँ सूक्ष्म अर्थशास्त्रीय समस्याओं का सामना करती हैं। इन अर्थव्यवस्थाओं में कई संस्थागत सुधारों की आवश्यकता होती है, जैसे- स्पष्ट सम्पत्ति अधिकारों का निर्माण, शिक्षा, स्वास्थ्य, संचार व परिवहन, भूमि सुधार, कर सुधार व अन्य समष्टि अर्थशास्त्रीय समस्याओं सम्बन्धी सुधार करना। संक्रमणकाल में इन अर्थव्यवस्थाओं को कई सुधार करने होते हैं। मंदी व तेजी का भी सामना करना पड़ता है।

Transitional Unemployment | संक्रमणकालीन बेरोजगारी

अर्थव्यवस्था के संगठन में प्रमुख परिवर्तनों के कारण उत्पन्न बेरोजगारी को संक्रमणकालीन बेरोजगारी कहते हैं। ऐसी स्थिति प्राय: तब आती है, जब कोई अर्थव्यवस्था युद्धकालीन स्थितियों से शांतिकालीन स्थितियों में परिवर्तित होती है। विकासशील अर्थव्यवस्था में औद्योगीकरण करना या केन्द्रीय नियोजन से बाजार अर्थव्यवस्था में आना। नई व्यवस्था के लिए अच्छे प्रबन्धक व कुशल श्रमिकों की आवश्यकता होगी। ऐसे में जो कम कुशल होंगे, वे बेरोजगार हो जाएँगे। इसे ही संक्रमणकालीन बेरोजगारी कहते हैं।

Transitivity | संक्रामिकता

संक्रामिकता प्रो. सेम्यूलसन द्वारा प्रतिपादित प्रकट अधिमान सिद्धान्त (Revealed Preference Theory) की एक महत्वपूर्ण मान्यता है। उदाहरण के लिए यदि A को B की तुलना में वरीयता दी जाती है और B को C की तुलना में, तो संक्रामिकता की मान्यतानुसार A को C की तुलना में वरीयता दी जाएगी।

Transitory Consumption | क्षणिक या अनित्य या संक्रमणकालीन उपभोग

उपभोग में पहले से अज्ञात उतार-चढ़ावों को क्षणिक या अनित्य उपभोग कहते हैं।

Transitory Disequilibrium | क्षणिक असंतुलन या संक्रमणकालीन असंतुलन

यह वह असंतुलन है, जो पूर्णरूप से अस्थाई तथा स्वतः ठीक होने वाला होता है। ये उन कारणों से होता है, जो अंतिम नहीं होते हैं। जैसे-श्रमिक समस्याएँ, कमजोर उपज आदि। ऐसा असंतुलन कोई गंभीर समस्या वाला नहीं होता।

Transportation | परिवहन

लोगों व वस्तुओं को एक स्थान से दूसरे स्थान पर लाने-ले जाने के भौतिक साधनों को परिवहन के साधन कहते हैं। इनका सम्बन्ध उत्पादन स्थान से वस्तुओं को उपभोग के स्थान पर ले जाने से भी होता है।

Transport Costs | यातायात या परिवहन लागतें

एक स्थान से दूसरे स्थान पर वस्तुओं को लाने-ले जाने की लागतों को परिवहन लागतें कहते हैं। ये लागतें अधिक होंगी, यदि वस्तुएँ बहुत नाजुक हों, जिनको लाने ले जाने में बहुत सतर्कता रखनी पड़ती हो अथवा वस्तुएँ विनाशी या नाशवान प्रकृति की हों, जिनको बहुत जल्दी गन्तव्य स्थान पर पहुंचाना हो। अतः बाजार के निकट वस्तु उत्पादन करना मितव्ययी रहता है। सस्ती हवाई सेवाओं के कारण भी अन्तरराष्ट्रीय व्यापार को बढ़ावा मिला है। जैसे ताजा फूल, सब्जियाँ, अंडे, मांस, मछली, फल आदि को शीघ्र पहुँचाने में मदद मिली है। जहाँ यातायात लागतें कम होती हैं, वहां उत्पादन करना लाभदायक होता है।

Trap | जाल

देखें - तरलता जाल (Liquidity Trap), निर्धनता जाल (Poverty Trap)।

Traveller's Cheque | यात्री चेक

यात्री चेक वह चेक होता है, जिसे जिस व्यक्ति के पक्ष में निर्गमित किया जाता है, हस्ताक्षर का चिह्नीकरण करके निर्गत करने वाले बैंक की प्रधान शाखा के लिए दिया जाता है और यात्री चेक की राशि केवल धारक को ही बैंकिंग अधिकारी द्वारा उसके हस्ताक्षर मिलाने के बाद दे दी जाती है। यात्री चेक का उपयोग अधिकतर यात्रा के दौरान होने के कारण इसे यात्री चेक कहते हैं।

Treasury Bill | ट्रेजरी बिल या कोषागार बिल

वे बिल, जो ट्रेजरी द्वारा अल्पकालीन ऋणों के बदले प्रायः तीन महीने की अवधि के लिए निगर्मित किए जाते हैं, ट्रेजरी बिल कहलाते हैं।

Treaty of Rome | रोम की संधि

रोम में 1957 में एक संधि पर हस्ताक्षर हुए, जिसके अनुसार 'यूरोपीय आर्थिक समुदाय' (EEC) की स्थापना की गई। उसी समय एक दूसरी संधि पर हस्ताक्षर किए गए, जिसके अनुसार 'यूरोपीय अणुशक्ति समुदाय' की स्थापना की गई। इस संधि पर बेल्जियम, फ्रांस, जर्मनी, इटली, लक्जमबर्ग तथा नीदरलैंड देशों के प्रतिनिधियों ने हस्ताक्षर किए।

Trust | व्यावसायिक संघ

व्यक्तियों का एक समूह जिसे धरोहर के रक्षक (Trustees) भी कहते हैं, जो संपत्ति के वैध स्वामी होते हैं, धरोहर की रक्षा का प्रबन्ध करने वाले इस समूह को व्यावसायिक संघ कहते हैं। ये व्यक्तियों के दूसरे समूह के हित में प्रशासनिक कार्य करता है, जिन्हें लाभान्वित समूह (Beneficiaries) कहते हैं। इन संघों की स्थापना व्यक्तियों या परिवारों को सहयोग देने, पेन्शन देने, धर्मार्थ कार्य चलाने, संघ की संपत्ति की तरलता बनाए रखने का कार्य करते हैं। जो परिसंपत्तियाँ संघ के पास होती हैं, उन्हें कानून द्वारा नियमित किया जाता है।

Trustee | धरोहर रक्षक

व्यक्ति या फर्म जो संपत्ति के वैधानिक स्वामी होते हैं तथा लाभान्वित समूह (Beneficiary) की ओर से प्रशासनिक कार्य करने वाले समूह को धरोहर रक्षक कहते हैं। लाभान्वित समूह कोई व्यक्ति समूह, धर्मार्थसमूह, साख प्रदाता या निवेशक होता है, जो ट्रस्ट में कार्य करते हैं। धरोहर रक्षकों को उनकी सेवाओं के लिए वेतन दिया जाता है, किन्तु शर्त यह होती है कि वे सदा लाभान्वितों के हित में कार्य करेंगे, न कि स्वहित में।

Turnover | बिक्री या कारोबार

किसी दी हुई अवधि में किसी व्यावसायिक संगठन की वस्तुओं और सेवाओं के कुल विक्रय मूल्य या दिए हुए बाजार में कारोबार के कुल मूल्य को लेन-देन या कारोबार कहते हैं।

Turnover Tax | बिक्री या कारोबार कर

किसी फर्म के कारोबार के अनुपात में लिए जाने वाले कर को कारोबार कर कहते हैं, जो एक सीमा के बाद बिक्री करने या कारोबार करने पर लगाया जाता है। राज्यों को बिक्रीकर से सर्वाधिक आय होती है। यह परोक्ष कर होता है और इसका भार ग्राहकों को भुगतना पड़ता है। इसलिए यह प्रतिगामी कर (Regressive Tax) की श्रेणी में आता है। इसके अतिरिक्त इस कर को टालने का प्रयास भी रहता है, जिसके कारण इससे उतनी आय नहीं होती, जितनी इसके उचित प्रशासन से होनी चाहिए थी। इसमें कर पर कर लगाने का दोष भी पाया जाता है। इसलिए अब इसके स्थान पर मूल्य संवर्द्धित कर (VAT) लगाया जाने लगा है। आशा है कि इससे बिक्री कर के दोष दूर होंगे और एक आधुनिक व प्रगतिशील नई व्यवस्था का प्रादुर्भाव हो सकेगा।

Two-gap Model | द्वि-अंतराल सिद्धान्त

यह प्रस्तावना कि अल्पविकसित देशों का विकास दो अंतरालों के बीच विवश है। ये दो अंतराल हैं- घरेलू बचतों व स्वयंस्फूर्त अवस्था (Take-off Stage) के लिए वांछित निवेश के बीच अंतराल और निर्यात आय तथा विकास के लिए आवश्यकता आयात के बीच अंतराल आदि। राष्ट्रीय आय लेखांकन सिद्धान्त का सुझाव है कि ये अंतराल परस्पर स्वतंत्र नहीं हैं।

Two Sector Model | द्वि-क्षेत्रीय सिद्धान्त

एक ऐसी अर्थव्यवस्था, जिसमें उत्पादन क्रियाओं की केवल दो ही श्रेणियाँ होती हैं- अर्थात अर्थव्यवस्था के दो ही महत्वपूर्ण क्षेत्र होते हैं- (i) उपभोक्ता वस्तु क्षेत्र तथा (ii) पूँजीगत वस्तु क्षेत्र, जिनमें उपभोक्ता वस्तुओं तथा पूँजीगत वस्तुओं का निर्माण होता है।

U

Unavoidabel Cost or Fixed Cost | अपरिहार्य या अनिवार्य लागत या स्थिर लागत

उत्पादन प्रक्रिया में लगने वाली स्थिर लागतों (Fixed Costs) को अपरिहार्य या अनिवार्य लागतें कहते हैं। ये ऐसी लागतें होती हैं जो लगती ही हैं, चाहे उत्पादन का आकार कैसा भी हो। ये लागतें तो उत्पादन बंद होने की दशा में भी लगती हैं। किराया, ब्याज, अवमूल्यन खर्च, स्थाई स्टाफ की मजदूरी और वेतन आदि स्थिर या स्थाई लागते हैं, जो अस्थाई रूप से उत्पादन बंद हो जाने पर भी फर्म को खर्च करनी पड़ती है, क्योंकि ये लागतें उत्पादन के सामान्य खर्चों के अतिरिक्त होती हैं, इन्हें ऊपरी लागतें (Overhead Costs) भी कहते हैं।

Unbalanced Growth | असंतुलित विकास

असंतुलित विकास सम्बन्धी विचारधारा का प्रतिपादन प्रो. हिर्षमेन के द्वारा किया गया। उनके अनुसार अल्प विकसित अर्थव्यवस्थाओं में आर्थिक विकास के लिए जानबूझकर असंतुलन पैदा किया जाना चाहिए, क्योंकि विकास की प्रक्रिया असंतुलनों की एक श्रृंखला है। यदि अर्थव्यवस्था का विकास करना है तो विकास नीति का कार्य दबाव, गैर अनुपातों व असंतुलनों को बनाए रखना होगा। इससे अर्थव्यवस्था के अन्य क्षेत्रों में उत्पादकों को विनियोग वृद्धि की प्रेरणा मिलेगी और इस वृद्धि से अगला असंतुलन उत्पन्न होगा तथा अन्य क्षेत्रों में दबाव के फलस्वरूप फिर विनियोग प्रेरित होगा। इस तरह इन असंतुलनों से संतुलन की स्थिति भी आ जाएगी।

Under Consumption Theory of Trade | व्यापार चक्र का अल्प उपभोग सिद्धान्त

इस सिद्धान्त का प्रतिपादन प्रो. जे.ए. हाब्सन तथा मेजर डगलस द्वारा किया गया। इनके मतानुसार अर्थव्यवस्था में आय की असमानता के कारण अवसाद की स्थिति उत्पन्न होती है क्योंकि जहाँ एक ओर धनी वर्ग अधिक बचाकर उसका विनियोग करते हैं, जिससे उत्पादन बढ़ता है। किन्तु दूसरी ओर गरीब उपभोक्ताओं के पास उसे खरीदने के लिए क्रय शक्ति नहीं होती। अत: धनी वर्गों द्वारा अतिबचत व गरीबों के अति अल्प उपभोग से अर्थव्यवस्था में अवसाद उत्पन्न हो जाता है। इसे ही व्यापार चक्र का अल्प उपभोग सिद्धान्त कहा जाता है।

Uncertainty | अनिश्चितता

इस विचार का प्रतिपादन प्रो. नाइट के द्वारा किया गया। उनके अनुसार व्यापार में अप्रत्याशित खतरों के कारण अनिश्चितताएँ उत्पन्न होती हैं। जो व्यवसायी या उद्यमी इन अप्रत्याशित अनिश्चितताओं के खतरों को झेलने में समर्थ या सफल हो जाता है, उसे इसके पुरस्कार स्वरूप लाभ मिलता है। इसे ही प्रो. नाइट का अनिश्चितता लाभ सिद्धान्त कहा जाता है।

Unconvertible Paper Money | अपरिवर्तनशील पत्र मुद्रा

अपरिवर्तनीय पत्र मुद्रा ऐसी पत्र मुद्रा होती है, जिसे मौद्रिक अधिकारी सिक्के, मानक मुद्रा व धातु में बदलने की कोई गारन्टी नहीं देते। यह पत्र मुद्रा सरकार के विश्वास पर चलती है। इस पद्धति में धातु की बचत हो जाती है तथा यह लोचदार हो जाती है, क्योंकि इसकी पूर्ति आवश्यकतानुसार आसानी से बढ़ाई जा सकती है किन्तु इससे मुद्रा का मूल्य गिरने व महँगाई बढ़ने का डर रहता है। भारत में आजकल अपरिवर्तनीय पत्र मुद्रा का ही चलन है।

Under-developed Economy | अल्प-विकसित अर्थव्यवस्था

एक अल्प-विकसित अर्थव्यवस्था उसे कहा जाता है जिसमें निम्न विशेषताएँ पाई जाती हैं, जैसे- (i) जनसंख्या की ऊँची जन्म दर, (ii) प्रचुर प्राकृतिक साधन किन्तु इनका न्यून उपयोग, (ii) पूँजी निर्माण की न्यून दर, (iv) निम्न जीवन स्तर, (v) निम्न आय बचत और रोजगार स्तर तथा (vi) अकुशल श्रम की बहुलता व पूँजी की कमी आदि। उपलब्ध प्राकृतिक साधनों का भरपूर उपयोग करके व जनशक्ति, वित्तीय व साहसी साधनों के उपयोग द्वारा विकास किया जा सकता है। अर्थात ऐसी अर्थव्यवस्थाओं की विकास प्रक्रिया प्रारम्भिक अवस्था में है और धीमी होती है। ऐसा वहाँ गरीबी के दूषित चक्र के कारण होता है।

Under Employment | अल्प रोजगार

रोजगार की वह दशा, जहाँ व्यक्ति के पास जो रोजगार होता है, वह व्यक्ति की आवश्यक कुशलता के स्तर से बहुत कम होता है, अल्परोजगार कहलाता है।

Under Population | अल्प जनसंख्या

जब किसी देश की जनसंख्या अनुकूलतम स्तर से कम हो अथवा जब देश के प्राकृतिक व पूँजीगत साधनों का अधिकतम शोषण करने के लिए अपर्याप्त हो तो इसे अल्प जनसंख्या कहते हैं।

Under Subscirption | अल्प निर्गमन

जब कोई कम्पनी अपने नए अंश (Share) निर्गमित करती है तब यदि विनियोगकर्ता प्रस्तावित अंशों से कम मात्रा में अंश खरीदते हैं तो इसे अल्प निर्गमन कहा जाता है।

Under Value Currency | अधोमूल्यित चलन

जब घरेलू मुद्रा का मूल्य विदेशी मुद्राओं के संबंध में जानबूझकर कम रखा जाता है तो इसे अधोमूल्यित चलन कहते हैं। ऐसा करने से घरेलू मुद्रा की क्रय शक्ति विदेशी मुद्रा की तुलना में कम हो जाती है फलस्वरूप आयात महँगे हो जाते हैं अर्थात आयात हतोत्साहित हो जाते हैं और निर्यातों को प्रोत्साहन मिलता है। इससे भुगतान संतुलन उस देश के पक्ष में हो जाता है।

Undistributed Profits | अवितरित लाभ

करों व लाभांशों के भुगतान के पश्चात फर्म, कम्पनी या निगम के पास जो लाभ बचता है उसे अवितरित लाभ कहते हैं। अर्थात इस बचे हुए लाभ को लाभांश के रूप में वितरित न किया जाकर इसका उपयोग कोष वृद्धि या उपकरणों के क्रय में होता है।

Unearned Income | अनार्जित आय

यह वह आय होती है जो किसी रोजगार से प्राप्त न होकर विनियोगों के ब्याज व लाभांश आदि से प्राप्त होती है। वंशानुगत या विरासत में प्राप्त आय भी ऐसी ही आय होती है।

Unemployment | बेरोजगारी

रोजगार की इच्छा रखने वाले या रोजगार पाने योग्य लोगों को जब रोजगार नहीं मिलता है तो इस स्थिति को बेरोजगारी की स्थिति कहते हैं। अर्थात बेरोजगारी की दशा वह होती है जब व्यक्तियों को रोजगार के अवसर नहीं मिलते या प्रचलित मजदूरी दरों पर रोजगार प्राप्त करने में विफल रहते हैं। बेरोजगारी दो प्रकार से ज्ञात की जा सकती है– (i) रोजगार कार्यालयों से उपलब्ध आँकड़ों के अनुसार व (ii) जनसंख्या से लिए गए दैवनिदर्शन व स्वनिर्धारण विधि द्वारा।

Unemployment Benefit | बेरोजगारी लाभ भत्ता

बेरोजगारी लाभ भत्ता सरकार द्वारा बेरोजगार लोगों को दी जाने वाली वह वित्तीय सहायता है, जो लोग काम करने की इच्छा व योग्यता रखने के बावजूद रोजगार प्राप्त नहीं कर बेरोजगारी के शिकार हो जाते हैं, उन्हें दी जाती है। इसके अतिरिक्त इन्हें अन्य हस्तान्तरण भुगतान भी किए जाते हैं, जिनका उद्देश्य उन्हें जीवन स्तर के योग्य आय प्रदान करना होता है।

Unemployment Rate | बेरोजगारी दर

बेरोजगारी दर कार्यशील जनसंख्या का वह अनुपात होती है, जो कुल कार्यशील जनसंख्या के प्रतिशत के रूप में व्यक्त की जाती है।

Unemployment Trap | बेरोजगारी जाल

बेरोजगारी जाल वह स्थिति होती है, जिसमें अवसाद (Recession) काल से आर्थिक उत्थान के दौर में मध्यम व वृद्ध लोगों को रोजगार से अलग कर दिया जाता है और नियोक्ताओं द्वारा अल्पकालीन बेरोजगार जवानों को रोजगार पर रखा जाता है व नए लोगों को रोजगार दिया जाता है। ऐसी स्थिति में पूर्व में रोजगार से हटाए गए लोगों की स्थिति पहले से बदतर हो जाती है, जो पर्याप्त अनुभव और योग्यता होते हुए भी बेरोजगारी जाल में फंस जाते हैं।

Unequal Exchange | असमान विनिमय

मार्क्स के विचार से असमान विनिमय की स्थिति वह होती है जब विकसित अर्थव्यवस्थाओं के उत्पादों का विनिमय उनके श्रम मूल्यों से अधिक मूल्यों पर होता है, जबकि अर्द्धविकसित अर्थव्यवस्थाओं के उत्पादों का विनिमय उनके श्रम मूल्यों से कम मूल्यों पर होता है। इसे ही असमान विनिमय कहा जाता है।

Unfair Competition | अनुचित प्रतिस्पर्धा

यह अवधारणा आर्थिक से अधिक नीतिशास्त्र से संबंधित है और इसके तथ्य अनिश्चित हैं। अनुचित प्रतिस्पर्धा को उन सभी विधियों को सम्मिलित करते हुए समझा जा सकता है जो एक स्पर्धी को लाभ व दूसरे को हानि की स्थिति में ला देती है। इसका वस्तुओं के उत्पादन व वितरण संबंधी स्पर्धात्मक क्षमता से कोई लेना-देना नहीं होता।

Unexpected Inflation | अप्रत्याशित स्फीति

अप्रत्याशित स्फीति वह होती है, जिसका पूर्वानुमान लगाना संभव नहीं होता और न ही इस स्फीति के प्रभावों का अनुमान लगाया जा सकता है। यह एक अस्थिर धारणा है, क्योंकि व्यावहारिक जीवन में बिना स्वतंत्र मान्यताओं के प्रत्याशित और अप्रत्याशित स्फीति में अंतर कर पाना कठिन होता है।

Unfavourable Balance | प्रतिकूल संतुलन

प्रतिकूल संतुलन किसी देश के व्यापार शेष संबंधी घाटे की स्थिति को बतलाता है, जिसमें देश के दृश्य आयातों (Visible Imports) का मूल्य दृश्य निर्यातों के मूल्य से अधिक होने के कारण भुगतान शेष या व्यापार शेष का घाटा बढ़ जाता है, जिसे प्रतिकूल संतुलन कहा जाता है।

Union | संघ

यह कर्मचारियों या श्रमिकों का संगठन है, जिसके द्वारा वे अपने सेवाकाल में मालिकों के विरुद्ध एकाधिकार शक्ति प्राप्त करना चाहते हैं, ताकि वे ऊँची मजदूरी प्राप्त कर सकें, बेहतर कार्य दशाओं का निर्माण करा सकें और अपने सदस्यों के लिए अन्य आर्थिक सुधार करवा सकें।

Union Market Power | संघ बाजार शक्ति

संघ में कार्यरत श्रमिकों की व्युत्पन्न मांग (Derived Demand) की लोच को प्रभावित करना व्यापार संघों की बाजार शक्ति का प्रमुख कार्य है। इसे ही संघ की बाजार शक्ति कहा जाता है।

Union Shop | संघ की दुकान

यह शब्द एक ऐसे प्रबन्ध के लिए प्रयुक्त होता है, जहाँ एक श्रमिक को अवधि विशेष में रोजगार शुरू करने के बाद संघ का सदस्य बन जाना चाहिए। श्रमिक की इस इच्छा को पूरा करने में नियोक्ता को निर्णय करने का पूरा अधिकार होता है।

Unit of Account | लेखे की इकाई

यह मुद्रा के उस कार्य को बताती है, जो मुद्रा के मूल्य (Value of Money) से संबंधित होता है। मुद्रा मूल्य के सामान्य निर्धारिण की सेवाएँ देती है, साथ ही प्रत्येक लेन-देन मुद्रा की सामान्य इकाई में होता है। इस प्रकार मुद्रा मूल्य की मापक एवं लेखे की इकाई का महत्वपूर्ण कार्य करती है।

Unit Banking | इकाई अधिकोषण

इकाई अधिकोषण वह प्रणाली है, जिसमें बैंकों का कार्य सामान्यत: एक अकेले कार्यालय तक सीमित हो जाता है। इस प्रणाली में बैंकों को अपनी शाखाएँ खोलने की अनुमति नहीं होती है। अभी यह प्रणाली केवल अमेरिका में ही प्रचलित है।

Unit Elastic Demand | इकाई मांग लोच

जब कीमत में होने वाले आनुपातिक या प्रतिशत परिवर्तन के उत्तर में मांग में होने वाला आनुपातिक या प्रतिशत परिवर्तन समान हो तो इसे इकाई मांग लोच कहते हैं। अर्थात मांग की लोच इकाई के बराबर ($ep = 1$) होती है तथा मांग वक्र का आकार अतिपरवलयाकार (Rectangular Hyperbola) की भाँति होता है। अर्थात मांग वक्र किसी भी अक्ष को नहीं छूता है।

United Nations Conference on Trade and Development (UNCTAD) | व्यापार एवं विकास पर संयुक्त राष्ट्र सम्मेलन

विकासशील देशों के अंतरराष्ट्रीय व्यापार से संबंधित विभिन्न पहलुओं पर विचार करने हेतु सबसे पहले 31 मार्च से 16 जून 1964 की अवधि में संयुक्त राष्ट्र संघ द्वारा एक विश्वव्यापी व्यापार एवं विकास सम्मेलन का आयोजन हुआ। इसका अंतिम व दसवाँ सम्मेलन बैंकॉक (थाईलैण्ड) में 2000 में सम्पन्न हुआ। इसकी सदस्यता स्वैच्छिक है। इसका सम्मेलन चार वर्षों के अंतराल से होता था।

Unit Tax | इकाई कर

इकाई कर वह कर होता है जो उत्पादन की या बिक्री की प्रति इकाई पर लगाया जाता है। जैसे यदि बिक्री के समय किसी वस्तु पर प्रति इकाई दस रुपया कर लगाया जाता है तो इसे इकाई कर कहा जाएगा। बिक्री कर व सीमा शुल्क ऐसे ही कर होते हैं।

Unit Trust of India (U.T.I.) | यूनिट ट्रस्ट ऑफ इंडिया

यू.टी.आई. की स्थापना U.T.I. अधिनियम के अन्तर्गत 1 जुलाई 1964 को की गई। इसके उद्देश्य निम्नांकित हैं- (i) जनता की बचतों को एकत्रित करना, (ii) छोटे निवेशकों को यूनिट्स बेचकर बचतों को एकत्रित कर पूँजी स्टॉक में वृद्धि करना तथा (iii) संचित बचतों को उद्योगों में विनियोजित करना। U.T.I. अपनी एकत्रित पूँजी को कंपनियों के अंशों को खरीदने में लगाता है। यह ऋणपत्र व सरकारी प्रतिभूतियाँ भी खरीदता है। इसने 1994 में 'UTI Bank Limited' की भी स्थापना की है। यह सार्वजनिक बचतों को अपनी यूनिट्स को बेचकर गतिशील बनाता है तथा पुनः खरीदने के लिए भी तैयार रहता है।

Unlimited Liability | असीमित दायित्व

वैधानिक रूप से एक वैयक्तिक स्वामी या एक भागीदार सभी प्रकार के ऋणों के लिए जो व्यापारिक संविदा के तहत लिए गए हैं, को चुकाने के लिए उत्तरदायी होते हैं। उसकी संपूर्ण संपत्ति इन ऋणों को चुकाने के लिए वैधानिक रूप से प्रमाणीकृत होती है।

Unofficial Economy | अनधिकारिक अर्थव्यवस्था

ऐसी आर्थिक क्रियाएँ जिनकी आधिकारिक आँकड़ों में गणना नहीं होती है। विस्तृत अर्थों में इसमें विधिक आर्थिक क्रियाओं को जानबूझकर मापन से छिपाया जाता है। गैर वैधानिक आर्थिक क्रियाओं जैसे-स्मगलिंग, ड्रग व्यापार व वेश्यावृत्ति आदि व घरेलू उत्पादन जैसे जीवन निर्वाह योग्य कृषि, अनौपचारिक अर्थव्यवस्था तथा भूमिगत अर्थव्यवस्था आदि अनधिकारिक अर्थव्यवस्था के अन्तर्गत आते हैं। इसे छिपी हुई अर्थव्यवस्था (Hidden Economy) या छाया अर्थशास्त्र (Shadow Economy) भी कहा जाता है।

Unsecured Creditor | असुरक्षित ऋणदाता

एक ऐसा ऋणदाता, जिसके पास दिए गए ऋण के बदले में कोई धरोधर या परिसंपत्ति नहीं रखी जाती, जबकि सुरक्षित ऋणदाता ऋण के बदले में कोई धरोहर रखवाता है। इस दृष्टि से असुरक्षित ऋणदाता की स्थिति सुरक्षित नहीं होती। इसलिए उसे असुरक्षित ऋणदाता कहते हैं।

Unskilled Work | अकुशल कार्य

अकुशल कार्य वह होता है जिसमें किसी औपचारिक योग्यता, कुशलता व अनुभव की आवश्यकता नहीं पड़ती। ऐसे कार्य के लिए भुगतान भी बहुत कम दिया जाता है।

Urban Economics | शहरी अर्थशास्त्र

शहरी अर्थशास्त्र में शहरी क्षेत्रों का अध्ययन किया जाता है। इसके अन्तर्गत आर्थिक विकास के शहरी व महानगरों के तत्वों को शामिल किया जाता है। इसमें उद्योगों व बाजारों की पारस्परिक पूरकताओं को शामिल किया जाता है। इसमें गन्दगी व पर्यावरण प्रदूषण आदि को भी सम्मिलित किया जाता है।

Uruguay Round | उरुग्वे दौर

अंतिम उरुग्वे दौर जो व्यापार वार्ताओं से संबंधित था वह 'सामान्य व्यापार एवं प्रशुल्क समझौते' के साथ सम्पन्न हुआ था। यह दौर 1986 में प्रारम्भ होकर 1994 में समाप्त हुआ। इस दौर में पहली बार कृषि संरक्षण व सेवाओं में व्यापार के सामान्य समझौते के नियंत्रण की व्यवस्था की गई। इसमें वस्त्र व्यापार में सुधार समझौता भी हुआ तथा बौद्धिक सम्पत्ति अधिकारों में सुधार पर भी विचार हुआ था।

U-Shaped Average Cost Curve | 'यू' आकार का औसत लागत वक्र

अल्पकालीन कुल औसत लागतें (STAC) स्थिर लागतों तथा औसत परिवर्तनशील लागतों का योग होती हैं। उत्पादन के कम स्तरों पर औसत कुल लागतें ऊँची होती हैं, क्योंकि औसत स्थिर और औसत परिवर्तनशील लागतें (AFC and AVC) दोनों ही अधिक होती हैं। परन्तु जब उत्पादन बढ़ता है तो औसत कुल लागतें तीव्रता से घटती हैं। ऐसा औसत स्थिर लागतों और औसत परिवर्तनशील लागतों में नियमित कमी के कारण होता है, जब तक वे न्यूनतम बिन्दु पर नहीं पहुँच जाती हैं। यह आन्तरिक किफायतों, वर्तमान प्लांटों व श्रम के बेहतर उपयोग आदि के फलस्वरूप होता है। इस न्यूनतम बिन्दु के बाद उत्पादन बढ़ता है तो औसत कुल लागतें तीव्रता से बढ़ती हैं, क्योंकि बढ़ रही औसत परिवर्तनशील लागतों में वृद्धि की तुलना में औसत स्थिर लागतों में बहुत थोड़ी सी कमी होती है। SAC वक्र का ऊपर की ओर गति करता हुआ भाग क्षमता से अधिक उत्पादन और प्रबन्ध व श्रम आदि की आंतरिक अमितव्ययताओं के फलस्वरूप होता है। इस प्रकार SAC वक्र 'U' आकार का बन जाता है। फर्म में परिवर्तनशील अनुपात का नियम लागू होने के कारण भी अल्पकालीन औसत लागत वक्र 'U' आकृति का होता है।

Usury | सूदखोरी

जब ऋणदाता अपने ऋणों की बहुत ऊँची ब्याज दर वसूल करता है, तो इसे सूदखोरी कहते हैं। महाजन या देसी बैंकर प्रायः सूदखोरी करते हैं। इसे रोकने हेतु सूदखोरी प्रतिरोधक कानून भी बनाए गए हैं, ताकि ऋणी लोगों की सूदखोरी से रक्षा की जा सके।

Util | उपयोगिता माप की इकाई

जिस इकाई में उपयोगिता का माप होता है उसे यूटिल कहा जाता है। अर्थात उपयोगिता की 1 इकाई = 1 यूटिल।

Utility | उपयोगिता

वस्तु या सेवा की वह शक्ति, गुण या क्षमता जिससे किसी व्यक्ति की आवश्यकता विशेष की पूर्ति की जा सकती है, उसे उपयोगिता कहा जाता है। अर्थात अर्थशास्त्र में किसी वस्तु या सेवा की आवश्यकता पूर्ति की शक्ति को उपयोगिता कहते हैं। उपयोगिता एक मनोवैज्ञानिक धारणा है। आवश्यकता पूर्ति की शक्ति का अभिप्राय अनुमानित संतुष्टि और वास्तविक संतुष्टि से होता है। उपयोगिता का विचार नैतिक दृष्टि से तटस्थ होता है तथा उपयोगिता व्यक्तिगत होती है। उपयोगिता को मार्शल के गणनावाचक दृष्टिकोण तथा हिक्स के क्रमवाचक दृष्टिकोण से मापा जा सकता है।

Utility Function | उपयोगिता फलन

उपयोगिता फलन वह विधि है, जिसके द्वारा दी हुई समयावधि में उपभोग की गई वस्तु की मात्रा तथा उससे प्राप्त कुल संतुष्टि के बीच निकाले गए गणितीय अनुपात को उपयोगिता फलन कहा जाता है। $U = U(X,Y,Z....)$

Utility Maximisation | उपयोगिता अधिकतमीकरण

हर विवेकशील उपभोक्ता अपने सीमित साधनों से प्राप्त कुल उपयोगिता को अधिकतम करना चाहता है। उपभोक्ता अपनी कुल संतुष्टि को अधिकतम तभी प्राप्त कर पाता है, जब खरीदी गई या उपभोग की गई वस्तुओं की सीमान्त उपयोगिताएँ और उन वस्तुओं की कीमतों का अनुपात बराबर हो जाए। सूत्र रूप में–

$$\frac{MU_x}{Px} = \frac{MU_y}{Py}$$

$$\text{अर्थात } \frac{\text{X वस्तु की सीमान्त उपयोगिता}}{\text{X वस्तु की कीमत}} = \frac{\text{y वस्तु की सीमान्त उपयोगिता}}{\text{y वस्तु की कीमत}}$$

Utility Possibility Curve | उपयोगिता संभावना वक्र

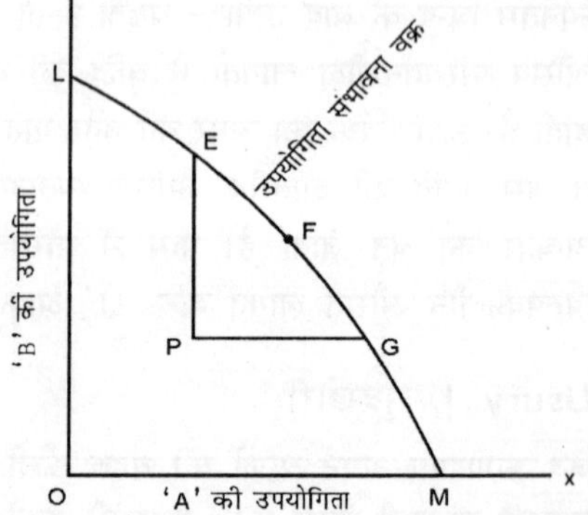

सेम्युलसन द्वारा प्रतिपादित उपयोगिता संभावना वक्र को समझने के लिए हम मान लेते हैं कि समाज में केवल दो व्यक्ति A तथा B हैं। चित्रानुसार A की क्रमवाचक उपयोगिता (Ordinal Utility) को x अक्ष पर तथा B की क्रमवाचक उपयोगिता को y अक्ष पर दिखाया गया है। समाज में उत्पादन की एक दी हुई मात्रा के लिए ML रेखा उपयोगिता संभावना रेखा है, जो कि A तथा B के उपयोगिता स्तरों के विभिन्न संयोगों को बताती है। पेरेटियन कसौटी के अनुसार कोई भी परिवर्तन जो कि बिन्दु P से LM रेखा के E, F तथा G में से किसी पर भी ले जाता है तो उपयोगिता या कल्याण में वृद्धि होती है। P से E तक चलन B के कल्याण में वृद्धि को बताता है बिना A को नुकसान पहुँचाए और P से G तक चलन A के कल्याण में वृद्धि को बताता है बिना B को नुकसान पहुँचाए। इस प्रकार PE व PG भाग कल्याण में सुधार को बताता है किन्तु इस भाग के बाहर कोई भी चलन पेरेटोसुधार नहीं है। क्योंकि इसके बाहर दोनों में से एक को लाभ तो दूसरे को हानि होगी।

V

Vacancies | रिक्त स्थान

रिक्त स्थान से तात्पर्य अतिरिक्त श्रमिकों के लिए नियोक्ताओं की अपूरित मांग से होता है। मानवीय तथा गैर मानवीय श्रम की मांग को पूरा करने के लिए नियोक्ताओं द्वारा भिन्न-भिन्न रोजगार के रिक्त स्थानों की पूर्ति के लिए कार्य या पदों का विज्ञापन किया जाता है तथा रोजगार कार्यालयों में बेरोजगार लोगों का रिकार्ड भी रखा जाता है। भर्ती प्रक्रिया के अनुसार इन रिक्त कार्यों या पदों पर श्रमिकों व कर्मचारियों की भर्ती करके रिक्त स्थानों को भर दिया जाता है। जैसे-जैसे पूर्व में भर्ती श्रमिक या कर्मचारी सेवानिवृत्त होते जाते हैं, उनके स्थान पर नई भर्ती द्वारा रिक्त स्थान भरने का प्रयास किया जाता है।

Validated Inflation | वैद्यीकृत स्फीति

वह स्फीति जिसे फैलने के लिए स्वीकृति मिल जाती है क्योंकि सरकार मुद्रा प्रसार हेतु मुद्रा आपूर्ति की स्वीकृति देती है उसी दर से जिस दर से मुद्रा स्फीति फैल रही है। इसलिए इसे वैद्यीकृत स्फीति कहते हैं।

Value | मूल्य

मूल्य शब्द का उपयोग एक वस्तु या सेवा की उपयोगिता या लाभदायकता प्रदर्शित करने के लिए होता है। मूल्य शब्द का उपयोग दो अर्थों में होता है- (i) उपयोग मूल्य (Value in Use) तथा (ii) विनिमय मूल्य (Value in Exchange)। उपयोग मूल्य वस्तु को खरीदने की क्रय शक्ति को बताता है।

Value Added Tax (VAT) | मूल्य वर्द्धित कर

यह वह कर होता है जो उत्पादन और वितरण के दौरान वस्तु की मूल्य वृद्धि पर लगाया जाता है। यह कर सरकार वस्तु के उत्पादन या वितरण के समय किसी भी स्तर पर लगा सकती है। वस्तुओं और सेवाओं के विक्रेता अथवा फर्मों के द्वारा की जाने वाली मूल्यवृद्धि के अनुसार इस कर का भुगतान किया जाता है।

Value Judgement | मूल्य अनुमान

मूल्य अनुमान का सम्बन्ध आदर्श अर्थशास्त्र या आदर्श विज्ञान से होता है, क्योंकि आदर्श अर्थशास्त्र कुछ मूल्य अनुमानों पर अनिवार्य रूप से आधारित होता है। जैसे यह देखना कि क्या अच्छा है और क्या बुरा है? मूल्य अनुमान स्वयं सामाजिक, राजनीतिक व नैतिक मूल्यों पर आधारित होते हैं।

Value Paradox | मूल्य विरोधाभास

प्रो. ऐडम स्मिथ ने मूल्य के विरोधाभास को हीरे और पानी के मूल्य द्वारा समझाया है। इनके अनुसार उपयोग मूल्य के अनुसार पानी का मूल्य बहुत अधिक होता है, किन्तु पानी की प्रचुरता के कारण

विनिमय मूल्य बहुत कम होता है। उसके विपरीत हीरे का उपयोग मूल्य बहुत कम होता है, जबकि इसका विनिमय मूल्य दुर्लभता के कारण बहुत अधिक होता है। किन्तु जंगल में जहां दूर-दूर तक पानी उपलब्ध नहीं हो एक प्यासा व्यक्ति अपनी जान बचाने के लिए एक गिलास पानी के लिए सब कुछ देने को तैयार हो जाता है, ऐसे वक्त में कीमती हीरा उसे दिया जाए तो वह उसे मुफ्त में भी लेने को तैयार नहीं होगा। इसे ही हीरे और पानी के मूल्य का विरोधाभास कहा जाता है।

Value of Money | मुद्रा का मूल्य

जिस प्रकार वस्तुओं और सेवाओं का मूल्य मुद्रा में व्यक्त किया जाता है, उसी तरह मुद्रा का मूल्य उसकी क्रय शक्ति द्वारा व्यक्त किया जाता है। अर्थात एक मुद्रा इकाई द्वारा कितनी वस्तु या सेवा की मात्रा खरीदी जा सकती है। अतः मुद्रा मूल्य से अभिप्राय एक मुद्रा इकाई की क्रय शक्ति (Purchasing Power) अथवा विनिमय मूल्य (Value in Exchange) से होता है।

Variable | चर

गणितीय विस्तार में उपयोग की जाने वाली ऐसी राशि, जिसके अलग-अलग मूल्य हो सकते हैं, उसे चर राशि कहते हैं। जैसे अर्थशास्त्र में मांग, रोजगार विनियोग व श्रम पूँजी आदि को चर कहते हैं।

Variable Cost | परिवर्तनशील लागत

परिवर्तनशील लागत का सम्बन्ध उत्पादन के परिवर्तनशील साधनों को किए जाने वाले भुगतान से होता है। यह लागत उत्पादन के आकार में परिवर्तन के साथ बदलती है। श्रम, पूँजी और कच्चे माल आदि की लागत को परिवर्तनशील लागत का घटक माना जाता है। इसे प्रमुख लागत (Prime Cost) भी कहा जाता है।

Variable Factors | परिवर्तनशील साधन

जिन उत्पादन के साधनों को उद्यमी उत्पादन के पैमाने के परिवर्तन के साथ बदल सकता, उन्हें परिवर्तनशील साधन कहा जाता है। अल्पकाल में कुछ ही साधन परिवर्तनशील होते हैं, किन्तु दीर्घकाल में उत्पादन के सभी साधन परिवर्तनशील हो जाते हैं। यही कारण है कि दीर्घकाल में पूर्ति में मांग के अनुरूप परिवर्तन किया जा सकता है।

Variable Factor Proportion | परिवर्तनशील साधन अनुपात

देखें Law of Variable Proportion (परिवर्तनशील अनुपात का नियम)

Variety | विभिन्नता

एक वस्तु विशेष जो विशिष्टता व अपने नाम की छाप (Brand Name) के द्वारा दूसरी मिलती जुलती वस्तुओं से भिन्न हो जाती है, उसे वस्तु विभिन्नता कहा जाता है तथा विभिन्न प्रकार की वस्तुओं को भी विभिन्नता वाली वस्तुएँ कहा जाता है।

Variable Reserve Ratio | परिवर्तनशील कोषानुपात

वह साख नियंत्रण का एक तरीका है, जिसके द्वारा केन्द्रीय बैंक व्यापारिक बैंकों को इस न्यूनतम नकद कोष को बदलने के लिए आदेश देता है तथा जिसे केन्द्रीय बैंक के पास नकद रूप में रखना होता है। इसे नकद कोषानुपात (Cash Reserve Ratio) भी कहते हैं। जब केन्द्रीय बैंक साख

निर्माण का संकुचन करना चाहता है तो वह इस कोषानुपात को बढ़ा देता है और जब साख का विस्तार करना होता है तो वह इस कोषानुपात को घटा देता है। अतः नकद या परिवर्तनशील कोषानुपात साख नियंत्रण का प्रमुख उपाय है।

Vebleu Goods | वेबलु वस्तुएँ

ये वस्तुएँ प्रो. थोर्सटिन वेबलु के नाम पर वेबलु वस्तुएँ कहलाती है। ये कुछ वस्तुएँ होती हैं जो मुख्य रूप से आकर्षण और आडम्बर के कारण खरीदी जाती हैं। वेबलु के अनुसार कुछ वस्तुएँ संतुष्टि के लिए नहीं खरीदी जातीं बल्कि दूसरे लोगों पर प्रभाव जमाने के लिए खरीदी जाती हैं। जब ऐसी वस्तुओं की कीमतें बढ़ती हैं तो आडम्बर व आकर्षण को बढ़ाने के लिए इनकी बड़ी मात्रा में खरीद की जाती है। दूसरी तरफ यदि इन वस्तुओं की कीमतें घटती हैं तो इनके प्रति आकर्षण व आडम्बर भी घट जाता है। विलक्षण व हीरे जैसी वस्तुएँ वेबलु वस्तुओं के उदाहरण है।

Vehicle Currency | वाहन मुद्रा

प्रमुख विदेशी विनिमय व्यापार केन्द्रों में अधिकांश व्यापार कुछ प्रमुख मुद्राओं में होता है। व्यापारी लेन-देन के लिए अपनी मुद्रा को दूसरे देशों की मुद्रा में परिवर्तित करवाते हैं। ये प्रमुख मुद्राएँ वाहन मुद्राएँ कहलाती हैं, जो सक्रिय रूप से उपयोग में आती हैं। अमेरिकी डॉलर आज भी विश्व की एक प्रधान वाहन मुद्रा है।

Velocity of Money | मुद्रा की गतिशीलता या संचलन वेग

वस्तुओं और सेवाओं को खरीदने में मुद्रा की एक इकाई एक दी हुई अवधि में कितनी बार औसत रूप से काम आती है या अपना स्थान बदलती है, उसे मुद्रा का संचलन वेग कहते हैं। कुल मौद्रिक भुगतान में संचलन में प्रयुक्त मुद्रा इकाइयों का भाग देने पर मुद्रा का संचलन वेग ज्ञात किया जा सकता है। प्रो. फिशर ने अपने मुद्रा परिमाण सिद्धान्त में मुद्रा के संचलन वेग का उपयोग किया है।

Venture Capital | साहसिक पूँजी

साहसिक पूँजी वह होती है जिसके स्वामी नए या छोटे व्यवसाय में इसका निवेश करना चाहते हैं जहां नुकसान की जोखिम अधिक होती है। साहसिक पूँजी की आवश्यकता वहाँ अधिक होती है, जहाँ लोग पर्याप्त पूँजी के बिना अपना नया व्यवसाय प्रारम्भ कर देते हैं।

Vertical Integration | लम्बवत एकीकरण

जब अधिक लाभ और आर्थिक शक्ति प्राप्त करने हेतु समान वस्तु उत्पादन में लगी फर्में एक साथ मिलती हैं तो इसे लम्बवत एकीकरण कहा जाता है। ये लम्बवत एकीकरण पूर्ववर्ती (Backward) व परावर्ती (Forward) दो प्रकार से हो सकता है। पूर्ववर्ती एकीकरण कच्चे माल की आपूर्ति को सुलभ व सुनिश्चित करने के लिए किया जाता है तथा परावर्ती एकीकरण बाजार में एकाधिकार को नियंत्रण करने हेतु किया जाता है।

Very Long Run | अति दीर्घकाल

अर्थशास्त्र में समयावधि को चार भागों में बाँटा गया है जैसे- अल्पकाल, अतिअल्पकाल, दीर्घकाल और अतिदीर्घकाल। अतिदीर्घकाल की यद्यपि कोई सीमा नहीं होती फिर भी इसे लगभग सौ वर्ष माना जाता है। अतिदीर्घकाल वह होता है, जिसमें फर्म की तकनीकी संभावनाएँ बदल जाती हैं तथा

उत्पादन की विधियों में नवीनता व सुधार हो जाते हैं। फर्में अपने स्वयं के अनुसंधान तथा विकासात्मक परिवर्तन कर सकती हैं। उत्पादन की स्थिति व विभिन्न वस्तुओं के उत्पादन में लगे साधनों में परिवर्तन करके उत्पादन फलन में परिवर्तन किया जा सकता है।

Village Economy | ग्रामीण अर्थव्यवस्था

ग्रामीण अर्थव्यवस्था सीमित व लगभग आत्मनिर्भर होती है तथा बाजार का विस्तार पूरे गांव में होता है। गांव के लोग व परिवार अपने कार्यों में एक इकाई के रूप में कार्य करते हैं, चाहे उनका कार्य अधिक विशिष्ट न हो। कई गांव अपने जीवन निर्वाह योग्य फसलें उगाते हैं, ताकि वे नजदीकी शहर से मसाले, बर्तन व अन्य जरूरत का छोटा-मोटा सामान खरीद सकें।

Vicious Circle of Poverty | गरीबी का दूषित चक्र

इस शब्द का उपयोग सर्वप्रथम प्रो. रागनार नर्कसे ने किया था। उनके अनुसार अल्पविकसित देशों में अल्पविकास का प्रमुख कारण गरीबी के दूषित चक्र का पाया जाना है। उनके मतानुसार गरीबी का दूषित चक्र वह होता है जो आर्थिक शक्तियों की चक्रीय प्रवृत्ति को बताता है, जिसमें ये शक्तियाँ इस प्रकार परस्पर क्रिया व प्रतिक्रिया करती हैं कि ये देश को गरीबी के दुष्चक्र से बाहर नहीं आने देतीं। इस दूषित चक्र के अनुसार अल्पविकसित देशों में बाजार अपूर्णताओं के कारण साधनों का भरपूर उपयोग नहीं हो पाता है। इससे पूँजी का अभाव रहता है। पूँजी के अभाव से विनियोग का अभाव और विनियोग के अभाव से कम उत्पादन व कम आय होती है। कम आय से कम बचत व कम आय होती है। इस प्रकार यह दूषित चक्र विपरीत गति से चलता रहता है और देश को गरीबी की ओर धकेलता रहता है।

Visible Trade | दृश्य व्यापार

जब केवल वस्तुओं और सेवाओं का ही आयात और निर्यात होता है, तब उसे दृश्य व्यापार कहा जाता है। व्यापार शेष में दृश्य व्यापार या भौतिक वस्तुओं के आयात व निर्यात को ही सम्मिलित किया जाता है।

देखें- Balance of Trade (भुगतान शेष)

Vital Statistics | जीवन समंक

जो आँकड़े या समंक व्यक्तियों के जन्म, मृत्यु, विवाह तथा तलाक आदि घटनाओं से संबंधित होते हैं, उन्हें जीवन समंक कहते हैं।

Vocational Training | व्यावसायिक प्रशिक्षण

व्यावसायिक प्रशिक्षण तकनीकी शिक्षा पर आधारित होता है। इसके द्वारा विद्यार्थियों में किसी व्यवसाय को चुनने हेतु योग्यता विकसित की जाती है। इसीलिए इसे व्यवसाय आधारित प्रशिक्षण भी कहते हैं।

Voluntary Unemployment | ऐच्छिक बेरोजगारी

जिन लोगों के पास उत्तराधिकार में प्राप्त सम्पत्ति होती है तथा वे काम करने के इच्छुक भी नहीं होते हैं तो ऐसे लोगों में फैली बेरोजगारी को ऐच्छिक बेरोजगारी कहते हैं। ऐच्छिक बेरोजगारी की केन्ज ने अपने रोजगार सिद्धान्त में विवेचना नहीं की है।

Voucher | रसीद

कुछ वस्तुओं और सेवाओं को क्रय करने के लिए कुछ कोष का प्रावधान होता है, जिसके द्वारा निश्चित प्रकार की वस्तुओं और सेवाओं को खरीदा जाता है। यह सुनिश्चित करने के लिए कि अमुक कोष की राशि अमुक वस्तु और सेवा को क्रय करने में खर्च की गई, इसके एवज में एक कूपन या रसीद दी जाती है। इसे रसीद कहते हैं।

Voyage Account | समुद्री यात्रा खाता

समुद्री कंपनियों के लिए यह आम बात है कि वे अलग से अपना समुद्री यात्रा खाता रखती हैं। प्रत्येक जहाज के हानि लाभ के हिसाब को सुनिश्चित करने के लिए समुद्री यात्रा खाता रखा जाता है। यह खाता भी साधारण हानि लाभ के खाते की भाँति होता है। प्रत्येक जहाज के यात्रा पर बाहर जाने व वापस आने का एक फॉर्म में हिसाब रखा जाता है। यात्रा से सम्बन्धित संपूर्ण विवरण जिसमें भंडार, मजदूरी, आय आदि तथा मुद्रा व भाड़े आदि के जमा नामे का हिसाब होता है, इस खाते में रखा जाता है।

W

Wage | मजदूरी

'श्रम' उत्पादन का एक महत्वपूर्ण साधन है। कुल उत्पादन में से इस साधन को जो भाग अथवा पारितोषण दिया जाता है, उसे साधारणत: 'मजदूरी' कहते हैं। अर्थात उत्पादन प्रक्रिया के अन्तर्गत श्रमिक द्वारा दी गई सेवाओं का मूल्य ही 'मजदूरी' या 'भृति' कहलाती है। बेन्हम के अनुसार ''मजदूरी वह मुद्रा-राशि है जो एक नियोजक द्वारा अनुबन्ध के अधीन किसी श्रमिक को उसकी सेवाओं के बदले में दी जाती है।'' व्यापक अर्थों में निम्न तीन प्रकार के श्रमिकों की सेवाओं का पारितोषण 'मजदूरी' के अन्तर्गत आता है- (i) वे श्रमिक जो शारीरिक एवं मानसिक श्रम बेचते हैं, (ii) स्वतंत्र कर्मचारी, जैसे डॉक्टर, वकील, अध्यापक आदि तथा (iii) व्यवसायी तथा प्रबन्धक, जो स्वयं अपने कारोबार की देखभाल करते हैं। इस प्रकार श्री पी.एच. स्ट्रेटोफ के अनुसार- ''उस श्रम के पारितोषण को, जो कि उपयोगिता का सृजन करते हैं, मजदूरी कहते हैं।''

Wage Differential | मजदूरी भेदकर या विभेदक

दो प्रकार के श्रमिकों में मजदूरी दरों के अन्तर को मजदूरी विभेदक कहते हैं। यह कुशलता (Skill) या विभिन्न औपचारिक योग्यताओं के स्तर में अन्तर के कारण मजदूरी अन्तरण या विभेद हो सकता है अथवा श्रमिकों की आयु, लिंग या नैतिकता के आधार पर विभेद हो सकता है।

Wage Dividend or Bonus | मजदूरी लाभांश व बोनस

लाभांश या बोनस सामान्यत: एक वर्ष की अवधि में श्रमिकों को दिया जाने वाला अतिरिक्त भुगतान है। यह भुगतान मजदूरी दर के आधार पर होता है। अत: प्रत्येक श्रमिक को दी जाने वाली एक अतिरिक्त महीने की मजदूरी लाभांश या बोनस कहलाती है।

Wage Drift | मजदूरी अपवहन

वास्तविक मजदूरी और राष्ट्रीय स्तर पर तय मजदूरी दरों के अन्तर को मजदूरी अपवहन कहते हैं, जो ओवर टाइम भुगतान व बोनस के कारण उत्पन्न होता है। इसे सूत्र रूप में इस प्रकार रखा जा सकता है।

$$\left(\frac{E}{M}-1\right) \times 100$$

जहां E = समय के अंत में औसत प्राप्ति का समय के प्रारम्भ की औसत प्राप्त के अनुपात और M = मजदूरी अनुपात।

Wage Freeze | मजदूरी ठहराव या स्थिरता

मजदूरी ठहराव का तात्पर्य उस नीति से होता है, जिसमें सरकार मजदूरी में किसी प्रकार की वृद्धि की अनुमति नहीं देती है। इस नीति के द्वारा एक अवधि के लिए मजदूरी को उसके प्रचलित स्तर

पर ही बनाए रखा जाता है। मजदूरी ठहराव या स्थिरता तभी मान्य होती है, जब इस अवधि में कीमत स्तर में भी कोई वृद्धि न हो। किन्तु व्यवहार में यह संभव नहीं होता, इसलिए मजदूरी स्थिरता की नीति को लागू करना संभव नहीं होता है।

Wage Fund Theory | मजदूरी कोष सिद्धान्त

इस सिद्धान्त का निर्माण सर्वप्रथम एडम स्मिथ ने किया और बाद में माल्थस, रिकार्डो और जे. एस. मिल ने इसका समर्थन किया। रिकार्डो के अनुसार मजदूरी की दर दो बातों पर निर्भर करती है (i) मजदूरी कोष की मात्रा और (ii) जनसंख्या का आकार। मजदूरी कोष का निर्धारण पूँजीपतियों की स्वेच्छा पर निर्भर करता है और जनसंख्या का आकार मानवीय और प्राकृतिक कारणों पर निर्भर करता है। इस सिद्धान्त के अनुसार मजदूरी तब तक नहीं बढ़ सकती, जब तक या तो मजदूरी कोष न बढ़े या कार्य कर रहे श्रमिकों की संख्या न घटे। अतः यदि मजदूरी कोष में वृद्धि किए बिना या मजदूरों की संख्या में कमी किए बिना मजदूरी दरों में वृद्धि होती है तो इसका लाभ एवं ब्याज दरों पर विपरीत प्रभाव होगा। अतः मजदूरी कोष सिद्धान्त के अनुसार मजदूरी की सामान्य दर

$$= \frac{\textit{मजदूरी कोष}}{\textit{श्रमिकों की संख्या}}$$

Wage Leadership | मजदूरी नेतृत्व

यह उद्योगों की उस विशेषता को प्रकट करता है, जिसमें उत्पादकता में वृद्धि होती है तथा फर्मों के लिए कई कारणों से मजदूरी वृद्धि की मांग होने लगती है तथा कीमतों में कमी करने की बजाय मजदूरी वृद्धि के प्रयास होते हैं। फलस्वरूप इसका प्रभाव अन्य फर्मों पर भी होता है और वहां पर भी मजदूरी में वृद्धि के प्रयास तेज हो जाते हैं। इसे ही मजदूरी नेतृत्व कहते हैं।

Wage Price Spiral | मजदूरी कीमत चक्र

मजदूरी कीमत चक्र प्रायः अनियंत्रित स्फीति के समय आते हैं, फलस्वरूप मौद्रिक मजदूरी बढ़ती है तथा लागत प्रेरित स्फीति के कारण वास्तविक मजदूरी घटती है। वास्तविक मजदूरी घटने से लोगों को अपनी दैनिक आवश्यकताओं की वस्तुएँ खरीदने के लिए पहले से अधिक भुगतान करना पड़ता है। इसका प्रभाव यह होता है कि लोग अपनी मौद्रिक मजदूरी बढ़ाने की मांग करते हैं। इस प्रकार जब मजदूरी कीमत का व कीमत मजदूरी का पीछा करती है तो इसे मजदूरी कीमत चक्र कहा जाता है।

Wage Push Inflation | मजदूरी प्रेरित स्फीति

श्रमिक संघों की सौदा शक्ति के कारण प्रति इकाई मजदूरी लागतें बढ़ने के कारण स्फीतिकारक स्थिति बन जाती है। उन देशों में, जहां श्रमिक संघों की सौदा शक्ति अधिक मजबूत होती है तथा वे मजदूरी दरों में वृद्धि कराने में सफल हो जाते हैं तो इसका पूर्ति पक्ष पर स्वतः प्रभाव पड़ता है, जबकि समग्र मांग व आय का स्तर अपरिवर्तित रहता है। जब मजदूरी बढ़ जाती है और उत्पादकता में कोई वृद्धि नहीं होती है तो समग्र पूर्ति फलन लागत प्रेरित स्फीति को बढ़ा देगा, फलस्वरूप कीमत स्तर में वृद्धि हो जाएगी और इससे मजदूरी कीमत चक्र की स्थिति उत्पन्न हो जाएगी। इसे ही मजदूरी प्रेरित स्फीति कहते हैं।

Wage Rate | मजदूरी दर

किसी कार्य के लिए प्रति घंटे की दर से किए जाने वाले भुगतान को मजदूरी दर कहते हैं। वह वहां लागू होती है, जहां मजदूरी का भुगतान समय के अनुसार किया जाता है। कुछ कार्यों के लिए टुकड़ों में मजदूरी दी जाती है। प्रायः सामान्य कार्य के घण्टों के अनुसार मजदूरी दी जाती है। कभी-कभी विशिष्ट मजदूरी व ओवर टाइम मजदूरी भी दी जाती है। कभी-कभी रात्रि में कार्य करने, साप्ताहिक अवकाश या छुट्टी के दिन या खास मौकों पर कार्य के लिए मजदूरी दी जाती है, यह मजदूरी दर सामान्य मजदूरी दर से अधिक होती है। मजदूरी दरों का निर्धारण कानून के द्वारा या सामूहिक सौदेबाजी के द्वारा या व्यक्तिगत समझौते के द्वारा भी हो सकता है।

Wage Restraint | मजदूरी रूकावट

मजदूरी में होने वाली वृद्धि को रोकने के लिए अपनाई गई नीति को मजदूरी रुकावट कहा जाता है। यह नीति सरकारी नीति का एक हिस्सा होती है, जिसमें आय के वितरण व नियमन के द्वारा मुद्रा स्फीति को नियंत्रित करने का प्रयास किया जाता है।

Wagner's Law | वेगनर का नियम

जर्मन अर्थशास्त्री ऐडोल्फ वेगनर ने यह धारणा विकसित की कि एक औद्योगिक अर्थव्यवस्था का विकास राष्ट्रीय उत्पाद में सार्वजनिक व्यय वृद्धि पर निर्भर करता है। वेगनर के अनुसार प्रमुख तीन कारणों से व्यय में वृद्धि होती है (i) सार्वजनिक प्रशासनिक लागतों में वृद्धि, कानून और व्यवस्था तथा आर्थिक क्रियाओं का नियमन, जिनसे समाज का विकास होता है, के कारण व्यय में वृद्धि होती है, (ii) राज्य की सांस्कृतिक व कल्याणकारी क्रियाओं के कारण व्यय वृद्धि होती है तथा (iii) आर्थिक विकास के कारण औद्योगिक एकाधिकार बढ़ता है, जिसे नियंत्रण करने में व्यय वृद्धि होती है।

Wall Street | वाल स्ट्रीट

न्यूयार्क शहर का एक पथ, जिसमें राष्ट्र की वित्तीय गतिविधियों का एक बड़ा प्रतिशत कार्य केन्द्रित है। न्यूयार्क स्टॉक विनिमय भी इस पथ पर होता है तथा कभी-कभी इस पथ का उपयोग स्टॉक विनिमय बाजार के रूप में भी किया जाता है।

Wants | आवश्यकताएँ

किसी वस्तु या सेवा को प्राप्त करने की प्रभावपूर्ण इच्छा शक्ति को आवश्यकता कहते हैं। प्रभावपूर्ण इच्छा तीन आवश्यक शर्तों पर निर्भर करती है- (i) वस्तु या सेवा को प्राप्त करने की इच्छा (ii) वस्तु या सेवा को क्रय करने हेतु साधन तथा (iii) वस्तुओं और सेवाओं को क्रय करने हेतु साधनों को व्यय करने की तत्परता। इन तीन तत्वों की पूर्ति से ही कोई इच्छा आवश्यकता बनती है। आवश्यकताएँ अनन्त होती हैं तथा इनकी तीव्रता भी भिन्न-भिन्न होती है। अर्थात उपभोक्ता अपनी आवश्यकताओं को वरीयता क्रम में बाँट कर पूरी करने का प्रयास करता है। सबसे पहले वह अपनी आवश्यक आवश्यकताओं को, फिर आरामदायक आवश्यकताओं को व अंत में विलासिता वाली आवश्यकताओं को पूरा करेगा।

Wants Creation | आवश्यकताओं का सृजन

जब उत्पादक विज्ञापनों द्वारा वस्तुएँ क्रय करने हेतु उपभोक्ताओं की इच्छा को बढ़ाने का प्रयास करते हैं तो इसे आवश्यकताओं का सृजन कहा जाता है। इस हेतु उत्पादकों द्वारा उपभोक्ताओं को

आकर्षित करने के लिए बड़े पैमाने पर विक्रय लागतें लगती हैं, जिसके कारण आवश्यकताओं का सृजन होता है।

Warranted Rate of Growth | वांछित विकास दर

वांछित विकास दर का उपयोग हैरोड ने अपने विकास सिद्धान्त में किया है। अर्थव्यवस्था में आय की पूर्ण रोजगार संतुलन दशा को बनाए रखने के लिए हैरोड ने विकास की आवश्यक दर का निर्धारण तीन प्रकार की वृद्धि दरों की सहायता से प्रस्तुत किया है। (i) वास्तविक वृद्धि दर (ii) आवश्यक या वांछित वृद्धि दर और (iii) प्राकृतिक वृद्धि दर। हैरोड के शब्दों में वांछित विकास दर वह वृद्धि दर है जिसे यदि प्राप्त कर लिया जाए तो उद्यमी ऐसी मानसिक स्थिति में होते हैं कि वे इसी प्रकार से विकास करने के लिए प्रेरित होते रहें। ''यह दर किसी अर्थव्यवस्था की आय की पूर्ण क्षमता वृद्धि पर होती है। इससे अर्थव्यवस्था के पूँजी स्टॉक का पूर्ण शोषण होगा तथा अर्थव्यवस्था सतत प्रगति के मार्ग पर चलती रहेगी। उद्यमी इस दर पर पूर्ण संतुष्ट रहते हैं, क्योंकि इस दर पर मांग इतनी अधिक होती है कि विक्रेता अपने समस्त उत्पादन को बेचने में सफल हो जाते हैं। समीकरण रूप में-

$$G_w C_r = S = G_w = \frac{S}{Cr}$$

जहां G_w = वांछित वृद्धि दर, C_r = आवश्यक पूँजी S = सीमान्त बचत प्रवृत्ति

Warranty | समाश्वासन

जब कोई विक्रेता किसी क्रेता को किसी वस्तु या सेवा को क्रय करने पर उसकी किस्म (quality) का जिम्मा (guarantee) या समाश्वासन (warranty) देता है तो इसे समाश्वासन कहा जाता है। एक निर्माता या विक्रेता की समाश्वासन केवल वस्तु की कीमत के लिए दी जाती है जो वस्तु की या सेवा की कानूनी गुणों से या न्यूनतम विशेषताओं से अधिक नहीं हो सकती। समाश्वासन उपभोक्ता के विधिक अधिकारों में कोई कमी नहीं करती है। जिम्मा व समाश्वासन में यह अन्तर होता है कि जिम्मे में विक्रेता द्वारा वस्तु को बदलने का जिम्मा होता है जबकि समाश्वासन में वस्तु की केवल मरम्मत की जाती है।

Ware Housing | भण्डारण

वस्तुओं को पर्याप्त मात्रा में व सुरक्षित रूप से रखने की व्यवस्था या स्थान को भण्डारण कहते हैं। वस्तु को भण्डारण करके उसमें से आवश्यकतानुसार समय-समय पर चालू मांग के अनुसार आपूर्ति की जाती है। भण्डारण के अभाव में वस्तु की सुरक्षा व आपूर्ति की व्यवस्था कठिन हो जाती है।

Waste | रद्दी या अवशिष्ट

आर्थिक क्रियाओं के अपरिहार्य अवशिष्ट पदार्थों को रद्दी या अवशिष्ट कहा जाता है।

Wasting Assets | क्षयी या समाप्त होने वाली परिसंपत्ति

ऐसी संपत्ति को क्षयी या समाप्त होने वाली परिसंपत्ति कहा जाता है जिसका समय के साथ उपयोग होने से उसकी जीवनावधि समाप्त हो जाती है तथा वह क्षयी या रद्दी हो जाती है जैसे उदाहरण के लिए तेल के कुएँ, खानें, मशीनरी या अन्य उपकरण आदि।

Ways and Means Advance | अग्रिम अर्थोपाय

जब किसी देश के केन्द्रीय बैंक के द्वारा वहां की सरकार को पूर्णत: अस्थाई रूप से दिया गया अग्रिम या ऋण दिया जाता है। तो इसे अग्रिम अर्थोपाय कहते हैं। यह अग्रिम सरकार के अस्थाई वित्तीय घाटे को पूरा करने के उद्देश्य से दिया जाता है।

Weak Ordering | अशक्त आदेश

प्रो. हिक्स के अनुसार जब एक उपभोक्ता अवलोकित बाजार व्यवहार के आधार पर एक निश्चित संयोग के लिए अपने अधिमान को प्रकट करता है तो वह सशक्त आदेश कहलाता है। (Strong Ordering)। किन्तु इसके विपरीत जब उपभोक्ता किसी एक उदासीनता वक्र पर स्थित कई संयोगों के चुनाव के प्रति तटस्थ रहते हुए किसी एक संयोग के लिए अधिमान का चुनाव नहीं कर पाता है तो इसे अशक्त आदेश (Weak Ordering) कहा जाता है। अत: एक वस्तु के सभी संयोग, जिन्हें एक ही उदासीनता वक्र पर दर्शाया जाता है, वे सभी अशक्त आदेशित होते हैं तथा उनका वरीयता क्रम भी समान होता है।

Wealth | धन या संपत्ति

धन भौतिक व अभौतिक वस्तुओं के ऐसे स्टॉक को कहते हैं, जिसमें निम्न विशेषताएँ पाई जाती हैं (i) इसमें उपयोगिता होती है, (ii) यह सीमित होता है, (iii) यह हस्तान्तरणीय होता है, तथा (iv) यह दृश्य होता है। सम्पत्ति अभौतिक रूप में भी हो सकती है जैसे- व्यक्ति या फर्म की बाजार साख, पुस्तक का कॉपीराइट आदि।

Wealth Distribution | संपत्ति वितरण

आर्थिक नीति का प्रमुख उद्देश्य है आय के समान वितरण से संपत्ति का समान वितरण होना चाहिए। आज आय की तुलना में संपत्ति का असमान वितरण अधिक पाया जाता है, क्योंकि संपत्ति से आर्थिक शक्ति बढ़ती है। सम्पत्ति की असमानता को कम करने के लिए संपत्ति कर लगाया जाता है, चाहे वह उपहार के रूप में दी जाए या मरणोपरान्त वसीयत के रूप में प्राप्त हो।

Wealth of Nations | राष्ट्रों का धन

राष्ट्रों का धन जिसका पूरा नाम 'An equiry info the nature and wealth of nations' है यह अर्थशास्त्र के जनक प्रो. एडम स्मिथ की प्रसिद्ध पुस्तक है जिसका प्रकाशन मार्च 1776 में हुआ था। इस पुस्तक में आर्थिक सिद्धान्तों एवं आर्थिक नीतियों का अनूठा समन्वय है। यह पुस्तक पांच खण्डों में विभाजित है। इसका पहला खण्ड व दूसरा खण्ड उत्पादन, विनिमय व वितरण से सम्बन्धित है। तीसरा खण्ड विभिन्न देशों की आर्थिक समृद्धि से संबंधित है। चौथे खण्ड में विभिन्न आर्थिक प्रणालियों, वणिकवादी व प्रकृतिवादी आर्थिक चिंतन का आलोचनात्मक परीक्षण तथा पांचवें खण्ड में राजस्व व राज्य के कार्यों का विवरण है। यह पुस्तक न केवल अर्थशास्त्र की एक प्रसिद्ध पुस्तक है, जिसके साथ आधुनिक अर्थशास्त्र का जन्म हुआ बल्कि यह एक ऐसी दार्शनिक रचना है जो मानव सुख, भौतिक कल्याण, विधिशास्त्र एवं नीतिगत समस्याओं पर ध्यान केन्द्रित करती है। इसे तत्कालीन विचारकों ने अर्थशास्त्र की एक महान ऐतिहासिक महत्ता वाली कृति कहा है, जो उपयुक्त समय पर लिखी गई है।

Wealth Tax | सम्पत्ति कर

सम्पत्ति कर वह कर होता है जो व्यक्ति या समाज की कुल परिसम्पत्तियों के मूल्य पर लगाया जाता है तथा एक दी हुई सीमा से अधिक सम्पत्ति के मूल्य पर ही लगता है। एक सीमा तक कराधान की नीतियों के अनुसार संपत्ति को सम्पत्ति कर से मुक्त रखा जाता है।

Wear and Tear | घिसावट या टूट-फूट

साधनों के नित्य उपयोग से होने वाली क्षति को या घिस जाने को घिसावट या टूट-फूट कहते हैं। सामान्य रूप से घिसावट बीमा योग्य नहीं होती है, जबकि दुर्घटना क्षति बीमा योग्य होती है। निर्मातागण भी घिसावट की वारन्टी या गारन्टी नहीं देते हैं। घिसावट पूँजी उपभोग (Capital Consumption) का एक महत्वपूर्ण कारण है।

Weighted Average | भारित माध्य

जब समंक श्रेणी के मूल्यों को समान महत्व न देकर उनके महत्व के अनुसार देखा जाता है तो इसे भारित या भार देना कहते हैं। भारित माध्य में श्रेणी के मूल्यों को उनकी व्यक्तिगत महत्ता के आधार पर भार प्रदान किया जाता है। दिए गए भारों को संबंधित मूल्यों से गुणा कर योग ज्ञात किया जाता है, तत्पश्चात प्राप्त गुणनफल में भारों के योग का भाग देने पर प्राप्त संख्या भारित समान्तर माध्य कहलाती है।

Welfare Economics | कल्याण अर्थशास्त्र

देखें Economic Welfare (आर्थिक कल्याण)

Welfare State | कल्याणकारी राज्य

एक कल्याणकारी राज्य वह होता है जो सबके लिए शिक्षा, स्वास्थ्य, गृह व पेंशन सम्बन्धी न्यूनतम स्तर हेतु सुविधाएँ व अन्य सामाजिक लाभ उपलब्ध कराता है।

White Collar Job | सफेदपोश रोजगार

सामान्यत: प्रशासनिक एवं लिपिकीय रोजगारों को सफेदपोश रोजगार कहा जाता है और ऐसे रोजगार में कार्य करने वालों को सफेदपोश कामगार (White Collar Worker) कहते हैं। ऐसे रोजगार की संख्या रोजगार चाहने वालों की संख्या से कम होती है। फलस्वरूप काफी लोग बेरोजगार रह जाते हैं। वर्तमान सरकार स्वरोजगार के माध्यम से ऐसे बेरोजगार सफेदपोश रोजगार ढूँढ़ने वालों को रोजगार देने हेतु कई योजनाएँ चला रही है।

White Paper | श्वेत पत्र

यह सरकार की नीतियों को स्पष्ट करने वाला एक सरकारी प्रपत्र होता है, जो किसी भी नीति पर विचार विमर्श हेतु प्रकाशित किया जाता है। यह एक सार्वजनिक सूचना देने वाला प्रपत्र होता है, जिसे प्रकाशन से पूर्व कैबिनेट द्वारा स्वीकृत किया जाता है।

Wholesale Price Index | थोक मूल्य सूचकांक

यह वह सूचकांक होता है, जिसकी गणना थोक मूल्यों के आधार पर की जाती है। इसकी गणना विधि ठीक वैसी ही है, जैसी कि खुदरा मूल्य सूचकांक की होती है।

Wholesaler | थोक विक्रेता

उत्पादन प्रक्रिया में निर्माता एवं फुटकर विक्रेता के बीच की कड़ी को थोक विक्रेता कहा जाता है, क्योंकि निर्माता थोक विक्रेताओं को वस्तुओं की आपूर्ति करता है। थोक विक्रेता उन्हीं वस्तुओं की फुटकर विक्रेताओं को आपूर्ति करते हैं। फुटकर विक्रेता उन वस्तुओं को अंतिम रूप से उपभोक्ताओं को उपलब्ध कराते हैं। थोक विक्रेता के कई कार्य होते हैं। जैसे- खरीद, असेम्बलिंग, परिवहन, वित्तीय जोखिम उठाना, बाजार सूचनाएँ उपलब्ध कराना, वस्तुओं का वितरण करना आदि।

Windfall Profits | अलभ्य लाभ

सामान्य व्यावसायिक कार्यों की बजाय कुछ बाह्य कार्यों के कारण मिलने वाले लाभों को अलभ्य लाभ कहा जाता है। जैसे लॉटरी टिकट से मिलने वाली आकस्मिक आय को अलभ्य लाभ कह सकते हैं।

Windfall Loss | अलभ्य हानि

अलभ्य हानि वह होती है जब आय में अचानक बिना पूर्व जानकारी के कमी हो जाए।

Winding Up | समापन

किसी लिमिटेड कम्पनी को ऐच्छिक रूप से या न्यायालय के आदेशों से भंग या समाप्त कर दिया जाए तो इस प्रक्रिया को समापन कहते हैं।

Withdrawals | वापसी

वापसी को रिसाव (Leakages) भी कहते हैं। वह आय जो आय के चक्राकार प्रवाह से नहीं गुजरती है, फलस्वरूप लोगों को वस्तुओं और सेवाओं को क्रय हेतु उपलब्ध नहीं होती है।

Worker's Participation | श्रमिक भागीदारी

श्रमिक भागीदारी का तात्पर्य श्रमिकों को प्रबन्ध के साथ जोड़ने की प्रक्रिया से होता है। कम्पनी जब अपनी नीति के निर्धारण में श्रमिकों को सहभागिता प्रदान करती है तो इससे श्रमिकों की कार्यदशाओं में सुधार होता है तथा सेवायोजकों और श्रमिकों एवं कर्मचारियों के बीच बेहतर तालमेल एवं समन्वय स्थापित होता है, जो श्रमिक कल्याण की दृष्टि से बहुत महत्वपूर्ण होता है।

Working Capital | कार्यशील पूँजी

कार्यशील पूँजी शब्द एक लेखा सम्बन्धी शब्द है जिसका उपयोग चालू परिसम्पत्ति एवं चालू दायित्वों के अन्तर को ज्ञात करने में प्रयुक्त होता है। इसे भ्रमणशील पूँजी भी कहते हैं, क्योंकि यह व्यापार की सामान्य दशाओं में परिसंपत्तियों तथा दायित्वों का निरन्तर चक्कर लगाती या बदलती रहती है।

Working Day | कार्य दिवस

जिन दिनों में सामान्य रूप से कार्य किया जाता है, उन दिनों को कार्य दिवस कहा जाता है। रविवार या अन्य छुट्टी का दिन गैर कार्य दिवस कहलाता है। कार्य दिवसों का उपयोग श्रमिकों की हड़ताल आदि के कारण नष्ट हुए दिनों की संख्या ज्ञात करने में किया जाता है। या वेतन आदि के भुगतान के समय किया जाता है।

Work Force/Labour Force/Man Power | कार्यशक्ति/श्रम शक्ति/जनशक्ति

लोगों की वह संख्या जो भुगतान योग्य रोजगार के लिए उपलब्ध है उसे कार्य शक्ति, श्रम शक्ति या जन शक्ति के नाम से भी जाना जाता है। अन्तरराष्ट्रीय श्रम संगठन की परिभाषा के अनुसार- श्रम शक्ति या कार्य शक्ति में 15 वर्ष से अधिक आयु वालों को, जो या तो रोजगार प्राप्त हैं या बेरोजगार हैं या रोजगार प्राप्ति में लगे हैं, सम्मिलित किया जाता है। कार्यशक्ति का आकार कई तत्वों से प्रभावित होता है- जैसे सेवानिवृत्ति आयु, स्वास्थ्य का स्तर, विकलांगों की संख्या, पारिवारिक ढांचा, अंशकालिक श्रम की उपलब्धि, हतोत्साहित श्रमिक एवं विदेशों से प्राप्त श्रम शक्ति आदि द्वारा।

Working Population | कार्यशील जनसंख्या

कार्यशील जनसंख्या कुल जनसंख्या का वह अनुपात होता है, जो या तो कार्यरत हैं या कार्य करने को इच्छुक हैं। 15 वर्ष से कम व 60 वर्ष से अधिक आयु के लोगों को कार्यशील जनसंख्या में सम्मिलित नहीं किया जाता है। कार्यशील जनसंख्या का आकार कार्य करने की मानसिकता, लिंग संरचना एवं कार्य की उपलब्धता जैसे तत्वों से प्रभावित होता है।

Work in Progress | कार्य प्रगति पर

वह कार्य जो प्रारंभ हो चुका है, किन्तु अभी चल रहा है और पूरा नहीं हुआ है, उसे 'कार्य प्रगति पर' कहते हैं। सरकारी परियोजना के लेखों एवं मूल्यांकनों के सम्बन्ध में कार्य की प्रगति को समय-समय पर आँका जाता है।

Work-Study | कार्य अध्ययन

जब किसी कार्य स्थल पर किए जाने वाले कार्य का अध्ययन उसकी क्षमता और मितव्ययता में सुधार व उत्पादकता वृद्धि के उद्देश्य से किया जाता है, तो इसे कार्य अध्ययन कहा जाता है।

Work to Rule | नियमानुसार कार्य

यह एक प्रकार की आंशिक हड़ताल के समान होता है, जिसमें कार्य धीमी गति से किया जाता है, बजाय पूर्ण रूप से बंद करने के। श्रमिक केवल नियमानुसार या लिखित कार्य विवरण या विभागीय नियमों के अनुसार तथा साधारण कार्यक्षमता के अनुसार कार्य करते हैं। इसे ही नियमानुसार कार्य करना कहते हैं।

World Bank | विश्व बैंक

विश्व बैंक की स्थापना जून 1946 में हुई। ब्रिटन वुड्स सम्मेलन में दो महत्वपूर्ण अन्तरराष्ट्रीय संस्थाओं की स्थापना हुई, जो एक-दूसरे की पूरक हैं। प्रथम अन्तरराष्ट्रीय मुद्रा कोष (IMF) तथा अन्तरराष्ट्रीय पुनर्निर्माण एवं विकास बैंक (IBRD) विश्व बैंक समूह में निम्नांकित संस्थाओं का समावेश है- (i) अन्तरराष्ट्रीय पुनर्निर्माण एवं विकास बैंक (1945), (ii) अन्तरराष्ट्रीय वित्त निगम (1956), (iii) अन्तरराष्ट्रीय विकास संघ (1960) तथा (iv) बहुपक्षीय विनियोग गारन्टी अधिकरण (1988)। विश्व बैंक की स्थापना निम्नांकित उद्देश्यों से की गई (i) सदस्य देशों के लिए पूँजी की व्यवस्था करना व पूँजी निवेश को प्रोत्साहित करना। (ii) सदस्य देशों के आर्थिक पुनर्निर्माण एवं विकास हेतु दीर्घकालीन पूँजी उपलब्ध कराना। (iii) भुगतान संतुलन को व्यवस्थित करना तथा (iv)

सदस्य देशों की छोटी व बड़ी परियोजनाओं की क्रियान्विति व ऋणों की गारंटी देना। तथा (v) युद्ध से पीड़ित देशों में शांति स्थापना करना आदि। भारत को विश्व बैंक से विकास में काफी सहायता मिली है।

World Trade Organisation (WTO) | विश्व व्यापार संगठन

एक जनवरी 1995 को विश्व व्यापार संगठन की स्थापना हुई। GATT के विकल्प के रूप में इस स्थाई संगठन की स्थापना GATT के सदस्य देशों द्वारा अनुमोदित एवं अन्तरराष्ट्रीय संधि के द्वारा हुई। इसका मुख्यालय जेनेवा में है। इसके उद्देश्य इस प्रकार हैं- (i) जीवन स्तर में सुधार करना, (ii) पूर्ण रोजगार एवं प्रभावपूर्ण मांग में वृद्धि करना, (iii) उत्पादन एवं व्यापार का विस्तार करना, (iv) सेवाओं के उत्पादन एवं व्यापार का विस्तार करना, (v) विश्व के संसाधनों का अनुकूलतम उपयोग करना, (vi) अविरत विकास की अवधारणा को अपनाना तथा (vii) पर्यावरण की सुरक्षा व संरक्षण करना आदि। इसके प्रमुख कार्य हैं- व्यापार व प्रशुल्क से सम्बन्धित मुद्दों पर विचार करना (ii) आपसी विवादों को निबटाना, (iii) समझौतों को लागू करना, (iv) विश्व संसाधनों का अनुकूलतम उपयोग करना (v) व्यापार नीति की समीक्षा करना व नियमों को लागू करना तथा (vi) नीति निर्धारण में IMF तथा IBRD का सहयोग लेना आदि।

Write Off | अपलेखन

किसी कम्पनी के खाते में वस्तु पर अंकित मूल्य को कम करना अपलेखन कहलाता है। घिसाई की प्रक्रिया साधन या वस्तु को एक समयावधि के पश्चात अपलेखन योग्य बना देती है। किसी वस्तु, जो किसी दुर्घटना में नष्ट हो गई हो, के मूल्य को घटाकर शून्य कर देना अपलेखन कहलाता है।

Wrongful Dismissal | गलत बर्खास्तगी

यदि किसी नियोक्ता ने किसी श्रमिक या कर्मचारी को जो किसी समझौते के अधीन रोजगार पर लगाया है, किन्तु उसे समझौते को भंग कर बिना किसी न्यायोचित आधार पर और बिना रोजगार समझौते की प्रक्रिया को पूरा किए रोजगार से बर्खास्त कर दिया जाता है, तो इसे गलत बर्खास्तगी कहा जाएगा।

X

X. CP. | एक्स. सीपी.

यह पूर्व पूँजीकरण (Ex-Capitalisation) का संक्षिप्त शब्द है।

X.D. | एक्स. डी.

यह पूर्व लाभांश (Ex-Dividend) का संक्षिप्त शब्द है।

X Efficiency | एक्स क्षमता

एक्स क्षमता एक बड़े व्यापारिक संगठन की उत्पादन क्षमता से सम्बन्धित है। एक व्यापारिक संगठन, जिसे प्रतियोगियों का संरक्षण प्राप्त है तथा वह अपने उत्पादन के साधनों को अपने लाभ अधिकतमीकरण हेतु प्रयुक्त करने में सफल हो जाता है तथा वह अपनी संगठनात्मक समस्याओं को हल कर लेता है तथा अपनी लागतों को न्यूनतम कर लेता है तो इसे एक्स क्षमता या लाभ अधिकतमीकरण कहते हैं।

X Inefficiency | एक्स अक्षमता

यह एक्स क्षमता की विपरीत स्थिति से संबंधित है। यह उस दशा को बताती है, जहाँ एक बड़ा व्यावसायिक संगठन प्रतियोगियों द्वारा संरक्षण दिए जाने के बावजूद अपने उत्पादन के साधनों से अपने लाभ को अधिकतम करने व लागतों को न्यूनतम करने में विफल रहता है। इसे ही एक्स-अक्षमता या लाभ अधिकतमीकरण की विफलता या अक्षमता कहते हैं।

Y

Y Efficiency | वाई क्षमता

वाई क्षमता उस प्रभावशीलता (Effectiveness) को कहते हैं, जिसके द्वारा उपलब्ध लाभप्रद बाजार अवसरों का पूर्ण विदोहन (Exploitation) किया जा सकता है।

Yaunde Convention | योनडे सभा

यह एक अन्तरराष्ट्रीय समझौता है, जिसके द्वारा कई पूर्व फ्रांसीसी उपनिवेश 'यूरोपीय समुद्राय' के सहायक बन गए।

Year | वर्ष

वर्ष से अभिप्राय एक साल या 12 महीनों से होता है, जिसका उपयोग बजट वर्ष, वित्तीय वर्ष व प्रशुल्क वर्ष आदि के लिए किया जाता है।

Yen | येन

यह 100 में विभाजित जापान की मुद्रा का नाम है।

Yield | प्राप्ति

सामान्यतया पूँजी पर प्रतिशत प्राप्ति को प्राप्ति कहा जाता है। वार्षिक आय एवं वर्तमान पूँजी मूल्य पर विचार करते हुए विनियोग के द्वारा अर्जित आय को 'प्राप्ति' कहते हैं।

Yield Gap | प्राप्ति अतंराल

सरकारी प्रतिभूतियों तथा साधारण शेयरों (Ordinary Shares) पर वार्षिक प्राप्ति के अन्तर को प्राप्ति अंतराल कहते हैं।

Yield Prospective | प्राप्ति अग्रदर्शी

यह एक पूँजीगत साधन से संभावित प्राप्ति को बताता है जो कि वास्तविक अनुमानों से अधिक अनुमानित अनुमानों से संबंधित अग्रदर्शी प्राप्ति या प्रतिफल को बताता है।

'Young Economy' Argument | जवां अर्थव्यवस्था तर्क

विश्व स्तर पर यह देखा गया है कि कृषि श्रमिक औद्योगिक श्रमिकों की अपेक्षा कम आय प्राप्त करते हैं। परिणामस्वरूप हर जगह उद्योगों की सापेक्ष वृद्धि अधिक होती है तथा कृषि में कम वृद्धि

होती है। इसीलिए अधिकांश श्रमिक शहरों की ओर जाने लगते हैं। किन्तु यह चलन आय और उत्पादकता में संतुलन प्राप्त करने के लिए पर्याप्त नहीं है। अतः कृषि क्षेत्र को विकसित करने के लिए उसे दीर्घकालीन संरक्षण दिया जाना आवश्यक होता है। यह संरक्षण की दलील ही जवां अर्थव्यवस्था तर्क या संरक्षण कहलाता है।

Yuan | युआन

यह चीन की मौद्रिक इकाई का नाम है।

Z

Z Chart | जेड चार्ट या नक्शा

जेड नक्शा वह होता है, जो एक फर्म के उत्पादन का तुलनात्मक विवरण प्रस्तुत करता है। यह महीने का कुल उत्पादन, महीने का संचयी कुल उत्पादन एवं चल वार्षिक औसत के रेखाचित्रों को प्रस्तुत करता है। इन तीनों रेखाचित्रों को मिलाने पर इनकी आकृति जेड (Z) के समान लगती है इसीलिए इसे जेड नक्शा कहते हैं।

Zero Based Budget | शून्य आधारित बजट

शून्य आधारित बजट का प्रतिपादन पीटर ए. पायर (Peter A. Pyhrr) द्वारा किया गया। शून्य आधारित बजट व्यय संबंधी प्रत्येक घटक की न्यायशीलता पर बल देता है तथा किसी भी क्रिया के लिए किसी आधार या न्यूनतम व्यय को स्वीकार नहीं करता है। शून्य आधारित बजट में भूत को भुलाकर वर्तमान को पूर्ण रूप से नए प्रारूप में लेता है। इसके अन्तर्गत सभी विभागों को नए सिरे से अर्थात शून्य को आधार मान कर आरम्भ किया जाता है।

Zero Economic Growth | शून्य आर्थिक विकास

शून्य आर्थिक विकास के अधिवक्ताओं का विश्वास है कि लगभग 50 वर्ष या इससे कुछ कम समय में कृषि व उद्योग का प्रतिव्यक्ति उत्पादन शीर्ष पर पहुँच जाएगा। किन्तु इसके बाद वह द्रुत गति से कम हो जाएगा, परन्तु जनसंख्या में वृद्धि जारी रहेगी। अत: विचारकों का मानना है कि भुखमरी और गरीबी मानव जाति के लिए अपरिहार्य रहेगी, जब तक कि साधनों को अब शून्य आर्थिक विकास के द्वारा बचाया नहीं जाएगा। इस प्रकार शून्य आर्थिक विकास वाली अर्थव्यवस्था स्थैतिक होती है और किसी प्रकार के विकास को नहीं बताती है। ऐसी पिछड़ी अर्थव्यवस्था को शून्य आर्थिक विकास वाली अर्थव्यवस्था कहते हैं।

Zero Population Growth (ZPG) | शून्य जनसंख्या वृद्धि (जेड.पी.जी.)

यह एक अमेरिकन शब्द है जिसका अर्थ है शून्य जनसंख्या वृद्धि (Zero Population Growth) यह वृद्धि दर स्थिर जनसंख्या को बताती है। यह ZPG संक्षिप्त शब्द का अर्थ है।

Zero Rate of Interest | शून्य ब्याज दर

भौतिक शास्त्र में जिस प्रकार शरीर का तापमान शून्य नहीं हो सकता, उसी प्रकार ब्याज दर भी कभी शून्य नहीं हो सकती। बाजार ब्याज दर और वास्तविक ब्याज दर दोनों ही परिवर्तनशील होती हैं। जैसे मुद्रा प्रसार में वास्तविक ब्याज दर गिर जाती है और विलोमश: बढ़ जाती है। प्रो. मिल, प्रो. मार्शल तथा प्रो. शुम्पीटर के अनुसार ब्याज दर गिरकर शून्य अथवा ऋणात्मक हो सकती है, जबकि

प्रो. केन्ज एवं उनके समर्थकों के अनुसार व्यावहारिक दृष्टि से ब्याज दर शून्य अथवा ऋणात्मक नहीं हो सकती। क्योंकि एक न्यूनतम ब्याज दर से कम पर कोई ऋणदाता ऋण देना पसंद नहीं करेंगे और पूँजी को ब्याज पर देने की बजाय अपने पास रखना चाहेंगे।

Zloty | जलोटी

यह पोलैण्ड की प्रामाणिक मुद्रा इकाई का नाम है।

Zoning | क्षेत्रीयता

कस्बों व शहरों में किसी क्षेत्र विशेष को विशेष कार्यों के लिए अलग रखा जाता है तो इसे क्षेत्रीयता कहते हैं। उदाहरण के लिए विद्युतीकरण या भारी उद्योगों के लिए या आयोजना विशेष के लिए निर्धारित किया गया ग्रीन बेल्ट।

Zone Pricing | क्षेत्रानुसार कीमत निर्धारण

क्षेत्रानुसार कीमत निर्धारण के लिए विक्रेता देश को कई क्षेत्रों में बाँट कर प्रत्येक क्षेत्र से अलग अलग कीमतें वसूल करता है। इसे क्षेत्रानुसार कीमत निर्धारण कहते हैं। साधारण तथा क्षेत्रानुसार कीमत निर्धारण वहाँ उचित समझा जाता है जहाँ वस्तुओं की परिवहन लागतें बहुत ऊँची हों तथा उन्हें पूरे देश में एक ही कीमत पर बेचने की अनुमति देनी हो।

Zurish | ज्यूरिश

यह स्विट्जरलैण्ड के वित्तीय केन्द्र (Financial Centre) का नाम है।

परिशिष्ट 1

अर्थशास्त्र के क्षेत्र में नोबेल पुरस्कार विजेता – एक सिंहावलोकन

विश्व के सर्वोच्च तथा सर्वाधिक पुरस्कार राशि वाले इस अन्तरराष्ट्रीय पुरस्कार को उसके संस्थापक स्वीडिश रसायनशास्त्री तथा उद्योगपति अल्फ्रेड बर्नार्ड नोबेल (1833-86) की चिर स्मृति में हर वर्ष उनकी पुण्यतिथि 10 दिसम्बर को प्रदान किया जाता है। यह पुरस्कार उन विशिष्ट व्यक्तियों को प्रदान किया जाता है, जिन्होंने मानवीय हित में भौतिकशास्त्र, रसायनशास्त्र, चिकित्सा विज्ञान, साहित्य, विश्वशांति तथा अर्थशास्त्र के क्षेत्र में उल्लेखनीय कार्य किया हो। अर्थशास्त्र के क्षेत्र में यह पुरस्कार 1969 से दिया जाने लगा है जबकि अन्य क्षेत्रों में 1901 से दिया जाता है। यह पुरस्कार एक करोड़ स्वीडिश क्रोनर अर्थात लगभग 13.2 लाख अमेरिकी डॉलर का होता है।

सन् 1969 से अब तक अर्थशास्त्र के क्षेत्र में उल्लेखनीय कार्य करने के लिए दिए गए नोबेल पुरस्कारों का संक्षिप्त विवरण इस प्रकार है–

क्र.सं.	*वर्ष*	*पुरस्कार विजेता का नाम*	*निवासी*	*क्षेत्र जिसमें पुरस्कार मिला*
1.	1969	रैगनर फ्रिश तथा जन टिनबरजन	नॉर्वे, डच	गत्यात्मक इक्नोमेट्रिक सिद्धान्तों के विकास के लिए
2.	1970	पॉल.ए. सैम्यूलसन	अमेरिका	आर्थिक सिद्धान्त में वैज्ञानिक विश्लेषण स्तर में वृद्धि हेतु
3.	1971	साईमन कुजनेट्स	अमेरिका	देश की आर्थिक वृद्धि के निर्धारण में सकल राष्ट्रीय उत्पाद की अवधारणा के विकास के लिए।
4.	1972	केनेथ जे. ऐरो तथा सर जौन आर. हिक्स	अमेरिका ब्रिटेन	व्यावसायिक जोखिम व सरकारी आर्थिक व कल्याणकारी नीतियों के आकलन हेतु मददगार सिद्धान्तों के लिए
5.	1973	डब्ल्यू. डब्ल्यू लिआंटिफ	अमेरिका	अर्थव्यवस्था के विभिन्न क्षेत्रों व सामाजिक, आर्थिक व संस्थागत विचारों के निर्धारण हेतु आगत-निर्गत तकनीक के विकास हेतु।
6.	1974	गुन्नार मिर्डल तथा फ्रेड्रिक ए. वान हेयक	स्वीडन, ब्रिटेन	आर्थिक, सामाजिक व संस्थागत विचारों की पारस्परिक निर्भरता संबन्धी महत्वपूर्ण विश्लेषण हेतु।
7.	1975	लियोनिड वी. केन्टोरोविच तथा तेजलिंग कूपमेन्स	रूस, अमेरिका	संसाधनों के अनुकूलतम आबंटन के सिद्धान्त पर कार्य करने के लिए।
8.	1976	मिल्टन फ्रीडमेन	अमेरिका	उपभोग विश्लेषण, मौद्रिक इतिहास एवं सिद्धान्त तथा स्थिरता नीतियों की जटिलता के दिग्दर्शन पर कार्य करने हेतु।

लगातार ...

लगातार ...

9.	1977	बर्टिल ओहलिन तथा जेम्स ई. मीड	स्वीडन, ब्रिटेन	अन्तरराष्ट्रीय व्यापार एवं अन्तरराष्ट्रीय पूँजी की गतिविधियों के सिद्धान्तों में योगदान के लिए।
10.	1978	हरबर्ट ए. साईमन	अमेरिका	आर्थिक संगठनों में निर्णय प्रक्रिया की खोज के लिए।
11.	1979	सर आर्थर लेविस तथा थियोडोर शुल्ज	ब्रिटेन, अमेरिका	विकासशील राष्ट्रों की समस्याओं पर कार्य करने हेतु।
12.	1980	लोरेन्स आर. क्लैन	अमेरिका	आर्थिक गतिविधियों से सम्बन्धित सिद्धान्तों के विकास व इनके लिए नीति निर्धारण हेतु।
13.	1981	जेम्स टॉबिन	अमेरिका	वित्तीय बाजारों व उनके व्यापार और परिवारों द्वारा किए गए व्यय व बचतों के प्रभावों के विश्लेषण हेतु।
14.	1982	जॉर्ज जे. स्टिगलर	अमेरिका	अर्थव्यवस्था व औद्योगिक कार्यों के लिए सरकारी नियमों पर कार्य करने हेतु।
15.	1983	गेरार्ड डेब्रयू	अमेरिका	क्रेताओं की मांग के अनुसार उत्पादक क्या उत्पादन करें, इसमें संतुलन हेतु कीमतों की भूमिका पर कार्य करने के लिए।
16.	1984	सर रिचर्ड स्टोन	ब्रिटेन	राष्ट्रीय अर्थव्यवस्था की क्षमता के आकलन हेतु व्यवस्था के निर्माण पर कार्य करने हेतु।
17.	1985	फ्रेंको मोदीग्लियानी	अमेरिका	पारिवारिक बचतों व वित्तीय बाजारों के कार्य व्यवहारों के विश्लेषण के लिए।
18.	1986	जेम्स एम. बुकानन	अमेरिका	आर्थिक और राजनीतिक निर्णयों की नवीन विधियों के विकास के लिए।
19.	1987	रॉबर्ट एम. सोलो	अमेरिका	आर्थिक वृद्धि के सिद्धान्तों में योगदान के लिए।
20.	1988	मोरिस एलाइस	फ्रांस	बाजार व्यवहार व संसाधनों के दक्षतापूर्ण उपयोग को समझने के लिए सिद्धान्तों के विकास हेतु।
21.	1989	ट्रिग्वे हावेल्मो	नॉर्वे	आर्थिक सिद्धान्तों के परीक्षण के लिए विधियों के निर्माण पर कार्य करने हेतु।
22.	1990	हैरी एम. मार्कोविट्ज, विलियम एफ. शार्पे तथा मर्टन एच. मिलर	अमेरिका	विभिन्न विनियोगों, निगमित स्टॉक व बॉण्ड्स के मूल्य निर्धारण में जोखिमों व पुरस्कारों को वहन करने के लिए नवीन औजार उपलब्ध कराने हेतु।
23.	1991	रोनाल्ड कोजे	अमेरिका	संपदा अधिकार व व्यावसायिक लागतें अर्थव्यवस्था को कैसे प्रभावित करते हैं, यह स्पष्ट करने के लिए।
24.	1992	गेरी एस. बेकर	अमेरिका	मानवीय व्यवहारों को जिनका पूर्व में सामाजिक विज्ञानों से सम्बन्ध रहा है, आर्थिक सिद्धान्तों तक विस्तृत करने के लिए।
25.	1993	रोबर्ट डब्ल्यू फोगेल तथा डगलस सी. नोर्थ	अमेरिका	आर्थिक इतिहास के लिए कार्य करने हेतु।

लगातार ...

लगातार ...

26.	1994	जॉन ए. नास, जॉन सी. हरसान्यी तथा रीनहार्ड सेल्टन	अमेरिका, जर्मनी	खेल सिद्धान्त पर महत्वपूर्ण कार्य करने के लिए।
27.	1995	रोबर्ट ई. लुकास (जूनियर)	अमेरिका	1970 से समष्टि अर्थशास्त्र अनुसंधान के महत्वपूर्ण प्रभाव पर कार्य करने हेतु।
28.	1996	जेम्स ए. मिर्लिस तथा विलियम विक्री	ब्रिटेन, अमेरिका	आर्थिक सिद्धान्तों के प्रोत्साहन हेतु आधारभूत योगदान के लिए।
29.	1997	रोबर्ट सी. मर्टन तथा मिरोन एस. स्कोलेस	अमेरिका	स्कन्ध विकल्पों तथा अन्य व्युत्क्रमों से संबंधित सूत्रों के विकास हेतु।
30.	1998	अमर्त्य सेन	भारत	कल्याण अर्थशास्त्र में योगदान के लिए।
31.	1999	रोबर्ट ए. मुंडेल	कनाडा	मौद्रिक प्रावैगिकी तथा अनुकूलतम चलन क्षेत्रों पर कार्य के लिए।
32.	2000	जेम्स जे. हेकमेन तथा डेनियल एल. मेकफाडेन	अमेरिका	वैयक्तिक व पारिवारिक व्यवहार में सांख्यिकी विश्लेषण के उपयोग हेतु विधियों के विकास के लिए।
33.	2001	जॉर्ज ए. एकर्लोफ, ए. मिरवाइल स्पेंश तथा जोसेफ ई. स्टिग्लिट्स	अमेरिका	प्रामाणिक सूचनाओं के साथ बाजार के विश्लेषण के लिए।
34.	2002	डेनियल काहनमेन तथा बरनोन एल. स्मिथ	अमेरिका	अर्थशास्त्र में मनोवैज्ञानिक खोज तथा आर्थिक विश्लेषण में प्रयोगशाला प्रयोगों को औजार के रूप में स्थापित करने हेतु।
35.	2003	रोबर्ट एफ. ऐंजिल तथा क्लाइव डब्ल्यू.जे. ग्रेंगर	अमेरिका, ब्रिटेन	स्कन्ध कीमतों के लिए सांख्यिकीय उपकरण विकसित करने के लिए।
36.	2004	फिन ई. किडलैण्ड तथा ऐडवर्ड सी. प्रेसकोट	नॉर्वे अमेरिका	समष्टि अर्थशास्त्र में योगदान के लिए।
37.	2005	रोबर्ट ओमान तथा थोमस शिलांग	–	खेल सिद्धान्त में योगदान के लिए।
38.	2006	एडमण्ड एस. फेलप्स	अमेरिका	समष्टि आर्थिक नीतियों के मध्य पारस्परिक सम्बन्धों के लिए।
39.	2007	लियोनिड हरबिज, इरिक एस. मस्किन तथा रोजर बी. मायरसन	–	संयंत्र किस्म सिद्धान्त की नींव रखने के लिए।
40.	2008	पॉल क्रुगमेन	अमेरिका	अन्तरराष्ट्रीय व्यापार एवं स्थानीय समुदायों के मिलने वाले व्यापारिक लाभों पर कार्य करने हेतु।
41.	2009	एलीनोर ओस्ट्रोम तथा ओलीवर ई. विलियम्सन	अमेरिका	सामान्य लोगों पर आर्थिक प्रशासन तथा फर्मों व कंपनियों के अर्थशास्त्र एवं आर्थिक सीमाओं पर कार्य करने हेतु।
42.	2010	पीटर डायमण्ड डेल, मोर्टेसन तथा क्रिस्टोफर पिसारिडस	अमेरिका, ब्रिटेन	बाजार में सर्च फ्रिक्सन के विश्लेषण के लिए अर्थात बड़े पैमाने पर नौकरियाँ होने के बाद भी लोग बेरोजगार क्यों हैं? के लिए।

परिशिष्ट 2

अर्थशास्त्र में प्रयुक्त प्रमुख शब्द संक्षेप

A

ADF : अफ्रीकन डेवलपमेण्ट फण्ड
AICCTU : आल इण्डिया सेन्ट्रल काउन्सिल ऑफ ट्रेड यूनियन्स
AID : एजेन्सी फॉर इन्टरनेशनल डेवलपमेण्ट
AIMO : ऑल इण्डिया मेन्यूफेक्चर्स ऑर्गेनाइजेशन
AINEF : ऑल इण्डिया न्यूजपेपर एम्पलाइज फेडरेशन
AITUC : ऑल इण्डिया ट्रेड यूनियन कांग्रेस
APEC : एशिया पैसिफिक इकॉनोमिकल कोऑपरेशन
APM : एडमिनिस्ट्रेटेड प्राइस मेकेनिज्म
ASEAN : एसोसिएशन ऑफ साउथ-ईस्ट-एशियन नेशन्स

B

BDO : ब्लाक डेवलपमेंट ऑफिसर
BHEL : भारत हैवी इलेक्ट्रिकल लिमिटेड
BIFR : बोर्ड फॉर इन्डस्ट्रियल एण्ड फाइनेन्शियल रिकन्सट्रक्शन
BPO : बिजनेस प्रोसेस आउटसोर्सिंग
BPE : ब्यूरो ऑफ पब्लिक एण्टरप्राइजेज
BSP : भिलाई स्टील प्लांट
BTU : ब्रिटिश थर्मल यूनिट
BVO : ब्रोमिनेटेड वेजीटेबल ऑयल

C

CACS : कन्जूमर एक्सेस कोड्स
CACO : सेण्ट्रल एशियन कोऑपरेशन ऑर्गेनाइजेशन
CADA : कमाण्ड एरिया डेवलपमेंट एजेंसी
CBR : सेण्ट्रल बोर्ड ऑफ रेवेन्यू
CCEA : कैबिनेट कमेटी ऑन इकॉनोमिक अफेयर्स

CDC : द सेन्टर फॉर डेवलपमेन्ट कम्युनिकेशन
CDP : कम्युनिटी डेवलपमेंट प्रोग्राम
CDS : कम्पलसरी डिपॉजिट स्कीम
CFTRI : सेन्ट्रल फूड टेक्नोलॉजिकल रिसर्च इंस्टीट्यूट
CIFT : कमेटी ऑन इनविजीबल फाइनेन्सिंग रिलेटेड टू ट्रेड
CII : कॉन्फेडरेशन ऑफ इंडियन इंडस्ट्री
CIL : कोल इण्डिया लिमिटेड
CIS : कॉमनवेल्थ ऑफ इनडिपेन्डेन्ट स्टेट्स
CITU : सेन्टर ऑफ इण्डियन ट्रेड यूनियन्स
CLRC : सेण्ट्रल लैण्ड रिफॉर्म्स कमेटी
CMAL : कोल माइन्स ऑथोरिटी लिमिटेड
CMIE : सेन्टर फॉर मोनिटरिंग इण्डियन इकॉनॉमी
C of C : चेम्बर ऑफ कॉमर्स
COSTED : कमेटी ऑन साइंस एण्ड टेक्नोलॉजी फॉर डेवलपिंग कण्ट्रीज
CORDET : कोऑपरेटिव रूरल डेवलपमेंट ट्रस्ट
CPI : करप्शन परसेप्सन इंडैक्स/कन्जूमर प्राइस इन्डेक्स
CPU : कमेटी ऑन पब्लिक अण्डरटेकिंग्स
CRR : कैश रिजर्व रेशियो
CRISIL: द क्रेडिट रेटिंग इन्फॉरमेशन सर्विसेज ऑफ इण्डिया लिमिटेड
CSIRO : कॉमनवेल्थ साइंटिफिक एण्ड इण्डस्ट्रियल रिसर्च ऑर्गेनाइजेशन
CSO : सेंट्रल स्टेटिस्टकल ऑर्गेनाइजेशन
CWF : कन्जूमर वेलफेयर फण्ड
CWPC : सेंट्रल वाटर एण्ड पॉवर कमीशन

D

DA : डेली एलाउन्स, डियरनेस एलाउन्स
DARE : डिपार्टमेंट ऑफ एग्रीकल्चरल रिसर्च एण्ड एजुकेशन
DBT : डिपार्टमेंट ऑफ बायोटेक्नोलॉजी
DDT : द डंकल ड्राफ्ट टेक्स्ट
DFDR : डिजिटल फ्लाइट डेटा रिकॉर्डर
DGCEI: डायरेक्टर जनरल ऑफ सेन्ट्रल एक्साइज इंटेलीजेंसी
DGCA : डायरेक्टर जनरल ऑफ सिविल एविएशन
DGMS : डायरेक्टर जनरल ऑफ माइन्स सेफ्टी
DGTD : डायरेक्टर जनरल ऑफ टेक्निकल डेवलपमेंट
DLO : डिस्ट्रिक लाइव स्टॉक ऑफिसर

DMRC : दिल्ली मेट्रो रेल कॉर्पोरेशन
DDP : डेजर्ट डेवलपमेंट प्रोग्राम
DPAP : ड्राउट प्रोन एरिया प्रोग्राम
DVC : दामोदर वेली कॉर्पोरेशन
DWCRA : डेवलपमेन्ट ऑफ वूमन एण्ड चिल्ड्रन इन रूरल एरियाज

E

EAC : इकॉनोमिक एडवाइजरी काउंसिल
EAS : एम्प्लॉयमेन्ट एश्योरेन्स स्कीम
EBRD : यूरोपियन बैंक फॉर रिकंस्ट्रकशन एण्ड डेवलपमेंट
ECA : इकॉनोमिक कोऑपरेशन एडमिनिस्ट्रेशन
EC : यूरोपियन कम्युनिटी
ECE : इकॉनोमिक कोऑपरेशन फॉर यूरोप
ECM : यूरोपियन कॉमन मार्केट
ECOSOC : इकोनॉमिक एण्ड सोशल काउन्सिल
EEC : यूरोपियन इकॉनोमिक कम्युनिटी
EERM : यूरोपियन एक्सचेन्ज रेट मेकेनिज्म
EFTA : यूरोपियन फ्री ट्रेड एसोसिएशन
EICI : एक्सपोर्ट इन्वेस्टीगेशन काउंसिल ऑफ इण्डिया
EMS : यूरोपियन मॉनिटरी सिस्टम
EOW : इकॉनोमिक ऑफेन्स विंग
EPNS : इलेक्ट्रो प्लेटेड निकल सिल्वर
EPIP : एक्सपोर्ट प्रमोशन इण्डस्ट्रियल पार्क
ERDA : एनर्जी रिसर्च एण्ड डेवलपमेंट एडमिनिस्ट्रेशन
ERC : एक्सपेन्डीचर रिफॉर्म कमीशन
ERP : यूरोपियन रिकवरी प्रोग्राम/एन्टरप्राइजेज रिसोर्स प्लानिंग
ESIS : एम्प्लॉइज स्टेट इंश्योरेन्स स्कीम
EST : एस्टैब्लिश्ड
EXIM : एक्सपोर्ट इम्पोर्ट

F

FAO : फूड एण्ड एग्रीकल्चर ऑर्गनाइजेशन
FCI : फूड कॉरपोरेशन ऑफ इण्डिया
FCNRA : फॉरेन करेन्सी नॉन–रेजीडेन्ट एकाउन्ट
FOC : फ्री ऑफ चार्ज
FERA : फॉरेन एक्सचेन्ज रेग्युलेशन एक्ट

FFC : फिल्म फाइनेन्स कॉरपोरेशन
FICCI : फेडरेशन ऑफ इण्डियन चेम्बर ऑफ कॉमर्स एण्ड इन्डस्ट्री
FIEO : फेडरेशन ऑफ इण्डियन एक्सपोर्ट ऑर्गनाइजेशन्स
FIIA : फारेन इन्वेस्टमेन्ट इम्पलीमेंटेशन ऑथोरिटी
FOB : फ्री ऑन बोर्ड
FOR : फ्री ऑन रेल/फ्री ऑन रिसीव
FPS : फुट-पाउण्ड-सेकण्ड
FTWZS : फ्री ट्रेड एण्ड वेयरहाउसिंग जोन्स
FTZ : फ्री ट्रेड जोन
FY : फिस्कल ईयर

G

GAIL : गैस ऑथोरिटी ऑफ इण्डिया लिमिटेड
GATT : जनरल एग्रीमेन्ट ऑन टेरिफ्स एण्ड ट्रेड
GCA : जनरल करेन्सी एरिया
GDP : ग्रोस डोमेस्टिक प्रॉडक्ट
GDR : ग्लोबल डिपोजिटरी रिसीट्स
GFD : ग्रोस फिशकल डेफीसिट
GHG : ग्रीन हाउस गैस
GI : गवर्नमेंट इश्यू/जनरल इश्यू
GIA : ग्रोस इरीगेटेड एरिया
GIC : जनरल इंश्योरेन्स कॉरपोरेशन
GIR : जनरल इन्डेक्स रजिस्टर
GM : जनरल मैनेजर/जनरल मोटर्स
GNP : ग्रोस नेशनल प्रोडक्ट
GPF : जनरल प्रोवीडेन्ट फण्ड/गांधी पीस फाउण्डेशन
GSTP : ग्लोबल सिस्टम ऑफ ट्रेड प्रोमोशन

H

HAL : हिंदुस्तान एयरोनॉटिक्स लिमिटेड
HDI : ह्यूमन डेवलपमेन्ट इन्डेक्स
HMT : हिन्दुस्तान मशीन टूल्स/हेड माइक्रो टेलीफोन
HP : हॉर्स पॉवर/हिन्दुस्तान पेट्रोलियम/हाई पॉवर
HRG : हिन्दू रेट ऑफ ग्रोथ
HSD : हाई स्पीड डीजल
HRD : ह्यूमन रिसोर्स डेवलपमेंट

HSL	:	हिन्दुस्तान स्टील लिमिटेड
HUDCO	:	हाउसिंग एण्ड अर्बन डेवलपमेंट कॉरपोरेशन
HZL	:	हिन्दुस्तान जिंक लिमिटेड

I

IAAS	:	इण्डियन ऑडिट एण्ड एकाउन्ट्स सर्विस
IAFC	:	इण्डियन एग्रीकल्चरल फाइनेन्स कॉरपोरेशन
IARI	:	इण्डियन एग्रीकल्चरल रिसर्च इन्स्टीट्यूट
IATA	:	इन्टरनेशनल एयर ट्रांसपोर्ट एसोसिएशन
IAY	:	इन्दिरा आवास योजना
I&B	:	इन्फॉरमेशन एण्ड ब्रॉडकास्टिंग
IBM	:	इण्डियन ब्यूरो ऑफ माइन्स
IBRD	:	इण्टरनेशनल बैंक फॉर रिकन्सट्रक्शन एण्ड डेवलपमेंट
IBWL	:	इण्डियन बोर्ड ऑफ वाइल्ड लाइफ
ICAD	:	इण्टरनेशनल सिविल एविएशन ऑर्गनाइजेशन
ICAR	:	इण्डियन काउंसिल ऑफ एग्रीकल्चरल रिसर्च
ICC	:	इण्टरनेशनल चेम्बर ऑफ कॉमर्स/इण्टरनेशनल क्रिकेट काउन्सिल
ICCW	:	इण्डियन काउंसिल ऑफ चाइल्ड वेलफेयर
ICDS	:	इण्टीग्रेटेड चाइल्ड डेवलपमेंट स्कीम
ICICI	:	इण्डियन क्रेडिट एण्ड इन्वेस्टमेंट कॉरपोरेशन ऑफ इण्डिया
IDA	:	इण्टरनेशनल डेवलपमेंट एजेन्सी
IDBI	:	इन्डस्ट्रियल डेवलपमेंट बैंक ऑफ इंडिया
IDC	:	इन्डस्ट्रियल डेवलपमेंट कॉरपोरेशन
IDF	:	इण्डियन डेवलपमेन्ट फोरम
IDFL	:	इण्डियन ड्रग्ज एण्ड फार्मास्यूटिकल्स लिमिटेड
IES	:	इण्डियन इकॉनोमिक सर्विस
IFAD	:	इण्टरनेशनल फण्ड फॉर एग्रीकल्चर डेवलपमेंट
IFC	:	इण्डस्ट्रियल फाइनेन्स कॉरपोरेशन
IFFCO	:	इण्डियन फार्मर्स एंड फर्टिलाइजर्स कॉरपोरेशन
IFS	:	इंडियन फॉरेन सर्विस/इण्डियन फोरेस्ट सर्विस
IFTU	:	इण्टरनेशनल फेडरेशन ऑफ ट्रेड यूनियन्स
ILO	:	इण्टरनेशनल लेबर ऑर्गनाइजेशन
IIM	:	इण्डियन इन्स्टीट्यूट ऑफ मैनेजमेंट/इण्डियन इन्स्टीट्यूट ऑफ मेटल्स
IMF	:	इन्टरनेशनल मोनेटरी फण्ड
INTUC	:	इण्डियन नेशनल ट्रेड यूनियन कांग्रेस

IORARC : इण्डिन ओसन रिम एसोसिएशन फॉर रीजनल कोऑपरेशन
IPCL : इण्डियन पेट्रो-केमिकल कॉरपोरेशन लिमिटेड
IPR : इंटेलेक्चुअल प्रोपर्टी राइट्स
IRDA : इन्श्योरेन्स रेगुलेटरी एण्ड डेवलपमेन्ट ऑथोरिटी
IRRI : इन्टरनेशनल राइस रिसर्च इन्स्टीट्यूट
IRDP : इन्टीग्रेटेड रूरल डेवलपमेंट प्रोग्राम
ISB : इण्डियन स्कूल ऑफ बिजनेस
ISI : इण्डियन स्टेण्डर्ड इन्स्टीट्यूट/इम्पोरटेंट सब्सटीट्यूशन इंडस्ट्रियलाइजेशन
ISM : इण्डियन स्कूल ऑफ माइन्स
ITI : इण्डस्ट्रियल ट्रेनिंग इन्स्टीट्यूट
ITO : इन्कम टैक्स ऑफिसर/इन्टरनेशनल ट्रेड ऑर्गनाइजेशन
ITPO : इण्डिया ट्रेड प्रोमोशन ऑर्गनाइजेशन
IIT : इण्डियन इन्स्टीट्यूट ऑफ टेक्नोलॉजी
ITU : इन्टरनेशनल टेलीकम्युनिकेशन यूनियन

J

JCC : जूनियर चेम्बर ऑफ कॉमर्स
JRY : जवाहर रोजगार योजना

K

KG : किण्डर गार्टन
KMPH : किलोमीटर पर ऑवर
KW : किलोवाट

L

LAMPS : लार्ज साइज्ड मल्टीपरपज सोसाइटीज
LDC : लेस डेवलपमेंट कन्ट्रीज/लोवर डिवीजन क्लर्क
LIC : लाइफ इन्श्योरेन्स कॉरपोरेशन
LIBOR : लंदन इन्टर बैंक ऑफर रेट
LPG : लिक्युफाइड पेट्रोलियम गैस
Ltd : लिमिटेड

M

MAT : मिनिमम ऑल्टरनेट टेक्स
MANVAT : मेन्यूफेक्चर्ड वेल्यू एडेड टेक्स
MCA : मास्टर ऑफ कम्प्यूटर एप्लीकेशन/मोनेटरी कम्पनसेटरी एकाउंट
MD : मैनेजिंग डायरेक्टर/डॉक्टर ऑफ मेडिसन

MDRT : मिलियन डालर राउण्ड टेबल
MFA : मल्टी फाइबर एग्रीमेन्ट
MIGA : मल्टीलेटरल इन्वेस्टमेन्ट गारन्टी एजेन्सी
MMTC : मिनरल्स एण्ड मेटल्स ट्रेडिंग कॉरपोरेशन
MNC : मल्टी नेशनल कॉरपोरेशन
MNES : मिनिस्टरी ऑफ नॉन कन्वेन्शनल एनर्जी सोर्सेज
MODVAT : मॉडिफाइड वेल्यू एडेड टैक्स
MRTPC : मोनोपलीज एण्ड रेस्ट्रिक्टि ट्रेड प्रैक्टिसेज कमीशन

N

NABARD : नेशनल बैंक फॉर एग्रीकल्चरल एण्ड रूरल डेवलपमेन्ट
NABCONSL : नाबार्ड कन्सलटेंसी सर्विसेज लिमिटेड
NAFTA : नार्थ अमेरिका फ्री ट्रेड एग्रीमेन्ट
NAM : नॉन एलायन्ड मूवमेन्ट
NAFED : नेशनल एग्रीकल्चर कोऑपरेटिव मार्केटिंग फेडरेशन ऑफ इण्डिया
NAIS : नेशनल एग्रीकल्चर इंश्योरेन्स स्कीम
NBER : नेशनल ब्यूरो ऑफ इकॉनोमिक रिसर्च
NDC : नेशनल डवलपमेन्ट काउंसिल
NDP : नेट डोमेस्टिक प्रॉडक्ट
NATO : नॉर्थ एटलांटिक ट्रीटी ऑर्गनाइजेशन
NCAER : नेशनल काउंसिल फॉर अप्लाइड इकॉनोमिक रिसर्च
NFFWP : नेशनल फूड फॉर वर्क प्रोग्राम
NHDR : नेशनल ह्यूमन डेवलपमेन्ट रिपोर्ट
NCPEDP : नेशनल सेन्टर फॉर प्रमोशन ऑफ एम्प्लॉयमेंट फोर डिसएबिल्ड पीपुल
NER : नार्थ ईस्टर्न रेल्वे
NEW : नेट इकोनॉमिक वेलफेयर
NHB : नेशनल हाउसिंग बोर्ड
NHPC : नेशनल हाइड्रोइलेक्ट्रिक पॉवर कॉर्पोरेशन
NHRC : नेशनल ह्यूमन रिसोर्सेज कमीशन
NIEO : न्यू इन्टरनेशनल इकोनॉमिक ऑर्डर
NIFTAM : नेशनल इन्स्टीट्यूट ऑफ फूड ट्रेनिंग एण्ड मैनेजमेन्ट
NIIT : नेशनल इन्स्टीट्यूट ऑफ इन्फॉरमेशन टेक्नोलॉजी
NI : नेशनल इनकम
NIN : नेशनल इन्स्टीट्यूट ऑफ न्यूट्रीशन
NMDC: नेशनल मिनरल डेवलपमेन्ट कॉर्पोरेशन

NODP : नेशनल ऑयलसीड डेवलपमेन्ट प्रोजेक्ट
NOIDA : न्यू ओखला इण्डस्ट्रियल डेवलपमेन्ट ऑथोरिटी
NNP : नेट नेशनल प्रोडक्ट
NP : नोटेरी पब्लिक
NPB : न्यूक्लियर पॉवर बोर्ड
NPC : नेशनल प्रोडक्टिविटी काउंसिल/नॉमिनल प्रोटेक्शन कोएफीसियेन्ट
NPCIL : न्यूक्लियर पॉवर कॉर्पोरेशन ऑफ इण्डिया लिमिटेड
NRER a/c : नॉन रेजीडेन्ट एक्सटरनल रुपी एकाउंट
NREP : नेशनल रूरल एम्प्लॉयमेन्ट प्रोग्राम
NRI : नॉन रेजीडेन्ट इण्डियन/नेटवर्क्ड रेडीनेस इन्डेक्स
NRY : नेहरू रोजगार योजना
NSC : नेशनल सेविंग सर्टिफिकेट
NTC : नेशनल टेक्सटाइल कॉर्पोरेशन
NTPC : नेशनल थर्मल पावर कॉर्पोरेशन
NTT : नेशनल टैक्स ट्रिब्यूनल
NWDPRA : नेशनल वाटरशेड डेवलपमेन्ट प्रोग्राम फॉर रेनफेड एग्रीकल्चर

O

OAPEC : ऑर्गनाइजेशन ऑफ अरब पेट्रोलियम एक्सपोर्टिंग कंट्रीज
OAU : ऑर्गनाइजेशन ऑफ अफ्रीकन यूनिटी
OASIS : ओल्ड एज सोशल एण्ड इन्कम सिक्यूरिटी
OBC : अदर बैकवर्ड क्लासेज
OEEC : ऑर्गनाइजेशन फॉर यूरोपियन इकोनॉमिक कोऑपरेशन
OECD : ऑर्गनाइजेशन फॉर इकोनोमिक कोऑपरेशन एण्ड डेवलपमेंट
OF-III : ऑपरेशन फ्लड-तृतीय
OIL : ऑयल इण्डिया लिमिटेड
O&M : ऑर्गनाइजेशन एण्ड मेथॅड्स
OMSS : ओपन मार्केट सेल स्कीम
ONGC : आयल एण्ड नेचुरल गैस कमीशन
OPEC : ऑर्गनाइजेशन ऑफ पेट्रोलियम एक्सपोर्टिंग कंट्रीज
OPTP : ऑयलसीड्स प्रोडक्शन थर्स्ट प्रोजेक्ट

P

PACS : प्राइमरी एग्रीकल्चरल क्रेडिट सोसायटी
PAN : परमानेन्ट एकाउंट नम्बर
PATA : पैसेफिक एशिया ट्रेवल एसोसिएशन

PASS : पर्सनल एक्सीडेन्ट एण्ड सोशल सिक्योरिटी
PIB : पब्लिक इन्वेस्टमेंट बोर्ड
PC : परसेन्ट/प्रीवी काउंसिल
PDI : पर्सनल डिस्पोजेबल इनकम
PESB : पब्लिक एन्टरप्राइजेज सलेक्शन बोर्ड
PFA : पर्सनल फाइनेन्शियल असिस्टेन्स
PFRDA : पेन्शन फण्ड रेग्युलेटरी एण्ड डेवलपमेंट ऑथोरिटी
PI : पर्सनल इनकम
PIN : पोस्टल इन्डेक्स नम्बर
PMRY : प्रधानमंत्री रोजगार योजना
PMSSY : प्रधानमंत्री स्वास्थ्य सुरक्षा योजना
PS : पोस्ट स्क्रिप्ट/प्राइवेट सेक्रेटरी/पर्सनल सेक्रेटरी
PTI : प्रेस ट्रस्ट ऑफ इण्डिया
PTO : प्लीज टर्न ऑवर
PUCC : पोपुलेशन अंडर कन्ट्रोल सर्टिफिकेट

R

RAPP : राजस्थान एटॉमिक पॉवर प्लाण्ट
RBI : रिजर्व बैंक ऑफ इण्डिया
RCI : रिहेबिलिटेशन काउंसिल ऑफ इण्डिया
R&D : रिसर्च एण्ड डेवलपमेंट
REC : रूरल इलेक्ट्रिफिकेशन कॉर्पोरेशन
RTIA : रीजनल ट्रेड इन्वेस्टमेन्ट एग्रीमेंट
RIB : रिसर्जेन्ट इण्डिया बॉण्ड
RITES : रेल इण्डिया टेक्निकल एण्ड इकॉनोमिक सर्विस
RLEGP : रूरल लैण्डलैस एम्प्लॉयमेन्ट गारन्टी कार्यक्रम

S

SAIL : स्टील ऑथोरिटी ऑफ इण्डिया लिमिटेड
SAAF : साउथ एशियन एकाउंटेन्ट्स फेडरेशन
SAARC : द साउथ एशियन एसोसिएशन फॉर रीजनल कोऑपरेशन
SASEC : साउथ एशियन सब रीजनल इकॉनोमिक कम्युनिटी
SATO : साउथ ईस्ट एशिया ट्रीटी ऑर्गनाइजेशन
SCI : शिपिंग कॉर्पोरेशन ऑफ इण्डिया
SDR : स्पेशियल ड्राइंग राइट्स

SESRU: सेल्फ एम्पलॉयमेंट स्कीम फॉर रजिस्टर्ड अनएम्पलॉयड
SCOPE : स्टेन्डिंग कॉन्फ्रेन्स ऑफ पब्लिक एन्टरप्राइजेज
SLR : स्टेचूटरी लिक्विडिटी रेशियो
SEPUP : सेल्फ एम्प्लॉयमेन्ट प्रोग्राम फॉर अरबन पूअर
SEEUY : सेल्फ एम्पलॉयमेन्ट एज्युकेटेड अनएम्पलॉयड यूथ
SGSY : स्वर्ण जयन्ती ग्राम स्वरोजगार योजना
SICA : सिक इन्डस्ट्रियल कम्पनीज एक्ट
SME : स्माल एंड मीडियम एन्टरप्राइजेज
SOI : सर्वे ऑफ इण्डिया
SSN : सोशल सिक्योरिटी नम्बर
STC : स्टेट ट्रेडिंग कोर्पोरेशन
STT : सिक्योरिटीज ट्रांजेक्शन टैक्स
SUME : स्कीम ऑफ अरबन माइक्रो एन्टरप्राइजेज
SUNAED : स्पेशल यूनाइटेड नेशन्स एड फॉर इकॉनोमिक डेवलपमेंट
SUWE : स्कीम ऑफ अरबन वेज एम्पलॉयमेन्ट

T

TAPS : तारापुर एटॉमिक पॉवर स्टेशन
TDA : ट्रेड डेवलपमेंट ऑथोरिटी
TDB : टेक्नोलॉजी डेवलपमेन्ट बोर्ड
TIN : टैक्सपेयर्स आइडेन्टिफिकेशन नम्बर
TRIPRS : ट्रेड रिलेटेड *ऑस्पेक्ट्स* ऑफ इन्टेलेक्चुअल प्रोप्टी राइट्स
TISCO : टाटा आयरन एण्ड स्टील कम्पनी
TRYSEM : ट्रेनिंग फॉर रूरल यूथ सेल्फ एम्प्लॉयमेंट
TUC : ट्रेड यूनियन कांग्रेस

U

UNEP : यूनाइटेड नेशन्स एन्वायरमेंट प्रोग्राम
UNCTAD : यूनाइटेड नेशन्स कॉन्फ्रेंस ऑन ट्रेड एण्ड डेवलपमेंट
UNESCO : यूनाइटेड नेशन्स एजुकेशनल, साइंटिफिक एण्ड कल्चरल ऑर्गनाइजेशन
UNICEF : यूनाइटेड नेशन्स इन्टरनेशनल चिल्ड्रन्स इमर्जेन्सी फण्ड
UNIDO : यूनाइटेड नेशन्स इन्डस्ट्रियल डेवलपमेंट ऑर्गनाइजेशन
UNPF : यूनाइटेड नेशन्स पॉपुलेशन फण्ड
UNAED : यूनाइटेड नेशन्स एड फॉर इकोनॉमिक डेवलपमेंट
UTI : यूनिट ट्रस्ट ऑफ इण्डिया

V

VAMBAY : वाल्मीकि अम्बेडकर आवास योजना
VAT : वैल्यू एडेड टैक्स
VAY : वाल्मीकि आवास योजना
VCS : वैट काउंसिल ऑफ स्टेट्स
VPP : वेल्यू पेबल पोस्ट
VSEZ : वर्चुअल स्पेशल इकोनॉमिक जोन

W

WSBI : वर्ल्ड सेविंग बैंक इन्स्टीटीट्यूट
WEF : वर्ल्ड इकॉनोमिक फोरम/वर्ल्ड एनवायरमेंट फोरम
WFTU : वर्ल्ड फेडरेशन ऑफ ट्रेड यूनियन
WPI : होलसेल प्राइस इन्डेक्स
WTC : वर्ल्ड ट्रेड सेंटर
WTO : वर्ल्ड ट्रेड ऑर्गनाइजेशन/वर्ल्ड टूरिज्म ऑर्गनाइजेशन
WSSD : वर्ल्ड समिट ऑन सस्टेनेबल डेवलपमेंट
WWF : वर्ल्ड वाइल्डलाइफ फण्ड
WWLPA : वर्ल्ड वाइड लाइफ प्रॉटेक्शन एजेन्सी
WWW : वर्ल्ड वाइड वेव

X

X : फर्स्ट अननोन क्वाण्टिटी
Xd : एक्स-डिवीडेंड

Z

ZBB : जीरो बेस बजटिंग
ZIP : जोनल इम्प्रूवमेंट प्लान
ZPG : जीरो पोपुलेशन ग्रोथ

परिशिष्ट 3

अर्थशास्त्र के प्रमुख विचारक एवं उनकी चर्चित रचनाएँ

प्रमुख विचारक	*चर्चित रचनाएँ*
अमर्त्य सेन	कलेक्टिव चॉइस एण्ड सोशियल वेलफेयर (1970)
	ऑन इकोनॉमिक इनइक्वेलिटी (1925)
आर.एफ. हेरड	ट्रेड साइकिल (1936)
	इकोडाइनैमिक्स (1973)
आर्थर सेसिल पीगू	वेल्थ एण्ड वेलफेयर (1912)
	दी इकोनॉमिक्स ऑफ वेलफेयर (1920)
	थ्योरी ऑफ अनएम्पलॉयमेंट (1914)
इरविंग फिशर	दी परचेजिंग पॉवर ऑफ मनी (1911)
	दी थ्योरी ऑफ इन्टरेस्ट (1930)
	दी नेचर ऑफ कैपिटल एण्ड इनकम (1906)
इरिक रोल	हिस्ट्री ऑफ इकॉनोमिक थॉट
इयूजीन स्लस्ट्की	डिमाण्ड थ्योरी (1915)
एडवर्ड एच. चेम्बरलिन	दी थ्योरी ऑफ मोनोपोलिस्टिक कांपिटिशन (1933)
ए.एच. हेन्शन	बिजनेस साइकिल एण्ड नेशनल इन्कम
	ए गाइड टू केन्ज
	मॉनिटरी थ्योरी एण्ड फिसकल पॉलिसी
एल. एच. हेने	हिस्ट्री ऑफ इकॉनोमिक थॉट
ए. के. दास गुप्ता	प्लानिंग एण्ड इकॉनोमिक ग्रोथ
एडम स्मिथ	वेल्थ ऑफ नेशन्स (1776) अथवा (ऐन एन्क्वायरी इनट् द नेचर एण्ड कॉजेज ऑफ वेल्थ ऑफ नेशन्स)
एफ.वाई. ऐजवर्थ	थ्योरी ऑफ मोनोपोली (1897)
	थ्योरी ऑफ डिस्ट्रिब्यूशन (1904)
एम.एन. राय	पीपुल्स प्लान (1943)
एल्फ्रेड मार्शल	प्रिन्सिपल्स ऑफ इकॉनोमिक्स (1890)
के.ई. बोल्डिंग	इकॉनॉमिक ऐनेलिसिस
कार्ल मार्क्स	कम्यूनिस्ट मेनीफेस्टो (1848)
	दास कैपिटल

कार्ल मेन्जर	प्रिन्सिपल्स ऑफ इकॉनोमिक्स (1871)
के.के. कुरिहारा	मॉनिटरी थ्योरी एण्ड पब्लिक पॉलिसी
कौटिल्य	कौटिलीय अर्थशास्त्र
गार्डनर ऐकले	मेक्रोइकॉनोमिक थ्योरी
गुस्ताव नट विकसेल	लेक्चर्स ऑन पॉलिटिकल इकॉनोमी
	डाउनफाल ऑफ दी गोल्ड स्टेण्डर्ड (1936)
गुन्नार मिर्डल	एन अमेरिकन डाईलेमा
	द एशियन ड्रामा
	ऐन इन्टरनेशनल इकॉनोमी (1956)
गुस्ताव केसेल	ऑन क्वान्टीटेटिव थिंग्स इन इकॉनोमिक्स (1935)
गोपाल कृष्ण गोखले	पॉवर्टी, पॉलिटिकल एंड इंडस्ट्रियल ड्रेन, स्वदेशी
चरणसिंह	भारत की अर्थनीति-गांधीवादी रूप रेखा (1977)
	भारत की भयावह आर्थिक स्थिति-कारण और निदान (1982)
चार्ल्स फुरिए	द न्यू इण्डस्ट्रियल वर्ल्ड (1829)
जन टिनबरजन	इन्कम डिस्ट्रिब्यूशन ऐनेलिसिस एण्ड पोलिसीज (1975)
जवाहरलाल नेहरू	डिस्कवरी ऑफ इण्डिया
	ग्लिम्प्सेज ऑफ द वर्ल्ड हिस्ट्री-इण्डिया एण्ड द वर्ल्ड
जॉन केनिथ गेलब्रेथ	द वर्ल्ड इकॉनोमी सिंस द वार्स
	ऐफ्लुएंट सोसायटी
	ऐसेज फॉर पूअर टू रीच
जॉन मेनार्ड केन्ज	दी जनरल थ्योरी ऑफ एम्प्लॉयमेन्ट, इन्टररेस्ट एण्ड मनी (1936)
जॉन स्टूअर्ट मिल	फर्स्ट ऐसे ऑन पॉलिटिकल इकॉनोमी (1829)
	प्रिन्सिपल्स ऑफ पॉलिटिकल इकॉनोमी (1848)
जॉन हेनरिक वॉनथ्यूनेन	दी आईसोलेटेड स्टेट (1826)
जी. हेबरलर	थ्योरी ऑफ इण्टरनेशनल ट्रेड (1936)
जी. एक्ले	मेक्रो इकॉनोमिक थ्योरी
जिड एवं रिस्ट	ए हिस्ट्री ऑफ इकॉनोमिक डाक्टरिन्स
जीन सिसमोंण्डी	डे ला रिचेज कॉमर्शियल (1803)
जी.जे. स्टिगलर	प्रॉडक्शन एंड डिस्ट्रिब्यूशन थ्योरीज (1941)
	द सिटीजन एंड द स्टेट (1975)
जे. आर. हिक्स	ऐ रिविजन ऑफ डिमाण्ड थ्योरी (1956)
	ऐसे इन वर्ल्ड इकॉनोमिक्स (1959)
	वेल्यू एण्ड केपीटल (1947)
जे.ए. शुम्पीटर	हिस्ट्री ऑफ इकॉनोमिक ऐनेलिसिस (1954)
	दी थ्योरी ऑफ इकॉनोमिक डेवलपमेन्ट (1915)

जे.के. महता	इकॉनोमिक प्रॉब्लम्स ऑफ मॉडर्न इण्डिया
	इकॉनोमिक्स ऑफ ग्रोथ
	इकॉनोमिक डेवलपमेन्ट प्रिन्सिपल्स एण्ड प्रोब्लम्स
जेम्स टोबिन	द थ्योरी ऑफ फिस्कल मार्केट्स एण्ड देयर
	रिलेशन टू कनजम्पसन एण्ड इन्वेस्टमेन्ट
	डिसीजन्स, प्रोडक्शन, एम्पलॉयमेंट एण्ड प्राइसेज
जे.बी.से.	ट्रेट डे इकोनॉमी पॉलिटिक (1803)
	(दी थ्योरी ऑफ मार्केट, सेज लॉ ऑफ मार्केट)
जेम्स मिल	हिस्ट्री ऑफ इण्डिया (1818)
डेविड रिकार्डो	द प्रिन्सिपल्स ऑफ पॉलिटिकल इकॉनोमी
डेविड ह्यूम	पोलिटिकल डिस्कोर्सेज (1752)
डब्ल्यू रोस्टव	दी स्टेजेज ऑफ इकॉनोमिक ग्रोथ
डब्ल्यू. ए. लेविस	थ्योरी ऑफ इकॉनोमिक ग्रोथ (1955)
	इकॉनोमिक डेवलपमेंट विद अनलिमिटेड सप्लाई ऑफ लेबर
थोमस रोबर्ट माल्थस	ऐन ऐसे ऑन द प्रिन्सिपल्स ऑफ पॉपुलेशन
दादा भाई नोरोजी	पॉवर्टी एण्ड अन ब्रिटिश रूल इन इण्डिया (1901)
दीन दयाल उपाध्याय	भारतीय अर्थनीति (विकास की एक दिशा)
	बेकारी की समस्या और उसका हल
	अखण्ड भारत
नाशो विलियम सीनियर	एन आउटलाइन ऑफ द साइन्स ऑफ पॉलिटिकल इकॉनोमी (1836)
निकॉलसन केल्डोर	एन एक्सपेंडीचर टैक्स (1955)
	ऐसेज ऑन इकॉनोमिक स्टेबिलिटी एण्ड ग्रोथ (1960)
पॉल ए. सेम्यूलसन	इकॉनोमिक्स
पॉल स्वीजी	द थ्योरी ऑफ केपिटलिस्ट डेवलपमेंट (1942)
बर्टिल ओहलिन	इण्टर रीजनल एण्ड इण्टरनेशनल ट्रेड (1943)
भीमराव अम्बेडकर	दी प्रॉब्लम ऑफ रुपी (1923)
	दी इवोल्यूशन ऑफ प्रोविन्शियल फाइनेंस इन ब्रिटिश इण्डिया (1925)
मनु	मनुस्मृति
महात्मा गांधी	माई एक्सपेरीमेंट विथ ट्रुथ
	हिन्द स्वराज
	सर्वोदय
महादेव गोविन्द रानाडे	ऐसेज ऑन इण्डियन पॉलिटिकल इकॉनोमी
मिल्टन फ्रीडमेन	स्टडीज इन क्वान्टिटी थ्योरी ऑफ मनी
	ए थ्योरी ऑफ कन्जम्पसन फंक्शन
	ऐसेज इन पॉजिटिव इकॉनोमिक्स (1953)

मिसेज जॉनरॉबिन्सन	द इकॉनोमिक्स ऑफ इम्परफेक्ट कॉम्पिटीशन (1933)
मोक्ष गुन्दम विश्वेसरैया	ऐसेज ऑन इण्डियन पॉलिटिकल इकॉनोमी
मोरिस डोब	ऐन ऐसे ऑन इकॉनोमिक ग्रोथ एण्ड प्लानिंग (1960)
	वेलफेयर इकॉनोमिक्स एण्ड द इकॉनोमिक्स ऑफ सोशिलिज्म (1960)
रमेशचन्द्र दत	फेमिन्स इन इण्डिया
	इकॉनोमिक हिस्ट्री ऑफ इण्डिया
राममनोहर लोहिया	मार्क्स, गांधी एण्ड सोशलिज्म
	आस्पेक्ट्स ऑफ सोशलिस्ट पॉलिसी
रिचार्ड केन्टीलॉन	ऐसे अपॉन नेचर ऑफ कॉमर्स इन जनरल (1734)
रिचार्ड एफ. काहन	सेलेक्टेड ऐसेज ऑन एम्पलोयमेन्ट एण्ड ग्रोथ (1973)
रेगनर नर्क्से	प्रोब्लम्स ऑफ केपिटल फॉर्मेशन इन अंडर डेवलप्ड कन्ट्रीज (1953)
रेगनर फ्रिश	मेक्जिमा एण्ड मिनिमा (1966)
	द थ्योरी ऑफ प्रॉडक्शन (1965)
रोबर्ट ओवन	ए न्यू व्यू ऑफ सोसायटी (1813)
	द न्यू मोरल वर्ल्ड (1934)
लाला लाजपतराय	अनहैपी इण्डिया
लियोनेल रोबिन्स	एन ऐसे ऑन द नेचर एण्ड द सिग्निफिकेन्स ऑफ द इकॉनोमिक्स
विलियम पेटी	पॉलिटिकल अर्थमेटिक
विनोबा भावे	ग्रामदान
वी.के.आर.वी. राव	फूड, न्यूट्रीशन एण्ड पॉवर्टी इन इण्डिया
	ऐसेज इन इकॉनोमिक डेवलपमेंट (1968)
वृहस्पति	वृहस्पतियाम अर्थशास्त्र
सर डडले नॉर्थ	डिस्कोर्स ऑफ ट्रेड
सर जेम्स स्टूअर्ट	प्रिन्सिपल्स ऑफ पॉलिटिकल इकॉनोमी (1767)
सर थोमसन	इंग्लैण्ड्स ट्रेजर बाई फॉरेन ट्रेड
साइमन कुजनेट्स	मॉडर्न इकॉनोमिक ग्रोथ (1966)
शुक्राचार्य	शुक्रनीतिसार
हेनरी चार्ल्स केरे	प्रिन्सिपल्स ऑफ पॉलिटिकल इकॉनोमी (1837)